2026 최신개정판
JLPT 한권으로 끝내기
100% 환급 패키지

0원

△ 자세히보기

저자 직강	저자 직강

N4 장은경강사   **N3** 김윤선강사   **N1/N2** 박성길강사   **N1** 길정은강사

합격만 하면
수강료 100% 환급

기본 6개월 + 추가 6개월 더!

미응시·불합격해도
수강기간
100% 연장

*상기 혜택은 변경될 수 있으며, 자세한 내용은 다락원사이트〉JLPT 환급 패키지 페이지를 참고해 주세요.

△ 자세히보기

판매량 1위! 10년 연속 베스트셀러

그 압도적 노하우를 강의에 담았습니다.
교재로 시작하고 강의로 완성하세요!

1위

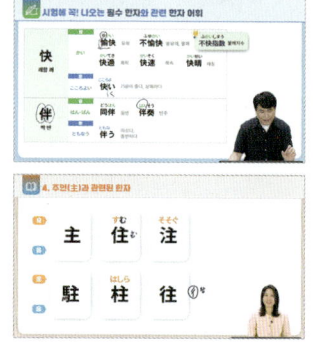

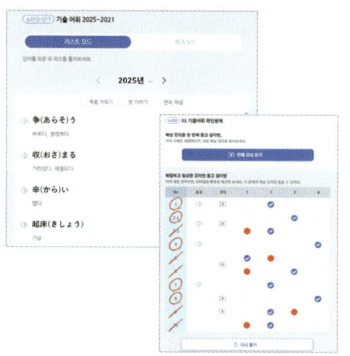

한자 어휘, 족집게 특강 등
실전 대비 특강 무료

OMR 채점&해설지,
기출 어휘 QUIZ 무료

기출어휘집, 문법요약집 등
합격 비법 자료 무료

JLPT
일본어능력시험
한 권으로 끝내기

이치우, 이한나, 이영아 공저

N4

다락원

JLPT 일본어능력시험
한권으로 끝내기 **N4**

지은이 이치우, 이한나, 이영아
펴낸이 정규도
펴낸곳 (주)다락원

1판 1쇄 발행 1998년 7월 15일
2판 1쇄 발행 2005년 8월 10일
3판 1쇄 발행 2010년 8월 19일
4판 1쇄 발행 2015년 12월 21일
5판 1쇄 발행 2021년 9월 1일
6판 1쇄 발행 2026년 3월 30일
6판 2쇄 발행 2026년 4월 22일

편집장 송화록
편집 한누리
디자인 장미연, 최예원(표지), 김예지
일러스트 오경진

다락원 경기도 파주시 문발로 211
내용문의: (02)736-2031 내선 460~465
구입문의: (02)736-2031 내선 250~252
Fax: (02)732-2037
출판등록 1977년 9월 16일 제406-2008-000007호

ISBN 978-89-277-1336-4 14730
     978-89-277-1332-6(세트)

http://www.darakwon.co.kr

- 다락원 홈페이지를 방문하시면 상세한 출판 정보와 함께 동영상강좌, MP3 자료 등 다양
  한 어학 정보를 얻으실 수 있습니다.
- 다락원 홈페이지 또는 표지의 QR코드를 스캔하시면 청해 MP3 파일 및 관련자료를 다운
  로드 하실 수 있습니다.

JLPT(일본어능력시험)는 일본어를 모국어로 하지 않는 학습자들의 일본어 능력을 측정하고 인정하는 것이 목적인 시험으로, 국제교류기금 및 일본국제교육지원협회가 1984년부터 실시하고 있습니다. JLPT는 일본 정부가 공인하는 세계 유일의 일본어 시험인 만큼 그 결과는 일본의 대학, 전문학교, 국내 대학의 일본어과 등의 특차 전형과 기업 인사 및 공무원 선발 등에서 일본어 능력을 평가하는 자료로도 활용되고 있습니다.

JLPT의 수험자층은 초등학생에서 일반인으로 그 폭이 넓고 수험의 목적도 실력 측정뿐만 아니라 취직 및 승진, 대학이나 대학원 등의 진학을 위해서 등등 다양해지고 있습니다. 이와 같은 변화에 대응하여 국제교류기금과 일본국제교육지원협회는 시험 개시로부터 20년 넘게 발전해 온 일본어 교육학이나 테스트 이론의 연구 성과와 지금까지 축적해 온 시험 결과의 데이터 등을 활용하여 JLPT의 내용을 개정하여 2010년부터 새로운 JLPT를 실시하고 있습니다.

『JLPT 한권으로 끝내기 N4』는 실제 시험과 동일하게 1교시 언어지식(문자·어휘·문법)·독해, 2교시 청해 순으로 구성되어 있습니다. 이번 개정판에서는 JLPT N4에서 고득점을 받을 수 있도록 문자·어휘, 문법, 독해, 청해의 각 파트별 총정리는 물론, 확인문제와 실전모의테스트를 준비하였습니다. 현재까지 출제된 어휘와 문법을 보기 쉽게 정리하였고, 각 문제 유형을 철저히 분석하고 반영하여 JLPT N4의 모든 영역을 종합적으로 마스터할 수 있게 하였습니다. 또한 해설집의 풀이와 단어 정리를 보강하여 학습의 편의성을 높였습니다.

이 책을 이용하는 독자 여러분 모두에게 아무쪼록 좋은 결과가 있기를 바랍니다. 끝으로 이 책의 출판에 도움을 주신 (주)다락원의 정규도 사장님과 일본어 편집부 직원분들께 이 자리를 빌어 감사 드립니다.

저자 일동

JLPT(일본어능력시험)에 대하여

❶ JLPT의 레벨

시험은 N1, N2, N3, N4, N5로 나뉘어져 있어 수험자가 자신에게 맞는 레벨을 선택한다. 각 레벨에 따라 N1~N2는 언어지식(문자·어휘·문법)·독해, 청해의 두 섹션으로, N3~N5는 언어지식(문자·어휘), 언어지식(문법)·독해, 청해의 세 섹션으로 나뉘어져 있다.

시험 과목과 시험 시간 및 인정 기준은 다음과 같으며, 인정 기준을 「읽기」, 「듣기」의 언어 행동으로 나타낸다. 각 레벨에는 이들 언어행동을 실현하기 위한 언어지식이 필요하다.

레벨	과목별 시간		인정기준
	유형별	시간	
N1	언어지식(문자·어휘·문법) 독해	110분	**폭넓은 장면에서 사용되는 일본어를 이해할 수 있다.** 【읽기】 신문의 논설, 논평 등 논리적으로 약간 복잡한 문장이나 추상도가 높은 문장 등을 읽고, 문장의 구성과 내용을 이해할 수 있으며, 다양한 화제의 글을 읽고 이야기의 흐름이나 상세한 표현 의도를 이해할 수 있다. 【듣기】 자연스러운 속도로 체계적 내용의 회화나 뉴스, 강의를 듣고, 내용의 흐름 및 등장인물의 관계나 내용의 논리 구성 등을 상세히 이해하거나 요지를 파악할 수 있다.
	청해	55분	
	계	165분	
N2	언어지식(문자·어휘·문법) 독해	105분	**일상적인 장면에서 사용되는 일본어의 이해에 더해, 보다 폭넓은 장면에서 사용되는 일본어를 어느 정도 이해할 수 있다.** 【읽기】 신문이나 잡지의 기사나 해설, 쉬운 평론 등, 논지가 명쾌한 문장을 읽고 문장의 내용을 이해할 수 있으며, 일반적인 화제에 관한 글을 읽고 이야기의 흐름이나 표현 의도를 이해할 수 있다. 【듣기】 자연스러운 속도로 체계적 내용의 회화나 뉴스를 듣고, 내용의 흐름 및 등장인물의 관계를 이해하거나 요지를 파악할 수 있다.
	청해	50분	
	계	155분	
N3	언어지식(문자·어휘)	30분	**일상적인 장면에서 사용되는 일본어를 어느 정도 이해할 수 있다.** 【읽기】 일상적인 화제에 구체적인 내용을 나타내는 문장을 읽고 이해할 수 있으며, 신문 기사 제목 등에서 정보의 개요를 파악할 수 있다. 일상적인 장면에서 약간 어려운 문장은 대체 표현이 주어지면 요지를 이해할 수 있다. 【듣기】 자연스러운 속도로 체계적 내용의 회화를 듣고, 이야기의 구체적인 내용을 등장인물의 관계 등과 함께 거의 이해할 수 있다.
	언어지식(문법)·독해	70분	
	청해	40분	
	계	140분	
N4	언어지식(문자·어휘)	25분	**기본적인 일본어를 이해할 수 있다.** 【읽기】 기본적인 어휘나 한자로 쓰여진, 일상생활에서 흔하게 일어나는 화제의 문장을 읽고 이해할 수 있다. 【듣기】 일상적인 장면에서 다소 느린 속도의 회화라면 내용을 거의 이해할 수 있다.
	언어지식(문법)·독해	55분	
	청해	35분	
	계	115분	
N5	언어지식(문자·어휘)	20분	**기본적인 일본어를 어느 정도 이해할 수 있다.** 【읽기】 히라가나나 가타카나, 일상생활에서 사용되는 기본적인 한자로 쓰여진 정형화된 어구나 문장을 읽고 이해할 수 있다. 【듣기】 일상생활에서 자주 접하는 장면에서 느리고 짧은 회화라면 필요한 정보를 얻어낼 수 있다.
	언어지식(문법)·독해	40분	
	청해	30분	
	계	90분	

※N3 ~ N5 의 경우, 1교시에 언어지식(문자·어휘)과 언어지식(문법)·독해가 연결 실시됩니다.

레벨	득점 구분	득점 범위
N1	언어지식(문자·어휘·문법)	0 ~ 60
	독해	0 ~ 60
	청해	0 ~ 60
	종합득점	0 ~ 180
N2	언어지식(문자·어휘·문법)	0 ~ 60
	독해	0 ~ 60
	청해	0 ~ 60
	종합득점	0 ~ 180
N3	언어지식(문자·어휘·문법)	0 ~ 60
	독해	0 ~ 60
	청해	0 ~ 60
	종합득점	0 ~ 180
N4	언어지식(문자·어휘·문법)·독해	0 ~ 120
	청해	0 ~ 60
	종합득점	0 ~ 180
N5	언어지식(문자·어휘·문법)·독해	0 ~ 120
	청해	0 ~ 60
	종합득점	0 ~ 180

N1, N2, N3의 득점 구분은 '언어지식(문자·어휘·문법)', '독해', '청해'의 3구분입니다.
N4, N5의 득점 구분은 '언어지식(문자·어휘·문법)·독해'와 '청해'의 2구분입니다.

❸ 시험 결과 통지의 예

다음 예와 같이 ① '득점 구분별 득점'과 득점 구분별 득점을 합계한 ② '종합 득점', 앞으로의 일본어 학습을 위한 ③ '참고 정보'를 통지합니다. ③ '참고 정보'는 합격/불합격 판정 대상이 아닙니다.

*예 : N4을 수험한 A씨의 '합격/불합격 통지서'의 일부 성적 정보 (실제 서식은 변경될 수 있다.)

① 득점 구분 별 득점		② 종합득점
언어지식 (문자·어휘·문법)·독해	청해	
120 / 120	60 / 60	180 / 180

③ 참고 정보		
문자·어휘	문법	독해
A	A	A

A 매우 잘했음 (정답률 67% 이상)
B 잘했음 (정답률 34%이상 67% 미만)
C 그다지 잘하지 못했음 (정답률 34% 미만)

이 책의 구성과 활용

이 책은 JLPT(일본어능력시험) N4에 완벽하게 대응할 수 있게 출제 경향을 철저히 분석·정리하여 종합적으로 대비할 수 있도록 한 학습서이다. 최신 기출어휘, 문법과 함께 각 문제 유형에 대비한 문제를 실었다. 전체 구성은 본책 〈1교시 끝내기 – 언어지식(문자·어휘·문법) / 독해〉 〈2교시 끝내기 – 청해〉 〈실전모의테스트〉과 별책 부록 〈해석 및 해설집〉 〈스피드 체크북〉으로 이루어져 있다.

1️⃣ 교시 끝내기　언어지식(문자·어휘·문법) / 독해

제1~2장 문자·어휘 기출 공략편/예상 공략편

제1장은 문자·어휘 기출 공략편으로 JLPT N4에 출제된 기출어휘를 정리하고 확인문제를 실었다. 제2장에서는 기출 공략편에 제시된 어휘 외에 출제 가능성이 높은 문자·어휘를 품사별로 나누어 정리하고 확인문제를 통해 학습한 내용을 다시 한번 복습할 수 있게 했다.

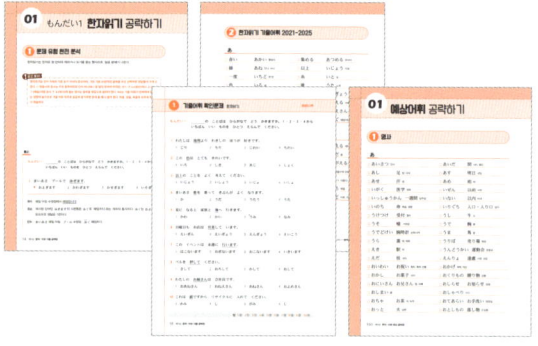

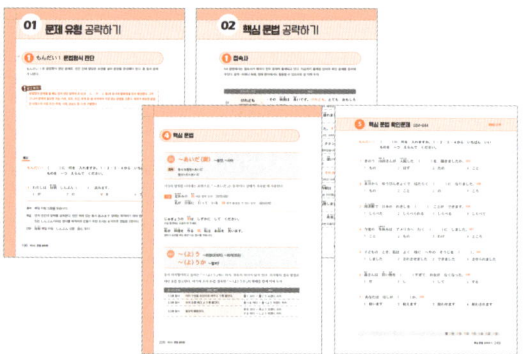

제3장 문법 공략편

JLPT N4 대비용으로 선정한 접속사 18개, 부사 36개, 조사 18개와 출제 가능성이 높은 핵심 문법 90개를 정리하였다. 또한 문제 유형에 맞추어 제시한 문법 확인문제로 기능어가 가진 역할과 함께 문제 패턴을 충분히 이해하고 연습할 수 있게 했다.

제4장 독해 공략편

JLPT N4 독해 문제의 유형 분석과 함께 독해를 푸는 요령을 정리하였다. 각 문제 유형별로 예제를 통해 실전 감각을 익히고, 확인문제를 통해 실전에 대비할 수 있게 했다.

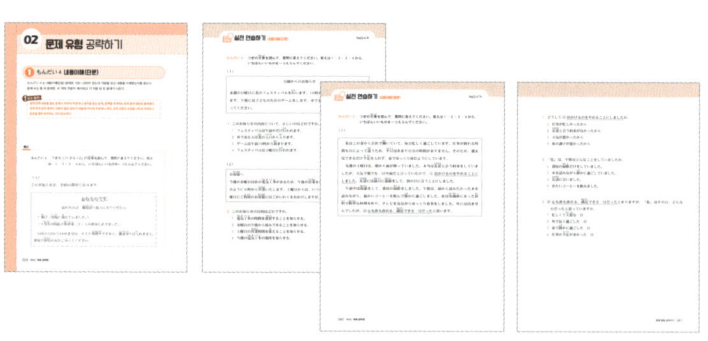

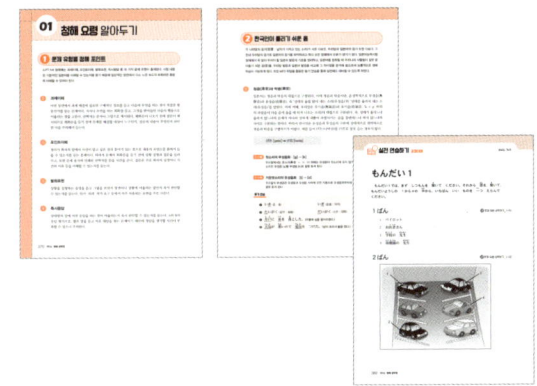

제5장 **청해 공략편**

우리나라 사람들이 알아듣기 힘든 발음을 항목별로 정리하고 원어민 음성을 통해 요령을 터득할 수 있게 했다. 각 문제 유형별로 예제를 통해 실전 감각을 익히고, 다양한 확인문제를 통해 실전에 대비할 수 있게 했다.

MP3 파일은 다락원 홈페이지에서 내려받을 수 있으며, QR코드를 촬영하면 쉽게 스마트폰으로 접속하여 음성을 들을 수 있다.

실전모의테스트

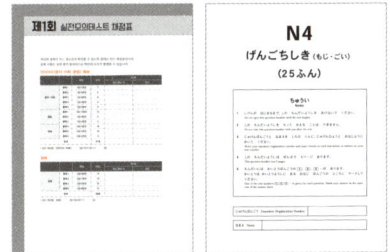

실전모의테스트 (2회분)

실제 시험과 동일한 형식의 모의테스트가 2회분 수록했다. 모의테스트를 통해 학습한 내용을 최종적으로 점검하고 함께 수록된 채점표를 통해 본 시험에서의 예상점수를 확인해 볼 수 있다. 별책에 실려 있는 해답 용지를 이용하여 사전에 해답기재 요령을 익혀 시험에 쉽게 적응할 수 있다. 또한 온라인에서 실전모의테스트 2회분을 더 제공하고 있으므로 충분히 연습할 수 있다.

별책 부록

해설집

학습의 이해도와 능률을 높이기 위하여 각 확인문제별로 해석 및 단어 정리, 해설을 실었다. 문제를 풀고 확인하기 편리하게끔 별책으로 제공한다.

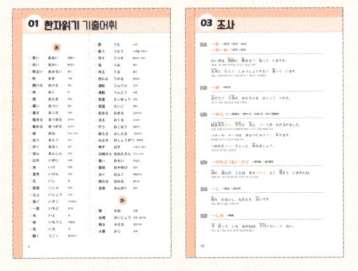

스피드 체크북

문자·어휘 파트의 기출어휘를 각 문제 유형별로 나누고 아이우에오 순으로 정리하였다. 문법 파트에서는 N4에서 출제되는 접속사, 부사, 조사, 핵심 문법을 보기 쉽게 정리하였다. 평소 자투리 시간을 이용하여 복습용으로 공부할 수 있으며, 시험 당일 최종 점검용으로도 활용할 수 있다.

목차

1 교시 끝내기 언어지식(문자·어휘·문법) / 독해

2 교시 끝내기 청해

실전모의테스트

별책 1

해설집

별책 2

스피드 체크북

언어지식 문자·어휘 직전 체크!

언어지식 문법 직전 체크!

교시

끝내기

언어지식(문자·어휘·문법) / 독해

제 1 장

문자·어휘
기출 공략편

문제 유형
완전 분석
동영상 강의

1 문제 유형 완전 분석

한자읽기는 한자로 된 단어의 히라가나 표기를 묻는 형식으로, 일곱 문제가 나온다.

! 알고 풀자!

> 한자읽기는 단어 자체의 기본 읽기 지식이 중요하며, 가장 기본·보편적인 음독을 우선 선택하면 정답률이 크게 오른다. い형용사와 동사는 주로 훈독이므로 단어 하나하나 잘 알아 두어야 하지만, せいさん(생산)이나 よしゅう(예습)처럼 동사 する(하다)에 붙는 명사는 음독을 정답으로 골라야 한다. N4는 기출 어휘가 반복하여 출제되는 경향이 높으므로 기출 어휘 위주로 꼼꼼히 암기하면 문제 풀 때 도움이 된다. 탁음, 장음, 촉음의 유무에 주의해서 학습하자.

예시

> もんだい1 ＿＿＿＿ の　ことばは　ひらがなで　どう　かきますか。1・2・3・4から
> いちばん　いい　ものを　ひとつ　えらんで　ください。
>
> 1 まいあさ　プールで　泳ぎます。
> ✓ およぎます　　　2　かわぎます　　　3　かせぎます　　　4　いそぎます
>
> ---
>
> **해석**　매일 아침 수영장에서 헤엄칩니다.
>
> **해설**　제시된 단어인 泳ぎます의 사전형은 泳ぐ로 '헤엄치다'라는 의미의 동사이다. 泳ぐ는 およぐ라고 읽으므로 정답은 1번이다.
>
> **단어**　まいあさ 매일 아침　プール 수영장　泳ぐ 헤엄치다

② 한자읽기 기출어휘 2021-2025

あ

□	赤い	あかい 빨갛다		□	集める	あつめる 모으다
□	姉	あね 언니, 누나		□	以上	いじょう 이상
□	一度	いちど 한 번		□	糸	いと 실
□	色	いろ 색		□	歌	うた 노래
□	海	うみ 바다		□	営業	えいぎょう 영업
□	行う	おこなう 행하다		□	教える	おしえる 가르치다
□	押す	おす 누르다, 밀다		□	お姉さん	おねえさん 언니, 누나
□	親指	おやゆび 엄지		□	泳ぐ	およぐ 헤엄치다

か

□	会場	かいじょう 회장, 행사장		□	数える	かぞえる 세다
□	紙	かみ 종이		□	体	からだ 몸
□	軽い	かるい 가볍다		□	考える	かんがえる 생각하다
□	決まる	きまる 결정되다		□	区	く 구(행정구역 단위)
□	薬	くすり 약		□	暗い	くらい 어둡다
□	工事	こうじ 공사		□	心	こころ 마음
□	答える	こたえる 대답하다		□	今度	こんど 이번, 다음

さ

□ 最近	さいきん 최근	□ 最後	さいご 최후, 마지막
□ 出発	しゅっぱつ 출발	□ 女性	じょせい 여성
□ 白い	しろい 하얗다, 희다	□ 進む	すすむ 나아가다, 진행되다
□ 生産	せいさん 생산		

た

□ 足りない	たりない 모자르다, 부족하다	□ 近い	ちかい 가깝다
□ 地理	ちり 지리	□ 使う	つかう 사용하다
□ 着く	つく 도착하다	□ 都合	つごう 사정, 형편
□ 強い	つよい 강하다	□ 遠い	とおい 멀다
□ 特別だ	とくべつだ 특별하다		

な

□ 夏	なつ 여름	□ 習う	ならう 배우다
□ 二台	にだい 두 대	□ 入院	にゅういん 입원
□ 乗る	のる 타다		

memo

は

- □ 運ぶ　はこぶ 나르다, 옮기다
- □ 早い　はやい 빠르다
- □ 火　ひ 불
- □ 光る　ひかる 빛나다
- □ 引く　ひく 당기다
- □ 広い　ひろい 넓다
- □ 船　ふね 배
- □ 冬　ふゆ 겨울

ま

- □ 待つ　まつ 기다리다
- □ 持つ　もつ 들다, 가지다

や

- □ 野菜　やさい 채소
- □ 予習　よしゅう 예습
- □ 予報　よほう 예보

ら

- □ 利用　りよう 이용

memo

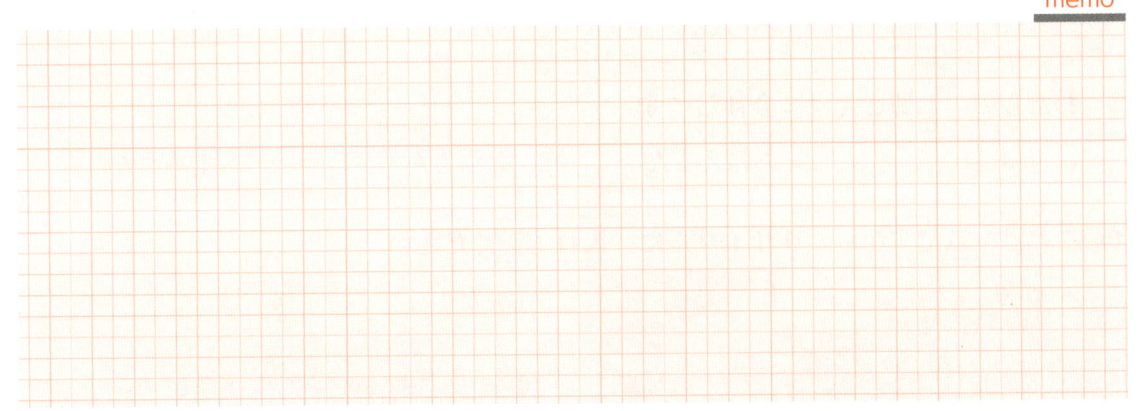

もんだい1 _____の ことばは ひらがなで どう かきますか。1・2・3・4から いちばん いい ものを ひとつ えらんで ください。

1 わたしは 地理より れきしの ほうが 好きです。
1 じり　　　　　2 ちり　　　　　3 じれい　　　　4 ちれい

2 この 色は とても きれいです。
1 いろ　　　　　2 しき　　　　　3 あじ　　　　　4 しょく

3 以上の ことを よく 考えて ください。
1 いじょう　　　2 いしょう　　　3 いじょ　　　　4 いしょ

4 まいあさ 歌を 歌って きぶんが よく なります。
1 か　　　　　　2 うだ　　　　　3 うたう　　　　4 うた

5 夏に なると 家族と 海へ 行きます。
1 かわ　　　　　2 かい　　　　　3 うみ　　　　　4 なみ

6 日曜日も お店は 営業して います。
1 えいぎん　　　2 えいぎょう　　3 えんぎょう　　4 えいこう

7 この イベントは 来週に 行います。
1 はこないます　2 おぎないます　3 おこないます　4 いきいます

8 ベルを 押して ください。
1 さして　　　　2 おろして　　　3 かして　　　　4 おして

9 わたしの お姉さんは 会社員です。
1 おあねさん　　2 おねえさん　　3 おねさん　　　4 およめさん

10 これは 紙ですから、リサイクルに 入れて ください。
1 かみ　　　　　2 し　　　　　　3 がみ　　　　　4 じ

답 1② 2① 3① 4④ 5③ 6② 7③ 8④ 9② 10①

2 기출어휘 확인문제 한자읽기

もんだい1 ＿＿＿＿の ことばは ひらがなで どう かきますか。1・2・3・4から いちばん いい ものを ひとつ えらんで ください。

1 体に 気を つけて ください。

1 からだ 　　　　2 がらだ 　　　　3 たい 　　　　4 だい

2 コンサートの 会場は 駅の 近くです。

1 がいじょう 　　2 かいちょう 　　3 かいじょう 　　4 かいしょ

3 人数を 数えて ください。

1 おしえて 　　　2 かんがえて 　　3 あえて 　　　4 かぞえて

4 この かばんは とても 軽いです。

1 おもい 　　　　2 かるい 　　　　3 ひろい 　　　4 うすい

5 よく 考えて 答えて ください。

1 かえて 　　　　2 おしえて 　　　3 かんがえて 　　4 かぞえて

6 旅行の 日が 決まりました。

1 あつまり 　　　2 きまり 　　　　3 とまり 　　　4 しまり

7 この 区には 図書館が あります。

1 くう 　　　　　2 こう 　　　　　3 く 　　　　　4 くち

8 頭が いたいので 薬を 飲みます。

1 くるり 　　　　2 くすり 　　　　3 くりす 　　　4 ぐすり

9 部屋が 少し 暗いですね。

1 ぐらい 　　　　2 くるしい 　　　3 うるさい 　　　4 くらい

10 工事の 音が うるさいです。

1 こうじょう 　　2 こうず 　　　　3 こうじ 　　　4 ごうじ

답 1① 2③ 3④ 4② 5③ 6② 7③ 8② 9④ 10③

もんだい1 　＿＿＿＿　の　ことばは　ひらがなで　どう　かきますか。1・2・3・4から
いちばん　いい　ものを　ひとつ　えらんで　ください。

1 この　しごとは　一度だけ　やります。
　　1　いちたび　　　　2　いちど　　　　　3　いちじ　　　　4　いっと

2 その　はなしを　聞いて　心が　あたたかく　なりました。
　　1　こころる　　　　2　ここら　　　　　3　こころ　　　　4　ここ

3 先生の　しつもんに　答えました。
　　1　たとえました　　2　こたえました　　3　きこえました　　4　おえました

4 最近　とても　忙しいです。
　　1　さいご　　　　　2　さいこう　　　　3　さいきん　　　　4　さいしん

5 今日が　最後の　じゅぎょうです。
　　1　さいあと　　　　2　さいご　　　　　3　ざいご　　　　　4　さいこう

6 あした、東京へ　出発します。
　　1　しゅっぱつ　　　2　しゅはつ　　　　3　しゅっぽつ　　　4　しゅつぱつ

7 この　店は　女性に　にんきです。
　　1　じょし　　　　　2　しょせい　　　　3　おんな　　　　　4　じょせい

8 今日は　空が　とても　白いです。
　　1　ひゃくい　　　　2　しらい　　　　　3　しろい　　　　　4　はくい

9 前に　進んで　ください。
　　1　あゆんで　　　　2　かんで　　　　　3　すすんで　　　　4　まなんで

10 お金が　足りないので　買えません。
　　1　おさない　　　　2　あぶない　　　　3　くだらない　　　4　たりない

답 1② 2③ 3② 4③ 5② 6① 7④ 8③ 9③ 10④

4 기출어휘 확인문제 한자읽기

もんだい1 _____ の ことばは ひらがなで どう かきますか。1・2・3・4から
いちばん いい ものを ひとつ えらんで ください。

1 駅は 家から とても 近いです。

1 とおい 　　　　 2 かるい 　　　　 3 ちかい 　　　　 4 おもい

2 この パソコンを 使って ください。

1 あらって 　　　 2 おわって 　　　 3 かえって 　　　 4 つかって

3 星が 空で 光って います。

1 ひろがって 　　 2 あらって 　　　 3 ひかって 　　　 4 はらって

4 都合が 悪いので 行けません。

1 つごう 　　　　 2 つうごう 　　　 3 すごう 　　　　 4 とごう

5 この 車は とても 強い エンジンです。

1 くるしい 　　　 2 よわい 　　　　 3 おもい 　　　　 4 つよい

6 冬は 雪が たくさん 降ります。

1 はる 　　　　　 2 なつ 　　　　　 3 あき 　　　　　 4 ふゆ

7 夏は 海で 泳ぎたいです。

1 なつ 　　　　　 2 ふゆ 　　　　　 3 なつう 　　　　 4 か

8 毎週 ピアノを 習って います。

1 うたって 　　　 2 ならって 　　　 3 はじまって 　　 4 あらって

9 親指で ボタンを 押します。

1 おやゆひ 　　　 2 おやゆび 　　　 3 おやし 　　　　 4おやじ

10 病気で 入院しました。

1 にゅうえん 　　 2 りゅういん 　　 3 りゅうえん 　　 4 にゅういん

답 1③ 2④ 3③ 4① 5④ 6④ 7① 8② 9② 10④

もんだい1 ＿＿＿＿　の　ことばは　ひらがなで　どう　かきますか。1・2・3・4から
いちばん　いい　ものを　ひとつ　えらんで　ください。

1 毎朝　電車に　乗ります。

　1　はります　　　　2　のります　　　3　かります　　　4　うります

2 この　バスは　とても　早いですね。

　1　くらい　　　　　2　うすい　　　　3　ふとい　　　　4　はやい

3 ギターを　引いて　います。

　1　さいて　　　　　2　たたいて　　　3　ひいて　　　　4　あいて

4 この　公園は　とても　広いです。

　1　ひろい　　　　　2　せまい　　　　3　くさい　　　　4　くろい

5 大きな　船が　港に　来ました。

　1　ふな　　　　　　2　ふだ　　　　　3　ふね　　　　　4　ふろ

6 家から　学校までは　遠いです。

　1　あかるい　　　　2　あかい　　　　3　ちかい　　　　4　とおい

7 この　かばんは　重くて　持つのが　大変です

　1　まつ　　　　　　2　かつ　　　　　3　もつ　　　　　4　たつ

8 子どもの　ころから　切手を　集めて　います。

　1　すすめて　　　　2　あつめて　　　3　つよめて　　　4　しずめて

9 スーパーで　野菜を　買いました。

　1　やさい　　　　　2　やいさい　　　3　やすい　　　　4　やざい

10 あしたの　じゅぎょうの　予習を　しました。

　1　じょしゅう　　　2　よしょう　　　3　よしゅう　　　4　しょしゅう

답 1② 2④ 3③ 4① 5③ 6④ 7③ 8② 9① 10③

もんだい1　＿＿＿＿　の　ことばは　ひらがなで　どう　かきますか。1・2・3・4から　いちばん　いい　ものを　ひとつ　えらんで　ください。

1 天気予報を　見てから　出かけます。
1　よぼ　　　　　　2　よほ　　　　　　3　よほう　　　　　4　よぼう

2 図書館を　利用します。
1　りいよ　　　　　2　りよう　　　　　3　りひょ　　　　　4　りよ

3 この　花は　とても　赤いです。
1　きれい　　　　　2　くさい　　　　　3　あかい　　　　　4　きたない

4 雨の日でも　自転車に　乗って　通勤します。
1　うって　　　　　2　かって　　　　　3　のって　　　　　4　もって

5 姉は　学生です。
1　あねえ　　　　　2　あね　　　　　　3　おね　　　　　　4　おねえ

6 今度　一緒に　食事しませんか。
1　こんど　　　　　2　こんと　　　　　3　こんとう　　　　4　いまど

7 火を　つけないで　ください。
1　ひい　　　　　　2　か　　　　　　　3　ひ　　　　　　　4　ほ

8 この　工場では　車を　生産して　います。
1　せいざん　　　　2　しょうさん　　　3　せさん　　　　　4　せいさん

9 駅に　着く　時間を　おしえて　ください。
1　いく　　　　　　2　つく　　　　　　3　とどく　　　　　4　はく

10 車が　二台　あります。
1　ふただい　　　　2　ふたたい　　　　3　にたい　　　　　4　にだい

답 1③　2②　3③　4③　5②　6①　7③　8④　9②　10④

❸ 한자읽기 기출어휘 2016-2020

あ

□ 青い	あおい 파랗다	□ 赤い	あかい 빨갛다
□ 秋	あき 가을	□ 味	あじ 맛
□ 洗う	あらう 씻다	□ 以外	いがい 이외
□ 意見	いけん 의견	□ 石	いし 돌
□ 糸	いと 실	□ 写す	うつす 베끼다, 찍다
□ 売れる	うれる 팔리다	□ 運転	うんてん 운전
□ 営業	えいぎょう 영업	□ 押す	おす 누르다, 밀다
□ 重い	おもい 무겁다	□ 親指	おやゆび 엄지

か

□ 顔	かお 얼굴	□ 数える	かぞえる 세다
□ 紙	かみ 종이	□ 考える	かんがえる 생각하다
□ 切手	きって 우표	□ 決まる	きまる 결정되다
□ 急行	きゅうこう 급행	□ 近所	きんじょ 근처
□ 空港	くうこう 공항	□ 薬	くすり 약
□ 雲	くも 구름	□ 暗い	くらい 어둡다
□ 経験	けいけん 경험	□ 研究	けんきゅう 연구
□ 工場	こうじょう 공장	□ 氷	こおり 얼음
□ 今度	こんど 이번, 다음		

さ

□ 最後	さいご 최후, 마지막	□ 寒い	さむい 춥다
□ 皿	さら 접시	□ 自転車	じてんしゃ 자전거
□ 住所	じゅうしょ 주소	□ 出発	しゅっぱつ 출발
□ 小説	しょうせつ 소설	□ 食堂	しょくどう 식당
□ 食料品	しょくりょうひん 식료품	□ 生産	せいさん 생산
□ 世界	せかい 세계		

た

□ 楽しい	たのしい 즐겁다	□ 足りる	たりる 충분하다
□ 地理	ちり 지리	□ 机	つくえ 책상
□ 都合	つごう 사정, 형편	□ 店員	てんいん 점원
□ 通る	とおる 지나다	□ 特別だ	とくべつだ 특별하다

な

□ 習う	ならう 배우다	□ 何枚	なんまい 몇 매, 몇 장
□ 日記	にっき 일기	□ 眠い	ねむい 졸리다
□ 眠る	ねむる 자다		

は

□ 春	はる 봄	□ 反対	はんたい 반대
□ 光る	ひかる 빛나다	□ 太い	ふとい 굵다
□ 不便だ	ふべんだ 불편하다		

ま

□ 港　　　みなと　항구

や

□ 夕方　　ゆうがた　저녁　　　　□ 用事　　ようじ　볼일, 용무

□ 予定　　よてい　예정　　　　　□ 弱い　　よわい　약하다

ら

□ 利用　　りよう　이용

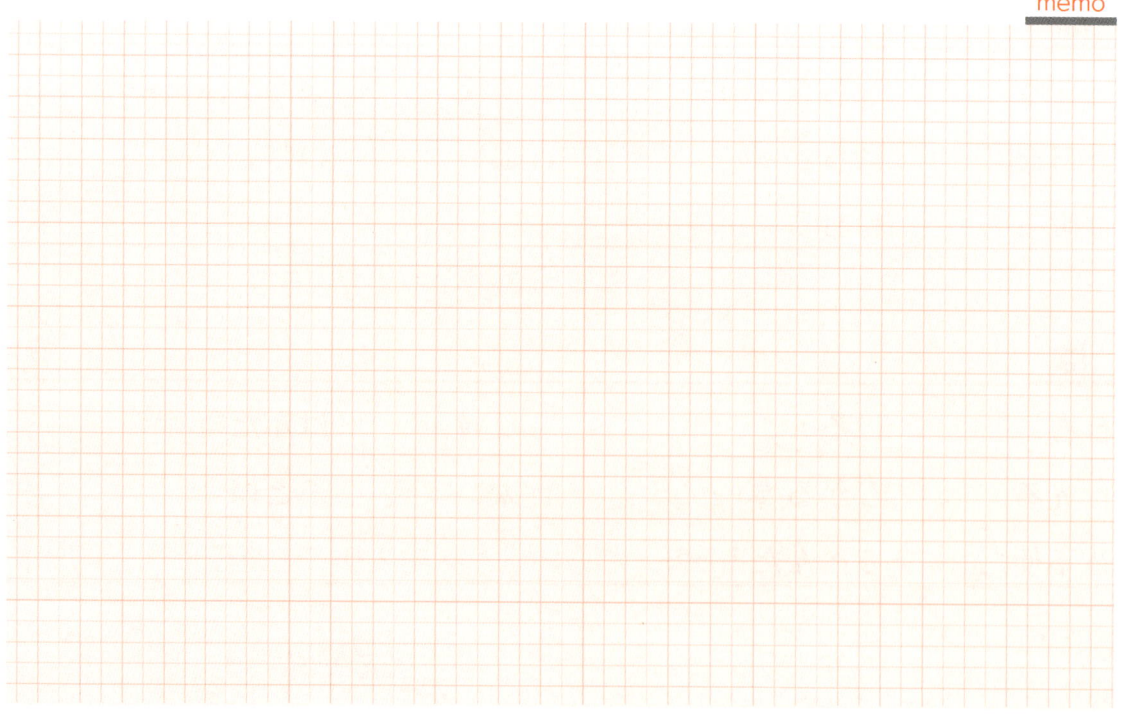

もんだい1 ＿＿＿＿ の ことばは ひらがなで どう かきますか。1・2・3・4から
いちばん いい ものを ひとつ えらんで ください。

1 夜空に 星が 光って います。

  1 さがって   2 ひかって   3 ならって   4 かよって

2 わたしの 言う ことを 最後まで 聞いて ください。

  1 さいご   2 さいごう   3 さいぞ   4 さいしょ

3 あの みせは 安いし、店員も しんせつです。

  1 ていいん   2 ていにん   3 てんにん   4 てんいん

4 きのうの パーティーは とても 楽しかった。

  1 うれしかった   2 すばらしかった   3 たのしかった   4 よろこばしかった

5 自転車で 買い物に 行きました。

  1 じとうしゃ   2 じどうしゃ   3 じてんしゃ   4 じでんしゃ

6 ハワイの 海は 青くて きれいです。

  1 あおくて   2 しろくて   3 ひろくて   4 ふかくて

7 わたしは この へんの 地理に 明るいです。

  1 じり   2 じいり   3 ちり   4 ちいり

8 赤い 糸で 人と 人が つながると 言われて います。

  1 いと   2 けい   3 いど   4 つな

9 右手の 親指で ボタンを 押した。

  1 おやあし   2 しんあし   3 おやゆび   4 しんゆび

10 こんな 寒さは いままで 経験した ことが ありません。

  1 きょうけん   2 きょうきょう   3 けいけん   4 けいきょう

답 1② 2① 3④ 4③ 5③ 6① 7③ 8① 9③ 10③

もんだい1 _____の　ことばは　ひらがなで　どう　かきますか。1・2・3・4から
いちばん　いい　ものを　ひとつ　えらんで　ください。

1 指で　10まで　数えて　ください。

1　おしえて 　　　 2　かぞえて 　　　 3　こたえて 　　　 4　つたえて

2 はぎわらさんは　運転が　じょうずです。

1　うんてん 　　　 2　うんでん 　　　 3　うんとう 　　　 4　うんどう

3 大学の　移転が　決まった。

1　たまった 　　　 2　しまった 　　　 3　とまった 　　　 4　きまった

4 あすの　何時なら　都合が　いいですか。

1　つこう 　　　 2　つごう 　　　 3　とこう 　　　 4　とごう

5 この　小説は　読みましたか。

1　きょせつ 　　　 2　きょうせつ 　　　 3　しょせつ 　　　 4　しょうせつ

6 それでは　わたしたちは　空港で　会いましょう。

1　こうく 　　　 2　こうくう 　　　 3　くこう 　　　 4　くうこう

7 わたしは　通勤に　バスを　利用して　います。

1　りよう 　　　 2　いよう 　　　 3　りよ 　　　 4　いよ

8 わたしは　さかなと　たまご　以外は　食べられます。

1　いがい 　　　 2　いそと 　　　 3　にがい 　　　 4　にそと

9 まいにち　日記を　書いて　ください。

1　にき 　　　 2　にちき 　　　 3　につき 　　　 4　にっき

10 重い　にもつを　2かいに　運びました。

1　かるい 　　　 2　おもい 　　　 3　あつい 　　　 4　うすい

답 1② 2① 3④ 4② 5④ 6④ 7① 8① 9④ 10②

もんだい1　＿＿＿の　ことばは　ひらがなで　どう　かきますか。1・2・3・4から　いちばん　いい　ものを　ひとつ　えらんで　ください。

1 じゅぎょうちゅう　とても　眠かった。

　1　あつかった　　　2　いたかった　　　3　さむかった　　　4　ねむかった

2 かいがんには　きれいな　石が　いっぱいです。

　1　あし　　　　　　2　いし　　　　　　3　あわ　　　　　　4　いわ

3 習った　ことを　すぐ　忘れて　しまいます。

　1　あらった　　　　2　わらった　　　　3　ならった　　　　4　もらった

4 へやの　なかは　暗くて　なにも　見えませんでした。

　1　くらくて　　　　2　ぐらくて　　　　3　あふなくて　　　4　あぶなくて

5 今度の　試合は　ぜひ　勝ちたいです。

　1　こんど　　　　　2　さんど　　　　　3　なんど　　　　　4　まいど

6 妹は　母に　顔が　にて　います。

　1　そら　　　　　　2　かお　　　　　　3　はな　　　　　　4　くち

7 むすめは　赤い　ふくを　きて　いる。

　1　しろい　　　　　2　あおい　　　　　3　くろい　　　　　4　あかい

8 これは　なんの　薬ですか。

　1　くせり　　　　　2　くすり　　　　　3　くさ　　　　　　4　くし

9 この　へんに　食料品を　売って　いる　みせは　ありませんか。

　1　しょくりょうひん　2　しょっりょうひん　3　しょくりょうぴん　4　しょっりょうぴん

10 この　問題に　ついて　すずきさんの　意見を　聞かせて　ください。

　1　いか　　　　　　2　いし　　　　　　3　いけん　　　　　4　いみ

답 1④　2②　3③　4①　5①　6②　7④　8②　9①　10③

もんだい1 ＿＿＿＿＿の ことばは ひらがなで どう かきますか。1・2・3・4から いちばん いい ものを ひとつ えらんで ください。

1 わたしは 夏より 秋の ほうが 好きです。

　　1 はる　　　　　　2 なつ　　　　　　3 あき　　　　　4 ふゆ

2 姉は 大学院で ほうりつを 研究して います。
　　　　だいがくいん

　　1 けんきゅ　　　2 けんぎゅ　　　3 けんきゅう　　　4 けんぎゅう

3 かれは 港で はたらいて います。

　　1 やま　　　　　2 みなと　　　　3 はたけ　　　　4 うみ

4 近所に 大きい スーパーが できました。

　　1 きんじょ　　　2 きんじょう　　3 きんしょ　　　4 きんしょう

5 時間が 足りなかったので、食堂へは 行きませんでした。
　　じかん

　　1 こりなかった　2 かりなかった　3 たりなかった　4 おりなかった

6 急行に 乗れば、夕方には 東京に 着きます。
　　　　　　　　　　ゆうがた　　とうきょう　　つ

　　1 きゅこ　　　　2 きゅうこ　　　3 きゅこう　　　4 きゅうこう

7 にもつが 予定より 1日 はやく とどきました。

　　1 よてい　　　　2 よでい　　　　3 よしょう　　　4 よじょう

8 お皿は 何枚 ひつようですか。
　　さら

　　1 なんばい　　　2 なんまい　　　3 なんぼん　　　4 なんさつ

9 その ひこうきは 1時間 おくれて 出発した。
　　　　　　　　　　じかん

　　1 でっぱつ　　　2 でっはつ　　　3 しゅっぱつ　　　4 しゅうはつ

10 子どもは 氷の うえで すべって ころびました。

　　1 かおり　　　　2 こおり　　　　3 こめ　　　　4 まめ

1 ③ 2 ③ 3 ② 4 ① 5 ③ 6 ④ 7 ① 8 ② 9 ③ 10 ②

11 기출어휘 확인문제 한자읽기

もんだい1 ＿＿＿＿の ことばは ひらがなで どう かきますか。1・2・3・4から いちばん いい ものを ひとつ えらんで ください。

1 ここに <u>住所</u>と ^{な まえ}名前を 書いて ください。

1 しゅうしょ　　2 じゅうしょ　　3 しゅうそ　　4 じゅうそ

2 この <u>工場</u>では とくべつな きかいを つくって います。

1 こんじょ　　2 こんじょう　　3 こうじょ　　4 こうじょう

3 にしの そらに くろい <u>雲</u>が 出て います。

1 はし　　2 にわ　　3 かべ　　4 くも

4 その みせは 10時から 7時まで <u>営業</u>して います。

1 えいご　　2 えいぎょう　　3 えんご　　4 えんぎょう

5 ひるは 会社の 近くの <u>食堂</u>で 食べます。

1 しょくば　　2 しょくじょ　　3 しょくどう　　4 しょくじょう

6 この ジュースは やさいの <u>味</u>が します。

1 かべ　　2 あじ　　3 にわ　　4 はし

7 いなかの ^{せいかつ}<u>生活</u>は 車が ないと <u>不便</u>です。

1 へんり　　2 べんり　　3 ふへん　　4 ふべん

8 ^{きょねん}<u>去年</u>の <u>春</u>、そつぎょうしきが ^お<u>終</u>わってから 日本へ 来ました。

1 ふゆ　　2 あき　　3 なつ　　4 はる

9 いくら <u>考えても</u> ^{こた}答えが わからなかった。

1 おぼえても　　2 かんがえても　　3 つたえても　　4 まちがえても

10 わたしは 古い <u>切手</u>を あつめて います。

1 きって　　2 きいて　　3 きりて　　4 きるて

답 1② 2④ 3④ 4② 5③ 6② 7④ 8④ 9② 10①

한자읽기 기출어휘 2000-2015

あ

□ 青い	あおい 파랗다	□ 明るい	あかるい 밝다
□ 秋	あき 가을	□ 開ける	あける 열다
□ 味	あじ 맛	□ 頭	あたま 머리
□ 暑い	あつい 덥다	□ 暑さ	あつさ 더위
□ 集まる	あつまる 모이다	□ 姉	あね 언니, 누나
□ 歩く	あるく 걷다	□ 安心	あんしん 안심
□ 以外	いがい 이외	□ 池	いけ 연못
□ 意見	いけん 의견	□ 石	いし 돌
□ 医者	いしゃ 의사	□ 急ぐ	いそぐ 서두르다
□ 一度	いちど 한 번	□ 妹	いもうと 여동생
□ 色	いろ 색	□ 動く	うごく 움직이다
□ 歌	うた 노래	□ 歌う	うたう 노래를 부르다
□ 写す	うつす 베끼다, 찍다	□ 海	うみ 바다
□ 売る	うる 팔다	□ 運動	うんどう 운동
□ 営業	えいぎょう 영업	□ 英語	えいご 영어
□ 起きる	おきる 일어나다	□ 送る	おくる 보내다
□ お正月	おしょうがつ 양력설	□ 重い	おもい 무겁다
□ 泳ぐ	およぐ 헤엄치다	□ 終わる	おわる 끝나다
□ 音楽	おんがく 음악		

か

□ 会場	かいじょう 회장, 행사장	□ 帰る	かえる 돌아가다
□ 火事	かじ 화재	□ 貸す	かす 빌려주다
□ 風	かぜ 바람	□ 家族	かぞく 가족
□ 方	かた 분	□ 通う	かよう 다니다
□ 体	からだ 몸	□ 軽い	かるい 가볍다
□ 代わり	かわり 대신	□ 考える	かんがえる 생각하다
□ 北区	きたく 기타구(지명)	□ 気分	きぶん 기분
□ 決まる	きまる 결정되다	□ 着物	きもの 옷, 일본 전통 의상
□ 急に	きゅうに 급히, 갑자기	□ 教室	きょうしつ 교실
□ 去年	きょねん 작년	□ 銀行	ぎんこう 은행
□ 近所	きんじょ 근처	□ 薬	くすり 약
□ 首	くび 목	□ 暗い	くらい 어둡다
□ 黒い	くろい 검다, 까맣다	□ 計画	けいかく 계획
□ 経験	けいけん 경험	□ 県	けん 현(일본의 행정구역)
□ 研究	けんきゅう 연구	□ 公園	こうえん 공원
□ 工場	こうじょう 공장	□ 声	こえ (목)소리
□ 氷	こおり 얼음	□ 答える	こたえる 대답하다
□ 今度	こんど 이번, 다음		

さ

□ 産業	さんぎょう 산업	□ 試合	しあい 시합
□ 仕事	しごと 일, 업무	□ 質問	しつもん 질문
□ 自転車	じてんしゃ 자전거	□ 品物	しなもの 물건
□ 死ぬ	しぬ 죽다	□ 市民	しみん 시민

□ 社会	しゃかい 사회	□ 出発	しゅっぱつ 출발
□ 小説	しょうせつ 소설	□ 食堂	しょくどう 식당
□ 食料品	しょくりょうひん 식료품	□ 知る	しる 알다
□ 人口	じんこう 인구	□ 親切だ	しんせつだ 친절하다
□ 新聞社	しんぶんしゃ 신문사	□ 水道	すいどう 수도
□ 好きだ	すきだ 좋아하다	□ 少し	すこし 조금
□ 進む	すすむ 나아가다, 진행되다	□ 西洋	せいよう 서양
□ 世界	せかい 세계	□ 説明	せつめい 설명
□ 世話	せわ 도와줌, 보살핌	□ 祖母	そぼ 조모, 할머니

た

□ 大使館	たいしかん 대사관	□ 台所	だいどころ 부엌
□ 建物	たてもの 건물	□ 楽しい	たのしい 즐겁다
□ 足りる	たりる 충분하다	□ 力	ちから 힘
□ 茶色	ちゃいろ 갈색	□ 注意	ちゅうい 주의
□ 中止	ちゅうし 중지	□ 地理	ちり 지리
□ 着く	つく 도착하다	□ 都合	つごう 사정, 형편
□ 強い	つよい 강하다	□ 手紙	てがみ 편지
□ 店員	てんいん 점원	□ 遠い	とおい 멀다
□ 遠く	とおく 멀리	□ 通る	とおる 지나다
□ 都会	とかい 도시	□ 特別だ	とくべつだ 특별하다
□ 図書館	としょかん 도서관	□ 特急	とっきゅう 특급
□ 止まる	とまる 멈추다	□ 鳥	とり 새

な

☐ 夏	なつ 여름	☐ 二台	にだい 2대, 두 대
☐ 日記	にっき 일기	☐ 乗る	のる 타다

は

☐ 運ぶ	はこぶ 나르다, 옮기다	☐ 始める	はじめる 시작하다
☐ 場所	ばしょ 장소	☐ 走る	はしる 달리다
☐ 働く	はたらく 일하다	☐ 発音	はつおん 발음
☐ 花	はな 꽃	☐ 春	はる 봄
☐ 早く	はやく 일찍, 빨리	☐ 光	ひかり 빛
☐ 光る	ひかる 빛나다	☐ 低い	ひくい 낮다
☐ 病院	びょういん 병원	☐ 昼	ひる 낮
☐ 広い	ひろい 넓다	☐ 服	ふく 옷
☐ 不便だ	ふべんだ 불편하다	☐ 冬	ふゆ 겨울
☐ 古い	ふるい 낡다, 오래되다	☐ 文	ぶん 문장
☐ 文学	ぶんがく 문학	☐ 勉強	べんきょう 공부

ま

☐ 毎朝	まいあさ 매일 아침	☐ 町	まち 도시, 마을
☐ 待つ	まつ 기다리다	☐ 間に合う	まにあう 시간에 맞추다
☐ 短い	みじかい 짧다	☐ 港	みなと 항구
☐ 村	むら 마을	☐ 目	め 눈
☐ 持つ	もつ 들다, 가지다	☐ 森	もり 숲
☐ 門	もん 문		

や

- □ 野菜　　やさい　채소
- □ 有名だ　ゆうめいだ　유명하다
- □ 予定　　よてい　예정
- □ 弱い　　よわい　약하다
- □ 夕方　　ゆうがた　저녁
- □ 洋服　　ようふく　양복, 옷
- □ 夜　　　よる　밤

ら

- □ 旅行　　りょこう　여행

わ

- □ 別れる　わかれる　헤어지다
- □ 悪い　　わるい　나쁘다

memo

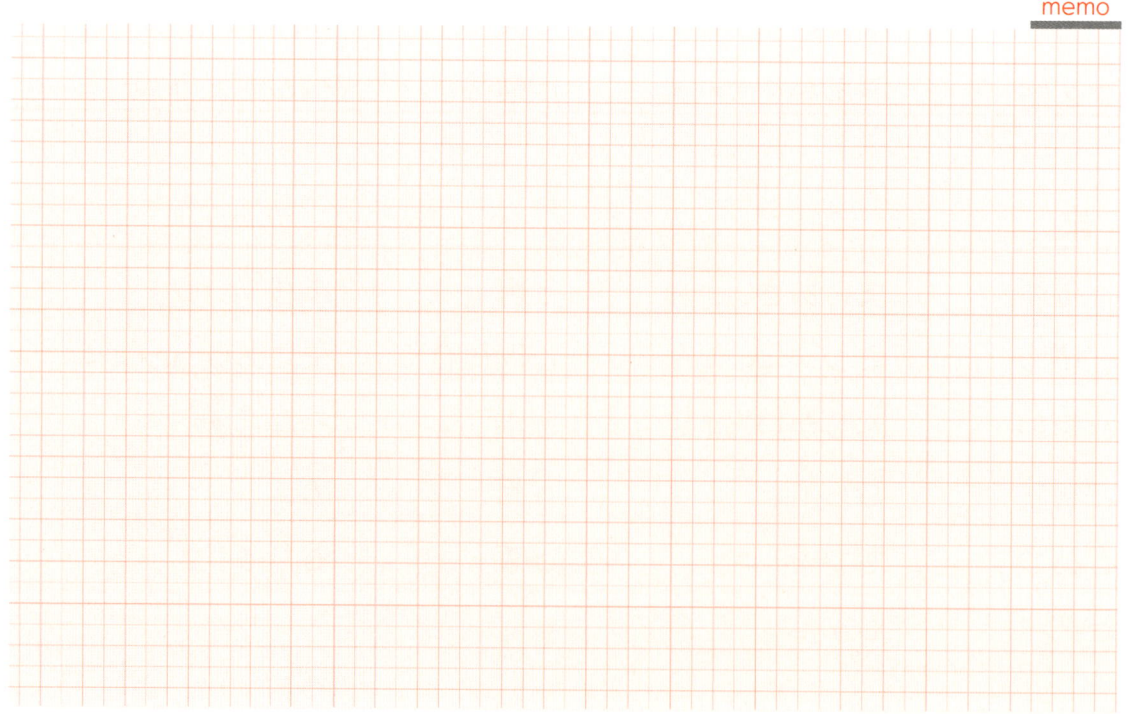

もんだい1 ＿＿＿＿の ことばは ひらがなで どう かきますか。1・2・3・4から
いちばん いい ものを ひとつ えらんで ください。

1 子どもの 試合は ぜひ 見たいです。
　　1 しあい　　　　2 じあい　　　　3 じゃい　　　　4 しゃい

2 今からでも 6時の 電車に 間に合うでしょうか。
　　1 まにあう　　　2 まにやう　　　3 まにおう　　　4 まによう

3 この まちの 人口は 去年より すくなく なりました。
　　1 さくねん　　　2 さっねん　　　3 きょねん　　　4 きょうねん

4 子どもが 安心して あそべる こうえんが ほしい。
　　1 あんでい　　　2 あんてい　　　3 あんじん　　　4 あんしん

5 そふは いぬと 鳥が 好きでした。
　　1 もり　　　　　2 うま　　　　　3 とり　　　　　4 しま

6 あの 建物は 何ですか。
　　1 おくりもの　　　2 たてもの　　　3 しなもの　　　4 くだもの

7 雨が ふりそうな 天気ですから、急いで 帰りましょう。
　　1 いそいで　　　2 およいで　　　3 さわいで　　　4 はやいで

8 子どもは 魚が 泳いで いるのを 見て います。
　　1 えいで　　　　2 かいで　　　　3 およいで　　　4 さわいで

9 かれは しけんの ために 勉強の 計画を 立てた。
　　1 けいかく　　　2 けいがく　　　3 けいか　　　　4 けいが

10 きのう 図書館で ほんを 借りました。
　　1 とうしょっかん　2 とうしょこあん　3 としょっかん　　4 としょかん

もんだい1 　　　　　の　ことばは　ひらがなで　どう　かきますか。1・2・3・4から
いちばん　いい　ものを　ひとつ　えらんで　ください。

1 もりの　なかを　歩くのが　好きです。
1 あるく　　　　　2 つづく　　　　　3 いく　　　　　4 つく

2 そらが　きゅうに　暗く　なりました。
1 くろく　　　　　2 くらく　　　　　3 あかく　　　　　4 あおく

3 子どもたちは　公園で　あそんで　います。
1 こういん　　　　2 こうえん　　　　3 こうにん　　　　4 こうねん

4 わたしは　仕事を　さがして　います。
1 じこと　　　　　2 じけん　　　　　3 しじ　　　　　4 しごと

5 わたしは　毎朝　7時に　起きます。
1 あきます　　　　2 おきます　　　　3 かきます　　　　4 さきます

6 うちの　テレビは　古いので、よく　こしょうします。
1 くろい　　　　　2 ひろい　　　　　3 ふるい　　　　　4 やすい

7 ちゅうしゃする　場所が　ありません。
1 ばしょ　　　　　2 ばしょう　　　　3 じょうしょ　　　　4 じょうしょう

8 やまだくんは　学校まで　走って　いきました。
1 かよって　　　　2 はしって　　　　3 わたって　　　　4 のぼって

9 世界で　いちばん　高い　やまは　なにか　知って　いますか。
1 よかい　　　　　2 よけい　　　　　3 せかい　　　　　4 せけい

10 この　まちは　最近　人口が　ふえました。
1 にんこ　　　　　2 じんこ　　　　　3 にんこう　　　　4 じんこう

답　1① 2② 3② 4④ 5② 6③ 7① 8② 9③ 10④

もんだい1 ＿＿＿＿＿の ことばは ひらがなで どう かきますか。1・2・3・4から
いちばん いい ものを ひとつ えらんで ください。

1 じゅぎょうの あとで 生徒たちから 質問を 受けた。

1 しすもん　　　2 しつもん　　　3 ひすもん　　　4 ひつもん

2 となりの 部屋から 人の 声が 聞こえます。

1 おと　　　　2 おん　　　　3 こえ　　　　4 せい

3 きみの 代わりに ぼくが 行きます。

1 かわり　　　2 おわり　　　3 おかわり　　　4 かかわり

4 わたしは 運動が あまり 好きでは ありません。

1 うんてん　　　2 うんでん　　　3 うんとう　　　4 うんどう

5 学生たちは 先生の まわりに 集まった。

1 きまった　　　2 あつまった　　　3 とまった　　　4 はじまった

6 きょうは 姉が 駅まで むかえに きて くれた。

1 いもうと　　　2 おとうと　　　3 あね　　　　4 あに

7 パスポートを なくさない ように 注意して ください。

1 ちゅうい　　　2 しゅうい　　　3 しゅい　　　　4 ちゅい

8 その ことは もう一度 考えて みましょう。

1 かんがえて　　　2 おぼえて　　　3 こたえて　　　4 おしえて

9 高い やまは むりだけれど、低い やまなら のぼれる。

1 あさい　　　2 ひくい　　　3 まるい　　　4 かたい

10 わたしは 午後 銀行に 行く 予定です。

1 きんこ　　　2 ぎんこ　　　3 きんこう　　　4 ぎんこう

답 1② 2③ 3① 4④ 5② 6③ 7① 8① 9② 10④

もんだい1　_____の　ことばは　ひらがなで　どう　かきますか。1・2・3・4から
いちばん　いい　ものを　ひとつ　えらんで　ください。

1 毎朝　シャワーを　あびてから　ごはんを　食べます。
　　1　まいあさ　　　　2　まいしゅう　　　3　まいつき　　　4　まいばん

2 ハンカチは　どこで　売って　いますか。
　　1　まって　　　　　2　うって　　　　　3　かって　　　　4　とって

3 妹は　外国に　行こうと　して　います。
　　1　あに　　　　　　2　あね　　　　　　3　いもと　　　　4　いもうと

4 さきほど、東海地方に　弱い　じしんが　ありました。
　　1　ふかい　　　　　2　よわい　　　　　3　あさい　　　　4　わるい

5 旅行の　計画を　立てるのが　楽しいです。
　　1　りょうごう　　　2　りょうこう　　　3　りょこう　　　4　りょごう

6 しごとが　終わったら　ビールを　飲みに　いきましょう。
　　1　おわったら　　　2　まわったら　　　3　かわったら　　　4　さわったら

7 大学を　そつぎょうして　社会に　出た。
　　1　しゃがい　　　　2　かいしゃ　　　　3　しゃかい　　　4　がいしゃ

8 電車が　通ると　この　家は　ゆれます。
　　1　わたる　　　　　2　おりる　　　　　3　すぎる　　　　4　とおる

9 おんがくの　教室は　どこですか。
　　1　ぎょうしつ　　　2　ぎょしつ　　　　3　きょうしつ　　　4　きょしつ

10 事故が　どのように　して　起こったのか　けいさつに　説明した。
　　1　せちめ　　　　　2　せちめい　　　　3　せつめ　　　　4　せつめい

답 1① 2② 3④ 4② 5③ 6① 7③ 8④ 9③ 10④

もんだい1 　＿＿＿＿　の　ことばは　ひらがなで　どう　かきますか。1・2・3・4から
いちばん　いい　ものを　ひとつ　えらんで　ください。

1 わたしは　バスで　大学に　<u>通って</u>　います。
　　1　かゆって　　　　2　かよって　　　　3　とうって　　　　4　とおって

2 わたしが　子どもの　<u>世話</u>を　しますから　安心して　ください。
　　1　せいはなし　　　2　せはなし　　　　3　せわ　　　　　　4　せいわ

3 <u>早く</u>　かえして　ください。
　　1　はやく　　　　　2　なるべく　　　　3　しばらく　　　　4　おそく

4 たなかさんの　せんもんは　日本の　<u>文学</u>です。
　　1　かがく　　　　　2　ぶんがく　　　　3　おんがく　　　　4　いがく

5 午前_{ごぜん}　9時から　午後_{ごご}　6時まで　<u>働きます</u>。
　　1　うごきます　　　2　かわきます　　　3　つづきます　　　4　はたらきます

6 しりょうを　メールで　<u>送って</u>　ください。
　　1　おくって　　　　2　やって　　　　　3　とって　　　　　4　おこって

7 土曜日も　日曜日も　<u>天気</u>が　<u>悪くて</u>　どこへも　行けなかった。
　　1　いたくて　　　　2　ひどくて　　　　3　わるくて　　　　4　おかしくて

8 <u>夕方</u>、みちで　かのじょに　会いました。
　　1　ゆうかた　　　　2　ゆうがた　　　　3　ゆうほう　　　　4　ゆうぼう

9 <u>海</u>から　強い　風が　ふいて　きました。
　　1　いけ　　　　　　2　うみ　　　　　　3　はし　　　　　　4　まち

10 母は　<u>病院</u>に　にゅういんして　います。
　　1　びょき　　　　　2　びょうき　　　　3　びょいん　　　　4　びょういん

답 1② 2③ 3① 4② 5④ 6① 7③ 8② 9② 10④

02 もんだい2 **표기** 공략하기

1 문제 유형 완전 분석

표기는 히라가나로 된 단어의 한자 표기를 묻는 형식으로, 다섯 문제가 나온다.

예시

もんだい2 ＿＿＿の ことばは どう かきますか。1・2・3・4から いちばん いいものを ひとつ えらんで ください。

1 会社は いえから すこし とおいです。

✓ 遠い　　　　2 近い　　　　3 広い　　　　4 狭い

해석 　회사는 집에서 조금 멉니다.

해설 　밑줄 친 とおい는 '멀다'라는 의미의 い형용사이다. とおい는 遠い라고 쓰므로 정답은 1번이다.

단어 　会社^{かいしゃ} 매일 아침　いえ 집　すこし 조금　遠^{とお}い 멀다

② 표기 기출어휘 2021-2025

あ

□ あかい	赤い 빨갛다	□ あかるい	明るい 밝다
□ あさ	朝 아침	□ あじ	味 맛
□ あつい	暑い 덥다	□ あに	兄 형, 오빠
□ いか	以下 이하	□ いもうと	妹 여동생
□ うごく	動く 움직이다	□ うんてん	運転 운전
□ うんどう	運動 운동	□ えいが	映画 영화
□ えいぎょう	営業 영업	□ おくじょう	屋上 옥상
□ おと	音 소리	□ おとうと	弟 남동생
□ おもい	重い 무겁다	□ おわる	終わる 끝나다

か

□ かえる	帰る 돌아가다	□ かんがえる	考える 생각하다
□ きまる	決まる 결정되다	□ くうこう	空港 공항
□ けいけん	経験 경험	□ こうじょう	工場 공장
□ こうつう	交通 교통		

さ

□ さむい　　寒い 춥다　　　　□ しめる　　閉める 닫다

□ しょくどう 食堂 식당　　　　□ じょせい　女性 여성

□ しらべる　調べる 조사하다　　□ しろい　　白い 하얗다, 희다

□ しんせつだ 親切だ 친절하다　　□ せつめい　説明 설명

た

□ つくる　　作る 만들다　　　　□ とおい　　遠い 멀다

□ とくべつだ 特別だ 특별하다

な

□ にっき　　日記 일기　　　　　□ にゅういん 入院 입원

memo

は

- □ はこぶ　　運ぶ 나르다, 옮기다
- □ はしる　　走る 달리다
- □ はんたい　反対 반대
- □ ふね　　　船 배

ま

- □ まつ　　　待つ 기다리다

や

- □ ゆうはん　夕飯 저녁밥
- □ よる　　　夜 밤
- □ よわい　　弱い 약하다

memo

もんだい2 ＿＿＿＿の ことばは どう かきますか。1・2・3・4から いちばん いい ものを ひとつ えらんで ください。

1 あかい ドレスを 着て いる 人は だれですか。
1 赤い　　　　2 明い　　　　3 朱い　　　　4 紅い

2 あさは 少し さむかったので、コートを 着て 学校へ 行きました。
1 潮　　　　2 朝　　　　3 昼　　　　4 夜

3 今日は とても あつかったので、一日中 エアコンを つけました。
1 暑かった　　　2 扱かった　　　3 熱かった　　　4 厚かった

4 あには まいあさ 7時に 家を 出て、会社へ 行きます。
1 妹　　　　2 姉　　　　3 弟　　　　4 兄

5 この へやは 5人いかなら 使うことが できます。
1 以外　　　　2 以下　　　　3 以上　　　　4 以内

6 わたしの いもうとは 今年 中学生に なります。
1 夫　　　　2 姉　　　　3 妹　　　　4 姑

7 この ロボットは ボタンを 押すと うごくように 作られて います。
1 移く　　　　2 働く　　　　3 動く　　　　4 走く

8 まいにち うんどうを するように して います。
1 運転　　　　2 運働　　　　3 運動　　　　4 運勢

9 しゅうまつに かぞくと えいがを 見に 行きました。
1 映画　　　　2 動画　　　　3 画映　　　　4 映像

10 この へやは そとの おとが よく 聞こえて うるさいです。
1 声　　　　2 歌　　　　3 話　　　　4 音

답 1① 2② 3① 4④ 5② 6③ 7③ 8③ 9① 10④

もんだい2 ＿＿＿＿ の　ことばは　どう　かきますか。1・2・3・4から　いちばん
　　　　　　 いい　ものを　ひとつ　えらんで　ください。

1 おとうとは　サッカーを　したり、バドミントンを　したり　します。

　1　兄　　　　　　　　2　弟　　　　　　　　3　伯　　　　　　　　4　妹

2 この　かばんは　とても　おもいので、ながく　持つのは　たいへんです。

　1　厚い　　　　　　　2　強い　　　　　　　3　重い　　　　　　　4　濃い

3 雨が　降って　きたので、家へ　かえることに　しました。

　1　帰る　　　　　　　2　送る　　　　　　　3　返る　　　　　　　4　通る

4 みんなの　意見を　聞いて、やっと　新しい　ルールが　きまるようです。

　1　止まる　　　　　　2　閉まる　　　　　　3　始まる　　　　　　4　決まる

5 友だちと　くうこうまで　いっしょに　行って、お別れの　あいさつを　しました。

　1　空工　　　　　　　2　空高　　　　　　　3　空港　　　　　　　4　空道

6 旅行で　いろいろな　国へ　行った　ことは　よい　けいけんに　なりました。

　1　経験　　　　　　　2　経見　　　　　　　3　軽験　　　　　　　4　体験

7 わたしは　こうじょうで　はたらいて　います。

　1　工地　　　　　　　2　工事　　　　　　　3　工場　　　　　　　4　工夫

8 この　町は　こうつうが　とても　便利です。

　1　交道　　　　　　　2　交通　　　　　　　3　道路　　　　　　　4　信号

9 今日は　とても　さむいので、厚い　コートを　着ました。

　1　涼い　　　　　　　2　冷い　　　　　　　3　凍い　　　　　　　4　寒い

10 出かける　ときは、まどを　しめるのを　忘れないで　ください。

　1　閉める　　　　　　2　止める　　　　　　3　消める　　　　　　4　消める

답 1② 2③ 3① 4④ 5③ 6① 7③ 8② 9④ 10①

もんだい２ 　＿＿＿＿　の　ことばは　どう　かきますか。１・２・３・４から　いちばん
　　　　　　いい　ものを　ひとつ　えらんで　ください。

1 昼ごはんは　会社の　しょくどうで　食べる　ことが　多いです。

　　1　食堂　　　　　　　2　食童　　　　　　　3　食道　　　　　　　4　食道

2 先生の　せつめいが　わかりやすかったので、すぐ　理解^{りかい}できました。

　　1　説名　　　　　　　2　設明　　　　　　　3　説明　　　　　　　4　設命

3 わからないことが　あったら、すぐに　インターネットで　しらべると　いいです。

　　1　調べる　　　　　　2　知べる　　　　　　3　究べる　　　　　　4　験べる

4 ゆきが　たくさん　降って、しろい　せかいに　なりました。

　　1　青い　　　　　　　2　赤い　　　　　　　3　黒い　　　　　　　4　白い

5 母は　わたしに　しんせつな　人に　なりなさいと　言いました。

　　1　新切　　　　　　　2　親切　　　　　　　3　新功　　　　　　　4　親功

6 この　店は　じょせいの　お客さんが　とても　多いです。

　　1　女姓　　　　　　　2　女声　　　　　　　3　女性　　　　　　　4　女子

7 父は　会社で　パソコンの　プログラムを　つくる　仕事を　して　います。

　　1　触る　　　　　　　2　作る　　　　　　　3　送る　　　　　　　4　入る

8 今日は　わたしの　誕生日^{たんじょうび}なので、いえで　とくべつな　りょうりを　食べました。

　　1　特定　　　　　　　2　特別　　　　　　　3　待定　　　　　　　4　待別

9 まいにち　にっきを　書くと、日本語が　上手に　なりますよ。

　　1　日記　　　　　　　2　日己　　　　　　　3　日起　　　　　　　4　日誌

10 病気が　ひどく　なって、にゅういんする　ことに　なりました。

　　1　人院　　　　　　　2　入門　　　　　　　3　入室　　　　　　　4　入院

　　　　　　　　　　　　　　　답 1① 2③ 3① 4④ 5② 6③ 7② 8② 9① 10④

20 기출어휘 확인문제 표기

もんだい2 ＿＿＿＿＿の ことばは どう かきますか。1・2・3・4から いちばん いい ものを ひとつ えらんで ください。

1 にもつを 車に はこぶとき、ふたりで 持った ほうが 安全です。

1 学ぶ 　　　　 2 呼ぶ 　　　　 3 運ぶ 　　　　 4 飛ぶ

2 まいあさ 公園を はしる 人が たくさん います。

1 走る 　　　　 2 並る 　　　　 3 歩る 　　　　 4 起る

3 しゅうまつに 友だちと ふねに 乗って 海を 見に 行きました。

1 港 　　　　 2 船 　　　　 3 輪 　　　　 4 車

4 えきの まえで 30分も 友だちを まつことに なりました。

1 待つ 　　　　 2 経つ 　　　　 3 勝つ 　　　　 4 持つ

5 よるは 家族と いっしょに ごはんを 食べます。

1 昼 　　　　 2 夕 　　　　 3 晩 　　　　 4 夜

6 この いすは 古くて 足が よわいので、気を つけて ください。

1 弱い 　　　　 2 強い 　　　　 3 軽い 　　　　 4 細い

7 わたしは その 意見に はんたいです。もっと 考える ひつようが あります。

1 反抗 　　　　 2 返対 　　　　 3 反対 　　　　 4 反発

8 あには まいにち くるまを うんてんして 会社へ 行って います。

1 運送 　　　　 2 運転 　　　　 3 運行 　　　　 4 運働

9 たのしい 時間が すぐに おわるので、少し さびしい きもちに なります。

1 済わる 　　　　 2 完わる 　　　　 3 閉わる 　　　　 4 終わる

10 この りょうりは 外国人が 好きな あじなので、旅行客に 人気が ある。

1 未 　　　　 2 味 　　　　 3 口 　　　　 4 昧

답 1③ 2① 3② 4① 5④ 6① 7③ 8② 9④ 10②

③ 표기 기출어휘 2016-2020

あ

□ あおい	青い 파랗다	□ あかい	赤い 빨갛다
□ あつまる	集まる 모이다	□ あらう	洗う 씻다
□ あるく	歩く 걷다	□ いしゃ	医者 의사
□ うごく	動く 움직이다	□ うる	売る 팔다
□ えいぎょう	営業 영업	□ おくじょう	屋上 옥상

か

□ かす	貸す 빌려주다	□ かるい	軽い 가볍다
□ きこく	帰国 귀국	□ くらい	暗い 어둡다
□ くろい	黒い 검다	□ けいかく	計画 계획
□ けいけん	経験 경험	□ こうつう	交通 교통
□ こえ	声 (목)소리	□ こおり	氷 얼음

さ

□ しあい	試合 시합	□ しつもん	質問 질문
□ しゅっぱつ	出発 출발	□ しょくりょうひん	食料品 식료품
□ しらべる	調べる 조사하다	□ すきだ	好きだ 좋아하다
□ すすむ	進む 나아가다, 진행되다	□ せつめい	説明 설명

た

- □ たてる　　　**建てる** 세우다
- □ とおい　　　**遠い** 멀다
- □ とじる　　　**閉じる** 닫다
- □ ちゅうい　　**注意** 주의
- □ とくべつだ　**特別だ** 특별하다
- □ とり　　　　**鳥** 새

な

- □ なつ　　　　**夏** 여름
- □ にっき　　　**日記** 일기
- □ ならう　　　**習う** 배우다
- □ ねむい　　　**眠い** 졸리다

は

- □ ばしょ　　　　**場所** 장소
- □ ひるごはん　　**昼ご飯** 점심밥
- □ はやし　　　**林** 숲
- □ べんりだ　　**便利だ** 편리하다

や

- □ やさい　　　**野菜** 채소
- □ よてい　　　**予定** 예정
- □ ゆき　　　　**雪** 눈
- □ よる　　　　**夜** 밤

ら

- □ りょうり　　**料理** 요리
- □ りょかん　　**旅館** 여관

もんだい2 _____ の ことばは どう かきますか。1・2・3・4から いちばん いい ものを ひとつ えらんで ください。

1 しつもんが あれば、てを あげて ください。

1 質問　　　　2 質門　　　　3 質聞　　　　4 質間

2 新しい ことばは こえを だして 読むと おぼえやすいです。

1 声　　　　2 売　　　　3 音　　　　4 昔

3 目を とじて おんがくを きいて います。

1 門じて　　　　2 閉じて　　　　3 問じて　　　　4 聞じて

4 その ホテルの 工事は 10月に おわる よていです。

1 予定　　　　2 子定　　　　3 予正　　　　4 子正

5 きょう 見た 映画の ことを にっきに 書きました。

1 日紅　　　　2 日己　　　　3 日紀　　　　4 日記

6 その びじゅつかんは こうつうの びんが わるいです。

1 交痛　　　　2 父通　　　　3 交通　　　　4 笑痛

7 かぜを ひかないように ちゅういして ください。

1 駐異　　　　2 駐意　　　　3 注異　　　　4 注意

8 あした 韓国に きこくします。

1 帰宝　　　　2 帰玉　　　　3 帰国　　　　4 帰園

9 あの みせの りょうりは おいしいです。

1 科理　　　　2 料理　　　　3 科利　　　　4 料利

10 雨が ふって そらは くらかった。

1 朝かった　　　　2 明かった　　　　3 暗かった　　　　4 倍かった

답 1① 2① 3② 4① 5④ 6③ 7④ 8③ 9② 10③

もんだい2 ＿＿＿＿の　ことばは　どう　かきますか。1・2・3・4から　いちばん
いい　ものを　ひとつ　えらんで　ください。

1 おくじょうから　ふじさんが　見えます。

1　屋下　　　　　　2　室下　　　　　　3　屋上　　　　　4　室上

2 あめが　ふって　いるので　かさを　かして　ください。

1　貸して　　　　　2　資して　　　　　3　貨して　　　　4　質して

3 あの　スーパーは　しょくりょうひんが　安い。

1　飲料品　　　　　2　食科品　　　　　3　飲科品　　　　4　食料品

4 やまださんは　はやしの　なかで　みちに　まよいました。

1　森　　　　　　　2　林　　　　　　　3　山　　　　　　4　木

5 あの　あおい　ドアの　みせで　花を　うって　います。

1　肯い　　　　　　2　育い　　　　　　3　青い　　　　　4　背い

6 グラスに　こおりを　入れました。

1　氷　　　　　　　2　水　　　　　　　3　永　　　　　　4　木

7 ここから　びょういんまでは　とおい。

1　遠い　　　　　　2　近い　　　　　　3　広い　　　　　4　狭い

8 わたしたちは　海の　見える　りょかんに　とまりました。

1　旅館　　　　　　2　旅官　　　　　　3　施館　　　　　4　施官

9 あの　レストランは　えいぎょうを　やめたらしいです。

1　学業　　　　　　2　営業　　　　　　3　栄業　　　　　4　労業

10 とりが　木に　とまって　います。

1　烏　　　　　　　2　鳴　　　　　　　3　島　　　　　　4　鳥

답 1③ 2① 3④ 4② 5③ 6① 7① 8① 9② 10④

23 기출어휘 확인문제 표기

もんだい2 ＿＿＿＿＿の ことばは どう かきますか。1・2・3・4から いちばん いい ものを ひとつ えらんで ください。

1 それほど 遠く ないから あるいて 行きましょう。
   1 走いて   2 徒いて   3 歩いて   4 渉いて

2 じぶんで つくった やさいを うりました。
   1 売りました   2 売りました   3 壳りました   4 兌りました

3 この きかいは 24時間 うごいて います。
   1 働いて   2 重いて   3 動いて   4 車いて

4 ちかてつは まんいんで すわる ばしょが なかった。
   1 揚処   2 場処   3 揚所   4 場所

5 あかい トマトが おいしそうです。
   1 赤い   2 亦い   3 変い   4 青い

6 あした 午前 9時に 駅に あつまって ください。
   1 集つまって   2 隼つまって   3 隼まって   4 集まって

7 子どもたちは テレビが すきだ。
   1 妨きだ   2 好きだ   3 奸きだ   4 奴きだ

8 この 古い おてらは 500年前に たてられました。
   1 建てられました   2 健てられました   3 進てられました   4 律てられました

9 こんやは ゆきに なりそうです。
   1 需   2 雲   3 雨   4 雪

10 しょくじの 前には 手を あらいなさい。
   1 習いなさい   2 洗いなさい   3 早いなさい   4 速いなさい

답 1③ 2① 3③ 4④ 5① 6④ 7② 8① 9④ 10②

24 기출어휘 확인문제 표기

もんだい2 _____の ことばは どう かきますか。1・2・3・4から いちばん いい ものを ひとつ えらんで ください。

1 その たんごの はつおんを インターネットで しらべた。

1 調べた　　　　2 比べた　　　　3 食べた　　　　4 並べた

2 あすは わたしに とって とくべつな 日です。

1 特別　　　　2 得別　　　　3 特捌　　　　4 得捌

3 あしたは S高校（こうこう）と バスケットの しあいが あります。

1 具合　　　　2 試合　　　　3 場合　　　　4 見合

4 アルバイトの けいけんは ありますか。

1 径権　　　　2 経権　　　　3 径験　　　　4 経験

5 ちちは にわで やさいを つくって います。

1 理菜　　　　2 理采　　　　3 野菜　　　　4 野采

6 いしゃから たばこを やめるように 言われて います。

1 囡院　　　　2 医院　　　　3 囡者　　　　4 医者

7 その ソフトを つかって みたら すごく べんりだった。

1 便利　　　　2 便科　　　　3 更利　　　　4 更科

8 朝、食べるのが おそかったので ひるごはんは いりません。

1 夕ごはん　　　2 夜ごはん　　　3 昼ごはん　　　4 朝ごはん

9 兄から じどうしゃの うんてんを ならって います。

1 学って　　　　2 勉って　　　　3 練って　　　　4 習って

10 シーツが くろく なったから とりかえましょう。

1 白く　　　　2 黒く　　　　3 青く　　　　4 赤く

답 1① 2① 3② 4④ 5③ 6④ 7① 8③ 9④ 10②

표기 기출어휘 2000-2015

あ

□ あう	会う 만나다	□ あおい	青い 파랗다
□ あかるい	明るい 밝다	□ あき	秋 가을
□ あける	開ける 열다	□ あし	足 발
□ あつい	暑い 덥다	□ あつまる	集まる 모이다
□ あね	姉 언니, 누나	□ あらう	洗う 씻다
□ あるく	歩く 걷다	□ いう	言う 말하다
□ いきかた	行き方 가는 방법	□ いけ	池 연못
□ いしゃ	医者 의사	□ いじょう	以上 이상
□ いぬ	犬 개	□ いみ	意味 의미, 뜻
□ うた	歌 노래	□ うみ	海 바다
□ うる	売る 팔다	□ うんてん	運転 운전
□ えいがかん	映画館 영화관	□ えいご	英語 영어
□ おくじょう	屋上 옥상	□ おくる	送る 보내다
□ おしえる	教える 가르치다	□ おと	音 소리
□ おとうと	弟 남동생	□ おなじだ	同じだ 같다
□ おもいだす	思い出す 떠올리다, 생각해 내다	□ おもう	思う 생각하다
□ おわる	終わる 끝나다		

か

- □ かう　　　買う 사다
- □ かお　　　顔 얼굴
- □ かす　　　貸す 빌려주다
- □ かぞく　　家族 가족
- □ かわり　　代わり 대신
- □ かんじ　　漢字 한자
- □ きょうしつ　教室 교실
- □ くらい　　暗い 어둡다
- □ けんきゅう　研究 연구
- □ こたえる　答える 대답하다

- □ かえる　　　帰る 돌아가다
- □ かきかた　　書き方 쓰는 법
- □ かぜ　　　　風 바람
- □ かりる　　　借りる 빌리다
- □ かんがえる　考える 생각하다
- □ ぎゅうにく　牛肉 소고기
- □ くすり　　　薬 약
- □ けいけん　　経験 경험
- □ こうつう　　交通 교통
- □ ことり　　　小鳥 작은 새

さ

- □ さむい　　　寒い 춥다
- □ じどうしゃ　自動車 자동차
- □ しみん　　　市民 시민
- □ じゅうしょ　住所 주소
- □ しょくどう　食堂 식당
- □ しる　　　　知る 알다
- □ すきだ　　　好きだ 좋아하다
- □ せんしゅう　先週 지난주

- □ じてんしゃ　自転車 자전거
- □ しぬ　　　　死ぬ 죽다
- □ しゃしん　　写真 사진
- □ じゅぎょう　授業 수업
- □ しらべる　　調べる 조사하다
- □ しんせつだ　親切だ 친절하다
- □ すむ　　　　住む 살다

た

☐ だいどころ	台所 부엌	☐ たいふう	台風 태풍
☐ ただしい	正しい 바르다, 옳다	☐ たてる	建てる 세우다
☐ ちかく	近く 근처	☐ ちず	地図 지도
☐ つかう	使う 사용하다	☐ つくる	作る 만들다
☐ てんいん	店員 점원	☐ ～ど	～度 ～번
☐ とおく	遠く 멀리	☐ とけい	時計 시계
☐ どようび	土曜日 토요일		

な

☐ なつ	夏 여름	☐ ならう	習う 배우다
☐ ねむい	眠い 졸리다	☐ のる	乗る 타다

は

☐ はじめる	始める 시작하다	☐ ばしょ	場所 장소
☐ はしる	走る 달리다	☐ はたらく	働く 일하다
☐ はなし	話 이야기	☐ はやく	早く 일찍, 빨리
☐ はやし	林 숲	☐ ひかり	光 빛
☐ ひく	引く 끌다	☐ びょういん	病院 병원
☐ ひらく	開く 열리다	☐ ひるやすみ	昼休み 점심시간
☐ ひろい	広い 넓다	☐ ふく	服 옷
☐ ふゆ	冬 겨울	☐ ふるい	古い 낡다, 오래되다
☐ ぶん	文 문장	☐ べんりだ	便利だ 편리하다
☐ ほんや	本屋 서점		

ま

- □ まいあさ　**毎朝** 매일 아침
- □ まち　**町** 도시, 마을
- □ まつ　**待つ** 기다리다
- □ もり　**森** 숲
- □ もんだい　**問題** 문제

や

- □ やさい　**野菜** 채소
- □ ゆうがた　**夕方** 저녁
- □ ゆうはん　**夕飯** 저녁밥
- □ ゆうめいだ　**有名だ** 유명하다
- □ ゆき　**雪** 눈
- □ ようじ　**用事** 볼일, 용무
- □ よる　**夜** 밤

ら

- □ りょうり　**料理** 요리
- □ りょこう　**旅行** 여행

わ

- □ わたくし　**私** 저

memo

もんだい2 ＿＿＿＿ の ことばは どう かきますか。1・2・3・4から いちばん いい ものを ひとつ えらんで ください。

1 おとうとは そふが つくった 会社で はたらいて います。

1 作った　　　　2 狂った　　　　3 昨った　　　　4 旺った

2 わたしは じてんしゃに のれます。

1 垂れます　　　2 乗れます　　　3 秉れます　　　4 乖れます

3 かいぎしつは とても くらいです。

1 悪い　　　　　2 黒い　　　　　3 暗い　　　　　4 強い

4 おなかが いたい ときは この くすりが いいですよ。

1 薬　　　　　　2 菜　　　　　　3 茶　　　　　　4 草

5 この へやには 20人いじょう いると おもいます。

1 比上　　　　　2 以上　　　　　3 似上　　　　　4 批上

6 しあいは たいふうで 中止に なりました。

1 台凪　　　　　2 台同　　　　　3 台風　　　　　4 台月

7 うみから あたたかい 風が ふいて きます。

1 湖　　　　　　2 波　　　　　　3 海　　　　　　4 洋

8 かべが くらいので あかるい えを かざりました。

1 赤るい　　　　2 朋るい　　　　3 明るい　　　　4 朝るい

9 ようじが あって りょこうに 行けません。

1 予事　　　　　2 予時　　　　　3 用時　　　　　4 用事

10 けさの しんぶんで その 事件を しった。

1 言った　　　　2 知った　　　　3 結った　　　　4 智った

답 1① 2② 3③ 4① 5② 6③ 7③ 8③ 9④ 10②

26 기출어휘 확인문제 표기

もんだい2 _____の ことばは どう かきますか。1・2・3・4から いちばん
いい ものを ひとつ えらんで ください。

1 おなかが いっぱいに なったら ねむく なって きた。

1 寝く 2 眠く 3 苦く 4 若く

2 テレビの おとが 聞こえます。

1 音 2 声 3 色 4 香

3 いもうとと いっしょに うみまで はしって 行きました。

1 歩って 2 足って 3 徒って 4 走って

4 かのじょは なにも かんがえないで 会社を やめて しまった。

1 麦えないで 2 孝えないで 3 考えないで 4 老えないで

5 ひるやすみに まちへ 行って 本を 買いました。

1 昼休み 2 昼体み 3 呑休み 4 呑体み

6 かりた お金を やくそくどおり かえしました。

1 貸りた 2 変りた 3 借りた 4 買りた

7 どこの まちにも えいがかんは あります。

1 映写館 2 英写館 3 映画館 4 英画館

8 いしはらさんは うたが じょうずです。

1 哥 2 歌 3 欽 4 款

9 かれらは コンサートが はじまるのを まって いました。

1 特って 2 持って 3 侍って 4 待って

10 その えいがが 見られたのは せんしゅうまででした。

1 先週 2 先連 3 先通 4 先遠

답 1② 2① 3④ 4③ 5① 6③ 7③ 8② 9④ 10①

もんだい2 _____ の ことばは どう かきますか。1・2・3・4から いちばん
いい ものを ひとつ えらんで ください。

1 ちかくの こうえんで うんどうを します。

　1 近く　　　　　2 送く　　　　　3 辺く　　　　　4 速く

2 そとは さむいから コートを 着て 行って ください。

　1 氷い　　　　　2 冷い　　　　　3 凍い　　　　　4 寒い

3 わたしの 質問に こたえて ください。

　1 合えて　　　　2 笑えて　　　　3 答えて　　　　4 笛えて

4 ふゆやすみが おわると 学校が いそがしく なります。

　1 絵わる　　　　2 終わる　　　　3 経わる　　　　4 続わる

5 みなさん、しょくどうに あつまって ください。

　1 来まって　　　2 案まって　　　3 集まって　　　4 束まって

6 いま、車の うんてんを ならいはじめた ばかりです。

　1 連転　　　　　2 運転　　　　　3 連軽　　　　　4 運軽

7 ちちは こうこうで えいごを 教えて います。

　1 英語　　　　　2 映語　　　　　3 芙語　　　　　4 笑語

8 先生が 来るまで きょうしつで しずかに まちましょう。

　1 教客　　　　　2 教室　　　　　3 数客　　　　　4 数室

9 なつやすみは おきなわを りょこうする つもりです。

　1 族行　　　　　2 旋行　　　　　3 旅行　　　　　4 施行

10 かれが 来なければ かいぎを する いみが ありません。

　1 音見　　　　　2 意見　　　　　3 音味　　　　　4 意味

답 1① 2④ 3③ 4② 5③ 6② 7① 8② 9③ 10④

もんだい2 _____ の ことばは どう かきますか。1・2・3・4から いちばん
いい ものを ひとつ えらんで ください。

1 あの てんいんは とても しんせつです。

1 親功   2 親切   3 新切   4 新功

2 わたしは りょうしんと いっしょに すんで います。

1 従んで   2 住んで   3 任んで   4 住んで

3 デパートで あたらしい くつを かう つもりです。

1 質う   2 貸う   3 貨う   4 買う

4 きのうから レストランで アルバイトを はじめました。

1 初めました   2 発めました   3 始めました   4 新めました

5 かのじょは、この びょういんで はたらいて います。

1 助いて   2 働いて   3 動いて   4 勤いて

6 兄は 工場に じてんしゃで かよって います。

1 自軸車   2 自輌車   3 自輪車   4 自転車

7 その てらは 今から 千年いじょうも まえに たてられた。

1 建てられた   2 健てられた   3 津てられた   4 聿てられた

8 日本で いちばん ゆうめいな 山は ふじさんです。

1 反名   2 友名   3 有名   4 夕名

9 よるに なって きゅうに さむく なりました。

1 夜   2 夕   3 朝   4 明

10 その ドアは ひくと ひらきます。

1 開きます   2 関きます   3 閑きます   4 閉きます

답 1② 2④ 3④ 4③ 5② 6④ 7① 8③ 9① 10①

もんだい2 　＿＿＿＿＿　の　ことばは　どう　かきますか。１・２・３・４から　いちばん
いい　ものを　ひとつ　えらんで　ください。

1 わたしは　大阪の　友だちに　プレゼントを　おくった。

　　1　返った　　　　　2　送った　　　　　3　後った　　　　　4　遅った

2 おさけを　飲んで　じどうしゃを　うんてんしては　いけません。

　　1　自勤車　　　　　2　自道車　　　　　3　自動車　　　　　4　自働車

3 もっと　ゆっくり　いって　ください。

　　1　言って　　　　　2　立って　　　　　3　有って　　　　　4　写って

4 あの　店では　ケーキを　安く　うって　います。

　　1　売って　　　　　2　完って　　　　　3　貸って　　　　　4　買って

5 じゅうしょが　かわった　場合は　お知らせください。

　　1　王所　　　　　　2　住所　　　　　　3　主所　　　　　　4　往所

6 じてんしゃで　もりの　中を　通りました。

　　1　材　　　　　　　2　森　　　　　　　3　林　　　　　　　4　禁

7 わたしは　まいあさ　さんぽを　します。

　　1　梅晩　　　　　　2　毎晩　　　　　　3　梅朝　　　　　　4　毎朝

8 きのう　ほんやで　ざっしを　買いました。

　　1　木室　　　　　　2　木屋　　　　　　3　本室　　　　　　4　本屋

9 あねは　ネコの　けんきゅうを　して　います。

　　1　研究　　　　　　2　研九　　　　　　3　枡究　　　　　　4　枡九

10 ちちは　かぞくを　とても　大切に　します。

　　1　家旅　　　　　　2　家庭　　　　　　3　家族　　　　　　4　家底

답　1② 2③ 3① 4① 5② 6② 7④ 8④ 9① 10③

もんだい2 ＿＿＿＿＿の ことばは どう かきますか。 1・2・3・4から いちばん いい ものを ひとつ えらんで ください。

1 遠くに あおい ひかりが 見えました。

1 日　　　　　　2 火　　　　　　3 光　　　　　　4 電

2 この けんきゅうは とても いいと おもいます。

1 恵います　　　2 恩います　　　3 志います　　　4 思います

3 かのじょは 学校で 日本語を おしえて います。

1 教えて　　　　2 教えて　　　　3 郜えて　　　　4 教えて

4 こどもの ころの ことを おもいだして、作文を 書いて ください。

1 恩い出して　　2 思い出して　　3 恵い出して　　4 感い出して

5 ふゆに なると スキーや スケートが できます。

1 春　　　　　　2 冬　　　　　　3 夏　　　　　　4 秋

6 いぬが あしで ドアを あけました。

1 開けました　　2 関けました　　3 閑けました　　4 閉けました

7 その へやは 入り口は せまいが 中は ひろい。

1 重い　　　　　2 軽い　　　　　3 広い　　　　　4 狭い

8 きょうは えいごの じゅぎょうが ありません。

1 受美　　　　　2 受業　　　　　3 授美　　　　　4 授業

9 ゆうがたに なったから 電気を つけて ください。

1 夕方　　　　　2 夕万　　　　　3 多万　　　　　4 多方

10 かぜが やんで、くもの あいだから 月が 見えて きました。

1 雨　　　　　　2 雪　　　　　　3 雲　　　　　　4 風

답 1③ 2④ 3① 4② 5② 6① 7③ 8④ 9① 10④

もんだい3 문맥구성 공략하기

1 문제 유형 완전 분석

문맥구성은 제시된 문장의 빈칸에 들어갈 가장 적당한 어휘를 고르는 형식으로, 여덟 문제가 나온다.

!알고 풀자!

문맥구성은 문장의 상황, 감정, 의도 등 전체 흐름을 먼저 파악해서 풀어야 한다. 선택지에는 비슷한 어휘가 많으므로 뉘앙스나 사용 장면으로 구별한다. 일상적인 표현이 정답일 확률이 높다는 점을 기억해 두자. N4 문맥구성의 어휘는 대개 히라가나 표기로 출제되지만, 본 교재에는 한자읽기 및 표기 파트 대비를 위해 한자를 병기해 두었다. 최근에는 가타카나 어휘도 한 문제씩 나오는 편이다. N4는 기출 어휘가 반복하여 출제되는 경향이 높으므로 기출 어휘 위주로 꼼꼼히 암기하면 문제 풀 때 도움이 된다.

예시

もんだい3　（　　　）に　なにを　いれますか。1・2・3・4から　いちばん　いい
　　　　　ものを　ひとつ　えらんで　ください。

1 　手が　ぬれたので　（　　　）を　かして　ください。
　✓ タオル　　　　　2　スイッチ　　　　3　レンジ　　　　4　ポスター

해석　손이 젖었으니 <u>수건</u>을 빌려 주세요.

해설　빈칸의 앞뒤 흐름을 살펴 본다. 손이 젖었을 때 빌릴 만한 물건으로 적당한 것은 タオル이므로 정답은 1번이다.

단어　手 손　ぬれる 젖다　タオル 수건　かす 빌리다　スイッチ 스위치　レンジ 전자레인지
　　　　ポスター 포스터

② 문맥구성 기출어휘 2021-2025

あ

□ あさい 얕다		□ アンケート 앙케트, 설문 조사	
□ あんしん	安心 안심	□ あんぜんだ	安全だ 안전하다
□ あんない	案内 안내	□ いがい	以外 이외
□ いけん	意見 의견	□ いじょう	以上 이상
□ いなか	田舎 시골	□ うけつけ	受付 접수, 접수처
□ うつる 찍히다		□ うむ 낳다	
□ えいぎょう	営業 영업	□ おうふく 왕복	
□ おぼえる	覚える 외우다, 기억하다	□ おる	折る 접다

か

□ かたち	形 형태, 모양	□ きゅうこう	急行 급행
□ けいけん	経験 경험	□ けっか	結果 결과
□ けんか 싸움		□ こむ 붐비다	
□ こわい 무섭다			

さ

- □ さがす 찾다
- □ さびしい　寂しい 쓸쓸하다
- □ さわる 만지다
- □ ざんねんだ　残念だ 유감이다, 아쉽다
- □ しかる 야단치다
- □ しゅうかん　習慣 습관
- □ じゆうに　自由に 자유롭게
- □ じゅうぶん　十分 충분함, 충분히
- □ しゅるい　種類 종류
- □ スイッチ 스위치
- □ すぎる　過ぎる 지나다, 통과하다
- □ すすむ　進む 나아가다, 진행되다
- □ せわ　世話 도와줌, 보살핌

た

- □ だいじだ　大事だ 소중하다, 중요하다
- □ タオル 수건, 타월
- □ たのむ　頼む 부탁하다
- □ たりない　足りない 모자르다, 부족하다
- □ ちゅうい　注意 주의
- □ ちゅうし　中止 중지
- □ つごう　都合 사정, 형편
- □ つたえる　伝える 전하다
- □ つつむ　包む 싸다, 포장하다
- □ てつだう　手伝う 돕다
- □ とどく　届く 도달하다, 도착하다
- □ とまる 멈추다, 멎다, 묵다
- □ どんどん 부쩍, 계속

memo

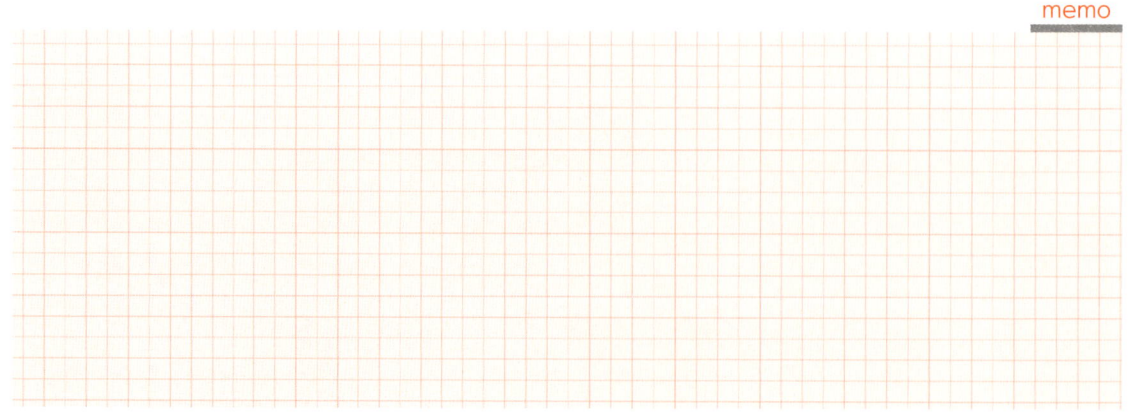

な

- □ にがい　　苦い 쓰다
- □ ねだん　　値段 가격
- □ のど 목
- □ のる 실리다
- □ にんき　　人気 인기
- □ のこる　　残る 남다
- □ のり 풀

は

- □ はっきり 분명히, 명확히
- □ ひっこし 이사
- □ ふかい 깊다
- □ ふべんだ　　不便だ 불편하다
- □ はる 붙이다
- □ ひつようだ　必要だ 필요하다
- □ ふくしゅう 복습
- □ ポスター 포스터

ま

- □ **めずらしい** 희귀하다, 드물다
- □ **メニュー** 메뉴

や

- □ **やちん** 집세

ら

- □ **りゆう** 理由 이유
- □ **レジ** 금전 출납계, 계산대
- □ **レンジ** 전자레인지

わ

- □ **わく** 沸く 끓다

memo

31 기출어휘 확인문제 문맥구성

もんだい3　（　　　）に　なにを　いれますか。1・2・3・4から　いちばん　いい
　　　　　ものを　ひとつ　えらんで　ください。

1 テストの　けっかを　聞いて、すこし　（　　　）しました。

　1　あんてい　　　　2　せつめい　　　　3　あんしん　　　4　でんとう

2 （　　　）に　行ったら、木が　おおくて　くうきが　とても　きれいでした。

　1　いなか　　　　2　とし　　　　3　ほし　　　　4　つき

3 まいにち　はやく　おきる　（　　　）を　つけたいです。

　1　はっぴょう　　　2　ちょうしょく　　3　しゅうかん　　4　にちじょう

4 てちょうに　しゃしんを　（　　　）で　はって　かざって　います。

　1　のり　　　　2　えんぴつ　　　　3　はさみ　　　　4　けしゴム

5 いえから　バスていまで　とおくて、とても　（　　　）です。

　1　だいじ　　　　2　ふべん　　　　3　てきとう　　　4　ねっしん

6 この　えは　とても　（　　　）ので、見て　いるだけで　たのしいです。

　1　たりない　　　2　きびしい　　　3　さびしい　　　4　めずらしい

7 あたらしい　ことに　ちょうせんする　いい　（　　　）だと　おもいます。

　1　ポイント　　　2　チャンス　　　3　カレンダー　　　4　キャラクター

8 おべんとうは　（　　　）で　1分だけ　あたためて　ください。

　1　レジ　　　　2　ヒーター　　　3　レンジ　　　4　ポット

9 ネットニュースに、わたしの　クラブの　かつどうが　（　　　）。

　1　のりました　　2　のせました　　3　あけました　　4　つきました

10 きょうの　しゅくだいは　（　　　）に　かんたんで、すぐ　おわりました。

　1　ぜったい　　　2　いがい　　　3　しぜん　　　4　きゅう

답　1③　2①　3③　4①　5②　6④　7②　8③　9①　10②

もんだい3　（　　　）に　なにを　いれますか。1・2・3・4から　いちばん　いい
　　　　　　ものを　ひとつ　えらんで　ください。

1 あたらしい　メニューに　ついて、おきゃくさんに　（　　　）を　しました。
　　1　アンケート　　　　2　メモ　　　　　　　3　プレゼント　　　　4　レポート

2 この　マンションは　（　　　）だけでなく、かんりひも　けっこう　たかいです。
　　1　きゅうりょう　　　2　かいけい　　　　3　きんがく　　　　4　やちん

3 むずかしい　ぶんぽうは　なんども　（　　　）した　ほうが　いいと　おもいます。
　　1　かいとう　　　　　2　ふくしゅう　　　3　れんらく　　　　4　よやく

4 カラオケで　うたいすぎて、（　　　）が　いたいです。
　　1　のど　　　　　　　2　め　　　　　　　3　はな　　　　　　4　うで

5 ケーキが　（　　　）いるので、あとで　おちゃと　いっしょに　いただきます。
　　1　いそいで　　　　　2　おくれて　　　　3　のこって　　　　4　かえして

6 この　コーヒーは　とても　（　　　）ので、さとうを　すこし　入れました。
　　1　うすい　　　　　　2　すっぱい　　　　3　にがい　　　　　4　あつい

7 この　プロジェクトへの　さんかは　たいせつな　（　　　）に　なりました。
　　1　けいけん　　　　　2　せんもん　　　　3　しりょう　　　　4　しけん

8 プールに　行く　ときは、（　　　）を　わすれないで　ください。
　　1　シャツ　　　　　　2　メニュー　　　　3　ハンカチ　　　　4　タオル

9 てがみを　ふうとうに　入れるまえに　きれいに　（　　　）おきました。
　　1　うって　　　　　　2　おって　　　　　3　かって　　　　　4　たって

10 ちちは　いつも　やさしいですが、しゅくだいに　ついては　（　　　）です。
　　1　たりない　　　　　2　つめたい　　　　3　きびしい　　　　4　さびしい

답 1① 2④ 3② 4① 5③ 6③ 7① 8④ 9② 10③

もんだい3　（　　　）に　なにを　いれますか。1・2・3・4から　いちばん　いい
　　　　　ものを　ひとつ　えらんで　ください。

1 くらい　みちを　あるく　ときは　（　　　）に　きを　つけて　ください。

1　あんない　　　　2　あんぜん　　　　3　しゅっぱつ　　　4　とうちゃく

2 （　　　）を　見たら、きせつの　りょうりが　たくさん　ありました。

1　レンジ　　　　2　ガイド　　　　3　カウンター　　　4　メニュー

3 この　プールは　おとな　せんようなので　とても　（　　　）ですよ。

1　ふとい　　　　2　ほそい　　　　3　ふかい　　　　4　とおい

4 ふゆが　ちかづいて、ひが　（　　　）　みじかく　なって　います。

1　がんがん　　　　2　どんどん　　　　3　ぴかぴか　　　4　もぐもぐ

5 でんきを　つけたいので、（　　　）を　おして　ください。

1　スイッチ　　　　2　センチ　　　　3　スピーチ　　　4　バッテリー

6 この　クッキーは、どうぶつの　ような　（　　　）を　して　います。

1　かたち　　　　2　がいけん　　　　3　みかた　　　　4　そうぞう

7 この　ミュージカルの　チケットは　（　　　）が　たかいです。

1　こうえん　　　　2　はんばい　　　　3　ひょうばん　　　4　ねだん

8 きょうの　めんせつの　（　　　）は、メールで　お知らせします。

1　けっか　　　　2　しょうち　　　　3　さんせい　　　　4　げんいん

9 こうじが　よていどおり　（　　　）いて　みんなが　あんしんして　います。

1　つつんで　　　　2　すすんで　　　　3　こんで　　　　4　とどいて

10 おゆが　（　　　）まで、ふたを　したままに　して　ください。

1　のる　　　　2　かわく　　　　3　わく　　　　4　きる

답 1② 2④ 3③ 4② 5① 6① 7④ 8① 9② 10③

もんだい3　（　　　）に　なにを　いれますか。1・2・3・4から　いちばん　いい
　　　　　　ものを　ひとつ　えらんで　ください。

1　えきの　まえで　びじゅつかんまでの　行き方を　（　　　）して　もらいました。
　　1　あんない　　　　2　しょうかい　　　3　りかい　　　　　4　ちゅうし

2　まつりの　かいじょうの　かべに、あたらしい　（　　　）が　はって　ありました。
　　1　チケット　　　　2　ポスター　　　　3　カタログ　　　　4　カード

3　しけんに　ごうかくするためには、まいにち　べんきょうすることが　（　　　）。
　　1　めんどうだ　　　2　ひつようだ　　　3　しずかだ　　　　4　きれいだ

4　ネットで　ちゅうもんした　ふくが　けさ　やっと　（　　　）。
　　1　とどきました　　2　おこないました　3　なおしました　　4　はらいました

5　この　写真に　（　　　）いるのは　わたしの　いもうとです。
　　1　かかって　　　　2　うつって　　　　3　ついて　　　　　4　かいて

6　かいじょうの　トラブルの　ため、イベントは　（　　　）に　なりました。
　　1　さいしょ　　　　2　ちゅうもく　　　3　かいし　　　　　4　ちゅうし

7　しゅうに　にかい　ピアノ　きょうしつに　（　　　）います。
　　1　とどけて　　　　2　まちがえて　　　3　かよって　　　　4　とおって

8　としょかんの　ほんは　だれでも　（　　　）よんで　いいですよ。
　　1　ひじょうに　　　2　じゆうに　　　　3　とくべつに　　　4　はじめに

9　やまみちを　あるいて　いたら、まわりが　まっくらで　（　　　）と　かんじました。
　　1　こわい　　　　　2　たりない　　　　3　うすい　　　　　4　あつい

10　ジムに　マシンの　（　　　）が　おおくて、トレーニングが　たのしいです。
　　1　しょるい　　　　2　ふまん　　　　　3　こしょう　　　　4　しゅるい

답 1① 2② 3② 4① 5② 6④ 7③ 8② 9① 10④

もんだい3　（　　　）に　なにを　いれますか。1・2・3・4から　いちばん　いい
　　　　　　ものを　ひとつ　えらんで　ください。

1 かいぎで　じぶんの　（　　　）を　はっきり　言いました。

　　1　いけん　　　　　2　そうだん　　　　3　こうぎ　　　　　4　せつめい

2 3ねんまえに、ここに　（　　　）して　きましたが、まだ　しりあいが　いません。

　　1　にゅうしゃ　　　2　ひっこし　　　　3　いどう　　　　　4　きんじょ

3 ずっと　たのしみに　して　いた　ドラマシリーズが　おわって　（　　　）です。

　　1　ざんねん　　　　2　こうかい　　　　3　おいわい　　　　4　おしらせ

4 チームで　はなしあったおかげで、よい　けっかを　（　　　）ことが　できました。

　　1　かむ　　　　　　2　さく　　　　　　3　うむ　　　　　　4　そだつ

5 さいふを　なくして　しまったので、いっしょに　（　　　）くださいませんか。

　　1　みつけて　　　　2　さがして　　　　3　まもって　　　　4　わたして

6 なかが　よかった　友だちと　（　　　）して　しまい、こうかいしました。

　　1　うそ　　　　　　2　じこ　　　　　　3　せんそう　　　　4　けんか

7 セールが　はじまったせいで、どの　みせも　すごく　（　　　）います。

　　1　ふんで　　　　　2　こんで　　　　　3　よんで　　　　　4　ぬいで

8 あしたは　（　　　）が　わるいので、べつの　日に　して　もらえますか。

　　1　ちょうし　　　　2　やくそく　　　　3　つごう　　　　　4　けいけん

9 くすりを　ぬった　ばしょは　手で　（　　　）ように　して　ください。

　　1　のぼらない　　　2　まわらない　　　3　ながれない　　　4　さわらない

10 じかんは　（　　　）あります。あわてないで　ゆっくり　して　ください。

　　1　じゅうぶん　　　2　あまり　　　　　3　まったく　　　　4　やっぱり

답 1① 2② 3① 4③ 5② 6④ 7② 8③ 9④ 10①

もんだい3 （　　　）に　なにを　いれますか。1・2・3・4から　いちばん　いい
ものを　ひとつ　えらんで　ください。

1 だいじな　メモは　かべに　（　　　）と、わすれなくて　べんりです。

1　おる　　　　　　2　とる　　　　　　3　つる　　　　　　4　はる

2 リニュアルの　こうじの　ため、こんしゅうは　（　　　）して　おりません。

1　えいぎょう　　　2　しゅうり　　　　3　しゅっちょう　　4　わりびき

3 この　おみせは　とても　（　　　）が　あって、いつも　こんで　います。

1　にんき　　　　　2　じかん　　　　　3　けいかく　　　　4　えいぎょう

4 日本の　うたの　かしを　すこしずつ　（　　　）ように　して　います。

1　こたえる　　　　2　おぼえる　　　　3　くらべる　　　　4　きめる

5 いぬの　（　　　）を　するのは　たいへんですが、なれると　たのしく　なります。

1　せわ　　　　　　2　めんどう　　　　3　せいかつ　　　　4　しゅうかん

6 おさらが　いちまい　（　　　）ので、買いに　いって　きます。

1　おおい　　　　　2　かたい　　　　　3　たりない　　　　4　うすい

7 プレゼントを　きれいな　かみで　（　　　）、てがみを　書きました。

1　とどき　　　　　2　つつみ　　　　　3　すすみ　　　　　4　たのみ

8 かれが　アルバイトを　やめた　（　　　）は、だれにも　わかりません。

1　けっか　　　　　2　いし　　　　　　3　りゆう　　　　　4　きおく

9 しごとの　ミスが　あったため、ぶちょうは　しゃいんを　（　　　）。

1　くもりました　　2　しかりました　　3　しまりました　　4　わかりました

10 たいおんが　39ども　あって、これは　（　　　）だと　おもいます。

1　しんさつ　　　　2　いじょう　　　　3　ちこく　　　　　4　かいふく

답 1④　2①　3①　4②　5①　6③　7②　8③　9②　10②

もんだい3 （　　　）に　なにを　いれますか。1・2・3・4から　いちばん　いい
ものを　ひとつ　えらんで　ください。

1 東京から　大阪まで　しんかんせんの　（　　　）りょうきんは　いくらですか。
　　1　いす　　　　　　　2　おうふく　　　　　3　きょり　　　　　　4　にゅうじょう

2 ひるは　にぎやかな　この　とおりも、よるは　（　　　）ふんいきに　なります。
　　1　すずしい　　　　　2　きたない　　　　　3　さびしい　　　　　4　いそがしい

3 すみませんが、あとかたづけを　（　　　）いいですか。
　　1　たのんでも　　　　2　さそっても　　　　3　とまっても　　　　4　よろこんでも

4 先生の　せつめいで　もんだいの　いみが　（　　　）わかりました。
　　1　がっかり　　　　　2　すっきり　　　　　3　はっきり　　　　　4　びっくり

5 くにに　よって　マナーが　ちがうので　（　　　）して　ください。
　　1　じゅうよう　　　　2　ちゅうい　　　　　3　しょうたい　　　　4　おみやげ

6 がっこうに　こられない　りゆうを、せんせいに　（　　　）ください。
　　1　つたえて　　　　　2　わたして　　　　　3　さがして　　　　　4　のこして

7 こんどの　イベントの　ばしょを、みんなで　（　　　）ために　あつまりました。
　　1　ならぶ　　　　　　2　すてる　　　　　　3　わたる　　　　　　4　きめる

8 わたしに　できることが　あれば、いつでも　（　　　）。
　　1　つくります　　　　2　なおります　　　　3　みつめます　　　　4　てつだいます

9 スーパーでは、（　　　）に　ならんで　しはらいを　します。
　　1　レジ　　　　　　　2　テーブル　　　　　3　コーナー　　　　　4　クレジットカード

10 まちあわせの　じかんに　おくれそうなので　（　　　）で　行きましょう。
　　1　ぎじゅつ　　　　　2　きゅうこう　　　　3　だんぼう　　　　　4　ねぼう

답 1② 2③ 3① 4③ 5② 6① 7④ 8④ 9① 10②

❸ 문맥구성 기출어휘 2016-2020

あ

□ あさい	浅い 얕다	□ あんぜんだ	安全だ 안전하다
□ あんない	案内 안내	□ いけん	意見 의견
□ いっしょうけんめい 열심히		□ うすい	薄い 얇다
□ おとす	落とす 떨어뜨리다	□ おみやげ	お土産 여행 선물, 기념품
□ おもいで	思い出 추억	□ おれい	お礼 사례, 감사 인사

か

□ かたい 딱딱하다, 단단하다		□ かたづける	片付ける 정리하다
□ カッター 커터칼		□ かわく 마르다	
□ きけん	危険 위험	□ きょうみ	興味 흥미, 관심
□ ぐあい	具合 상태	□ くらべる	比べる 비교하다
□ けいけん	経験 경험	□ けしき	景色 경치
□ こしょう	故障 고장	□ こまかい	細かい 잘다

さ

□ さがす 찾다		□ さそう 권하다	
□ ざんねんだ	残念だ 유감이다, 아쉽다	□ しゅうかん	習慣 습관
□ じゅんび 준비		□ しょうかい	紹介 소개
□ しょうたい	招待 초대	□ しょうらい	将来 장래, 미래
□ しんぱい	心配 걱정	□ すてる	捨てる 버리다

☐ せつめい　　**説明** 설명	☐ ぜひ 꼭
☐ センチ 센티미터	☐ そうだん　　**相談** 상담, 의논
☐ そだてる　　**育てる** 키우다, 기르다	

た

☐ だいじだ　　**大事だ** 소중하다, 중요하다	☐ たのむ　　**頼む** 부탁하다
☐ チェック 체크	☐ ちこく　　**遅刻** 지각
☐ ちゅうい　　**注意** 주의	☐ ちょきん　　**貯金** 저금
☐ つつむ　　**包む** 싸다, 포장하다	☐ ていねいだ 정중하다
☐ とまる 멈추다, 멎다, 묵다	☐ とめる 멈추다, 세우다
☐ とりかえる 바꾸다	

な

☐ なおる 회복되다, 복구되다	☐ なれる　　**慣れる** 익숙해지다
☐ におい 냄새	☐ にがい　　**苦い** 쓰다
☐ にんき　　**人気** 인기	☐ ねっしんに 열심히
☐ ねぼう　　**寝坊** 늦잠	☐ ねむい　　**眠い** 졸리다
☐ のど 목	☐ のりかえる 갈아타다, 환승하다

は

☐ はこぶ　　**運ぶ** 나르다, 옮기다	☐ はさみ 가위
☐ はっきり 분명히, 명확히	☐ ひつようだ　**必要だ** 필요하다

ま

- □ まける　　負ける 지다
- □ みつかる　　見つかる 발견되다
- □ めずらしい 희귀하다, 드물다
- □ メニュー 메뉴

や

- □ ゆめ　　夢 꿈
- □ ようい　　用意 준비
- □ よやく　　予約 예약
- □ よろこぶ　　喜ぶ 기뻐하다, 즐거워하다

ら

- □ りゆう　　理由 이유
- □ りよう　　利用 이용
- □ ルール 룰, 규칙
- □ るす　　留守 집을 비움, 부재중
- □ れいぼう　　冷房 냉방

わ

- □ われる　　割れる 깨지다

memo

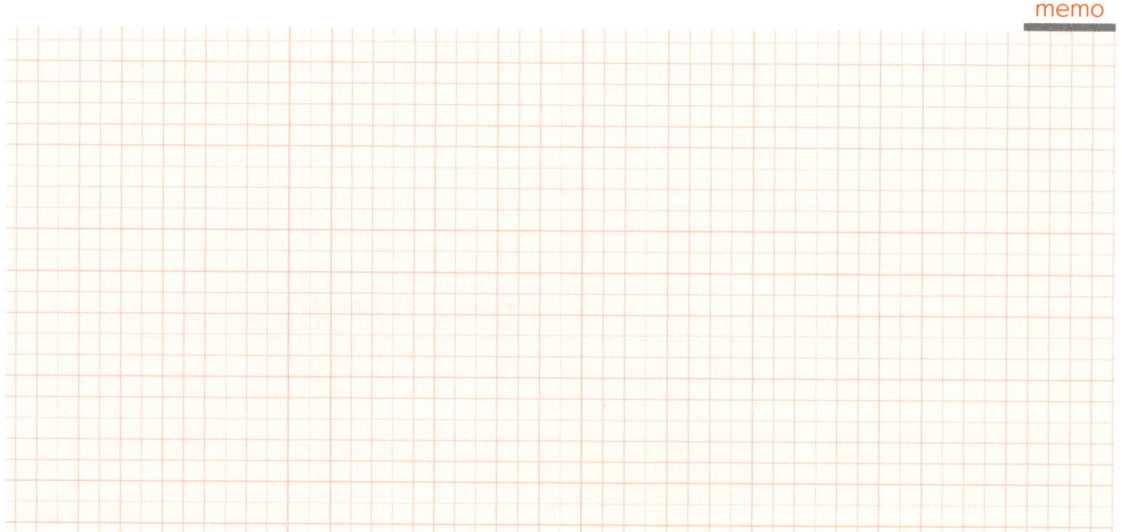

もんだい3 （　　　）に　なにを　いれますか。1・2・3・4から　いちばん　いい
　　　　　　ものを　ひとつ　えらんで　ください。

1 この　へんは　（　　　）で　すみやすいですよ。

　1　あんぜん　　　　2　ふくざつ　　　　3　しんぱい　　　　4　ひつよう

2 ここの　店では　この　ケーキが　いちばん　（　　　）が　あります。

　1　にんき　　　　　2　こんかい　　　　3　しけん　　　　　4　こうじ

3 あねは　いま　（　　　）です。

　1　かっこう　　　　2　ごちそう　　　　3　るす　　　　　　4　くさ

4 （　　　）コップを　はやく　かたづけて　ください。

　1　おれた　　　　　2　われた　　　　　3　ふんだ　　　　　4　よごれた

5 ごみを　（　　　）まえに　分別しなければ　なりません。

　1　なおる　　　　　2　まける　　　　　3　さそう　　　　　4　すてる

6 かのじょは　のどが　（　　　）それ以上　歩く　ことが　できませんでした。

　1　はたらいて　　　2　なおして　　　　3　かわいて　　　　4　つつんで

7 わたしは　日本の　えいがに　（　　　）が　あります。

　1　けいざい　　　　2　きょうみ　　　　3　ねっしん　　　　4　せいじ

8 きょう　電車が　おくれて　じゅぎょうに　10分　（　　　）しました。

　1　ちこく　　　　　2　そうたい　　　　3　よしゅう　　　　4　よやく

9 友だちを　家に　（　　　）して、パーティーを　やる　ことに　しました。

　1　あんない　　　　2　けんぶつ　　　　3　しょうたい　　　4　はんたい

10 ひこうきの　（　　　）が　取れなったので、しんかんせんを　利用しました。

　1　ぐあい　　　　　2　よやく　　　　　3　やくそく　　　　4　ゆにゅう

답 1① 2① 3③ 4② 5④ 6③ 7② 8① 9③ 10②

39 기출어휘 확인문제 문맥구성

もんだい3 （　　　）に　なにを　いれますか。1・2・3・4から　いちばん　いい
ものを　ひとつ　えらんで　ください。

1 あたらしい　しごとに　だんだん　（　　　）　きました。
　　1　なれて　　　　　　2　おぼえて　　　　　3　はじまって　　　　4　すんで

2 コーヒーに　さとうを　入れないと　（　　　）です。
　　1　からい　　　　　　2　こわい　　　　　　3　にがい　　　　　　4　よわい

3 きみが　ひとりで　そこに　行くのは　（　　　）だ。
　　1　さかん　　　　　　2　きれい　　　　　　3　ふくざつ　　　　　4　きけん

4 父は　地震が　起きるのではないかと　（　　　）して　います。
　　1　しんぱい　　　　　2　おもいで　　　　　3　しゅうかん　　　　4　しょうらい

5 その　ガソリンスタンドでは　アルバイトの　学生を　（　　　）　います。
　　1　はらって　　　　　2　とどけて　　　　　3　さがして　　　　　4　でかけて

6 まつださんは　みせの　まえで　くるまを　（　　　）。
　　1　とめた　　　　　　2　さげた　　　　　　3　おこなった　　　　4　つくった

7 まいあさ　さんぽを　するのが　ははの　（　　　）です。
　　1　せいかつ　　　　　2　しゅうかん　　　　3　れんしゅう　　　　4　きょうみ

8 ほんださんが　パーティーに　来られないのは　ほんとうに　（　　　）です。
　　1　べんり　　　　　　2　ざんねん　　　　　3　むり　　　　　　　4　あんぜん

9 ゆうしょくの　（　　　）が　ありますので、これで　帰ります。
　　1　ぎじゅつ　　　　　2　ゆしゅつ　　　　　3　せつめい　　　　　4　じゅんび

10 この　たまねぎは　（　　　）　きって　ください。
　　1　こまかく　　　　　2　ぬるく　　　　　　3　せまく　　　　　　4　きびしく

답 1① 2③ 3④ 4① 5③ 6① 7② 8② 9④ 10①

40 기출어휘 확인문제 문맥구성

もんだい3 （　　）に なにを いれますか。1・2・3・4から いちばん いい
ものを ひとつ えらんで ください。

1 こばやしさんは 毎月 ３万円ずつ （　　）して います。
1 けっか　　　　　2 げんいん　　　　3 ちょきん　　　　4 そうだん

2 わたしたちの チームは ５点差で （　　）。
1 すてた　　　　　2 つつんだ　　　　3 はこんだ　　　　4 まけた

3 れいぞうこの （　　）が わるいので、そろそろ 買いかえないと いけません。
1 ぐあい　　　　　2 ようい　　　　　3 かんけい　　　　4 けしき

4 大学に 行きたいなら （　　） べんきょうしなければ だめです。
1 そんなに　　　　2 たとえば　　　　3 いったい　　　　4 いっしょうけんめい

5 むすこは 友だちの ところへ 行って （　　） くると 言って いました。
1 とまって　　　　2 わたって　　　　3 くらして　　　　4 さがして

6 おもちゃを 買って あげると 言うと、むすめは （　　） 買い物に ついて
きた。
1 そだてて　　　　2 むかえて　　　　3 わすれて　　　　4 よろこんで

7 学生は だれでも この コンピューターを （　　）できます。
1 りよう　　　　　2 やくそく　　　　3 せつめい　　　　4 よてい

8 わたしは 友だちから いっしょに スキーに 行かないかと （　　）。
1 ぬすまれた　　　2 はずされた　　　3 さそわれた　　　4 おこられた

9 この 近くで どこか いい レストランを （　　）して くれませんか。
1 けいけん　　　　2 しょうかい　　　3 けんぶつ　　　　4 しょうたい

10 父は わたしに （　　）の ゆめに ついて たずねました。
1 しょうち　　　　2 よほう　　　　　3 しょうらい　　　　4 あんない

答 1③ 2④ 3① 4④ 5① 6④ 7① 8③ 9② 10③

もんだい3 （　　　）に　なにを　いれますか。1・2・3・4から　いちばん　いい
ものを　ひとつ　えらんで　ください。

1 その　もんだいに　ついて　みんなの　（　　　）を　聞きました。

1 いけん　　　　2 えんりょ　　　　3 きもち　　　　4 かっこう

2 その　しごとは　（　　　）わたしに　やらせて　ください。

1 たぶん　　　　2 そんなに　　　　3 ぜひ　　　　4 きゅうに

3 （　　　）して　いた　本を　なくして　しまいました。

1 だいじに　　　　2 ひつように　　　　3 しんせつに　　　　4 ねっしんに

4 わたしが　日本に　行った　とき、やまださんが　（　　　）して　くれた。

1 うんどう　　　　2 あんない　　　　3 けんぶつ　　　　4 よてい

5 へやの　（　　　）を　つけて、すずしく　します。

1 でんとう　　　　2 どうぐ　　　　3 れいぼう　　　　4 だんぼう

6 あにと　せの　たかさを　（　　　）。

1 まけました　　　　2 くらべました　　　　3 わかれました　　　　4 つかまえました

7 あの　人は　いつも　（　　　）ことばを　つかいます。

1 ふべんな　　　　2 ざんねんな　　　　3 ねっしんな　　　　4 ていねいな

8 ゆうべは　こわい　（　　　）を　みて、よく　ねられませんでした。

1 うそ　　　　2 かがみ　　　　3 はなし　　　　4 ゆめ

9 てんいんは　わたしに　あたらしい　スマホの　使い方を　（　　　）しました。

1 やくそく　　　　2 せつめい　　　　3 れんらく　　　　4 えんりょ

10 ゆうべは　メールを　（　　　）するのを　忘れて　しまいました。

1 メニュー　　　　2 テキスト　　　　3 サイン　　　　4 チェック

답 1① 2③ 3① 4② 5③ 6② 7④ 8④ 9② 10④

もんだい3 (   )に なにを いれますか。1・2・3・4から いちばん いい
ものを ひとつ えらんで ください。

1 けっせきした ほんとうの (   )は なんですか。

  1 ねだん   2 うそ   3 きもち   4 りゆう

2 けさ 上野^{うえの}さんは (   )して 会社に おくれました。

  1 ねぼう   2 はんたい   3 しょうたい   4 ごちそう

3 この いしは (   )ので なかなか われない。

  1 めずらしい   2 うつくしい   3 かたい   4 あまい

4 わたしは ともだちに りょこうの (   )を もらった。

  1 おみやげ   2 おみまい   3 おまつり   4 おいわい

5 わたしは アメリカで 5年間 日本語を おしえた (   )が あります。

  1 いなか   2 おもて   3 たのしみ   4 けいけん

6 わたしたちは まつりが 行われた 公園を きれいに (   )。

  1 うかがいました   2 かたづけました   3 がまんしました   4 いらっしゃいました

7 つぎの えきで 快速電車^{かいそくでんしゃ}に (   )と 京都駅^{きょうとえき}に はやく 着^つけます。

  1 とりかえる   2 のりかえる   3 めしあがる   4 もうしあげる

8 山田^{やまだ}さんは テープを (   )で チョキンと 半分^{はんぶん}に きりました。

  1 のり   2 さとう   3 おもて   4 はさみ

9 弟は 花^かびんを (   ) わって しまいました。

  1 たずねて   2 くらして   3 ならんで   4 おとして

10 ゆうべ おそくまで おきて いたので、けさは (   )。

  1 うるさい   2 ねむい   3 さびしい   4 すごい

답 1④ 2① 3③ 4① 5④ 6② 7② 8④ 9④ 10②

4 문맥구성 기출어휘 2000-2015

あ

□ アルバイト 아르바이트	□ あんぜんだ 安全だ 안전하다
□ あんない 案内 안내	□ いか 以下 이하
□ いくら ～ても 아무리 ~해도	□ いじょう 以上 이상
□ いっけん 한 채	□ いって まいります 다녀오겠습니다
□ うえる 植える 심다	□ うつ 치다, 부딪다
□ うで 팔	□ うるさい 시끄럽다
□ おいわい お祝い 축하 선물	□ おくじょう 屋上 옥상
□ おくれる 遅れる 늦다	□ おだいじに 몸조리 잘하세요
□ おつり 거스름돈	□ おみやげ お土産 여행 선물, 기념품
□ おもちゃ 장난감	□ おや 이런, 아니
□ おれる 부러지다	

か

□ かいじょう 会場 회장, 행사장	□ かがみ 거울
□ かざる 장식하다, 꾸미다	□ かたい 딱딱하다, 단단하다
□ かべ 벽	□ かまいません 상관없습니다
□ かむ 씹다	□ かわく 마르다
□ かんけい 関係 관계	□ きかい 機会 기회
□ きけん 危険 위험	□ ぎじゅつ 技術 기술
□ きぶん 気分 기분	□ きょうそう 競争 경쟁

□ きょうみ 興味 흥미, 관심	□ くらべる 比べる 비교하다
□ ゲーム 게임	□ けんか 싸움
□ こうがい 郊外 교외	□ こころ 心 마음
□ こまかい 細かい 잘다	□ こわい 무섭다

さ

□ さか 언덕	□ さがす 찾다
□ さす (우산을) 쓰다	□ さっき 조금 전
□ さわる 만지다	□ ざんねんだ 残念だ 유감이다, 아쉽다
□ しかる 야단치다	□ しっぱい 失敗 실패
□ しつれいだ 失礼だ 무례하다	□ じゃま 방해
□ じゃまに なる 방해가 되다	□ しゅうかん 習慣 습관
□ じゅうぶん 충분함, 충분히	□ じゅんび 準備 준비
□ しょうたい 招待 초대	□ しょうらい 将来 장래, 미래
□ しらべる 調べる 조사하다	□ スイッチ 스위치
□ ～せい ～제	□ せいさん 生産 생산
□ そうだん 相談 상담, 의논	□ それに 게다가
□ そろそろ 슬슬	

た

□ だいじだ 大事だ 소중하다, 중요하다	□ たかい 高い 비싸다
□ だから 그러니까, 그래서	□ たしかだ 確かだ 분명하다
□ たす 足す 더하다	□ だす 出す 내다, 제출하다
□ たりない 足りない 모자르다, 부족하다	□ だんぼう 暖房 난방
□ チケット 티켓	□ チャンス 찬스, 기회

□ ちゅうし　中止 중지
□ ちょきん　貯金 저금
□ つたえる　伝える 전하다
□ とうとう 드디어
□ とめる 멈추다, 세우다

な

□ なおす 고치다
□ なるべく 가급적, 되도록
□ におい 냄새
□ にがい　苦い 쓰다
□ ねっしんに 열심히
□ ねぼう　寝坊 늦잠
□ ねむい　眠い 졸리다
□ のど 목

は

□ パートタイム 파트타임
□ はこぶ　運ぶ 나르다, 옮기다
□ はずかしい 부끄럽다
□ パソコン 퍼스널 컴퓨터
□ ばんぐみ　番組 프로그램
□ ひえる 차가워지다, 식다
□ ひきだし 서랍
□ ひろう　拾う 줍다
□ ふかい　深い 깊다
□ ふむ　踏む 밟다
□ ぼうえき　貿易 무역
□ ほうそう　放送 방송
□ ほんやく 번역

memo

ま

- □ または 또는
- □ まっすぐ 똑바로, 곧장
- □ みつかる　見つかる 발견되다
- □ むかえる　迎える 맞이하다
- □ めずらしい 희귀하다, 드물다

や

- □ やくそく　約束 약속
- □ やくに たつ 도움이 되다
- □ やっと 겨우, 가까스로
- □ やっぱり 역시
- □ やわらかい 부드럽다
- □ ようい　用意 준비
- □ よやく　予約 예약
- □ よる 들르다

ら

- □ らいしゅう　来週 다음 주
- □ りゆう　理由 이유
- □ りよう　利用 이용
- □ ルール 룰, 규칙
- □ レジ 금전 출납계, 계산대
- □ レポート 리포트
- □ れんらく　連絡 연락

memo

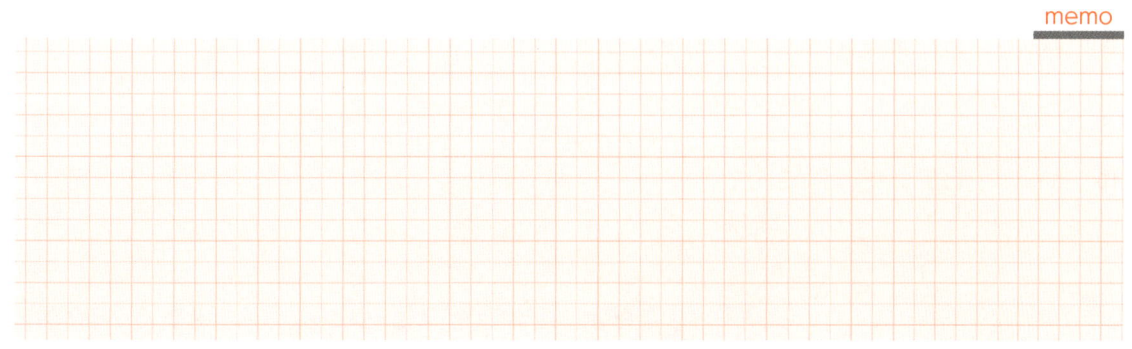

もんだい3　（　　　）に　なにを　いれますか。1・2・3・4から　いちばん　いい
ものを　ひとつ　えらんで　ください。

1 英語の　本を　日本語に　（　　　）しました。

　　1　あんない　　　　2　えんりょ　　　　3　はんたい　　　　4　ほんやく

2 さむく　なったので　（　　　）が　ほしいですね。

　　1　ゆしゅつ　　　　2　れいぼう　　　　3　だんぼう　　　　4　ゆにゅう

3 その　会社は　いろいろな　国と　食料品の　（　　　）を　行って　います。

　　1　ぼうえき　　　　2　ほうそう　　　　3　おもちゃ　　　　4　かんけい

4 みちで　さいふを　（　　　）ので、こうばんに　とどけました。

　　1　すてた　　　　　2　とった　　　　　3　ひろった　　　　4　つかまえた

5 その　先生は　とても　（　　　）です。

　　1　やすい　　　　　2　こわい　　　　　3　ほしい　　　　　4　すくない

6 やまださんは　（　　　）を　しながら　学校に　かよって　います。

　　1　オートバイ　　　2　デパート　　　　3　アルバイト　　　4　カレンダー

7 くらく　なったから、（　　　）帰りましょう。

　　1　そろそろ　　　　2　だんだん　　　　3　ときどき　　　　4　とうとう

8 わたしは　（　　　）パンが　好きです。

　　1　おそい　　　　　2　ふかい　　　　　3　やさしい　　　　4　やわらかい

9 じこで　あたまを　（　　　）ので、びょういんに　はこばれた。

　　1　つつんだ　　　　2　うった　　　　　3　おこした　　　　4　やめた

10 おもい　ピアノを　はこんで　（　　　）が　いたく　なった。

　　1　のど　　　　　　2　うで　　　　　　3　ひげ　　　　　　4　みみ

답　1④　2③　3①　4③　5②　6③　7①　8④　9②　10②

もんだい3 （　　　）に　なにを　いれますか。１・２・３・４から　いちばん　いい
ものを　ひとつ　えらんで　ください。

1 テニスの　しあいは　雨の　ため　（　　　）します。
　1 しょうち　　　　2 しょうかい　　　3 ちゅうしゃ　　　4 ちゅうし

2 むすこは　そとで　あそぶより、ひとりで　（　　　）を　するのが　好きです。
　1 プール　　　　　2 スーツ　　　　　3 ゲーム　　　　　4 ルール

3 せいじは　国民の　せいかつに　ふかい　（　　　）を　もって　いる。
　1 かんけい　　　　2 けいけん　　　　3 そんけい　　　　4 はいけん

4 ビルの　（　　　）に　出ると　ふじさんが　見える　ことが　あります。
　1 かいがん　　　　2 おくじょう　　　3 じゅうしょ　　　4 くうこう

5 たいふうで　おおきな　木の　えだが　（　　　）しまった。
　1 おれて　　　　　2 こわれて　　　　3 たおれて　　　　4 やぶれて

6 友だちに　にっきを　見られて　とても　（　　　）。
　1 にがかった　　　2 ねむかった　　　3 はずかしかった　4 よろしかった

7 にわに　きれいな　花を　（　　　）。
　1 うえましょう　　2 かえましょう　　3 きりましょう　　4 とりましょう

8 600円の　かいものを　して　1,000円　出すと、（　　　）は　400円です。
　1 おかね　　　　　2 おさつ　　　　　3 おつり　　　　　4 おさいふ

9 むすこが　（　　　）を　こわして　しまいました。
　1 ぐあい　　　　　2 やくそく　　　　3 おもちゃ　　　　4 ぶどう

10 その　ドラマは　まいしゅう　日曜日に　（　　　）されて　います。
　1 きせつ　　　　　2 ほうそう　　　　3 ほうりつ　　　　4 きそく

답 1④　2③　3①　4②　5①　6③　7①　8③　9③　10②

もんだい3　（　　　）に　なにを　いれますか。1・2・3・4から　いちばん　いい
　　　　　　ものを　ひとつ　えらんで　ください。

1 この　かわは　とても　（　　　）から　あぶないです。
　　1　あさい　　　　　　2　たかい　　　　　　3　ひくい　　　　　4　ふかい

2 この　国では　車の　（　　　）が　ふえて　います。
　　1　たいいん　　　　2　けんぶつ　　　　　3　せいさん　　　　4　はつおん

3 わたしは　5時に　友だちと　会う　（　　　）が　あります。
　　1　やくそく　　　　2　よほう　　　　　　3　よしゅう　　　　4　よやく

4 この　としょかんは　ごご　9時まで　（　　　）する　ことが　できます。
　　1　したく　　　　　2　せいかつ　　　　　3　ちょきん　　　　4　りよう

5 子どもの　しゃしんを　つくえの　うえに　（　　　）。
　　1　かたづけました　2　おくりました　　　3　かけました　　　4　かざりました

6 つくえの　（　　　）に　たいせつな　ものを　入れて　おきます。
　　1　おしいれ　　　　2　ひきだし　　　　　3　カーテン　　　　4　ベル

7 この　メモは　（　　　）字で　書いて　あったので　読みにくかったです。
　　1　うつくしい　　　2　あまい　　　　　　3　やわらかい　　　4　こまかい

8 やましたさんは　成功^{せいこう}するまでに　何度も　（　　　）を　かさねました。
　　1　しっぱい　　　　2　りよう　　　　　　3　いじょう　　　　4　ちゅうい

9 けさ　えいがの　（　　　）を　2まい　買いました。
　　1　イベント　　　　2　サービス　　　　　3　ステレオ　　　　4　チケット

10 テレビの　（　　　）で　なにが　いちばん　好きですか。
　　1　よやく　　　　　2　ばんぐみ　　　　　3　タイプ　　　　　4　スクリーン

답　1④　2③　3①　4④　5④　6②　7④　8①　9④　10②

もんだい3 （　　　）に　なにを　いれますか。1・2・3・4から　いちばん　いい
　　　　　ものを　ひとつ　えらんで　ください。

1 かぜを　ひいたので　（　　　）が　いたいです。

1　かみ　　　　　　2　こえ　　　　　　3　ひげ　　　　　4　のど

2 先生、いま　レポートを　（　　　）　いいですか。

1　あげても　　　　2　くれても　　　　3　だしても　　　4　とっても

3 ちょっと　いえに　（　　　）　いきませんか。

1　よって　　　　　2　よんで　　　　　3　やんで　　　　4　やって

4 インターネットで　ひこうきの　じかんを　（　　　）。

1　おしえた　　　　2　しらべた　　　　3　わすれた　　　4　おぼえた

5 内田さんは　つまらない　ことで　友だちと　（　　　）しました。

1　じゃま　　　　　2　したく　　　　　3　けんか　　　　4　しょうせつ

6 出かける　まえに　ちょっと　（　　　）を　見て、かみを　なおします。

1　ふとん　　　　　2　こころ　　　　　3　かがみ　　　　4　すいどう

7 しごとの　ことは　りょうしんと　（　　　）　きめます。

1　いけんして　　　2　おこなって　　　3　くらべて　　　4　そうだんして

8 かいぎは　よていより　30分　（　　　）　はじまりました。

1　おくれて　　　　2　おわって　　　　3　かいて　　　　4　まにあって

9 4に　5を　（　　　）と　9に　なります。

1　さす　　　　　　2　ひく　　　　　　3　たす　　　　　4　けす

10 日本の　ぶんがくに　ついて　（　　　）を　書きました。

1　パソコン　　　　2　チェック　　　　3　サービス　　　4　レポート

답　1④　2③　3①　4②　5③　6③　7④　8①　9③　10④

もんだい4 유의표현 공략하기

1 문제 유형 완전 분석

유의표현은 제시된 문장과 가장 가까운 뜻으로 쓰인 문장을 고르는 형식으로, 네 문제가 나온다.

> **⚠️ 알고 풀자!**
>
> 유의표현은 제시된 문장 속 단어와 가장 의미와 가까운 표현을 찾는 유형이다. 정답은 주로 비슷한 뜻 중에서 상황에 맞게 자연스럽게 쓰이는 표현이다. 긍정, 부정, 감정의 강약, 형식성(공손/일상성) 등을 기준으로 판단한다.
> N4는 기출 어휘가 반복하여 출제되는 경향이 높으므로 기출 어휘 위주로 꼼꼼히 암기하면 문제 풀 때 도움이 된다.

예시

もんだい4 ＿＿＿＿＿の　ぶんと　だいたい　おなじ　いみの　ぶんが　あります。
1・2・3・4から　いちばん　いい　ものを　ひとつ　えらんで　ください。

1 デパートで　かぐを　買います。
　✓ デパートで　テーブルや　いすを　買います。
　2　デパートで　コーヒーや　こうちゃを　買います。
　3　デパートで　にんじんや　トマトを　買います。
　4　デパートで　テレビや　レンジを　買います。

해석　백화점에서 가구를 삽니다.
　1 백화점에서 탁자나 의자를 삽니다.
　2 백화점에서 커피나 홍차를 삽니다.
　3 백화점에서 당근이나 토마토를 삽니다.
　4 백화점에서 텔레비전이나 전자레인지를 삽니다.

해설　가구의 유의표현으로 가장 적당한 것은 탁자와 의자이므로 정답은 1번이다.

단어　デパート 백화점　かぐ 가구　買う 사다　テーブル 탁자, 테이블　いす 의자　コーヒー 커피
　こうちゃ 홍차　にんじん 당근　トマト 토마토　テレビ 텔레비전　レンジ 전자레인지

② 유의표현 기출어휘 2021-2025

あ

□ あした 내일 ≒ あす 내일

□ あめが　ざあざあ　ふって　います 비가 주룩주룩 내리고 있습니다
　≒ あめが　つよく　ふって　います 비가 세차게 내리고 있습니다

□ あやまりました 사과했습니다
　≒ 「ごめんなさい」と　言いました '미안합니다'라고 말했습니다

□ あんぜんです 안전합니다
　≒ あぶなく　ないです 위험하지 않습니다

□ うれしそうでした 기뻐 보였습니다
　≒ よろこんで　いました 기뻐했습니다

□ うんどうできません 운동할 수 없습니다
　≒ スポーツして　いません 운동하고 있지 않습니다

□ おきゃくさんが　すくないです 손님이 적습니다
　≒ おきゃくが　あまり　いません 손님이 별로 없습니다
　≒ すいて　います 비어 있습니다

□ おしゃべりは　やめて　ください 수다는 그만두세요
　≒ 話を　するのは　やめて　ください 이야기를 하는 것은 그만두세요

□ おとした 떨어뜨렸다 ≒ なくした 잃어버렸다

□ おとなしい 얌전하다 ≒ しずかだ 조용하다

□ おねがいしました 부탁했습니다
　≒ たのみました 부탁했습니다

□ おれいを　言いました 감사 인사를 했습니다
　≒ 「ありがとう」と　言いました '고맙다'라고 말했습니다

か

□ **かぐ** 가구

≒ **テーブルや　いす** 탁자나 의자

□ **きそく** 규칙

≒ **ルール** 규칙

□ **きたない** 더럽다

≒ **よごれて　いる** 더러워진 상태이다

□ **きんえんです** 금연입니다

≒ **たばこを　すっては　いけません** 담배를 피우면 안 됩니다

□ **くうこう** 공항

≒ **ひこうきに　のる　ところ** 비행기를 타는 곳

□ **くるまの　こうじょう** 자동차 공장

≒ **くるまを　つくる　ところ** 자동차를 만드는 곳

□ **こまかく** 잘게

≒ **ちいさく** 작게

memo

さ

□ さいごに 帰りました マ지막으로 집에 갔습니다.
　≒ みんなが 帰った あとで 帰りました 모두 돌아간 후에 집에 갔습니다.

□ さいしょに 제일 먼저
　≒ はじめに 먼저

□ じゅんびします 준비합니다
　≒ よういします 준비합니다

□ しょくじする 식사하다
　≒ ごはんを 食べる 밥을 먹다

□ じょせい 여성
　≒ おんなの人 여성

□ せいさんして います 생산하고 있습니다
　≒ つくって います 만들고 있습니다

memo

た

- ☐ だいじだ 중요하다
  - ≒ たいせつだ 소중하다
- ☐ ちゅうしゃじょう 주차장
  - ≒ くるまを　とめる　ばしょ 자동차를 세우는 곳
- ☐ ちょうじょ 장녀
  - ≒ いちばんめの　むすめ 첫째 딸
- ☐ つめたい 차갑다
  - ≒ ひえて　いる 식어 있다
- ☐ どくしんです 독신입니다
  - ≒ けっこんして　いません 결혼하지 않았습니다
- ☐ とられる 빼앗기다 ≒ ぬすまれる 도둑맞다

な

- ☐ にこにこして　いました 싱글벙글했습니다
  - ≒ わらって　いました 웃고 있었습니다

memo

は

- ☐ **ひっこします** 이사합니다
  - ≒ **あたらしい いえに すみます** 새 집에 삽니다
  - ≒ **いえが かわります** 집이 바뀝니다

- ☐ **ひつようです** 필요합니다
  - ≒ **いります** 필요합니다

- ☐ **ひみつです** 비밀입니다
  - ≒ **この はなしは だれにも 言わないで ください。**
    이 이야기는 아무에게도 말하지 마세요.

- ☐ **ふえました** 늘었습니다
  - ≒ **多く なりました** 많아졌습니다

や

- ☐ **やわらかい** 부드럽다 ≒ **かたく ない** 딱딱하지 않다

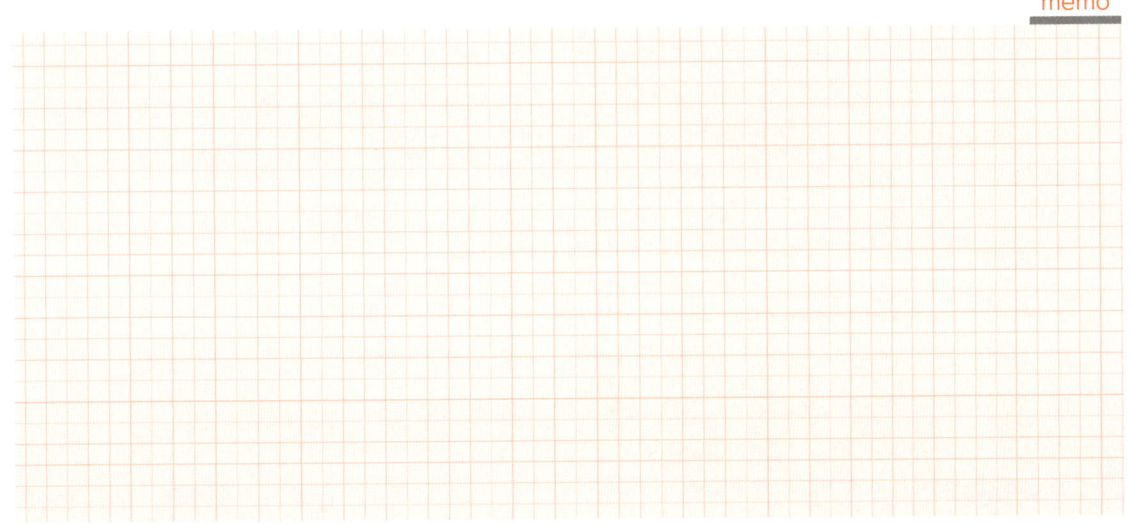

memo

もんだい4 　＿＿＿＿＿の ぶんと だいたい おなじ いみの ぶんが あります。
　　　　　1・2・3・4から いちばん いい ものを ひとつ えらんで ください。

1 あめが ざあざあ ふって います。

  1 あめが いちにちじゅう ふって います。

  2 あめが ときどき ふって います。

  3 あめが よわく ふって います。

  4 あめが つよく ふって います。

2 わたしの いもうとは けっこんして いません。

  1 わたしの いもうとは どくしんです。

  2 わたしの いもうとは りこんしました。

  3 わたしの いもうとは かれしと わかれました。

  4 わたしの いもうとは ともだちと くらして います。

3 ミーティングの ときの 話は だれにも 言わないで ください。

  1 ミーティングの ときの 話は つまらないです。

  2 ミーティングの ときの 話は むずかしいです。

  3 ミーティングの ときの 話は ぜんぶ しって います。

  4 ミーティングの ときの 話は ひみつです。

4 えきまえの レストランの おにくは かたく ないです。

  1 えきまえの レストランの おにくは あまいです。

  2 えきまえの レストランの おにくは やわらかいです。

  3 えきまえの レストランの おにくは あたらしいです。

  4 えきまえの レストランの おにくは すくないです。

5 人が たくさん とおる この みちは あぶなく ないです。

  1 人が たくさん とおる この みちは きたないです。

  2 人が たくさん とおる この みちは すいて います。

  3 人が たくさん とおる この みちは あんぜんです。

  4 人が たくさん とおる この みちは せまいです。

답 1④ 2① 3④ 4② 5③

もんだい4 ＿＿＿＿＿ の ぶんと だいたい おなじ いみの ぶんが あります。
1・2・3・4から いちばん いい ものを ひとつ えらんで ください。

1 くうこうは ここから 少し とおいです。

　1 ひこうきに のる ところは ここから 少し とおいです。

　2 すばらしい えを 見せる ところは ここから 少し とおいです。

　3 こうぎを 聞く ところは ここから 少し とおいです。

　4 ふねに のる ところは ここから 少し とおいです。

2 イベントに さんかしたい 人は、はじめに なまえを 書いて ください。

　1 イベントに さんかしたい 人は つぎに なまえを 書いて ください。

　2 イベントに さんかしたい 人は ゆっくり なまえを 書いて ください。

　3 イベントに さんかしたい 人は さいしょに なまえを 書いて ください。

　4 イベントに さんかしたい 人は さいごに なまえを 書いて ください。

3 セールが はじまって 人が 多く なりました。

　1 セールが はじまって 人が しずかに なりました。

　2 セールが はじまって 人が ふえました。

　3 セールが はじまって 人が おくれました。

　4 セールが はじまって 人が わらいました。

4 くるまは ちゅうしゃじょうに あります。

　1 くるまは ガソリンを いれる ばしょに あります。

　2 くるまは くるまを はんばいする ばしょに あります。

　3 くるまは くるまを とめる ばしょに あります。

　4 くるまは しゅうりする ばしょに あります。

5 あたらしく できた あの カフェは いつも すいて います。

　1 あたらしく できた あの カフェは みせが あたらしいです。

　2 あたらしく できた あの カフェは みせが しまって います。

　3 あたらしく できた あの カフェは 人が ならんで います。

　4 あたらしく できた あの カフェは おきゃくさんが すくないです。

답 1① 2③ 3② 4③ 5④

もんだい4 _____ の ぶんと だいたい おなじ いみの ぶんが あります。
1・2・3・4から いちばん いい ものを ひとつ えらんで ください。

1 このごろ いそがしくて うんどうできません。

   1 このごろ いそがしくて アルバイトを して いません。

   2 このごろ いそがしくて スポーツを して いません。

   3 このごろ いそがしくて れんらくを して いません。

   4 このごろ いそがしくて せわを して いません。

2 これから しゅっちょうに 行く よういを します。

   1 これから しゅっちょうに 行く はなしを します。

   2 これから しゅっちょうに 行く よていが あります。

   3 これから しゅっちょうに 行く 人を きめます。

   4 これから しゅっちょうに 行く じゅんびを します。

3 サッカーの しあいで かった 子どもは にこにこして いました。

   1 サッカーの しあいで かった 子どもは わらって いました。

   2 サッカーの しあいで かった 子どもは おこって いました。

   3 サッカーの しあいで かった 子どもは ねむって いました。

   4 サッカーの しあいで かった 子どもは おどって いました。

4 いちにちじゅう そとで あそんで ふくが よごれて いますね。

   1 いちにちじゅう そとで あそんで ふくが ぬれて いますね。

   2 いちにちじゅう そとで あそんで ふくが あたらしいですね。

   3 いちにちじゅう そとで あそんで ふくが きたないですね。

   4 いちにちじゅう そとで あそんで ふくが かわいいですね。

5 しゅうまつには かぞくと いっしょに しょくじを します。

   1 しゅうまつには かぞくと いっしょに おどります。

   2 しゅうまつには かぞくと いっしょに でかけます。

   3 しゅうまつには かぞくと いっしょに ごはんを 食べます。

   4 しゅうまつには かぞくと いっしょに りょうりを つくります。

답 1② 2④ 3① 4③ 5③

50 기출어휘 확인문제 유의표현

もんだい4 ＿＿＿＿＿ の ぶんと だいたい おなじ いみの ぶんが あります。
1・2・3・4から いちばん いい ものを ひとつ えらんで ください。

1 いしはらさんに たのみました。

1 いしはらさんに おしらせしました。
2 いしはらさんに おかえししました。
3 いしはらさんに おつたえしました。
4 いしはらさんに おねがいしました。

2 れいぞうこに ある オレンジジュースは ひえて いますよ。

1 れいぞうこに ある オレンジジュースは すっぱいですよ。
2 れいぞうこに ある オレンジジュースは つめたいですよ。
3 れいぞうこに ある オレンジジュースは すくないですよ。
4 れいぞうこに ある オレンジジュースは あまいですよ。

3 チームの きそくを 読んで ください。

1 チームの ルールを 読んで ください。
2 チームの けいかくを 読んで ください。
3 チームの スケジュールを 読んで ください。
4 チームの やくそくを 読んで ください。

4 ビルの なかで たばこを すっては いけません。

1 ビルの なかは ひろいです。
2 ビルの なかは こうじちゅうです。
3 ビルの なかは きんえんです。
4 ビルの なかは きけんです。

5 のみかいが あった とき みんなが かえった あとで かえりました。

1 のみかいが あった とき はじめに かえりました。
2 のみかいが あった とき さいごに かえりました。
3 のみかいが あった とき すぐ かえりました。
4 のみかいが あった とき ゆっくり かえりました。

답 1④ 2② 3① 4③ 5②

もんだい4 ＿＿＿＿ の ぶんと だいたい おなじ いみの ぶんが あります。
1・2・3・4から いちばん いい ものを ひとつ えらんで ください。

1 わたしは すずきさんに あやまりました。

   1 わたしは すずきさんに 「おかげさまで」と 言いました。

   2 わたしは すずきさんに 「それは いけませんね」と 言いました。

   3 わたしは すずきさんに 「おめでとうございます」と 言いました。

   4 わたしは すずきさんに 「ごめんなさい」と 言いました。

2 らいしゅうから あたらしい いえに すみます。

   1 らいしゅう あたらしい いえに ひっこします。

   2 らいしゅう あたらしい いえに とまります。

   3 らいしゅう あたらしい いえに もどります。

   4 らいしゅう あたらしい いえに おくります。

3 かいがい りょこうに 行って かばんを ぬすまれました。

   1 かいがい りょこうに 行って かばんを なおされました。

   2 かいがい りょこうに 行って かばんを かえられました。

   3 かいがい りょこうに 行って かばんを とられました。

   4 かいがい りょこうに 行って かばんを わすれました。

4 しんにゅうしゃいんは みんな じょせいです。

   1 しんにゅうしゃいんは みんな おとこの人です。

   2 しんにゅうしゃいんは みんな おんなの人です。

   3 しんにゅうしゃいんは みんな へんな ひとです。

   4 しんにゅうしゃいんは みんな かいがいの ひとです。

5 じゅぎょうちゅうに べんきょうしないで おしゃべりを して います。

   1 じゅぎょうちゅうに べんきょうしないで はなしを きいて います。

   2 じゅぎょうちゅうに べんきょうしないで はなしを して います。

   3 じゅぎょうちゅうに べんきょうしないで しつもんを して います。

   4 じゅぎょうちゅうに べんきょうしないで そとを みて います。

답 1④ 2① 3③ 4② 5②

もんだい4　＿＿＿＿　の　ぶんと　だいたい　おなじ　いみの　ぶんが　あります。
　　　　　　1・2・3・4から　いちばん　いい　ものを　ひとつ　えらんで　ください。

1　ちょうじょは　アメリカで　りゅうがくして　います。
　　1　すえっこは　アメリカで　りゅうがくして　います。
　　2　友だちの　むすめは　アメリカで　りゅうがくして　います。
　　3　いちばんめの　むすめは　アメリカで　りゅうがくして　います。
　　4　じなんは　アメリカで　りゅうがくして　います。

2　この　こうじょうでは　モニターを　せいさんして　います。
　　1　この　こうじょうでは　モニターを　つくって　います。
　　2　この　こうじょうでは　モニターを　うって　います。
　　3　この　こうじょうでは　モニターを　はこんで　います。
　　4　この　こうじょうでは　モニターを　なおして　います。

3　この　本は　ちちに　もらった　だいじな　ものです。
　　1　この　本は　ちちに　もらった　ふるい　ものです。
　　2　この　本は　ちちに　もらった　こわい　ものです。
　　3　この　本は　ちちに　もらった　めずらしい　ものです。
　　4　この　本は　ちちに　もらった　たいせつな　ものです。

4　友だちは　オーディションに　ごうかくして　よろこんで　いました。
　　1　友だちは　オーディションに　ごうかくして　ないて　いました。
　　2　友だちは　オーディションに　ごうかくして　がっかりして　いました。
　　3　友だちは　オーディションに　ごうかくして　うれしそうでした。
　　4　友だちは　オーディションに　ごうかくして　つかれて　いました。

5　先生に　てつだって　もらって　おれいを　言いました。
　　1　先生に　てつだって　もらって　「こんにちは」と　言いました。
　　2　先生に　てつだって　もらって　「ありがとうございます」と　言いました。
　　3　先生に　てつだって　もらって　「はじめまして」と　言いました。
　　4　先生に　てつだって　もらって　「すみません」と　言いました。

답 1③ 2① 3④ 4③ 5②

❸ 유의표현 기출어휘 2016-2020

あ

☐ あぶないです 위험합니다 ≒ きけんです 위험합니다

☐ アルバイトを　します 아르바이트를 합니다

　≒ はたらきます 일합니다

☐ 意見が　いいと　思います 의견이 좋다고 생각합니다

　≒ 意見に　さんせいします 의견에 찬성합니다

☐ うしろ 뒤 ≒ うら 뒤

☐ うそでした 거짓말이었습니다

　≒ ほんとうじゃ　ありませんでした 사실이 아니었습니다

☐ うつくしい 아름답다 ≒ きれいだ 예쁘다

☐ うれしそうでした 기뻐 보였습니다

　≒ よろこんで　いました 기뻐했습니다

☐ えいがに　さそいました 영화를 보러 가자고 권했습니다

　≒ えいがを　見に　いきませんかと　言いました 영화를 보러 가지 않겠냐고 말했습니다

☐ おきゃくさんが　多いです 손님이 많습니다 ≒ こんで　います 붐빕니다

☐ おこられる 혼나다 ≒ しかられる 야단맞다

☐ おそわりました 배웠습니다 ≒ ならいました 배웠습니다

☐ おとした 떨어뜨렸다 ≒ なくした 잃어버렸다

☐ おどって　います 춤을 추고 있습니다

　≒ ダンスを　して　います 댄스를 하고 있습니다

☐ おとなしい 얌전하다 ≒ しずかだ 조용하다

☐ おどろきました 놀랐습니다 ≒ びっくりしました 놀랐습니다

□ おみせを　はじめた　りゆう　가게를 시작한 이유

　≒ なぜ　おみせを　はじめたか　왜 가게를 시작했는지

□ おれいを　言いました　감사 인사를 했습니다

　≒ 「ありがとう」と　言いました　'고맙다'라고 말했습니다

か

□ かぐ　가구　≒ テーブルや　ベッド　탁자나 침대

□ きく　묻다　≒ たずねる　묻다

□ きんじょ　근처　≒ ちかく　가까운 곳

□ ぐあいは　よく　なりましたか　몸 상태는 좋아졌나요?

　≒ 元気に　なりましたか　건강해졌나요?

□ くるまの　こうじょう　자동차 공장

　≒ くるまを　つくる　ところ　자동차를 만드는 곳

□ こしょうしました　고장 났습니다　≒ こわれて　います　고장 났습니다

□ こまかく　잘게　≒ ちいさく　작게

さ

□ さいしょに　제일 먼저　≒ はじめに　먼저

□ サインを　して　ください　사인을 해 주세요

　≒ 名前を　書いて　ください　이름을 써 주세요

□ じゅうしょ　주소　≒ すんで　いる　ばしょ　살고 있는 곳

□ じゅぎょうに　おくれる　수업에 늦다

　≒ じゅぎょうが　はじまってから　来る　수업이 시작되고 나서 오다

□ しょうらい　장래　≒ これからの　こと　앞으로의 일

□ すいえい　수영　≒ およぐの　헤엄치는 것

た

- だいじだ 중요하다 ≒ たいせつだ 소중하다

- ちこくしないで ください 지각하지 마세요

  ≒ はじまる じかんに おくれないで ください 시작하는 시간에 늦지 마세요

- つかう 사용하다 ≒ りようする 이용하다

は

- はこびましょう 옮깁시다 ≒ わたしましょう 건넵시다

- はこんで くれました 옮겨 주었습니다

  ≒ もって いって くれました 가지고 가 주었습니다

- ひつようです 필요합니다

  ≒ いります 필요합니다

- ふえました 늘었습니다 ≒ 多く なりました 많아졌습니다

や

- よしゅうしました 예습했습니다

  ≒ じゅぎょうの 前に べんきょうしました 수업 전에 공부했습니다

- ゆにゅうする 수입한다

  ≒ ほかの 国から 買って いる 다른 나라에서 산다

もんだい４ ＿＿＿＿＿の ぶんと だいたい おなじ いみの ぶんが あります。
1・2・3・4から いちばん いい ものを ひとつ えらんで ください。

1 しょうらいの けいかくを みんなで はなしました。

　1 これからの けいかくを みんなで はなしました。

　2 いままでの けいかくを みんなで はなしました。

　3 さいしょの けいかくを みんなで はなしました。

　4 さいごの けいかくを みんなで はなしました。

2 としょかんで パソコンを つかって 本を さがす ことが できます。

　1 としょかんで パソコンを かりて 本を さがす ことが できます。

　2 としょかんで パソコンを りようして 本を さがす ことが できます。

　3 としょかんで パソコンを はこんで 本を さがす ことが できます。

　4 としょかんで パソコンを もって 本を さがす ことが できます。

3 アニメ グッズショップは いつも おきゃくさんが おおいです。

　1 アニメ グッズショップは いつも しずかです。

　2 アニメ グッズショップは いつも すいて います。

　3 アニメ グッズショップは いつも こんで います。

　4 アニメ グッズショップは いつも しまって います。

4 パスポートを つくる ためには さいきん とった しゃしんが いります。

　1 パスポートを つくる ためには さいきん とった しゃしんが ふべんです。

　2 パスポートを つくる ためには さいきん とった しゃしんが ひつようです。

　3 パスポートを つくる ためには さいきん とった しゃしんが ただしいです。

　4 パスポートを つくる ためには さいきん とった しゃしんが かんたんです。

5 子どもの ときは 今より おとなしかったです。

　1 子どもの ときは 今より ほそかったです。

　2 子どもの ときは 今より にぎやかでした。

　3 子どもの ときは 今より くちが はやかったです。

　4 子どもの ときは 今より しずかでした。

답 1① 2② 3③ 4② 5④

もんだい4　_____の　ぶんと　だいたい　おなじ　いみの　ぶんが　あります。
　　　　　　1・2・3・4から　いちばん　いい　ものを　ひとつ　えらんで　ください。

1 その　みせで　かぐを　買いました。

1　その　みせで　はがきや　きってを　買いました。
2　その　みせで　バナナや　りんごを　買いました。
3　その　みせで　ねぎや　にんじんを　買いました。
4　その　みせで　テーブルや　ベッドを　買いました。

2 やまださんは　たなかさんに　ダンスを　おそわりました。

1　やまださんは　たなかさんに　ダンスを　見せました。
2　やまださんは　たなかさんに　ダンスを　ならいました。
3　たなかさんは　やまださんに　ダンスを　ならいました。
4　たなかさんは　やまださんに　ダンスを　見せました。

3 だい3かを　じゅぎょうの　まえに　べんきょうしました。

1　だい3かを　よやくしました。
2　だい3かを　よういしました。
3　だい3かを　よしゅうしました。
4　だい3かを　よていしました。

4 ここは　くるまを　つくる　ところです。

1　ここは　くるまの　ちゅうしゃじょうです。
2　ここは　くるまの　こうじょうです。
3　ここは　くるまの　いりぐちです。
4　ここは　くるまの　でぐちです。

5 その　国は　こめを　ほかの　国から　買って　います。

1　その　国は　こめを　ゆにゅうして　います。
2　その　国は　こめを　ゆしゅつして　います。
3　その　国は　こめを　ちゅうもんして　います。
4　その　国は　こめを　せいさんして　います。

답　1④　2②　3③　4②　5①

55 기출어휘 확인문제 유의표현

もんだい4 ＿＿＿＿＿ の ぶんと だいたい おなじ いみの ぶんが あります。
1・2・3・4から いちばん いい ものを ひとつ えらんで ください。

1 この たまねぎは こまかく きって ください。

　1 この たまねぎは ちいさく きって ください。

　2 この たまねぎは ながく きって ください。

　3 この たまねぎは ふとく きって ください。

　4 この たまねぎは おおきく きって ください。

2 わたしは プールで およぐのが 好きです。

　1 わたしは うんどうが 好きです。

　2 わたしは さんぽが 好きです。

　3 わたしは けんがくが 好きです。

　4 わたしは すいえいが 好きです。

3 くらい 道を ひとりで 歩くのは あぶないです。

　1 くらい 道を ひとりで 歩くのは はんたいです。

　2 くらい 道を ひとりで 歩くのは はんたいでは ありません。

　3 くらい 道を ひとりで 歩くのは きけんです。

　4 くらい 道を ひとりで 歩くのは きけんでは ありません。

4 たなかさんは この けいかくに さんせいですか。

　1 たなかさんは この けいかくは はやく おわると 思いますか。

　2 たなかさんは この けいかくは おそく おわると 思いますか。

　3 たなかさんは この けいかくが いいと 思いますか。

　4 たなかさんは この けいかくが わるいと 思いますか。

5 その はなしは うそでした。

　1 その はなしは たいせつでした。

　2 その はなしは ほんとうでした。

　3 その はなしは たいせつじゃ ありませんでした。

　4 その はなしは ほんとうじゃ ありませんでした。

답 1① 2④ 3③ 4③ 5④

もんだい4 _____ の ぶんと だいたい おなじ いみの ぶんが あります。
1・2・3・4から いちばん いい ものを ひとつ えらんで ください。

1 たなかさんは　じゅぎょうに　おくれました。

　1　たなかさんは　じゅぎょうが　はじまる　まえに　来ました。

　2　たなかさんは　じゅぎょうが　おわった　あとで　来ました。

　3　たなかさんは　じゅぎょうが　はじまってから　来ました。

　4　たなかさんは　じゅぎょうが　おわってから　来ました。

2 からだを　だいじに　して　ください。

　1　からだを　りっぱに　して　ください。

　2　からだを　たいせつに　して　ください。

　3　からだを　じょうぶに　して　ください。

　4　からだを　ふるく　して　ください。

3 やまださんの　じゅうしょを　おしえて　ください。

　1　やまださんの　おしえて　いる　ばしょを　おしえて　ください。

　2　やまださんの　いって　いる　ばしょを　おしえて　ください。

　3　やまださんの　すんで　いる　ばしょを　おしえて　ください。

　4　やまださんの　はたらいて　いる　ばしょを　おしえて　ください。

4 ゆうべ　さいふを　おとしました。

　1　ゆうべ　さいふを　かりました。

　2　ゆうべ　さいふを　ひろいました。

　3　ゆうべ　さいふを　かいました。

　4　ゆうべ　さいふを　なくしました。

5 この　あたりに　カラスが　ふえました。

　1　この　あたりに　カラスが　おおく　なりました。

　2　この　あたりに　カラスが　すくなく　なりました。

　3　この　あたりに　カラスが　おおきく　なりました。

　4　この　あたりに　カラスが　ちいさく　なりました。

답 1 ③　2 ②　3 ③　4 ④　5 ①

もんだい4 ＿＿＿＿＿の ぶんと だいたい おなじ いみの ぶんが あります。
1・2・3・4から いちばん いい ものを ひとつ えらんで ください。

1 テレビで ニュースを 見て びっくりしました。

  1 テレビで ニュースを 見て よろこびました。

  2 テレビで ニュースを 見て おどろきました。

  3 テレビで ニュースを 見て おもいだしました。

  4 テレビで ニュースを 見て わかりました。

2 すずきさんの かいた えは うつくしいです。

  1 すずきさんの かいた えは きれいです。

  2 すずきさんの かいた えは きれいでは ありません。

  3 すずきさんの かいた えは きらいです。

  4 すずきさんの かいた えは きらいでは ありません。

3 いきる ためには みずが ひつようです。

  1 いきる ためには みずが はじまります。

  2 いきる ためには みずが かわります。

  3 いきる ためには みずが いります。

  4 いきる ためには みずが こまります。

4 わたしは たなかさんに おれいを 言いました。

  1 わたしは たなかさんに 「ごめんください」と 言いました。

  2 わたしは たなかさんに 「ありがとうございます」と 言いました。

  3 わたしは たなかさんに 「おまたせしました」と 言いました。

  4 わたしは たなかさんに 「おめでとうございます」と 言いました。

5 子どもは おかあさんに しかられました。

  1 子どもは おかあさんに ほめられました。

  2 子どもは おかあさんに わらわれました。

  3 子どもは おかあさんに そだてられました。

  4 子どもは おかあさんに おこられました。

답 1② 2① 3③ 4② 5④

4 유의표현 기출어휘 2000-2015

あ

□ あいさつしました 인사했습니다

　≒「おはようございます」と　言いました '안녕하세요(아침 인사)'라고 말했습니다

　≒「こんにちは」と　言いました '안녕하세요(낮 인사)'라고 말했습니다

□ Ａ「あした　しょくじに　行きませんか」 "내일 식사하러 가지 않을래요?"

　Ｂ「あしたは　ちょっと」 "내일은 좀"

　≒ Ｂ「あしたは　だめです」 "내일은 안됩니다"

□ あぶないです 위험합니다 ≒ きけんです 위험합니다

□ あやまりました 사과했습니다

　≒「ごめんなさい」と　言いました '미안합니다'라고 말했습니다

□ いしゃと　かんごふ　いがいは　入らないで　ください
의사와 간호사 이외는 들어가지 마세요

　≒ いしゃと　かんごふは　入っても　いいです 의사와 간호사는 들어가도 됩니다

□ 1ばんの　へや、または　2ばんの　へやに 1번 방, 또는 2번 방에

　≒ 1ばんの　へやか　2ばんの　へやに 1번 방이나 2번 방에

□ いっしょうけんめい 열심히 ≒ ねっしんに 열심히

□ うそです 거짓말입니다

　≒ ほんとうじゃ　ありません 사실이 아닙니다

□ うるさく　しないで　ください 시끄럽게 하지 마세요

　≒ さわがないで　ください 떠들지 마세요

□ うまいです 잘합니다 ≒ じょうずです 잘합니다

□ うんどう 운동 ≒ スポーツ 스포츠

□ おこられる 혼나다 ≒ しかられる 야단맞다

□ おれいを 言いました 감사 인사를 했습니다

　≒ 「ありがとうございます」と 言いました '고맙습니다'라고 말했습니다

□ おどろきました 놀랐습니다 ≒ びっくりしました 놀랐습니다

か

□ かならず 来ると 思う 반드시 올 거라고 생각한다

　≒ きっと 来る 꼭 올 것이다

□ きこくする 귀국하다 ≒ 国へ 帰る 고국에 돌아가다

□ きたない 더럽다 ≒ よごれて いる 더러워진 상태이다

□ きびしい じだいは もう すぎました 혹독한 시대는 이미 지났습니다.

　≒ たいへんな じだいでした 힘든 시대였습니다.

□ きゃくが すくない 손님이 적다

　≒ すいて いる 비어 있다

□ きゃくが たくさん いる 손님이 많이 있다

　≒ こんで いる 붐빈다

□ きょういくを うけられる 人は 多く なかった
교육을 받을 수 있는 사람은 많지 않았다

　≒ 多くの 人が 学校へ 行けなかった 많은 사람이 학교에 갈 수 없었다

□ きんじょ 근처 ≒ ちかく 가까운 곳

□ クラスに 来なかった わけ 수업에 오지 않은 이유

　≒ どうして クラスに 来なかったのか 왜 수업에 오지 않았는지

□ けしきの いい ところ 경치 좋은 곳

　≒ きれいな 山や もりが 見える こうえん 예쁜 산이나 숲이 보이는 공원

□ こうぎに しゅっせきします 강의에 출석합니다

　≒ だいがくで 先生の 話を 聞きます 대학에서 선생님의 이야기를 듣습니다

□ こうつうが べんりだ 교통이 편리하다

　≒ バスや ちかてつが たくさん はしって いる 버스나 지하철이 많이 달린다

□ 5時に 来るのは むりだ 다섯 시에 오는 것은 무리다

≒ 5時に 来られない 다섯 시에 올 수 없다

□ この もんだいは まちがえやすい 이 문제는 틀리기 쉽다

≒ この もんだいは まちがえる 人が 多い 이 문제는 틀리는 사람이 많다

さ

□ サッカーが さかんに なりました 축구가 성행해졌습니다

≒ サッカーを する 人が ふえました 축구를 하는 사람이 늘었습니다

□ じかんに おくれた 시간에 늦었다

≒ じかんに まにあわなかった 시간에 맞추지 못했다

□ しゃちょうの かわりに 田中さんが パーティーに 出ました
사장님 대신에 다나카 씨가 파티에 참석했습니다

≒ しゃちょうは パーティーに 出ませんでした 사장님은 파티에 참석하지 않았습니다

□ じゅぎょうに おくれる 수업에 늦다

≒ じゅぎょうが はじまってから 来る 수업이 시작되고 나서 오다

□ しゅくだいは かんたんだった 숙제는 간단했다

≒ しゅくだいは やさしかった 숙제는 쉬웠다

□ しょうらいの けいかく 장래의 계획

≒ これからの けいかく 앞으로의 계획

□ しょくじに しましょう 식사하도록 합시다

≒ ごはんを 食べましょう 밥을 먹읍시다

□ しらべて ください 점검해 주세요

≒ チェックして ください 체크해 주세요

□ じを ていねいに 書きなさい 글씨를 정성껏 쓰렴

≒ じを きれいに 書きなさい 글씨를 예쁘게 쓰렴

□ すずきさん、ちょっと やせましたね 스즈키 씨, 살이 좀 빠졌네요

≒ すずきさんは ちょっと ほそく なりました 스즈키 씨는 좀 날씬해졌습니다

□ ずっと　そとに　いたので、からだが　ひえて　しまいました
쭉 밖에 있었기 때문에 몸이 차가워졌습니다

≒ そとは　さむかったです 밖은 추웠습니다

□ すべりやすい 미끄러지기 쉽다 ≒ あるきにくい 걷기 어렵다

□ 先生の　おたくに　うかがいます 선생님 댁을 찾아뵙겠습니다

≒ 先生の　おたくに　まいります 선생님 댁에 가겠습니다

た

□ たいいんします 퇴원합니다

≒ びょういんから　帰って　きます 병원에서 돌아옵니다

≒ びょうきが　なおりました 병이 나았습니다

□ 出かけて　います 외출했습니다

≒ るすです 부재중입니다

≒ うちに　いません 집에 없습니다

□ どうぶつを　いじめては　いけません 동물을 괴롭히면 안 됩니다

≒ どうぶつを　大切に　して　ください 동물을 소중히 해 주세요

□ 友だちを　むかえに　くうこうに　行きました 친구를 마중하러 공항에 갔습니다

≒ くうこうで　友だちに　会いました 공항에서 친구를 만났습니다

な

□ 日本語は　ほとんど　わすれて　しまいました 일본어는 거의 잊어버렸습니다

≒ 日本語は　すこししか　おぼえて　いません 일본어는 조금밖에 기억하고 있지 않습니다

□ ねぼうしました 늦잠 잤습니다

≒ おきるのが　おそく　なって　しまいました 일어나는 것이 늦어지고 말았습니다

□ のりもの 탈것

≒ ひこうきや　ふね 비행기나 배

は

□ はじめに 먼저 ≒ まず 우선

□ 日が　くれた 날이 저물었다
　≒ 空が　くらく　なった 하늘이 어두워졌다

□ ひさしぶりに　山田さんに　あいました 오랜만에 야마다 씨를 만났습니다
　≒ 何年も　山田さんに　あって　いませんでした 몇 년이나 야마다 씨를 못 만났습니다

□ びよういんに　行った 미용실에 갔다
　≒ かみのけを　切りに　行った 머리를 자르러 갔다

□ ふえる 늘어나다 ≒ 多く　なる 많아지다

□ ほかの　人の　意見を　聞いて　みましょう 다른 사람의 의견을 들어 봅시다
　≒ ほかの　人が　何を　かんがえて　いるか　聞いて　みましょう
　다른 사람이 무엇을 생각하고 있는지 들어 봅시다

ま

□ むすめが　大学生に　なりました 딸이 대학생이 되었습니다
　≒ むすめの　にゅうがくしきが　ありました 딸 입학식이 있었습니다

や

□ やまもとさんを　たずねた 야마모토 씨를 방문했다
　≒ やまもとさんの　いえに　行った 야마모토 씨의 집에 갔다

ら

□ りゅうがくの　けいけんが　あります 유학 경험이 있습니다
　≒ りゅうがくを　した　ことが　あります 유학을 한 적이 있습니다

58 기출어휘 확인문제 유의표현

もんだい4 _____ の ぶんと だいたい おなじ いみの ぶんが あります。
1・2・3・4から いちばん いい ものを ひとつ えらんで ください。

1 わたしは かちょうに あいさつしました。

1 わたしは かちょうに 「いくらですか」と 言いました。

2 わたしは かちょうに 「おはようございます」と 言いました。

3 わたしは かちょうに 「どうぞ おすわり ください」と 言いました。

4 わたしは かちょうに 「もう いっぱい いかがですか」と 言いました。

2 ゆびが インクで よごれて います。

1 ゆびが インクで あかいです。

2 ゆびが インクで きれいです。

3 ゆびが インクで きたないです。

4 ゆびが インクで あぶないです。

3 母は るすです。

1 母は いそがしいです。

2 母は ねて います。

3 母は いえに います。

4 母は でかけて います。

4 あさの バスは こんで います。

1 あさの バスは すぐに きます。

2 あさの バスは なかなか きません。

3 あさの バスには 人が あまり いません。

4 あさの バスには 人が たくさん います。

5 すずきさんは 先月 きこくしました。

1 すずきさんは 先月 国へ かえりました。

2 すずきさんは 先月 家へ かえりました。

3 すずきさんは 先月 外国に 行きました。

4 すずきさんは 先月 旅行に 行きました。

답 1② 2③ 3④ 4④ 5①

もんだい4 ＿＿＿＿＿ の ぶんと だいたい おなじ いみの ぶんが あります。
1・2・3・4から いちばん いい ものを ひとつ えらんで ください。

1 あした 6時に 来るのは むりです。

1 あした 6時に 来るように します。

2 あした 6時に 来る ことに します。

3 あした 6時に 来られません。

4 あした 6時に 来なければ なりません。

2 やまださんは かならず 来ると おもいます。

1 やまださんは きっと 来ます。

2 やまださんは たまに 来ます。

3 やまださんは まっすぐ 来ます。

4 やまださんは ゆっくり 来ます。

3 ちかてつの なかで さわがないで ください。

1 ちかてつの なかで きたなく しないで ください。

2 ちかてつの なかで うるさく しないで ください。

3 ちかてつの なかで たばこを すわないで ください。

4 ちかてつの なかで ものを たべないで ください。

4 この レストランは いつも すいて います。

1 この レストランは いつも ねだんが たかいです。

2 この レストランは いつも てんいんが しんせつです。

3 この レストランは いつも たべものが おいしいです。

4 この レストランは いつも きゃくが すくないです。

5 そろそろ しょくじに しましょう。

1 そろそろ おふろに はいりましょう。

2 そろそろ ごはんを たべましょう。

3 そろそろ しつれいしましょう。

4 そろそろ ねましょう。

답 1 ③ 2 ① 3 ② 4 ④ 5 ②

もんだい4 _____の ぶんと だいたい おなじ いみの ぶんが あります。
1・2・3・4から いちばん いい ものを ひとつ えらんで ください。

1 日が くれました。

1 そらが はれました。

2 そらが くもりました。

3 そらが くらく なりました。

4 そらが あかるく なりました。

2 むかしは きょういくを うけられる 人は 多く ありませんでした。

1 むかしは 多くの 人が 学校へ 行けませんでした。

2 むかしは 多くの 人が 会社へ 行けませんでした。

3 むかしは 多くの 人が おいわいを もらえませんでした。

4 むかしは 多くの 人が おみまいを もらえませんでした。

3 きのうの しゅくだいは かんたんでした。

1 きのうの しゅくだいは ふくざつでした。

2 きのうの しゅくだいは たいへんでした。

3 きのうの しゅくだいは やさしかったです。

4 きのうの しゅくだいは むずかしかったです。

4 まず この しごとを して ください。

1 なるべく この しごとを して ください。

2 はじめに この しごとを して ください。

3 しっかり この しごとを して ください。

4 いっしょうけんめい この しごとを して ください。

5 この かいだんは すべりやすいです。

1 この かいだんは ゆれにくいです。

2 この かいだんは みえにくいです。

3 この かいだんは きこえにくいです。

4 この かいだんは あるきにくいです。

답 1 ③ 2 ① 3 ③ 4 ② 5 ④

もんだい4 ＿＿＿＿の ぶんと だいたい おなじ いみの ぶんが あります。
1・2・3・4から いちばん いい ものを ひとつ えらんで ください。

1 あには らいしゅう たいいんします。
　1 あには らいしゅう がいこくに いきます。
　2 あには らいしゅう がいこくから かえって きます。
　3 あには らいしゅう びょういんに いきます。
　4 あには らいしゅう びょういんから かえって きます。

2 すいようびから こうぎに しゅっせきします。
　1 すいようびから 大学で 先生の 話を 聞きます。
　2 すいようびから 大学で 先生と かいぎを します。
　3 すいようびから 会社で 社長と かいぎを します。
　4 すいようびから 会社で 社長の 話を 聞きます。

3 むすめは ピアノが じょうずです。
　1 むすめは ピアノが きらいです。
　2 むすめは ピアノが うまいです。
　3 むすめは ピアノが すきです。
　4 むすめは ピアノが へたです。

4 いもうとは のりものが だいすきです。
　1 いもうとは おかしや ケーキが だいすきです。
　2 いもうとは いちごや ももが だいすきです。
　3 いもうとは ひこうきや ふねが だいすきです。
　4 いもうとは ミルクや ジュースが だいすきです。

5 この へやには しゃちょうと ぶちょう いがいは 入らないで ください。
　1 この へやには だれが 入っても いいです。
　2 この へやには だれも 入っては いけません。
　3 この へやに しゃちょうと ぶちょうは 入っては いけません。
　4 この へやに しゃちょうと ぶちょうは 入っても いいです。

답 1④ 2① 3② 4③ 5④

해설집 27쪽

もんだい４ ＿＿＿＿＿の　ぶんと　だいたい　おなじ　いみの　ぶんが　あります。
１・２・３・４から　いちばん　いい　ものを　ひとつ　えらんで　ください。

1 おとうとは　スポーツが　すきです。

１　おとうとは　うんどうが　すきです。
２　おとうとは　かいものが　すきです。
３　おとうとは　のりものが　すきです。
４　おとうとは　べんきょうが　すきです。

2 むすめを　むかえに　くうこうへ　行きました。

１　くうこうで　むすめを　おくりました。
２　くうこうで　むすめに　あいました。
３　くうこうで　むすめと　あそびました。
４　くうこうで　むすめと　わかれました。

3 いぬを　いじめては　いけません。

１　いぬを　たいせつに　して　ください。
２　いぬを　げんきに　して　ください。
３　いぬを　じょうぶに　して　ください。
４　いぬを　きれいに　して　ください。

4 その　みせは　すいて　います。

１　その　みせは　きゃくが　おおいです。
２　その　みせは　きゃくが　すくないです。
３　その　みせは　きゃくが　たくさん　います。
４　その　みせには　しなものが　たくさん　あります。

5 山田さんは　いっしょうけんめい　べんきょうしました。

１　山田さんは　はっきりと　べんきょうしました。
２　山田さんは　てきとうに　べんきょうしました。
３　山田さんは　ねっしんに　べんきょうしました。
４　山田さんは　ゆっくりと　べんきょうしました。

답 1① 2② 3① 4② 5③

もんだい5 용법 공략하기

❶ 문제 유형 완전 분석

용법은 제시된 단어의 쓰임새가 가장 적당한 것을 고르는 형식으로, 네 문제가 나온다.

❗알고 풀자!

선택지에서 제시어가 자연스럽게 쓰이는 조사, 동사, 명사와의 결합을 확인한다. 단어의 기본 의미도 중요하지만, 어떤 말과 함께 자주 쓰이는지도 확인해야 한다. JLPT에서는 실제 사용 빈도가 높은 조합을 정답으로 내는 경향이 있다. N4 용법의 어휘는 대개 히라가나 표기로 출제되지만, 본 교재에는 한자읽기 및 표기 파트 대비를 위해 한자를 병기해 두었다. 기출 어휘가 반복되어 출제되는 경향이 높으므로 기출 어휘 위주로 꼼꼼히 암기하면 좋다.

예시

もんだい5　つぎの　ことばの　つかいかたで　いちばん　いい　ものを　1・2・3・4から　ひとつ　えらんで　ください。

1　すてる
　✔　ここに　ごみを　すてて　ください。
　2　へやを　きれいに　すてて　ください。
　3　ひどい　ことを　するのは　すてて　ください。
　4　学校の　本を　かばんに　すてて　ください。

해석　버리다
　1 여기에 쓰레기를 버려 주세요.
　2 방을 깨끗하게 버려 주세요. (すてて → かたづけて 정리해)
　3 심한 짓을 하는 것은 버려 주세요. (すてて → やめて 그만둬)
　4 학교 책을 가방에 버려 주세요. (すてて → いれて 넣어)

해설　제시된 단어인 すてる는 '버리다'라는 의미의 동사이다. 선택지에서 すてる의 앞에 어떤 목적어가 쓰였는지 주의 깊게 살핀다. 문맥상 어울리는 것은 1번이다.

단어　ごみ 쓰레기　へや 방　ぜんぶ 전부　かたづける 정리하다　ひどい 심하다
　　　　やめる 그만두다　学校(がっこう) 학교　本(ほん) 책　かばん 가방　いれる 넣다

② 용법 기출어휘 2021-2025

あ

- □ あさい　　浅い 얕다
- □ おおぜい 많은 사람
- □ おれい　　お礼 사례, 감사 인사
- □ うんてん　運転 운전
- □ おもいで　思い出 추억

か

- □ かう　　　飼う 기르다, 키우다, 사육하다
- □ きんじょ　近所 근처
- □ けしき　　景色 경치
- □ こむ 붐비다
- □ きびしい　厳しい 엄격하다
- □ けいかく　計画 계획
- □ こしょう　故障 고장
- □ こわれる 망가지다, 고장 나다

さ

- □ ざあざあ 주룩주룩(비가 쏟아지는 소리)
- □ しょうかい　紹介 소개
- □ しょうたい　招待 초대
- □ じんこう　人口 인구
- □ しんぱい　心配 걱정
- □ せまい　狭い 좁다
- □ そだてる　育てる 키우다, 기르다

た

- □ たおれる　倒れる 쓰러지다
- □ たす　足す 더하다
- □ ていねい 정중함, 공손함

な

- □ にげる　逃げる 도망가다, 달아나다
- □ にる　似る 닮다
- □ にんき　人気 인기
- □ ねつ　熱 열
- □ ねっしん　熱心 열심

memo

は

□ はっきり 분명히, 명확히　　　□ ひろう 줍다

□ ふべん　　不便 불편

ま

□ むしあつい 무덥다, 후덥지근하다

や

□ やむ 그치다, 멎다　　　□ ゆしゅつ　　輸出 수출

ら

□ れんらく　　連絡 연락

わ

□ わかす 끓이다

memo

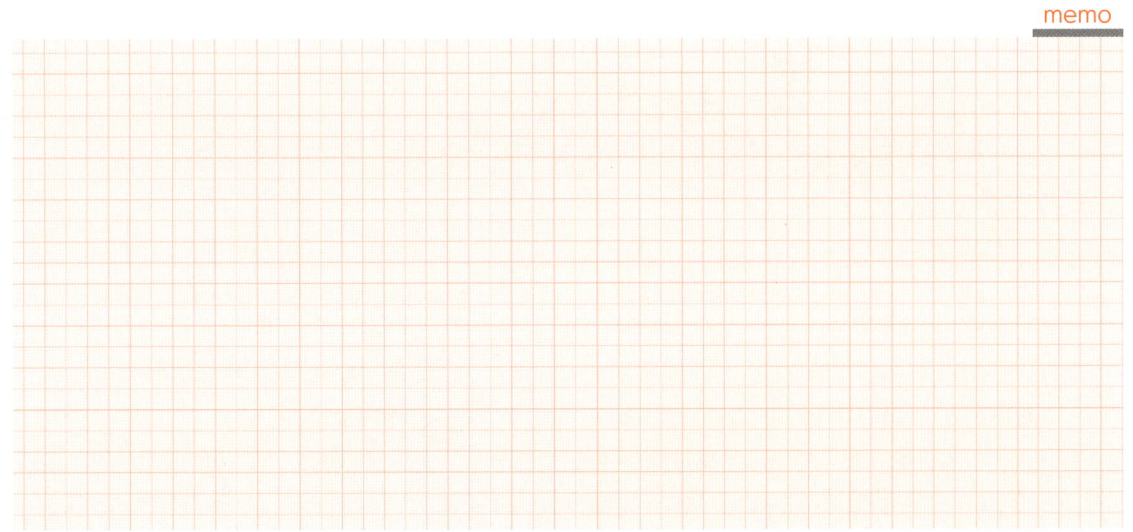

もんだい5　つぎの　ことばの　つかいかたで　いちばん　いい　ものを　1・2・3・4
　　　　　　から　ひとつ　えらんで　ください。

1 おおぜい

1　きのうの　コンサートには　おおぜいの　人が　来ました。
2　この　本は　おおぜい　おもしろいです。
3　おおぜいで　りんごを　買いました。
4　リビングで　ねこが　おおぜい　ねて　います。

2 きんじょ

1　きんじょに　大きい　ジムが　あります。
2　じかんが　たつのが　きんじょの　ように　はやいです。
3　もう　じゅういちがつなので　しんねんが　きんじょですね。
4　たなかさんは、いつも　やさしくて　きんじょが　あつい　人です。

3 たおれる

1　かさが　たおれ、あめに　ふられ、かぜを　ひきました。
2　しろい　スカートに　コーヒーが　たおれて　こまって　います。
3　たおれて　テレビを　みる　じかんが　いちばん　すきです。
4　おきなわに　たいふうが　来て　まちの　木が　たおれました。

4 そだてる

1　おかねを　そだてて　あたらしい　くるまを　買うつもりです。
2　ミニカーを　そだてるのが　しゅみです。
3　ちちは　いえで　はなを　そだてて　います。
4　いっしょうけんめい　そだてた　ろんぶんが　やっと　おわりました。

5 けしき

1　ひとを　けしきで　はんだんしては　いけません。
2　やまの　うえから　みる　けしきは　とても　きれいで、くうきも　いいです。
3　しんかんせんに　のって　けしきが　はしる　ことを　かんしょうしました。
4　あそこの　けしきは　においが　つよくて　びっくりしました。

답 1① 2① 3④ 4③ 5②

もんだい5　つぎの　ことばの　つかいかたで　いちばん　いい　ものを　1・2・3・4
　　　　　　から　ひとつ　えらんで　ください。

1 こむ

　1　しごとが　こみすぎて　よる　おそく　いえに　かえりました。
　2　わすれものが　ないように　かばんに　ちゃんと　こんだ　ほうが　いい。
　3　おにくが　やらわらく　なるまで　こんで　ください。
　4　やすみが　つづいて　いるので、くうこうは　とても　こんで　います。

2 ざあざあ

　1　かぜが　ざあざあ　ふいて　すずしいです。
　2　おなかが　すいて　ごはんを　ざあざあ　食べました。
　3　てが　ざあざあして　ハンドクリームを　買いました。
　4　あめが　ざあざあ　ふる　日は　おんがくが　聞きたく　なります。

3 こしょう

　1　しんけんに　かいた　えが　こしょうして　しまいました。
　2　ははの　こしょうが　ひどくて　みみが　いたいぐらいだ。
　3　エレベーターが　こしょうして　かいだんで　いっかいまで　おりました。
　4　もんだいが　おきた　とき、こしょうの　しかたを　おしえて　いただけますか。

4 じんこう

　1　おおくの　じんこうが　はしって　きて　びっくりしました。
　2　ここ　すうねん　じんこうが　だんだん　へって　います。
　3　じんこうな　デザインの　シャツを　見つけて　買って　しまいました。
　4　サイトに　とうろくしたい　じんこうは　まず　ログインして　ください。

5 おもいで

　1　この　しゃしんは　子どもの　ころの　いい　おもいでです。
　2　わすれないように、おもいでを　して　おきます。
　3　おもいでを　上手に　話し、みんな　なみだを　ながしました。
　4　がっこうでは　おもいでではなく、どりょくするのが　だいじです。

답 1④ 2④ 3③ 4② 5①

もんだい5 つぎの ことばの つかいかたで いちばん いい ものを 1・2・3・4 から ひとつ えらんで ください。

1 かう

1 ぶんしょうを かって 本を つくる しごとを します。
2 けんかを かう ひととは はなしたく ありません。
3 おかねを かう ために いっしょうけんめい はたらいて います。
4 わたしは いぬを さんびき かって います。

2 ふべん

1 さいきん ふべんな ニュースが おおくて よのなかが こわいです。
2 ぶちょうは わたしに とって いちばん ふべんな ひとです。
3 もんだいを かいけつするために おたがい ふべんな はなしは やめましょう。
4 あたらしく ひっこしした ところは スーパーが とおくて 少し ふべんです。

3 ゆしゅつ

1 りょうしんは わたしに あさ はやく おきる しゅうかんを ゆしゅつしました。
2 日本は アニメコンテンツを かいがいに ゆしゅつして います。
3 せんげつ とりひきさきに ゆしゅつに 行って ミーティングを しました。
4 さいきん いちばん うれて いる ゆしゅつな けしょうひんは なんですか。

4 ねっしん

1 ねっしんばかり 言わないで こうどうで みせて ください。
2 ひとの こころを うごかせる ねっしんな うたですね。
3 らいげつ ひらかれる てんじかいの じゅんびに ねっしんです。
4 ほんじつの ゲストは ねっしんに びょうきを こくふくした ひとです。

5 れんらく

1 まちあわせの ばしょに ついたら れんらくして ください。
2 れんらくを おしえて もらえなかったため、でんわする ことが できません。
3 れんらくを つくえの うえに おいて おきました。
4 わたしの きもちが ちゃんと つたわるように れんらくを おくりました。

답 1④ 2④ 3② 4③ 5①

もんだい5　つぎの　ことばの　つかいかたで　いちばん　いい　ものを　1・2・3・4
　　　　　　から　ひとつ　えらんで　ください。

1　おれい

　1　じぶんへの　おれいで　ゆうめいな　レストランを　よやくしました。

　2　クリスマス　プレゼントで　くつを　おれいで　もらいました。

　3　パーティーの　じゅんびを　てつだって　くれたので　おれいを　言いました。

　4　おれいが　おおい　ひとだからこそ　しんじても　いいです。

2　にげる

　1　子どもは　ひこうきが　にげる　ようすを　見て　よろこびました。

　2　でんしゃが　にげて　かいしゃに　ちこくしました。

　3　まどを　あけたら　むしが　にげて　へやに　はいりました。

　4　へんな　ひとが　ついて　きたら　まずは　にげて　ください。

3　せまい

　1　しゅくだいが　せまくて　なかなか　すすみません。

　2　この　へやは　せまいですが、えきから　ちかくて　気に　いりました。

　3　からだが　せまい　ひとこそ　うんどうを　やめては　いけません。

　4　おなかが　いたくて　せまい　ところに　ある　びょういんに　行きました。

4　わかす

　1　おふろで　からだを　わかすと　つかれが　とれます。

　2　かぞくの　ために　おゆを　わかして　おちゃを　いれました。

　3　わかしたばかりの　あつあつの　ごはんが　おいしいです。

　4　てんきが　よくて　せんたくものを　ベランダで　わかしました。

5　はっきり

　1　東京からでも　ふじさんが　はっきり　見える　ばしょが　あります。

　2　お母さんの　てづくりりょうりの　あじが　はっきりしました。

　3　つかれた　ときに　シャワーを　あびると　きもちが　はっきりします。

　4　せきにんを　はっきり　もって　いる　ひとが　ほしいです。

답 1③ 2④ 3② 4② 5①

もんだい5　つぎの　ことばの　つかいかたで　いちばん　いい　ものを　1・2・3・4
　　　　　から　ひとつ　えらんで　ください。

1 けいかく

　1　くすりは　しょくご　けいかくてきに　飲んで　ください。

　2　りょこうの　けいかくを　たてる　ときが　いちばん　わくわくする。

　3　なぜ　うまく　いかなかったのか　けいかくを　して　ください。

　4　マニュアルの　けいかくを　見て　わからないことが　あったら　お聞きください。

2 こわれる

　1　だいじに　して　いた　おもちゃが　こわれて　かなしかったです。

　2　みずが　こわれて　ふくが　ぬれました。

　3　さかなが　うみで　こわれて　います。

　4　ふゆに　なると　木が　こわれて　さびしい　きもちに　なります。

3 しんぱい

　1　わたしの　せいで　しんぱいして　もうしわけございません。

　2　けさから　むすめの　ようすが　おかしいので、しんぱいして　います。

　3　テスト　もんだいが　へんで　がくせいたちが　しんぱいな　こうぎを　しました。

　4　しんぱいな　ちきゅうおんだんかで　くにが　たいさくを　たてて　います。

4 やむ

　1　あめが　やんだら　おおそうじを　はじめるそうです。

　2　かじが　おきたとき、すぐ　やむ　ほうほうを　ごぞんじですか。

　3　かぜを　ひいて　くすりを　飲んだら　せきが　やみました。

　4　かいしゃを　やんで　しばらく　ゆっくり　やすむつもりです。

5 たす

　1　ははに　くちを　たして　おこられました。

　2　さかなを　たして　スープを　つくると　あじが　ふかく　なります。

　3　しゅくだいを　たして　いない　ひとは　てを　あげて　ください。

　4　いちに　にを　たすと　さんに　なります。

답 1② 2① 3② 4① 5④

もんだい5　つぎの　ことばの　つかいかたで　いちばん　いい　ものを　1・2・3・4
　　　　　　から　ひとつ　えらんで　ください。

1 きびしい

　1　いちにちじゅう　たって　いたので、こしが　きびしかったです。

　2　わたしの　ぶちょうは　とても　きびしい　ひとです。

　3　つゆだから　まいにち　あめが　きびしく　ふって　います。

　4　さいきん、おすすめの　えいがが　なく、とても　きびしいです。

2 ねつ

　1　さむいので　ねつが　ひつようだと　おもって　コートを　買いました。

　2　はなすときには　ゆっくり　ねつを　だす　れんしゅうを　しましょう。

　3　ねつを　もって　がんばれば　きっと　いい　けっかが　あると　おもいます。

　4　ねつが　あって　びょういんに　行ったら　インフルエンザだと　言われました。

3 しょうたい

　1　がっこうで　もんだいを　おこして　りょうしんを　しょうたいしました。

　2　しゅうまつに　ひらく　パーティーに　ともだちを　しょうたいしたいです。

　3　しょうたいして　もらった　りょうりを　食べに　いく　よていです。

　4　しょうたいが　よめない　かんじを、ともだちに　聞きました。

4 むしあつい

　1　ゆきが　ふりそうだから　むしあつい　コートを　きて　でかけなさい。

　2　てと　あしが　つめたくて　むしあつい　ヒーターを　かいました。

　3　むしあつい　ひが　つづいて　ぐっすり　ねることが　できません。

　4　こたつに　はいって　むしあつい　なべを　食べるのが　ふゆの　たのしみです。

5 にんき

　1　あの　かしゅは　どうして　にんきが　あるのか　わかりません。

　2　かのじょは　プレゼンテーションの　にんきが　すごくて　うらやましいです。

　3　にんきで　買わないように　気を　つけなければ　なりません。

　4　すきな　ミュージアムの　にんきを　見に　いって　きました。

답　1 ②　2 ④　3 ②　4 ③　5 ①

❸ 용법 기출어휘 2016-2020

あ

□ あさい	浅い 얕다	□ あんない	案内 안내
□ いそぐ	急ぐ 서두르다	□ おと	音 소리
□ おみまい 병문안			

か

□ かざる	飾る 장식하다, 꾸미다	□ かわく 마르다	
□ けが 상처		□ げんいん	原因 원인
□ けんがく	見学 견학	□ こうじ	工事 공사
□ こむ 붐비다		□ こわれる 망가지다, 고장 나다	

さ

□ さいきん	最近 최근	□ しょうかい	紹介 소개
□ しんせつ	親切 친절	□ ぜひ 꼭	
□ せんたく	洗濯 세탁, 빨래	□ そうだん	相談 상담, 의논
□ そだてる	育てる 키우다, 기르다		

た

□ たおれる	倒れる 쓰러지다	□ ちこく	遅刻 지각
□ つごう	都合 사정, 형편	□ つつむ	包む 싸다, 포장하다
□ ていねい 공손함, 정중함		□ とちゅう	途中 도중

な

□ にあう　　**似合う** 어울리다　　　□ にがい　　**苦い** 쓰다

□ ねっしん　**熱心** 열심

は

□ ふとる　　**太る** 살찌다　　　　　□ ふべん　　**不便** 불편

ま

□ まじめ　진지함, 성실함

や

□ やくそく　**約束** 약속　　　　　　□ ゆしゅつ　**輸出** 수출

□ よやく　　**予約** 예약

ら

□ るす　　　**留守** 집을 비움, 부재중　□ れんらく　**連絡** 연락

わ

□ わかす　끓이다　　　　　　　　　□ わる　나누다

もんだい5　つぎの　ことばの　つかいかたで　いちばん　いい　ものを　１・２・３・４
　　　　　　から　ひとつ　えらんで　ください。

1 つつむ

　1　この　みせには　ながく　つつみたく　ありません。
　2　わたしは　でかけるので、せんたくを　つつみます。
　3　わたしは　テレビを　つつんだまま　ねて　しまいました。
　4　プレゼントは　きれいな　紙で　つつんで　ありました。

2 かざる

　1　やまださんは　きれいな　花で　へやを　かざりました。
　2　そっちの　エアコンは、こどもの　へやの　かべに　かざって　ください。
　3　天気が　よく　ないので、せんたくものは　いえの　中に　かざります。
　4　先生は　テストの　おしらせを　きょうしつに　かざりました。

3 かわく

　1　ずっと　ゆきが　ふって　いましたが、やっと　かわきましたね。
　2　人が　おおぜい　あつまる　ところに　ポスターを　かわきましょう。
　3　1時間　あるいて　きたので、のどが　かわいて　います。
　4　字が　ちいさな　時は　めがねを　かわかないと　よめません。

4 まじめ

　1　きょうは　まじめな　天気で　空が　きれいです。
　2　さいきん　たなかさんは　まじめに　はたらいて　います。
　3　さとうを　入れないで、まじめな　こうちゃを　飲みました。
　4　銀行は　この　道を　まじめに　行った　ところに　あります。

5 よやく

　1　毎日　にっきを　つけると　母に　よやくしました。
　2　コンサートの　きっぷを　2まい　よやくしました。
　3　月へ　行く　ことは　あにの　よやくの　ゆめです。
　4　土曜日は　パーティーに　行く　よやくです。

답 1④ 2① 3③ 4② 5②

70 기출어휘 확인문제 용법

もんだい5　つぎの　ことばの　つかいかたで　いちばん　いい　ものを　1・2・3・4
　　　　　　から　ひとつ　えらんで　ください。

1 にあう

1　パソコンで　しごとを　すると　目が　とても　にあいます。
2　やまださんは　とても　じょうずに　英語を　にあいます。
3　きのう　どうぶつえんで　はじめて　パンダを　にあいました。
4　その　セーターは　むすめに　よく　にあいます。

2 あさい

1　そんなに　あさく　ならないで、らくに　しなさい。
2　この　かわは　とても　あさいので　あるいて　わたれます。
3　その　子を　あさく　しからないで、まだ　子どもなんだから。
4　きのうは　からだの　ちょうしが　わるかったので、家で　あさく　して　いました。

3 ふとる

1　さいきん　すこし　ふとって　います。
2　春には　いろいろな　花が　ふとります。
3　きってを　はるのを　ふとって　てがみを　だしました。
4　きょうは　一日じゅう　ふとったり　やんだりでしょう。

4 つごう

1　ゆうべは　つごうを　つけたまま　ねて　しまいました。
2　あすの　日本語の　つごうを　して　おきました。
3　来週の　土曜日なら　つごうが　いいです。
4　つごうが　かわりやすいから　かぜを　ひかないように　気を　つけて　ください。

5 ぜひ

1　ぜひ　やまださんは　こんやも　カラオケに　行くでしょう。
2　あしたの　パーティーには　ぜひ　来て　ください。
3　学校の　しゅくだいは　ぜひ　おわりました。
4　その　ぼうし、とても　ぜひ　にあいますね。

답 1④ 2② 3① 4③ 5②

もんだい5　つぎの　ことばの　つかいかたで　いちばん　いい　ものを　１・２・３・４
から　ひとつ　えらんで　ください。

1 そだてる

1　たいせつに　そだてて　いた　花が　さきました。

2　なんかいも　なおして　さくぶんを　そだてました。

3　じが　小さくて　見えないので、もう　すこし　そだてて　ください。

4　へやが　くらいので、でんきを　そだてて　ください。

2 せんたく

1　ねる　まえに、はを　せんたくします。

2　けさ　シャツを　３まい　せんたくしました。

3　一日おきに　へやを　せんたくします。

4　まいにち　かみを　せんたくします。

3 おみまい

1　花の　おみまいに　たくさんの　人が　来ました。

2　ホテルの　人は　おきゃくさんに　おみまいを　しました。

3　きのう　先生の　おみまいに　びょういんへ　行きました。

4　きょうの　たいいくの　じゅぎょうは　おみまいを　しました。

4 ていねい

1　コンビニは　何でも　買えるので　とても　ていねいです。

2　この　デパートの　しなものは　とても　ていねいです。

3　ちちの　つくった　りょうりは　からだに　とても　ていねいですよ。

4　駅への　道を　聞いたら、その　人は　ていねいに　おしえて　くれた。

5 たおれる

1　ふるい　ゆきが　たおれて　あたらしい　ゆきが　ふりました。

2　たなかさんは　えきまえで　タクシーを　たおれました。

3　つよい　かぜで　木が　なんぼんか　たおれました。

4　あついですから　まどを　たおれて　ください。

답　1①　2②　3③　4④　5③

もんだい5　つぎの　ことばの　つかいかたで　いちばん　いい　ものを　1・2・3・4
か　ひとつ　えらんで　ください。

1 ゆしゅつ

1　日本は　おおくの　国に　車を　ゆしゅつして　います。
2　すこしでも　おさけを　飲んだら　ゆしゅつしては　いけません。
3　わたしは　まいあさ　いぬを　ゆしゅつさせます。
4　この　いけんに　ゆしゅつの　人は　手を　あげて　ください。

2 ねっしん

1　かぜが　ねっしんに　よく　なりました。
2　ゆきが　ねっしんに　ふって　いました。
3　学生は　ねっしんに　かいわの　れんしゅうを　しました。
4　つかれて　いるので、ねっしんに　ねました。

3 こわれる

1　はしの　うえから　しずかに　こわれる　川を　見て　いた。
2　パソコンが　こわれて　だいじな　データが　消えて　しまった。
3　だれにも　こわれずに　いえを　出る　ことが　できた。
4　登山客が　すてる　ごみで　山が　こわれて　しまった。

4 いそぐ

1　別に　いそいで　いないから、ゆっくり　やって　ください。
2　男の子は　ちゅうしゃを　見て　いそいで　なきました。
3　けんこうの　ため、まいにち　千メートルは　いそぎます。
4　まちがって　パソコンの　データを　いそいで　しまいました。

5 とちゅう

1　わたしは　小学生の　とちゅう　やせて　いました。
2　会社へ　行く　とちゅう　この　てがみを　だして　ください。
3　わたしには　いえを　買う　とちゅう　おかねは　ありません。
4　この　歌は　はじめて　聞いた　とちゅう　大好きに　なりました。

答　1① 2③ 3② 4① 5②

4 용법 기출어휘 2000-2015

あ

☐ あやまる 사과하다	☐ あんぜん 安全 안전
☐ いくら 〜ても 아무리 〜해도	☐ いけん 意見 의견
☐ いそぐ 急ぐ 서두르다	☐ いたす 하다(する의 겸양어)
☐ いただく 받다(もらう의 겸양어)	☐ うまい 솜씨가 뛰어나다, 맛있다
☐ おおい 多い 많다	☐ おおぜい 많은 사람
☐ おかげさまで 덕분에요	☐ おどろく 驚く 놀라다
☐ おもいで 思い出 추억	☐ おれい お礼 사례, 감사 인사

か

☐ かしこまりました 알겠습니다	☐ かたづける 片付ける 정리하다
☐ かまいません 상관없습니다	☐ きかい 機会 기회
☐ きびしい 厳しい 엄격하다	☐ けっか 結果 결과
☐ げんいん 原因 원인	☐ げんき 元気 건강함
☐ こしょう 故障 고장	☐ こわれる 망가지다, 고장 나다

さ

- □ さしあげる 드리다
- □ さびしい　寂しい 쓸쓸하다
- □ さむい　　寒い 춥다
- □ しかる 야단치다
- □ したく 준비, 채비
- □ しっかり 견실함, 야무짐, 확실히
- □ しめる　　閉める 닫다
- □ じゅんび　準備 준비
- □ しんせつ　親切 친절함
- □ すてる　　捨てる 버리다
- □ すると 그러자
- □ せわ　　　世話 보살핌, 돌봄
- □ せんたく　洗濯 세탁, 빨래
- □ そうだん　相談 상담, 의논
- □ そだてる　育てる 키우다, 기르다

た

- □ たいてい 대부분, 대개, 대체로
- □ だめ 안 됨, 불가능함
- □ ちこく　　遅刻 지각
- □ ちゅうし　中止 중지
- □ つごうが わるい 형편이 좋지 않다
- □ てきとう　適当 적당함
- □ とうとう 드디어
- □ どんどん 부쩍, 계속

な

- □ にがい　　苦い 쓰다
- □ にげる　　逃げる 도망가다, 달아나다
- □ にる　　　似る 닮다
- □ ねつ　　　熱 열
- □ ねっしん　熱心 열심
- □ ねる　　　寝る 자다

は

- □ はずかしい　恥ずかしい 부끄럽다
- □ ひっこす　　引っ越す 이사하다
- □ ふべん　　　不便 불편
- □ プレゼント 선물
- □ へんじ　　　返事 대답, 답장

ま

- □ まじめ 진지함, 성실함
- □ むかえる　　迎える 마중하다

や

- □ ゆっくり 천천히
- □ よやく　　　予約 예약
- □ よろこぶ　　喜ぶ 기뻐하다, 즐거워하다

ら

- □ るす　　　　留守 집을 비움, 부재중

わ

- □ わかす 끓이다

memo

もんだい5　つぎの　ことばの　つかいかたで　いちばん　いい　ものを　1・2・3・4
　　　　　　から　ひとつ　えらんで　ください。

1 プレゼント

　1　あついので　まどを　プレゼントした。

　2　つまの　たんじょうびに　ゆびわを　プレゼントした。

　3　そつぎょうしきの　日に　先生に　あいさつを　プレゼントした。

　4　けんこうに　わるいので　たばこは　プレゼントした。

2 すてる

　1　ひどい　ことを　言うのは　すてて　ください。

　2　ここに　いらない　ものを　すてて　ください。

　3　じゅぎょうで　つかう　ノートを　かばんに　すてて　ください。

　4　おきゃくさんが　来るので、へやを　きれいに　すてて　ください。

3 きびしい

　1　この　コーヒーは　きびしくて　おいしいです。

　2　わたしは　きびしい　ペンを　つかって　います。

　3　この　ケーキは　きびしくて　食べられません。

　4　ぶちょうは　きびしい　人です。

4 せわ

　1　るすちゅうは　こどもの　せわを　よろしく　おねがいします。

　2　わたしの　ことは　もう　せわしないで　ください。

　3　先日　東京旅行中、田中さんが　都内を　せわして　くれた。

　4　わたしに　せわしないで　思って　いる　ことを　言って　ください。

5 ねつ

　1　しゅくだいの　ねつが　多くて　日曜日も　休めません。

　2　ねつが　あったので　せんたくものが　早く　かわきました。

　3　ねつが　でたら　この　くすりを　飲んで　ください。

　4　たばこの　ねつを　ちゃんと　けして　ください。

답　1② 2② 3④ 4① 5③

もんだい5 つぎの ことばの つかいかたで いちばん いい ものを 1・2・3・4 から ひとつ えらんで ください。

1 にる

1 この ビルでは テレビが よく <u>にない</u>。

2 あねは 言い方が ははに <u>にて</u> いる。

3 テーブルに おいしそうな りょうりが <u>にて</u> いる。

4 よるは いつも 11時に <u>にて</u> いる。

2 はずかしい

1 見たい えいがが なくて、<u>はずかしい</u>です。

2 かぞくに 会えなくて、<u>はずかしい</u>です。

3 ギターが ひけるように なって、<u>はずかしい</u>です。

4 やさしい もんだいを まちがえて、<u>はずかしい</u>です。

3 しめる

1 まどを <u>しめて</u> ください。

2 テレビを <u>しめて</u> ください。

3 テキストを <u>しめて</u> ください。

4 目を <u>しめて</u> ください。

4 いけん

1 この ことばの <u>いけん</u>を しらべて みました。

2 みんなの まえで わたしの <u>いけん</u>を 言いました。

3 かれから 「ありがとう」と <u>いけん</u>を 言われました。

4 つかいかたが よく わかるように、<u>いけん</u>を して ください。

5 おおぜい

1 一度に <u>おおぜい</u> 言われても わかりません。

2 いなかの 母から <u>おおぜい</u> 電話が かかって きます。

3 その 店には <u>おおぜい</u> ならんで いました。

4 春に なると <u>おおぜい</u> あたたかく なります。

답 1② 2④ 3① 4② 5③

もんだい5　つぎの　ことばの　つかいかたで　いちばん　いい　ものを　1・2・3・4
　　　　　　から　ひとつ　えらんで　ください。

1 どんどん

1　えいがを　見て　どんどん　わらいました。
2　日曜日は　どんどん　ねて　います。
3　その　しなものは　どんどん　うれて　います。
4　エスカレーターが　どんどん　はやいです。

2 かたづける

1　まいにち　かおを　かたづけなさい。
2　まいにち　へやを　かたづけなさい。
3　まいにち　カーテンを　かたづけなさい。
4　まいにち　べんきょうを　かたづけなさい。

3 したく

1　ゆうはんの　したくは　もう　できました。
2　さくぶんの　しゅくだいは　ぜんぶ　したくしました。
3　この　えいがかんには　よやくの　したくが　あります。
4　この　車には　いろいろな　したくが　あります。

4 おどろく

1　そらが　おどろいて　雨が　ふりました。
2　わたしには　おどろいて　いる　しゅみが　あります。
3　げんかんに　大きな　いぬが　いたので、おどろいて　しまいました。
4　日本の　けいざいが　おどろいて　こめの　ねだんが　高く　なりました。

5 さむい

1　さむい　みずで　かおを　あらいました。
2　なつは　さむい　コーヒーが　おいしいですね。
3　かのじょが　どうして　わたしに　さむいのか　わかりません。
4　この　ふゆは　さむいですね。

답 1 ③　2 ②　3 ①　4 ③　5 ④

もんだい5　つぎの　ことばの　つかいかたで　いちばん　いい　ものを　1・2・3・4
から　ひとつ　えらんで　ください。

1 むかえる

1　ひるが　よるを　むかえました。
2　くうこうから　タクシーを　むかえました。
3　りょうしんを　むかえに　くうこうへ　行きました。
4　コンピューターを　むかえて　メールを　書いて　います。

2 あやまる

1　かれは　「ごめんなさい」と　言って　あやまりました。
2　こまった　ときには　すぐに　あやまって　ください。
3　山田さんに　おくりものを　もらったので、あやまりました。
4　おしえて　もらった　ときには　かならず　あやまって　ください。

3 じゅんび

1　くうきが　かわいて　いるので、かじの　じゅんびを　します。
2　かいぎの　じゅんびが　できました。
3　テレビの　こしょうの　じゅんびが　まだ　できません。
4　きょう　ならった　かんじの　じゅんびを　もういちど　家で　します。

4 おかげさまで

1　A「おげんきですか。」　B「ええ、おかげさまで。」
2　A「それは　いけませんね。」　B「ええ、おかげさまで。」
3　A「ありがとうございます。」　B「いいえ、おかげさまで。」
4　A「ごめんなさい。」　B「いいえ、おかげさまで。」

5 よろこぶ

1　あなたに　おあいできて　ほんとうに　よろこびます。
2　この　さんぽは　ほんとうに　よろこんで　いますね。
3　いっしょに　山へ　行った　ことは、よろこぶ　おもいでです。
4　こどもは　おもちゃを　もらって、とても　よろこんで　います。

답 **1**③ **2**① **3**② **4**① **5**④

もんだい5　つぎの　ことばの　つかいかたで　いちばん　いい　ものを　1・2・3・4
　　　　　　から　ひとつ　えらんで　ください。

1 ちゅうし

　1　けんこうに　わるいので　おさけを　飲むのは　ちゅうしします。

　2　バスが　ちゅうしして　会社に　おくれました。

　3　やまださんは　会社を　ちゅうしして　大学に　行くらしい。

　4　しあいは　雨なので　ちゅうしに　なりました。

2 まじめ

　1　あの　人の　えは　とても　まじめです。

　2　こうえんに　はなが　まじめに　さいて　います。

　3　子どもたちは　先生の　話を　まじめに　聞いて　います。

　4　さとうを　入れて、まじめな　コーヒーを　飲みました。

3 とうとう

　1　とうとう　しけんの　日が　来ました。

　2　テキストの　じは　とうとう　こまかいです。

　3　わからなかったら、とうとう　本を　見て　ください。

　4　しょくじの　あとで　とうとう　コーヒーを　おねがいします。

4 そうだん

　1　しごとの　ことで　りょうしんに　そうだんしました。

　2　いみが　わからないので、インターネットで　そうだんしました。

　3　つぎの　かいぎが　いつか　ぶちょうに　そうだんしました。

　4　好きな　どうぶつに　ついて　先生に　そうだんしました。

5 げんき

　1　げんきに　気を　つけて　ください。

　2　ふつか　休んだら　げんきに　なりました。

　3　げんきな　かみで　つつんで　ください。

　4　もうすこし　げんきな　つくえを　ください。

답 1④ 2③ 3① 4① 5②

제 **2** 장

문자·어휘
예상 공략편

01 예상어휘 공략하기

01 예상어휘 공략하기

1 명사

あ

□ あいさつ 인사		□ あいだ	間 사이, 동안
□ あし	足 발, 다리	□ あす	明日 내일
□ あせ	汗 땀	□ あめ	雨 비
□ いがく	医学 의학	□ いぜん	以前 이전
□ いっしゅうかん 一週間 일주일		□ いない	以内 이내
□ いのち	命 목숨, 생명	□ いりぐち	入口・入り口 입구
□ うけつけ	受付 접수	□ うし	牛 소
□ うそ	嘘 거짓말	□ うで	腕 팔
□ うでどけい	腕時計 손목시계	□ うま	馬 말
□ うら	裏 뒤, 뒤쪽	□ うりば	売り場 매장
□ えき	駅 역	□ うんどうかい 運動会 운동회	
□ えだ	枝 가지	□ えんりょ	遠慮 사양, 삼감
□ おいわい	お祝い 축하, 축하 선물	□ おかげ 덕택, 덕분	
□ おかし	お菓子 과자	□ おくりもの 贈り物 선물	
□ おにいさん	お兄さん 형, 오빠	□ おしらせ お知らせ 알림	
□ おしまい 끝		□ おしゃべり 수다	
□ おちゃ	お茶 차, 녹차	□ おてあらい お手洗い 화장실	
□ おっと	夫 남편	□ おとしもの 落し物 분실물	

☐ おとしより	お年寄り 노인, 어르신	☐ おまつり	お祭り 축제
☐ おもて	表 표면, 겉	☐ おわり	終わり 끝

か

☐ かいがん	海岸 해안	☐ かいぎしつ	会議室 회의실
☐ がいこく	外国 외국	☐ かいしゃ	会社 회사
☐ がいしょく	外食 외식	☐ がいぶ	外部 외부
☐ かいわ	会話 회화, 대화	☐ かえす	返す 돌려주다, 반환하다
☐ かえり	帰り 귀갓길	☐ かがく	科学 과학
☐ かぐ	家具 가구	☐ かざり	飾り 장식
☐ かしゅ	歌手 가수	☐ かず	数 숫자, 수
☐ かた	肩 어깨	☐ かてい	家庭 가정
☐ かみ	髪 머리카락	☐ かみのけ	髪の毛 머리카락
☐ かちょう	課長 과장(님)	☐ かねもち	金持ち 부자
☐ かのじょ	彼女 그녀, 여자친구	☐ かれ	彼 그, 남자친구
☐ かようび	火曜日 화요일	☐ かんがえかた	考え方 사고방식
☐ きかい	機械 기계	☐ きかん	期間 기간
☐ ききとり	聞き取り 듣기, 청취	☐ きしゃ	記者 기자
☐ きせつ	季節 계절	☐ きそく	規則 규칙
☐ かみ	髪 머리카락	☐ きもち	気持ち 기분, 마음
☐ きみ	君 자네, 너	☐ きゃく	客 손님
☐ きょういく	教育 교육	☐ きょうだい	兄弟 형제
☐ きんようび	金曜日 금요일	☐ くうき	空気 공기
☐ げつようび	月曜日 월요일	☐ けんぶつ	見物 구경
☐ くさ	草 풀	☐ くやくしょ	区役所 구청

□ ぐんじん	軍人	군인	□ け	毛	털
□ けいかん	警官	경찰관	□ けいざい	経済	경제
□ けいさつ	警察	경찰	□ けさ	今朝	오늘 아침
□ けっこん	結婚	결혼	□ けっせき	欠席	결석
□ けいたい	携帯	휴대전화	□ げんかん	玄関	현관
□ けんきゅうかい	研究会	연구회	□ こうかい	公開	공개
□ こうぎ	講義	강의	□ こうこう	高校	고등학교
□ こうこうせい	高校生	고등학생	□ こうさてん	交差点	교차로
□ こうじ	工事	공사	□ こうちょう	校長	교장 (선생님)
□ こうはい	後輩	후배	□ こくさん	国産	국산
□ こくない	国内	국내	□ こくみん	国民	국민
□ こくりつ	国立	국립	□ ごご	午後	오후
□ こじん	個人	개인	□ ごぜん	午前	오전
□ ごちそう		대접함, 맛있는 요리	□ ことし	今年	올해
□ ことば	言葉	말, 언어	□ こたえ	答え	대답, 해답
□ このへん	この辺	이 주변, 이 근방	□ こめ	米	쌀
□ ごみ		쓰레기	□ こんかい	今回	이번
□ こんや	今夜	오늘 밤			

さ

□ さいしょ	最初	최초	□ さいふ	財布	지갑
□ さかな	魚	물고기, 생선	□ さくひん	作品	작품
□ さくぶん	作文	작문	□ さとう	砂糖	설탕
□ さらいげつ	再来月	다음다음 달	□ さらいしゅう	再来週	다음다음 주
□ さんせい	賛成	찬성	□ さんぽ	散歩	산책

☐ し	市 시		☐ じ	字 글자
☐ しかた	仕方 방법		☐ じかん	時間 시간
☐ しけん	試験 시험		☐ じこ	事故 사고
☐ じしょ	辞書 사전		☐ じしん	地震 지진
☐ じだい	時代 시대		☐ したぎ	下着 속옷, 내의
☐ しはらい	支払い 지불		☐ じぶん	自分 자기, 자신
☐ しま	島 섬		☐ しまい	姉妹 자매
☐ じむしょ	事務所 사무실		☐ しゃしんか	写真家 사진가
☐ しゃちょう	社長 사장(님)		☐ しゅっせき	出席 출석, 참석
☐ しゅみ	趣味 취미		☐ しょうがっこう	小学校 초등학교
☐ しょくじ	食事 식사		☐ しんぶん	新聞 신문
☐ すいえい	水泳 수영		☐ すいようび	水曜日 수요일
☐ すうがく	数学 수학		☐ すな	砂 모래
☐ すみ	隅 구석		☐ すり	소매치기
☐ せいかつ	生活 생활		☐ せき	席 자리, 좌석
☐ せなか	背中 등		☐ ぜんこく	全国 전국
☐ せんしゅ	選手 선수		☐ せんそう	戦争 전쟁
☐ ぜんたい	全体 전체		☐ せんぱい	先輩 선배
☐ せんもん	専門 전문		☐ そうじ	掃除 청소
☐ そうたい	早退 조퇴		☐ そつぎょう	卒業 졸업
☐ そふ	祖父 할아버지		☐ そら	空 하늘

た

□ たいいく	体育 체육	□ たいいん	退院 퇴원
□ だいがく	大学 대학	□ だいがくいん	大学院 대학원
□ だいがくせい	大学生 대학생	□ たいし	大使 대사
□ たいしかん	大使館 대사관	□ たな	棚 선반
□ たのしみ	楽しみ 즐거움, 기대	□ たんご	単語 단어
□ たんじょうび	誕生日 생일	□ だんせい	男性 남성
□ ち	血 피	□ ちかてつ	地下鉄 지하철
□ ちちおや	父親 부친, 아버지	□ ちゅうがっこう	中学校 중학교
□ ちゅうしゃ	注射 주사	□ ちゅうしゃ	駐車 주차
□ ちょうなん	長男 장남	□ つき	月 달
□ つま	妻 아내	□ つめ	爪 손톱
□ つゆ	梅雨 장마(ばいう라고도 읽음)	□ でいりぐち	出入口 출입구
□ でぐち	出口 출구	□ てつづき	手続き 절차
□ てぶくろ	手袋 장갑	□ てん	点 점
□ てんき	天気 날씨	□ でんき	電気 전기, 전깃불
□ でんきだい	電気代 전기 요금	□ てんきよほう	天気予報 날씨 예보, 일기예보
□ でんしゃ	電車 전철	□ でんとう	電灯 전등
□ てんらんかい	展覧会 전람회, 전시회	□ でんわだい	電話代 전화 요금
□ どうぐ	道具 도구	□ どうぶつ	動物 동물
□ とおり	通り 길, 통로	□ となり	隣 옆, 곁
□ どろぼう	도둑		

な

□ なんど	何度 몇 번		□ にちようび	日曜日 일요일	
□ にし	西 서쪽		□ にもつ	荷物 짐	
□ にゅうがく	入学 입학		□ にゅうしゃ	入社 입사	
□ にんぎょう	人形 인형		□ にんじん 당근		
□ ねだん	値段 가격		□ のりもの	乗り物 탈것, 교통수단	

は

□ は	葉 잎		□ は	歯 이, 치아	
□ ばあい	場合 경우		□ はいしゃ	歯医者 치과의사	
□ ばいてん	売店 매점		□ はこ	箱 상자	
□ はし	橋 다리		□ はたち 스무 살		
□ はなみ	花見 꽃구경, 꽃놀이		□ ははおや	母親 모친, 어머니	
□ ひ	日 날, 해		□ ひげ 수염		
□ ひこうき	飛行機 비행기		□ びじゅつ	美術 미술	
□ びじゅつかん	美術館 미술관		□ びょうき	病気 병	
□ ひるま	昼間 점심, 낮		□ ひろば	広場 광장	
□ ふくしゅう	復習 복습		□ ぶちょう	部長 부장(님)	
□ ぶどう 포도			□ ふとん 이불		
□ ふね	船 배		□ ぶんか	文化 문화	
□ ぶんしょう	文章 글		□ ぶんぽう	文法 문법	
□ へや	部屋 방		□ ほし	星 별	
□ ほんとう	本当 정말, 사실, 진짜				

ま

□ まご	孫 손주		□ まどぐち	窓口 창구
□ まめ	豆 콩		□ まんが	만화
□ まわり	周り 주변		□ まんなか	真ん中 한가운데
□ みずうみ	湖 호수		□ みせ	店 가게
□ むかし	昔 옛날, 예전		□ むし	虫 벌레
□ むすこ	息子 아들		□ むすめ	娘 딸
□ むり	無理 무리		□ もくようび	木曜日 목요일
□ もちかえり	持ち帰り 포장, 테이크아웃		□ もんだい	問題 문제

や

□ やかん	夜間 야간		□ やきゅう	野球 야구
□ やく	役 역할		□ やまみち	山道 산길
□ やりかた	やり方 방법, 방식		□ ゆ	湯 뜨거운 물
□ ゆうしょく	夕食 저녁 식사		□ ゆうびんきょく	郵便局 우체국
□ ゆにゅう	輸入 수입		□ ゆび	指 손가락
□ ゆびわ	指輪 반지		□ よう	用 용무, 용건, 볼일
□ よほう	予報 예보		□ よみかた	読み方 읽는 법

ら

□ りょうしん	両親 부모		□ りょうほう	両方 쌍방, 양방
□ れいぞうこ	冷蔵庫 냉장고		□ れんしゅう	練習 연습
□ れきし	歴史 역사		□ れっしゃ	列車 열차

わ

□ **わけ** 이유, 이치, 까닭, 사정　　　□ **わすれもの　忘れ物** 분실물, 잊은 물건

□ **わりあい　　割合** 비율

② 동사

あ

□ あう	合う 맞다, 일치하다	□ あく	開く 열리다
□ あげる	上げる 올리다	□ あやまる	사과하다
□ いきる	生きる 살다	□ いじめる	괴롭히다
□ いらっしゃる 계시다		□ いれる	入れる 넣다
□ いわう	祝う 축하하다	□ うかがう	방문하다, 여쭙다
□ うける 받다, (시험을) 보다		□ うつ	打つ 때리다
□ うつる	移る 옮기다, 이동하다	□ えらぶ	選ぶ 고르다, 선택하다
□ おいでになる 오시다, 가시다, 계시다		□ おこす	起こす 일으키다
□ おこる	起こる 일어나다	□ おこる	怒る 화내다
□ おっしゃる 말씀하시다		□ おちる	落ちる 떨어지다
□ おどる	踊る 춤추다	□ おぼえる	覚える 외우다
□ おりる	降りる 내리다	□ おりる	下りる 내려오(가)다
□ おる 있다(いる의 겸양어)		□ おる	折る 접다, 꺾다

か

□ かう	飼う 기르다, 키우다, 사육하다	□ かえす	返す 돌려주다, 반환하다
□ かえる	変える 바꾸다	□ かかる	걸리다, 들다
□ かぶる	(모자를) 쓰다	□ かまう	상관하다
□ がまんする	我慢する 참다	□ かわる	変わる 바뀌다
□ がんばる	頑張る 노력하다, 열심히 하다	□ きえる	消える 꺼지다, 사라지다
□ きこえる	聞こえる 들리다	□ きにいる	気に入る 마음에 들다
□ きる	着る 입다	□ きる	切る 자르다
□ くらす	暮らす 생활하다	□ くれる	暮れる (날이) 저물다
□ こまる	困る 곤란하다	□ くもる	曇る 흐리다
□ けす	消す 지우다, 끄다	□ ごらんになる	보시다
□ ころぶ	転ぶ 구르다, 넘어지다	□ こわす	壊す 망가뜨리다, 고장 내다

さ

□ さがる	下がる 내려가(오)다	□ さげる	下げる 내리다
□ さわぐ	떠들다, 소란을 피우다	□ しまう	끝내다, 정리하다, 치우다
□ しまる	閉まる 닫히다	□ しらせる	知らせる 알리다
□ すぎる	過ぎる 지나다, 통과하다	□ すく	(속이) 비다
□ すべる	滑る 미끄러지다, 활하다	□ すむ	済む 끝나다

た

□ たずねる	訪ねる 방문하다	□ たつ	立つ 서다
□ たてる	建てる 세우다, 짓다	□ たりる	足りる 족하다, 충분하다
□ ちがう	違う 다르다	□ つかまえる	捕まえる 잡다

□ つかれる	疲れる	지치다, 피곤하다	□ つく		붙다, 켜지다
□ つける	付ける	붙이다, 켜다	□ つづく	続く	계속되다
□ つづける	続ける	계속하다	□ つとめる	勤める	근무하다
□ つる	釣る	낚다	□ つれる	連れる	데리고 가다
□ でかける	出かける	외출하다	□ できる		할 수 있다, 가능하다, 생기다
□ でる	出る	나가다, 나오다	□ とどく	届く	도달하다, 도착하다
□ とどける	届ける	보내다, 신고하다	□ とりかえる	取り替える	바꾸다, 교체하다
□ とる	取る	집다, 쥐다	□ とる	撮る	(사진을) 찍다

な

□ なおる	治る	치료되다	□ ながれる	流れる	흐르다
□ なくす		잃다	□ なくなる		없어지다, 죽다
□ なげる	投げる	던지다	□ なさる		하시다(する의 높임말)
□ ならぶ	並ぶ	늘어서다, 줄을 서다	□ なる	鳴る	울리다
□ ぬぐ	脱ぐ	벗다	□ ぬすむ	盗む	훔치다
□ ぬる	塗る	칠하다	□ ぬれる	濡れる	젖다
□ のこる	残る	남다	□ のぼる	登る	(산에) 오르다
□ のむ	飲む	마시다, (약을) 먹다	□ のりかえる	乗り換える	갈아타다

は

□ はく		(바지·치마를) 입다, (신발·양말을) 신다	□ はずす		벗다, (자리를) 뜨다
□ はらう	払う	지불하다	□ はれる	晴れる	날씨가 개다
□ ひらく	開く	열다, 개최하다	□ ひやす	冷やす	차게 하다, 식히다
□ はじまる	始まる	시작되다	□ ふえる	増える	늘다, 증가하다

- □ ふく　　　吹く 불다
- □ ぶつかる 부딪치다
- □ ふむ　　　踏む 밟다
- □ ふる　　　降る (눈·비 등이) 내리다
- □ ほめる 칭찬하다

ま

- □ まいる 가다, 오다 (行く・来る의 겸양어)
- □ まちがえる　間違える 잘못하다, 착각을 하다
- □ まもる　　守る 지키다
- □ まよう　　迷う 헤매다
- □ まわる　　回る 돌다, 돌아다니다
- □ みえる　　見える 보이다
- □ みつける　見つける 발견하다, 찾다
- □ むかう　　向かう 향하다
- □ めしあがる　召し上がる 드시다
- □ もうしあげる　申し上げる 말씀 드리다
- □ もうす　　申す 말하다(言う의 겸양어)
- □ もどす　　戻す 되돌리다, 돌려놓다
- □ もどる　　戻る 되돌아오다, 되돌아가다

や

- □ やく　　　焼く 굽다, 태우다
- □ やける　　焼ける (불)타다, 구워지다
- □ やせる　　痩せる 여위다, 살이 빠지다
- □ やむ 그치다, 멎다
- □ やめる 그만두다, 끊다
- □ ゆれる 흔들리다
- □ よごれる　汚れる 더러워지다

わ

- □ わすれる　忘れる 잊다
- □ わたす　　渡す 건네다
- □ わたる　　渡る 건너다
- □ わらう　　笑う 웃다
- □ わる　　　割る 쪼개다, 깨뜨리다
- □ われる　　割れる 깨지다, 갈라지다

③ い형용사

あ

☐ あたたかい　暖かい 따뜻하다	☐ あたらしい　新しい 새롭다
☐ あつい　　　熱い 뜨겁다	☐ あつい　　　厚い 두껍다, 두텁다
☐ あまい　　　甘い 달다	☐ あぶない　　危ない 위험하다
☐ いそがしい　忙しい 바쁘다	☐ いたい　　　痛い 아프다
☐ うすい　　　薄い 얇다	☐ うれしい 기쁘다
☐ おかしい 이상하다, 우습다	☐ おとなしい 얌전하다

か

☐ かなしい　　悲しい 슬프다	☐ からい　　　辛い 맵다
☐ きたない　　汚い 더럽다, 지저분하다	

さ

☐ しかたない　仕方ない 하는 수 없다, 어쩔 수 없다	
☐ したしい　　親しい 친하다, 가깝다	☐ すくない　　少ない 적다
☐ すごい 대단하다	☐ すずしい　　涼しい 시원하다
☐ すっぱい 시큼하다	☐ すばらしい 멋지다

た

☐ ちいさい　　小さい 작다	☐ つまらない 재미없다
☐ つめたい　　冷たい 차갑다	

な

☐ ねむたい　　眠たい 졸리다

は

☐ はやい　　　早い 이르다(시간)　　　☐ はやい　　　速い 빠르다(속도)

☐ ひどい 심하다, 형편없다　　　　　☐ ほしい 갖고 싶다

☐ ほそい　　　細い 가늘다

や

☐ やさしい　　易しい 쉽다　　　　☐ やさしい　　優しい 상냥하다, 마음씨가 곱다

☐ やすい　　　安い 싸다, 저렴하다　　☐ よろしい 괜찮다, 좋다

わ

☐ わかい　　　若い 젊다

④ な형용사

あ

☐ いやだ　　　嫌だ 싫다

か

☐ きらいだ　　嫌いだ 싫어하다　　☐ きれいだ 깨끗하다, 예쁘다

☐ けっこうだ 괜찮다

さ

- □ しずかだ　　静かだ　조용하다
- □ じゅうだ　　自由だ　자유롭다
- □ じょうずだ　上手だ　잘하다, 능숙하다
- □ じょうぶだ　丈夫だ　튼튼하다

た・な

- □ だいじょうぶだ　大丈夫だ　괜찮다
- □ とくいだ　　得意だ　잘하다, 자신 있다
- □ にがてだ　　苦手だ　못하다, 자신 없다
- □ にぎやかだ　떠들썩하다, 활기차다

は

- □ ふくざつだ　複雑だ　복잡하다
- □ へただ　　下手だ　못하다, 서투르다
- □ へんだ　　変だ　이상하다

ま・ら

- □ むりだ　　無理だ　무리이다
- □ りっぱだ　　立派だ　멋지다, 훌륭하다

⑤ 부사

あ

- □ あまり　별로
- □ いかが　어떻게
- □ いちばん　一番　가장, 제일
- □ いつか　언젠가
- □ いったい　도대체
- □ いつでも　언제라도
- □ いっぱい　가득
- □ いつも　항상, 늘
- □ うっかり　깜빡, 무심코

か

- □ かならず　必ず 반드시
- □ かなり 꽤, 상당히
- □ きっと 꼭, 반드시
- □ ぐっすり 푹(깊은 잠을 자는 모양)
- □ けっこう 꽤, 상당히
- □ けっして　決して 결코

さ

- □ しばらく 당분간
- □ ずいぶん 상당히, 몹시, 아주
- □ すっかり 죄다, 모두
- □ ずっと 쭉, 줄곧
- □ ぜんぜん　全然 전혀
- □ そんなに 그렇게

た

- □ だいたい 대체(로), 대개
- □ たいへん　大変 대단히, 몹시
- □ だいぶ 상당히, 어지간히, 꽤
- □ たしか 아마도
- □ ただいま 지금 막, 곧, 바로
- □ たとえば 예를 들면
- □ たぶん 아마
- □ たまに 이따금
- □ だんだん 점점
- □ ちっとも 조금도, 전혀
- □ ちょうど 마침, 꼭
- □ できるだけ 가능한 한, 가급적, 되도록
- □ ときどき 때때로, 가끔
- □ とくべつに　特別に 특별히
- □ とくに 특히

な

- □ なかなか 좀처럼, 제법
- □ なるほど 과연

は

☐ はじめて 처음으로	☐ はじめに 먼저, 우선
☐ ひじょうに　非常に 매우, 몹시	☐ びっくり 깜짝 (놀라는 모양)
☐ ふつう　　　普通 보통	☐ べつに　　　別に 별로, 딱히
☐ ほとんど 거의, 대부분	☐ ほんとうに　本当に 정말로

ま・や

☐ まず 먼저, 우선	☐ もう 이미, 벌써
☐ もうすぐ 이제 곧	☐ もし 만일, 만약
☐ もちろん 물론	☐ もっと 더, 더욱
☐ やはり・やっぱり 역시	

6 외래어

☐ アイデア・アイディア 아이디어	☐ アクセサリー 액세서리
☐ アナウンサー 아나운서	☐ アルコール 알코올
☐ オートバイ 오토바이	☐ オープン 오픈
☐ カーテン 커튼	☐ ガス 가스
☐ ガソリン 가솔린, 휘발유	☐ カフェ 카페
☐ ガラス 유리	☐ カレー 카레
☐ カレンダー 달력, 캘린더	☐ キッチン 키친, 부엌
☐ ケーキ 케이크	☐ コンサート 콘서트
☐ コンピュータ(一) 컴퓨터	☐ サイン 사인, 서명

□ サッカー 축구	□ サービス 서비스
□ サラダ 샐러드	□ サンダル 샌들
□ サンドイッチ 샌드위치	□ ジャム 잼
□ ジョギング 조깅	□ スーツ 슈트, 정장
□ スーツケース 슈트케이스, 여행용 가방	□ スーパー 슈퍼
□ スピーカー 스피커, 확성기	□ スピード 스피드
□ スクリーン 스크린	□ ステーキ 스테이크
□ ステレオ 스테레오, 오디오	□ スマートフォン 스마트폰
□ スマホ 스마트폰(줄임말)	□ セーター 스웨터
□ ソファー 소파	□ ソフト 소프트웨어
□ タイプ 타입	□ ダンス 댄스
□ チーズ 치즈	□ デート 데이트
□ テーブル 테이블, 탁자	□ テキスト 텍스트, 교재
□ テニス 테니스	□ デパート 백화점
□ ドア 도어, 문	□ ドライブ 드라이브
□ ドラマ 드라마	□ ニュース 뉴스
□ パート 파트타임, 아르바이트	□ バイク 오토바이
□ バスケットボール 농구	□ バスてい 버스 정류장
□ パン 빵	□ パン屋 빵집
□ ハンバーグ 햄버그스테이크	□ ビール 맥주
□ ビル 빌딩, 건물	□ ピアノ 피아노
□ プール 수영장	□ ベル 벨, 종
□ ボール 공	□ メニュー 메뉴
□ レストラン 레스토랑	

7 인사말

- ☐ **おかえりなさい** 다녀오셨어요?
- ☐ **おげんきで** 건강하시기를
- ☐ **おじゃまします** 실례하겠습니다
- ☐ **おめでとうございます** 축하합니다
- ☐ **ごめんください** 실례합니다(남의 집 방문시)
- ☐ **こんにちは** 안녕하십니까(낮 인사)
- ☐ **しつれいします** 실례합니다
- ☐ **ただいま** 다녀왔습니다

- ☐ **おかげさまで** 덕분에요
- ☐ **おはようございます** 안녕하십니까(아침 인사)
- ☐ **おつかれさまでした** 수고하셨습니다
- ☐ **こちらこそ** 저야말로
- ☐ **ごめんなさい** 죄송해요
- ☐ **こんばんは** 안녕하십니까(저녁 인사)
- ☐ **すみません** 미안합니다
- ☐ **どういたしまして** 천만에요

memo

8 유의표현

あ

□ さむく　なる 추워지다 ≒ ひえる 쌀쌀하다

□ あの　たてものには　いつも　けいかんが　います 저 건물에는 항상 경찰관이 있습니다
　≒ あの　たてものは　こうばんです 저 건물은 파출소입니다

□ アルバイトの　けいけんが　あります 아르바이트 경험이 있습니다
　≒ アルバイトを　しました 아르바이트를 했습니다

□ 「いただきます」と　言いました '잘 먹겠습니다'라고 말했습니다
　≒ いまから　ごはんを　食べます 지금부터 밥을 먹습니다

□ いっしょうけんめいに 열심히 ≒ まじめに 성실하게

□ いやがる 싫어하다 ≒ きらいだ 싫어하다

□ うかがう 여쭙다 ≒ きく 묻다

□ Ａさんは　小さい　じが　見えない　ようすです
　A씨는 작은 글씨가 보이지 않는 모양입니다
　≒ Ａさんは　めがねを　わすれて　しまいました
　A씨는 안경을 잊고 가져오지 않았습니다

□ Ａさんは　日本の　しょうせつを　けんきゅうして　います
　A씨는 일본 소설을 연구하고 있습니다
　≒ Ａさんの　せんもんは　日本の　ぶんがくです A씨의 전문은 일본 문학입니다

□ Ａさんは　Ｂさんに　「ひさしぶりですね」と　言いました
　A씨는 B씨에게 '오랜만이네요'라고 말했습니다
　≒ Ａさんは　Ｂさんに　きょねん　会いました A씨는 B씨를 작년에 만났습니다

□ Ａさんは　Ｂさんに　「よく　いらっしゃいました」と　言いました
　A씨는 B씨에게 '잘 오셨습니다'라고 말했습니다
　≒ Ｂさんは　Ａさんを　たずねました B씨는 A씨를 방문했습니다

□ えの　てんらんかいに　行<ruby>い</ruby>きます　그림 전시회에 갑니다

　≒ えを　見<ruby>み</ruby>に　行<ruby>い</ruby>きます　그림을 보러 갑니다

□ おかしは　ひとつも　のこって　いません　과자는 하나도 남아 있지 않습니다

　≒ おかしは　ぜんぶ　食<ruby>た</ruby>べて　しまいました　과자는 전부 먹어 버렸습니다

□ 「お名前<ruby>なまえ</ruby>と　ごじゅうしょを　書<ruby>か</ruby>いて　ください」と　言<ruby>い</ruby>われました
　'성함과 주소를 써 주세요'라는 말을 들었습니다

　≒ 名前<ruby>なまえ</ruby>と　住<ruby>す</ruby>んで　いる　ところを　書<ruby>か</ruby>きました
　이름과 사는 곳을 적었습니다

□ おじいさんも　おばあさんも　元気<ruby>げんき</ruby>だそうです
　할아버지도 할머니도 건강하다고 합니다

　≒ 「そふも　そぼも　元気<ruby>げんき</ruby>です」と　言<ruby>い</ruby>いました
　'할아버지도 할머니도 건강합니다'라고 말했습니다

□ おっしゃる　말씀하시다　≒ 言<ruby>い</ruby>う　말하다

□ おてがみを　はいけんしました　편지를 삼가 봤습니다

　≒ おてがみを　読<ruby>よ</ruby>みました　편지를 읽었습니다

か

□ 外国<ruby>がいこく</ruby>から　しなものを　かったり、外国<ruby>がいこく</ruby>へ　しなものを　うったり
　します　외국에서 물건을 사거나 외국에 물건을 팔거나 합니다.
　≒ 外国<ruby>がいこく</ruby>と　ぼうえきを　します　외국과 무역을 합니다

□ かいものに　ふべんです　쇼핑하기에 불편합니다

　≒ みせが　あまり　ありません　가게가 별로 없습니다

□ 帰<ruby>かえ</ruby>りに　友<ruby>とも</ruby>だちの　うちに　よって、話<ruby>はなし</ruby>を　しました
　귀갓길에 친구 집에 들러 이야기를 했습니다

　≒ うちへ　帰<ruby>かえ</ruby>る　まえに、友<ruby>とも</ruby>だちの　うちで　話<ruby>はなし</ruby>を　しました
　집에 돌아가기 전에 친구 집에서 이야기를 했습니다

□ がくせいが　きょうしつに　のこって　います　학생이 교실에 남아 있습니다

　≒ きょうしつには、がくせいが　まだ　います　교실에는 학생이 아직 있습니다

□ かみを　切って　きました　머리를 자르고 왔습니다

　≒ かみを　切って　もらいに　行きました　머리를 자르러 갔습니다

　≒ とこやへ　行きました　이발소에 갔습니다

□ コンサートに　行きました　콘서트에 갔습니다

　≒ おんがくを　聞きに　行きました　음악을 들으러 갔습니다

□ 風も　つよかったし、雨も　たくさん　降りました
바람도 강했고 비도 많이 내렸습니다.

　≒ ひどい　天気でした　지독한 날씨였습니다

□ くうこう　공항

　≒ ひこうきに　のったり　おりたり　する　ところ　비행기를 타거나 내리거나 하는 곳

□ 車の　しゅうりを　して　います　자동차 수리를 하고 있습니다

　≒ 車を　なおして　います　자동차를 고치고 있습니다

□ 車の　うんてんの　しかたが　わかりません　자동차 운전하는 법을 모릅니다

　≒ どうやって　車を　うんてんするか　わかりません
어떻게 자동차를 운전하는지 모릅니다

□ この　きかいは　子どもには　ふくざつすぎます　이 기계는 어린이에게는 너무 복잡합니다

　≒ この　きかいは　むずかしくて　子どもには　つかえません
이 기계는 어려워서 어린이는 사용할 수 없습니다

□ この　車は　にほんせいです　이 자동차는 일본제입니다

　≒ この　車は　にほんで　つくられました　이 자동차는 일본에서 만들어졌습니다

□ この　つくえは　ひきだしが　小さいので　つかいにくいです
이 책상은 서랍이 작아서 사용하기 어렵습니다

　≒ この　つくえは　ふべんです　이 책상은 불편합니다

□ 20人　いじょう　스무 명 이상　≒ 20人より　多い　스무 명보다 많다

□ これは　たいへん　めずらしい　しなものです　이것은 매우 희귀한 물건입니다

　≒ これは　あまり　見ない　しなものです　이것은 별로 보지 못하는 물건입니다

□ こわれやすいです　고장 나기 쉽습니다　≒ よく　こしょうします　자주 고장 납니다

さ

□ しごとを　しながら 일을 하면서 ≒ しごとを　やめないで 일을 그만두지 않고

□ しゅみは　なんですか 취미는 무엇입니까?

　≒ どんな　ことを　するのが　好きですか 어떤 것을 하는 것을 좋아합니까?

□ しょくじが　すんだら　話を　しましょう 식사가 끝나면 이야기를 합시다

　≒ しょくじの　あとで　話を　しましょう 식사 후에 이야기를 합시다

□ しょくりょうひんの　うりばで　買いものを　しました
식료품 매장에서 쇼핑을 했습니다

　≒ にくや　くだものを　買いました 고기랑 과일을 샀습니다

□ じろうは　あかんぼうです 지로는 갓난아이입니다

　≒ じろうは　生まれて　3か月です 지로는 태어난지 3개월입니다

□ じんこうが　ふえました 인구가 늘었습니다

　≒ 人が　たくさん　すむ　ように　なりました 사람이 많이 살게 되었습니다

□ スーツケース 슈트케이스

　≒ りょこうを　する　ときに　つかう　もの 여행을 할 때 사용하는 것

□ ぜんぶ　食べられません 전부 먹을 수 없습니다

　≒ ぜんぶ　食べるのは　むりです 전부 먹는 것은 무리입니다

た

□ だいたい 대개 ≒ ほとんど 대개

□ たまに　うんどうします 이따금 운동합니다

　≒ うんどうは　ほとんど　して　いません 운동은 거의 하지 않고 있습니다

　≒ あまり　うんどうを　しません 그다지 운동을 하지 않습니다.

□ ちちも　ははも　元気です 아버지도 어머니도 건강합니다

　≒ りょうしんは　元気です 부모님은 건강합니다

□ つたえて　ください 전해 주세요 ≒ れんらくして　ください 연락해 주세요

□ つめたく　して　飲んで　ください 차게 해서 드세요

　≒ ひやして　飲んで　ください 식혀서 드세요

□ できるだけ 가능한 한 ≒ なるべく 가급적

□ どうぞ　えんりょなく　めしあがって　ください 부디 사양하지 말고 드세요

　≒ どうぞ　たくさん　めしあがって　ください 부디 많이 드세요

□ としょかんへ　行った　わけ 도서관에 간 이유

　≒ なぜ　としょかんへ　行ったか 왜 도서관에 갔는지

□ 友だちから　電話が　ありました 친구에게 전화가 왔습니다

　≒ 友だちは　わたしに　電話を　かけました 친구는 나에게 전화를 걸었습니다

□ 友だちに　たんじょうびの　プレゼントを　あげる　つもりです
친구에게 생일 선물을 줄 생각입니다

　≒ 友だちに　おくりものを　する　つもりです 친구에게 선물을 할 생각입니다

な

□ なくなった 죽었다 ≒ しんだ 죽었다

□ なにか　飲みたいです 무언가 마시고 싶습니다.

　≒ のどが　かわいて　います 목이 마릅니다.

□ 「なにを　めしあがりますか」と　聞きました '무엇을 드시겠어요?'라고 물었습니다

　≒ なにを　食べるか　聞きました 무엇을 먹을지 물었습니다

□ 日本語を　べんきょうする　つもり 일본어를 공부할 생각

　≒ 日本語の　べんきょうを　する　よてい 일본어 공부를 할 예정

は

□ びじゅつかん 미술관

　≒ すばらしい　えを　見せる　ところ 멋진 그림을 보여주는 곳

　≒ えを　見る　ところ 그림을 보는 곳

□ びょういんで　さわいでは　いけません　병원에서 떠들어서는 안 됩니다

　≒ びょういんで　うるさく　しては　いけません　병원에서 시끄럽게 해서는 안 됩니다

□ へやの　でんきを　つけました　방의 불을 켰습니다

　≒ へやを　あかるく　しました　방을 밝게 했습니다

ま

□ かみを　あらいます　머리를 감습니다　≒ あたまを　あらいます　머리를 감습니다

□ みなと　항구

　≒ ふねに　のったり　おりたり　する　ところ　배를 타거나 내리거나 하는 곳

□ 日が　くれます　날이 저뭅니다　≒ 夜に　なります　밤이 됩니다

や

□ ゆうべの　コンサートは　すばらしかったです　어젯밤 콘서트는 훌륭했습니다

　≒ ゆうべは　とても　うつくしい　おんがくを　聞きました

　　어젯밤에는 매우 아름다운 음악을 들었습니다

わ

□ Aさんに　「おだいじに」と　言いました

　A씨에게 '몸조리 잘하세요'라고 말했습니다

　≒ Aさんは　いま　びょうきです　A씨는 지금 아픕니다

□ わたしの　大学の　せんぱいです　내 대학교 선배입니다

　≒ わたしが　にゅうがくする　まえに　おなじ　大学に　にゅうがく

　　しました　내가 입학하기 전에 같은 대학교에 입학했습니다

もんだい1 ＿＿＿＿の ことばは ひらがなで どう かきますか。1・2・3・4から
いちばん いい ものを ひとつ えらんで ください。

1 今夜は 星が とても きれいです。

1 まいや　　　　2 なんや　　　　3 こんや　　　　4 さんや

2 この 飛行機は こんばん バンコクを 出て、あした 着きます。

1 ひこうき　　　2 ひこき　　　　3 ひきょうき　　4 ひくき

3 火事の げんいんは なにが 一番 おおいですか。

1 いばん　　　　2 いちばん　　　3 いぼん　　　　4 いちぼん

4 晴れて いるので さんぽに 行きたい きぶんです。

1 あれて　　　　2 かれて　　　　3 なれて　　　　4 はれて

5 ふうとうの 表に なまえを 書いて ください。

1 そと　　　　　2 おく　　　　　3 おもて　　　　4 うら

6 その 薬の おかげで 痛みが 消えた。

1 みえた　　　　2 きえた　　　　3 かえた　　　　4 ふえた

7 きみなら この かびんに いくらの 値段を つける？

1 ねだん　　　　2 ねたん　　　　3 かがく　　　　4 かかく

8 わたしは しょうらい 記者に なりたいです。

1 きさ　　　　　2 ぎさ　　　　　3 ぎしゃ　　　　4 きしゃ

9 きょうは かぜが 非常に つよい。

1 ひじょに　　　2 ひじょうに　　3 ひぞに　　　　4 ひぞうに

10 東京の 生活は いかがですか。

1 せいかつ　　　2 しょうかつ　　3 しょうかっつ　4 ぜっかつ

답 1③ 2① 3② 4④ 5③ 6② 7① 8④ 9② 10①

もんだい1　_____の　ことばは　ひらがなで　どう　かきますか。1・2・3・4から　いちばん　いい　ものを　ひとつ　えらんで　ください。

1 わたしは　まいにち　いけの　まわりを　散歩します。

　1　さんぽ　　　　2　さんぼ　　　　3　さんさく　　　4　さんぷ

2 あには　大学院で　敬語の　けんきゅうかいに　入って　います。

　1　たいがくいん　2　たいがくえん　3　だいがくいん　4　だいがくえん

3 いちばん　親しい　友だちが　卒業記念に　この　時計を　くれた。

　1　したしい　　　2　うれしい　　　3　やさしい　　　4　たのしい

4 まいあさ　8時までに　事務所に　行きます。

　1　しむしつ　　　2　しむしょ　　　3　じむしつ　　　4　じむしょ

5 きみだけに　特別に　おしえて　あげるよ。

　1　とくへつに　　2　とくべつに　　3　どくへつに　　4　どくべつに

6 かのじょの　きょうみは　ロックから　ジャズに　移った。

　1　ひろった　　　2　しまった　　　3　こまった　　　4　うつった

7 さいきん、日本の　経済は　どうですか。

　1　けいざい　　　2　けいさい　　　3　きょうざい　　　4　きょうさい

8 わたしは　普通　11時には　寝る　ように　して　います。

　1　ふづう　　　　2　ふつう　　　　3　ほづう　　　　4　ほつう

9 その　海岸には　大きな　ボウリング場が　ありました。

　1　かいげん　　　2　かいけん　　　3　かいがん　　　4　かいかん

10 木の　枝を　折っては　いけません。

　1　みぎ　　　　　2　みき　　　　　3　えだ　　　　　4　えた

답 1① 2③ 3① 4④ 5② 6④ 7① 8② 9③ 10③

もんだい1 ＿＿＿＿＿の ことばは ひらがなで どう かきますか。1・2・3・4から いちばん いい ものを ひとつ えらんで ください。

1 ここは 暑いから どこか 涼しい ばしょを さがしましょう。

1 すずしい　　　　2 かなしい　　　　3 ただしい　　　　4 たのしい

2 きゅうに 雨が 降りだしました。

1 ゆき　　　　　　2 あめ　　　　　　3 つゆ　　　　　　4 くも

3 むすめは 大学で アメリカ文学を ならって います。

1 たいかく　　　　2 たいがく　　　　3 だいかく　　　　4 だいがく

4 ドアは 静かに 閉めて ください。

1 あずかに　　　　2 しずかに　　　　3 かずかに　　　　4 ひそかに

5 ちちは わたしの 一人旅に 賛成して くれないだろう。

1 さんしょう　　　2 さんじょう　　　3 さんせい　　　　4 さんぜい

6 わたしは 辛い ものは 食べられません。

1 からい　　　　　2 わかい　　　　　3 あつい　　　　　4 ひどい

7 けいさつかんが 交差点で 交通せいりを して いました。

1 こさてん　　　　2 こさいてん　　　　3 こうさてん　　　　4 こうさいてん

8 すみません、今 ちょっと 時間 ありますか。

1 しかん　　　　　2 じかん　　　　　3 しがん　　　　　4 じがん

9 きょねんの ふゆは 暖かかったが、ことしは とても さむい。

1 あつかかった　　2 あたかかった　　3 あいたかかった　4 あたたかかった

10 がっこうで インフルエンザの 予防注射を して もらいました。

1 ちゅうしゃ　　　2 ちゅうさ　　　　3 ちゅしゃ　　　　4 ちゅさ

답 1① 2② 3④ 4② 5③ 6① 7③ 8② 9④ 10①

もんだい1　_____の ことばは ひらがなで どう かきますか。1・2・3・4から いちばん いい ものを ひとつ えらんで ください。

1 わたしたちは 音楽^{おんがく}に あわせて 踊りました。

　1 あおりました　　2 たよりました　　3 もどりました　　4 おどりました

2 日曜日に かいしゃの 門^{もん}は しまって います。

　1 にちようび　　2 げつようび　　3 もくようび　　4 きんようび

3 予定^{よてい}より 30分 早く 着きました。

　1 ふるく　　　　2 ひろく　　　　3 はやく　　　　4 おそく

4 いなかの 両親に 電話を しました。

　1 りょしん　　　2 りょうしん　　3 にしん　　　　4 にいしん

5 この みせは ゆにゅう食料品^{しょくりょうひん}を 専門に あつかって います。

　1 せんもん　　　2 そんもん　　　3 せんこう　　　4 そんこう

6 ここのところ しごとに 追^おわれて 自由な じかんが ない。

　1 しゆな　　　　2 しゅうな　　　3 じゆな　　　　4 じゆうな

7 火曜日の あさは いつもより 早^{はや}く 起^おきます。

　1 げつようび　　2 かようび　　　3 にちようび　　4 すいようび

8 ここでは 2月に 雪^{ゆき}が たくさん 降ります。

　1 うります　　　2 すります　　　3 ふります　　　4 ぶります

9 部長は あした アメリカに 行く 予定^{よてい}です。

　1 ふちょう　　　2 ぶちょう　　　3 ふちょ　　　　4 ぶちょ

10 ぼくは 12がつが いちばん 忙しいです。

　1 いそがしい　　2 すずしい　　　3 うれしい　　　4 はずかしい

もんだい1 ＿＿＿＿＿の ことばは ひらがなで どう かきますか。1・2・3・4から
いちばん いい ものを ひとつ えらんで ください。

1 もりの なかに 家を 建てて ひとりで 暮らすのが ゆめです。

1 うらす　　　　　2 からす　　　　　3 くらす　　　　　4 むらす

2 困った ことが あったら いつでも 電話して ください。

1 あつまった　　　2 つかった　　　　3 のこった　　　　4 こまった

3 コーヒーに さとうを 入れますか。

1 かれます　　　　2 でれます　　　　3 はれます　　　　4 いれます

4 季節の 中では、あたたかい 春が いちばん 好きです。

1 きせつ　　　　　2 けせつ　　　　　3 きせち　　　　　4 けせち

5 田中先生は しょうせつの 読み方を 教えて くださいました。

1 あみかた　　　　2 かみかた　　　　3 よみかた　　　　4 ふみかた

6 にくを 厚く 切って ください。

1 ふとく　　　　　2 うまく　　　　　3 うすく　　　　　4 あつく

7 ここに 駐車しては いけません。

1 ちゅうさ　　　　2 ちゅうしゃ　　　3 ちゅさ　　　　　4 ちゅしゃ

8 うちの 周りには 本屋が ないので、いつも インターネットを 使って いる。

1 のこり　　　　　2 いかり　　　　　3 まわり　　　　　4 あたり

9 警官は ふたり 一組で 町を パトロールします。

1 けいざつ　　　　2 けいさつ　　　　3 けいかん　　　　4 かいけん

10 わたしは あさ 起きると まず 最初に ぎゅうにゅうを 飲みます。

1 さいしょ　　　　2 さいしょう　　　3 ざいしょ　　　　4 ざいしょう

답 1③ 2④ 3④ 4① 5③ 6④ 7② 8③ 9③ 10①

6 예상어휘 확인문제 표기

해설집 39쪽

もんだい２　＿＿＿＿の　ことばは　どう　かきますか。１・２・３・４から　いちばん　いい　ものを　ひとつ　えらんで　ください。

1 わたしは　あつい　おちゃが　好きです。

1 暑い　2 厚い　3 熱い　4 寒い

2 日本語の　べんきょうを　つづけて　います。

1 紜けて　2 続けて　3 紅けて　4 売けて

3 それは　うすい　かみで　包(つつ)みました。

1 薄い　2 長い　3 低い　4 厚い

4 ぎんこうは　この　とおりを　ずっと　行くと　右(みぎ)がわに　あります。

1 運り　2 送り　3 道り　4 通り

5 こうこうの　先生から　メールが　来ました。

1 小校　2 中校　3 高校　4 大校

6 だんだん　あたたかく　なって　きました。

1 寒かく　2 冷かく　3 暑かく　4 暖かく

7 わたしは　父とは　かんがえかたが　ちがいます。

1 韋います　2 違います　3 幸います　4 迅います

8 けさから　雪が　ふって　います。

1 止って　2 阪って　3 吹って　4 降って

9 たんじょうびの　プレゼントに　むすめが　ネクタイを　買(か)って　くれました。

1 延生日　2 延生月　3 誕生日　4 誕生月

10 いもうとが　でんわで　母が　にゅういんしたと　しらせて　くれた。

1 利らせて　2 短らせて　3 知らせて　4 和らせて

답 1③ 2② 3① 4④ 5③ 6④ 7② 8④ 9③ 10③

7 예상어휘 확인문제 표기

もんだい2 _____ の ことばは どう かきますか。1・2・3・4から いちばん いい ものを ひとつ えらんで ください。

1 くもが ないから きょうは はれると おもいます。

1 晴れる　　　　2 曇れる　　　　3 青れる　　　　4 清れる

2 きみたちに 心が やさしい ひとに なって ほしい。

1 正しい　　　　2 涼しい　　　　3 優しい　　　　4 憂しい

3 おんがくを ききながら べんきょうしました。

1 間きながら　　2 関きながら　　3 問きながら　　4 聞きながら

4 わたしは、小学校の ときから さくぶんが じょうずでした。

1 上手でした　　2 中手でした　　3 下手でした　　4 完手でした。

5 ふくが きたないので 洗いました。

1 与い　　　　　2 汚い　　　　　3 津い　　　　　4 洗い

6 あにの ゆびは ふとくて かたいです。

1 首　　　　　　2 頭　　　　　　3 指　　　　　　4 足

7 われわれは その きかいを じゅうぶん りようしました。

1 機戒　　　　　2 機械　　　　　3 期戒　　　　　4 期械

8 わたくしは すずきと もうします。どうぞ よろしく おねがいいたします。

1 私　　　　　　2 利　　　　　　3 称　　　　　　4 和

9 えきの ばいてんで しんぶんを 買いました。

1 真聞　　　　　2 真門　　　　　3 新聞　　　　　4 新門

10 ぼくは ふたりの きょうだいを 持って います。

1 兄弟　　　　　2 兄第　　　　　3 第兄　　　　　4 弟兄

답 1 ① 2 ③ 3 ④ 4 ① 5 ② 6 ③ 7 ② 8 ① 9 ③ 10 ①

표기

もんだい2 ＿＿＿＿の ことばは どう かきますか。1・2・3・4から いちばん
いい ものを ひとつ えらんで ください。

1 おぼえた たんごが しけんの ときに 思い出せない。

1 覚えた　　　　　2 学えた　　　　　3 見えた　　　　　4 聞えた

2 いちど がいこくに すんで みたいです。

1 家国　　　　　2 街国　　　　　3 外国　　　　　4 内国

3 やまださんに 会うと かならず おかしの 話が 出ます。

1 お果子　　　　2 お菓子　　　　3 お果市　　　　4 お菓市

4 家を 出てから さいふを わすれた ことに 気が つきました。

1 財不　　　　　2 材不　　　　　3 財布　　　　　4 材布

5 すいようびなら じかんが 作れます。

1 月曜日　　　　2 火曜日　　　　3 水曜日　　　　4 木曜日

6 明るい おんがくを 聞くと、きもちも 明るく なります。

1 気待ち　　　　2 記待ち　　　　3 記待ち　　　　4 気持ち

7 この たんごは どういう いみだろう。

1 単語　　　　　2 短語　　　　　3 単言　　　　　4 短言

8 いい 席が とれる ように 早く でかけましょう。

1 撮れる　　　　2 耳れる　　　　3 双れる　　　　4 取れる

9 その でんしゃは じかんどおりに 着きました。

1 時門　　　　　2 時間　　　　　3 時聞　　　　　4 時問

10 ケーキには さとうを たくさん つかって います。

1 砂糖　　　　　2 砂唐　　　　　3 少糖　　　　　4 少唐

답 1① 2③ 3② 4③ 5③ 6④ 7① 8④ 9② 10①

もんだい2 _____の ことばは どう かきますか。1・2・3・4から いちばん
いい ものを ひとつ えらんで ください。

1 夏休みが おわると かいしゃが いそがしく なります。

   1 亡しく   2 忙しく   3 親しく   4 悲しく

2 きのう うしの 子どもが 生まれました。

   1 午   2 牛   3 平   4 半

3 この 試合、おわりまで 見て いく つもりですか。

   1 冬わり   2 糸わり   3 終わり   4 始わり

4 つくえの 上に あしを あげては いけません。

   1 足   2 手   3 首   4 頭

5 わたしが おきた ときは、あねは もう でかけて いました。

   1 入かけて   2 山かけて   3 人かけて   4 出かけて

6 となりの ひとが ズボンが よごれて いると おしえて くれた。

   1 倒れて   2 流れて   3 汚れて   4 割れて

7 やまに のぼる ときは かならず みずを もって いきましょう。

   1 降る   2 来る   3 帰る   4 登る

8 これは 家を 建てるのに 使う どうぐです。

   1 遛具   2 遛貝   3 道具   4 道貝

9 ゆうしょくの あとで 友だちと さんぽしました。

   1 昼食   2 朝食   3 夜食   4 夕食

10 あさ でんしゃは いつも こんで います。

   1 電車   2 電気   3 電池   4 電話

답 1② 2② 3③ 4① 5④ 6③ 7④ 8③ 9④ 10①

もんだい3 （　　　）に　なにを　いれますか。1・2・3・4から　いちばん　いい
　　　　　ものを　ひとつ　えらんで　ください。

1 らいしゅうの　つぎは　（　　　）です。
　　1　こんしゅう　　　2　さらいしゅう　　　3　せんしゅう　　　4　せんせんしゅう

2 ほんとうに　きみが　好きだよ。（　　　）じゃ　ないよ。
　　1　うそ　　　　　　2　わけ　　　　　　　3　ふね　　　　　　4　ゆめ

3 この　花は　（　　　）の　ような　かたちを　して　います。
　　1　すり　　　　　　2　そら　　　　　　　3　ほし　　　　　　4　きゃく

4 ちちの　たんじょうびの　（　　　）に　ネクタイを　あげました。
　　1　おみまい　　　　2　おかげ　　　　　　3　おいわい　　　　4　おだいじ

5 このごろ　いそがしくて　（　　　）　映画にも　行けません。
　　1　だんだん　　　　2　ちょうど　　　　　3　できるだけ　　　4　なかなか

6 にわから　へやの　なかに　（　　　）　かぜが　はいって　きます。
　　1　みじかい　　　　2　すずしい　　　　　3　きびしい　　　　4　ただしい

7 A「にもつを　持って　いただいて　ありがとうございます。」
　　B「（　　　）。」
　　1　ごめんください　2　しつれいします　3　おじゃまします　4　どういたしまして

8 わたしは　あまい　（　　　）は　あまり　好きでは　ありません。
　　1　おしゃべり　　　2　おかし　　　　　　3　おくりもの　　　4　のりもの

9 （　　　）　たくさん　食べても、すぐに　おなかが　すいて　しまいます。
　　1　どんな　　　　　2　どうして　　　　　3　いかが　　　　　4　どんなに

10 （　　　）を　みると、なにを　買ったか　わかります。
　　1　レシート　　　　2　パン　　　　　　　3　サービス　　　　4　パンダ

답 1② 2① 3③ 4③ 5④ 6② 7④ 8② 9④ 10①

もんだい3　（　　　）に　なにを　いれますか。1・2・3・4から　いちばん　いい
　　　　　　ものを　ひとつ　えらんで　ください。

1 しおを　入れなくては　いけないのに、まちがえて　（　　　）を　入れて　しまった。

1 くさ　　　　　　　2 さとう　　　　　　3 つめ　　　　　　　4 ごちそう

2 これほど　サービスの　（　　　）　ホテルは　はじめてです。

1 ねむい　　　　　　2 ほそい　　　　　　3 こわい　　　　　　4 ひどい

3 よく　きこえないので、（　　　）　大きい　こえで　話して　ください。

1 できるだけ　　　　2 そんなに　　　　　3 なかなか　　　　　4 ずいぶん

4 A「（　　　）　すみませんが、あした　1時の　やくそくを　2時に　かえて
　　　 くださいませんか。」
　B「ええ、だいじょうぶです。」

1 けっして　　　　　2 たいへん　　　　　3 もっと　　　　　　4 いったい

5 あつければ　（　　　）を　ぬいで、うすい　シャツに　きがえたら　どうですか。

1 タオル　　　　　　2 サンダル　　　　　3 セーター　　　　　4 アクセサリー

6 その　ドレスには　100万円の　（　　　）が　ついて　いた。

1 ゆびわ　　　　　　2 うりば　　　　　　3 しかた　　　　　　4 ねだん

7 やまもとさんは　（　　　）に　たいせつな　ゆびわを　ぬすまれました。

1 どろぼう　　　　　2 はなみ　　　　　　3 とちゅう　　　　　4 わりあい

8 わたしの　いもうとは　さくらホテルの　（　　　）で　はたらいて　います。

1 おまつり　　　　　2 おいわい　　　　　3 うけつけ　　　　　4 いなか

9 こんな　たくさんの　りょうりを　ひとりで　食べるのは　（　　　）です。

1 ふべん　　　　　　2 むり　　　　　　　3 じゃま　　　　　　4 にもつ

10 おばあさんは　まごに　うそを　ついては　いけないと　（　　　）　おしえた。

1 おいしく　　　　　2 すっぱく　　　　　3 きたなく　　　　　4 やさしく

答 1② 2④ 3① 4② 5③ 6④ 7① 8③ 9② 10④

もんだい3　（　　　）に　なにを　いれますか。1・2・3・4から　いちばん　いい
ものを　ひとつ　えらんで　ください。

1 （　　　）買いたかった　いろの　セーターが　売れて　しまいました。

　　1　なるほど　　　　　2　ちょうど　　　　　3　もうすぐ　　　　　4　ほとんど

2 A「こちらに　コーヒーを　用意して　ありますので、どうぞ　ご（　　　）なく。」
　　B「ありがとう。」

　　1　えんりょ　　　　　2　ぐあい　　　　　3　あんない　　　　　4　きもち

3 あつまった　ひとに　くらべて　いすの　（　　　）が　たりません。

　　1　えだ　　　　　　　2　すな　　　　　　　3　かず　　　　　　　4　うで

4 みんなで　かんがえれば　いい　（　　　）が　出るかも　しれません。

　　1　レシート　　　　　2　サービス　　　　　3　アイディア　　　　4　ニュース

5 だいがくの　（　　　）が　この　かいしゃに　つとめて　います。

　　1　てんいん　　　　　2　しゃちょう　　　　3　しゃいん　　　　　4　せんぱい

6 けさ　（　　　）して　かばんを　ちかてつに　忘れて　きました。

　　1　すっかり　　　　　2　ゆっくり　　　　　3　はっきり　　　　　4　うっかり

7 なるべく　むずかしい　（　　　）を　つかわないで　話しましょう。

　　1　ことば　　　　　　2　かたち　　　　　　3　こたえ　　　　　　4　こくご

8 じゅぎょうの　はじまる　ベルが　（　　　）います。

　　1　いって　　　　　　2　なって　　　　　　3　きいて　　　　　　4　よんで

9 わたしたちは　学生なので　まだ　（　　　）は　考えて　いません。

　　1　そうたい　　　　　2　たいいん　　　　　3　けっこん　　　　　4　げしゅく

10 めずらしい　なまえですねえ。いちど　（　　　）わすれませんね。

　　1　ならったら　　　　2　つくったら　　　　3　おぼえたら　　　　4　べんきょうしたら

답 1② 2① 3③ 4③ 5④ 6④ 7① 8② 9③ 10③

もんだい3 （　　　）に　なにを　いれますか。1・2・3・4から　いちばん　いい
　　　　　ものを　ひとつ　えらんで　ください。

1 その　人は　かいだんから　（　　　）　けがを　しました。

　　1　かぶって　　　　　2　ころんで　　　　　3　とって　　　　　4　わすれて

2 おそい　じかんに　かえった　ときは　（　　　）から　いえに　はいります。

　　1　うら　　　　　　　2　あと　　　　　　　3　あいだ　　　　　4　すみ

3 （　　　）よりも　うみで　およぐ　ほうが　好きです。

　　1　アパート　　　　　2　ホテル　　　　　　3　プール　　　　　4　ビル

4 さいきん　とても　（　　　）、うんどうは　して　いません。

　　1　ふかくて　　　　　2　わかくて　　　　　3　やさしくて　　　4　いそがしくて

5 その　おんなのこに　ないて　いる　（　　　）を　たずねました。

　　1　わけ　　　　　　　2　まめ　　　　　　　3　むし　　　　　　4　たな

6 月に　一度　かぞく　みんなで　（　　　）で　食事を　するのが　たのしみです。

　　1　ハンバーグ　　　　2　スクリーン　　　　3　レストラン　　　4　ドライブ

7 これは　よごれて　いるので　きれいな　ものと　（　　　）　ください。

　　1　のりかえて　　　　2　とりかえて　　　　3　つかまえて　　　4　まちがえて

8 この　（　　　）は　まだ　読んで　ないから　すてないでね。

　　1　うちがわ　　　　　2　おみまい　　　　　3　ごちそう　　　　4　しんぶん

9 みせの　まえに　おおぜいの　人が　（　　　）　いますね。なにを　売って　いるん
でしょう？

　　1　ならんで　　　　　2　ぬすんで　　　　　3　くらして　　　　4　たずねて

10 だいがくを　そつぎょうしても、えいごの　べんきょうを　（　　　）　つもりです。

　　1　とどける　　　　　2　ねむる　　　　　　3　つづける　　　　4　すてる

답　1② 2① 3③ 4④ 5① 6③ 7② 8④ 9① 10③

もんだい3　（　　　）に　なにを　いれますか。1・2・3・4から　いちばん　いい
　　　　　　ものを　ひとつ　えらんで　ください。

1 あの　人は　（　　　）に　こまって　いるのに　はたらこうと　しません。

1　しゅうかん　　　　2　れんしゅう　　　　3　せいかつ　　　　4　きょうみ

2 その　みせは　ごぜん　10時に　（　　　）します。

1　サービス　　　　2　スイッチ　　　　3　オープン　　　　4　チェック

3 パーティーが　（　　　）はじまりますから、みなさん　あつまって　ください。

1　もうすぐ　　　　2　いつか　　　　3　なかなか　　　　4　ずっと

4 こばやしさんの　しゅみは　（　　　）を　する　ことです。

1　カメラ　　　　2　タクシー　　　　3　ニュース　　　　4　バスケットボール

5 （　　　）を　ひいて　へやを　くらく　しました。

1　ページ　　　　2　カーテン　　　　3　メートル　　　　4　テーブル

6 あつかったら、どうぞ　うわぎを　（　　　）ください。

1　すてて　　　　2　むいて　　　　3　はずして　　　　4　ぬいで

7 すみません。あしを　（　　　）しまいました。

1　やいて　　　　2　ぬすんで　　　　3　ふんで　　　　4　われて

8 A「こんどの　土曜日　京都に　行くんです。」

B「それは　（　　　）ですね。」

1　たのしみ　　　　2　もちかえり　　　　3　おしいれ　　　　4　おとしもの

9 （　　　）は　目に　見えませんが、せいかつに　なくては　ならない　ものです。

1　うわさ　　　　2　でんき　　　　3　ことば　　　　4　いぜん

10 こんな　（　　　）ものを　いただいて　ほんとうに　ありがとうございます。

1　きらいな　　　　2　りっぱな　　　　3　むりな　　　　4　じょうずな

답　1③　2③　3①　4④　5②　6④　7③　8①　9②　10②

もんだい4　＿＿＿＿　の　ぶんと　だいたい　おなじ　いみの　ぶんが　あります。
　　　　　　1・2・3・4から　いちばん　いい　ものを　ひとつ　えらんで　ください。

1 おとうとは　まじめに　べんきょうを　して　います。

　1　おとうとは　あんぜんに　べんきょうを　して　います。

　2　おとうとは　いっしょうけんめいに　べんきょうを　して　います。

　3　おとうとは　げんきに　べんきょうを　して　います。

　4　おとうとは　にぎやかに　べんきょうを　して　います。

2 ここは　すばらしい　えを　見せる　ところです。

　1　ここは　びじゅつかんです。

　2　ここは　どうぶつえんです。

　3　ここは　たいしかんです。

　4　ここは　としょかんです。

3 友だちに　にゅうがくの　プレゼントを　あげる　つもりです。

　1　友だちに　おれいを　言う　つもりです。

　2　友だちに　おくりものを　する　つもりです。

　3　友だちに　プレゼントを　売る　つもりです。

　4　友だちに　おみやげを　買う　つもりです。

4 この　コンピューターは　よく　こしょうします。

　1　この　コンピューターは　こわれやすいです。

　2　この　コンピューターは　きれいに　見えません。

　3　この　コンピューターは　あんぜんでは　ありません。

　4　この　コンピューターは　たしかです。

5 やまださんは　小さい　じが　見えないようです。

　1　やまださんは　けいたいを　わすれて　しまいました。

　2　やまださんは　さいふを　わすれて　しまいました。

　3　やまださんは　めがねを　わすれて　しまいました。

　4　やまださんは　かがみを　わすれて　しまいました。

답 1② 2① 3② 4① 5③

もんだい4 _____の ぶんと だいたい おなじ いみの ぶんが あります。
1・2・3・4から いちばん いい ものを ひとつ えらんで ください。

1 ケーキは ひとつも のこって いません。

1 ケーキは すこししか ありません。

2 ケーキは ぜんぶ おいて あります。

3 ケーキは すこしだけ おいて あります。

4 ケーキは ぜんぶ 食べて しまいました。

2 はなこは あかんぼうです。

1 はなこは 今年 大学を そつぎょうします。

2 はなこは 今年 中学校に 入ります。

3 はなこは 生まれて 3か月です。

4 はなこは 来年 小学校に 入ります。

3 あしたは ひえるそうです。

1 あしたは はれるでしょう。

2 あしたは くもるでしょう。

3 あしたは さむく なるでしょう。

4 あしたは あつく なるでしょう。

4 おとうとは 毎日 かみを あらいます。

1 おとうとは 毎日 あたまを あらいます。

2 おとうとは 毎日 せなかを あらいます。

3 おとうとは 毎日 かおを あらいます。

4 おとうとは 毎日 おなかを あらいます。

5 しゅくだいが ある ことを、すずきさんに つたえて ください。

1 しゅくだいが ある ことを、すずきさんに やくそくして ください。

2 しゅくだいが ある ことを、すずきさんに ほうそうして ください。

3 しゅくだいが ある ことを、すずきさんに れんらくして ください。

4 しゅくだいが ある ことを、すずきさんに はんたいして ください。

답 1④ 2③ 3③ 4① 5③

もんだい４ ＿＿＿＿ の ぶんと だいたい おなじ いみの ぶんが あります。
１・２・３・４から いちばん いい ものを ひとつ えらんで ください。

1 きのう びじゅつかんに 行きました。

1 きのう えを 見に 行きました。

2 きのう えを ならいに 行きました。

3 きのう えを なおしに 行きました。

4 きのう えを かきに 行きました。

2 これを ぜんぶ 食べるのは むりです。

1 これを ぜんぶ 食べたいです。

2 これを ぜんぶ 食べては いけません。

3 これは ぜんぶ 食べる つもりです。

4 これは ぜんぶ 食べられません。

3 しごとは だいたい すみました。

1 しごとは ぜんぶ すみました。

2 しごとは きっと すみました。

3 しごとは ほとんど すみました。

4 しごとは だんだん すみました。

4 あしたの かいぎには、なるべく しゅっせきして ください。

1 あしたの かいぎには、かならず しゅっせきして ください。

2 あしたの かいぎには、やはり しゅっせきして ください。

3 あしたの かいぎには、きっと しゅっせきして ください。

4 あしたの かいぎには、できるだけ しゅっせきして ください。

5 わたしは やまださんに 「おだいじに」と 言いました。

1 やまださんは これから 学校へ 行きます。

2 やまださんは いま びょうきです。

3 やまださんは あした けっこんします。

4 やまださんは きょう はたちに なります。

답 1① 2④ 3③ 4④ 5②

もんだい5　つぎの　ことばの　つかいかたで　いちばん　いい　ものを　1・2・3・4
　　　　　　から　ひとつ　えらんで　ください。

1 なかなか

1　バスの　じかんに　なかなか　まにあいました。

2　この　もんだいは　むずかしくて　なかなか　とけます。

3　この　本は　なかなか　おもしろいですよ。

4　おかしを　なかなか　ください。

2 ニュース

1　じこの　ニュースを　けさの　新聞で　知りました。

2　この　カフェは　ニュースが　多いです。

3　つまは　土曜日の　午前中は　ニュースに　かよって　います。

4　やまださんから　ニュースに　しょうたいされました。

3 しゅみ

1　土曜日は　しゅみが　あるので、いっしょには　行けないよ。

2　わたしは　しゅみで　アクセサリーを　つくって　います。

3　あそこの　レストランは　なかなか　しゅみが　とれません。

4　きのうは　しゅみが　たくさん　あったので、とても　つかれました。

4 すくない

1　すくない　にわですが、いろいろな　木や　花が　うえて　あります。

2　なにも　味が　ないより、ちょっと　すくない　ほうが　たくさん　食べられます。

3　おじいさんと　おばあさんに　家の　中で　いちばん　すくない　へやを　あげた。

4　この　レストランは　料理の　かずは　すくないが、どれも　みんな　おいしい。

5 やさしい

1　わたしたちが　やさしかった　ころは　テレビも　でんわも　なかった。

2　やさしい　じの　かける　まんねんひつを　さがして　います。

3　この　ほんは　やさしい　ことばで　書かれて　います。

4　学生の　とき、やきゅうを　して　いたので、うでも　あしも　やさしいです。

답　1③　2①　3②　4④　5③

もんだい 5 つぎの ことばの つかいかたで いちばん いい ものを 1・2・3・4 から ひとつ えらんで ください。

1 うける

  1 これは いもうとが りょこうの おみやげに うけたのです。

  2 きのう 友だちへ てがみを うけました。

  3 ことし テストを うける つもりです。

  4 えきへ にもつを うけに 行って きます。

2 にがて

  1 こどもの ころから おおぜいの 前で はなすのが にがてでした。

  2 やまの 中は でんしゃや じどうしゃの 音が 聞こえなくて にがてです。

  3 はじめは へたでも れんしゅうすれば にがてに なります。

  4 にがてな 医者に なって びょうきで くるしんで いる 人を たすけたい。

3 あせ

  1 しょうゆを すこし たすと いい あせに なります。

  2 ふくに たばこの あせが ついて しまいました。

  3 この せっけんは あまい あせが します。

  4 からい ものを 食べると あせが 出ます。

4 つめたい

  1 ことしの ふゆは つめたいです。

  2 なにか つめたい ものを 飲みましょう。

  3 くすりの つめたい においが しました。

  4 やまの かぜは つめたくて きもちが いいです。

5 わたる

  1 いそがしい ときは やまださんに たのめば きっと わたって くれます。

  2 あぶないですから、はしを わたる ときは 気を つけて ください。

  3 へやに 日が わたらないので、ふゆは とても さむいです。

  4 となりの 人に この ペンを わたって ください。

답 1③ 2① 3④ 4② 5②

もんだい5　つぎの　ことばの　つかいかたで　いちばん　いい　ものを　1・2・3・4
から　ひとつ　えらんで　ください。

1 まんなか

1　学校に　行く　まんなかで　雨が　ふりはじめました。
2　川の　まんなかに　小さな　しまが　ふたつ　あります。
3　家の　まんなかと　そとでは　あたたかさが　ずいぶん　ちがいます。
4　子どもたちが　大きく　なったので、まんなかが　せまく　なりました。

2 いったい

1　いったい　だれが　わたしの　パンを　食べたのか。
2　この　レポートを　書くのには　いったい　時間が　かかった。
3　駅までは　いったい　あるくから　タクシーで　行った　ほうが　いい。
4　30分前に　食べたばかりだから、今は　いったい　おなかが　すいて　いません。

3 じょうぶ

1　にくは　じょうぶだけれど、さかなは　好きです。
2　日本語を　じょうぶに　話せる　ように　なりたいです。
3　毎日　たくさん　あるくので、じょうぶな　くつを　買いたいです。
4　にわに　ゆきが　ふって　とても　じょうぶな　けしきでした。

4 ひらく

1　あつくて　シャワーを　ひらきました。
2　げつようびから　てんらんかいを　ひらきます。
3　かぜで　ハンカチが　ひらきました。
4　この　ボタンを　ひらくと　ベルが　なります。

5 きれい

1　かれは　りょうりが　きれいです。
2　わたしは　学生たちが　きれいです。
3　あの　人は　べんきょうが　きれいです。
4　あの　ひとは　きれいな　ドレスを　きて　います。

답　1② 2① 3③ 4② 5④

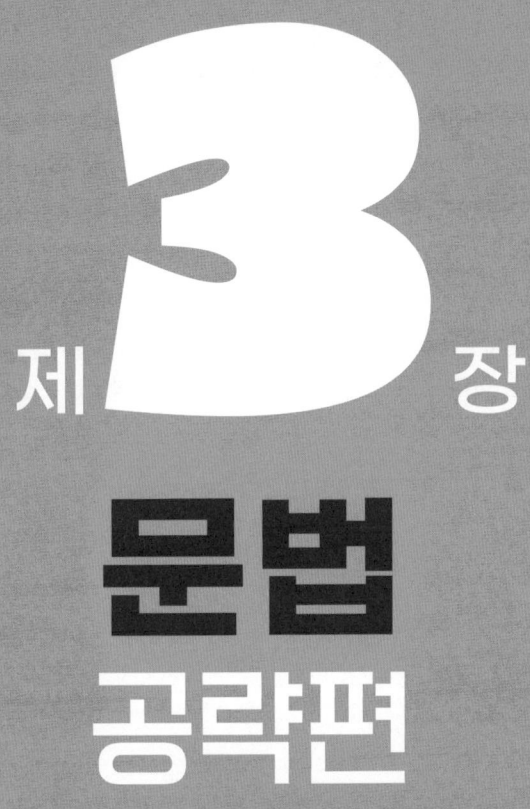

제 3 장

문법
공략편

01 문제 유형 공략하기
02 핵심 문법 공략하기

문제 유형
완전 분석
동영상 강의

1 もんだい 1 문법형식 판단

もんだい1은 문법형식 판단 문제로, 빈칸 안에 알맞은 표현을 넣어 문장을 완성해야 한다. 총 열세 문제가 나온다.

> **알고 풀자!**
>
> 문법형식 문제를 풀 때는 먼저 빈칸 앞뒤의 조사(を・に・が・と 등)와 동사의 활용형을 먼저 확인한다. 그러고 나서 문맥에 필요한 기능-이유, 대조, 조건, 목적 등-을 파악하여 가장 맞는 문법을 고른다. 의미가 비슷한 문법은 뉘앙스와 사용 조건-주체, 시제, 공손도 등-으로 구별한다.

예시

> もんだい1 （　　　）に　何を　入れますか。1・2・3・4から　いちばん　いい
> ものを　一つ　えらんで　ください。
>
> **1** わたしは　毎朝^{まいあさ}　しんぶん（　　　）　読みます。
>
> 　1　が　　　　　　　2　の　　　　　　　**3**　を　　　　　　　4　で

해석 매일 아침 신문을 읽습니다.

해설 먼저 빈칸의 앞뒤를 살펴본다. 빈칸 뒤에 있는 동사 読みます 앞에는 목적어가 와야 한다. 빈칸 앞에 있는 しんぶん이라는 명사를 목적어로 만들기 위한 조사는 を이므로 정답은 3번이다.

단어 毎朝^{まいあさ} 매일 아침　しんぶん 신문　読む^よ 읽다

② もんだい2 **문장 만들기**

もんだい2는 문장 만들기 문제로, 빈칸에 들어가는 말을 순서에 맞게 배열하여 문장을 구성해야 한다. 주로 두 번째나 세 번째에 들어가는 표현(★표시)을 묻는다. 기능어의 조합뿐 아니라 문장의 구성까지 신경 써야 한다. 네 문제가 나온다.

> **！알고 풀자！**
>
> 문장의 중심이 되는 서술어(동사)를 먼저 찾는다. 시간, 이유, 조건 표현은 문장 앞쪽이나 서술어 앞쪽에 오는 것이 자연스럽다. 주어 → 행위 → 목적/이유 → 결과 순으로 흐름을 맞추면 정답을 쉽게 찾을 수 있다.

예시

もんだい2 ＿＿＿★＿＿＿ に 入る ものは どれですか。 1・2・3・4から いちばん
いい ものを 一つ えらんで ください。

1 つくえの ＿＿＿＿＿ ＿＿＿＿＿ ＿＿★＿＿ ＿＿＿＿＿ あります。
　　 1 が　　　　　　 2 に　　　　　　 3 上　　　　　 ✓ ペン

해석 책상 위 에 ★펜 이 있습니다.

해설 밑줄 뒤에 있는 あります는 사물의 존재를 나타내는 동사이다. 존재하는 대상에는 조사 が를 사용하므로 먼저 존재하는 대상이 무엇인지 판단하면 ぺん + が가 됨을 알 수 있다. 上는 위치를 나타내므로 조사 に와 연결한다. 밑줄 앞에 있는 명사 つくえ에 조사 の가 붙어 있으므로 上와 연결하면 자연스럽다. 따라서 문장을 맞게 배열하면 3-2-4-1의 순서이다. ★은 세 번째 칸에 있으므로 정답은 4번이다.

단어 つくえ 책상　上 위　ペン 펜

③ もんだい 3 글의 문법

もんだい 3은 글의 문법 문제로 네 문제가 나온다. 제시된 장문 안의 빈칸에 들어갈 가장 적당한 것을 고르는 문제이다. 문맥상 알맞은 어휘 고르기, 접속사, 부사, 기능어 문제 등이 등장한다. 단순히 문법 자체가 아닌 글의 흐름을 파악하는 것으로 종합적인 독해력이 요구된다.

❗알고 풀자!

> 추측, 의지, 상태, 경험, 조건 등 문법이 가진 핵심 기능을 떠올려 문맥과 비교한다. 사용 가능한 주체, 공손성 여부, 자연스러운 글의 흐름 등을 기준으로 판단한다.

예시

もんだい 3 　 18 　 から 　 21 　 に 何を 入れますか。文章の 意味を 考えて、
1・2・3・4から いちばん いい ものを 一つ えらんで ください。

下の 文章は 「生命」に ついて 石原さんが 書いた 作文です。

ミイ

石原太郎

ミイが 死んで しまった。ミイは 生まれる 前から 家で 　 18 　 ネコ で、ぼくの お姉さんの ような 存在だった。

18

✓ かわれて いた 　　　　　　　　 2 かわれて おく

3 かわれて いる 　　　　　　　　 4 かわれて おいた

해석 아랫글은 '생명'에 관해 이시하라 씨가 쓴 작문입니다.
미이 – 이시하라 타로 –
미이가 죽어 버렸다. 미이는 태어나기 전부터 집에서 키우던 고양이로, 내 누나 같은 존재였다.

해설 문장이 '존재였다'라는 과거형으로 끝나므로, 내가 태어나기 전부터 고양이가 집에 있던 상태를 나타내는 かわれて いた가 문맥상 가장 적절하다. 「～ておく」는 미리 준비한다는 의미가 포함되어 있어 이 문장에는 어색하며, 시제 또한 과거로 맞추어야 자연스럽다. 따라서 정답은 1번이다.

단어 死ぬ 죽다　生まれる 태어나다　ネコ 고양이　存在 존재

핵심 문법 공략하기

1 접속사

N4 문법에서는 접속사가 해마다 한두 문제씩 출제되고 있다. 지금까지 출제된 단어와 확인 문제를 준비해 두었다. 문자·어휘나 독해, 청해 분야에서도 활용할 수 있으므로 잘 익혀 두자.

	접속사 / 의미	예문
01	**けれども** 그렇지만, 하지만	・その　映画は　長いです。けれども、とても　おもしろかったです。 그 영화는 깁니다. 그렇지만 아주 재미있었습니다.
02	**しかし** 그러나, 하지만	・旅行は　楽しかったです。しかし　疲れましたね。 여행은 즐거웠습니다. 그러나 지쳤습니다.
03	**すると** 그러자	・私は　その　くすりを　飲みました。すると　ねむくなって　きました。 나는 그 약을 먹었습니다. 그러자 졸렸습니다.
04	**そこで** 그래서	・雨が　降って　いました。そこで、タクシーで　帰りました。 비가 오고 있었습니다. 그래서 택시로 돌아갔습니다.
05	**そして** 그리고	・この　かばんは　軽いです。そして、使いやすいです。 이 가방은 가볍습니다. 그리고 사용하기 편합니다.
06	**それから** 그리고, 그러고 나서	・たろうは　ゆうしょくを　食べて、それから　しゅくだいを　しました。 다로는 저녁밥을 먹고, 그러고 나서 숙제를 했습니다.
07	**それで** 그래서	・電車が　おくれました。それで　今朝は　ちこくしました。 전철이 늦게 왔습니다. 그래서 오늘 아침에는 지각했습니다.
08	**それでは** 그럼, 그러면	・準備が　できました。それでは　出発しましょう。 준비가 되었습니다. 그러면 출발합시다.
09	**それとも** 그렇지 않으면	・来週に　しましょうか。それとも　再来週の　ほうが　いいですか。 다음 주로 할까요? 그렇지 않으면 다음다음 주가 좋나요?

10	**それなら** 그렇다면	・Ａ：あしたは　休_{やす}みです。 내일은 쉽니다. 　Ｂ：それなら、食事_{しょく じ}に　行_いきませんか。 　　　그렇다면 식사하러 가지 않겠습니까?
11	**それに** 게다가, 그리고	・ニンジンと　トマト、それに　リンゴを　ください。 당근과 토마토, 그리고 사과를 주세요.
12	**だから・ですから** 그래서	・もう　子_こどもじゃ　ないんだよ。だから　ひとりで　やりなさい。 이제 어린애가 아니야. 그러니까 혼자서 하렴. ・さむい　日_ひが　つづきました。ですから　かぜを　ひきました。 추운 날이 계속되었습니다. 그래서 감기에 걸렸습니다.
13	**だが** 하지만	・その　日_ひは　雨_{あめ}だった。だが　サッカーの　試合_{し あい}は　行_{おこな}われた。 그날은 비였다. 하지만 축구 시합은 행해졌다.
14	**たとえば** 예를 들어	・日本語_{に ほん ご}には　米_{こめ}を　言_いいあらわす　方法_{ほう ほう}が　たくさんある。たとえば、イネ、お米_{こめ}、ご飯_{はん}、メシなどだ。 일본어에는 쌀을 표현하는 방법이 많이 있다. 예를 들어 벼, 쌀, 밥, 밥 등이다.
15	**でも** 그래도, 하지만	・私_{わたし}は　その　パーティーに　行_いきたいのです。でも　行_いけません。 나는 그 파티에 가고 싶습니다. 하지만 갈 수 없습니다.
16	**では** 그럼, 그러면	・みなさん、席_{せき}に　着_ついて　ください。では、テストを　始_{はじ}めます。 여러분, 자리에 앉아 주세요. 그럼, 시험을 시작하겠습니다.
17	**なぜなら** 왜냐하면	・あの　ふたりは　姉妹_{し まい}かも　しれません。なぜなら　とても　よく　にて　いるからです。 저 두 사람은 자매일지도 모릅니다. 왜냐하면 무척 닮았기 때문입니다.
18	**または** 또는, 혹은	・そこへは　バス　または　電車_{でんしゃ}で　行_いけます。 거기에는 버스 또는 전철로 갈 수 있습니다.

もんだい1　（　　　）に　何を　入れますか。1・2・3・4から　いちばん　いい
　　　　　　ものを　一つ　えらんで　ください。

1　あしたは　花火大会です。（　　　）、妹は　天気ばかり　気に　して　います。

　　1　しかし　　　　　2　それで　　　　　3　たとえば　　　　4　それから

2　きのうの　運動会は　延期に　なりました。（　　　）、朝から　雨が　降って
　いたからです。

　　1　たとえば　　　　2　それに　　　　　3　だから　　　　　4　なぜなら

3　山田先生は　休みです。（　　　）　今日は　数学の　授業は　ありません。

　　1　でも　　　　　　2　だが　　　　　　3　ですから　　　　4　すると

4　風が　強かったし、（　　　）　雨も　降って　いました。

　　1　だから　　　　　2　それに　　　　　3　それなら　　　　4　たとえば

5　私は　ケーキと　クッキー、（　　　）　アイスクリームも　食べました。

　　1　なぜなら　　　　2　それとも　　　　3　けれども　　　　4　それから

6　おとしよりに　ざせきを　ゆずりました。（　　　）、たいへん　よろこんで　くれ
　ました。

　　1　しかし　　　　　2　すると　　　　　3　でも　　　　　　4　なぜなら

7　うめは　すでに　咲いた。（　　　）　さくらは　まだ　咲いて　いない。

　　1　だが　　　　　　2　または　　　　　3　それに　　　　　4　だから

답 1② 2④ 3③ 4② 5④ 6② 7①

8 図書館で　しらべるか、（　　　）　インターネットを　使って　しらべよう。

1　たとえば　　　　　2　だから　　　　　　3　それで　　　　　4　または

9　（ファーストフード店で）

店員「ここで　めしあがりですか、（　　　）　お持ち帰りですか。

1　けれども　　　　　2　それとも　　　　　3　なぜなら　　　　4　それから

10　この　仕事は　大変です。（　　　）、やって　みたいです。

1　しかし　　　　　　2　それから　　　　　3　たとえば　　　　4　または

11　朝早く　起きました。（　　　）、ジョギングを　しました。

1　それなら　　　　　2　たとえば　　　　　3　しかし　　　　　4　そして

12　この　スーパーでは　いろいろな　野菜を　売って　います。（　　　）、にんじんや　玉ねぎなどが　あります。

1　だから　　　　　　2　すると　　　　　　3　たとえば　　　　4　こうして

13　お金が　ありません。（　　　）、旅行に　行きたいです。

1　けれども　　　　　2　それでは　　　　　3　それから　　　　4　なぜなら

14　もう　お店を　閉める　時間ですね。（　　　）、あした　また　来ます。

1　だが　　　　　　　2　しかし　　　　　　3　それに　　　　　4　それでは

2 부사

N4 문법에서는 부사가 해마다 한두 문제씩 출제되고 있다. 지금까지 출제된 단어와 확인 문제를 준비해 두었다. 문자·어휘나 독해, 청해 분야에서도 활용할 수 있으므로 잘 익혀 두자.

부사 / 의미	예문
01 **いっしょうけんめい** 열심히	・来週 試験が あるので、みんな いっしょうけんめい 勉強して います。 다음 주에 시험이 있기 때문에 모두 열심히 공부하고 있습니다.
02 **必ず** 꼭, 반드시	・母は 朝ごはんの 前に かならず 散歩を する。 엄마는 아침 식사 전에 반드시 산책을 한다.
03 **きっと** 꼭, 반드시	・彼は 毎日 勉強して います。きっと 試験に 合格 するでしょう。 그는 매일 공부하고 있습니다. 꼭 시험에 합격할 것입니다.
04 **けっして** 결코, 절대	・今日 聞いた ことは けっして だれにも 話しませんので、安心して ください。 오늘 들은 이야기는 절대 아무에게도 말하지 않을 테니 안심하세요.
05 **しっかり** 꽉, 단단히	・しっかり つかまって ください。 단단히 붙잡아 주세요.
06 **ずいぶん** 상당히, 꽤	・ここまで 来るのに ずいぶん 時間が かかりました。 여기까지 오는 데에 상당히 시간이 걸렸습니다.
07 **すっかり** 죄다, 완전히	・オンライン授業が ある ことを すっかり 忘れて いました。 온라인 수업이 있는 것을 완전히 잊고 있었습니다.
08 **ずっと** 쭉	・松田は ごご ずっと テレビゲームを して すごしました。 마쓰다는 오후에 쭉 텔레비전게임을 하면서 보냈습니다.
09 **ぜひ** 꼭	・山田さんも ぜひ パーティに 来て ください。 야마다 씨도 꼭 파티에 오세요.
10 **ぜんぜん** 전혀	・あの 人の 言って いる ことは ぜんぜん 分かりません。 저 사람이 하는 말은 전혀 이해할 수 없습니다.

11	そろそろ 슬슬	・週末なので、道が 混みそうです。そろそろ 出かけましょう。 주말이라서 길이 막힐 것 같습니다. 슬슬 나갑시다.
12	だいたい 대개, 대체로	・参加できる 人は だいたい 10人ぐらいです。 참가할 수 있는 사람은 대략 열 명 정도예요.
13	とくに 특히, 특별히	・くだものが 大好きです。とくに いちごが 好きです。 과일을 무척 좋아합니다. 특히 딸기를 좋아합니다.
14	なかなか 좀처럼(부정), 제법(긍정)	・バスが なかなか 来ません。 버스가 좀처럼 오지 않습니다. ・この えいが、なかなか よかったです。 이 영화 제법 괜찮았어요.
15	なるほど 과연, 역시	・A：山田くん、面接に 合格したそうだよ。 　야마다 군, 면접에 합격했다더라. ・B：なるほど、それで ずっと にこにこして いたんだね。 역시, 그래서 계속 싱글벙글했군요.
16	なにも 아무것도	・きみが るすの あいだ なにも 変わった ことは なかった。 네가 부재중일 때 변한 것은 아무것도 없었다.
17	なんでも 무엇이든	・山田さんは サッカーの ことなら なんでも 知って います。 야마다 씨는 축구에 관한 것이라면 뭐든지 알고 있습니다.
18	ねっしんに 열심히	・高木さんは いつも ねっしんに 勉強して います。 다카기 씨는 항상 열심히 공부합니다.
19	はっきり 분명하게, 뚜렷이	・一度しか 会った ことは ないけど、彼女の 顔を はっきり 覚えて います。 한 번밖에 만난 적은 없지만, 그녀의 얼굴을 뚜렷이 기억하고 있어요.
20	早く 일찍, 빨리	・今日は いつもより 30分 早く 登校しました。 오늘은 평소보다 30분 일찍 등교했습니다.
21	ひじょうに 매우, 몹시	・中間テストは ひじょうに むずかしかったです。 중간고사는 매우 어려웠습니다.
22	ほとんど 거의	・パーティーの 準備は ほとんど 終わりました。 파티 준비는 거의 끝났습니다.
23	ほんとうに 정말로	・試験に 合格できて ほんとうに うれしいです。 시험에 합격할 수 있어서 정말로 기쁩니다.

24	**まさか** 설마	・**まさか** かれが モデルに なるとは 思^{おも}わなかったよ。 설마 그가 모델이 되리라고는 생각하지 않았어.
25	**まず** 먼저, 우선	・問題^{もんだい}を 読^よむ 前^{まえ}に **まず** 説明^{せつめい}を 聞^きいて ください。 문제를 읽기 전에 먼저 설명을 들어 주세요.
26	**また** 또	・その 子は 字^じが 読^よめないし、**また** 書^かく ことも できません。 그 아이는 글자를 못 읽고 또 쓸 수도 없습니다.
27	**まだ** 아직	・子^こどもなので、一人^{ひとり}で 行^いくのは **まだ** 早^{はや}いです。 아이이기 때문에 혼자 가기에는 아직 이릅니다.
28	**まっすぐ** 곧바로, 쭉	・この みちを **まっすぐ** 行^いくと デパートが ありま す。 이 길을 쭉 가면 백화점이 있습니다.
29	**もう** 이미, 벌써, 더	・会場^{かいじょう}に 着^ついた ときには **もう** コンサートが はじ まって いた。 회장에 도착했을 때는 이미 콘서트가 시작되었다. ・**もう** 1週間^{しゅうかん} にゅういんしなくては いけません。 일주일 더 입원해야만 합니다.
30	**もうすぐ** 이제 곧	・さとう先生^{せんせい}は **もうすぐ** ここに 来^くるでしょう。 사토 선생님은 이제 곧 여기에 올 거예요.
31	**もし** 만약	・**もし** 体^{からだ}の 調子^{ちょうし}が 悪^{わる}ければ、えんりょなく 言^いって ください。 만약 몸 상태가 안 좋다면, 사양 말고 말씀해 주세요.
32	**もっとも** 가장	・これは 私^{わたし}が 読^よんだ 中^{なか}で **もっとも** おもしろい 本^{ほん}です。 이것은 제가 읽은 것 중에 가장 재미있는 책입니다.
33	**やっと** 겨우, 가까스로	・**やっと** 5時^じまでに 仕事^{しごと}を 終^おえる ことが できま した。 겨우 다섯 시까지 일을 마칠 수 있었습니다.
34	**やはり・やっぱり** 역시	・天気予報^{てんきよほう}の とおり、**やはり** 今日^{きょう}は 雨^{あめ}でした。 일기예보대로 역시 오늘은 비였습니다.
35	**ゆっくり** 천천히	・山道^{やまみち}は せまいですから、**ゆっくり** 運転^{うんてん}して くださ い。 산길은 좁으니까 천천히 운전해 주세요.
36	**よく** 자주, 종종, 잘	・うしろの 席^{せき}からは 声^{こえ}が **よく** 聞^きこえませんでした。 뒤쪽 자리에서는 목소리가 잘 들리지 않았습니다.

해설집 48쪽

もんだい1 （　　　）に 何を 入れますか。1・2・3・4から いちばん いい ものを 一つ えらんで ください。

1 カーペットを きれいに する （　　　） よい 方法（ほうほう）は なんですか。
　　1 けっして　　　　　2 まさか　　　　　　3 しっかり　　　　4 もっとも

2 A「6時（じ）から パーティーが あるから、（　　　） 出（で）かけましょうか。」
　　B「そうですね。」
　　1 だんだん　　　　　2 だいたい　　　　　3 そろそろ　　　　4 なかなか

3 午前（ごぜん） 7時の 新大阪行（しんおおさかゆ）き のぞみ号（ごう）に （　　　） 間（ま）に合（あ）いました。
　　1 やっと　　　　　2 どうぞ　　　　　　3 もっと　　　　　4 どうも

4 A「クラシック音楽（おんがく）は 好きですか。」
　　B「（　　　） 好きでは ありません。」
　　1 とくに　　　　　2 やっと　　　　　　3 まさか　　　　　4 ぜひ

5 みなさん、（　　　） コンサートが 始（はじ）まりますから、会場（かいじょう）に 入（はい）って ください。
　　1 ずっと　　　　　2 なかなか　　　　　3 いつか　　　　　4 もうすぐ

6 この 仕事（しごと）は 大変（たいへん）ですが、（　　　） 最後（さいご）まで やります。
　　1 かならず　　　　2 なにも　　　　　　3 まさか　　　　　4 もうすぐ

7 長（なが）い 休（やす）みの あとで、学校（がっこう）の 生活（せいかつ）を （　　　） 忘（わす）れて しまいました。
　　1 よく　　　　　　2 まっすぐ　　　　　3 すっかり　　　　4 もし

답 1④ 2③ 3① 4① 5④ 6① 7③

8 しゅくだいは （　　　） 終わりましたが、まだ 少し 残って います。

　　1　だいたい　　　　2　ぜんぜん　　　　3　かならず　　　　4　すぐ

9 早く 寝ようと 思いましたが、（　　　） 眠れませんでした。

　　1　きっと　　　　　2　なかなか　　　　3　しっかり　　　　4　なんでも

10 この 本は むずかしくて、（　　　） 読めませんでした。

　　1　かならず　　　　2　ひじょうに　　　3　ほとんど　　　　4　いっしょうけんめい

11 旅行に 行く 前に、（　　　） ホテルを 予約しました。

　　1　ほとんど　　　　2　まず　　　　　　3　だいたい　　　　4　ひじょうに

12 試験の 結果は （　　　） 分かりません。

　　1　だいたい　　　　2　もっとも　　　　3　もし　　　　　　4　まだ

13 面接の 結果は、（　　　） 会社の ホームページに 出て いますよ。

　　1　もっと　　　　　2　まっすぐ　　　　3　もう　　　　　　4　よく

14 朝 7時の 飛行機なので、（　　　） 起きなければ なりません。

　　1　早く　　　　　　2　ゆっくり　　　　3　ずいぶん　　　　4　ぜひ

3 조사

3 조사와 4 핵심 문법의 각 기능어 앞의 숫자는 학습 편의상 임의로 부여한 고유번호이다. 문제 풀이시 이해하기 어려운 부분은 해당 번호의 내용을 참조하기 바란다. 각 기능어의 접속 방법은 아래 표와 같은 용어로 표기하였다.

품사 및 활용		예문
동사 사전형	~る	行く
동사 ます형	~ます	行きます
동사 ない형	~ない	行かない
동사 て형	~て	行って
동사 た형	~た	行った
い형용사의 어간	~い	さむい
な형용사의 어간	~だ	きれいだ
い형용사의 명사수식형	~い	さむい
な형용사의 명사수식형	~な	きれいな
보통형	동사	行く　　行かない　　行った　　行かなかった
	い형용사	さむい　　さむくない　　さむかった　　さむくなかった
	な형용사	きれいだ　　きれいではない　　きれいだった きれいではなかった
	명사	あめだ　　あめではない　　あめだった　　あめではなかった

001 **～か** ～인가, ～인지, ～이나

～か～か ～인지 ～인지

| 접속 | 명사+か / 동사·い형용사·な형용사의 보통형+か |

「～か」의 뒷부분에는 주로 知って いますか(알고 있습니까?), 分かりますか(압니까?) 등의 표현이 오는 경우가 많다. 또한 どちらか(어느 쪽인지), だれか(누군가)와 같이 의문사＋か의 형태로도 많이 쓰인다.

| 관련 표현 | ～か どうか [029] ～할지 어떨지　　　　　　　～か ～ないか [030] ～할지 ～하지 않을지 |

기출
あした**か** あさって 내일이나 모레　　2016-2회

かぎを どこに 置いた**か** 열쇠를 어디에 두었는지　2016-2회

何時に 始まる**か** 몇 시에 시작하는지　2018-1회

だれの ペン**か** 知って いますか 누구 펜인지 압니까?　2019-2회

今 どこに いる**か** 지금 어디에 있는지　2021-2회

何人 来る**か** 몇 명 올지　2022-2회

何**か** いいものが ありますか 뭔가 좋은 것이 있습니까　2025-2회

コーヒー**か** こうちゃ**か** 選べるよ
커피인지 홍차인지 고를 수 있어　2017-2회

自転車で 行く**か** バスで 行く**か** 決めます
자전거로 갈지 버스로 갈지 정합니다　2021-1회

かいぎは 何時に 始まる**か** 知って いますか。
회의는 몇 시에 시작되는지 알고 있습니까?

だれ**か** ドアを あけて ください。 누군가 문을 열어 주세요.

大学に 行く**か** しゅうしょくする**か** 迷って います。
대학에 갈지 취직할지 망설이고 있습니다.

002 　〜が 　〜이(가)

접속	명사＋が

「〜が」는 대개 주어를 나타내는 조사이다. 다만, すきだ(좋아하다), きらいだ(싫어하다), ほしい(바라다), じょうずだ(잘하다) 등의 표현 앞에서는 '〜을/를'이라는 뜻의 목적격 조사로 쓰여 희망이나 능력, 기호의 대상을 나타내기도 한다.

기출　りんごの　ケーキが　おいしい 사과 케이크가 맛있다 　2016-2회

　　　　ピアノを　ひくのが　好きですが 피아노 치는 것을 좋아하지만 　2016-2회

　　　　私が　つくる　ケーキ 내가 만들 케이크 　2017-2회

　　　　つまが　よろこぶだろうと　思って 아내가 기뻐할 것이라고 생각하여 　2019-1회

　　　　カレーが　食べたいです 카레라이스를 먹고 싶어요 　2019-2회

　　　　果物は　形が　ほしみたいでした 과일은 모양이 별과 같았습니다 　2020

友だちが　日本の　おもちゃを　おくって　くれた。 　주어
친구가 일본 장난감을 보내 주었다.

朝　早く　さんぽするのが　好きです。 　희망·능력·기호의 대상
아침 일찍 산책하는 것을 좋아합니다.

どれが　あなたの　かさですか。 　의문사 ＋ が
어느 것이 당신의 우산입니까?

003 〜から ① 〜에게서, 〜부터 ② 〜으로 ③ 〜하기 때문에

접속	① ② 명사 + から
	③ 문장 + から

「〜から」는 ① 시간이나 장소의 기점, 동작주 또는 ② 재료를 나타낼 때 쓰는 조사이다. 문장 끝에 붙어서 ③ 원인, 이유를 나타내는 의미로 쓰이기도 한다.

관련 표현 〜ので [012] 〜이므로, 〜하기 때문에

기출
友だち**から**　借りて　きた　DVD 친구에게 빌려 온 DVD　2017-1회

友だち**から**　誕生日の　プレゼントが　とどいた
친구가 보낸 생일 선물이 도착했다　2017-2회

レポートが　ある**から** 보고서가 있어서　2017-2회

国**から**　来る　ことに　なった 고향에서 오게 되었다　2018-1회

国に　帰る　先輩**から** 귀국하는 선배로부터　2018-2회

レストラン**から**も　見えるそうですよ
레스토랑에서도 보인다고 합니다　2018-2회

友だち**から**　聞いた 친구에게 들었다　2019-1회

チーズは　ぎゅうにゅう**から**　作られます
치즈는 우유로 만들어집니다　2022-2회

田中さん**から**　電話が 다나카 씨에게서 전화가　2025-1회

バターは　ぎゅうにゅう**から**　作られます
버터는 우유로 만들어집니다　2021-1회　2025-2회

校長先生**から**　学生に　本と　ノートが　わたされました。 동작주
교장 선생님으로부터 학생에게 책과 노트가 전달되었습니다.

バターや　チーズは　ぎゅうにゅう**から**　作ります。 재료
버터랑 치즈는 우유로 만듭니다.

つかれた**から**、ちょっと　休みましょう。 이유
피곤하니까 잠시 쉽시다.

004 ～けれど（も）・～けど ～하지만, ～할 텐데

接続	문장+けれども・けど

「～けれど（も）・～けど」는 문장 끝에 붙어서 주로 사실과 반대의 일을 원하는 기분을 나타낼 때, 완곡한 기분을 나타낼 때 등에 사용된다.

기출

行きたい**けれど** 가고 싶지만 `2011-1회`

あしたは 都合が 悪い**けど** 내일은 사정이 나쁜데 `2016-2회`

大変だ**けど** 힘들지만 `2017-1회`

夏休みに なると 旅行に 行きたい**けど**
여름 방학이 되면 여행을 가고 싶지만 `2018-1회`

途中まで 勝てそうだった**けど** 도중까지 이길 수 있을 것 같았는데 `2018-2회`

あしたの れんしゅうの ことだ**けど** 내일 연습 말인데 `2019-1회`

ちょっと 駅から 遠い**けど** 역에서 좀 멀어도 `2021-1회`

前に 読んだ ことは ある**けれど** よく 覚えて いませんね。
전에 읽은 적은 있지만 잘 기억이 안 나는군요.

あしたも 今日ぐらい すずしいと 楽なんだ**けど**。
내일도 오늘만큼 시원하면 편할 텐데.

005 **～し** ～하고, ～하니까

접속 | 동사·い형용사·な형용사·명사의 보통형＋し

사물이나 이유 등을 열거할 때 사용한다.

기출 | 風が　強いし 바람이 세고 　2011-1회

帰りは　荷物が　増えるかも　しれないし 돌아오는 길에는 짐이 늘지도 모르니까 　2017-2회

この　かばんは　丈夫だし 이 가방은 튼튼하고 　2025-2회

ばらの　花は　色も　きれいだし、においも　いいです。
장미꽃은 색도 예쁘고 향기도 좋습니다.

味も　わるいし、ねだんも　高いです。 맛도 별로고 값도 비쌉니다.

あたまが　いたいし、ねつが　あるから、今日は　休みます。
머리가 아프고 열이 있으니, 오늘은 쉬겠습니다.

006 **～しか** ～밖에

접속 | 명사＋しか

「～しか」는 한정을 나타낼 때 사용되며, 뒤에는 부정의 말이 온다.

기출 | チケットを　買った　人しか　入れません 티켓을 산 사람밖에 못 들어갑니다 　2010-1회

3ぼんしか　もって　いない 세 병밖에 안 가지고 있다 　2018-1회

きのう　2時間しか　寝られなかったので 어제 두 시간밖에 못 잤기 때문에 　2019-2회

一週間しか　いられません 일주일밖에 못 있습니다 　2021-2회

今　持って　いる　おかねは　千円くらいしか　ない。
지금 갖고 있는 돈은 천 엔 정도밖에 없다.

かのじょには　一度しか　会った　ことが　ない。
그녀는 한 번밖에 만난 적이 없다.

007 **〜だけ** 〜만, 〜뿐

접속 명사+だけ

「〜だけ」는 한정·최저한도를 나타낼 때 사용된다.

기출 静かなのは 食事の ときだけだ 조용한 것은 식사 때만이다 2011-1회
男は 家族の 中で 私だけです 남자는 가족 중 저뿐입니다 2017-1회

A ぜんぶ 覚えましたか。 전부 외웠습니까?
B いいえ、やさしい ことばだけ 覚えました。 아니요, 쉬운 단어만 외웠습니다.

008 **〜で** ① 〜으로 ② 〜때문에 ③ 〜이면

접속 명사+で

「〜で」는 방법, 도구, 재료, 이유 등을 나타내는 조사이다.

기출 5、6分で 5, 6분이면 2010-2회

米で 作った パン 쌀로 만든 빵 2011-1회

タクシーで 行こう 택시로 가자 2011-1회

ラジオか 何かで 라디오 아니면 다른 데서 2012-1회

じしんで 지진 때문에 2014-1회

20分で 終わりました 20분 만에 끝났습니다 2016-2회

大雨で 폭우 때문에 2017-1회

木で できた おもちゃ 나무로 만들어진 장난감 2017-1회

車で 자동차로 2017-2회

風邪で 仕事を 休みました 감기 때문에 일을 쉬었습니다 2021-1회

いちごで 作りました 딸기로 만들었습니다 2025-1회

私は　日本語が　分からないので　英語で　話しました。 방법·도구·재료
나는 일본어를 모르기 때문에 영어로 말했습니다.

じしんで　建物が　たおれました。 이유
지진 때문에 건물이 무너졌습니다.

ゆうびんきょくまで　歩いて　5分で　行けます。 특수 표현
우체국까지 걸어서 5분이면 갈 수 있습니다.

---

009 **〜でも** 〜라도

| 접속 | 명사+でも |

「〜でも」는 예시와 전면적 긍정 등을 나타낼 때 사용된다.

기출　これから　食事でも　どうですか 지금부터 식사라도 어떤가요? 2011–1회

　　　子どもでも　そんな　ことは　わかる 어린애라도 그런 건 알지 2015–1회

　　　だれでも　使えますが 누구라도 쓸 수 있는데 2016–2회

　　　どちらでも　大丈夫です 어느 쪽이든 괜찮습니다 2017–1회

つかれたから、コーヒーでも　飲みましょう。 예시
피곤하니까 커피라도 마십시다.

あなたの　ためなら、どんな　ことでも　します。 전면적 긍정
당신을 위해서라면 어떤 일이라도 하겠습니다.

010

～と ① ～와/과
～と・～って ② ～라고

접속	① 명사+と
	② 동사·い형용사·な형용사·명사의 보통형+と・って

「～と」는 명사의 대등 접속, 동작의 공동, 상대를 필요로 하는 동작 등을 나타낼 때 사용된다. 또한 「～と」는 인용할 때 사용된다. 「～って」는 「～と」의 회화체이다.

기출 花子さんと デートする? 하나코 씨와 데이트해? 2015-1회

人と 会話する 사람과 대화하다 2016-2회

花子さんと クラスメートです
하나코 씨와 학급 친구입니다 2017-1회

この スーツケースと 同じぐらいの 大きさ
이 슈트케이스와 같은 정도의 크기 2021-1회

大学の こうはいと 結婚しました
대학 후배와 결혼했습니다 2022-1회

高校の せんぱいと 10時に 会う 予定
고등학교 선배와 열 시에 만날 예정 2021-1회

日本と 違って 일본과 다르게 2022-2회

友だちが 結婚すると 聞いたので
친구가 결혼한다고 들어서 2021-1회

雨が 降ると 聞いたので
비가 온다고 들었기 때문에 2021-2회

友だちと 一緒に 映画を 見ました。 동작의 상대
친구와 함께 영화를 봤습니다.

あそこに 「入り口」と 書いて あります。 인용
저기에 '입구'라고 적혀 있습니다.

011 ～に ～에, ～에게

접속 명사+に

「～に」는 수동·사역문의 동작주, 대상, 출처 등을 나타낸다.

기출
外国人に 聞かれたので 외국인에게 질문받아서　2010-2회

母親に にると いう 話 엄마를 닮았다는 이야기　2011-1회

つうきんに べんりな マンション 출퇴근에 편리한 맨션　2014-1회

かぎを どこに 置いたか 열쇠를 어디에 두었는지　2016-2회

花屋が あった 場所に できた きっさてん
꽃집이 있던 장소에 생긴 찻집　2016-2회

先生に しかられた 선생님에게 야단맞았다　2017-1회

夕食に 使う にんじん 저녁 식사에 쓸 당근　2019-1회

名前を 呼んだ ことに 気が つかなかった
이름을 부른 것을 눈치 채지 못했다　2019-1회

課長に たのまれました 과장님에게 부탁받았습니다　2022-1회

よやくの 時間に 遅れて 예약 시간에 늦어서　2022-2회

買い物に 便利です 쇼핑에 편리합니다　2018-2회　2025-1회

やくそくの 時間に 遅れて 약속 시간에 늦어서　2018-2회 · 2025-2회

私は 子どもの ころ、よく 母に おこられました。 수동문의 동작주
나는 어릴 적 종종 엄마에게 야단맞았습니다.

その 仕事、私に させて ください。 사역문의 동작주
그 일, 제게 시켜 주세요.

本を 忘れたので、友だちに 貸して もらった。 대상·출처
책을 안 가져왔기 때문에 친구에게 빌렸다.

その 店では 生活に べんりな いろいろな ものを 売って います。 기타
그 가게에서는 생활에 편리한 여러 가지 것을 팔고 있습니다.

012 **〜ので** 〜이므로, 〜하기 때문에

접속	동사·い형용사의 보통형+ので
	な형용사의 어간·명사+な+ので

「〜ので」는 원인, 이유 등을 나타낸다.

관련 표현 〜から [003] 〜하기 때문에

기출 見に 行った ことが ないので 보러 간 적이 없기 때문에 2016-2회

コーヒーが おいしかったので 커피가 맛있었기 때문에 2020

友だちが 結婚すると 聞いたので 친구가 결혼한다고 들어서 2021-1회

その 公園は しずかで きれいなので、よく さんぽに 行きます。
그 공원은 조용하고 깨끗하기 때문에 자주 산책하러 갑니다.

この 道は せまいので、車は あまり 通りません。
이 길은 좁기 때문에 차는 별로 다니지 않습니다.

あした テストが あるので、今日は 早く 寝るつもりです。
내일 시험이 있기 때문에 오늘은 빨리 잘 생각입니다.

〜ので와 〜から의 차이점

❶ 「〜ので」 앞에는 な형용사와 명사 등의 연체형이 오고, 「〜から」 앞에는 な형용사와 명사 등의 종지형이 온다.

	な형용사	명사
〜ので	きれいなので 깨끗하기 때문에	しけんなので 시험이기 때문에
〜から	きれいだから 깨끗하기 때문에	しけんだから 시험이기 때문에

❷ 「〜ので+だ」라고는 하지 않는다. 「〜から+だ」 또는 「〜から+なのだ」라고 해야 한다.

❸ 「〜ので」는 객관적인 이유, 즉 누가 봐도 인정할 수 있는 명백한 이유를 말할 때 쓰지만, 「〜から」는 주관적인 판단에 따른 의지나 추측을 나타낼 때 또는 정당한 이유에 근거한 요구·명령·금지·권유·의뢰 등을 나타낼 때 쓴다.

013 **～のに** ① ～인데도 ② ～하는 데에

접속	동사·い형용사의 보통형＋のに
	な형용사의 어간·명사＋な＋のに

「～のに」는 역설을 나타내는 용법과 용도나 목적 등을 나타내는 용법으로 사용된다.

기출　何回も　電話した**のに** 몇 번이나 전화했는데도　2010-2회

来週　試合**なのに** 다음 주 시합인데도　2011-1회

学校に　行く　前に　図書館に　よりたかった**のに**
학교 가기 전에 도서관에 들르고 싶었는데　2019-2회

がんばって　しゅくだいを　やった**のに** 열심히 숙제를 했는데　2020

弁当を　作った**のに** 도시락을 만들었는데　2025-2회

全部　切る**のに** 전부 자르는 데에　2016-2회

作る**のに**　時間が　かかる 만드는 데에 시간이 걸린다　2022-1회

がんばって　レポートを　書いた**のに**、家に　忘れて　きて　しまった。　역설
열심히 리포트를 썼는데, 집에 두고 와 버렸다.

この　はしを　作る**のに**　4年　かかりました。　용도·목적
이 다리를 만드는 데에 4년 걸렸습니다.

---

014 **～は** ～은/는

접속	명사＋は

「～は」는 주로 서술상의 주제를 나타내는 조사로 쓰인다.

기출　私の　さいふ**は**　つくえの　うえに　あります 내 지갑은 책상 위에 있습니다　2015-2회

私**は**　泳げませんでした 나는 헤엄칠 수 없었습니다　2016-2회

私**は**　おさけ**は**　飲みません。 나는 술은 안 마십니다.

肉**は**　食べますが、豚肉**は**　あまり　好きじゃ　ありません。
고기는 먹지만, 돼지고기는 별로 좋아하지 않습니다.

015 **〜ばかり** ~만, ~뿐

접속 명사＋ばかり

「〜ばかり」는 한정을 나타낼 때 사용된다.

관련 표현 〜だけ [007] ~만

うちの 子は まんがばかり 読んで いる。
우리 집 아이는 만화책만 읽고 있다.

この 本には 知らない ことばかり 書いて あります。
이 책에는 모르는 것만 쓰여 있습니다.

016 **〜まで・〜までに** ~까지

접속 동사 사전형＋まで(に)
명사＋まで(に)

「〜まで(~까지)」는 기한이 되는 시점까지 쭉 동작이 이어질 때 사용된다. 「〜までに」는 기한이 되기 전의 어느 한 시점에서 동작이 행해지는 것을 나타낸다.

기출 去年までは 会社員でした 작년까지는 회사원이었습니다 2018-1회
私が 帰るまで ずっと 내가 집에 갈 때까지 쭉 2019-2회
次に 海に 行くまでに たくさん 練習したい
다음에 바다에 갈 때까지 많이 연습하고 싶다 2016-2회
あしたまでに 書かないと いけない レポートが あるから
내일까지 써야만 하는 보고서가 있으니까 2017-2회
7時半までに 일곱 시 반까지 2017-2회

バスが 来るまで 待ちましょう。
버스가 올 때까지 기다립시다.

10時までに かいぎしつに あつまって ください。
열 시까지 회의실로 모여 주세요.

～まで와 ～までに의 차이점

❶ 둘 다 사용 가능한 예

今日は 11時まで しゅくだいを しなさい。 (ㅇ) 오늘은 열한 시까지 숙제를 해라.

숙제를 쉬지 말고 열한 시까지 쭉 하라는 의미를 나타낸다.

今日は 11時までに しゅくだいを しなさい。 (ㅇ) 오늘은 열한 시까지 숙제를 해라.

숙제를 하되 열한 시 이전에 끝나도 된다는 뜻을 나타낸다. 즉 아홉 시에 끝내도 되고 열 시에 끝내도 된다는 의미이다.

❷ ～まで는 사용할 수 없는 예

あしたは 9時まで この 教室に 来て ください。 (×)

～まで는 동작이 계속되는 것을 나타내므로 이 문장은 성립되지 않는다.

あしたは 9時までに この 教室に 来て ください。 (ㅇ) 내일은 아홉 시까지 이 교실로 오세요.

～までに를 쓰면, 내일 아홉 시 이전에 이 교실로 오면 되므로 문장이 성립된다.

017　**～も** ～도, ～(이)나

　　　～も～も ～도 ～도

접속　명사＋も

「～も」는 수량이 생각보다 크거나 많을 때, 같은 종류의 것을 늘어놓을 때 등에 사용된다.

기출　やっつも 食べました 여덟 개나 먹었습니다　2016-2회

私も 母みたいに 나도 엄마처럼　2019-1회

ビデオを 200本も 持って います 비디오를 200편이나 갖고 있어요　2021-1회

2時間も 早く 두 시간이나 빨리　2022-1회

中国語も 英語も 話せます 중국어도 영어도 할 줄 압니다　2011-1회

大阪から 東京まで 500キロも あります。

오사카에서 도쿄까지 500킬로미터나 됩니다.

私の 父は 英語も 日本語も 話せます。

우리 아빠는 영어도 일본어도 할 줄 압니다.

018 **〜を** ~을/를

접속　명사+を

「〜を」는 목적어, 수동·사역문의 대상, 기점이나 경로, 경유지 등을 나타낼 때 사용된다.

기출　両親_{りょうしん}を　心配_{しんぱい}させました 부모님을 걱정시켰습니다　2016-2회

　　　カメラを　大切_{たいせつ}に　使_{つか}って　います 카메라를 소중히 사용하고 있습니다　2016-2회

　　　公園_{こうえん}の　前_{まえ}を　通_{とお}って 공원 앞을 지나서　2018-1회

　　　両親_{りょうしん}を　安心_{あんしん}させる 부모님을 안심시키다　2021-1회

父_{ちち}は　私_{わたし}を　車_{くるま}に　のせて、駅_{えき}まで　送_{おく}って　くれた。 목적어

아버지는 나를 차에 태워 역까지 바래다주셨다.

今朝_{けさ}、電車_{でんしゃ}の　中_{なか}で　足_{あし}を　ふまれました。 수동문의 대상

오늘 아침 전철 안에서 발을 밟혔습니다.

その　バスは　としょかんの　前_{まえ}を　通_{とお}りますか。 기점·경로·경유지

그 버스는 도서관 앞을 지나갑니까?

もんだい1 （　　　）に 何を 入れますか。1・2・3・4から いちばん いい
ものを 一つ えらんで ください。

1 あしたは 行けるけれど、今日（　　　） むりです。 014

　1 が　　　　　2 は　　　　　3 で　　　　　4 も

2 台風（　　　） にわの 木が たおれて しまいました。 008

　1 に　　　　　2 の　　　　　3 で　　　　　4 と

3 日本の さけは こめ（　　　） 作られます。 003

　1 ほど　　　　2 まで　　　　3 にも　　　　4 から

4 この へんは 冬（　　　） あたたかい ところです。 009

　1 ので　　　　2 でも　　　　3 では　　　　4 のに

5 母は ねつが ある（　　　）、仕事を 休もうと しません。 013

　1 しか　　　　2 ほど　　　　3 でも　　　　4 のに

6 みちで さいふを ひろった（　　　）、こうばんに とどけました。 012

　1 ので　　　　2 に　　　　　3 と　　　　　4 まで

7 （　　　）、ちょっと 休みましょう。 003

　1 つかれたのに　　2 つかれたから　　3 つかれると　　4 つかれても

답 1② 2③ 3④ 4② 5④ 6① 7②

8 あしたは　あさ　9時（　　　）　私の　ところに　来て　ください。 016

　　1 までを　　　　　2 までが　　　　　3 までも　　　　　4 までに

9 私は　いま　じてんしゃ（　　　）　ほしいです。 002

　　1 が　　　　　　　2 に　　　　　　　3 と　　　　　　　4 で

10 この　みせは　味_{あじ}も　わるい（　　　）、ねだんも　高いですね。 005

　　1 に　　　　　　　2 で　　　　　　　3 し　　　　　　　4 と

11 先生が　どこに　いる（　　　）　分_わかりません。 001

　　1 か　　　　　　　2 は　　　　　　　3 の　　　　　　　4 を

12 きのう　まんがを　20さつ（　　　）　読みました。 017

　　1 が　　　　　　　2 で　　　　　　　3 に　　　　　　　4 も

13 今夜_{こんや}は　たかはしさん（　　　）　デートします。 010

　　1 で　　　　　　　2 と　　　　　　　3 の　　　　　　　4 を

もんだい2 _____ ★ _____ に 入る ものは どれですか。1・2・3・4から いちばん
いい ものを 一つ えらんで ください。

14 じこで _____ ★ _____ _____ 今朝（けさ） じゅぎょうに おくれま
した。012
　　 1　うごかなかった　　2　私は　　　　　　3　電車が　　　　　　4　ので

15 この　本は　来週（らいしゅう）の _____ ★ _____ _____ ください。016
　　 1　水曜日（すいようび）　　2　かえして　　　　3　までに　　　　　4　かならず

16 _____ ★ _____ _____ ゆうびんきょくが　あります。018
　　 1　みぎへ　　　　　2　まがれば　　　　3　その　　　　　　4　かどを

17 じゅぎょうは _____ _____ ★ _____ 教（おし）えて　ください。001, 003
　　 1　から　　　　　2　始（はじ）まる　　　3　何時　　　　　4　か

もんだい3　 18 　から　 21 　に　何を　入れますか。文章の　意味を　考えて、
　　　　　　1・2・3・4から　いちばん　いい　ものを　一つ　えらんで　ください。

　　私の　うまれた　ところは、人口の　少ない　小さな　さびしい　むらです。　　　01

むら　 18 　はたらく　ところが　ない　 19 　、わかい　人たちは、高校を

そつぎょうすると、たいてい　東京や　大阪などへ　はたらきに　いきます。

　　この　むらは、ゆきの　おおい　こと　 20 　有名な　ところです。毎年、冬

に　なると、おおぜいの　人が　スキーを　しに　くるので、むらは　かなり　　　05

にぎやかに　なります。　 21 　、むらの　人たちに　とって　いちばん　たのしい

ときは、わかい　人たちが　帰って　くる　お正月です。

18

1 には 　　　　　2 まで 　　　　　3 でも 　　　　　4 から

19

1 でも 　　　　　2 ので 　　　　　3 のに 　　　　　4 しか

20

1 に 　　　　　　2 で 　　　　　　3 は 　　　　　　4 を

21

1 それでは 　　　　2 ですから 　　　3 たとえば 　　　4 けれども

핵심 문법

〜ので 012 〜이므로, 〜하기 때문에	**はたらく ところが　ないので** 일할 곳이 없기 때문에(02行)
	おおぜいの 人が スキーを　しに　くるので 많은 사람이 스키를 타러 오기 때문에(05行)
〜と 076 〜하면, 〜하니까	**高校を　そつぎょうすると** 고등학교를 졸업하면(03行)
	冬に　なると 겨울이 되면(04行)
〜に なる 033 〜해지다	**にぎやかに　なります** 떠들썩해집니다(05行)

4 핵심 문법

---

019 **〜あいだ（間）** 〜동안, 〜사이

접속 동사 보통형＋あいだ
명사＋の＋あいだ

시간의 범위를 나타내는 표현으로, 「〜あいだ」는 동작이나 상태가 지속될 때 사용한다.

기출 夏休みの　間 여름 방학 동안 2016-2회
私が　出張に　行って　いる　間 내가 출장을 가 있는 동안 2018-2회

- - -

じゅぎょうの　間は　しずかに　して　ください。
수업 동안에는 조용히 해 주세요.

母が　料理を　作る　間、私は　お皿を　洗います。
엄마가 요리를 하는 동안 나는 접시를 씻습니다.

---

020 **〜（よ）う** 〜하겠다(의지), 〜하자(권유)
〜（よ）うか 〜할까?

동사 의지형이라고 불리는 「〜（よ）う」에는 의지, 권유의 의미가 담겨 있다. 의지형의 접속 방법은
하단 표를 참고한다. 여기에 조사 か를 접속한 「〜（よ）うか」의 형태를 함께 익혀 두자.

동사의 종류	활용 방법	예시
1그룹 동사	어미 う단을 お단으로 바꾸고 う를 붙인다.	書く 쓰다 → 書こう 쓰겠다, 쓰자
2그룹 동사	어미 る를 떼고 よう를 붙인다.	食べる 먹다 → 食べよう 먹겠다, 먹자
3그룹 동사	불규칙 활용한다.	来る 오다 → 来よう 오겠다, 오자 する 하다 → しよう 하겠다, 하자

기출 プレゼント**しようか** 선물할까? 2017-1회

私も すこし 持**とうか** 나도 좀 들까? 2018-1회

私が や**ろう**。 내가 할게.

買い物に 行**こうか**。 쇼핑을 갈까?

お茶を 入れ**ようか**。 차를 끓일까?

---

021 ～（よ）うと 思う ~하려고 생각하다

접속 동사 의지형+と 思う

동사 의지형에 「～と 思う」를 붙이면 상대방에게 자신의 의지를 더 확실하게 나타낼 수 있다.

기출 カレーを 作**ろうと** 思**います** 카레를 만들려고 합니다 2010-2회

家族に 日本の 料理を 作って あげ**ようと** 思**って** います
가족에게 일본 요리를 만들어 주려고 합니다 2010-2회

野球の 試合を 見に 行**こうと** 思**って** いるんですが
야구 시합을 보러 가려고 생각하고 있는데 2016-2회

さくらランドに 連れて 行**こうと** 思**って** いる
사쿠라랜드에 데려가려고 생각하고 있다 2019-1회

本を たくさん 読**もうと** 思**います** 책을 많이 읽으려고 합니다 2019-2회

プレゼントを おく**ろうと** 思**う** 선물을 보내려고 생각한다 2021-1회

スケートを おぼえ**ようと** 思**います**。
스케이트를 배우려고 생각합니다.

お酒を 飲むのは やめ**ようと** 思**います**。
술을 마시는 것은 그만두려고 합니다.

毎日 少しずつ 勉強し**ようと** 思**って** います。
매일 조금씩 공부하려고 생각하고 있습니다.

022 ～（よ）うと する ～하려고 하다

접속	동사 의지형+と する

동사 의지형에 「～と する」를 붙여 의지·결의 등을 나타낸다.

기출	冷静に 話そうと しても 냉정하게 이야기하려고 해도	2010-2회

出かけようと した とき、電話が かかって きました。
외출하려고 했을 때 전화가 걸려 왔습니다.

店を 出ようと した とき、友だちに 会いました。
가게를 나가려는 순간 친구를 만났습니다.

023 お～ください ～해 주세요

접속	お+동사 ます형+ください

「お～ください」는 상대방이나 제삼자를 높이는 존경어로, 비슷한 의미인 「～て ください(~해 주세요)」보다 더 정중하게 의뢰할 때 사용된다.

この 紙に 住所と お名前を お書きください。
이 종이에 주소와 성함을 적어 주세요.

私が 作った やさいジュースです。どうぞ、お飲みください。
제가 만든 야채주스입니다. 자, 드세요.

024　お～する　〜하다

お＋동사 ます형＋する

「お～する」는「～ます(~하겠습니다)」보다 자기를 낮추는 겸양어로, 우리말의 '~해 드리다'와 비슷하다. 참고로「お～する」보다 좀 더 자신을 낮추는 표현은「お～いたす」이다.

この　品物_{しなもの}は、きれいな　かみで　おつつみしましょう。
이 상품은 예쁜 종이로 포장해 드리겠습니다.

私_{わたし}は　山田先生_{やまだせんせい}を　６時_じまで　ここで　お待_まちいたします。
저는 야마다 선생님을 여섯 시까지 여기서 기다리겠습니다.

025　お～に　なる　〜하시다

お＋동사 ます형＋に なる

「お～に　なる」는 상대방이나 제삼자를 높이는 존경어로,「～ます(~합니다)」보다 더 정중하게 표현하고 싶을 때 사용된다.

社長_{しゃちょう}は、いま　新聞_{しんぶん}を　お読_よみに　なって　います。
사장님께서는 지금 신문을 읽고 계십니다.

先生_{せんせい}は　すぐ　おもどりに　なりますか。
선생님께서는 바로 (되)돌아오십니까?

A　そろそろ　帰_{かえ}らなくては　いけません。 슬슬 집에 가야만 합니다.
B　あら、お急_{いそ}ぎに　ならなくても　いいでしょう。 어머, 서두르시지 않으셔도 될 텐데요.

026 **〜おわる** 다 〜하다

접속　동사 ます형+おわる

동작이나 작용이 끝났음을 나타내는 표현이다.

晩ご飯を　食べおわってから、みんなで　ゲームを　した。
저녁밥을 다 먹고 나서 모두 함께 게임을 했다.

みんなから　パーティーの　お金を　あつめおわった　ところです。
모든 사람에게 파티 회비를 다 걷은 참입니다.

027 **〜が　する** 〜이 나다, 〜이 들다

접속　명사+が する

맛, 냄새, 느낌 등 감각을 나타내는 표현으로 味(맛)・におい(냄새)・声(목소리)・音(소리)・気(기분) 등 자주 연결되는 단어와 함께 알아 두자. 동사 する(하다)는 일반적으로 타동사의 역할을 하므로 앞에 오는 명사에 조사 を를 붙이는 경우가 많지만, 여기서는 が를 쓰는 점에 주의해야 한다.

기출　何かが　焼けて　いる　ような　においが　しますね
뭔가 타고 있는 듯한 냄새가 나네요　2012-1회
音が　する 소리가 나다　2017-1회
だれかが　話す　声が　したので
누군가가 이야기하는 소리가 들렸기 때문에　2018-1회

げんかんで　「ごめんください」と　いう　声が　しました。
현관에서 '실례합니다'라는 소리가 났습니다.

この　へんは　よる　おそくまで　車の　音が　します。
이 주변은 밤늦게까지 차 소리가 납니다.

232　제3장 문법 공략편

028 **〜方** 〜하는 방법

| 접속 | 동사 ます형＋方 |

方는 동사의 ます형에 접속하면 방법, 방식을 나타낸다.

기출 友だちに　泳ぎ方を　教えて　もらった
친구에게 헤엄치는 방법을 배웠다　2016-2회

料理を　はしを　使って　食べたくて　使い方の　れんしゅうを
요리를 젓가락을 써서 먹고 싶어서 사용법 연습을　2021-1회

この　字の　読み方を　教えて　ください。
이 글자의 읽는 법을 가르쳐 주세요.

この　料理の　作り方は　かんたんです。
이 요리의 만드는 방법은 간단합니다.

029 **〜か どうか** 〜할지 어떨지, 〜인지 아닌지

| 접속 | 동사·い형용사의 보통형＋か どうか |
| | な형용사의 어간·명사＋か どうか |

관련 표현 ~か ᵒᵒ¹ ~인지 　　　　　　　　　　　~か ~ないか ᵒ³ᵒ ~할지 ~하지 않을지

이 표현은 두 가지의 가능성 중 어느 쪽인지 확신하지 않을 때 사용한다.

기출 できるか　どうか 할 수 있을지 어떨지　2018-2회

歩きやすいか　どうか 걷기 편한지 어떤지　2022-1회

むすめが　この　プレゼントを　よろこぶか　どうか　わかりません。
딸이 이 선물을 기뻐할지 어떨지 모르겠습니다.

かれが　来るか　どうか、まだ　わかりません。
그가 올지 안 올지는 아직 모릅니다.

030 **〜か 〜ないか** 〜할지 〜하지 않을지

| 접속 | 동사 사전형+か+동사 ない형+ないか |

같은 동사를 중복하여 사용하는 표현으로 두 가지의 가능성 중 어느 쪽인지 확신하지 않을 때 사용한다.

| 관련 표현 | 〜か[001] 〜인지 | 〜か どうか[029] 〜할지 어떨지 |

기출 ぼうしを かぶるか かぶらないか 모자를 쓸지 안 쓸지 2010-2회

家を 出るか 出ないかという ときに 雨が 降り出した。
집을 나설까 말까 할 때 비가 내리기 시작했다.

明日 パーティーに 行くか 行かないか、もう 決めましたか。
내일 파티에 갈지 안 갈지는 이미 정했습니까?

031 **〜かも しれない** 〜지도 모른다

| 접속 | 동사·い형용사·な형용사·명사의 보통형+かも しれない |
| | 단, 비과거 긍정인 경우 な형용사의 어간·명사+かも しれない |

어떤 상황이 일어날 수 있음을 추측하는 표현이다. 참고로 비슷한 뜻인 「〜だろう(〜일 것이다) / 〜でしょう(〜일 것입니다)」는 어떤 근거에 의한 화자의 추측을 나타내지만, 단정은 할 수 없으나 그것이 사실이라고 생각하는 화자의 기분이 강한 표현이다, 이에 반해 「〜かも しれない」는 하나의 가능성으로서 그렇게 생각할 수 있다는 기분으로 사용한다.

| 관련 표현 | 〜だろう[054] 〜일 것이다 |

기출 間い合うかも しれないから 시간에 맞출지도 모르니까 2011-1회
遅れるかも しれません 늦을지도 모릅니다 2016-2회
帰りは 荷物が 増えるかも しれないし
집에 오는 길에는 짐이 늘어날지도 모르고 2017-2회
車で 行くより 歩いて 行くほうが 速いかも しれません
자동차로 가는 것보다 걸어서 가는 편이 빠를지도 모릅니다 2018-1회

家族_{かぞく}たちが 知_しったら おどろく**かも しれません**

가족들이 알면 놀랄지도 모릅니다 `2018-1회`

電車_{でんしゃ}が 遅_{おく}れて いるの**かも しれません**

전철이 늦는 걸지도 몰라요 `2021-1회`

今日_{きょう}は 雨_{あめ}が 降_ふる**かも しれません**。 오늘은 비가 올지도 모릅니다.

先生_{せんせい}に いくら たのんでも だめ**かも しれません**。

선생님에게 아무리 부탁해도 안 될지도 모릅니다.

---

032 〜く する / 〜に する ~하게 하다

접속	い형용사의 어간 + く する
	な형용사의 어간 + に する

형용사가 부사 역할로 쓰이는 「い형용사의 어간 + く + 동사」와 「な형용사의 어간 + に + 동사」 역시 종종 출제되므로 같이 알아 두자.

기출 大切_{たいせつ}**に します** 소중히 여기겠습니다 `2011-1회`

おもちゃを 大切**に して いる** 장난감을 소중히 간직하고 있다 `2017-1회`

部屋_{へや}を きれい**に した** 방을 깨끗하게 했다 `2018-2회`

そふが くれた カメラを 大切**に 使_{つか}って** います

할아버지가 준 카메라를 소중히 사용하고 있습니다 `2016-2회`

へやを 明_{あか}る**く しました**。

방을 밝게 했습니다.

公園_{こうえん}を きれい**に しました**。

공원을 깨끗하게 했습니다.

033 ～く なる/～に なる ～해지다

접속	い형용사의 어간+く なる
	な형용사의 어간+に なる

사람이나 사물의 상태가 바뀌어 다른 상태가 되는 것을 나타낸다.

기출 ポチを かってからは さびしく なく なりました
포치를 기르고 나서는 외롭지 않아졌습니다 2011-1회

見えなく なりました 보이지 않게 되었습니다 2019-1회

おおぜいの 人に 教えたく なりました
많은 사람에게 알려 주고 싶어졌습니다 2019-2회

旅行したく なりました 여행하고 싶어졌습니다 2021-2회

乗らなく なりました 타지 않게 되었습니다 2022-1회

へやが 明るく なりました。
방이 밝아졌습니다.

公園が きれいに なりました。
공원이 깨끗해졌습니다.

もんだい1　（　　　）に　何を　入れますか。1・2・3・4から　いちばん　いい
　　　　　　ものを　一つ　えらんで　ください。

1 この　ジュースは　トマトの　味（あじ）（　　　）　します。027

　　1　を　　　　　　　2　の　　　　　　　3　で　　　　　　　4　が

2 山田（やまだ）さんは　かおいろが　あおい。（　　　）かも　しれない。031

　　1　病気（びょうき）　　　　　2　病気な　　　　　3　病気の　　　　　4　病気だ

3 ふろに　（　　　）と　した　とき、友だちが　電話（でんわ）を　かけて　きました。022

　　1　入る　　　　　　　2　入って　　　　　3　入ろう　　　　　4　入るよう

4 その　荷物（にもつ）は　私（わたし）が　お持（も）ち（　　　）。024

　　1　です　　　　　　　2　います　　　　　3　します　　　　　4　なります

5 バスを　（　　　）と　した　とき、ころんで　けがを　しました。022

　　1　おり　　　　　　　2　おりる　　　　　3　おりて　　　　　4　おりよう

6 A「その　ざっし、（　　　）おわったら　貸（か）して　くれませんか。」

　　B「ええ、いいですよ。」026

　　1　読む　　　　　　　2　読み　　　　　3　読め　　　　　4　読んだ

7 この　りんごは　おいしい　（　　　）　食べて　みましょう。029

　　1　ように　　　　　　2　ことが　　　　　3　か　どうか　　　　　4　だろうを

答　1④　2①　3③　4③　5④　6②　7③

8 この 料理の （　　　）かたを 教えて ください。028

1 作り　　　　　　2 作る　　　　　　3 作って　　　　　　4 作ろう

9 かれは もう 帰国した（　　　） 知って いますか。029

1 ように　　　　　　2 か どうか　　　　3 だろうを　　　　4 ことが

10 歩く 人の （　　　）から 入り口に ものを 置いては いけません。033

1 じゃまで なる　　　　　　　　　　2 じゃまを なる

3 じゃまが なる　　　　　　　　　　4 じゃまに なる

11 A「この かいぎしつを 使わせて くださいませんか。」

B「はい、（　　　）。」023

1 くださいません　　　　　　　　　　2 くださいます

3 お使いください　　　　　　　　　　4 使わせて ください

12 今日は この 本を （　　　）と 思います。021

1 読もう　　　　　　2 読むよう　　　　3 読むろう　　　　4 読みよう

13 社長は もう （　　　）。025

1 お帰りいたしました　　　　　　　　2 お帰りに しました

3 お帰りされました　　　　　　　　　4 お帰りに なりました

もんだい2　　＿＿＿★＿＿に　入る　ものは　どれですか。1・2・3・4から　いちばん
　　　　　　いい　ものを　一つ　えらんで　ください。

14 友だちは　じぶんで　ペンを　持って　＿＿＿＿　＿＿＿＿　＿＿★＿＿　＿＿＿＿
と　します。022

1　いつも　　　　　2　こないで　　　　3　私のを　　　　4　つかおう

15 国に　お帰りに　なったら　＿＿＿＿　＿＿★＿＿　＿＿＿＿　＿＿＿＿　ください。023

1　に　　　　　　　2　おつたえ　　　　3　ごりょうしん　　4　よろしく

16 かいぎに　＿＿＿＿　＿＿＿＿　＿＿★＿＿　＿＿＿＿　ください。029

1　しゅっせきする　2　か　　　　　　　3　知らせて　　　　4　どうか

17 そらが　だいぶ　くらく　なって　きたから　＿＿＿＿　＿＿＿＿　＿＿★＿＿
＿＿＿＿　しれません。031

1　ふって　　　　　2　くる　　　　　　3　かも　　　　　　4　雨が

もんだい3　[18]　から　[21]　に　何を　入れますか。文章の　意味を　考えて、
１・２・３・４から　いちばん　いい　ものを　一つ　えらんで　ください。

下の　文章は　山下さんの　作文です。

山下太郎 `01`

　　みなさん、こんにちは。私は　山下太郎と　いいます。

　　私は　子どもの　ころから　絵を　かくのが　大好きでした。こくばんの　字を
写す　ふりを　して　ノートに　えんぴつで　絵ばかり　かいて　いたので、先生
に　よく　[18]　。「先生の　話を　聞きなさい」と。 `05`

　　その　ころ　かいて　いたのは　まどの　外の　風景であったり、先生や　友
だちの　かおだったり　しました。中学校の　ころ　[19]　画家に　なりたいと
思って　いたのです。画家に　なるのは　むずかしいと　わかって　いたので、
[20]　しゅみとして　絵を　続けて　いこうと　思って　いました。

　　高校生に　なってから　字を　書く　ことにも　きょうみを　[21]　。ふでや `10`
ペンで　書く　字、手や　ブラシで　書く　字など、いろいろな　書き方を　た
めして　遊んで　いました。

18

1 注意しました　　　　　　　　2 注意されました

3 注意させました　　　　　　　4 注意して　ください

19

1 までは　　　　　2 だけは　　　　　3 などは　　　　　4 ばかりは

20

1 しかしながら　　　　　　　　2 なれはじめれば

3 できるだけ　　　　　　　　　4 なれなければ

21

1 持って　いる　ところです　　　2 持つ　ように　なりました

3 持って　みませんか　　　　　　4 持つ　ことに　なって　います

핵심 문법

수동형 042	先生に　よく　注意されました 선생님에게 자주 주의받았습니다(04行)
～なさい 084 ~해라	先生の　話を　聞きなさい 선생님 이야기를 들어라(05行)
～ば 092 ~하면	なれなければ　しゅみとして 될 수 없으면 취미로(09行)
～(よ)うと思う 021 ~하려고 생각하다	絵を　続けて　いこうと　思って　いました 그림을 계속해 가려고 생각하고 있었습니다(09行)
～ようになる 103 ~하게 되다	きょうみを　持つ　ように　なりました 흥미를 가지게 되었습니다(10行)
～方 028 ~하는 방법	いろいろな　書き方を　ためして 여러 가지 쓰는 법을 시험하면서(11行)

답　18 ②　19 ①　20 ④　21 ②

핵심 문법 공략하기　**241**

034 **〜こと** ~것

접속 | 연체수식어＋こと

「〜こと」는 형식명사 중의 하나이다. 형식명사란 문법적으로 명사와 같은 성질을 갖는 것을 말하는데, 단독으로는 사용할 수 없기 때문에 반드시 앞에 명사를 꾸며 주는 연체수식어가 온다. こと와 の가 가장 많이 쓰이는 형식명사로, 주로 추상적이고 개념적일 때는 こと, 구체적이고 오감으로 다루어지는 대상일 경우에는 の를 사용한다.

관련 표현 | 〜の 090 ~것

私が　ここに　いる　ことを　だれから　聞きましたか。
내가 여기에 있는 것을 누구에게 들었습니까?

A　土曜日には　どんな　ことを　しますか。 토요일에는 어떤 일을 합니까?

B　テレビを　見たり、本を　読んだり　します。 TV를 보거나 책을 읽거나 합니다.

035 **〜ことが　できる** ~할 수 있다

접속 | 동사 사전형＋ことが できる

관련 표현 | 가능형 036

기출 | ペットと　いっしょに　とまる　ことが　できます
반려동물과 함께 머물 수 있습니다 2017-2회

登る　ことが　できて　うれしかった 오를 수 있어서 기뻤다 2019-2회

安心させる　ことが　できました 안심시킬 수 있었습니다 2021-1회

ギターを　ひく　ことが　できる 기타를 칠 수 있다 2023-2회

あなたは　日本語で　手紙を　書く　ことが　できますか。
당신은 일본어로 편지를 쓸 수 있습니까?

しゅくだいが　あるため、こんやは　寝る　ことが　できない。
숙제가 있어서 오늘밤에는 잘 수 없다.

036 **가능형**

동사를 활용해 가능 표현을 만들 수 있다. 이를 가능동사 또는 동사의 가능형이라고 하며 아래와 같이 활용한다. 1그룹 동사의 경우 가능동사로 바뀌면 전부 2그룹 동사의 형태가 된다.

가능 표현의 기본형은 「〜は 〜が＋가능동사」의 형태인데, 이때 주의할 점은 목적격 조사를 を가 아니라 が를 써야 한다는 것이다.

동사의 종류	활용 방법	예시
1그룹 동사	어미 う단을 え단으로 바꾸고 る를 붙인다.	書く 쓰다 → 書ける 쓸 수 있다
2그룹 동사	어미 る를 떼고 られる를 붙인다.	食べる 먹다 → 食べられる 먹을 수 있다
3그룹 동사	불규칙 활용한다.	来る 오다 → 来られる 올 수 있다 する 하다 → できる 할 수 있다

관련 표현 　〜ことが できる [035] 〜할 수 있다

기출 少しずつ　泳げる　ように　なりました
조금씩 헤엄칠 수 있게 되었습니다 　2016-2회

ギターが　ひけますか 기타를 칠 줄 압니까? 　2019-2회

いそがしくて、なかなか　友だちと　会えない
바빠서 좀처럼 친구와 못 만난다 　2022-1회

本が　借りられます 책을 빌릴 수 있습니다 　2025-2회

きのうは　よく　ねむれましたか。 어제는 잠을 잘 잤습니까?

あまり　お金が　ないので、今日は　買えません。
돈이 별로 없기 때문에 오늘은 살 수 없습니다.

妹は　どんな　スポーツでも　できます。
여동생은 어떤 운동이라도 할 수 있습니다.

037 **〜ことに する** ～하기로 하다

접속 동사 사전형＋ことに する
동사 ない형＋ない＋ことに する

「〜ことに する」는 자신의 의지로 결정하는 것에 사용한다.

관련 표현 〜ことに なる [038] ～하게 되다

기출 **ひっこしを する ことに しました**
이사를 하기로 했습니다 2013-1회

ピアノを 習う ことに しました 피아노를 배우기로 했습니다 2021-2회
なら

帰らない ことに しました 집에 가지 않기로 했습니다 2023-1회
かえ

私は 毎日 ジョギングを する ことに しました。
わたし まいにち
나는 매일 조깅을 하기로 했습니다.

アルコールは もう 飲まない ことに しました。
の
술은 이제 마시지 않기로 했습니다.

私は 今日から たばこを すわない ことに しました。
わたし きょう
나는 오늘부터 담배를 피우지 않기로 했습니다.

038 **〜ことに なる/〜ことに なって いる**
～하게 되다 / ～하기로 되어 있다

접속 동사 사전형＋ことに なる / ことに なって いる
동사 ない형＋ない＋ことに なる / ことに なって いる

「〜ことに なる」는 자신의 의지와는 관계없이 집단이나 조직의 결정 또는 자연의 섭리를 나타내는데, 「〜ことに なった(～하게 되었다)」라는 확정의 표현으로 자주 출제되는 편이다.

「〜ことに なって いる」는 규칙이나 규정과 같이 의사결정을 통해서 정해진 사실을 나타낸다.

관련 표현 〜ことに する [037] ～하기로 하다

기출 国から 来る **ことに なった** 고향에서 오게 되었다 `2018-1회`

うちに とまりに 来る **ことに なりました**
우리 집에 머물러 오게 되었습니다 `2021-2회`

東京に 引っこす **ことに なりました** 도쿄에 이사하게 되었습니다 `2025-2회`

私は 来年、日本へ 行く **ことに なりました。** `확정`
나는 내년에 일본에 가게 되었습니다.

この 学校では 2か月に いちど 試験を する **ことに なって います。**
이 학교에서는 두 달에 한 번 시험을 치게 되어 있습니다. `기정 사실`

---

039 ～すぎる 너무 ～하다

접속 동사 ます형 + すぎる
い형용사·な형용사의 어간 + すぎる
예외: いい → よすぎる, ない → なさすぎる

어떤 동작이나 상태가 도에 지나쳐 바람직하지 못한 상황을 나타낼 때 주로 쓰인다.

기출 すいかは 大き**すぎて**、れいぞうこに 入らない
수박은 너무 커서 냉장고에 안 들어간다 `2011-1회`

冷たい 飲み物を 飲み**すぎて** 차가운 음료를 너무 많이 마셔서 `2025-2회`

ゆうべ、お酒を 飲み**すぎました。** 어젯밤, 술을 너무 많이 마셨습니다.

この かばんは 大き**すぎて** ふべんです。 이 가방은 너무 커서 불편합니다.

040 **〜ずに・〜ないで** 〜하지 않고, 〜하지 말고

접속　동사 ない형+ずに・ないで
예외: する → せずに・しないで

어떠한 일을 하지 않은 상태에서 다른 동작을 한다는 의미를 나타내는 표현이다. 「〜ずに」는 「〜ないで」에 비해 문어적인 표현이다.

기출　朝ご飯を　食べないで　出かける 아침밥을 먹지 않고 외출한다　2022-1회

かさを　ささないで 우산을 쓰지 않고　2024-2회

コーヒーは　さとうを　入れないで　飲むが
커피는 설탕을 넣지 않고 마시지만　2017-2회　2021-2회　2025-2회

兄は　かばんも　持たずに　家を　出ました。 형은 가방도 안 들고 집을 나갔습니다.
本を　見ないで　答えて　ください。 책을 보지 말고 대답해 주세요.

041 **사역형**

동사를 활용한 사역 표현을 동사의 사역형이라고 하며 아래와 같이 활용한다. 사역형은 상대방으로 하여금 어떠한 행동을 하도록 시키는 표현으로 허용, 방임 등 그 의미의 폭이 넓다.

동사의 종류	활용 방법	예시
1그룹 동사	어미 う단을 あ단으로 바꾸고 せる를 붙인다.	待つ 기다리다 → 待たせる 기다리게 하다
2그룹 동사	어미 る를 떼고 させる를 붙인다.	食べる 먹다 → 食べさせる 먹게 하다
3그룹 동사	불규칙 활용한다.	来る 오다 → 来させる 오게 하다 する 하다 → させる 시키다

기출　両親を　安心させる 부모님을 안심시키다　2021-1회
ピアノ教室に　通わせます 피아노 교실에 다니게 합니다　2022-2회

大きな　仕事だから、新入社員に　行かせるのは　しんぱいだ。
큰 업무이기 때문에 신입사원에게 가게 하는 것은 걱정이다.

さんぽに　行くので、かれは　子どもに　くつを　はかせた。
산책하러 가기 때문에 그는 아이에게 신발을 신게 했다.

042　수동형

수동은 어떤 행위의 영향을 받은 사람이나 사물을 주어로 내세워 그 입장에서 서술하는 것을 말한다.

동사의 종류	활용 방법	예시
1그룹 동사	어미 う단을 あ단으로 바꾸고 れる를 붙인다.	撮る 사진을 찍다 → 撮られる 사진을 찍히다
2그룹 동사	어미 る를 떼고 させる를 붙인다.	ほめる 칭찬하다 → ほめられる 칭찬받다
3그룹 동사	불규칙 활용한다.	来る 오다 → 来られる 오다(옴을 당하다) する 하다 → される 되다

 売られて　います 팔리고 있습니다　2010-2회

ジュースを　弟に　ぜんぶ　飲まれて　しまいました。
남동생이 주스를 전부 마셔 버렸습니다.　2010-2회

外国人に　聞かれたので 외국인에게 질문을 받았기 때문에　2010-2회

両親に　反対されても 부모님이 반대하더라도　2011-1회

撮られる　のも　きらいです (사진을) 찍히는 것도 싫어합니다　2017-1회

部屋が　人形で　飾られて　います 방이 인형으로 꾸며져 있습니다　2018-2회

先生に　作文を　ほめられて 선생님에게 작문을 칭찬받아서　2021-2회

パーティーが　今週　土曜日に　開かれます
파티가 이번 주 토요일에 열립니다　2021-2회

とられるのも　きらいです 찍히는 것도 싫어합니다　2022-1회

花が　かざられて　います 꽃이 장식되어 있습니다　2023-1회

卒業式が　行われます 졸업식이 열립니다　2023-2회

タイ人に　よって　書かれた　本 태국인에 의해서 쓰인 책　2025-2회

この　ざっしは　毎月　はっこうされて　います。 이 잡지는 매달 발행되고 있습니다.

今朝　私は　母に　起こされました。 오늘 아침 어머니가 나를 깨웠습니다.

043 **〜（さ）せて　ください** 〜하게 해 주세요, 시켜 주세요

접속　동사 사역형의 て형+て ください

동사의 사역형을 활용한 표현으로 승낙이나 허가를 정중하게 요청할 때 사용한다.

관련 표현　**사역형** [041]

기출　ぜひ　撮（と）らせて　ください 꼭 찍게 해 주세요　2018-1회

ぜひ、私（わたし）に　やらせて　ください。
꼭 저에게 시켜 주세요.

今（いま）から　アルバイトに　行（い）くので、先（さき）に　帰（かえ）らせて　ください。
지금부터 아르바이트하러 가야 하므로 먼저 돌아가게 해 주세요.

044 **〜（さ）せられる** 억지로 〜하다, 어쩔 수 없이 〜하다

동사의 사역형을 수동형으로 만든 형태로 사역수동형이라고 한다. 자신의 의지와는 상관없이 남의 요구에 의하여, 또는 어쩔 수 없는 상황에 의해 행동하는 경우에 사용된다.

동사의 종류	활용 방법	예시
1그룹 동사	어미 う단을 あ단으로 바꾸고 せられる를 붙인다. ※ 어미가 す로 끝나는 경우를 제외하고, 〜（さ）せられる를 줄여서 〜（さ）れる로 바꿔 쓸 수 있다.	読（よ）む 읽다 → 読（よ）ませられる 억지로 읽다 読（よ）む 읽다 → 読（よ）まされる 억지로 읽다 話（はな）す 말하다 → 話（はな）させられる 억지로 이야기하다
2그룹 동사	어미 る를 떼고 させられる를 붙인다.	食（た）べる 먹다 → 食（た）べさせられる 억지로 먹다
3그룹 동사	불규칙 활용한다.	来（く）る 오다 → 来（こ）させられる 억지로 오다 する 하다 → させられる 억지로 하다

관련 표현　**사역형** [041]　　　　　　　　　**수동형** [042]

かのじょは　子（こ）どもの　ころ、お母（かあ）さんに　いろいろな　野菜（やさい）を　食（た）べさせられました。
어렸을 적에 어머니는 그녀에게 억지로 여러 채소를 먹였습니다.

医者（いしゃ）に　すぐ　入院（にゅういん）させられました。 의사 때문에 바로 입원해야 했습니다.

5 핵심 문법 확인문제 034-044

もんだい1　（　　　）に　何を　入れますか。1・2・3・4から　いちばん　いい
　　　　　　ものを　一つ　えらんで　ください。

1　きのう　山田さんが　入院した　（　　　）を　聞きましたか。034
　　1　もの　　　　　　2　はず　　　　　　3　ため　　　　　　4　こと

2　来月から　ゆうびんきょくで　はたらく　（　　　）に　なりました。038
　　1　もの　　　　　　2　こと　　　　　　3　の　　　　　　4　ころ

3　図書館で　日本の　れきしを　（　　　）　ことが　できます。035
　　1　しらべた　　　　2　しらべられる　　3　しらべる　　　　4　しらべて

4　今度の　冬休みは　アメリカへ　行く　（　　　）に　しました。037
　　1　こと　　　　　　2　もの　　　　　　3　わけ　　　　　　4　ところ

5　子どもの　とき、私は　よく　母に　へやの　そうじを　（　　　）。044
　　1　しました　　　　2　されさせました　3　できました　　　4　させられました

6　森さんは　買い物を　（　　　）すぎて、お金が　なくなった。039
　　1　せ　　　　　　　2　し　　　　　　　3　して　　　　　　4　する

7　あなたは　はしが　（　　　）か。036
　　1　使います　　　　2　使えます　　　　3　使わせます　　　4　使わされます

답　1④　2②　3③　4①　5④　6②　7②

8 楽しい 音楽を あかちゃんに たくさん （　　　　）。 041

1 聞かせます　　　2 聞かれます　　　3 聞けます　　　4 聞こえます

9 私は、今日 朝ご飯を （　　　　） 学校へ 来ました。 040

1 食べずで　　　2 食べないで　　　3 食べなくて　　　4 食べなしで

10 私は かぜを ひいて しまいました。あした 学校を （　　　） ください。 043

1 休んで　　　2 休まれて　　　3 休ませて　　　4 休んで みて

11 この もんだいは （　　　）すぎて、こたえられません。 039

1 むずかし　　　2 むずかしく　　　3 むずかしい　　　4 むずかしくて

12 田中さんは 病気が とても 重かったので、医者に すぐ 入院（　　　　）。 044

1 さしました　　　2 させました　　　3 されました　　　4 させられました

13 先生は 病気の 学生を 家に （　　　　）。 041

1 帰りました　　　2 帰られました　　　3 帰らせました　　　4 帰って いました

もんだい2 _____★_____ に 入る ものは どれですか。1・2・3・4から いちばん
いい ものを 一つ えらんで ください。

14 あそびながら ＿＿＿＿＿＿ ＿＿＿＿＿＿ ＿＿★＿＿ ＿＿＿＿＿＿ ソフトが あります。035

1 ことが　　　　2 漢字を　　　　3 できる　　　　4 おぼえる

15 図書館では 本を かしますが、一週間 ＿＿＿＿＿ ＿＿＿＿＿ ＿＿★＿＿ ＿＿＿＿＿
います。038

1 いないに　　　　2 ことに　　　　3 なって　　　　4 かえす

16 A「夏は ＿＿＿＿＿ ＿＿＿＿＿ ＿＿★＿＿ ＿＿＿＿＿ です。」

B「それは いいですねえ。日本の 夏は とても あついですからねえ。」037

1 ネクタイを　　　　2 したい　　　　3 しない　　　　4 ことに

17 山田さんは ＿＿＿＿＿ ＿＿＿＿＿ ＿＿★＿＿ ＿＿＿＿＿。041

1 言って　　　　　　　　　　　2 わらわせる

3 よく みんなを　　　　　　　4 おもしろい ことを

もんだい3　　18　　から　　21　　に　何を　入れますか。文章の　意味を　考えて、
1・2・3・4から　いちばん　いい　ものを　一つ　えらんで　ください。

下の　文章は　留学生の　作文です。

日本語の　勉強

グエン　バン　チュン

　私は、6カ月前に　日本に　来ました。日本に　来た　とき、私は　日本語が
「ありがとう」と　「さようなら」　　18　　分かりませんでした。日本語を　お
ぼえる　ために　私は　毎日　仕事で　使う　ことばや　日常生活の　ことばを
いつつずつ　　19　　。分からない　ことば　　20　　先輩に　聞いたり、スマート
フォンで　しらべたり　します。

　休みの　日は　日本語教室へ　行って　います。ボランティアの　先生たちが
とても　　21　　おもしろいです。たくさん　会話の　練習を　したり　分からない
ことを　質問したり　します。日本に　いる　あいだ、もっと　日本語を　勉強して
日本語が　上手に　なりたいです。

01

05

10

18

1 だけ　　　　　2 しか　　　　　3 ほど　　　　　4 まで

19

1 おぼえた　ことが　あります　　　2 おぼえる　ことが　できました
3 おぼえる　ことに　しました　　　4 おぼえた　ほうが　いいです

20

1 は　　　　　　2 に　　　　　　3 が　　　　　　4 で

21

1 親切から　　　2 親切ので　　　3 親切の　　　4 親切で

핵심 문법

〜ために 052 〜하기 위하여	日本語を おぼえる ために 일본어를 익히기 위하여(05行)
〜ことにする 037 〜하기로 하다	おぼえる ことに しました 외우기로 했습니다(06行)
〜あいだ 019 〜하는 동안에	日本に いる あいだ 일본에 있는 동안(10行)

답 **18** ②　**19** ③　**20** ①　**21** ④

045 **～そうだ** ① ~한 듯하다, ~일 것 같다(양태) ② ~라고 한다(전문)

접속 ① 동사 ます형, い형용사・な형용사의 어간＋そうだ
　　　　예외: よい → よさそうだ, ない → なさそうだ
　　　② 동사・い형용사・な형용사・명사의 보통형＋そうだ

「～そうだ」는 양태(様態)와 전문(傳聞) 표현을 나타낸다. 양태 표현은 말하는 사람의 주관적인 판단이나 추측, 예감 등을 나타낸다. 전문 표현은 말하는 사람이 직접 보거나 들은 것을 상대방에게 전달할 때 사용한다.

기출 寒そうだから 出かけたくない 추울 것 같으니까 외출하고 싶지 않다 　2011-1회

席が 空きそうです 자리가 날 것 같습니다 　2016-2회

途中まで 勝てそうだったけれども
도중까지 이길 수 있을 것 같았는데 　2018-2회

「さくら」という 和食の 店も 有名だそうです
사쿠라라는 일식집도 유명하다고 합니다 　2013-2회

結婚するそうです 결혼한다고 합니다 　2024-2회

飲んで いるそうです 마신다고 합니다 　2025-2회

鈴木さんは ビールを おいしそうに 飲んで います。 양태
스즈키 씨는 맥주를 맛있어 보이게 마시고 있습니다.

ニュースに よると、きのう 神戸で じしんが あったそうです。 전문
뉴스에 따르면 어제 고베에서 지진이 있었다고 합니다.

046 ～たい ～하고 싶다

접속 동사 ます형+たい

말하는 사람 본인의 욕구나 희망 등을 나타내는 표현이다.

기출　ぜひ　行き**たいです** 꼭 가고 싶습니다 　2016-2회

たくさん　練習し**たいです** 많이 연습하고 싶습니다 　2016-2회

部屋を　片付け**たいと**　思っても 방을 정리하고 싶어도 　2017-1회

夏休みに　なると　旅行に　行き**たい**けど
여름 방학이 되면 여행을 가고 싶은데 　2018-1회

娘が　ずっと　行き**たいと**　言って　いた
딸이 계속 가고 싶다고 말했던 　2019-1회

母みたいに　料理が　上手に　なり**たい**
엄마처럼 요리를 잘하고 싶다 　2019-1회

図書館に　より**たかった** 도서관에 들르고 싶었다 　2019-2회

ふじさんには　ずっと　登り**たかった**から
후지산에는 줄곧 오르고 싶었기 때문에 　2019-2회

教え**たく**　なりました 가르치고 싶어졌습니다 　2019-2회

日本の　料理を　はしを　使って　食べ**たくて**
일본 요리를 젓가락을 써서 먹고 싶어서 　2021-1회

いつか　試合に　出て　み**たいです** 언젠가 시합에 나가 보고 싶습니다 　2021-1회

タクシーを　一台　お願いし**たいんですが**
택시를 한 대 부탁하고 싶은데요 　2021-1회

私は　先生に　なり**たいです**。
나는 선생님이 되고 싶습니다.

疲れたときは　甘いものが　食べ**たいです**。
피곤할 때는 단것을 먹고 싶습니다.

047　**〜た ことが ある** 〜한 적이 있다

접속　동사 た형+た ことが ある

과거 경험을 나타내는 표현이다.

기출　ラジオか　何かで　聞いた　ことが　あります
라디오 아니면 다른 데서 들은 적이 있습니다　2012-1회

見に　行った　ことが　ないので 보러 간 적이 없어서　2016-2회

行った　ことが　ない 간 적이 없다　2019-1회

京都に　行った　ことが　ありますか 교토에 간 적이 있습니까?　2024-1회

私は　ひこうきに　乗った　ことが　あります。 나는 비행기를 탄 적이 있습니다.

私は　外国で　せいかつした　ことが　ありません。 나는 외국에서 생활한 적이 없습니다.

日本の　映画は　まだ　みた　ことが　ありません。 일본 영화는 아직 본 적이 없습니다.

048　**〜だす** 〜하기 시작하다

접속　동사 ます형+だす

「〜だす」는 동작·작용의 개시를 나타내는 표현이다. 주로 돌발성이 강한 자연 현상에 대해 사용되므로 「急に 〜だす(갑자기 ~하기 시작하다)」의 형태로 알아 두자.

관련 표현　〜はじめる 093 〜하기 시작하다

急に　雨が　降りだした。 갑자기 비가 내리기 시작했다.

今まで　寝て　いた　赤ちゃんが　急に　なきだした。
지금까지 자고 있던 갓난아이가 갑자기 울기 시작했다.

とまって　いた　バスが　動きだした。 멈춰 있던 버스가 움직이기 시작했다.

049 ～た ところだ 막 ～한 참이다

접속 동사 た형+た ところだ

어떤 행동이 지금 막 끝났음을 나타내는 표현으로 今(지금), 今 ちょうど(지금 마침)와 호응하는 경우가 많다.

관련 표현 ～て いる ところだ 064 ～하고 있는 중이다　　　 ～ところだ 079 ～하려는 참이다

기출 ちょうど 今 食べた ところなんです 마침 지금 막 먹은 참입니다 2018-1회

来た ところです 막 온 참입니다 2024-1회

やっと 日本の 生活に なれた ところです
가까스로 일본 생활에 익숙해진 참입니다 2022-1회

かいぎは 今 終わった ところなんです。 회의는 지금 막 끝난 참입니다.

むすこは 今 出かけた ところです。 아들은 지금 막 외출한 참입니다.

今 ちょうど 帰って きた ところです。 지금 마침 돌아온 참입니다.

050 ～た ばかり 막 ～함, ～한지 얼마 안 됨

접속 동사 た형+た ばかり

어떤 동작을 하고 시간이 얼마 지나지 않은 상태를 나타내는 표현이다.

彼は 先月 この 会社に 入った ばかりです。
그는 지난달에 이 회사에 막 입사했습니다.

新しい スマートフォンを 買った ばかりなので、大切に 使って います。
새 스마트폰을 산지 얼마 안 되어서 소중히 사용하고 있습니다.

この 店は オープンした ばかりで、とても きれいです。
이 가게는 오픈한지 얼마 안 되어서 무척 깨끗합니다.

051 **〜たまま** 〜한 채로

| 접속 | 동사 た형+たまま |

「〜たまま」는 상태의 방치 표현으로, '〜의 상태를 바꾸지 않고'라는 의미를 나타낸다.

| 기출 | 買っ**たまま** 구입한 채로 　2011-1회 |

エアコンを　つけ**たまま** 에어컨을 켠 채로　2022-2회

レシートを　入れ**たまま** 영수증을 넣은 채로　2025-1회

きのうは　めがねを　かけ**たまま**　寝て　しまいました。
어제는 안경을 쓴 채로 자고 말았습니다.

電車が　とまっ**たまま**、動かない。 전철이 멈춘 채로 움직이지 않는다.

052 **〜ため（に）** ① 〜하기 위해서 ② 〜때문에

접속	① 동사 사전형+ために
	명사+の+ために
	② 동사·い형용사의 보통형+ために
	な형용사의 명사수식형+ために
	명사+の+ために

「〜ために」는 동작의 목적이나 이유를 나타낼 때 사용된다.

| 기출 | ジョギングを　する　**ために** 조깅을 하기 위해서　2018-1회 |

結婚式に　出る　**ために** 결혼식에 참석하기 위해서　2025-1회

かれは　大学に　入る　**ために**　いっしょうけんめい　勉強して　います。 동작의 목적
그는 대학에 들어가기 위해서 열심히 공부하고 있습니다.

病気の　**ため**、たばこを　やめます。 이유
병 때문에 담배를 끊습니다.

053 **〜たら** 〜하면, 〜하니까, 〜하더니

접속 동사 た형+たら
い형용사의 어간+かったら
な형용사의 어간·명사+だったら

「〜たら」는 어떤 사실이 성립된 것을 조건으로 자신의 의지나 요구, 희망 등을 나타낼 때 사용한다. 또한 어떤 동작을 한 결과, 새로운 사실을 알게 되거나 예상치 못한 상황을 목격했을 때 등 발견이나 의외의 상황을 나타낼 때 사용한다.

기출 医者に　なったら 의사가 되면　2017-1회

家族たちが　知ったら　おどろくかも　しれません
가족들이 알면 놀랄지도 모릅니다　2018-1회

わからない　ことばが　あったら 모르는 단어가 있으면　2019-1회

先生に　なったら 선생이 되면　2019-1회

晴れたら　友だちと　テニスを　しようと　思って　いる
날이 개면 친구와 테니스를 하려고 생각하고 있다　2021-1회

もし　雨だったら、お祭りは　中止だ 만약 비라면 축제는 중지다　2023-2회

４時までだったら 네 시까지라면　2025-2회

東京に　着いたら、電話を　して　ください。도쿄에 도착하면 전화를 하세요.

山田さんに　道を　聞いたら、しんせつに　ちずを　かいて　くれました。
야마다 씨에게 길을 물었더니 친절하게 지도를 그려 주었습니다.

054 ～だろう　～일 것이다

접속　동사・い형용사의 보통형＋だろう
な형용사의 어간・명사＋だろう

추측을 나타내는 표현으로 가능성이 상당히 높은 경우에 사용한다. たぶん(아마)이라는 부사와 호응하는 경우가 많다.

관련 표현　～かも しれない [031] ～지도 모른다

あしたは　たぶん　いい　天気だろう。 내일은 아마 날씨가 좋을 것이다.

たぶん　あしたも　風が　強いだろう。 아마 내일도 바람이 강할 것이다.

055 ～ちゃ　～해서는, ～하면
～なくちゃ・～なきゃ　～하지 않으면

접속　동사 て형＋ちゃ
동사 ない형＋なくちゃ・なきゃ

「～ちゃ」는「～ては」의 축약형으로 회화에서 주로 쓰인다.

「～なくちゃ」는「～なくては」의 축약형이고, 「～なきゃ」는「～なければ」의 축약형이다.

ここで　たばこを　すっちゃ　だめだよ。 여기서 담배를 피우면 안 돼.

もう　行かなくちゃ。

もう　行かなきゃ。 이제 가지 않으면…….

056 ～ちゅう・じゅう（中）　～하는 중, ～내내

접속　명사＋中

기출 しりょうを 今週中に つくって みて ください
자료를 이번 주 중으로 만들어 보세요　　2017-2회

一日中　家に　いました 하루 종일 집에 있었습니다　　2021-1회　　2025-1회

今朝　散歩中に 오늘 아침 산책 중에　　2025-2회

一日じゅう　仕事を　して、つかれました。 하루 종일 일을 해서 지쳤습니다.

イさんは　いま　べんきょうちゅうです。 이 씨는 지금 공부 중입니다.

057　〜つづける　계속 〜하다

접속　동사 ます형+つづける

「〜つづける」는 '계속 〜하다'라는 뜻으로 동작·작용의 계속을 나타낸다.

２時間も　歩きつづけたので、たいへん　つかれました。
두 시간이나 계속 걸었기 때문에 몹시 지쳤습니다.

最近　じこが　起こりつづけて　います。 최근 사고가 계속 일어나고 있습니다.

058　〜つもりだ　〜할 생각이다, 〜할 작정이다

접속　동사 사전형+つもりだ
동사 ない형+ない+つもりだ

말하는 사람의 의지, 예정, 계획을 나타내는 표현이다. 응용 표현으로 「〜つもりは　ない(〜할 생각은 없다)」도 사용되는데, 「〜ないつもりだ(〜하지 않을 생각이다)」보다 강한 부정을 나타낸다.

기출　東京で　勉強する　つもりです 도쿄에서 공부할 생각입니다　　2011-1회

こんしゅう、私は　京都へ　行く　つもりです。 이번 주에 나는 교토에 갈 생각입니다.

あしたは　どこへも　行かない　つもりです。 내일은 아무데도 가지 않을 생각입니다.

けっこんする　つもりは　ない。 결혼할 생각은 없다.

059 **〜て・で** 〜하고, 〜해서

접속	동사 て형+て
	い형용사의 어간+くて
	な형용사의 어간·명사+で

기출　最近　忙しく**て** 요즘 바빠서　2016-2회

町は　うみが　きれい**で** 마을은 바다가 깨끗하고　2017-2회

かる**くて**　歩きやすい　くつ 가볍고 걷기 편한 신발　2017-2회

大き**くて**　すわりやすい　ソファ 크고 앉기 편한 소파　2018-2회

いつも　歩い**て**　大学に　行きます 항상 걸어서 대학에 갑니다　2019-2회

日本の　料理を　はしを　使っ**て**　食べた**くて**

일본 요리를 젓가락을 써서 먹고 싶어서　2021-1회

静か**で**　いい　ところ 조용하고 좋은 곳　2021-1회

弟は　映画が　好き**で** 남동생은 영화를 좋아해서　2021-1회

あさ　起き**て**、しんぶんを　読みます。 아침에 일어나서 신문을 읽습니다.

今日の　天気は　暑**くて**、外に　出たく　ありません。 오늘 날씨는 더워서 밖에 나가고 싶지 않습니다.

この　公園は　しずか**で**、きれいです。 이 공원은 조용하고 깨끗합니다.

もんだい1　（　　　）に　何を　入れますか。1・2・3・4から　いちばん　いい
　　　　　　ものを　一つ　えらんで　ください。

1 テーブルの　上に　（　　　）そうな　りんごが　あります。045
　　1　おいしい　　　　2　おいしく　　　　3　おいしくて　　　4　おいし

2 日本の　音楽は　まだ　聞いた　こと（　　　）ありません。047
　　1　を　　　　　　　2　が　　　　　　　3　で　　　　　　　4　に

3 ショッピングを　して　いたら、急に　雨が　降り（　　　）。048
　　1　つづけました　　2　だしました　　　3　でました　　　　4　きました

4 今、お茶を　入れた　（　　　）なんです。049
　　1　ところ　　　　　2　までに　　　　　3　はじめ　　　　　4　おわり

5 ゆうべ　まどを　（　　　）まま、寝て　しまいました。051
　　1　あけた　　　　　2　あける　　　　　3　あく　　　　　　4　あいた

6 じこが　あった　（　　　）に、道が　こんで　います。052
　　1　より　　　　　　2　そう　　　　　　3　から　　　　　　4　ため

7 げんかんの　ベルが　なったけれど　いまごろ　だれ（　　　）。054
　　1　らしい　　　　　2　ようだ　　　　　3　だろう　　　　　4　みたい

답　**1**④　**2**②　**3**②　**4**①　**5**①　**6**④　**7**③

8 国へ　帰ったら、家を　建てる　（　　　）です。058

　　1　らしく　　　　　2　だろう　　　　　3　つもり　　　　　4　ほしい

9 はがきを　20まいも　（　　　）つづけて、手が　つかれました。057

　　1　書いて　　　　　2　書き　　　　　3　書く　　　　　4　書いた

10 せんぱいに　よると、去年の　しけんは　（　　　）そうです。045

　　1　かんたんな　　　2　かんたんに　　　3　かんたんだった　　4　かんたんでした

11 おふろが　（　　　）、水を　入れて　ください。053

　　1　あつだったら　　2　あつかったら　　3　あついかったら　　4　あついだったら

12 私は　会社を　やめたら　いなかに　（　　　）。046

　　1　住みたいです　　　　　　　　　2　住みたがりません

　　3　住んで　います　　　　　　　　4　住んで　いきます

13 まだ　そうじが　終わって　ないから　へやに　（　　　）　だめだよ。055

　　1　入って　　　　　2　入った　　　　　3　入るは　　　　　4　入っちゃ

もんだい2 ___★___ に 入る ものは どれですか。1・2・3・4から いちばん
いい ものを 一つ えらんで ください。

14 死んだと おもって _____ _____ __★__ _____ だした。 048
　　1 動き　　　　2 いた　　　　　3 むしが　　　4 急に

15 おまわりさんに _____ _____ __★__ _____ くれました。 053
　　1 聞いたら　　　2 教えて　　　　3 しんせつに　　4 道を

16 かれは _____ _____ __★__ _____ して います。 052
　　1 大学に 入る　　　　　　　　2 勉強
　　3 ために　　　　　　　　　　　4 いっしょうけんめい

17 _____ _____ __★__ _____ かぜを ひきますよ。 051
　　1 つけた　　　　2 まま　　　　　3 クーラーを　　4 寝ると

もんだい3　　18　から　21　に　何を　入れますか。文章の　意味を　考えて、
　　　　　　1・2・3・4から　いちばん　いい　ものを　一つ　えらんで　ください。

下の　文章は　留学生の　作文です。

<table>
<tr><td>

韓国の　ドラマ

キム　ミンス

　私は　韓国の　ドラマが　大好きです。日本に　来る　前から　韓国で　母

　18　毎日　みて　いました。日本に　来てからは　日本の　ドラマも　みて

いますが、それでも　韓国の　ドラマの　ほうを　　19　みて　います。

　最近は　日本の　友だちも　韓国の　ドラマを　みはじめました。　20　私

は　友だちに　私が　見て　おもしろかった　韓国の　ドラマを　教えて　あげ

ました。友だちは　ドラマに　出る　セリフや　歌にも　興味が　　21　。

</td></tr>
</table>

01

05

18

  1 に   2 が   3 と   4 は

19

  1 もっと   2 すぐに   3 ゆっくり   4 もうすぐ

20

  1 たとえば   2 それで   3 しかし   4 すると

21

  1 あっても　いいです   2 ないかも　しれません

  3 あるみたいです   4 なかったと　おもいます

핵심 문법

~てから 066 ~하고 나서	日本に 来てからは 일본에 오고 나서는(04行)
~はじめる 093 ~하기 시작하다	韓国の ドラマを みはじめました 한국 드라마를 보기 시작했습니다(06行)
~て あげる 060 ~해 주다	韓国の ドラマを おしえて あげました 한국 드라마를 알려 주었습니다(07行)
~みたいだ 099 ~인 것 같다	セリフや 歌にも 興味が あるみたいです 대사나 노래에도 흥미가 있는 것 같습니다(08行)

답 18 ③   19 ①   20 ②   21 ③

060 ～て あげる・～て やる ~해 주다

접속 동사 て형+て あげる・て やる

말하는 사람 혹은 제삼자가 다른 사람에게 뭔가를 해줄 때 사용한다. 「～て やる」는 대등한 관계나 손아랫사람에게 사용한다.

관련 표현 ～て くれる [069] ~해 주다

기출 料理を つくって あげようと 思って います
요리를 만들어 주려고 생각하고 있습니다 2010-2회

田中さんに 見せて あげて ください 다나카 씨에게 보여 주세요 2022-1회

私は 友だちに しゃしんを おくって あげた。
나는 친구에게 사진을 보내 주었다.

おばあさんの かばんを もって あげたら、おばあさんは とても よろこびました。
할머니의 가방을 들어 드렸더니, 할머니는 매우 기뻐했습니다.

子どもを どうぶつえんへ 連れて いって やった。
아이를 동물원에 데려가 주었다.

すいえいは ぼくが 教えて やるよ。
수영은 내가 가르쳐 줄게.

061 ～て ある ~해져 있다

접속 동사 て형+て ある

어떤 행동의 결과가 계속되고 있는 상태를 나타내는 표현이다. 주로 타동사에 붙어서 인위적인 동작에 의한 상태를 나타낸다. 이때 타동사에 쓰인 조사 を가 조사 が로 바뀐다는 점에 주의하자.

관련 표현 ～て いる [063] ~하고 있다. ~되어 있다

- さとうを 入れて いる 설탕을 넣고 있다 → さとうが 入れて ある 설탕이 넣어져 있다
- 名前を 書いて いる 이름을 쓰고 있다 → 名前が 書いて ある 이름이 쓰여 있다

기출 教室に 試験の 時間割りが はって あります
교실에 시험 시간표가 붙어 있습니다 2010-2회

テーブルの うえに スプーンと はしが ならべて あります。
탁자 위에 숟가락과 젓가락이 가지런히 놓여 있습니다.

今朝は 教室が そうじして ありませんでした。
오늘 아침에는 교실이 청소되어 있지 않았습니다.

062 ～て いく ① ～하고 가다 ② ～해 나가다

접속 동사 て형+て いく

이동의 방향을 나타내거나 화자가 직면한 시점이 현재에서 미래로 변화하거나 계속될 때 사용한다.
これから(지금부터), これからも(앞으로도), だんだん(점점)과 호응하는 경우가 많다.

관련 표현 ～て くる 068 ～하고 오다, ～해지다

기출 友だちの けっこんしきに 着て いく 服を 買った
친구 결혼식에 입고 갈 옷을 샀다 2017-2회

かさを 持って いった ほうが いい
우산을 가져가는 편이 좋다 2020

山田さんは こうばんまで 走って いきました。 이동 방향
야마다 씨는 파출소까지 달려갔습니다.

けっこんしてからも 仕事は つづけて いく つもりです。 변화·계속
결혼하고 나서도 일은 계속해 나갈 생각입니다.

これからも 世界の 人口は 増えて いくでしょう。 변화·계속
앞으로도 세계 인구는 늘어 갈 것입니다.

063 **〜て いる**　①〜하고 있다 ② 〜되어 있다

접속　동사 て형+て いる

타동사에 접속하여 동작의 진행(〜하고 있다)을 나타내거나 자동사에 접속하여 동작의 결과에 대한 상태(〜되어 있다)를 나타낸다.

축약형(〜ている → 〜てる)

• して いる→してる　하고 있다

관련 표현　〜て ある 061 〜해져 있다

기출　ポチを　家の　中で　かって　います 포치를 집 안에서 키우고 있습니다　2011-1회

まどが　あいて　います 창문이 열려 있습니다　2017-1회

れいぞうこに　入って　いる　おすし 냉장고에 들어 있는 초밥　2018-1회

出張に　行って　いる　間 출장을 가 있는 동안　2018-2회

かって　いる　ねこ 키우고 있는 고양이　2018-2회

先週から　書いて　いるんですが、まだ　終わって　いません

지난주부터 쓰고 있지만 아직 끝나지 않았습니다　2019-1회

雨が　降ると　言って　いたから 비가 내린다고 말하고 있었기 때문에　2020

私は　今　本を　読んで　います。 나는 지금 책을 읽고 있습니다.

まどが　しまって　います。 창문이 닫혀 있습니다.

064 **〜て いる ところだ**　〜하고 있는 중이다

접속　동사 て형+て いる ところだ

어떤 동작을 진행하고 있다는 의미를 나타낸다. 단순한 진행 상태인 「〜て いる」보다 지금 한창 이 동작을 하고 있음을 강하게 드러낸다. 또한 「〜て いた ところだ(〜하고 있던 중이다)」의 형태로 쓰이는 경우도 있으니 함께 알아 두자.

관련 표현　〜た ところだ 049 〜한 참이다　　　　　〜ところだ 079 〜하려는 참이다

기출 今 食べて いた ところです 지금 먹고 있던 중이에요　2018-2회

今 さがして いる ところです 지금 찾고 있는 중이에요　2022-2회

私は 今 れきしの 本を 読んで いる ところです。
나는 지금 역사책을 읽고 있는 중입니다.

ちょうど 電話しようと 思って いた ところです。
마침 전화하려고 생각하고 있던 참입니다.

---

065 ～て おく　～해 놓다, ～해 두다

접속　동사 て형+て おく

「～て おく」는 '～해 놓다, ～해 두다'라는 뜻으로, 동사 て형에 접속한다. 이것은 어떤 목적을 위한 사전 동작·준비와 상태 유지·보존·방치 등을 나타낼 때 사용되며, 일반적으로 타동사와 결합한다.

축약형(～ておく → ～とく)

- やって おく → やっとく　해 두다
- しらべて おく → しらべとく　조사해 두다

기출 サラダを 出して おいて 샐러드를 꺼내 놓고　2018-1회

意味を 調べて おいて ください 뜻을 찾아 놓으세요　2019-2회

この ことばは だいじですから、よく 覚えて おいて ください。
이 말은 중요하니까 잘 기억해 두세요.

テープは あとで 使いますから、ここに ならべて おいて ください。
테이프는 나중에 사용할 테니까 여기에 진열해 놓아 주세요.

そのままに して おいて いいよ。
그 상태로 놔두어도 돼.

066

〜てから 〜하고 나서

〜た あとで 〜한 후에

〜前に 〜하기 전에

접속	동사 て형+てから
	동사 た형+た あとで
	동사 사전형+前に

시간 관계의 전후를 나타내는 표현이다.

기출	ポチを　かってからは 포치를 기르고 나서는　2011-1회
	しゅくだいを　した　あとでね 숙제를 한 후에　2011-1회
	学校に　行く　前に 학교에 가기 전에　2019-1회

ご飯を　食べてから　おふろに　入ります。 밥을 먹고 나서 목욕을 합니다.

ご飯を　食べた　あとで　おふろに　入ります。 밥을 먹은 후에 목욕을 합니다.

おふろに　入る　前に　ご飯を　食べます。 목욕을 하기 전에 밥을 먹습니다.

067

〜て くださる 〜해 주시다

〜て くださいませんか 〜해 주시지 않겠습니까?

접속	동사 て형+て くださる / て くださいませんか

본동사 くださる(주시다)에서 온 표현으로, 손윗사람이 나에게 뭔가를 해줄 때, 손윗사람에게 무엇인가를 해달라고 부탁할 때 사용한다.

관련 표현	〜て くれる 069 〜해 주다

기출	図書館は　何時まで　開いて　いるか　教えて　くださいませんか
	도서관은 몇 시까지 열려 있는지 가르쳐 주시지 않겠습니까?　2010-2회

きのうは　山田さんが　東京を　あんないして　くださいました。

어제는 야마다 씨가 도쿄를 안내해 주셨습니다.

美術館へ　行く　道を　教えて　くださいませんか。

미술관에 가는 길을 가르쳐 주시지 않겠습니까?

068 ～て くる ① ～하고 오다 ② ～해지다

접속　동사 て형＋て くる

이동의 방향을 나타내거나 화자가 직면한 시점이 과거에서 현재로 변화·계속될 때 사용한다. 이
ごろ(요즈음) 등과 호응하는 경우가 많다.

관련 표현　～て いく ⁰⁶² ～하고 가다, ～해 나가다

기출　家に　忘れて　きて　しまいました 집에 두고 와 버렸습니다　　2020

今　せんせいに　出して　きました 지금 선생님에게 내고 왔습니다　　2021-1회

ちょっと　手紙を　出して　きます。

잠시 편지를 부치고 오겠습니다.

あたらしい　家に　だんだん　なれて　きました。

새 집에 점점 익숙해졌습니다.

このごろ　肉を　食べない　人が　ふえて　きました。

요즘 고기를 먹지 않는 사람이 늘어났습니다.

069 ～て くれる ～해 주다

접속 동사 て형+て くれる

다른 사람이 말하는 사람, 또는 말하는 사람의 가족에게 뭔가를 해줄 때 사용하며 감사의 느낌이 들어 있다.

관련 표현 ～て あげる [060] ～해 주다　　　　　　～て くださる [067] ～해 주시다

기출
母が いつも 作って くれたから
엄마가 항상 만들어 주었기 때문에　2010-2회

ひっこしを 手伝って くれて 이사를 도와 줘서　2011-1회

どうして 出て くれなかったんですか。
왜 (전화를) 받아 주지 않았습니까?　2016-2회

じゃあ、ぎゅうにゅうを 買って きて くれる？
그럼 우유를 사다 줄래?　2017-2회

サラダを テーブルに 出して おいて くれる？
샐러드를 탁자에 꺼내놔 줄래?　2018-1회

やさしく 教えて くれました 친절하게 가르쳐 주었습니다　2021-1회

けいたい電話の ばんごうを 教えて くれませんか
휴대전화 번호를 가르쳐 주지 않겠습니까?　2021-2회

私が 東京に 行った とき、山田さんが あんないして くれた。
내가 도쿄에 갔을 때, 야마다 씨가 안내해 주었다.

鈴木さんが 弟に たんじょうびの おいわいを くれました。
스즈키 씨가 남동생에게 생일 선물을 주었습니다.

070 ～て しまう ～해 버리다, ～하고 말다

접속 동사 て형+て しまう

후회나 유감 또는 일이 완료되었음을 나타내는 표현이다.

축약형(～て しまう → ～ちゃう、～で しまう → ～じゃう)

• 行って しまう → 行っちゃう 가 버리다　　　• 死んで しまう → 死んじゃう 죽어 버리다

기출 けいたいでんわを　こわして　しまったから 휴대전화를 망가트려 버렸기 때문에　2010-2회

ジュースを　弟に　全部　飲まれて　しまいました

주스를 남동생이 전부 마셔 버렸습니다　2011-1회

最後は　まけて　しまった 마지막에는 지고 말았다　2018-2회

家に　忘れて　きて　しまいました 집에 두고 와 버렸습니다　2020

かぜを　ひいて　しまいました。 감기에 걸려 버렸습니다.

ゆうべ　おそく　ねたから、今朝は　あさねぼうを　して　しまいました。
어젯밤 늦게 잤기 때문에 오늘 아침에는 늦잠을 자고 말았습니다.

ずっと　外に　いたので、からだが　ひえて　しまいました。
계속 밖에 있었기 때문에 몸이 차가워져 버렸습니다.

---

071 〜ては いけない ～하면 안 된다

접속 동사 て형+ては いけない

대개 법률·규정·사회 규범 등의 범주 내에서 허용되지 않는 강한 금지를 나타낸다. いけない는 단독으로 쓰일 때도 있는데 '안 된다'라는 의미이다.

[관련 표현] 〜なくては いけない[082] ～하지 않으면 안 된다

기출 中に　入れては　いけません 안에 넣어서는 안 됩니다　2011-1회

次の　ことを　しては　いけません 다음 사항을 해서는 안 됩니다　2011-1회

そんな　くつでは　いけません 그런 신발로는 안 됩니다　2011-1회

ここは　きけんだから、ここで　およいでは　いけません。
이곳은 위험하니까 여기에서 수영하면 안 됩니다.

あそこで　たばこを　吸っては　いけません。
저기에서 담배를 피우면 안 됩니다.

学生　オートバイで　登校しても　いいですか。 오토바이로 등교해도 됩니까?

先生　いけません。 안 됩니다.

072 **～て みる** ~해 보다

접속 동사 て형+て みる

시험 삼아 해 보는 것을 나타낼 때 쓰는 표현이다.

기출 私に できるか どうか やって みないと 分かりませんが、やって みます
내가 할 수 있을지 없을지 해 보지 않으면 모르겠지만 해 보겠습니다 2012-1회

しりょうを 今週中に つくって みて ください
자료를 이번 주 중으로 만들어 봐 주세요 2017-2회

いつか 試合に 出て みたいです 언젠가 시합에 나가 보고 싶습니다 2021-1회

行って みて ください 가 보세요 2021-2회

買う 前に 一度 はいて みます。
사기 전에 한번 신어 보겠습니다.

あたらしい レストランへ 行って みました。
새로운 레스토랑에 가 보았습니다.

ほかの 人の いけんを 聞いて みましょう。
다른 사람의 의견을 들어 봅시다.

もんだい1　（　　　）に　何を　入れますか。1・2・3・4から　いちばん　いい
　　　　　　ものを　一つ　えらんで　ください。

1 A「山田さん、図書館から　借りた　本は　もう　返しましたか。」
　　B「いいえ、今　（　　　）。」064
　　1　読んで　いる　ところです　　　　　2　読んで　いる　つもりです
　　3　読んで　いる　ようです　　　　　　4　読んで　いる　はずです

2 コップは　あとで　使いますから、ここに　（　　　）　おいて　ください。065
　　1　ならんで　　　　2　ならべて　　　　3　ならべる　　　　4　ならんだ

3 これからも　しょうせつを　たくさん　読んで　（　　　）と　思って　います。062
　　1　いく　　　　　　2　いこう　　　　　3　くる　　　　　　4　きて

4 コップに　みずが　（　　　）　あります。061
　　1　いれて　　　　　2　いれた　　　　　3　はいって　　　　4　はいった

5 ほかの　人の　日記を　（　　　）は　いけません。071
　　1　読み　　　　　　2　読む　　　　　　3　読んだ　　　　　4　読んで

6 この　セーターを　買って　（　　　）のは　下の　むすめです。069
　　1　いただいた　　　2　くれた　　　　　3　さしあげた　　　4　あげた

7 車が　こしょうして、うごかなく　なって　（　　　）。070
　　1　いきました　　　2　きました　　　　3　しまいました　　4　くれました

8 ケーキを　ちょっと　食べて　（　　　）、とても　おいしかったです。072

1　したら　　　　　2　みたら　　　　　3　おいたら　　　　4　あったら

9 A「まだ　寝<ruby>ね</ruby>ないの？」

B「はを　（　　　）　寝ます。」066

1　みがいたのに　　2　みがかなくて　　3　みがきながら　　4　みがいてから

10 （　　　）　言わなければ　よかったと　思っても　おそい。066

1　言うから　　　　2　言った　あとで　3　言う　前に　　4　言うのに

11 会社<ruby>かいしゃ</ruby>を　（　　　）　終<ruby>お</ruby>わらせたい　仕事<ruby>しごと</ruby>が　あります。066

1　やめだして　　　2　やめつづけて　　3　やめる　前に　　4　やめた　あとで

12 手<ruby>て</ruby>を　貸<ruby>か</ruby>して　（　　　）と　非常<ruby>ひじょう</ruby>に　ありがたいのですが。067

1　くださる　　　　2　しまう　　　　　3　いく　　　　　4　くる

13 数学<ruby>すうがく</ruby>は　ぼくが　教えて　（　　　）よ。060

1　やる　　　　　　2　いたす　　　　　3　くれる　　　　4　なさる

もんだい2 ___★___ に 入る ものは どれですか。1・2・3・4から いちばん いい ものを 一つ えらんで ください。

14 これから ますます さむく なって _____ __★__ _____ _____ ように 気を つけて ください。062

1 ひかない   2 いきます   3 から   4 かぜを

15 私は 今 _____ _____ __★__ _____ です。064

1 出かける   2 ところ   3 して いる   4 したくを

16 この ことに ついては _____ _____ __★__ _____ と 思います。069

1 教えて   2 聞いたら   3 山田さんに   4 くれる

17 私が _____ _____ __★__ _____ ください。067,072

1 食べて   2 この 料理を   3 作った   4 みて

답 14 ③ (2341)　15 ③ (1432)　16 ① (3214)　17 ① (3214)

もんだい3　[18]　から　[21]　に　何を　入れますか。文章の　意味を　考えて、
　　　　　　1・2・3・4から　いちばん　いい　ものを　一つ　えらんで　ください。

下の　文章は　留学生の　作文です。

長所と　短所

リ　メイリン

01

　私の　長所は　困って　いる　人に　親切に　する　ところです。日本に　来た
とき、私は　日本語が　分からなくて　とても　こまりました。学校の　先輩や
先生たちに　たくさん　たすけて　もらいました。困って　いる　人を　見ると、

05

その　ときの　ことを　おもいだして　[18]　なります。この　前は　重い
にもつを　もって　かいだんを　のぼる　おばあさんの　にもつを　もって　あげ
ました。おばあさん　[19]　とても　よろこびました。

　私の　短所は　忘れものが　多い　ところです。よく　学校の　しゅくだいを
忘れて　先生　[20]　しかられます。バスや　電車の　中に　かさを　忘れま

10

す。今まで　高い　ものは　あまり　忘れものを　[21]　、これから　注意したい
です。

18

1 たすけて　もらいたく
3 たすけて　あげたく

2 たすけて　くれたく
4 たすけて　いたく

19

1 で
2 が
3 へ
4 と

20

1 に
2 へ
3 で
4 が

21

1 する　ことが　できませんが
3 する　ことが　できますが

2 した　ことが　ありませんが
4 した　ことが　ありますが

핵심 문법

～て もらう 075 ~해 받다	たくさん　たすけて　もらいました	많은 도움을 받았습니다(05行)
～く なる 033 ~해지다	たすけて　あげたく　なります	도와주고 싶어집니다(06行)
～て あげる 060 ~해 주다	にもつを　もって　あげました	짐을 들어 드렸습니다(07行)

답 18 ③　19 ②　20 ①　21 ②

073 **〜ても** 〜해도

접속	동사 て형+ても

기출 だれが 勝<ruby>勝<rt>か</rt></ruby>っても おかしく ない 누가 이겨도 이상하지 않다 `2018-2회`

なんかい なおしても また すぐ こわれる 몇 번 고쳐도 금방 또 고장 난다 `2021-2회`

どちらが 勝<ruby>勝<rt>か</rt></ruby>っても おかしく ない 어느 쪽이 이겨도 이상하지 않다 `2025-2회`

あの 人の 話<rt>はなし</rt>は なんかい 聞<rt>き</rt>いても おもしろく ない。
저 사람의 이야기는 몇 번 들어도 재미없다.

何度<rt>なんど</rt> しっぱいしても、やめずに がんばります。
몇 번 실패하더라도 그만두지 않고 열심히 하겠습니다.

---

074 **〜ても いい** 〜해도 좋다
〜ても かまわない 〜해도 상관없다, 〜해도 괜찮다

접속	동사 て형+ても いい
	동사 て형+ても かまわない

허가나 동의를 나타내는 표현이다. 간혹 「〜て いい」의 형태로 사용하는 경우도 있다.

관련 표현 **〜なくても いい**[083] 〜하지 않아도 좋다

기출 みかんを 食<rt>た</rt>べても いい 귤을 먹어도 돼? `2019-2회`

ぺんを 借<rt>か</rt>りても いいですか 펜을 빌려도 됩니까? `2022-2회`

試験<rt>しけん</rt>が 終<rt>お</rt>わった 人<rt>ひと</rt>は 帰<rt>かえ</rt>っても いいです。 시험이 끝난 사람은 집에 가도 됩니다.

A 今<rt>いま</rt>、ファックスを おくっても いいですか。 지금 팩스를 보내도 됩니까?

B ええ、かまいませんよ。 네, 상관없어요.

今<rt>いま</rt> 使<rt>つか</rt>って いないから、使<rt>つか</rt>っても かまいません。 지금 사용하지 않으니까 사용해도 상관없습니다.

ここでは なにを 話<rt>はな</rt>しても かまいません。 여기에서는 무엇을 이야기해도 괜찮습니다.

075 **〜て もらう** ~해 받다

| 접속 | 동사 て형+て もらう |

「〜て もらう는」 '~해 받다, ~해 주다'라는 뜻으로, 동사 て형에 접속한다. 본동사 もらう(받다)에서 온 표현으로, 자기가 혹은 다른 사람이 남에게 뭔가를 받을 때 사용한다. 우리말에 없는 표현 형식으로 해석에는 주의해야 한다. 「〜に 〜て もらう(~에게 ~해 받다)」는 「〜が 〜て くれる(~가 ~해 주다)」로 바꿔 쓸 수 있다. 시험에서는 もらう가 가능형으로 쓰인 「〜て もらえますか(~해 줄 수 있습니까?)」를 묻는 문제도 나온다.

관련 표현 **〜て くれる** [069] ~해 주다

기출 ほかの 人に 聞いて もらえますか
다른 사람에게 물어 주시겠습니까? 2010-2회

ときどき 日本人の 友だちに 教えて もらいます
가끔 일본인 친구가 가르쳐 줍니다. 2010-2회

となりの 人に 貸して もらった 옆 사람이 빌려 주었다 2011-1회

持って きて もらえますか 가지고 와 주실 수 있어요? 2016-2회

泳ぎ方を 教えて もらいました 헤엄치는 법을 배웠습니다 2016-2회

すみませんが、そこの しおを 取って もらえますか
죄송하지만 거기에 있는 소금을 집어 줄 수 있을까요? 2017-1회

課長に 見て もらわなければ ならない しりょう
과장님이 봐 주셔야만 하는 자료 2017-1회

トマトを 切って もらえる？ 토마토를 잘라 줄 수 있어? 2023-1회

おもちゃが こわれて しまったので、父に なおして もらった。
(＝父が なおして くれた)
장난감이 고장 나 버렸기 때문에 아빠가 고쳐 주었다.

姉に 赤い かさを 貸して もらった。
언니가 (내게) 빨간 우산을 빌려주었다.

写真を 撮って もらえますか。
사진을 찍어 줄 수 있습니까?

076 **〜と** 〜하면, 〜하니까

接続 동사·い형용사·な형용사·명사의 보통형+と
단, 비과거긍정의 경우, な형용사 어간·명사+だ+と

「〜と」는 필연의 결과·확정 사실, 가정, 동시 발생(소위 발견의 と라고 함)의 뜻을 나타낸다. 즉 어떤 사건이나 사항이 습관적·필연적으로 일어날 때 쓰이기 때문에, 문장 끝에 의뢰 표현이나 의무·권고·희망 등의 표현을 사용할 수 없다.

関連 表現 〜ば[092] 〜하면

기출 この 音楽を 聞くと 必ず 眠く なります
이 음악을 들으면 꼭 졸립니다 2010-2회

この 道を まっすぐ 行くと、右がわに ほんやが あります。 습관적·필연적
이 길을 곧장 가면 오른쪽에 서점이 있습니다.

あした いい 天気だと いいね。 가정
내일 날씨가 좋으면 좋겠어.

カーテンを 開けると、海が 見えました。 동시 발생
커튼을 걷으니 바다가 보였습니다.

077 **〜と 〜と どちら** 〜와 〜 중 어느 쪽

接続 명사+と+명사+と どちら

비교 표현이며, 「〜の ほうが 〜です(〜쪽이 〜합니다)」라고 답하는 경우가 많다.

기출 買って きて 食べるのと 店に 食べに いくのと どちらが
사 와서 먹는 것과 가게로 먹으러 가는 것 중 어느 쪽이 2018-2회
映画館で 見るのと 家で 見るのと どちらが
영화관에서 보는 것과 집에서 보는 것 중 어느 쪽이 2019-2회

コーラと ジュースと どちらが 好きですか。 콜라와 주스 중 어느 쪽을 좋아합니까?

A りんごと バナナと どちらが 好きですか。 사과와 바나나 중 어느 쪽을 좋아합니까?

B りんごの ほうが 好きです。 사과를 좋아합니다.

078 ～とき ~때

접속 연체수식어 + とき

기출 宿題で 答えが 分からない とき 숙제에서 답을 모를 때 2018-2회

はじめて この 携帯電話を 持った とき
처음 이 휴대전화를 들었을 때 2019-2회

父は 本を 読む とき、いつも めがねを かけます。
아빠는 책을 읽을 때 항상 안경을 씁니다.

体調が 悪い ときは、無理を しないで ください。
몸 상태가 안 좋을 때는 무리하지 마세요.

079 ～ところだ ~하려는 참이다

접속 동사 사전형 + ところだ

「～ところだ」는 '~하려는 참이다'라는 뜻으로, 동사 사전형에 접속한다. これから(이제부터)나 今から(지금부터)와 호응하는 경우가 많다.

관련 표현 ～た ところだ ⁰⁴⁹ ~한 참이다   ～て いる ところだ ⁰⁶⁴ ~하고 있는 중이다

기출 今から する ところです 지금부터 하려는 참입니다 2019-2회

今から、図書館へ 本を かえしに 行く ところです。
지금부터 도서관에 책을 반납하러 가려는 참입니다.

今から 母に 電話を かける ところです。
지금부터 어머니에게 전화를 걸려는 참입니다.

080 **〜とちゅう（途中）で** 〜도중에

접속 동사 사전형 + とちゅうで
명사 + の + とちゅうで

동작이나 상황이 시작되고 나서 끝나기 전까지의 사이를 나타낸다.

기출 大事な　話の　**とちゅうで** 중요한 이야기 도중에　2018-2회　2022-1회

先週　買い物の　**とちゅうで** 지난주 쇼핑 도중에　2020

学校に　来る　**とちゅうで**　さいふを　忘れたのに　気づいた。
학교에 오는 도중에 지갑을 두고 온 것을 깨달았다.

彼は　式典の　**途中で**　退席した。
그는 식전 도중에 자리를 떴다.

081 **〜ながら** 〜하면서

접속 동사 ます형 + ながら

「〜ながら」는 두 가지 동작이 동시에 이루어지는 것을 나타내는 표현이다.

母は　歌を　歌い**ながら**　料理を　して　います。
엄마는 노래를 부르면서 요리를 하고 있습니다.

子どもたちは　笑い**ながら**　話して　います。
아이들은 웃으면서 이야기하고 있습니다.

メモを　取り**ながら**　先生の　話を　聞いて　ください。
메모를 하면서 선생님 이야기를 들어 주세요.

082 **〜なくては いけない・〜なければ ならない**
〜하지 않으면 안 된다, 〜해야 한다

| 접속 | 동사 ない형+なくては いけない・なければ ならない |

강한 의무나 당연히 해야 할 일을 나타내는 표현이다. 이 두 가지 형식 외에도 「〜なくては ならない, 〜なければ いけない, 〜ないと いけない」도 사용된다. ならない가 いけない보다 좀 더 딱딱한 표현이다.

축약형(〜なくては → 〜なくちゃ)

• **しなくては → しなくちゃ** 하지 않으면

축약형(〜なければ → 〜なきゃ)

• **しなければ → しなきゃ** 하지 않으면

기출　　会議に 出**なければ ならなく** なりました
회의에 참석하지 않으면 안 되게 되었습니다　2011-1회

　　出さ**ないと いけない** レポート 제출해야만 하는 리포트　2013-2회

　　課長に 見て もらわ**なければ ならない** しりょう
과장님이 봐야만 하는 자료　2017-1회

　　あしたまでに 書か**ないと いけない** レポート
내일까지 써야만 하는 리포트　2017-2회

　　覚え**なくては いけない** 외워야 한다　2018-2회

あしたは 朝 6時に 起き**ないと いけない**。
내일은 아침 여섯 시에 일어나야만 한다.

こたえは かならず えんぴつで 書か**なくては いけません**。
답은 반드시 연필로 써야 합니다.

3時までに、会社に もどら**なければ ならない**。
세 시까지 회사에 돌아가야 한다.

かならず 手を 洗わ**なければ なりません**。
반드시 손을 씻어야 합니다.

083 **〜なくても いい** 〜하지 않아도 좋다

〜なくても かまわない 〜하지 않아도 상관없다

접속 동사 ない형 + なくても いい・なくても かまわない

이 표현은 어떤 동작이나 행위의 불필요함을 나타낸다.

관련 표현 〜ても いい・〜ても かまわない [074] 〜해도 좋다, 〜해도 상관없다

기출 時間が あるから いそがなくても いいです
시간이 있으니까 서두르지 않아도 괜찮아요 2017-1회

その 本は 今日 返さなくても いいです。
그 책은 오늘 돌려주지 않아도 됩니다.

かぜが なおったので、もう 病院へ 行かなくても いい。
감기가 나았기 때문에 이제 병원에 가지 않아도 된다.

飲めないのなら、むりに 飲まなくても かまいません。
마실 수 없으면 억지로 마시지 않아도 괜찮습니다.

あした、買い物に 行かなくても かまいませんか。
내일 쇼핑하러 가지 않아도 상관없습니까?

もんだい1 　（　　　）に　何を　入れますか。1・2・3・4から　いちばん　いい
　　　　　　ものを　一つ　えらんで　ください。

1 山田さんは　病気に　（　　　）　会社を　休みませんでした。073
　　1　なれば　　　　　2　なると　　　　　3　なっても　　　4　なっては

2 この　ボタンを　（　　　）と、ドアが　ひらきます。076
　　1　おす　　　　　　2　おして　　　　　3　おした　　　　4　おそう

3 ごごの　かいぎには　（　　　）　かまいませんか。083
　　1　出ない　　　　　2　出なく　　　　　3　出なくては　　4　出なくても

4 A「先生、これ　使っても　かまいませんか。」
　　B「（　　　）。」074
　　1　ええ、使っては　いけません　　　　2　ええ、使っても　いいです
　　3　いいえ、使っても　いいです　　　　4　いいえ、使っても　かまいません

5 私は　でんきやで　ドライヤーを　（　　　）。075
　　1　なおして　くれた　　　　　　　　　2　なおして　もらった
　　3　なおして　なった　　　　　　　　　4　なおして　くださった

6 A「電話番号は　（　　　）　いいですか。」
　　B「いいえ、おねがいします。」083
　　1　書かない　　　　　2　書かないでは　　3　書かなくては　　4　書かなくても

답　1③　2①　3④　4②　5②　6④

7 ピアノ（　　　）バイオリン（　　　）どちらが　やさしいですか。 077

1　や／や　　　　　　2　と／と　　　　　　3　が／が　　　　　　4　も／も

8 今から　パンを　（　　　）ところです。 079

1　やいて　いる　　　2　やけて　いる　　　3　やく　　　　　　4　やける

9 A「ごみの　日は　金曜日です。それ　以外の　日には　出さないように　して
　　　ください。」
　　B「はい、ごみは　金曜日に　（　　　）。」 082

1　出しては　いけないんですね　　　　　2　出さなくては　いけないんですね

3　出さないように　するんですね　　　　4　出さないで　くださいね

10 買い物に　行く　（　　　）財布を　忘れた　ことに　気づきました。 080

1　とちゅうで　　　2　うちに　　　　　3　あとに　　　　　4　なかで

11 分からない　ことが　ある　ときは、先生に　教えて　（　　　）。 075

1　あげます　　　　2　くれます　　　　3　もらいます　　　4　やります

12 宿題は　かならず　（　　　）いけませんよ。 082

1　すると　　　　　2　しなくては　　　3　するなら　　　　4　しながら

13 分からなければ　べつに　（　　　）かまわないです。 083

1　言わなくては　　2　言わないなら　　3　言わないでは　　4　言わなくても

답　7②　8③　9②　10①　11③　12②　13④

もんだい2 ___★___ に 入る ものは どれですか。1・2・3・4から いちばん
いい ものを 一つ えらんで ください。

14 テレビと れいぞうこは 重^{おも}いので _____ _____ ___★___ _____
した。075
1 うちまで 　　　2 ことに 　　　3 もらう 　　　4 はこんで

15 その _____ _____ ___★___ _____ ぎんこうが あります。076
1 左へ 　　　2 かどを 　　　3 と 　　　4 まがる

16 これから 先生 _____ ___★___ _____ _____ です。079
1 かける 　　　2 電話^{でんわ}を 　　　3 ところ 　　　4 に

17 あしたは _____ ___★___ _____ _____ です。083
1 テキストを 　　　2 こなくても 　　　3 持って 　　　4 いい

もんだい３　　18　から　　21　に　何を　入れますか。文章の　意味を　考えて、
　　　　　　１・２・３・４から　いちばん　いい　ものを　一つ　えらんで　ください。

下の　文章は　「家族」に　ついての　作文です。

「トトロ」

01

李　ハンナ

　私の　家　　18　　「トトロ」と　いう　名前の　ネコが　います。３か月前に
母が　　19　　。トトロが　私たちの　家族に　なってから　最初の　方は　とても
ひとみしりを　しましたが、今では　あまえんぼうの　すえっこです。

05

　私は　兄弟が　いないので　トトロが　家族に　　20　　とても　うれしいで
す。私が　学校に　行く　ときや　学校から　帰って　くる　とき、トトロは
いつも　げんかんまで　出て　きます。トトロ　　21　　私たちの　大切な　家族
の　一員です。

18

　1　には　　　　　　2　とは　　　　　　3　へも　　　　　　4　なら

19

　1　ひろって　いました　　　　　　2　ひろいたかったです
　3　ひろったかも　しれません　　　4　ひろって　きました

20

　1　なって　あげて　　　　　　2　なって　くれて
　3　して　おいて　　　　　　　4　して　しまって

21

　1　は　　　　　　2　で　　　　　　3　が　　　　　　4　と

핵심 문법

~て くる ⁰⁶⁸ ~하고 오다	母が ひろって きました	엄마가 주워 왔습니다(04行)
~て くれる ⁰⁶⁹ ~해 주다	家族に なって くれて	가족이 되어 주어(06行)
~ので ⁰¹² ~하기 때문에	私は 兄弟が いないので	나는 형제가 없어서(07行)
~まで ⁰¹⁶ ~까지	げんかんまで	현관까지(09行)

답　18 ① 　19 ④ 　20 ② 　21 ①

084 **〜なさい** 〜해라, 〜하시오

접속　동사 ます형+なさい

부모가 아이에게, 또는 선생님이 학생에게 사용하는 부드러운 명령 및 권유 표현이다.

この　本を　読みなさい。 이 책을 읽어라.

つぎの　しつもんに　答えなさい。 다음 질문에 답하시오.

ごはんを　食べた　あとで　この　くすりを　飲みなさい。 밥을 먹은 후에 이 약을 먹어라.

085 **〜なら** 〜라면, 〜한다면, 〜하려거든

접속　동사 보통형+なら
　　　な형용사의 어간·명사+なら

상대방에게 들은 내용이나 상대방의 모습을 보고 안 사실 등 아는 정보를 조건으로 말할 때 사용한다.

기출　パソコンの　ことなら 컴퓨터에 관한 것이라면　2010-2회

日本料理なら 일본 요리라면　2012-1회　2022-2회

あさってなら　大丈夫だよ 내일 모레라면 괜찮아　2016-2회

さくら病院なら 사쿠라 병원이라면　2018-2회

来週なら　いつでも　大丈夫だよ 다음 주라면 언제라도 괜찮아　2019-2회

バス停なら　あの　スーパーの　前ですよ
버스 정류장이라면 저 슈퍼 앞이에요　2025-1회

タクシーなら、ここから　15分ぐらいで　行けると　思います。
택시라면 여기서 15분 정도면 갈 수 있을 거라고 생각합니다.

雨が　降りそうだから、出かけるなら　かさを　持って　いった　ほうが　いいよ。
비가 올 것 같으니까 외출하려거든 우산을 가져가는 게 좋아.

086 **〜にくい** 〜하기 어렵다

接続 동사 ます형＋にくい

「〜にくい」는 '〜하기 어렵다'라는 뜻으로, 동사 ます형에 접속한다. 이 표현은 좋은 평가와 나쁜 평가에 모두 사용된다.

관련 표현 〜やすい[100] 〜하기 쉽다, 〜하기 편하다

この　つくえは、ひきだしが　小さいので　つかいにくいです。
이 책상은 서랍이 작기 때문에 사용하기 어렵습니다.

単語は　例文と　いっしょに　覚えれば　忘れにくいです。
단어는 예문과 함께 외우면 잘 안 잊어버립니다.

この　くすりは　とても　にがくて　飲みにくいです。
이 약은 몹시 써서 먹기 어렵습니다.

087 **〜に　する** 〜로 (정)하다

接続 명사＋に＋する

「〜に　する」는 '〜로 (정)하다'라는 뜻으로, 명사에 직접 접속한다. 이것은 뭔가를 선택하거나 결정해야 하는 상황에서 '〜로 하겠다고 마음먹다'는 의미로 사용한다. 특히 쇼핑하거나 주문할 때 자주 쓰이는 표현이다.

기출 どっちに　する？ 어느 쪽으로 할래? 2017-2회
カレーに　する 카레로 할게 2024-1회

プレゼントは　ネクタイに　しましょう。 선물은 넥타이로 합시다.

私は　ジュースに　します。 나는 주스로 할게요.

朝ごはんは、パンと　ぎゅうにゅうに　しました。 아침밥은 빵과 우유로 했습니다.

088 **〜に ついて** ~에 관해서

접속 명사＋について

주로 「〜に ついて(~에 관해서)」, 「〜ついての ＋ 명사(~에 관한 ~)」의 형태로 사용된다.

기출 冬休みの 旅行に ついて 相談しました
겨울 방학 여행에 대해 의논했습니다 2024-2회

新聞は その 地震に ついて 長い 記事を 載せた。
신문은 그 지진에 관해 긴 기사를 실었다.

池田さんは 鳥に ついての 講演を しました。
이케다 씨는 새에 관한 강연을 했습니다.

089 **〜に よって** ~에 의해서, ~에 따라서

접속 명사＋によって

「〜に よって」는 '~에 의해, ~에 따라'라는 뜻으로 명사에 직접 접속하여 쓰인다. 주로 「〜に よって (~에 의해)」, 「〜に より(~에 의해)」, 「〜に よる ＋ 명사(~에 의한~)」, 「〜に よると(~에 의하면)」 등의 형태로 쓰인다.

기출 外国人に よって 외국인에 의해서 2016-2회
村の 人たちに よって 마을 사람들에 의해서 2022-2회
タイ人に よって 태국인에 의해서 2025-2회

この 橋は 外国人に よって 作られました。
이 다리는 외국인에 의해서 만들어졌습니다.

天気予報に よると 今日は 雷雨が あるそうだ。
일기예보에 의하면 오늘은 뇌우가 있다고 한다.

皆さまの ご協力に より この 会を 成功させる ことが できました。
여러분의 협력에 의해 이 모임을 성공시킬 수 있었습니다.

090　～の　～것

접속　연체수식어 + の

こと와 の는 일반적으로 쓰이는 형식명사로, 추상적이고 개념적일 때는 こと, 구체적이고 오감으로 다루어지는 대상일 경우에는 の를 사용한다. 見る(보다), 見える(보이다), 聞く(듣다), 聞こえる(들리다), 感じる(느끼다) 등의 지각 동사 앞에는 こと를 사용할 수 없으므로 꼭 の를 써야 한다.

관련 표현　～こと[034] ~것

기출　だれかが　言って　いるのを　聞きました
누군가가 말하는 것을 들었습니다　2010-2회

すこし　むずかしいですから、ほかのに　して　ほしいです
조금 어려우니까 다른 것으로 해 주길 바랍니다　2011-1회

ピアノを　ひくのが　好きですが 피아노 치는 것을 좋아하지만　2016-2회

写真を　とりません。とられるのも　きらいです
사진을 찍지 않습니다. 찍히는 것도 싫어합니다　2017-1회

まいあさ　乗るのは　15番バスです
매일 아침 타는 것은 15번 버스입니다　2017-2회

じしょを　もって　くるのを 사전을 가지고 오는 것을　2017-2회

買って　きて　食べるのと　店に　食べに　いく　のと　どちら
사 와서 먹는 것과 가게에 가서 먹는 것 중 어느 쪽　2018-1회

子どもたちが　歌って　いるのが　聞こえます
아이들이 노래하는 것이 들립니다　2018-2회

映画館で　見るのと　家で　見るのと　どちら
영화관에서 보는 것과 집에서 보는 것 중 어느 쪽　2018-2회

電車が　遅れて　いるのかも　しれません
전철이 늦는 걸지도 몰라요　2021-1회

持って　くるのを　忘れない　ように　して　ください。
가지고 오는 것을 잊지 마세요.　2021-2회

大阪に　来たのは 오사카에 온 것은　2022-2회

山田さんが　歌って　いるのが　聞こえます。
야마다 씨가 노래하는 것이 들립니다.

091 ～のだ ~인 것이다

접속 동사・い형용사의 보통형＋のだ
な형용사의 어간・명사＋なのだ

구체적인 사정, 이유, 해석, 설명, 단정, 결의 등을 말할 때 쓰인다.

축약형(～のだ → ～んだ)

・あった**のだ** → あった**んだ** 있었던 것이다　　　　・じこな**のだ** → じこな**んだ** 사고다

기출　ちょうど　今　食べた　ところな**んです** 지금 막 먹은 참입니다　2011-1회

　　　　よやくを　したい**んです**が 예약을 하고 싶은데요　2017-2회

　　　　帰った**んです**ね 집에 갔군요　2018-1회

　　　　都合が　悪い**んです** 형편이 좋지 않은데요　2019-1회

　　　　先週から　書いて　いる**んです**が 지난주부터 쓰고 있습니다만　2019-1회

　　　　タクシーを　一台　お願いしたい**んです**が

　　　　택시를 한 대 부탁하고 싶은데요　2021-1회

　　　　だから　最近　いそいで　帰って　いる**んです**ね

　　　　그래서 요즘 서둘러 집에 가는 거로군요　2021-2회

山田さんは　ほんとうに　学生な**のです**か。
야마다 씨는 정말로 학생입니까?

電車の　じこが　あった**んです**。それで、おくれて　しまいました。
전철 사고가 있었습니다. 그래서 늦고 말았습니다.

092 **〜ば** ～하면

가정한 사항을 조건으로 하여 말하거나 뒤에 오는 내용이 어떤 전제 하에 일어나는지를 말하는 표현이다. 또한「〜と」와 마찬가지로 습관적으로 되풀이되는 사실에도 쓸 수 있다. 문장 끝에는 완료형(〜た)이 오지 않는다.

관련 표현 〜と [076] ～하면

종류	활용 방법	예시
1그룹 동사	어미 う단을 え단으로 바꾸고 ば를 붙인다.	書く 쓰다 → 書けば 쓰면
2그룹 동사	어미 る를 떼고 ば를 붙인다.	食べる 먹다 → 食べよう 먹으면
3그룹 동사	불규칙 활용한다.	来る 오다 → 来れば 오면 する 하다 → すれば 하면
い형용사	어미 い를 빼고 ければ를 붙인다.	寒い 춥다 → 寒ければ 추우면 いい・よい 좋다 → よければ 좋으면

기출 この　料理は　電子レンジを　使えば 이 요리는 전자레인지를 사용하면 2010-2회

　　　　今すぐ　タクシーに　乗れば 지금 바로 택시를 타면 2011-1회

この　くすりを　飲めば　すぐ　なおりますよ。 이 약을 먹으면 금방 나을 겁니다.

あなたが　行かなければ、私も　行きません。 당신이 안 가면 저도 가지 않겠습니다.

093 **〜はじめる** ～하기 시작하다

접속 동사 ます형+はじめる

동작·현상의 개시를 나타내는 표현이다.

관련 표현 〜だす [048] ～하기 시작하다

ベルが　なると、学生たちは　答えを　書きはじめました。 벨이 울리자 학생들은 답을 적기 시작했습니다.

妹は　料理に　きょうみを　持ちはじめました。 여동생은 요리에 관심을 가지기 시작했습니다.

094 **〜はずが ない** ~할 리가 없다

접속　동사·い형용사의 보통형+はずが ない
な형용사의 명사수식형+はずが ない
명사+の+はずが ない

어떤 사실을 근거로 그럴 가능성이 없다고 추측하는 표현으로 말하는 사람의 주관적인 판단을 나타낸다.

子どもが　そんな　重い　物が　持てる　はずが　ありません。
어린이가 그렇게 무거운 것을 들 수 있을 리가 없습니다.

こんな　ひどい　ことを　する　はずが　ない。
이런 심한 짓을 할 리가 없다.

佐藤さんが　ここへ　来る　はずが　ありません。
사토 씨가 여기에 올 리가 없습니다.

095 **〜はずだ** ~할 것이다, ~일 터이다

접속　동사·い형용사의 보통형+はずだ
な형용사의 명사수식형+はずだ
명사+の+はずだ

객관적인 이유가 있어서 추측을 강하게 확신할 때, 어떤 상황이나 사실이 당연하다고 말할 때 사용한다.

ここに　くつが　あるから、山田さんは　まだ　学校に　いる　はずです。
여기에 신발이 있으니까 야마다 씨는 아직 학교에 있을 것입니다.

けいかくに　よると、この　仕事は　こんどの　春までに　終わる　はずです。
계획에 따르면 이 일은 이번 봄까지 끝날 것입니다.

096 **〜は 〜より** 〜은 〜보다

接続 명사+は+명사+より

비교할 때 사용하는 표현이다.

기출 男の子の 顔は 父親より 남자아이의 얼굴은 아빠보다 [2011-1회]

この 町の じんこうは きょねんより 多く なりました。
이 도시의 인구는 작년보다 많아졌습니다.

今日は 昨日より あたたかい。
오늘은 어제보다 따뜻하다.

この くつは あの くつより 歩きやすい。
이 신발은 저 신발보다 걷기 편하다.

097 **〜ほうが いい** 〜하는 편이 좋다

接続 동사 た형+た+ほうが いい
동사 ない형+ない+ほうが いい

주로 상대방에게 제안하거나 조언할 때 쓰는 표현으로 동사의 과거형과 부정형에 접속하며, 종조사 よ를 붙이는 경우가 많다.

기출 かさを 持って いった ほうが いい
우산을 가지고 가는 편이 좋다 [2020]

今日は 早く うちへ 帰った ほうが いいですよ。
오늘은 일찍 집에 돌아가는 편이 좋아요.

あの 人は 口が かるいから、大事な ことは 話さない ほうが いいですよ。
저 사람은 입이 가볍기 때문에 중요한 것은 말하지 않는 편이 좋아요.

098 **〜ほど 〜ない** 〜만큼 〜하지 않다

접속 명사+ほど+부정 표현

어떤 일의 정도를 비교하는 기준을 나타낼 때, 말하는 사람이 어떤 일에 대해 주관적으로 느낀 것을 강조해서 말할 때 쓰는 표현이다.

弟は、私ほど 走るのが はやく ない。
남동생은 나만큼 달리는 것이 빠르지 않다.

去年の 試験ほど むずかしく ないと 思います。
작년 시험만큼 어렵지 않다고 생각합니다.

今日は さむいですが、きのうほどでは ありません。
오늘은 춥지만 어제만큼은 아니에요.

099 **〜みたいだ** 〜인 것 같다, 〜인 듯하다

접속 동사·い형용사의 보통형+みたいだ
な형용사의 어간·명사+みたいだ

「〜ようだ」의 회화체로 격식을 차리지 않는 자리에서 가볍게 사용할 수 있다. 「〜みたいだ」는 な 형용사처럼 활용하므로 「〜みたいに」,「〜みたいな」와 같이 사용할 수 있다.

관련 표현 〜ようだ [101] 〜인 것 같다, 〜인 듯하다

기출 私も 母みたいに 나도 엄마처럼　2019-1회

高木さんは まるで コンピューターみたいに 計算が 速い。
다카기 씨는 마치 컴퓨터처럼 계산이 빠르다.

子どもみたいな まねを するのは やめなさい。
어린애 같은 흉내를 내는 것은 그만두어라.

あの 人形は まるで 生きて いるみたいだ。
저 인형은 마치 살아 있는 것 같다.

もんだい1 （　　　）に　何を　入れますか。１・２・３・４から　いちばん　いい
　　　　　ものを　一つ　えらんで　ください。

1 これから　どう　するのか　ゆっくり　（　　　）。084
　　1　考えみたい　　　2　考えようだ　　　3　考えなさい　　　4　考えところだ

2 山田さんが　（　　　）、私も　行きます。085
　　1　行って　　　　　2　行くと　　　　　3　行くなら　　　　4　行っても

3 この　くろい　かさは　重くて　（　　　）にくいです。086
　　1　さし　　　　　　2　さす　　　　　　3　ささ　　　　　　4　さして

4 つかれたので、今日は　もう　ここで　終わり（　　　）。087
　　1　に　なろう　　　2　に　しよう　　　3　の　ことだ　　　4　の　ものだ

5 A「どう　したんですか。」
　　B「じつは、子どもが　病気（　　　）。」091
　　1　から　　　　　　2　からです　　　　3　なんです　　　　4　なんですから

6 高木さんは　今日　出かけると　言って　いたから、るすの　（　　　）です。095
　　1　はず　　　　　　2　こと　　　　　　3　ため　　　　　　4　つもり

7 やさしい　田中さんが　こんな　ひどい　ことを　（　　　）。094
　　1　する　ためだ　　　　　　　　　2　しない　ままだ
　　3　する　はずが　ない　　　　　　4　しない　ところだ

답 1③ 2③ 3① 4② 5③ 6① 7③

8 ゆうべ　8時ごろから　雨が　（　　　）はじめました。093

1 降る　　　　　　　2 降って　　　　　　3 降り　　　　　　4 降ったり

9 こんやは　くすりを　飲んで　早く　寝た　（　　　）。097

1 ように　して　ください　　　　　　2 ほうが　いいですよ

3 のが　いいですよ　　　　　　　　　4 ように　しましょう

10 ことしは　きょねん（　　　）　さむく　ありません。098

1 ほど　　　　　　2 だけ　　　　　　3 しか　　　　　　4 でも

11 私の　車は　山田さんの　車（　　　）　高く　ない。096

1 だけ　　　　　　2 より　　　　　　3 しか　　　　　　4 でも

12 こんどの　計画（　　　）　知って　いるのは　鈴木さんだけです。088

1 に　よって　　　2 に　ついて　　　3 ばかりに　　　4 ところに

13 この　しょうせつは　ちゅうごくじん（　　　）　書かれました。089

1 に　して　　　　2 に　なって　　　3 に　いて　　　　4 に　よって

もんだい2 ___★___ に 入る ものは どれですか。1・2・3・4から いちばん いい ものを 一つ えらんで ください。

14 バス _____ _____ ___★___ _____ 行けると 思います。085

　　1　30分　　　　　2　ぐらいで　　　　3　ここから　　　　4　なら

15 コックは きゃくの _____ _____ ___★___ _____ はじめました。093

　　1　作り　　　　　2　りょうりを　　　3　注文を　　　　　4　うけて

16 かれは あたまが いいから、その _____ _____ ___★___ _____
です。095

　　1　はず　　　　　2　すぐに　　　　　3　分かる　　　　　4　こたえは

17 あんな きけんな ところへは _____ _____ ___★___ _____
ですよ。097

　　1　行かない　　　　2　あまり　　　　　3　いい　　　　　4　ほうが

答　14 ① (4312)　15 ② (3421)　16 ③ (4231)　17 ④ (2143)

もんだい3　 18 　から　 21 　に　何を　入れますか。文章の　意味を　考えて、
　　　　　　1・2・3・4から　いちばん　いい　ものを　一つ　えらんで　ください。

下の　文章は　留学生の　作文です。

リ　リー

　　山田さんと　林くんと　あきはばらの　でんきやへ　行きました。私は　テレビを　買い、山田さんは　小さな　カメラと　でんちを、林くんは　ステレオを　 18 　。テレビと　ステレオは　重いので、うちまで　 19 　ことに　しました。

　　つぎの　日、私が　うちで　待って　いると、でんきやから　ステレオが　来ました。みせの　人が　まちがえたのです。テレビ　 20 　林くんの　ところへ　行って　しまいました。そこから　私の　 21 　もう　3日　待たなければ　なりません。でんきやは　あやまって　いました。

18

  1 買ったようです   2 買ったそうです

  3 買いました   4 買うでしょう

19

  1 はこんで　やる   2 はこんで　あげる

  3 はこんで　しまう   4 はこんで　もらう

20

  1 は   2 や   3 の   4 も

21

  1 家に　着いてから   2 家に　行くまで

  3 家に　行ってから   4 家に　来るまで

핵심 문법

～て もらう 075 ~해 받다	うちまで はこんで もらう 집까지 배달하여 받다(04行)	
～ことに する 037 ~하기로 하다	はこんで もらう ことに しました 배달하여 받기로 했습니다(04行)	
～と 076 ~하면, ~하니까	私が うちで 待って いると 내가 집에서 기다리고 있으니(06行)	
～て しまう 070 ~해 버리다, ~하고 말다	林くんの ところへ 行って しまいました 하야시 군한테 가고 말았습니다(07行)	
～のだ 091 ~인 것이다	みせの 人が まちがえたのです 가게 직원이 실수한 것입니다(07行)	
～なければ ならない 082 ~하지 않으면 안 된다, ~해야 한다	もう 3日 待たなければ なりません 사흘 더 기다려야 합니다(08行)	

답 18 ③　19 ④　20 ①　21 ④

100 ～やすい ～하기 쉽다, ～하기 편하다

접속 동사 ます형+やすい

「～やすい」는 좋은 평가와 나쁜 평가에 모두 사용된다.

관련 표현 ～にくい [086] ～하기 어렵다

기출
かるくて　歩きやすい　くつ 가볍고 걷기 편한 신발 　2017-2회
大きくて　座りやすい　ソファー 크고 앉기 편한 소파 　2018-2회

これは　かるくて　はきやすい　くつです。 이것은 가볍고 신기 편한 신발입니다.

雨で　道が　すべりやすいから　気を　つけて　ください。
비 때문에 길이 미끄러워지기 쉬우니까 조심하세요.

101 ～ようだ ～인 것 같다, ～인 듯하다

접속 동사・い형용사・な형용사・명사의 보통형+ようだ
단, 비과거 긍정인 경우, な형용사의 명사수식형+ようだ, 명사+の+ようだ

자신이 직접 경험한 것을 근거로 추측하는 표현이다. 오감으로 얻은 정보를 통해 직감적인 판단을 나타낸다.

관련 표현 ～らしい [105] ～인 것 같다　　　　　～みたいだ [099] ～인 것 같다

기출
何かが　焼けて　いる　ような　においが　しますね
뭔가 타고 있는 듯한 냄새가 나네요 　2012-1회

アニメに　きょうみが　ある　ように　見える
애니메이션에 흥미가 있는 것처럼 보인다 　2019-2회

習う　ことが　楽しかった　ようです 배우는 게 즐거웠던 것 같습니다 　2019-2회

人気が　ある　ようで 인기가 있는 듯 　2022-2회

風が　つめたいです。今日は　きのうより　さむい　ようです。
바람이 찹니다. 오늘은 어제보다 추운 듯합니다.

電気が　ついて　ないですね。だれも　いない　ようです。 불이 켜져 있지 않네요. 아무도 없는 것 같습니다.

102　〜よう（に）　~하도록, ~하게

접속	동사 사전형·가능형＋ように
	동사 ない형＋ない＋ように

소원이나 명령, 목적 등을 나타낸다. 또한「〜よう」의 형태로 に를 생략하고 쓰기도 한다.

기출　歩く　ときは　すべらない　ように
걸을 때는 미끄러지지 않도록　2013-1회

JLPTに　合格できる　ように、いっしょうけんめい　勉強して　います。
JLPT에 합격할 수 있게 열심히 공부하고 있습니다.

交通事故を　起こさない　ように　気を　つけてね。교통사고를 내지 않게 조심해.

103　〜ように　する　~하도록 하다
　　　〜ように　なる　~하게 되다

접속	동사 사전형·가능형＋ように する / ように なる
	동사 ない형＋ない＋ように する / ように なる

「〜ように する」는 어떤 동작이나 상태가 이루어지도록 의식해서 노력하거나 주의하는 것을 나타낼 때, 「〜ように なる」는 능력, 습관, 상태 등이 이전과는 다르게 변화하는 것을 나타낼 때 사용한다.

기출　じしょを　持って　くるのを　忘れない　ように　して　ください
사전을 가져오는 것을 잊지 않도록 하세요　2017-2회
日本に　来てから　料理を　する　ように　なりました
일본에 오고 나서 요리를 하게 되었습니다　2010-2회
少しずつ　泳げる　ように　なりました　조금씩 헤엄칠 수 있게 되었습니다　2016-2회

あしたは　ねぼうしない　ように　します。내일은 늦잠 안 자도록 할게요.
先生の　おかげで　ずいぶん　日本語が　話せる　ように　なりました。
선생님 덕분에 제법 일본어를 말할 수 있게 되었습니다.
最近　運転できる　ように　なりました。최근 운전할 수 있게 되었습니다.

104 **～より ～ほうが** ~보다 ~ 쪽이

접속	명사+より+명사+の+ほうが
	동사 사전형+より+동사 사전형+ほうが

비교할 때 사용하는 표현이다. 「～ほうが～より(~쪽이 ~보다)」뿐만 아니라 단독으로 「～より(も)(~보다(도))」등의 형태로도 쓰인다.

기출 いつも**より** 早く 会社に 行きます 평소보다 일찍 회사에 갑니다 2010-2회

自分で つくる**より** レストランで 食べる ことの **ほうが** 多い
직접 만드는 것보다 레스토랑에서 먹는 편이 많다 2017-2회

車で 行く**より** 歩いて 行く **ほうが**
자동차로 가는 것보다 걸어가는 쪽이 2019-1회

あの 店**より** この 店の **ほうが** いいです。 저 가게보다 이 가게 쪽이(가게가) 좋아요.

兄**より** 弟の **ほうが** せが 高いです。 형보다 동생 쪽이(동생이) 키가 큽니다.

105 **〜らしい** 〜인 것 같다, 〜인 듯하다

접속	동사·い형용사의 보통형＋らしい
	な형용사의 어간·명사＋らしい

「〜らしい」는 들은 것이나 본 것 등 외부 정보에 근거를 둔 추측 표현이다.

관련 표현 〜ようだ[101] 〜인 것 같다

あしたは、いい 天気らしい。 내일은 날씨가 좋을 것 같다.

田中さんは 中国語が できるらしいです。 다나카 씨는 중국어를 할 줄 아는 것 같습니다.

鈴木さんは きのう 外国へ 行ったらしいです。 스즈키 씨는 어제 외국에 간 것 같아요.

106 **명령형**

다른 사람에게 지시하거나 강요할 때 쓰는 표현으로 상대방에게 사용할 때는 주의해야 한다. 인용문이나 안내 표지 등에서 주로 볼 수 있다.

동사의 종류	활용 방법	예시
1그룹 동사	어미 う단을 え단으로 바꾼다.	行く 가다 → 行け 가라
2그룹 동사	어미 る를 떼고 ろ를 붙인다.	食べる 먹다 → 食べろ 먹어라
3그룹 동사	불규칙 활용한다.	来る 오다 → 来い 와라 する 하다 → しろ 해라

早く 起きろ。会社に おくれるよ。 빨리 일어나. 회사에 늦겠어.

待ってろよ、すぐ 戻るから。 기다리고 있어. 곧 돌아올 테니까.

107 지시어 및 연체사

지시어는 こ, そ, あ, ど로 시작하는 연체사와 지시대명사를 일컫는다. 실제 시험에서는 전체 문장의 흐름으로 보아 어떤 지시어를 사용해야 하는지를 묻는 문제가 주로 출제된다.

기출

どういう　意味ですか 어떤 뜻입니까?　2011-2회　2022-1회

どうやって　れんらくしますか 어떻게 연락합니까?　2016-2회

そんな　くつでは 그런 신발로는　2016-2회

かぎを　どこに　おいたか 열쇠를 어디에 두었는지　2016-2회

あの　レストラン 그 레스토랑(대화 중 둘 다 아는 곳)　2017-1회

そんな　話は　はじめて　聞きます 그런 이야기는 처음 듣습니다　2017-2회

どういう　ソファーですか 어떤 소파입니까?　2019-1회

その　話 그 이야기　2019-2회

こっちに　来てから 이쪽에 오고 나서　2021-1회

どうして　電話に　出なかったんですか 왜 전화를 안 받았나요?　2021-2회

そっちに　行くよ 그쪽으로 갈게　2022-1회

どうして　パーティーに　来なかったんですか 왜 파티에 안 왔나요?　2024-1회

私も　あんな　アパートに　住みたいです。 나도 저런 아파트에 살고 싶습니다.

どんな　コンピューターでも　使えますよ。 어떤 컴퓨터라도 사용할 수 있어요.

山田さんは　ゴルフが　じょうずですが、そうは　見えません。
야마다 씨는 골프를 잘 치는데, 그렇게는 보이지 않습니다.

こう　すれば、きれいに　ケーキが　切れるんです。
이렇게 하면 예쁘게 케이크를 자를 수 있어요.

「みなみ」と　いう　漢字は　どう　書きますか。
'미나미'라는 한자는 어떻게 쓰나요?

いつも　どうやって　国の　かぞくに　れんらくしますか。
늘 어떻게 고향에 계신 가족에게 연락합니까?

つぎの　日曜日　いっしょに　海に　行くってのは　どうだろう。
다음 일요일 함께 바다에 가는 것은 어떨까?

お母さんの　体の　具合は　どうですか（どうでしょうか）。
어머니 몸 상태는 어떠신지요?

そんな 話、かれから 一度も 聞いて いませんよ。
그런 이야기 그에게 한 번도 들은 적 없어요.

先日の あの 話は どう なりましたか。
지난번의 그 일은 어떻게 되었습니까? (서로 알고 있는 사항)

A　かれは 定刻に 来ますか。 그는 정각에 올까요?

B　さあ、どうでしょうかね。 글쎄요, 어떨까요?

A　今日 お誘いしたのは 私なので、私が 払います。 오늘 제가 초대했으므로 제가 내겠습니다.

B　そんなに おっしゃるのなら。 그렇게 말씀하신다면야.

A　あおい スーツを 着た あの 男の人は だれですか。 파란 슈트를 입은 저 남성은 누구입니까?

B　私の おじです。 제 삼촌이에요.

こそあど 정리

こ	そ	あ	ど
この 이	その 그	あの 저	どの 어느
こんな 이런	そんな 그런	あんな 저런	どんな 어떤
こう 이렇게	そう 그렇게	ああ 저렇게	どう 어떻게
こちら・こっち 이쪽	そちら・そっち 그쪽	あちら・あっち 저쪽	どちら・どっち 어느 쪽

108 경어

경어는 존경어, 겸양어, 정중어 세 가지 분야로 나뉜다.

존경어는 상대방이나 제삼자를 높여서 경의를 나타내는 표현이다. くださる(주시다), なさる (하시다), いらっしゃる(계시다, 오시다), ごぞんじだ(아시다), ごらんに なる(보시다) 등이 있다.

겸양어는 자신이나 자신의 가족, 자신이 소속된 곳을 낮춰 상대를 높이는 겸손한 표현이다. いただく(받다), おる(있다), いたす(하다) 등의 표현이 있다.

정중어는 상대방에 대해 정중한 태도를 나타내는 표현으로 어느 한쪽을 높이거나 낮추지 않는다. ございます(있습니다)가 이에 해당한다.

[관련 표현] お〜ください [023] 〜해 주세요   お〜する [024] 〜하다

お〜になる [025] 〜하시다

あの　方(かた)を　ごぞんじですか。 [존경어]
저 분을 아십니까?

田中(たなか)さんが　かいた　えを　ごらんに　なりましたか。 [존경어]
다나카 씨가 그린 그림을 보셨습니까?

部長(ぶちょう)は　今(いま)　電話(でんわ)に　出(で)て　おりますので、　しばらく　お待(ま)ちください。 [겸양어]
부장님은 지금 전화를 받고 있으므로 잠시 기다려 주세요.

A きみ、ぼくの　しょるいは　どこに　あるの？
　자네, 내 서류는 어디에 있나?

B 部長(ぶちょう)の　しょるいは　あそこに　ございます。 [정중어]
　부장님 서류는 저기에 있습니다.

もんだい1　（　　　）に　何を　入れますか。1・2・3・4から　いちばん　いい
　　　　　ものを　一つ　えらんで　ください。

1 母は　年を　とって　かぜを　（　　　）やすく　なりました。100
　　1　ひか　　　　　　2　ひき　　　　　　3　ひく　　　　　4　ひいて

2 あとで　電話を　かける（　　　）言って　ください。102
　　1　はずに　　　　　2　ことに　　　　　3　そうに　　　　4　ように

3 この　問題は　（　　　）ように　見えますが、ぜんぜん　そうでは　ありま
せん。101
　　1　かんたんで　　　2　かんたんな　　　3　かんたんに　　4　かんたん

4 むすめは　ひとりで　くつが　（　　　）ように　なりました。103
　　1　はけた　　　　　2　はける　　　　　3　はいた　　　　4　はかない

5 道が　こんで　いるから　車で　（　　　）歩いて　行った　ほうが　早いかも
しれません。104
　　1　行くより　　　　2　行った　あと　　3　行っても　　　4　行ったけれど

6 あの　先生を　（　　　）か。108
　　1　ごぞんじます　　2　ごぞんじします　3　ごぞんじです　　4　ぞんじなさいます

답 1② 2④ 3② 4② 5① 6③

7 A 「きのう　（　　　）　学校に　来なかったんですか。」

B 「かぜを　ひいて　ねつが　あったんです。」 107

1　どんな　　　　　　2　どちら　　　　　　3　どうして　　　　　4　どう

8 山田さんは　きのう　アメリカへ　（　　　）らしいですよ。 105

1　行き　　　　　　2　行く　　　　　　3　行って　　　　　4　行った

9 早く　（　　　）。学校に　おくれるよ。 106

1　起きろ　　　　　2　起きず　　　　　3　起きるな　　　　4　起きいて

10 かいだんが　ぬれて　います。（　　　）ので、ちゅういして　ください。 100

1　すべりらしい　　2　すべりようだ　　3　すべりやすい　　4　すべりたがる

11 部屋の　ドアを　あけて　だれでも　（　　　）。 103

1　入れる　ように　しました　　　　　2　入りたがって　います

3　入れる　ことに　したいです　　　　4　入りにくく　なって　います

12 「いけ」と　いう　漢字は　（　　　）　書きますか。 107

1　どんな　　　　　　2　どう　　　　　　3　どの　　　　　　4　どこ

13 どこかへ　（　　　）　かぎが　かかって　います。 105

1　出かけたそうに　　　　　　　　2　出かけたそうで

3　出かけたらしく　　　　　　　　4　出かけたのに

もんだい2 _____ ★ に 入る ものは どれですか。1・2・3・4から いちばん
いい ものを 一つ えらんで ください。

14 最近、いもうとは わたしが _____ ___★___ _____ _____ ように
さいきん
見えます。 ¹⁰¹

1 きょうみが 　　2 見て いる 　　3 ドラマに 　　4 ある

15 これからは 外国の 品物が _____ _____ ___★___ _____ ですよ。¹⁰⁵
がいこく しなもの

1 らしい 　　2 くる 　　3 入って 　　4 もっと

16 子どもが 大きく なったので やっと _____ _____ ___★___ _____
なりました。 ¹⁰³

1 つまと 　　2 ふたりで 　　3 旅行できる 　　4 ように

17 この 問題は とても _____ _____ ___★___ _____。¹⁰⁷
もんだい

1 むずかしくて 　　2 かんがえても 　　3 分かりません 　　4 どう
　　　　　　　　　　　　　　　　　　　　わ

もんだい3 **18** から **21** に 何を 入れますか。文章の 意味を 考えて、
1・2・3・4から いちばん いい ものを 一つ えらんで ください。

私の しゅみ **18** きってを あつめる ことです。まだ 私が 中学生の
ころ、外国に いる おじさんから もらった 手紙に めずらしい きってが
多かったので、きってを あつめる ことが **19** 。 01

私は、日本の めずらしい きって **20** 外国の きっての ほうが 好き
ですが、まだ 日本の きってに くらべると、外国の きっての ほうが 少
ないです。 05

兄も このごろ きってを あつめて いますが、「日本の きってより 外
国の きっての ほうを たくさん もって いる」と 言って います。兄は
いま、外国の 高校生と 友だちに なって いますから、まもなく 外国の
きってが 私より **21** 。 10

18

1 が　　　　　　2 は　　　　　　3 も　　　　　　4 や

19

1 好きでしょうか　　　　　　　　2 好きだったそうです
3 好きだったからです　　　　　　4 好きに　なりました

20

1 とでは　　　　　2 からは　　　　　3 よりも　　　　4 までも

21

1 多く　するでしょう　　　　　　2 多く　しました
3 多く　なるでしょう　　　　　　4 多く　なりました

핵심 문법

～より ～ほうが [104] ~보다 ~ 쪽이	日本の めずらしい きってよりも 外国の きっての ほうが
	好きです 일본의 희귀한 우표보다도 외국 우표를 좋아합니다(05行)
	日本の きってより 外国の きっての ほうを
	일본 우표보다 외국 우표를(08行)
～ので [012] ~이므로, ~하기 때문에	めずらしい きってが 多かったので 희귀한 우표가 많았기 때문에(03行)
～に なる [033] ~해지다	きってを あつめる ことが 好きに なりました
	우표를 모으는 것이 좋아졌습니다(04行)
～と [076] ~하면, ~하니까	日本の きってに くらべると 일본 우표에 비하면(06行)

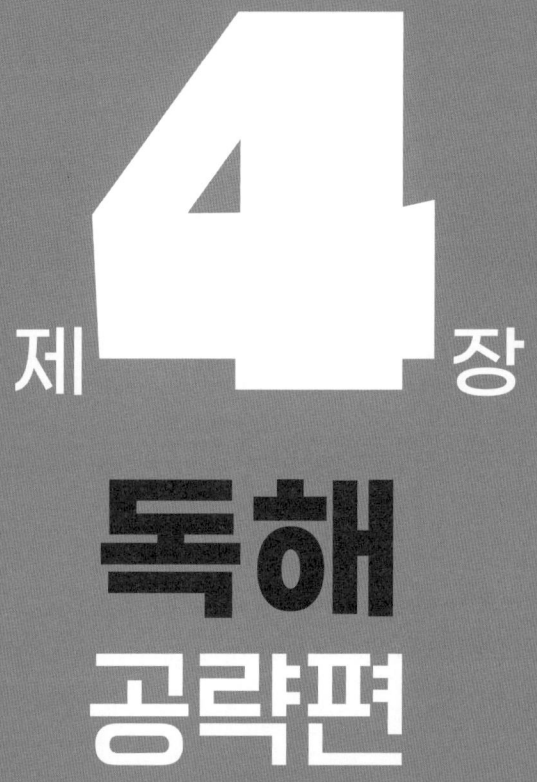

제 **4** 장

독해
공략편

01 독해 요령 알아두기
02 문제 유형 공략하기

문제 유형
완전 분석
동영상 강의

01 독해 요령 알아두기

1 문제 유형별 독해 포인트

1 내용이해(단문)

주로 학습, 생활, 업무 등과 관련된 다양한 화제나 장면을 쉽게 쓴 100~200자 정도의 지문을 읽고 내용을 이해했는지를 묻는다. 주로 글의 전체 내용을 묻는 문제, 저자의 주장이나 생각을 묻는 문제, 문맥을 파악하는 문제 등의 형태로 출제된다.

2 내용이해(중문)

일상적인 화제나 장면을 소재로 쉽게 새로 쓴 450자 정도의 지문을 읽고 내용을 이해했는지를 묻는다. 주로 문장의 개요나 필자의 생각, 인과관계나 이유, 문맥 파악 등의 문제가 출제되기 때문에, 지문의 각 단락이 말하고자 하는 내용이 무엇인지를 파악하는 것이 중요하다.

3 정보검색

안내나 통지 등의 400자 정도의 정보를 다룬 지문에서 자신에게 필요한 정보를 찾아낼 수 있는지를 묻는다. 정보를 주는 문장의 경우, 읽는 목적에 따라 필요한 부분만을 찾아서 읽으면 된다. 따라서 먼저 문제지의 질문과 선택지를 읽고 필요한 정보가 무엇인지 파악하는 것이 중요하다.

② 질문 유형별 독해 포인트

① 내용 파악 문제

지문의 전체적인 내용을 파악하는 문제로, 내용이해(단문·중문), 정보검색 등 모든 문제 유형에서 출제된다. 문제 유형별로 문제 푸는 요령이 조금씩 다른데, 내용이해의 경우는 먼저 선택지를 읽고 본문의 내용과 비교해 가면서 선택지를 지워나가도록 한다. 정보검색의 경우는 질문이 먼저 나오고 지문이 나오므로, 질문을 읽은 후에 질문에서 요구하는 정보를 지문에서 파악해야 한다.

② 필자 관련 문제

필자의 생각이나 주장을 묻는 문제로, 주로 내용이해(단문·중문)의 문제 유형에서 출제된다. 필자의 주장은 단락이 하나일 경우는 첫 문장과 마지막 문장, 단락이 두 개 이상일 경우는 마지막 단락을 주의해서 읽는다. 필자가 가장 말하려고 하는 주장, 의견, 요점을 나타낸 키워드를 찾는다.

③ 의미 파악 문제

밑줄 친 부분에 대한 의미를 찾는 문제와 문맥을 파악하는 문제로, 주로 내용이해(단문·중문)의 문제 유형에서 출제된다. 밑줄 친 부분의 의미를 확실히 이해한 다음, 앞뒤 문맥을 잘 살펴본다.

02 문제 유형 공략하기

1 もんだい 4 내용이해(단문)

もんだい 4 는 내용이해(단문) 문제로 100~200자 정도의 지문을 읽고 내용을 이해했는지를 묻는다.
문제 수는 총 세 문제로, 세 개의 지문이 제시되고 각 지문 당 한 문제가 나온다.

 알고 풀자!

> 글의 전체 내용을 묻는 문제나 저자의 주장이나 생각을 묻는 문제, 문맥을 파악하는 문제 등의 형태로 출제된다.
> 전체 독해 문제 중에서 지문이 짧은 편이기 때문에 저자의 주장이나 의견, 전체 지문의 요점을 나타낸 키워드나
> 문장을 빨리 파악하는 것이 중요하다.

예시

> もんだい 4　つぎの（1）から（3）の文章を読んで、質問に答えてください。答え
> 　　　　　は、1・2・3・4から、いちばんいいものを一つえらんでください。
>
> （1）
>
> このお知らせが、学校の教室にあります。
>
> > ### 忘れものです。
> >
> > 　忘れた人は、職員室へ取りにきてください。
> >
> > ・帽子（校庭に落ちていました。）
> > ・2年生の国語の教科書（2－1の教室にありました。）
> >
> > 　10月11日から16日までは、テスト期間中ですから、職員室には入れません。
> > 教室で担任の先生に言ってください。

れいだい　つぎの文章を読んで、質問に答えてください。答えは１・２・３・４から、
　　　　　いちばんいいものを一つえらんでください。

　　今日は７月７日です。昨日はヤンさんのたんじょうびでした。わたしたちはヤン
さんのアパートに集まりました。試験がおとといおわったので、楽しくパーティー
のじゅんびをしました。みんなでヤンさんの国のりょうりをつくりました。私たち
は夜おそくまで、おいしいりょうりを食べたり、一人ずつじぶんの国の歌を歌った
りしました。とても楽しい一日でした。

1　試験はいつ終わりましたか。

　　１　７月３日

　　２　７月４日

　　３　７月５日

　　４　７月６日

해석

　오늘은 7월 7일입니다. 어제는 양 씨의 생일이었습니다. 우리는 양 씨의 아파트에 모였습니다. 시험이 그저께 끝났기 때문에 즐겁게 파티 준비를 했습니다. 다 함께 양 씨의 고향 요리를 만들었습니다. 우리는 밤늦게까지 맛있는 요리를 먹기도 하고 한 사람씩 자기 나라의 노래를 부르기도 했습니다. 매우 즐거운 하루였습니다.

1　시험은 언제 끝났습니까?

1　7월 3일

2　7월 4일

3　7월 5일

4　7월 6일

해설

질문은 '시험이 언제 끝났는지'를 묻고 있다. 지문에서 오늘은 7월 7일이고, 시험은 그저께 끝났다고 했다. 오늘이 7월 7일이면, 어제는 7월 6일, 그저께는 7월 5일이 되므로 선택지 3번 '7월 5일'이 정답이다.

단어

たんじょうび 생일　アパート 아파트　集まる 모이다　試験 시험　おととい 그저께　終わる 끝나다　楽しい 즐겁다　パーティー 파티　じゅんび 준비　国 나라, 고국　りょうり 요리　つくる 만들다　夜おそくまで 밤늦게까지　食べる 먹다　一人ずつ 한 명씩　歌 노래　歌う 노래를 부르다　一日 하루

もんだい 4 つぎの文章を読んで、質問に答えてください。答えは１・２・３・４から、いちばんいいものを一つえらんでください。

（1）

> 公園からのお知らせ
>
> 来週の日曜日に花のフェスティバルを行います。10時からステージイベントがあります。午後には子どものためのゲームをします。車で来る方は公園の北の入口を使ってください。

1 このお知らせの内容について、正しいのはどれですか。

   1　フェスティバルは午前中だけ行われます。
   2　車で来る人は北の入口から入ります。
   3　ゲームは午前10時から始まります。
   4　フェスティバルは土曜日に行われます。

（2）

> お客様へ
>
> 今週の金曜日は店の電気工事があるため、午後の営業をお休みします。午前はいつものように８時から営業いたします。土曜日からは、いつもどおり営業いたします。金曜日にご利用のお客様にはごめいわくをおかけしますが、よろしくお願いいたします。

2 このお知らせの目的はどれですか。

   1　電気工事の時間を変更することを知らせる。
   2　金曜日の午後から休みであることを知らせる。
   3　土曜日の営業時間を変えることを知らせる。
   4　今週の電気工事の場所を知らせる。

（3）

私は毎日電車で会社に通っています。家から駅まで歩いて10分ぐらいかかります。朝の通勤時間はいつも混んでいて、人が多いです。先週の金曜日、仕事が終わった後、ひさしぶりに友達と会う約束をしていました。しかし、電車が遅れたので、約束の時間に間に合いませんでした。これからは、時間に余裕を持って出発しようと思います。

3 この文章の内容について正しいのはどれですか。

1　会社までは家から10分かかる。
2　仕事の後は、いつも友達と会っている。
3　友達との約束に遅れてしまった。
4　人が少ない時に電車に乗ることにした。

（4）

田中さんは最近、体の具合が悪くて病院に行きました。病院では、まず看護師さんが熱をはかりました。そのあと、医者の先生が田中さんの話を聞いて、いろいろな検査をしました。結果は、ただの風邪でした。どこも悪いところはないと分かったので、田中さんはほっとしました。先生には薬を飲んで、ゆっくり休むように言われました。

4 田中さんの体の具合について、正しいのはどれですか。

1　風邪だと分かった。
2　病院で検査を受けた結果、少し問題があった。
3　風邪ではなく、疲れが原因だと言われた。
4　田中さんは薬を飲む必要がないと言われた。

（5）

店長からのメモがあります。

スタッフへ

　明日の朝、コーヒーマシンのチェックをします。そのため、開店の時間を10時から10時半に変更します。チェックの間は店の中にだれも入れないでください。お客さんには入口のポスターで知らせてください。チェックが終わったら、掃除をしてからすぐに店を開けてください。忘れずにお願いします。

---

5 このメモを読んだ人は、どうすればいいですか。

1　開店時間を10時にする。

2　チェックの後に店を開ける。

3　チェックの間もお客さんをお店に入れる。

4　ポスターをお客さんにわたす。

（6）

　来週、パン工場の見学に行きます。午前9時にここを出発します。お弁当は、工場の人が用意してくれます。いっしょに食堂で食べます。飲み物は、じぶんで持っていってください。工場では、写真はとれないので、カメラは持っていってはいけません。あ、それから、かさを忘れないでください。バスを降りてから、少し歩きます。雨が降るかもしれませんからね。

---

6 パン工場の見学に行くとき、何を持っていかなければなりませんか。

1　お弁当とカメラ

2　お弁当と飲み物

3　かさとカメラ

4　かさと飲み物

（7）

　　私は大学２年生で、アルバイトとして近くのコンビニで働いています。平日は授業があるので、アルバイトは主に週末にしています。とくに、土曜日は朝９時から夕方５時まで長く働きます。先週の日曜日は友達に急な用事ができたので、友達の代わりに日曜日の夜も働くことになりました。コンビニのアルバイトは大変ですが、お客様に「ありがとう」と言われると、うれしくてやる気が出ます。

7 私のアルバイトについて正しいのはどれですか。
1　平日に毎日働いている。
2　土曜日はなるべく短く働いている。
3　お客様の言葉が働く力になっている。
4　先週の日曜日は予定があって働かなかった。

（8）

　　あしたはみんなで自動車工場へ見学に行きます。バスは１時に学校を出発しますから、それまでに昼ごはんを食べて集まってください。バスの中では、食べ物を食べてはいけません。工場で食べる時間もありません。おなかがすきますから、かならず食べてきてくださいね。

8 あした、昼ごはんはいつ食べますか。
1　工場に着いてから食べます。
2　工場を見学しながら食べます。
3　バスに乗ってから食べます。
4　バスに乗る前に食べます。

（9）

山田さんは犬を飼っています。犬の名前はタマで、2年前に保護施設から引き取りました。タマは今年3歳になる犬で、人と遊ぶのが好きです。朝ごはんのときはいつもいすの上に座って、おやつをもらいます。山田さんは、そんなタマがとてもかわいいと思っています。毎日決まった時間にえさをあげていて、動物病院にも定期的に連れて行っているそうです。

9 タマについて正しいのはどれですか。

1 2年前に引き取られた。
2 病気で動物病院に行ってきた。
3 タマは今年で2歳になったそうだ。
4 人と遊ぶのが好きじゃない犬である。

（10）

私は留学生のりょうに住んでいます。私の部屋は5かいにあります。部屋はせまいですが、きれいです。部屋にはベッドやつくえや本だなどがありますが、テレビはありません。部屋にはテレビをおくところがありません。それで、テレビを見たいときは1かいの食堂へ行きます。

10 この人の部屋にテレビがないのはどうしてですか。

1 テレビを見ないから
2 部屋がせまいから
3 テレビがきらいだから
4 部屋が5かいにあるから

（11）

私は、郵便局で働いています。車に乗って荷物を運んだり、手紙や葉書を届けたりします。12月は、クリスマスカードを送る人や、1月1日のお正月の葉書を送る人が多いので、いつもより忙しいです。まだまだ寒いですが、がんばります。

11 文章の内容と、合っているのはどれですか。

1 私は車で荷物を運びます。

2 1月はいつもより忙しいです。

3 クリスマスカードを12月に書きます。

4 お正月の葉書は12月1日に届けます。

（12）

私は毎日自転車で大学へ行きます。家から大学まで自転車で20分ぐらいです。ときどき、バスで行きます。バスのほうが早いですが、高いです。昨日、大学で自転車がこわれたので、歩いて帰らなければなりませんでした。雨も降っていましたから、大変でした。友達にかさを貸してもらいました。

12 この人はどうして昨日歩いて帰りましたか。

1 バスがなかったから

2 雨が降っていたから

3 自転車がこわれたから

4 友達にかさを貸してもらったから

（13）

図書館の入口に、このお知らせがあります。

図書館のお知らせ

・図書館が開いている時間は、午前7時から午後8時です。

　これ以外の時間は、中に入れません。

・図書館の中では、大きな声で話さないでください。

・図書館の中では、食べ物を食べないでください。

・本を読んだら、もとの場所に置いてください。

・今月から、図書館の閉まる時間が午後9時から午後8時に変わりました。

　ご注意ください。

---

13 このお知らせから、図書館について正しいのはどれですか。

1　午後9時に図書館は閉まります。

2　図書館は、何時に行っても開いています。

3　図書館の中では大きな声で話してはいけません。

4　本は読んでから、テーブルの上に置きます。

（14）

小池先生の机の上に、吉田先生からのメモがあります。

小池先生

　ラーメン工場の岡崎さんから電話がありました。

　来月に工場が見学できるのは、毎週月曜日と、毎週木曜日の午後１時からか、

午後３時からだそうです。

　見学する日にちと時間が決まったら、電話してほしいと言っていました。

　それから、何人で来るのかも教えてもらいたいそうです。

　よろしくお願いします。

吉田

---

14 このメモを読んで、小池先生は岡崎さんに何を知らせなければなりませんか。

1　見学に行く人の数だけ

2　見学に行く人の数と日にち

3　見学に行く人の数と時間

4　見学に行く人の数と日にちと時間

（15）

> 　私は先週、フランスに旅行に行きました。ヨーロッパには２回旅行していますが、フランスは今回が初めてでした。パリのエッフェル塔は必ず見たかったので、最初にエッフェル塔に行きました。その後、美術館や歴史的な建物を見て回りました。フランス料理もたくさん食べましたが、特にワインとチーズがおいしかったです。旅行中は、パリの街を歩きながらお土産もたくさん買いました。忘れられない楽しい旅行になりました。

15 旅行について正しいのはどれですか。

　　1　ワインとチーズがおいしくなかった。

　　2　フランス料理は一度しか食べなかった。

　　3　旅行中にお土産は選ばなかった。

　　4　最初にエッフェル塔を見に行った。

② もんだい 5 **내용이해(중문)**

もんだい 5 는 내용이해(중문) 문제로 450자 정도의 지문을 읽고 내용을 이해했는지를 묻는다.
지문은 한 개이고, 문제는 세 문제가 나온다.

! 알고 풀자!

주로 문장의 개요나 필자의 생각, 인과관계나 이유, 문맥 등을 파악하는 문제가 출제되기 때문에, 지문의 각 단락이 말하고자 하는 내용이 무엇인지를 파악하는 것이 중요하다. 문장의 주제나 저자의 생각은 주로 마지막 단락에서 정리되므로 주의 깊게 파악한다. 인과관계나 이유, 문맥의 의미를 묻는 문제의 경우는 주로 밑줄 친 부분의 앞뒤 문장을 잘 살펴서 문제를 풀어야 한다.

예시

> もんだい 5 　つぎの文章を読んで、質問に答えてください。答えは１・２・３・４から、いちばんいいものを一つえらんでください。

　昨日の夜、家族みんなでＳＮＳについて話し合い、家族ルールを作りました。

　学校で教わったＳＮＳの基本ルールは、１日２時間まで利用することと、夜22時まで利用できることです。

　このルールに合わせて、我が家のルールも入れました。

　それは、食事中は使わないこと、勉強中は使わないこと、ＳＮＳで知り合った人と外で会ったりしないことです。

　また、この５つのルールを守れなかった時の約束もみんなで決めました。

　両親はどっちも仕事をしていて、わたしもアルバイトをしています。わたしはバツとしてお金を払うことができますが、中学生の妹はまだ ① 難しいです。なので、ルールを守れなかった場合は、わたしたちは一回につき三千円を支払い、妹はお風呂場の掃除をすることになりました。

　それからもう一つは、ルールを守れなかった日の次の日はＳＮＳを利用しない約束になりました。

れいだい　つぎの文章を読んで、質問に答えてください。答えは１・２・３・４から、
　　　　　いちばんいいものを一つえらんでください。

　私は18歳の高校生です。来年、大学に行きたいと思っています。

　私のしゅみは写真をとることです。私の住んでいる町は山の中にあってきれいな
みずうみがあります。学校が休みのときはいつも山やみずうみに行って写真をとっ
ています。去年の夏休みには友達といっしょに京都へ行きました。京都には有名な
おてらや古いたてものがたくさんあります。私がいちばんきれいだと思ったのは「桂
離宮」です。そこで写真をたくさんとりました。

　学校のべんきょうはれきしが好きです。大学ではれきしのべんきょうをしようと
思っています。れきしの時間にべんきょうした場所を旅行して写真をたくさんとる
のがゆめです。

　私はこんな女の子です。おなじしゅみの人、私と友達になってください。下の住
所に手紙をください。おなじぐらいの年齢の人がいいです。よろしくおねがいしま
す。

住所：〒165－0026
東京都中野区新井２－47－１－307
中野景子

---

1 この人はどうしてこの文章を書きましたか。

1 大学に行きたいから
2 同じしゅみの友達をつくりたいから
3 旅行がしたいから
4 写真がとりたいから

2 この人はどんなところに住んでいますか。

1 古い町
2 有名な町
3 都会
4 いなか

3 この人はどんな人ですか。

1 大学に行っている人
2 友達がたくさんいる人
3 よく写真をとっている人
4 写真のべんきょうをしている人

해석

> 저는 18살 고등학생입니다. 내년에 대학에 가고 싶습니다.
>
> 제 취미는 사진을 찍는 것입니다. 제가 살고 있는 마을은 산속에 있고 예쁜 호수가 있습니다. 학교가 쉬는 날에는 항상 산이나 호수에 가서 사진을 찍습니다. 작년 여름방학에는 친구와 함께 교토에 갔습니다. 교토에는 유명한 절이나 오래된 건물이 많이 있습니다. 제가 가장 아름답다고 생각한 것은 '가쓰라이궁'입니다. 그곳에서 사진을 많이 찍었습니다.
>
> 학교 공부는 역사를 좋아합니다. 대학에서는 역사 공부를 하려고 생각하고 있습니다. 역사 시간에 공부했던 장소를 여행해서 사진을 많이 찍는 것이 꿈입니다.
>
> 저는 이런 여자아이입니다. 같은 취미를 가진 사람은 저와 친구가 되어 주세요. 아래의 주소로 편지를 주세요. 같은 정도의 연령인 사람이 좋습니다. 잘 부탁합니다.
>
> 주소: 〒 165-0026
>   도쿄도 나카노구 아라이 2-47-1-307
>   나카노 게이코

1 이 사람은 왜 이 글을 썼습니까?

1 대학에 가고 싶기 때문에
2 **같은 취미를 가진 친구를 만들고 싶기 때문에**
3 여행이 하고 싶기 때문에
4 사진을 찍고 싶기 때문에

2 이 사람은 어떤 곳에 살고 있습니까?

1 오래된 마을
2 유명한 마을
3 도시
4 **시골**

3 이 사람은 어떤 사람입니까?

1 대학에 간 사람
2 친구가 많이 있는 사람
3 **자주 사진을 찍는 사람**
4 사진 공부를 하는 사람

해설

〈질문 1〉은 '이 사람이 글을 쓴 이유'를 묻고 있다. 글 마지막 단락에서 같은 취미를 가진 사람은 자신과 친구가 되어 달라고 말하고 있으므로, 정답은 선택지 2번 '같은 취미를 가진 친구를 만들고 싶기 때문에'이다.

〈질문 2〉는 '이 사람이 어디에 살고 있는지'를 묻고 있다. 글 두 번째 단락에서 자신이 살고 있는 곳이 산속에 있고 아름다운 호수가 있다고 했으므로, 정답은 선택지 4번 '시골'이다.

〈질문 3〉은 '이 사람이 어떤 사람인지'를 묻고 있다. 전체적으로 살펴보면 이 사람은 내년에 대학에 가고 싶은 18세의 여고생으로, 취미는 사진을 찍는 것이고 역사를 좋아해서 대학에서 역사를 공부하고 싶어 하며, 역사 시간에 공부한 장소를 여행해서 사진을 찍는 것이 꿈인 사람이다. 그리고 현재 같은 취미를 가진 친구를 찾고 있다. 이와 관련이 있는 선택지는 3번이다.

단어

しゅみ 취미　写真をとる 사진을 찍다　住む 살다　みずうみ 호수　れきし 역사　場所 장소, 곳　住所 주소　手紙 편지
年齢 연령, 나이

もんだい5 つぎの文章を読んで、質問に答えてください。答えは1・2・3・4から、いちばんいいものを一つえらんでください。

（1）

私はこの春から会社で働いていて、毎日忙しく過ごしています。仕事が終わる時間も日によって違うため、平日はあまり自分の時間がありません。そのため、週末はできるだけ予定を入れず、家でゆっくり休むようにしています。

先週の土曜日は、朝から雨が降っていました。本当は友達と会う約束をしていましたが、天気予報でも一日中雨だと言っていたので、① 出かけるのをやめることにしました。友達には前日に連絡をして、別の日に会うことにしました。

午前中は洗濯をして、部屋の掃除をしました。午後は、前から読みたかった本を読みながら、温かいコーヒーを飲んで静かに過ごしました。夜は冷蔵庫にあった材料で簡単な料理を作り、テレビを見ながらゆっくり食事をしました。外には出ませんでしたが、② 心も体も休める、満足できる一日だったと思います。

1 どうして ① 出かけるのをやめることにしましたか。

1 仕事が忙しかったから
2 友達と会う約束がなかったから
3 天気が悪かったから
4 体の調子が悪かったから

2 「私」は、午後はどんなことをしていましたか。

1 部屋の掃除だけをしていました。
2 本を読みながら静かに過ごしていました。
3 友達に会いました。
4 冷たいコーヒーを飲みました。

3 ② 心も体も休める、満足できる一日だったとありますが、「私」はその日、どんな一日だったと思っていますか。

1 忙しくて大変な一日
2 外で長く過ごした一日
3 家で静かに過ごした一日
4 仕事の予定が多かった一日

（2）

　　私は最近、家で料理をする時間を大切にしています。前は、忙しい日が多く、夕食はコンビニのお弁当や外で食べることがほとんどでした。そのため、食事の時間も短く、テレビを見ながら急いで食べることが多かったです。

　　ある日、ひさしぶりに家で自分で料理をしてみたところ、思っていたより楽しく感じました。スーパーで材料を選んだり、料理を作ったりする時間も楽しいなと思いました。それからは、時間がある日は、むずかしくない簡単な料理を作るようになりました。

　　最初はうまくできないこともありましたが、今は少しずつ慣れてきました。最近は、料理をしながら音楽を聞いたり、できた料理をゆっくり食べたりしています。① 食事のしかたを少し変えただけで、毎日の気分もよくなってきました。② これなら私でも続けられそうだと思いました。

4 どうして「私」は料理をするようになりましたか。

1 料理がとても上手だから
2 自分で作ると楽しいと感じたから
3 外で食事をするのがきらいだから
4 料理教室に通っているから

5 ① 食事のしかたを少し変えただけで、毎日の気分もよくなってきましたが、

「私」は、何を変えましたか。
1 外で食べるのをやめました。
2 食事をしないようにしました。
3 料理をする時間を減らしました。
4 家で簡単な料理を作るようになりました。

6 ② これなら私でも続けられそうだと思いましたとありますが、

「私」は今、どんなことが続けられそうだと思っていますか。
1 毎日むずかしい料理を作ること
2 外で食事をしないこと
3 簡単な料理を家で作ること
4 料理の時間を減らすこと

（3）

　　こんなことがありました。修学旅行で九州から東京に帰る新幹線の中でのことです。到着は午後6時すぎというので、4時ぐらいに全員にサンドイッチが配られました。みんな、あまりおなかがすいていないらしくて、食べる人はあまりいませんでした。私もおなかがすいていなかったので、食べないで持って帰ろうと思いました。

　　それから時間がすぎて、ごみを集めにきました。私はみんな、食べなかったサンドイッチは持って帰るだろうと思いました。けれどもそんなことをする人はほとんどいなくて、だいたいの人は一口も食べないで捨てたのです。それを見ていた私はむねがズキンズキンと痛くなりました。

　　泣きたくなるような気持ちでした。どうして持って帰らないのでしょう。私は食べ物を捨てる人たちにはらがたちました。この世の中に生きる人間なら、一つ一つものを大切にする心を持ってほしいと思います。

7 修学旅行の場所はどこでしたか。

1 九州

2 東京

3 京都

4 新潟

8 配られたサンドイッチはどうなりましたか。

1 だいたい食べないで持って帰りました。

2 ほとんど食べないで持って帰りました。

3 ほとんど捨てられました。

4 ほとんど食べてしまいました。

9 この文章で言いたいことはどれですか。

1 ごみはじぶんで集めたほうがいい。

2 サンドイッチを捨てるのはよくないことだ。

3 人たちにはらをたてるのはよくないことだ。

4 もっとものを大切にしなければならない。

（4）

　　私はフランスに留学しているあいだ、フランス人の家に下宿していました。その家のおばさんは、むかし、女子校の校長先生をしていた人でした。

　　ときどきおばさんは私にフランス語を教えてくれましたが、いつも教えるのは中学ぐらいのやさしいフランス語でした。私はやさしい文法がつまらなくなって、少しむずかしいことを覚えようとしました。けれども、おばさんは「基礎が大切です」と言って、何度も何度も初級の教科書をくりかえし勉強させました。

　　フランス語には、ていねいな言い方の「あなた」と学生や親しい人たちのあいだで使う「きみ」という二つの言い方があります。相手を見て、この二つを使いますが、おばさんは「ていねいな言い方だけ使いなさい」と私に言いました。あなたはフランス語が下手なのだから、フランス人のように使うことはできない。ていねいなことばなら、どんな場合でも使うことができるというのが、おばさんの考え方でした。

10 おばさんは、むかし何をしていましたか。

1 会社の社長

2 生活指導の先生

3 フランス語の先生

4 学校の校長先生

11 おばさんは、どうして初級だけ教えましたか。

1 基礎が大切だから

2 文法が大切だから

3 留学生が大切だから

4 相手が大切だから

12 おばさんは、どうして「ていねいな言い方だけ使いなさい」と言ったのですか。

1 親しい友達に使うことばはあまりよくないことばだから

2 ていねいなことばはかんたんにおぼえられるから

3 ていねいなことばはだれに使ってもいいから

4 フランス語が下手な人が二つの言い方を使うとおかしいから

（5）

　　私は今年の９月、アメリカの大学に留学しに来ました。ここに来て、もう３か月になります。アメリカでは英語を使うので、ここに来る前に英語の勉強をたくさんして来ました。しかし、大学で使う英語はとても難しく、分からないことばばかりです。休みの日には、オーストラリア人の友達に、授業についていろいろ教えてもらっています。また、大学の図書館に行って、授業の予習もいっしょうけんめいしています。

　　授業が終わったら、いつも、韓国人の友達や中国人の友達と一緒に、大学の中にある食堂に行って、夕飯を食べます。野菜や果物などたくさん入っていて、とてもおいしいです。私のほかにも大勢の人が大学の食堂を利用しています。

　　先週、やっと大学の授業が終わって、冬休みになりました。私の家族が私に会いに、明日、アメリカに来るので、家族みんなでスキーをしに行きます。それから、バスに乗って海にも行く予定です。海に着いたら、海岸を歩いたり、砂遊びもしたいです。私がアメリカに留学しに来てから初めての家族旅行なので、とても楽しみです。

13 この人に授業について教えている人は、どこの国の人ですか。

1 アメリカ

2 オーストラリア

3 韓国

4 中国

14 この人は、休みの日には、何をしますか。

1 英語が上手な友達と遊びます。

2 図書館で勉強をします。

3 大学の食堂で夕飯を食べます。

4 家族に会いに国へ帰ります。

15 家族旅行で、する予定のないものはどれですか。

1 バスに乗って海へ行きます。

2 みんなでスキーをします。

3 山に登ります。

4 海岸を歩きます。

③ もんだい6 정보검색

もんだい6은 정보검색 문제로, 안내문이나 공고문 등의 400자 정도의 지문을 읽고 자신에게 필요한 정보를 찾아낼 수 있는지를 묻는다. 지문은 한 개이고, 두 문제가 나온다.

！알고 풀자!

정보를 주는 문장의 경우, 처음부터 끝까지 꼼꼼히 읽고 이해하는 것이 아니라 읽는 목적에 따라 필요한 부분만을 찾아서 읽으면 된다. 문제 역시 질문이 먼저 나오고 그 뒤에 지문이 온다. 따라서 먼저 문제지의 질문과 선택지를 읽고 필요한 정보가 무엇인지 파악하는 것이 중요하다.

예시

もんだい6　右のポスター「はじめてのスマホ教室」を見て、質問に答えてください。答えは1・2・3・4からいちばんいいものを一つえらんでください。

28　カメラの使い方を学びたいです。何の部を予約すればいいですか。

1　1部を予約します。

✓2　2部を予約します。

3　3部を予約します。

4　どの部でも学べます。

29　10月14日の午前だけ時間があります。何を予約しますか。

✓1　電源の入れ方

2　カメラの使い方

3　インターネットの使い方

4　予約の仕方

＊はじめての スマホ 教室＊

スマホの使い方を分かりやすく丁寧にご説明いたします。

対象	スマホがはじめての方・スマホをご利用したい方
日時	10月13日（土）・10月14日（日）
場所	スマホセンター　1階
時間	1部　10:30〜11:30
	2部　13:00〜14:00
	3部　15:00〜16:00
内容	1部　電源の入れ方
	2部　カメラの使い方
	3部　インターネットの使い方
各部定員	10名

ご予約はお電話でお願いいたいます。

012−345−6789

れいだい　右のページの「食品コーナー」を見て、質問に答えてください。
　　　　答えは１・２・３・４から、いちばんいいものを一つえらんでください。

1 30代の夫婦が食事をしにきました。和食も食べたいですが、洋食も食べたいです。

どこのお店に行けばいいですか。

1　和食・さくら

2　イタリアンズ レストラン

3　伝統中華料理店

4　ザ・ビュッフェ

2 子どものいる家族が２組います。おとなが４人、子どもが３人です。インスタント食品は好きではありません。みんなでいちばん安いねだんで食べられるお店は、どこですか。

1　和食・さくら

2　イタリアンズ レストラン

3　伝統中華料理店

4　ザ・ビュッフェ

食品コーナー

店名	お店の説明	代表メニュー
和食・さくら	和食店です。 おとなに大人気のお店です。 お店のおすすめはシェフじまんの トンカツです。 ぜひ、おめしあがりください。	トンカツ　1,300円 てんぷら　1,500円 ざるそば　1,100円 お子様セット　1,000円
イタリアンズ レストラン	洋食店です。 スパゲッティやリゾットがあります。 おとなから子どもまで、 みんなに大人気のお店です！	スパゲッティ　1,200円 ピザ　2,500円 リゾット　1,450円 お子様セット　700円 スペシャルお子様セット　1,000円
伝統中華 料理店	中華料理店です。 中国から来たシェフの料理を 味わうことができます。 おすすめはエビチリです！	マーボーどうふ　1,300円 エビチリ　1,800円 フカヒレ　3,800円 ※ 当店はお子様セットは ございません。
ハッピーバーガー	アメリカンスタイルの ハンバーガーショップです。 ハンバーガーはもちろん、 ホットドッグも人気があります。	ハンバーガー　450円 ホットドッグ　400円 ポテト　300円 1,500円のセットメニューが あります！（おとな4人分） お子様セットは500円です。
ザ・ビュッフェ	和食から洋食まで、何でもある ワールドビュッフェです。 何を食べようかなやんでいる あなたにぴったりのお店です！	おとな　3,000円 子ども　1,500円 6歳以下は500円です。

해석 및 해설

해석

식품 코너		
가게 이름	가게 설명	대표 메뉴
일식·사쿠라	일식점입니다. 성인에게 인기가 많은 가게입니다. 가게의 추천은 요리사가 제일 잘 하는 돈가스입니다. 꼭 드셔 주세요.	돈가스 1,300엔 튀김 1,500엔 메밀국수 1,100엔 어린이 세트 1,000엔
이탈리안즈 레스토랑	양식점입니다. 스파게티나 리소토가 있습니다. 성인부터 아이까지 모두에게 인기가 많은 가게입니다!	스파게티 1,200엔 피자 2,500엔 리소토 1,450엔 어린이 세트 700엔 스페셜 어린이 세트 1,000엔
전통 중화요리점	중화요리점입니다. 중국에서 온 요리사의 요리를 맛볼 수 있습니다. 추천 메뉴는 칠리새우입니다!	마파두부 1,300엔 칠리새우 1,800엔 상어지느러미 3,800엔 ※ 당점은 어린이 세트는 없습니다.
해피 버거	아메리칸 스타일의 햄버거 가게입니다. 햄버거는 물론 핫도그도 인기가 있습니다.	햄버거 450엔 핫도그 400엔 감자튀김 300엔 1,500엔의 세트 메뉴가 있습니다! (성인 4인분) 어린이 세트는 500엔입니다.
더 뷔페	일식부터 양식까지, 뭐든지 있는 월드 뷔페입니다. 무엇을 먹을지 고민하고 있는 당신에게 딱 맞는 가게입니다!	어른 3,000엔 어린이 1,500엔 6세 이하는 500엔입니다.

1 30대 부부가 식사를 하러 왔습니다. 일식도 먹고 싶지만 양식도 먹고 싶습니다. 어느 가게에 가면 됩니까?

1 일식·사쿠라
2 이탈리안즈 레스토랑
3 전통 중화요리점
4 더 뷔페

2 아이가 있는 가족이 2팀 있습니다. 성인이 4명, 아이가 3명입니다. 인스턴트 식품은 좋아하지 않습니다. 모두 함께 가장 저렴한 가격으로 먹을 수 있는 가게는 어디입니까?

1 일식·사쿠라
2 이탈리안즈 레스토랑
3 전통 중화요리점
4 더 뷔페

〈질문 1〉은 질문은 '일식과 양식 둘 다 먹고 싶어 하는 30대 부부가 식사하러 왔는데, 어느 가게에 가면 좋은지'를 묻고 있다. 식품 코너의 표에서 일식과 양식 둘 다 하는 가게를 찾으면 되는데, 더 뷔페가 일식에서 양식까지 뭐든지 있는 월드 뷔페라고 했으므로, 선택지 4번이 정답이다.

〈질문 2〉는 계산이 필요한 문제이다. 질문은 '아이가 있는 가족이 두 팀이 있고, 구성원은 성인 4명과 어린이 3명인데, 모두 함께 가장 싼 가격으로 먹을 수 있는 가게가 어디인지'를 묻고 있다. 단, 인스턴트 식품을 좋아하지 않는다는 조건이 있다. 선택지 1번 '일식·사쿠라'에서 7명이 가장 싸게 먹을 수 있는 것은 성인은 모두 1,100엔짜리 메밀국수를, 아이는 1,000엔짜리 어린이 세트를 먹으면 된다. 가격은 7,400엔으로, 어른 4,400엔(1,100엔×4명)과 아이 3,000엔(1,000엔×3명)을 합한 금액이다. 선택지 2번 '이탈리안즈 레스토랑'에서는 성인은 모두 1,200엔짜리 스파게티를, 아이는 700엔짜리 어린이 세트를 먹으면 가격은 6,900엔이 된다. 선택지 3번 '전통 중화요리점'에서는 어린이 세트는 없으므로 모두 1,300엔짜리 마파두부를 먹으면 9,100엔이 된다. 선택지 4번 '더 뷔페'는 기본 가격이 비싸므로 계산하지 않고도 답에서 제외할 수 있다. 따라서 정답은 선택지 2번 '이탈리안즈 레스토랑'이다.

단어

夫婦^{ふうふ} 부부　和食^{わしょく} 일식　洋食^{ようしょく} 양식　伝統^{でんとう} 전통　中華料理^{ちゅうかりょうり} 중화요리　大人気^{だいにんき} 인기가 많음　めしあがる 드시다

シェフ 셰프, 요리사　味^{あじ}わう 맛보다　ぴったり 꼭 맞음, 딱 맞음

もんだい6　右のページの「みどり病院の案内」を見て、質問に答えてください。
答えは１・２・３・４から、いちばんいいものを一つえらんでください。

1 山田さんは子どもを連れて小児科に行きたいです。水曜日に行くとき、受付は何時までにすればいいですか。

　　1　午前11時30分

　　2　午後12時

　　3　午後1時30分

　　4　午後4時30分

2 松田さんは最近、目の調子が悪いです。それでみどり病院に初めて行ってみようと思っています。つぎのうち、受付ができる時間はどれですか。

　　1　月曜日の午前11時

　　2　火曜日の午後4時

　　3　金曜日の午後4時30分

　　4　土曜日の午前12時

みどり病院の案内

◎ 診察時間
<ruby>診察時間<rt>しんさつ じ かん</rt></ruby>

	午前	午後
月曜日	9：00～12：00	14：00～17：00
火曜日	9：00～12：00	14：00～17：00
水曜日	9：00～12：00	休み
木曜日	9：00～12：00	14：00～17：00
金曜日	9：00～12：00	14：00～16：00
土曜日	9：00～12：00	休み
日曜日	休み	休み

◎ 診療科目

	午前	午後
内科（風邪や体の相談）	○	○
小児科（子ども）	○	○
眼科（目）	○	○
皮膚科（肌）	○	×

※ 注意
- 受付は診療が終わる時間の30分前までです。
- 初めての方は午前のみです。
- 祝日は休みです。

もんだい6　右のページの「時間割（じかんわり）」を見て、質問に答えてください。

　　　　　答えは１・２・３・４から、いちばんいいものを一つえらんでください。

3　明日は数学（すうがく）の宿題（しゅくだい）があります。あと、運動着（うんどうぎ）もひつようです。４時には終（お）わります。

　明日は何曜日ですか。

　１　月曜日

　２　火曜日

　３　木曜日

　４　金曜日

4　今日は私が好きな英語（えいご）の授業（じゅぎょう）がありますが、２番目（ばんめ）におそく終（お）わります。今日は何曜日ですか。

　１　月曜日

　２　水曜日

　３　木曜日

　４　金曜日

時間割
<ruby>時間割<rt>じ かんわり</rt></ruby>

		月	火	水	木	金
1	8:50～9:40	科学	数学	社会	数学	国語
2	9:50～10:40	国語	音楽	漢文	体育	社会
3	10:50～11:40	音楽	社会	英語	国語	科学
4	11:50～12:40	英語	体育	数学	古文	科学
5	13:50～14:40	技術	家庭科	道徳	音楽	英語
6	14:50～15:40	技術	家庭科		音楽	数学
7	15:50～16:40	ホームルーム			ホームルーム	

もんだい6　右のページの「犬を探すお知らせ」を見て、質問に答えてください。
　　　　　　答えは1・2・3・4から、いちばんいいものを一つえらんでください。

5　犬を探すお知らせを作ったのはいつですか。

　　1　2026年5月5日
　　2　2026年5月12日
　　3　2026年5月18日
　　4　2026年5月25日

6　本文の中で、正しくないものはどれですか。

　　1　犬の名前はこたろうです。
　　2　この犬はプードルです。
　　3　この犬は新宿区でいなくなりました。
　　4　白い首輪をしている犬です。

2026年5月18日（月）

犬を 探して います！

2026年5月12日（火）14時30分頃
新宿区で行方不明になりました。

名前：こたろう
犬種：チワワ
性別：オス
年齢：9さい
特徴：茶色、白の首輪、耳は立っている

見つけたら連絡ください！
090-333-3333

もんだい6　右のページの「国内線」を見て、質問に答えてください。
　　　　　答えは1・2・3・4から、いちばんいいものを一つえらんでください。

7　午前最後の飛行機で、東京に行きたいです。どのクラスが残っていますか。

　　1　エコノミークラス

　　2　ビジネスクラス

　　3　ファーストクラス

　　4　ぜんぶ残っています

8　今日の午後いちばん最初の飛行機を予約したいです。いちばん安いのでお願いします。いくらですか。

　　1　20,700円

　　2　22,700円

　　3　25,700円

　　4　チケットが残っていません

国内線（2026年6月29日）

出発	到着	エコノミークラス	ビジネスクラス	ファーストクラス
06：35 大阪／関西	07：40 東京／羽田	◯ 20,700円	－	◯ 25,700円
07：35 大阪／関西	08：45 東京／羽田	◯ 20,700円	◯ 22,700円	－
08：45 大阪／関西	09：55 東京／羽田	－	◯ 22,700円	－
09：50 大阪／関西	10：55 東京／羽田	◯ 20,700円	◯ 22,700円	◯ 25,700円
10：05 大阪／関西	11：15 東京／羽田	◯ 20,700円	◯ 22,700円	◯ 25,700円
11：05 大阪／関西	12：10 東京／羽田	－	－	◯ 25,700円
12：10 大阪／関西	13：20 東京／羽田	－	◯ 22,700円	－
13：15 大阪／関西	14：20 東京／羽田	◯ 20,700円	◯ 22,700円	◯ 25,700円
14：20 大阪／関西	15：25 東京／羽田	◯ 20,700円	－	◯ 25,700円
15：40 大阪／関西	16：45 東京／羽田	－	◯ 22,700円	◯ 25,700円

もんだい6　右のページの「４月のこどもひろば（スケジュール）」を見て、質問に答えて
　　　　　ください。答えは１・２・３・４から、いちばんいいものを一つえらんでくだ
　　　　　さい。

9 ダンス教室に申し込みたい人は、何時に電話で申し込めばいいですか。

1　13:00～15:00

2　14:15～15:15

3　10:00～10:45

4　13:00～18:00

10 ４月の受付できる最後の日は、何曜日ですか。

1　日曜日

2　月曜日

3　火曜日

4　水曜日

４月のこどもひろば（スケジュール）

教室名	定員 （人数）	日にち	持ち物
料理教室 13：00〜15：00 甘いチョコレートケーキを 作ろう！	8人	第1月曜日（4/5） 第3月曜日（4/19）	エプロン テキストの紙
ダンス教室 14：15〜15：15 みんなで楽しく踊るよ！	10人	第2水曜日（4/7） 第4水曜日（4/21）	タオル 水、またはお茶
たいそう教室 10：00〜10：45 ボールを使った運動や ストレッチをするよ！	10人	第2金曜日（4/9） 第4金曜日（4/23）	タオル 水、またはお茶

◎ 申し込みは毎月20日まで受け付けています。

◎ 申し込みは、こどもひろば事務所にて、または電話受付13時〜18時まで。

こどもひろば事務所

電話　012-345-6764

N4

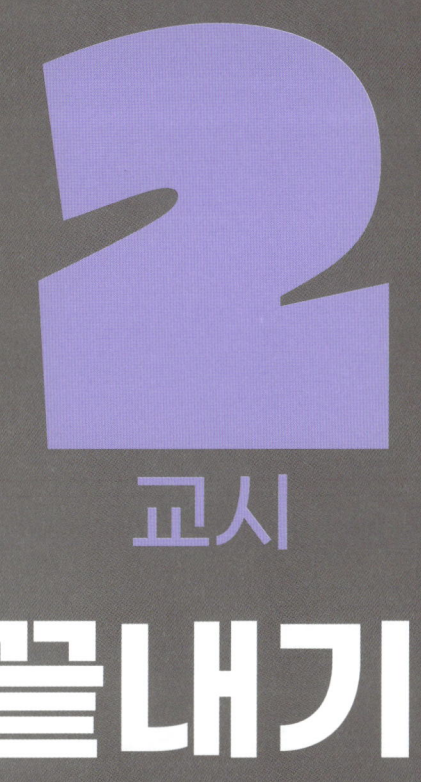

2교시

끝내기

청해

제 5 장

청해

공략편

01 청해 요령 알아두기
02 문제 유형 공략하기

문제 유형
완전 분석
동영상 강의

01 청해 요령 알아두기

① 문제 유형별 청해 포인트

JLPT N4 청해에는 과제이해, 포인트이해, 발화표현, 즉시응답 총 네 가지 문제 유형이 출제된다. 시험 내용은 기본적인 일본어를 이해할 수 있는지를 묻기 때문에 일상적인 장면에서 다소 느린 속도의 회화라면 충분히 이해할 수 있어야 한다.

① 과제이해

어떤 장면에서 과제 해결에 필요한 구체적인 정보를 듣고 다음에 무엇을 하는 것이 적절한 행동인가를 묻는 문제이다. 지시나 조언을 하는 회화를 듣고, 그것을 받아들인 다음의 행동으로 어울리는 것을 고른다. 선택지는 문자나 그림으로 제시된다. 회화문이 나오기 전에 질문이 제시되므로 회화문을 듣기 전에 문제를 해결할 대상이 누구인지, 질문의 내용이 무엇인지 파악한 다음 주의해서 듣는다.

② 포인트이해

청자가 화자의 말에서 자신이 알고 싶은 것과 흥미가 있는 것으로 내용의 포인트를 좁혀서 들을 수 있는지를 묻는 문제이다. 따라서 문제의 회화문을 듣기 전에 상황 설명과 질문을 들려주고, 또한 문제 용지에 인쇄된 선택지를 읽을 시간을 준다. 질문은 주로 화자의 심정이나 사건의 이유 등을 이해할 수 있는지를 묻는다.

③ 발화표현

상황을 설명하는 음성을 듣고 그림을 보면서 장면이나 상황에 어울리는 말인지 즉시 판단할 수 있는지를 묻는다. 인사·의뢰·허가 요구 등에서 자주 사용되는 표현을 주로 다룬다.

④ 즉시응답

상대방의 말에 어떤 응답을 하는 것이 어울리는지 즉시 판단할 수 있는지를 묻는다. A와 B의 응답 형식으로, 짧은 말을 듣고 바로 대답을 찾는 문제이기 때문에 정답을 생각할 시간이 부족할 수 있으니 주의한다.

② 한국인이 틀리기 쉬운 음

각 나라말의 음가(音價 : 낱자가 가지고 있는 소리)가 서로 다르듯, 우리말과 일본어의 음가 또한 다르다. 그런데 우리말의 음가로 일본어의 음가를 파악하려고 하다 보면 청해에서 오류가 생기기 쉽다. 일본어능력시험 청해에서 꼭 알아 두어야 할 일본어 발음의 기초를 정리하고, 일본어를 청취할 때 우리나라 사람들이 잘못 알아듣기 쉬운 음(音)을, 우리말 발음과 일본어 발음을 비교해 그 차이점을 분석해 봄으로써 능률적으로 청해 학습이 가능하게 했다. 또한 MP3 파일을 활용한 듣기 연습을 통해 실전에도 대비할 수 있도록 하였다.

① 청음(清音)과 탁음(濁音)

일본어는 청음과 탁음의 대립으로 구별된다. 이때 청음과 탁음이란, 음성학적으로 무성음(無聲音)과 유성음(有聲音), 즉 '성대의 울림 없이 내는 소리(무성음)'와 '성대를 울려서 내는 소리(유성음)'를 말한다. 이에 비해, 우리말은 무기음(無氣音)과 유기음(有氣音: 'k·t·p' 따위의 파열음이 다음 음에 옮을 때 터져 나오는 소리)의 대립으로 구분된다. 즉, 성대가 울리느냐 울리지 않느냐의 문제가 아니라 강하게 내뿜어 파열시키는 숨을 동반하느냐 하지 않느냐의 차이로 구분되는 것이다. 따라서 한국인은 유성음과 무성음의 구분에 상대적으로 취약하므로 청음과 탁음을 구별하기가 어렵다. 예를 들어 げた(나막신)를 けだ로 잘못 듣는 경우가 많다.

> げた [geta] ➡ けだ [keda]

분석 ① 첫소리의 무성음화 : [g] → [k]
우리말에서는 콧소리(鼻音 : ㄴ, ㅁ, ㅇ) 외에는 유성음이 첫소리에 오지 않기 때문에 げた[geta]의 첫소리인 유성음 [g]를 무성음 [k]로 잘못 듣게 된다.

분석 ② 가운뎃소리의 유성음화 : [t] → [d]
우리말의 무성음은 유성음과 유성음 사이에 오면 자동으로 유성음화하므로 무성음 [t]를 유성음 [d]로 잘못 듣게 된다.

듣기 연습
🎵 청해 요령 알아두기_01

❶ いき (息 : 숨)　　　いぎ (意義 : 의의)

❷ たいがく (退学 : 퇴학)　　　だいがく (大学 : 대학)

❸ 井戸に 糸を 落とした。 (우물에 실을 떨어뜨렸다.)

❹ 天気が 悪いので 電気を つけた。 (날이 흐려서 불을 켰다.)

2 장음(長音)과 단음(短音)

장음이란 연속되는 두 개의 모음을 따로따로 발음하지 않고 길게 늘여서 발음하는 것으로,
1박(拍: 일본어를 발음할 때 글자 하나하나에 주어지는 일정한 시간적 단위)의 길이를 갖는다.
장음과 단음의 차이를 비교해 보면 다음과 같다.

단음(短音)	くつ(靴 : 2拍)	せき(席 : 2拍)	ほし(星 : 2拍)
장음(長音)	くつう(苦痛 : 3拍)	せいき(世紀 : 3拍)	ほうし(奉仕 : 3拍)

우리나라 사람들이 장음 구별에 서툰 이유는 다음과 같다.
첫째, 일본어에서는 장음을 독립된 길이를 가진 단위로 인식하나, 우리말에서 장음은 의미의
구별을 도와줄 뿐 독립된 길이를 갖지 않는다.
둘째, 우리말에서는 첫음절에서만 장음 현상이 나타나는 것을 원칙으로 하기 때문에 2음절 이
하에 나타나는 장음의 구별이 어렵다.
셋째, 우리말은 표기법상에서도 장음을 따로 표기하지 않아(とうきょう를 '도쿄'로, おおさ
か를 '오사카'로 표기) 장·단음의 구별이 어렵다.

듣기 연습
🎵 청해 요령 알아두기_02

❶ います (居ます : 있습니다)　　　　いいます (言います : 말합니다)

❷ ちず (地図 : 지도)　　　　チーズ (cheese : 치즈)

❸ ビル (building : 빌딩)　　　　ビール (beer : 맥주)

❹ あの 映画<ruby>えいが</ruby>には いい 絵<ruby>え</ruby>が 出<ruby>で</ruby>て くる。 (저 영화에는 좋은 그림이 나온다.)

❺ ここに 来<ruby>き</ruby>て、おじさんと おじいさんに 聞<ruby>き</ruby>いて ください。
(이리로 와서 삼촌과 할아버지께 물어보세요.)

3 **촉음(促音)**

일명 「つまる音」이라고도 하는 촉음에는 다음과 같은 특징이 있다.

① 작은 っ 또는 ッ로 표기된다.

② カ행, サ행, タ행, パ행 앞에만 온다.

③ 뒤에 오는 음(カ행, サ행, タ행, パ행)에 따라 [k・s・t・p]로 발음된다.

④ 1박의 길이로 발음된다.

⑤ 첫소리에 오지 않는다.

★ 촉음의 유무에 따라 뜻이 달라지는 문장 예

□ 知っているの？ (알고 있니?)　　　　　　しているの？ (하고 있니?)

□ 行ってください。 (가 주십시오.)　　　　いてください。 (있어 주십시오.)

□ 切ってください。 (잘라 주십시오.)　　　来てください。 (와 주십시오.)

이것은 촉음의 발음이 カ행, サ행, タ행, パ행의 발음에 동화되기 때문에 우리말의 된소리(ㄲ, ㅆ, ㅉ, ㅃ)와 비슷하게 인식되나, 우리말에서는 된소리를 한 음절로 인정하지 않으므로 촉음이 있는 것을 없는 것으로, 또는 촉음이 없는데 있는 것으로 잘못 듣게 되어 일어나는 현상이다.

촉음을 구분할 때는 다음 사항을 기억해 두자.

① 탁음 앞에서는 촉음 현상이 일어나지 않으므로 청음과 탁음의 구별을 정확하게 한다.

② 1그룹 동사는 활용할 때,「～た, ～て, ～たり」앞에서 촉음 현상을 일으키므로 활용하는 동사의 종류를 확인한다.

③ 2자 이상의 한자어에서, 첫 번째 한자의 마지막 음이 く, ち, つ이면 뒤에 이어지는 カ행, サ행, タ행, パ행 앞에서 촉음으로 바뀐다.

□ 学校 : がく＋こう ➝ がっこう

□ 一回 : いち＋かい ➝ いっかい

□ 実際 : じつ＋さい ➝ じっさい

듣기 연습

🎵 청해 요령 알아두기_03

❶ いっこ (一個 : 한 개)

❷ ざっし (雑誌 : 잡지)

❸ がっこう (学校 : 학교)

❹ 郵便局で きってを 一枚 かった。 (우체국에서 우표를 한 장 샀다.)

❺ コップに 水が いっぱい ある。 (컵에 물이 가득 있다.)

④ 요음(拗音)

우리말의 이중모음 'ㅑ, ㅠ, ㅛ'와 비슷한 일본어의 요음을 구분하는 일은 어렵지 않을 것으로 생각할 수도 있지만, 청해 시험에서 결정적인 실수는 이 요음에서 나온다.

★ 요음을 직음으로 잘못 듣는 예

☐ わたしの　しゅみ(趣味)は　読書_{どくしょ}です → わたしの　しみは (내 취미는 독서입니다)

☐ お母_{かあ}さんが　作_{つく}った　りょうり(料理)は　おいしい → 作_{つく}った　りおり
(어머니가 만든 요리는 맛있다)

이것은 しゅ, じゅ가 し, じ에 가깝게 발음되어 생기는 문제인데, 흔히 말하는 사람이 원인을 제공하는 경우가 많다. 일본인은 しゅ, じゅ로 발음한다고 생각하지만, 실제로는 し, じ에 가깝게 발음하기 때문에 생기는 문제이다. 이런 현상은 しゅ, じゅ가 단음일 때 많이 발생한다. 즉, 장음일 때는 발음하는 시간이 길어 요음을 정확하게 발음할 수 있지만, 단음일 때는 시간상으로 여유가 없어서 생기는 현상인 듯하다.

★ 직음을 요음으로 잘못 듣는 예

☐ みち(道)を　歩_{ある}きながら (길을 걸으며) → みちょう　歩_{ある}きながら

☐ ごじぶん(御自分)で　き(来)て (직접 와서) → ごじゅうぶんで　きて

이것은 듣는 사람이 연속되는 모음을 다음과 같이 이중모음으로 잘못 듣기 때문에 발생한다.

[イ+ア] → [ヤ]

[イ+ウ] → [ュ]

[イ+オ] → [ョ]

따라서 요음 듣기의 어려움을 극복하려면 다음과 같은 점에 주의하면 된다.

①「し, じ」라고 들려도「しゅ, じゅ」가 아닌지 의심해 본다(거의 한자어).

②「ｉ+あ → や」,「ｉ+う → ゆ」,「ｉ+お(を) → よ」로 들리므로 조심한다.

③ 대화 중에서「～を」가 있어야 할 곳에「ヨ, ヨー」로 들리는 경우에는「ｉ+を」가 아닌지 의심해 본다.

듣기 연습　🎵청해 요령 알아두기_04

❶ きゅうこう (急行 : 급행)　くうこう (空港 : 공항)

❷ しゃいん (社員 : 사원)　サイン (sign : 신호)

❸ ちゅうしん (中心 : 중심)　つうしん (通信 : 통신)

❹ ぎゅうにゅうは　ひゃくえんです。 (우유는 100엔입니다.)

❺ 韓国_{かんこく}と　ちゅうごくとの　きょりは　遠_{とお}い。 (한국과 중국과의 거리는 멀다.)

5 연속되는 모음

조사 を 앞에 장모음 お가 올 때는, [o] 음이 3박자에 걸쳐 이어지게 되어 미처 다 듣지 못하는 경우가 있다.

듣기 연습　　　　　　　　　　　　　　　　🎵 청해 요령 알아두기_05

❶ 先生<ruby>せんせい</ruby>から　しどうを　うけた。 (선생님으로부터 지도를 받았다.)

❷ テレビを　見<ruby>み</ruby>ながら　ぶどうを　食<ruby>た</ruby>べた。 (텔레비전을 보면서 포도를 먹었다.)

6 기타

청해 문제에 쓰이는 문장은 주로 회화체이다. 따라서 회화체만이 갖는 문제의 속성을 알아 두는 것 또한 시험에서 좋은 점수를 얻는 수단이 될 수 있다. 여기서는 회화체에 많이 쓰이는 기본 표현과 축약 표현을 익혀 둠으로써, 청해 문제에 더욱 쉽게 대처할 수 있도록 하였다.

청해의 기본 표현　　🎵 청해 요령 알아두기_06

＊〜ことに　なって　います 〜하기로 되어 있습니다 〈예정〉
次<ruby>つぎ</ruby>の　日<ruby>ひ</ruby>の　午前中<ruby>ごぜんちゅう</ruby>は　工場<ruby>こうじょう</ruby>を　見<ruby>み</ruby>に　いく　ことに　なって　います。
(다음 날 오전 중에는 공장을 보러 가기로 되어 있습니다.)

＊〜て　いて　ください 〜하고 있어 주세요
ここで　しばらく　待<ruby>ま</ruby>って　いて　ください。 (여기서 잠시 기다리고 있어 주세요.)

＊〜て　いって　ください 〜하고 가 주세요
荷物<ruby>にもつ</ruby>は　そこに　置<ruby>お</ruby>かないで、持<ruby>も</ruby>って　いって　ください。
(짐은 거기에 두지 말고, 가져가 주세요.)

＊〜て　おいて　ください 〜해 놓아 주세요
ドアは　開<ruby>あ</ruby>けた　ままに　して　おいて　ください。 (문은 연 채로 두세요.)

＊〜て　きて　ください 〜하고 와 주세요
すみませんが、切手<ruby>きって</ruby>を　買<ruby>か</ruby>って　きて　ください。 (미안하지만 우표를 사다 주세요.)

＊〜て　ください 〜해 주세요
部屋<ruby>へや</ruby>を　つかいおわった　あとは、そうじして　ください。
(방을 다 쓰고 난 다음에는 청소해 주세요.)

＊ ～ても　けっこうです　～해도 괜찮습니다

　　ホテルに　帰っても　けっこうです。(호텔에 돌아가도 괜찮습니다.)

＊ ～で　いいですか　～으로 좋습니까[괜찮습니까]?

　　この　白い　花で　いいですか。(이 흰꽃이면 됩니까?)

＊ ～って　～라고 한다〈～って　言って　います의 압축된 표현〉

　　ことしは　不景気に　なるんだって。(올해는 불경기일 거래.)

＊ ～って　言って　います　～라고 합니다

　　先生が　日本で　買ったって　言って　いました。(선생님이 일본에서 샀다고 했습니다.)

＊ ～と　言って　いました　～라고 했습니다

　　田中さんは　きょう　来ないと　言って　いましたよ。
　　(다나카 씨는 오늘 안 온다고 했습니다.)

＊ ～と　いいなあ　～하면 좋겠네

　　早く　試験が　終わると　いいなあ。(빨리 시험이 끝났으면 좋겠네.)

＊ ～に　行きませんか　～하러 가지 않겠습니까?

　　今晩、映画に　行きませんか。(오늘 밤 영화 보러 가지 않겠습니까?)

＊ ～に　よろしく　～에게 안부 전해 주세요

　　本田さんに　よろしく。(혼다 씨에게 안부 전해 주세요.)

＊ ～じゃ　ない（か）　～하지 않니?

　　その　ボタン、押したら　つくんじゃ　ない？(그 버튼 누르면 켜지지 않니?)

＊ ～なくちゃ　～해야지

　　田中さんに　お礼を　言わなくちゃ。(다나카 씨에게 고맙다는 인사를 해야지.)

＊ ～のだ［のです］／～（な）んだ［（な）んです］　～인 것이다[입니다]

　　きょうは　手紙を　書いたのです。(오늘은 편지를 썼습니다.)

　　あしたは　母の　誕生日なのです。(내일은 어머니 생신입니다.)

　　この　へんは　いつも　静かなんです。(이 근방은 언제나 조용합니다.)

강조 또는 설명하는 기분을 나타낼 때 쓰는 표현. 회화체에서 ～のだ［のです］의 ～の는
～ん으로 바뀌는 예가 많다. 동사, 형용사에 접속할 때는 ～のだ［のです］이나 명사, 형
용동사 등에 접속할 때는 ～なのだ［なのです］가 된다.

＊ **〜かしら**　〜을까, 〜일까, 〜일지 몰라 〈여성어로 자기의 의문이나 상대에게 질문하는 뜻을 나타냄〉

この　本、　あなたのじゃ　ないかしら。(이 책 당신 것 아닌가요?)

＊ **〜かな**　〜까 〈자기 자신에게 묻는 기분을 나타냄〉

今日の　試合は　どっちが　勝ったかな。(오늘 시합은 어느 쪽이 이겼을까?)

＊ **〜ね**　〜겠지, 〜이지, 〜군요 〈〜ねえ로도 씀〉

① 다짐하는 기분을 나타냄

もう　これからは　しないね。(이제 앞으로는 안 하겠지.)

② 상대방에게 동의를 구하여 대답을 바라는 기분을 나타냄

これは　君の　本だね。(이건 자네 책이지.)

③ 가벼운 감탄・감동의 기분을 나타냄

やあ、ずいぶん　きれいな　へやだね (え)。(야, 꽤 깨끗한 방이군요.)

＊ **〜のに**　〜인데, 〜텐데, 〜련만 〈불만・원망・따지는 기분을 나타냄〉

もう　少し　早く　起きれば、電車に　間に合ったのに。

(좀 더 일찍 일어났으면 전철 시간에 맞출 수 있었는데.)

＊ **〜わよ**　〜요 〈여성어로 상대방에게 자기의 기분을 강하게 말할 때 사용함〉

今度の　旅行には、わたしも　行くわよ。(이번 여행에는 나도 가요.)

〜て　いる → 〜てる처럼 い가 탈락하는 축약 표현
🎵 청해 요령 알아두기_07

＊ **〜て　いる → 〜てる**

わたしには　愛してる　人が　います。(나에게는 사랑하는 사람이 있습니다.)

＊ **〜て　いない → 〜てない**

あの　映画は　見てないので、内容が　分からない。(그 영화는 보지 않아서 내용을 모른다.)

＊ **〜て　います → 〜てます**

あの　人たち、さるに　食べ物を　やってますよ。

(저 사람들, 원숭이에게 먹을 것을 주고 있어요.)

＊ **〜て　いた → 〜てた**

かばんの　中に　お金とか、入ってたんですか。(가방 속에 돈 같은 것이 들어 있었습니까?)

＊ **〜て　いました → 〜てました**

あっ、すみません。すっかり　忘れてました。(아, 미안합니다. 까맣게 잊고 있었습니다.)

* 〜て　いて　→　〜てて

ここで　しばらく　待^まっ<u>てて</u>　ください。（여기서 잠시 기다리고 있어 주세요.）

〜て おく → 〜とく처럼 축약되는 표현 🎵청해 요령 알아두기_08

* 〜て　おく　→　〜とく

そんなに　大切^{たいせつ}な　物^{もの}を　こんな　所^{ところ}に　置^お<u>いとく</u>なよ。

（그렇게 중요한 것을 이런 곳에 놓아두지 마라.）

* 〜で　おく　→　〜どく

朝^{あさ}、起^おきたら　ふとんを　たたん<u>どいて</u>　ください。

（아침에 일어나면 이불을 개어 놔 주세요.）

* 〜て　おいで　→　〜といで

冷蔵庫^{れいぞうこ}に　すいかが　あるから　持^もっ<u>といで</u>。（냉장고에 수박이 있으니까 가져와.）

〜て しまう → 〜ちゃう/〜ては → 〜ちゃ로 축약되는 표현 🎵청해 요령 알아두기_09

* 〜て　しまう　→　〜ちゃう

彼^{かれ}は　わたしを　置^おいて　アメリカに　行^いっ<u>ちゃった</u>。（그는 나를 두고 미국으로 가 버렸다.）

* 〜で　しまう　→　〜じゃう

あの　人^{ひと}が　死^しん<u>じゃう</u>なんて、信^{しん}じられないわ。（그 사람이 죽고 말다니, 믿을 수 없어.）

* 〜ては　→　〜ちゃ

みんな　忙^{いそが}しいから　今日^{きょう}は　来^き<u>ちゃ</u>　だめだよ。（모두 바쁘니까 오늘은 오면 안 돼요.）

* 〜では　→　〜じゃ

姉^{あね}は　音楽^{おんがく}<u>じゃ</u>なくて　絵^えを　習^{なら}って　いるんだ。（누나는 음악이 아니라 그림을 배우고 있어.）

문제 유형 공략하기

1 もんだい1 **과제이해**

과제이해는 결론이 있는 대화문을 듣고, 문제 해결에 필요한 구체적인 정보를 찾아서 다음에 어떻게 행동할
것인지를 묻는다. 문제는 선택지만 있는 문제, 그림만 있는 문제 등으로 나뉘고 모두 여덟 문제가 나온다.

! 알고 풀자!

> 문제는 먼저 상황을 설명하는 문장과 질문이 나오고, 대화로 구성된 텍스트가 나온 뒤 질문이 한 번 더 제시된다.
> 질문은 보통 "여성(남성)은 이제부터 무엇을 합니까?" 등의 형태로 제시된다. 문제를 해결하는 대상이 누구인지,
> 그리고 질문의 내용이 무엇을 하라는 것인지에 주의해서 대화문을 듣는다.

예시

もんだい１

　もんだい１では、まず　しつもんを　聞いて　ください。それから　話を
聞いて、もんだいようしの　１から４の　中から、いちばん　いい　ものを
一つ　えらんで　ください。

れい

1 ぎゅうにゅう１本だけ

2 ぎゅうにゅう１本と　チーズ

3 ぎゅうにゅう２本だけ

4 ぎゅうにゅう２本と　チーズ

れいだい　まず　しつもんを　聞いて　ください。それから　話を　聞いて、もんだいようしの　1から4の　中から、いちばん　いい　ものを　一つ　えらんで　ください。

れい

1　ハワイ

2　モルディブ

3　バリ島

4　フランス

해석 및 해설

스크립트 & 해석

(F : 女性・女の子　M : 男性・男の子)

男の人と女の人が話しています。2人は新婚旅行にどこに行きますか。

M: 新婚旅行、どこに行きたい？

F: そうねー。私はやっぱりハワイとかバリ島のような、南の国がいいわ。

M: いいね！モルディブとかもあるよ。

F: 加藤君はどこに行きたいの？

M: 僕はフランスとかイギリスがいいけど、君に合わせて南の国に行くことにするよ。

F: ありがとう。なら、さっき私が言った中で、どこがいい？

M: ハワイじゃなかったらどこでも！バリ島はどう？

F: ええ、じゃあ、そうしましょう。

남자와 여자가 이야기하고 있습니다. 두 사람은 신혼여행을 어디로 갑니까？

M : 신혼여행, 어디로 가고 싶어?

F : 글쎄. 나는 역시 하와이나 발리섬 같은 남쪽 나라가 좋아.

M : 좋네! 몰디브 같은 곳도 있어.

F : 가토는 어디로 가고 싶어?

M : 나는 프랑스라든가 영국이 좋은데, 너에게 맞춰 남쪽 나라에 갈게.

F : 고마워. 그럼, 조금 전 내가 말한 것 중에서 어디가 좋아?

M : 하와이가 아니라면 어디든! 발리섬은 어때?

F : 좋아, 그럼 그렇게 하자.

2人は新婚旅行にどこに行きますか。

1 ハワイ
2 モルディブ
3 バリ島
4 フランス

두 사람은 신혼여행을 어디로 갑니까？

1 하와이
2 몰디브
3 발리섬
4 프랑스

해설

질문은 '두 사람이 신혼여행으로 어디를 가는지'를 묻고 있다. 여자는 신혼여행을 어디로 가고 싶냐는 남자의 질문에 남쪽에 있는 하와이나 발리와 같은 섬이 좋다고 했다. 남자는 자신은 프랑스나 영국에 가고 싶지만, 여자의 의견에 따라 남쪽 나라로 가자고 한다. 그리고 하와이만 아니라면 어디라도 좋다고 말한 뒤 발리섬은 어떠냐고 덧붙였다. 여자도 이에 동의했으므로 선택지 3번 '발리섬'이 정답이다. 선택지 1번 '하와이'는 여자가 가고 싶어 하는 곳 중의 하나이지만, 최종적으로는 발리섬을 선택했으므로 오답이다. 선택지 2번 '몰디브'는 남자가 남쪽에는 몰디브도 있다고 한 말이므로 오답이다. 선택지 4번 '프랑스'는 남자가 신혼여행으로 가고 싶어 하는 곳이지만 가기로 한 곳은 아니므로 오답이다.

단어

新婚旅行 신혼여행　合わせる 맞추다

もんだい1

　もんだい1では、まず　しつもんを　聞いて　ください。それから　話を　聞いて、もんだいようしの　1から4の　中から、いちばん　いい　ものを　一つ　えらんで　ください。

1ばん

🎵 문제 유형 공략하기_1-01

1　パイロット
2　お医者さん
3　学校の　先生
4　幼稚園の　先生

2ばん

🎵 문제 유형 공략하기_1-02

3ばん

🎵 문제 유형 공략하기_1-03

1

2

3

4

4ばん

🎵 문제 유형 공략하기_1-04

1　運動会の　準備を　する

2　体育着に　着替える

3　授業を　受ける

4　授業が　ないので　家に　帰る

5ばん

🎵 문제 유형 공략하기_1-05

1

2

3

4

6ばん

🎵 문제 유형 공략하기_1-06

1　1階
2　2階
3　3階
4　4階

7ばん

1 スポーツ部

2 バスケットボール部

3 バドミントン部

4 合唱部

8ばん

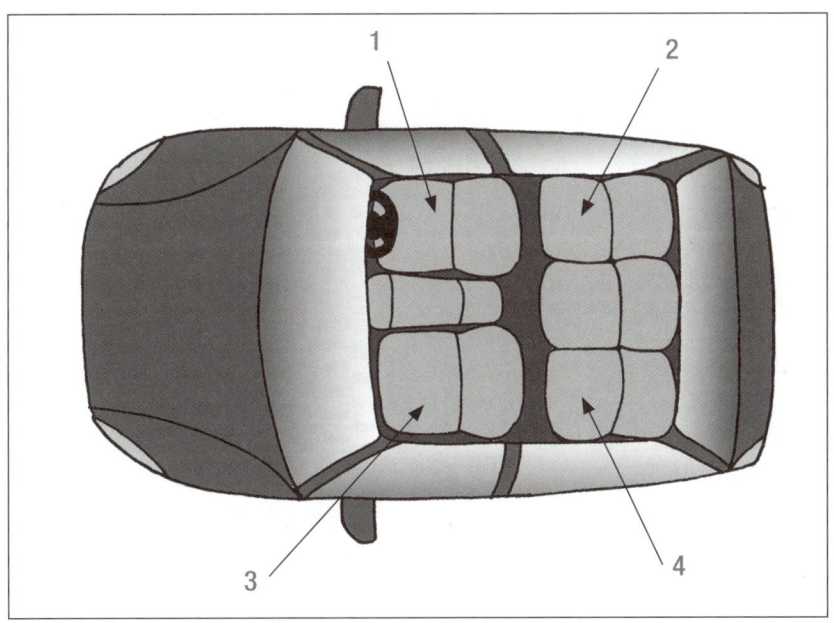

9ばん

🎵 문제 유형 공략하기_1-09

1 お弁当
2 ゼリー
3 家の　ご飯
4 ヨーグルト

10ばん

🎵 문제 유형 공략하기_1-10

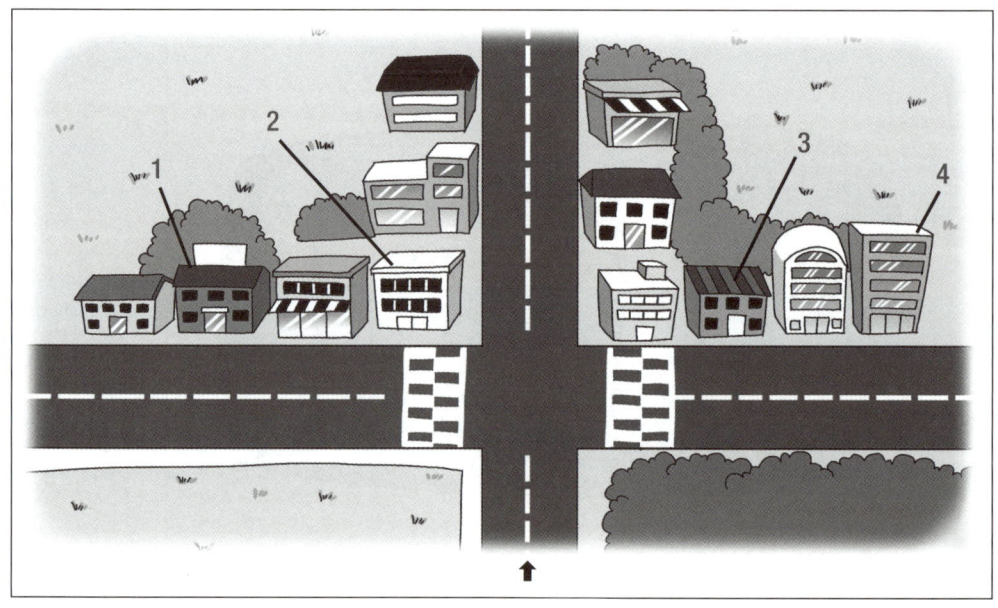

11ばん

1

2

3

4

12ばん

1 空港
<ruby>くうこう</ruby>

2 韓国
<ruby>かんこく</ruby>

3 ソウル

4 歯医者
<ruby>はいしゃ</ruby>

13ばん

♬ 문제 유형 공략하기_1-13

1　ラブコメディー

2　アクション

3　ホラー

4　４Ｄの　アニメーション

14ばん

♬ 문제 유형 공략하기_1-14

1　Ａ１窓口

2　Ａ２窓口

3　Ａ３窓口

4　Ａ４窓口

15ばん

♬ 문제 유형 공략하기_1-15

1　12時20分

2　12時30分

3　12時40分

4　12時50分

❷ もんだい2 **포인트이해**

포인트이해는 결론이 있는 대화문을 듣고, 사전에 제시되는 질문에 입각해서 포인트를 파악할 수 있는지를 묻는 문제이다. 일곱 문제가 나온다.

> **⚠️ 알고 풀자!**
>
> 먼저 상황을 설명하는 문장과 질문이 나온 뒤 선택지를 읽는 시간을 준다. 대화문이 나온 뒤 질문이 한 번 더 나온다. 텍스트가 나오기 전에 질문이 제시되므로 질문의 형태를 파악해 둘 필요가 있다. 질문을 듣고 선택지를 보면서 미리 정답을 예측하기보다 질문에서 요구하는 것이 무엇인지에 집중해서 주의를 기울이는 것이 효과적이다.

예시

もんだい2

　もんだい2では、まず　しつもんを　聞いて　ください。そのあと、もんだい
ようしを　見て　ください。読む　時間が　あります。それから　話を　聞いて、
もんだいようしの　1から4の　中から、いちばん　いい　ものを　一つ　えらんで
ください。

れい

1　へやが　せまいから

2　ばしょが　ふべんだから

3　たてものが　古いから

4　ともだちが　できないから

れいだい　まず　しつもんを　聞_きいて　ください。そのあと、もんだいようしを　見_みて　ください。読_よむ　時間_{じかん}が　あります。それから　話_{はなし}を　聞_きいて、もんだいようしの　１から４の　中_{なか}から、いちばん　いい　ものを　一_{ひと}つ　えらんで　ください。

れい

1　風邪_{かぜ}を　ひいたから

2　しんせきの　おそう式_{しき}に　行_いったから

3　友_{とも}だちと　遊_{あそ}ぶ　約束_{やくそく}を　して　いたから

4　授業_{じゅぎょう}の　ノートを　とれなかったから

스크립트 & 해석

(F : 女性・女の子　M : 男性・男の子)

男の子と女の子が話しています。ゆきちゃんはどうして学校を休みましたか。

M : ゆきちゃん、今日休みだね。風邪でもひいたのかな？

F : あ、なんかね、しんせきのおそう式に行ったんだって。

M : そうだったんだ。じゃあ今日、遊べないね。

F : そうだね。遊ぶ約束してたのにね。まあ、週末にも遊ぶことにしてたからいいけど。

M : 授業に出れなかった分のノート、とってあげよう。

남자아이와 여자아이가 이야기하고 있습니다. 유키는 왜 학교를 쉬었습니까?

M : 유키, 오늘 쉬네. 감기라도 걸린 걸까?

F : 아, 뭔가 말야, 친척의 장례식에 갔다고 했어.

M : 그랬구나. 그럼 오늘 놀 수 없네.

F : 그러네. 놀기로 약속했었는데. 뭐, 주말에도 놀기로 했으니까 상관없지만.

M : 수업에 나올 수 없었던 분량의 노트, 가져다주자.

ゆきちゃんはどうして学校を休みましたか。

1 風邪を ひいたから
2 しんせきの おそう式に 行ったから
3 友だちと 遊ぶ 約束を して いたから
4 授業の ノートを とれなかったから

유키는 왜 학교를 쉬었습니까?

1 감기에 걸렸기 때문에
2 친척의 장례식에 갔기 때문에
3 친구와 놀 약속을 했기 때문에
4 수업 노트를 필기할 수 없었기 때문에

해설

질문은 '유키가 학교를 쉰 이유'를 묻고 있다. 남자아이와 여자아이가 학교에 오지 않은 유키에 대해서 이야기하고 있다. 선택지 1번은 '감기에 걸렸기 때문에'라고 했는데, 여자아이는 유키가 친척의 장례식에 갔다고 했으므로 틀리다. 선택지 2번은 '친척의 장례식에 갔기 때문에'라고 했으므로 정답이 된다. 선택지 3번은 '친구와 놀 약속을 했기 때문에'라고 했는데, 친구와 놀기로 약속은 했지만, 약속 때문에 학교를 쉰 것이 아니라 친척의 장례식에 가서 쉬었기 때문에 틀린다. 선택지 4번은 '수업 노트를 필기할 수 없었기 때문에'라고 했는데, 학교를 쉬었기 때문에 노트를 필기할 수 없지, 필기할 수 없어서 학교를 쉰 것은 아니므로 오답이다.

단어

風邪をひく 감기에 걸리다　おそう式 장례식　遊ぶ 놀다　約束 약속　週末 주말　授業 수업　シェフ 셰프, 요리사　味わう 맛보다　ぴったり 꼭 맞음, 딱 맞음

もんだい 2

もんだい 2 では、まず　しつもんを　聞いて　ください。そのあと、もんだいようしを　見て　ください。読む　時間が　あります。それから　話を　聞いて、もんだいようしの　1 から 4 の　中から、いちばん　いい　ものを　一つ　えらんで　ください。

1 ばん

🎵 문제 유형 공략하기_2-01

1　風邪を　ひいたから

2　お酒を　飲みすぎたから

3　薬を　飲んだから

4　休めなかったから

2 ばん

🎵 문제 유형 공략하기_2-02

1　サッカー

2　バラエティー番組

3　お笑い番組

4　何も　見ない

3 ばん

🎵 문제 유형 공략하기_2-03

1　部屋が　せまいから

2　部屋が　ひろいから

3　建物が　ふるいから

4　日差しが　わるいから

4ばん

🎵 문제 유형 공략하기_2-04

1 カラーリングを　するため

2 パーマを　するため

3 髪の毛を　切るため

4 髪の毛を　切って　パーマを　するため

5ばん

🎵 문제 유형 공략하기_2-05

1 部屋を　片付けないから

2 言い訳を　したから

3 部活の　試合が　あるから

4 塾に　行かないから

6ばん

🎵 문제 유형 공략하기_2-06

1 かぎを　忘れたから

2 かさを　忘れたから

3 書類を　忘れたから

4 バスに　乗れなかったから

7 ばん

🎵 문제 유형 공략하기_2-07

1 4時半

2 5時

3 5時半

4 6時

8 ばん

🎵 문제 유형 공략하기_2-08

1 ドラマを　見たから

2 論文を　書いて　いたから

3 映画を　見て　いたから

4 カラオケに　行って　いたから

9 ばん

🎵 문제 유형 공략하기_2-09

1 色が　きれいだったから

2 デザインが　よかったから

3 半額セールだったから

4 素材が　よかったから

10ばん

🎵 문제 유형 공략하기_2-10

1 明日の 朝

2 明日の 昼過ぎ

3 明日の 夕方

4 明日の 9時頃

11ばん

🎵 문제 유형 공략하기_2-11

1 風邪で 会社を 休んだから

2 いつもより 仕事が 増えたから

3 家事を 全部 したから

4 会議が たくさん あったから

12ばん

🎵 문제 유형 공략하기_2-12

1 友だちと 遊ぶため

2 デパートの セールに 行くため

3 急に 仕事が 入ったため

4 学校の 集まりが あったため

13ばん

♬ 문제 유형 공략하기_2-13

1 5時半

2 6時半

3 7時半

4 8時半

14ばん

♬ 문제 유형 공략하기_2-14

1 男の人が　早く　片付けなかったから

2 男の人が　早く　帰って　こなかったから

3 男の人が　連絡を　しなかったから

4 男の人の　ケータイが　切れて　いたから

15ばん

♬ 문제 유형 공략하기_2-15

1 1階

2 2階

3 3階

4 4階

③ もんだい 3 **발화표현**

발화표현은 삽화를 보면서 상황 설명문을 듣고 적절한 발화를 선택할 수 있는지 묻는 문제이다. 다섯 문제가 나온다.

! 알고 풀자!

문제의 흐름은 먼저, 삽화를 보면서 상황 설명문과 질문문 「何と言いますか(뭐라고 말합니까?)」가 나오는 것을 듣는다. 응답으로는 세 개의 발화문이 제시된다. 삽화 속에 화살표로 가리키고 있는 인물이 이 다음에 무엇이라고 말하는지 가장 적절한 발화를 선택하면 된다.

예시

もんだい 3

もんだい3では、えを 見ながら しつもんを 聞いて ください。
➡ (やじるし)の 人は 何と 言いますか。1から3の 中から、いちばん いい ものを 一つ えらんで ください。

れい

れいだい　えを　見^みながら　しつもんを　聞^きいて　ください。
➡ （やじるし）の　人^{ひと}は　何^{なん}と　言^いいますか。１から３の　中^{なか}から　いちばん
　　いい　ものを　一^{ひと}つ　えらんで　ください。

れい

📢 **해석 및 해설**

스크립트 & 해석

(F：女性・女の子　　M：男性・男の子)

お見舞^{みま}いに行^いって帰^{かえ}ります。何^{なん}と言^いいますか。	병문안을 하고 돌아갑니다. 뭐라고 말합니까?
1 おつかれ様^{さま}です。	1 수고하셨습니다.
2 おじゃまします。	2 실례합니다.
3 お大事^{だいじ}に。	3 몸조리 잘하세요.

해설

병문안을 하러 갔다가 돌아가면서 환자에게 하는 말이므로 안부 인사말을 찾아야 한다. 따라서 선택지 3번 '몸조리 잘하세요'가 정답이다.

단어

お見舞^{みま}い 병문안

실전 연습하기 발화표현

もんだい３

もんだい３では、えを　見ながら　しつもんを　聞いて　ください。➡（やじるし）の
人は　何と　言いますか。１から３の　中から　いちばん　いい　ものを　一つ　えらんで
ください。

１ばん

문제 유형 공략하기_3-01

2ばん

🎵 문제 유형 공략하기_3-02

3ばん

🎵 문제 유형 공략하기_3-03

4ばん

🎵 문제 유형 공략하기_3-04

5ばん

🎵 문제 유형 공략하기_3-05

6 ばん

7 ばん

8 ばん

🎵 문제 유형 공략하기_3-08

9 ばん

🎵 문제 유형 공략하기_3-09

10ばん

🎵 문제 유형 공략하기_3-10

11ばん

🎵 문제 유형 공략하기_3-11

12ばん

🎵 문제 유형 공략하기_3-12

13ばん

🎵 문제 유형 공락하기_3-13

もんだい4 즉시응답

즉시응답은 짧은 질문을 듣고 적절한 응답을 찾는 문제이다. 문제지에 선택지가 제시되지 않으며 여덟 문제가 나온다.

❗알고 풀자!

문제의 흐름은 질문 등의 짧은 문장이 나오고 그 문장에 대한 응답으로 세 개의 음성이 제시된다. A와 B의 응답 형식으로, 내용은 부모와 자식, 부부, 직장 상사와 부하, 친구 등의 사이에서 주고받는 대화이고, 네 개의 청해 문제 형식 가운데 과제이해와 함께 문제 수가 가장 많다. 짧은 문장을 듣고 바로 대답을 찾는 문제이기 때문에 정답을 생각할 시간이 부족하다. 따라서 정답이 애매한 경우에는 직감으로 정답을 선택해서 다음 문제에 집중할 수 있도록 한다. 그렇지 않으면 그 문제 때문에 다른 문제까지 놓칠 가능성이 많다.

예시

もんだい 4

もんだい４では、えなどが　ありません。まず、ぶんを　聞(き)いて　ください。それから、そのへんじを　聞(き)いて、１から３の　中(なか)から、いちばん　いい　ものを一(ひと)つ　えらんで　ください。

ーメモー

れいだい　えなどが　ありません。まず　文を　聞いて　ください。
それから、その　へんじを　聞いて、1から3の　中から、いちばん　いい
ものを　一つ　えらんで　ください。

ーメモー

🔊 해석 및 해설

스크립트 & 해석

(F：女性・女の子　M：男性・男の子)

M: コンビニに行くんですが、何か買いますか。
F: 1 私はアイスクリームを買います。
　　2 じゃあ、コーヒーをお願いします。
　　3 それはいいですね。

남 : 편의점에 가는데, 뭔가 살까요?
여 : 1 나는 아이스크림을 삽니다.
　　2 그럼 커피를 부탁합니다.
　　3 그거 좋네요.

해설

남자가 편의점에 가는데, 여자에게 사다 줄 것이 있는지를 묻고 있으므로, 커피를 사다 달라고 부탁한 선택지 2번이 정답이 된다. 선택지 1번은 자신이 직접 아이스크림을 산다는 것을 의미하므로 틀리고, 3번은 무엇인가 살 거냐는 남자의 질문에 맞지 않으므로 오답이다.

もんだい４

🎵 문제 유형 공략하기_4-01~15

もんだい４では、えなどが　ありません。まず　文を　聞いて　ください。
それから、その　へんじを　聞いて、１から３の　中から、いちばん　いい　ものを
一つ　えらんで　ください。

― メモ ―

1	①	②	③		**9**	①	②	③
2	①	②	③		**10**	①	②	③
3	①	②	③		**11**	①	②	③
4	①	②	③		**12**	①	②	③
5	①	②	③		**13**	①	②	③
6	①	②	③		**14**	①	②	③
7	①	②	③		**15**	①	②	③
8	①	②	③					

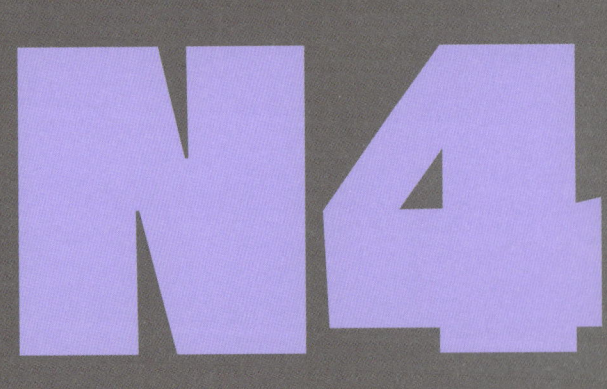

JLPT
실전모의테스트

제1회 실전모의테스트
제2회 실전모의테스트

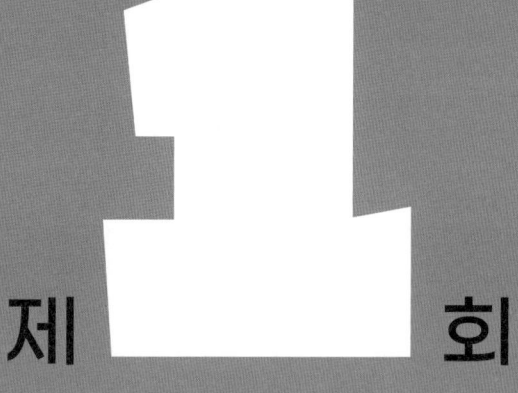

제 1 회

JLPT
실전모의테스트

제1회 실전모의테스트 채점표

자신의 실력이 어느 정도인지 확인할 수 있도록 임의로 만든 채점표입니다.
실제 시험은 상대 평가 방식이므로 약간의 오차가 발생할 수 있습니다.

언어지식 (문자·어휘·문법)·독해

		배점	만점	제1회	
				정답 문항 수	점수
문자·어휘	문제 1	1점×7문항	7		
	문제 2	1점×5문항	5		
	문제 3	1점×8문항	8		
	문제 4	1점×4문항	4		
	문제 5	1점×4문항	4		
문법	문제 1	1점×13문항	13		
	문제 2	1점×4문항	4		
	문제 3	1점×4문항	4		
독해	문제 4	6점×3문항	18		
	문제 5	6점×3문항	18		
	문제 6	6점×2문항	12		
합계			97점		

* 점수 계산법 : 언어지식·독해 [   ]점÷97×120 = [   ]점

청해

		배점	만점	제1회	
				정답 문항 수	점수
청해	문제 1	2점×8문항	16		
	문제 2	2점×7문항	14		
	문제 3	2점×5문항	10		
	문제 4	2점×8문항	16		
합계			56점		

* 점수 계산법 : 청해 [   ]점÷56×60 = [   ]점

N4

げんごちしき (もじ・ごい)

(25ふん)

じゅけんばんごう　Examinee Registration Number	

なまえ　Name	

もんだい1 ＿＿＿＿＿の ことばは ひらがなで どう かきますか。1・2・3・4から いちばん いい ものを ひとつ えらんで ください。

（例）わたしの せんもんは 文学です。

　　1 ぶんがく　　　　2 かがく　　　　　3 いがく　　　　4 すうがく

　　（かいとうようし）　（例）　● ②　③　④

1　夏やすみには、友だちと 海で バーベキューを したり、およいだり するつもりです。

　　1 うた　　　　　2 うみ　　　　　　3 かわ　　　　　4 もり

2　あたまが いたいので、この 薬を のんでも いいですか。

　　1 くすり　　　　2 ぐすり　　　　　3 やく　　　　　4 やぐ

3　最近 しごとが とても いそがしくて、ゆっくり やすむ じかんが ありません。

　　1 さいご　　　　2 さいこう　　　　3 さいしょ　　　4 さいきん

4　この かいしゃは だんせいより 女性の スタッフが おおいです。

　　1 じょせい　　　　2 しょせい　　　　3 じょうせい　　4 じょうせ

5 こどもの　えがおを　見て　心が　あたたかく　なりました。

1 ごころ　　　　　2 こごろ　　　　　3 こころ　　　　　4 ここる

6 まいあさ、野菜ジュースを　のんで　います。

1 やざい　　　　　2 やさい　　　　　3 よざい　　　　　4 よさい

7 らいしゅうの　テストの　ために、すこしずつ　予習を　して　おいた
ほうが　いいですよ。

1 よしゅう　　　　2 ようしゅう　　　3 ようしゅ　　　　4 よしゅ

もんだい2 ＿＿＿＿の ことばは どう かきますか。1・2・3・4から
いちばん いい ものを ひとつ えらんで ください。

（例）ふねで にもつを おくります。

    1 近ります　　　　2 逆ります　　　　3 辺ります　　　　4 送ります

    （かいとうようし）　| （例） | ① | ② | ③ | ● |

8　にわに しろい はなが たくさん さいて います。

    1 珀い　　　　　　2 百い　　　　　　3 泊い　　　　　　4 白い

9　よるおそくまで ゲームを しないように 気を つけて います。

    1 朝　　　　　　　2 昼　　　　　　　3 夜　　　　　　　4 晩

10　先生の せつめいを 聞いて わからない ところを ノートに メモ
しました。

    1 脱明　　　　　　2 説明　　　　　　3 鋭明　　　　　　4 克明

11　デビュー 10しゅうねんの コンサートだから とくべつなんです。

    1 特別　　　　　　2 特捌　　　　　　3 独別　　　　　　4 獨別

12　スーツケースが おもいので、くうこうまで タクシーで 行きます。

    1 運い　　　　　　2 働い　　　　　　3 重い　　　　　　4 動い

もんだい３ （　　　）に　なにを　いれますか。１・２・３・４から　いちばん
　　　　　いい　ものを　ひとつ　えらんで　ください。

（例）スーパーで　もらった　（　　　）を　見ると、何を　買ったか　わかります。
　　　１ レジ　　　　　　　２ レシート　　　　　３ おつり　　　　　４ さいふ

　（かいとうようし）　　┌──────────────────┐
　　　　　　　　　　　　│（例）　①　●　③　④ │
　　　　　　　　　　　　└──────────────────┘

13　この　レストランの　にんき　（　　　）は　なんですか。
　　　１ メニュー　　　　　２ アンケート　　　　３ レポート　　　　４ テーブル

14　わかいときの　しゃしんが　アルバムに　（　　　）　います。
　　　１ とまって　　　　　２ のこって　　　　　３ はじまって　　　４ きまって

15　ながいじかん　はなして　いたので　（　　　）が　いたいです。
　　　１ うで　　　　　　　２ ゆび　　　　　　　３ のど　　　　　　４ はな

16　おかしを　ちいさな　ふくろに　（　　　）　ください。
　　　１ つつんで　　　　　２ とどいて　　　　　３ かんで　　　　　４ てつだって

17　かいぎで　みんなの　（　　　）が　ちがって　たいへんでした。
　　　１ そうだん　　　　　２ はんたい　　　　　３ さんせい　　　　４ いけん

18 友だちは　はじめて　こどもを　（　　　）ので、すごく　きんちょう
して　います。

1 かむ　　　　　　2 うむ　　　　　　3 よむ　　　　　　4 つむ

19 この　コンビニは　まいにち　24じかん　（　　　）して　います。

1 しょうひん　　　2 じゅんび　　　3 うんどう　　　4 えいぎょう

20 きょうだけ、はやく　かえれるように　（　　　）　みます。

1 たのんで　　　　2 はこんで　　　3 わたして　　　4 すぎて

もんだい4　　　　　の　ぶんと　だいたい　おなじ　いみの　ぶんが　あります。
　　　　1・2・3・4から　いちばん　いい　ものを　ひとつ　えらんで　く
　　　　ださい。

（例）でんしゃの　中で　さわがないで　ください。

　1　でんしゃの　中で　ものを　たべないで　ください。

　2　でんしゃの　中で　うるさく　しないで　ください。

　3　でんしゃの　中で　たばこを　すわないで　ください。

　4　でんしゃの　中で　きたなく　しないで　ください。

　（かいとうようし）　

21　この　まちは　まえより　すむ　人が　おおく　なりました。

　1　この　まちは　人が　すくなく　なりました。

　2　この　まちは　すむ　人が　ふえました。

　3　この　まちは　すむ　人が　ぜんぜん　いません。

　4　この　まちは　がいこくへ　いく　人が　おおいです。

22　がっこうでは　みんなで　まもる　きそくが　あります。

　1　がっこうには　なにも　きまりが　ありません。

　2　がっこうには　だれも　きそくを　気に　しません。

　3　がっこうには　みんなの　ために　ルールが　あります。

　4　がっこうでは　やくそくを　まもらなくても　いいです。

23 父は　弟から　てがみを　もらって　よろこんで　いました。

1 父は　弟から　てがみを　もらって　うれしそうでした。

2 父は　弟から　てがみを　もらって　かなしそうでした。

3 父は　弟から　てがみを　もらって　母に　わたしました。

4 父は　弟から　てがみを　もらって　おこって　いました。

24 この　こうえんは　よるでも　あかるいので　あぶなく　ないです。

1 この　こうえんは　よるは　うるさいです。

2 この　こうえんは　よるには　だれも　いません。

3 この　こうえんは　よるに　なると　こわいです。

4 この　こうえんは　よるに　なっても　あんぜんです。

もんだい5　つぎの　ことばの　つかいかたで　いちばん　いい　ものを　1・2・3・4から　ひとつ　えらんで　ください。

（例）すてる

　1　へやを　ぜんぶ　すてて　ください。

　2　ひどい　ことを　するのは　すてて　ください。

　3　ここに　いらない　ものを　すてて　ください。

　4　学校の　本を　かばんに　すてて　ください。

　（かいとうようし）　| （例） | ① | ② | ● | ④ |

25　きびしい

　1　ぶちょうは　しごとの　ときは　とても　きびしいです。

　2　この　コーヒーは　きびしすぎて　飲めません。

　3　はなの　いろが　きれいで　かおりも　きびしいです。

　4　あたまが　きびしすぎて　くすりを　飲んで　休みました。

26　ざあざあ

　1　あかちゃんが　へやで　ざあざあ　寝て　います。

　2　おんせんに　はいったら　はだが　ざあざあに　なったんです。

　3　いっしょうけんめい　うんどうしたら、あせを　ざあざあ　かきました。

　4　まどぎわから、あめが　ざあざあ　ふって　いるのを　ずっと　見て　いました。

27　たおれる

1　かべに　はって　あった　ポスターが　たおれました。

2　つよい　かぜで　バスていの　かんばんが　たおれました。

3　つなみの　えいきょうで　かわの　みずが　たおれました。

4　スープが　たおれて、ガスレンジを　そうじしなければ　なりません。

28　あさい

1　この　みちは　あさくて　うんてんするのが　むずかしいです。

2　めが　だんだん　あさく　なって、めがねを　かけました。

3　この　いけは　あさいので、さかなが　よく　見えます。

4　びょういんの　しょくじは　あじが　あさくて　おいしく　ないです。

N4

言語知識（文法）・読解

（５５ふん）

Notes

1 試験が始まるまで、この問題用紙をあけないでください。

　Do not open this question booklet until the test begins.

2 この問題用紙を持ってかえることはできません。

　Do not take this question booklet with you after the test.

3 受験番号となまえをしたの欄に、受験票とおなじようにかいてください。

　Write your examinee registration number and name clearly in each box below as written on your test voucher.

4 この問題用紙は、全部で１６ページあります。

　This question booklet has 16 pages.

5 問題には解答番号の 1 、 2 、 3 …があります。

　解答は、解答用紙にあるおなじ番号のところにマークしてください。

　One of the row numbers 1 , 2 , 3 … is given for each question. Mark your answer in the same row of the answer sheet.

受験番号　Examinee Registration Number	

なまえ　Name	

もんだい1　（　　　）に　何を　入れますか。1・2・3・4から　いちばん
　　　　　　いい　ものを　一つ　えらんで　ください。

（例）わたしは　毎朝　しんぶん（　　　）　読みます。
　　　1　が　　　　　　　2　の　　　　　　　3　を　　　　　　4　で

　　（かいとうようし）　| (例) | ① | ② | ● | ④ |

1　きのう、わたしは　友だち（　　　）　映画を　見に　いきました。
　　　1　が　　　　　　2　で　　　　　　3　と　　　　　　4　を

2　日本（　　　）　来て、もう　3年に　なりました。
　　　1　に　　　　　　2　の　　　　　　3　を　　　　　　4　は

3　その　かばん（　　　）　中に　大切な　ものが　入って　いますか。
　　　1　を　　　　　　2　の　　　　　　3　で　　　　　　4　に

4　A「ホテルは　駅（　　　）　近いですか。」
　　B「はい、歩いて　5分ぐらいです。」
　　　1　とは　　　　　2　までに　　　　　3　でも　　　　　4　から

5 A「スーパーで　買った　新しい　コーヒーの　味は　どうでした
　　　　か。」
　　　B「ざんねんだけど、（　　　）　おいしく　なかったんです。」
　　　1 とても　　　　　　2 よく　　　　　　3 あまり　　　　4 もう

6 この　本を　はじめて　（　　　）　とき、内容が　少し　むずかしい
　　　と　思いました。
　　　1 読む　　　　　　　2 読んだ　　　　　3 読んで　　　4 読まない

7 A「今日は　風が　強いですね。」
　　　B「ええ。コートを　着て　きて　（　　　）　よかったです。」
　　　1 ほんとうに　　　2 まさか　　　　　3 もっとも　　　4 まっすぐ

8 A「きのう、急に　お願いして、すみませんでした。
　　　　　駅まで　（　　　）　　ありがとうございました。」
　　　B「いえ、気に　しないで　ください。」
　　　1 送って　あげて　　　　　　　　　2 送って　もらって
　　　3 送ってから　　　　　　　　　　　4 送ったので

9 A「テストの　問題、全部　解けましたか。」
　　　B「いいえ、簡単な　問題（　　　）　解けませんでした。」
　　　1 ほど　　　　　　　2 だけ　　　　　　3 まで　　　　4 しか

[10] A「ホテルに　着いたら　チェックインしますね。」
　　B「（　　　）　近くを　少し　散歩しましょうか。」

1 それから　　　　2 しかし　　　　3 だから　　　　4 それで

[11] A「もうすぐ　6時ですし、道も　こんで　いますね。」
　　B「このままだと、間に合わない（　　　）。」

1 かも　しれません　　　　　　　2 ほうが　いいです

3 はずが　ないです　　　　　　　4 ほどでも　ないです

[12] A「会議、思ったより　短かったですね。」
　　B「大事な　話の　（　　　）、部長に　電話が　来て　しまったから
　　　です。」

1 ほうで　　　　2 とちゅうで　　　3 ようで　　　　4 なら

[13] A「今日の　昼ごはん、ラーメンに　しますか。（　　　）　カレーに
　　　しますか。」
　　B「どちらでも　いいですよ。好きな　ものを　食べて　ください。」

1 そして　　　　2 それから　　　　3 それとも　　　4 それに

もんだい2　＿★＿　に　入る　ものは　どれですか。1・2・3・4から
　　　　　　いちばん　いい　ものを　一つ　えらんで　ください。

（問題例）

つくえの　＿＿＿＿　＿＿＿＿　＿★＿　＿＿＿＿　あります。

　　1　が　　　　　　　2　に　　　　　　　3　上　　　　　　4　ペン

（答え方）

1　正しい　文を　作ります。

　　　つくえの　＿＿＿＿　＿＿＿＿　＿★＿　＿＿＿＿　あります。

　　　　　　3　上　2　に　4　ペン　1　が

2　＿★＿に　入る　番号を　黒く　塗ります。

（解答用紙）　　（例）　①　②　③　●

14　子どもの　手の　とどく　＿＿＿＿　＿＿＿＿　＿★＿　＿＿＿＿　ください。

　　1　ものは　　　　　　2　置かないで　　　3　場所に　　　4　小さな

15　試験の　前に　＿＿＿＿　＿＿＿＿　＿★＿　＿＿＿＿　安心できます。

　　1　ところを　　　　　　　　　　2　チェックして

　　3　おけば　　　　　　　　　　　4　大事な

16 日本に ＿＿＿＿ ＿＿＿＿ ＿★＿ ＿＿＿＿、少しずつ　日本語が　話せる
ように　なりました。

1 毎日   2 来てから

3 して   4 会話の　練習を

17 簡単そうに　見えましたが、＿＿＿＿ ＿＿＿＿ ＿★＿ ＿＿＿＿ かかりまし
た。

1 実際に   2 いがいと

3 やって　みると   4 時間が

もんだい3　　18　から　　21　に　何を　入れますか。文章の　意味を　考えて、1・2・3・4から　いちばん　いい　ものを　一つ　えらんで　ください。

下の　文章は、ある　会社員の　作文です。

わたしは　今、東京の　小さな　会社　　18　　はたらいて　います。

毎日、朝7時半に　家を　出て、電車で　会社へ　行きます。

会社に　着くまで　　19　　40分　かかって、電車の　中では　新聞を　読んだり、音楽を　聞いたりして　時間を　過ごして　います。最近、仕事が　前より　忙しく　なって　きました。　20　、家に　帰る　時間が　遅く　なる　日も　少しずつ　ふえて　います。でも、仕事が　終わった　あとで、近くの　公園を　散歩する　とき、気持ちが　おちつく　ことが　多いです。休みの　日は、遠くへ　出かける　　21　、家で　本を　読みながら　ゆっくり　休むつもりです。

18

1 に	2 は
3 で	4 へ

19

1 ぜんぜん	2 だいたい
3 なかなか	4 そろそろ

20

1 それで	2 それなら
3 それから	4 それとも

21

1 ほど	2 だけ
3 しか	4 より

もんだい４　つぎの（1）から（3）の文章を読んで、質問に答えてください。答え
　　　　　は、１・２・３・４から、いちばんいいものを一つえらんでください。

（１）

公園からのお願い

この公園は、大勢の人が利用しています。

犬を連れてくる方は、リードをはなさないでください。

人の多いところではボールで遊ばないでください。

夜９時以降はさわがないでください。

よろしくお願いいたします。

22　この公園で気をつけなければならないことはどれですか。

　　１　夜に大きな音を出さないこと

　　２　昼に犬を連れてこないこと

　　３　ボールを使ってはいけないこと

　　４　大人はボール遊びをしないこと

（2）

山田です。

あしたの英語のテストは、教室がA教室からB教室に変わりました。時間は前と同じ9時からです。テストのあとにクラスミーティングがありますので、ノートを忘れないでください。B教室は図書室のとなりにあります。教室をまちがえないでください。

23　このメモでいちばん伝えたいことはどれですか。

1 ミーティングの時間が変わったこと
2 テストを受ける教室が変わったこと
3 図書室でテストをすることになったこと
4 図書室へノートを持っていくこと

（3）

> 　私は毎日、仕事が終わった後に読書をします。図書館では静かな環境で本を読むことができますが、カフェでは明るい雰囲気で本が読めるので、最近はカフェによく行っています。家に帰って夜ご飯を食べたあとは、公園に行って軽く運動をします。

24　この人は最近仕事が終わってから、まずどこに行きますか。

　　1 家

　　2 公園

　　3 カフェ

　　4 図書館

もんだい5　つぎの文章を読んで、質問に答えてください。答えは1・2・3・4から、いちばんいいものを一つえらんでください。

　日本は、四季がはっきりしている国です。春はさくらの花が咲き、暖かいです。また、秋は紅葉がとてもきれいだし、すずしくて過ごしやすいです。

　しかし、日本は台風や地震などの「自然災害」が多い国でもあります。とくに、夏になると台風がよく来ます。強い風が吹いたり、大雨が降ったりして、大きな被害が出ることがあります。また、日本は地震も多いですから、いつも準備をしておく必要があります。災害から自分を守るために、各地でいろいろな準備をしています。たとえば、「防災グッズ」を用意したり、安全な場所へ逃げる練習をしたりします。

　最近は、地球の気候が変わって、災害がもっと増えたり強くなったりすることが心配です。だから、これからどうすればいいか、みんなで考える必要があります。

25　日本の春と秋について正しくないのはどれですか。

1　春にはさくらの花が咲<ruby>咲<rt>さ</rt></ruby>く。

2　秋には<ruby>紅葉<rt>こうよう</rt></ruby>が見られる。

3　春はとても寒く、雪が多い。

4　秋はすずしくて、過ごしやすい。

26　<ruby>台風<rt>たいふう</rt></ruby>が来ると、どんな被害がありますか。

1　<ruby>地震<rt>じ しん</rt></ruby>

2　<ruby>大雪<rt>おおゆき</rt></ruby>

3　<ruby>火事<rt>か じ</rt></ruby>

4　強い風

27　<ruby>気候<rt>き こう</rt></ruby>が変わってとありますが、それで何が心配ですか。

1　冬が短くなること

2　<ruby>災害<rt>さいがい</rt></ruby>が増えたり、強くなったりすること

3　日本の<ruby>四季<rt>し き</rt></ruby>がなくなること

4　<ruby>気温<rt>き おん</rt></ruby>が<ruby>下<rt>さ</rt></ruby>がりすぎること

もんだい6　右のポスター「映画会のお知らせ」を見て、質問に答えてください。
　　　　　答えは1・2・3・4からいちばんいいものを一つえらんでください。

28　大人2人と中学生1人の家族が映画を見るとき、料金はいくらになりますか。

1　1,500円

2　2,000円

3　2,500円

4　3,000円

29　鈴木さんは高校生のむすこと小学生のむすめがいます。子どもたちと一緒に映画を見にいきたいです。見ることができる回はどれですか。

1　1回目だけ

2　2回目だけ

3　1回目と2回目

4　2回目と3回目

映画会のお知らせ

日時　　9月22日（土）

上映時間　1回　午後2時～4時
　　　　　　2回　午後5時～7時
　　　　　　3回　午後8時～10時

料金　　大人　1,000円
　　　　　中学生・高校生　500円
　　　　　小学生以下　無料

> ※　3人以上の家族で来た場合、
> 　　合計の料金から500円安く
> 　　なります。

入場と時間の注意
・入場は各回の30分前からです。
・映画が始まってからは入れません。

注意
・写真や動画はとってはいけません。
・小学生以下の子どもは大人と一緒に見てください。
・午後8時からの映画は、小学生以下の子どもは見ることができません。

N4

聴解

（35ふん）

注意
Notes

1 試験が始まるまで、この問題用紙を開けないでください。
Do not open this question booklet until the test begins.

2 この問題用紙を持って帰ることはできません。
Do not take this question booklet with you after the test.

3 受験番号と名前を下の欄に、受験票と同じように書いてください。
Write your examinee registration number and name clearly in each box below as written on your test voucher.

4 この問題用紙は、全部で15ページあります。
This question booklet has 15 pages.

5 この問題用紙にメモをとってもいいです。
You may make notes in this question booklet.

受験番号 Examinee Registration Number	

なまえ Name	

もんだい 1

　もんだい 1 では、まず　しつもんを　聞いて　ください。それから　話を
聞いて、もんだいようしの　1 から 4 の　中から、いちばん　いい　ものを
一つ　えらんで　ください。

れい

1　ぎゅうにゅう 1 本だけ

2　ぎゅうにゅう 1 本と　チーズ

3　ぎゅうにゅう 2 本だけ

4　ぎゅうにゅう 2 本と　チーズ

1ばん

1 ラベルを　はる

2 荷物を　待つ

3 荷物を　運ぶ

4 中身を　確認する

2ばん

3 ばん

1 今日の　3時

2 今日の　4時

3 あしたの　3時

4 あしたの　4時

4 ばん

1

2

3

4

5 ばん

1

2

3

4

6 ばん

1　火曜日の　午前

2　火曜日の　午後

3　木曜日の　午前

4　木曜日の　午後

7 ばん

1 今

2 今日の　昼休み

3 あしたの　昼休み

4 午後の　授業の　あと

8 ばん

1 駅前で　6時45分

2 駅前で　7時

3 映画館で　6時45分

4 映画館で　7時

もんだい 2

　もんだい 2 では、まず　しつもんを　聞いて　ください。そのあと、もんだい
ようしを　見て　ください。読む　時間が　あります。それから　話を　聞いて、
もんだいようしの　1 から 4 の　中から、いちばん　いい　ものを　一つ　えらんで
ください。

れい

1　へやが　せまいから

2　ばしょが　ふべんだから

3　たてものが　古いから

4　ともだちが　できないから

1 ばん

1　300円
2　350円
3　400円
4　450円

2 ばん

1　疲れて　いるから
2　落ち着かないから
3　雨が　降って　いるから
4　部屋が　散らかって　いるから

3ばん

1 空いて いる 部屋が なかった。

2 予約した 人の 名前が 間違って いた。

3 2人分の 部屋を 予約して いなかった。

4 日にちを 間違えて いた。

4ばん

1 田中さんの 家

2 カフェ

3 レストラン

4 公園

5ばん

1 散歩してから　友だちに　会う。

2 友だちに　会った　後で、散歩する。

3 運動は　しないで　友だちに　会う。

4 運動するために　友だちには　会わない。

6ばん

1 行く。

2 行かない。

3 遅れて　行く。

4 まだ　分からない。

7 ばん

1 　本^{ほん}だけ

2 　花束^{はなたば}だけ

3 　本^{ほん}と　花束^{はなたば}

4 　何^{なに}も　渡^{わた}さない

もんだい３

　もんだい３では、えを　見ながら　しつもんを　聞いて　ください。
➡（やじるし）の　人は　何と　言いますか。１から３の　中から、いちばん　いい
ものを　一つ　えらんで　ください。

れい

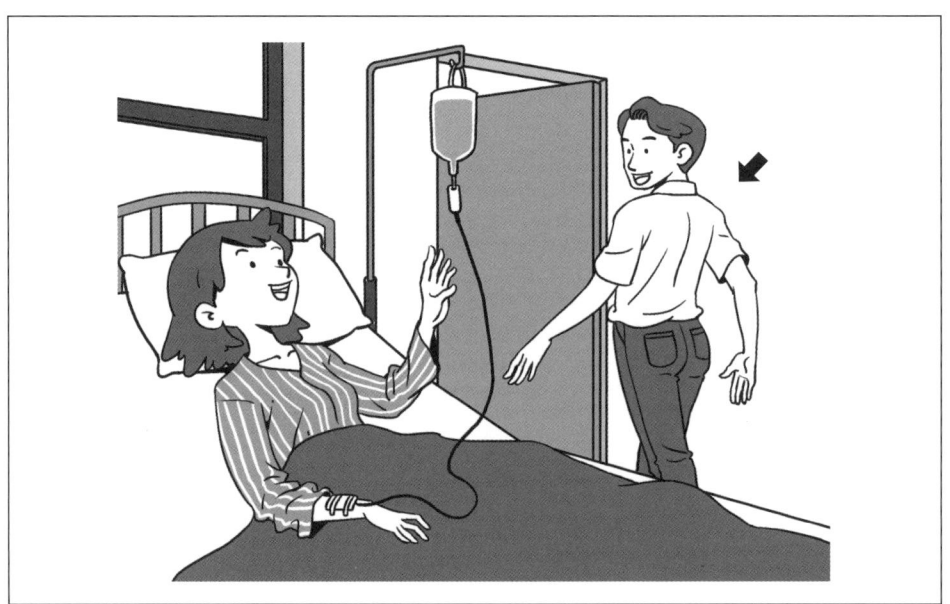

1 ばん

2 ばん

3ばん

4ばん

5 ばん

もんだい４

　もんだい４では、えなどが　ありません。まず　ぶんを　聞いて　ください。
それから、そのへんじを　聞いて、１から３の　中から、いちばん　いい　ものを
一つ　えらんで　ください。

ーメモー

제 **2** 회

JLPT

실전모의테스트

제2회 실전모의테스트 채점표

자신의 실력이 어느 정도인지 확인할 수 있도록 임의로 만든 채점표입니다.
실제 시험은 상대 평가 방식이므로 약간의 오차가 발생할 수 있습니다.

언어지식 (문자·어휘·문법)·독해

		배점	만점	제2회	
				정답 문항 수	점수
문자·어휘	문제 1	1점×7문항	7		
	문제 2	1점×5문항	5		
	문제 3	1점×8문항	8		
	문제 4	1점×4문항	4		
	문제 5	1점×4문항	4		
문법	문제 1	1점×13문항	13		
	문제 2	1점×4문항	4		
	문제 3	1점×4문항	4		
독해	문제 4	6점×3문항	18		
	문제 5	6점×3문항	18		
	문제 6	6점×2문항	12		
합계			97점		

* 점수 계산법 : 언어지식·독해 [   ]점÷97×120 = [   ]점

청해

		배점	만점	제2회	
				정답 문항 수	점수
청해	문제 1	2점×8문항	16		
	문제 2	2점×7문항	14		
	문제 3	2점×5문항	10		
	문제 4	2점×8문항	16		
합계			56점		

* 점수 계산법 : 청해 [   ]점÷56×60 = [   ]점

N4

げんごちしき（もじ・ごい）

（25ふん）

じゅけんばんごう　Examinee Registration Number	

なまえ　Name	

もんだい1　_____の　ことばは　ひらがなで　どう　かきますか。1・2・3・4から　いちばん　いい　ものを　ひとつ　えらんで　ください。

（例）わたしの　せんもんは　文学です。

　　1　ぶんがく　　　　　2　かがく　　　　　　3　いがく　　　　　4　すうがく

　　（かいとうようし）　| （例）　● ② ③ ④ |

---

① この　こうじょうでは　くるまを　生産して　います。

　　1　せいさん　　　　　2　せいざん　　　　　3　しょうさん　　　4　しょうざん

② テストの　まえに、しりょうを　集める　つもりです。

　　1　みつめる　　　　　2　あつめる　　　　　3　すすめる　　　　4　きめる

③ けがが　ひどかったので、しばらく　入院する　ことに　なりました。

　　1　にゅいん　　　　　2　にょいん　　　　　3　にゅういん　　　4　にょういん

④ この　みちは　いま　工事ちゅうなので、とおれません。

　　1　こうじ　　　　　　2　こうし　　　　　　3　こじ　　　　　　4　ごじ

5 あしたの　かいぎの　じかんは、もう　<u>決まった</u>のでしょうか。

　　1 きまった　　　　2 はじまった　　　3 しまった　　　4 とまった

6 <u>夏</u>やすみの　よていを　かぞくで　そうだんして　います。

　　1 ふゆ　　　　　　2 なつ　　　　　　3 はる　　　　　　4 あき

7 この　くつは　<u>軽い</u>から、ながい　じかん　あるいても　つかれません。

　　1 からい　　　　　2 かゆい　　　　　3 かたい　　　　　4 かるい

もんだい2 ＿＿＿＿の ことばは どう かきますか。1・2・3・4から
いちばん いい ものを ひとつ えらんで ください。

(例) ふねで にもつを おくります。

　　1 近ります　　　2 逆ります　　　3 辺ります　　　4 送ります

　　（かいとうようし）　| (例) | ① | ② | ③ | ● |

8　むずかしい かんじの いみを インターネットで しらべました。

　　1 調べました　　　2 試べました　　　3 整べました　　　4 読べました

9　がくせいしょくどうで いちばん にんきが ある メニューは
　　カツどんです。

　　1 食道　　　　2 飲堂　　　　3 飯堂　　　　4 食堂

10　まいにち ねる まえに にっきを 書いて います。

　　1 日録　　　　2 日誌　　　　3 日記　　　　4 日帳

11　この にもつは おもいので、ふたりで はこびます。

　　1 重びます　　　2 運びます　　　3 送びます　　　4 持びます

12　父は まいあさ くるまを うんてんして かいしゃへ 行きます。

　　1 運転　　　　2 転運　　　　3 動転　　　　4 回転

もんだい3 （　　　）に　なにを　いれますか。1・2・3・4から　いちばん
　　　　いい　ものを　ひとつ　えらんで　ください。

（例）スーパーで　もらった　（　　　）を　見ると、何を　買ったか　わかります。

　　　1 レジ　　　　　　　2 レシート　　　　　3 おつり　　　　　4 さいふ

　　　（かいとうようし）　　（例）　①　●　③　④

13　びょういんに　ついたら、まず　（　　　）で　なまえを　書いて
　　ください。

　　　1 いす　　　　　　　2 うけつけ　　　　　3 げんかん　　　　4 せんもん

14　この　はこの　（　　　）は　しかくでは　ありません。

　　　1 からだ　　　　　　2 ねだん　　　　　　3 かたち　　　　　4 ちょうし

15　テストの　（　　　）は　らいしゅう　はっぴょうされます。

　　　1 うんどう　　　　　2 うんてん　　　　　3 えいぎょう　　　4 けっか

16　なくした　かぎを　いえの　なかで　（　　　）います。

　　　1 つたえて　　　　　2 こたえて　　　　　3 さがして　　　　4 すすんで

17　きゅうじつは　じかんが　あるので、　（　　　）すごしたいです。

　　　1 べんりに　　　　　2 じゆうに　　　　　3 ひじょうに　　　4 しんせつに

18 たいせつな　ことは、みんなに　ちゃんと　（　　　）　ことが
だいじです。

1 つたえる　　　　　2 みつける　　　　3 わたす　　　　4 おくる

19 あたらしい　きかいを　つかうと、しごとが　（　　　）　はやく　な
ります。

1 ざあざあ　　　　　2 がんがん　　　　3 どんどん　　　　4 ぴかぴか

20 こえが　ちいさくて、なにを　言って　いるのか　（　　　）　わかり
ませんでした。

1 びっくり　　　　　2 すっきり　　　　3 ぐっすり　　　　4 はっきり

もんだい4 ＿＿＿＿の ぶんと だいたい おなじ いみの ぶんが あります。
　　　　　1・2・3・4から いちばん いい ものを ひとつ えらんで く
　　　　　ださい。

（例） でんしゃの 中で さわがないで ください。

　　1 でんしゃの 中で ものを たべないで ください。

　　2 でんしゃの 中で うるさく しないで ください。

　　3 でんしゃの 中で たばこを すわないで ください。

　　4 でんしゃの 中で きたなく しないで ください。

　　（かいとうようし）

21　きゅうけいじかんに、友だちと おしゃべりしました。

　　1 きゅうけいじかんに、友だちと いっしょに べんきょうしました。

　　2 きゅうけいじかんに、友だちと はなしを しました。

　　3 きゅうけいじかんに、友だちに メールを おくりました。

　　4 きゅうけいじかんに、友だちと しずかに いました。

22　この レストランは いつも おきゃくさんが おおいです。

　　1 この レストランは いつも しずかです。

　　2 この レストランは いつも すいて います。

　　3 この レストランは いつも こんで います。

　　4 この レストランは いつも はやく しまります。

23 <u>らいねん、しごとの　ために　いなかへ　ひっこします。</u>

  1 らいねん、しごとの　ために　いなかに　すむ　よていです。

  2 らいねん、しごとを　やめて　いなかに　すむ　よていです。

  3 らいねん、しごとの　ために　いなかに　かいしゃを　うつします。

  4 らいねん、しごとを　やめて　あたらしい　かいしゃを　つくります。

24 <u>うちの　ねこは　ひとが　いると　とても　おとなしいです。</u>

  1 うちの　ねこは　ひとが　いると　とても　げんきです。

  2 うちの　ねこは　ひとが　いると　とても　にぎやかです。

  3 うちの　ねこは　ひとが　いると　とても　じょうぶです。

  4 うちの　ねこは　ひとが　いると　とても　しずかです。

もんだい5　つぎの　ことばの　つかいかたで　いちばん　いい　ものを　1・2・
　　　　　3・4から　ひとつ　えらんで　ください。

（例）すてる

　1　へやを　ぜんぶ　すてて　ください。

　2　ひどい　ことを　するのは　すてて　ください。

　3　ここに　いらない　ものを　すてて　ください。

　4　学校の　本を　かばんに　すてて　ください。

（かいとうようし）　

25　ひろう

　1　えきで、だれかの　さいふを　ひろいました。

　2　びょういんで　かぜを　ひろって　しまいました。

　3　つかれて　あしが　ひろって　あるけません。

　4　でんしゃに　ひろって　デパートに　行きました。

26　れんらく

　1　かれしは　あまり　れんらくを　おくりません。

　2　はんたいがわは、この　はしを　れんらくして　いけば　いいです。

　3　ともだちと　りょこうの　れんらくを　たてて　います。

　4　あしたの　よていが　きまったら、れんらくして　ください。

27 そだてる

1 お金を　そだてて　かいものを　しに　いきたいです。

2 りょうしんは　にわで　花を　たくさん　そだてて　います。

3 雨が　ふって、木が　そだてました。

4 りょうりを　そだてて、かぞくに　食べさせたいです。

28 おもいで

1 りょこうの　おもいでに　ゆうめいな　おかしを　買いました。

2 きのう、にゅういんした　先生の　おもいでに　行きました。

3 日本での　せいかつは　たのしい　おもいでに　なりました。

4 いっしょうけんめい　かんじを　おぼえたのに、ぜんぜん　おもいでに　のこって　いません。

N4

言語知識（文法）・読解

（５５ふん）

注　意
Notes

1 試験が始まるまで、この問題用紙をあけないでください。
Do not open this question booklet until the test begins.

2 この問題用紙を持ってかえることはできません。
Do not take this question booklet with you after the test.

3 受験番号となまえをしたの欄に、受験票とおなじようにかいてください。
Write your examinee registration number and name clearly in each box below as written on your test voucher.

4 この問題用紙は、全部で１６ページあります。
This question booklet has 16 pages.

5 問題には解答番号の 1 、 2 、 3 …があります。
解答は、解答用紙にあるおなじ番号のところにマークしてください。
One of the row numbers 1, 2, 3 … is given for each question. Mark your answer in the same row of the answer sheet.

受験番号　Examinee Registration Number	

なまえ　Name	

もんだい1　（　　　）に　何を　入れますか。1・2・3・4から　いちばん
　　　　　　いい　ものを　一つ　えらんで　ください。

（例）わたしは　毎朝　しんぶん（　　　）　読みます。

　　　1　が　　　　　　　2　の　　　　　　　3　を　　　　　　4　で

（かいとうようし）　│（例）　①　②　●　④　│

1　この　道（　　　）　まっすぐ　行くと、駅が　見えます。

　　　1　に　　　　　　　2　を　　　　　　　3　で　　　　　　4　へ

2　授業の　あとで、先生（　　　）　聞きたい　質問が　あります。

　　　1　に　　　　　　　2　で　　　　　　　3　と　　　　　　4　を

3　この　レストラン（　　　）　何時まで　あいて　いますか。

　　　1　か　　　　　　　2　を　　　　　　　3　で　　　　　　4　は

4　（雨の日に）
　　A「雨が　強いですね。外に　出るのは　大変そうです。」
　　B「そうですね。（　　　）　今日は　約束が　あるので、行かないと
　　　いけません。」

　　　1　すると　　　　　2　こうして　　　　3　でも　　　　　4　だから

5 A「あしたの　プレゼンの　準備は　もう　終わりましたか。」
　　B「はい。きのう　家で　（　　　）　練習しました。」

1 しっかり　　　　2 すっかり　　　　3 かならず　　　4 そろそろ

6 お湯が　（　　　）　きたので、コーヒーを　いれましょう。

1 わく　　　　　　2 わいた　　　　　3 わいて　　　4 わかない

7 この　会社では　残業が　（　　　）　ありません。

1 ずいぶん　　　　2 ぜひ　　　　　　3 すぐ　　　　4 ほとんど

8 A「佐藤さんって、話しかけにくい　人ですか。」
　　B「仕事を　する　ときは　（　　　）、人には　とても　親切です。」

1 きびしいけれど　　　　　　　　　2 きびしいだろう

3 きびしいから　　　　　　　　　　4 きびしそうで

9 A「顔色が　悪いですね。今日は　どうしましたか。」
　　B「少し　気分が　悪いので、早く　帰って　（　　　）。」

1 休まなくても　いいです　　　　　2 休ませます

3 休ませて　ください　　　　　　　4 休んで　います

10　A「きのう　電車が　止まりましたね。」

　　B「ええ、（　　　）　家に　着くのが　かなり　遅く　なりました。」

　　1 それとも　　　　2 それで　　　　　3 それでも　　　　4 なぜなら

11　ゆうべ、エアコンを　（　　　）　寝て　しまいました。

　　1 つけたら　　　　2 つけながら　　　3 つけたまま　　4 つけたところ

12　A「この　アプリで　何が　できますか。」

　　B「この　アプリを　使えば、スマホで　電車が　いつ　来るか　調べる　（　　　）よ。」

　　1 ことに　する　　　　　　　　　　2 ことが　できる

　　3 ことが　ある　　　　　　　　　　4 ことに　なる

13　A「今、電話しても　大丈夫ですか。」

　　B「すみません。今、会議の　準備を　（　　　）。」

　　1 して　いる　ところです　　　　　2 する　はずが　ないです

　　3 した　ほうが　いいです　　　　　4 する　ことが　できます

もんだい2　＿＿★＿＿　に　入る　ものは　どれですか。1・2・3・4から
　　　　　いちばん　いい　ものを　一つ　えらんで　ください。

___

（問題例）

つくえの　＿＿＿＿　＿＿＿＿　＿★＿　＿＿＿＿　あります。

　　1　が　　　　　　　　2　に　　　　　　　3　上　　　　　　4　ペン

（答え方）

1　正しい　文を　作ります。

　　つくえの　＿＿＿＿　＿＿＿＿　＿★＿　＿＿＿＿　あります。

　　　　　　　3　上　　2　に　　4　ペン　　1　が

2　＿★＿に　入る　番号を　黒く　塗ります。

（解答用紙）　　　　（例）　①　②　③　●

___

14　説明を　聞いて　いる　とちゅうで、＿＿＿＿　＿＿＿＿　＿★＿　＿＿＿＿
できませんでした。

　　1　集中　　　　　　　2　後ろから　　　　　3　大きな　　　　4　音が　して

15　写真では　明るく　見えましたが、行って　みると　＿＿＿＿　＿＿＿＿
＿★＿　＿＿＿＿　気に　入りませんでした。

　　1　中が　　　　　　　2　あまり　　　　　　3　暗くて　　　　4　部屋の

16 　A「仕事は　一人で　十分でしたか。」

　　B「いいえ。＿＿＿＿ ＿＿＿＿ ＿★＿ ＿＿＿＿　出て　きて、田中さんに
　　　手伝って　もらいました。」

1 作業を　　　　　　　　　　　　　　2 いたら

3 重い　ものが　　　　　　　　　　4 進めて

17 　A「最近、スマホの　電池が　すぐ　なくなりませんか。」

　　B「ええ。それで　＿＿＿＿ ＿＿＿＿ ＿★＿ ＿＿＿＿　そうですよ。」

1 下げた　　　　　　　　　　　　　　2 明るさを

3 ほうが　いい　　　　　　　　　　4 画面の

もんだい3　18　から　21　に　何を　入れますか。文章の　意味を　考えて、1・2・3・4から　いちばん　いい　ものを　一つ　えらんでください。

下の　文章は　ある　人の　生活に　ついての　作文です。

わたしは　さいきん、うんどうぶそくだと　感じました。前は　休みの　日に　家で　過ごす　ことが　多く、テレビを　見たり、スマホで　遊んだりして　いました。しかし、体を　動かす　時間が　少ないと、すぐ　疲れることに　気づきました。

　18　、今は　時間が　あれば　近くの　公園を　歩く　19　。歩きはじめた　ばかりの　ころは、すぐに　疲れて　しまいましたが、少しずつ　続けていくと、前より　長く　歩ける　ように　なりました。

天気が　悪い　日は　そとに　20　ので、家で　ストレッチを　したり、テレビを　見ながら　かるく　体を　動かしたり　します。　21　、むりをしないで、けんこうに　気を　つけて　いきたいと　思います。

18

1 そこで   2 しかし

3 それでは   4 たとえば

19

1 かも　しれません   2 ように　しました

3 ことが　できます   4 そうです

20

1 出ようと　思う   2 出た　ことが　ある

3 出られない   4 出て　しまう

21

1 それとも   2 きっと

3 その　あと   4 これからも

もんだい4　つぎの（1）から（3）の文章を読んで、質問に答えてください。答え
　　　　　は、1・2・3・4から、いちばんいいものを一つえらんでください。

（1）

　きのう、母の誕生日でした。私は弟と一緒にスーパーで材料を買って、家でケーキを作ることにしました。ケーキを作るのははじめてだったので、レシピを見ながらがんばりました。かたちは少し悪かったですが、味はとてもおいしくできました。母は「こんなにうれしい誕生日ははじめて」と言って、とてもよろこんでくれました。

22　この人の母は、なぜよろこびましたか。

　　1　ケーキの形がきれいだったから
　　2　誕生日プレゼントを買ってもらったから
　　3　むすめがレシピを教えてくれたから
　　4　子どもたちがケーキを作ってくれたから

（2）

スポーツクラブの案内

トレーニングルームを使うときは、必ず運動靴をはいてください。スリッパやサンダルでは入れません。マシンを使った後は、タオルでよくふいてください。飲み物はふたのあるペットボトルだけ持ちこめます。

---

23 このスポーツクラブでしてはいけないことはどれですか。

1 サンダルで入ること
2 運動靴をはくこと
3 タオルでマシンをふくこと
4 ふたのある飲み物を持ちこむこと

（3）

アルバイトの皆さんへ

　きょうの仕事は雨のため中止になりました。そのため、あしたの仕事は午後5時からになります。ただし、山田さんは学校があるので、午後7時に来てください。もし、あしたも雨だったら、朝、メールでお知らせします。

　よろしくお願いします。

　　　　　　　　　　　　　　　　　　　　　　　　　　店長より

24　このメールでいちばん大切なのはどれですか。

　1　あしたの仕事が中止になったこと

　2　あしたの仕事の時間

　3　山田さんが仕事に来る時間

　4　雨が降ったときの連絡方法

もんだい5　つぎの文章を読んで、質問に答えてください。答えは1・2・3・4
　　　　　から、いちばんいいものを一つえらんでください。

　日本では、地球を守るためにいろいろな工夫をしています。とくに、ゴミ
を分けて捨てることに力を入れています。燃えるゴミ、燃えないゴミ、ペッ
トボトルや缶などをこまかく分けることが大切です。これによって、ゴミが
減り、資源をもう一度使うことができます。

　また、電気や水を節約することもすすめられています。たとえば、LED
電球を使ったり、シャワーの時間を短くしたりします。また、エアコンの
使用時間にも気をつけます。これらは地球を守るためにとても大事なことで
す。

　しかし、リサイクルに興味がない人もいます。とくに若い人たちが環境の
ことをあまり考えていないことが問題になっています。それで、政府や自治
体は、若い人たちにもっと環境について知ってもらうための活動を始めてい
ます。

---

25 日本のリサイクルについて正しいものはどれですか。

1 ゴミは全部一つの袋に入れて出す。

2 ペットボトルや缶などをこまかく分けて出す。

3 ゴミを分けることは禁止されている。

4 ゴミは週に一回しか捨てられない。

26 節約について、正しくないのはどれですか。

1 LED電球を使うといい。

2 シャワーの時間を短くする。

3 エアコンを使ってはいけない。

4 水や電気を節約することがすすめられている。

27 若い人について、正しいのはどれですか。

1 環境にあまり興味がない人もいる。

2 だれよりも環境のことを考えている。

3 環境について教えてもらったことがない。

4 地球は守る必要がないと思っている。

もんだい6　右のポスター「防災訓練のお知らせ」を見て、質問に答えてください。
　　　　　　答えは1・2・3・4からいちばんいいものを一つえらんでください。

28 防災訓練に参加できない人はだれですか。

1　9時20分に来た人

2　9時35分に来た人

3　大人と一緒に来た小学生

4　雨の日に来た人

29 つぎのうち、正しいものはどれですか。

1　雨の日は中止です。

2　参加するためにお金がかかります。

3　訓練中はエレベーターを使いません。

4　中学生は大人と一緒に参加しなければなりません。

防災訓練のお知らせ

日にち　　7月 毎週 土曜日

時間　　　9：30～10：30

場所　　　市民センター　1階（入口前）

参加　　　だれでもできます。

※ 参加について
・参加費：無料
・小学生以下の子どもは、大人と一緒に参加してください。
・9時30分をすぎると参加できません。

※ その他
・雨でも行います。
・当日、体の具合が悪い方は、無理をしないでください。
・分からないことは、受付で聞いてください。

※ 当日の注意
・動きやすい服で来てください。
・訓練中はエレベーターを使いません。
・外へ逃げる練習をします。

N4

聴解
ちょうかい

（35ふん）

受験番号 Examinee Registration Number	

なまえ　Name	

もんだい 1

　もんだい1では、まず　しつもんを　聞いて　ください。それから　話を
聞いて、もんだいようしの　1から4の　中から、いちばん　いい　ものを
一つ　えらんで　ください。

れい

1　ぎゅうにゅう1本だけ

2　ぎゅうにゅう1本と　チーズ

3　ぎゅうにゅう2本だけ

4　ぎゅうにゅう2本と　チーズ

1 ばん

1 　2 階(かい)の 　図書室(としょしつ)

2 　4 階(かい)の 　図書室(としょしつ)

3 　2 階(かい)の 　会議室(かいぎしつ)

4 　4 階(かい)の 　会議室(かいぎしつ)

2 ばん

1

2

3

4

3ばん

1 教室に　戻る。

2 レポートを　書く。

3 資料を　コピーする。

4 先生に　メールを　送る。

4ばん

1

2

3

4

5ばん

1 チョコレート

2 チョコレートと 抹茶の クッキー

3 抹茶と 和菓子セット

4 抹茶の クッキーと 和菓子セット

6ばん

1 カットと カラー

2 カットと パーマ

3 カットと トリートメント

4 カットと カラーと トリートメント

7 ばん

1 ご飯を　食べる。

2 お風呂に　入る。

3 ゲームを　する。

4 宿題を　する。

8 ばん

1 8時に　教室で

2 8時に　図書館の　前で

3 8時 30分に　教室で

4 8時 30分に　図書館の　前で

もんだい 2

　もんだい 2 では、まず　しつもんを　聞いて　ください。そのあと、もんだい
ようしを　見て　ください。読む　時間が　あります。それから　話を　聞いて、
もんだいようしの　1 から 4 の　中から、いちばん　いい　ものを　一つ　えらんで
ください。

れい

1　へやが　せまいから

2　ばしょが　ふべんだから

3　たてものが　古いから

4　ともだちが　できないから

1 ばん

1　友だちと　日本料理の　お店に　行きました。

2　家族と　いっしょに　過ごしました。

3　日本の　友だちと　温泉に　行って　きました。

4　家族の　いる　韓国に　行きました。

2 ばん

1　火曜日の　午前

2　火曜日の　午後

3　土曜日の　午前

4　土曜日の　午後

3ばん

1 午後　1時50分

2 午後　2時

3 午後　2時10分

4 午後　2時25分

4ばん

1 1階の　サービスカウンター

2 1階の　子ども服売り場

3 3階の　サービスカウンター

4 3階の　子ども服売り場

5 ばん

1 ホテルの 予約を して いる。

2 ダウンコートを 買いに いって いる。

3 あたたかい 服を 借りようと して いる。

4 ガイドブックを 読んで いる。

6 ばん

1 青の 大きい ジャケット

2 青の 小さい ジャケット

3 黒の 大きい ジャケット

4 黒の 小さい ジャケット

7ばん

1 疲れて　いるから

2 天気が　いいから

3 映画を　見たく　ないから

4 ポップコーンが　きらいだから

もんだい 3

　もんだい 3 では、えを　見ながら　しつもんを　聞いて　ください。
➡（やじるし）の　人は　何と　言いますか。1 から 3 の　中から、いちばん　いい
ものを　一つ　えらんで　ください。

れい

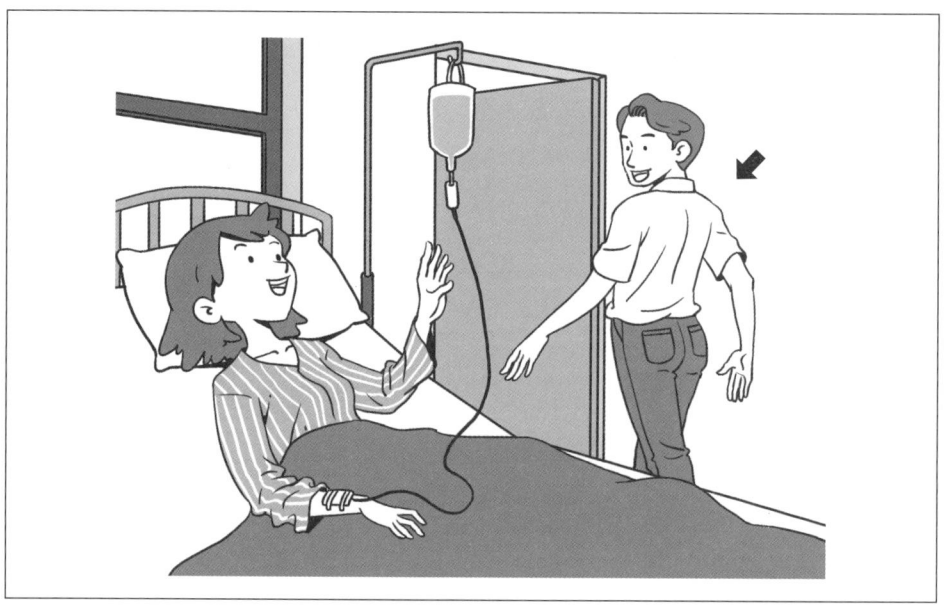

1 ばん

2 ばん

3ばん

4ばん

5 ばん

もんだい4

　もんだい4では、えなどが　ありません。まず、ぶんを　聞いて　ください。
それから、そのへんじを　聞いて、1から3の　中から、いちばん　いい　ものを
一つ　えらんで　ください。

ーメモー

JLPT

일본어능력시험

한 권으로 끝내기

이치우, 이한나, 이영아 공저

★★★
최신개정판
최신 기출문제
분석 및 반영

N4 해설집

추가자료 다운로드

다락원

JLPT
한 권으로 끝내기

일본어능력시험

이치우, 이한나, 이영아 공저

N4
해설집

다락원

제1장
문자·어휘
기출 공략편

01 문제1 **한자읽기** 공략하기

문제 1 _____의 단어는 히라가나로 어떻게 씁니까?
1·2·3·4 중에서 가장 적당한 것을 하나 고르세요.

1 기출어휘 확인문제 한자읽기 p.18

1 나는 **지리**보다 역사를 좋아합니다.
단어 地理(ちり) 지리 | れきし 역사 | 好(す)きだ 좋아하다

2 이 **색**은 매우 예쁩니다.
단어 この 이 | 色(いろ) 색 | とても 매우 | きれいだ 예쁘다, 깨끗하다

3 **이상**의 것을 잘 생각해 주세요.
단어 以上(いじょう) 이상 | よく 잘 | 考(かんが)える 생각하다

4 매일 아침 **노래**를 불러서 기분이 좋아집니다.
단어 まいあさ 매일 아침 | 歌(うた) 노래 | 歌(うた)う 노래를 부르다 | きぶん 기분 | よく なる 좋아지다

5 여름이 되면 가족과 **바다**에 갑니다.
단어 夏(なつ) 여름 | なる 되다 | 家族(かぞく) 가족 | 海(うみ) 바다 | 行(い)く 가다

6 일요일에도 가게는 **영업**합니다.
단어 日曜日(にちようび) 일요일 | お店(みせ) 가게 | 営業(えいぎょう) 영업

7 이 이벤트는 다음 주에 **합니다**.
단어 イベント 이벤트 | 来週(らいしゅう) 다음 주 | 行(おこな)う 행하다

8 벨을 **눌러** 주세요.
단어 ベル 벨 | 押(お)す 누르다

9 우리 **언니**는 회사원입니다.
단어 お姉(ねえ)さん 언니, 누나 | 会社員(かいしゃいん) 회사원

10 이건 **종이**니까 재활용에 넣어 주세요.
단어 紙(かみ) 종이 | リサイクル 재활용 | 入(い)れる 넣다

2 기출어휘 확인문제 한자읽기 p.19

1 **몸**조심하세요.
단어 体(からだ) 몸 | 気(き)を つける 조심하다, 주의하다

2 콘서트 **회장**은 역 근처입니다.
단어 コンサート 콘서트 | 会場(かいじょう) 회장, 행사장 | 駅(えき) 역 | 近(ちか)く 근처

3 인원수를 **세어** 주세요.
단어 人数(にんずう) 인원수 | 数(かぞ)える 세다

4 이 가방은 매우 **가볍**습니다.
단어 かばん 가방 | 軽(かる)い 가볍다

5 잘 **생각해서** 대답해 주세요.
단어 考(かんが)える 생각하다 | 答(こた)える 대답하다

6 여행 날짜가 **정해졌**습니다.
단어 旅行(りょこう) 여행 | 日(ひ) 날, 날짜 | 決(き)まる 정해지다

7 이 **구**에는 도서관이 있습니다.
단어 区(く) 구(행정구역 단위) | 図書館(としょかん) 도서관

8 머리가 아파서 **약**을 먹습니다.
단어 頭(あたま) 머리 | いたい 아프다 | 薬(くすり)を 飲(の)む 약을 먹다

9 방이 조금 **어둡**네요.
단어 部屋(へや) 방 | 少(すこ)し 조금 | 暗(くら)い 어둡다

10 **공사** 소리가 시끄럽습니다.
단어 工事(こうじ) 공사 | 音(おと) 소리 | うるさい 시끄럽다

3 기출어휘 확인문제 한자읽기 p.20

1 이 일은 **한 번**만 합니다.
단어 しごと 일, 업무 | 一度(いちど) 한 번 | やる 하다

2 그 이야기를 듣고 **마음**이 따뜻해졌습니다.
단어 はなし 이야기 | 聞(き)く 묻다, 듣다 | 心(こころ) 마음 | あたたかい 따뜻하다

3 선생님의 질문에 **대답했습니다**.
단어 先生(せんせい) 선생(님) | しつもん 질문 | 答(こた)える 대답하다

4 **최근** 매우 바쁩니다.
단어 最近(さいきん) 최근 | 忙(いそが)しい 바쁘다

5 오늘이 **마지막** 수업입니다.
단어 今日(きょう) 오늘 | 最後(さいご) 마지막 | じゅぎょう 수업

6 내일 도쿄로 **출발**합니다.
단어 出発(しゅっぱつ) 출발

7 이 가게는 **여성**에게 인기입니다.
단어 店(みせ) 가게 | 女性(じょせい) 여성 | にんき 인기

8 오늘은 하늘이 매우 **하얗**습니다.
단어 空(そら) 하늘 | 白(しろ)い 희다

9 앞으로 **가** 주세요.
단어 前(まえ) 앞 | 進(すす)む 나아가다

10 돈이 **부족해**서 살 수 없습니다.
단어 お金(かね) 돈 | 足(た)りない 부족하다 | 買(か)う 사다

---

4 기출어휘 확인문제   한자읽기   p.21

1 역은 집에서 매우 **가깝**습니다.
단어 駅(えき) 역 | 家(いえ) 집 | 近(ちか)い 가깝다

2 이 컴퓨터를 **사용해** 주세요.
단어 パソコン 퍼스널 컴퓨터 | 使(つか)う 사용하다

3 별이 하늘에서 **빛나고** 있습니다.
단어 星(ほし) 별 | 光(ひか)る 빛나다

4 **형편**이 안 돼서 못 갑니다.
단어 都合(つごう)が 悪(わる)い 형편이 나쁘다

5 이 차는 매우 **강한** 엔진입니다.
단어 車(くるま) 차 | 強(つよ)い 강하다 | エンジン 엔진

6 **겨울**에는 눈이 많이 내립니다.
단어 冬(ふゆ) 겨울 | 雪(ゆき)が 降(ふ)る 눈이 내리다 | たくさん 많이

7 **여름**에는 바다에서 헤엄치고 싶습니다.
단어 夏(なつ) 여름 | 海(うみ) 바다 | 泳(およ)ぐ 헤엄치다

8 매주 피아노를 **배우고** 있습니다.
단어 毎週(まいしゅう) 매주 | ピアノ 피아노 | 習(なら)う 배우다

9 **엄지**로 버튼을 누릅니다.
단어 親指(おやゆび) 엄지 | ボタン 버튼

10 병으로 **입원**했습니다.
단어 病気(びょうき) 병 | 入院(にゅういん) 입원

---

5 기출어휘 확인문제   한자읽기   p.22

1 매일 아침 전철을 **탑니다**.
단어 毎朝(まいあさ) 매일 아침 | 電車(でんしゃ) 전철 | 乗(の)る 타다

2 이 버스는 아주 **빠르**네요.
단어 バス 버스 | 早(はや)い 빠르다

3 기타를 **치고** 있습니다.
단어 ギターを 引(ひ)く 기타를 치다

4 이 공원은 매우 **넓**습니다.
단어 公園(こうえん) 공원 | 広(ひろ)い 넓다

5 큰 **배**가 항구에 왔습니다.
단어 大(おお)きな 큰 | 船(ふね) 배 | 港(みなと) 항구 | 来(く)る 오다

6 집에서 학교까지는 **멉**니다.
단어 学校(がっこう) 학교 | 遠(とお)い 멀다

7 이 가방은 무거워서 **드는** 것이 힘듭니다.
단어 重(おも)い 무겁다 | 持(も)つ 들다, 가지다 | 大変(たいへん)だ 힘들다

8 어린 시절부터 우표를 **모으고** 있습니다.
단어 子(こ)どもの ころ 어린 시절 | 切手(きって) 우표 | 集(あつ)める 모으다

9 슈퍼에서 **채소**를 샀습니다.
단어 スーパー 슈퍼 | 野菜(やさい) 채소

10 내일 수업의 **예습**을 했습니다.
단어 あした 내일 | 予習(よしゅう) 예습

---

6 기출어휘 확인문제   한자읽기   p.23

1 일기**예보**를 보고 나서 외출합니다.
단어 天気予報(てんきよほう) 일기예보 | 出(で)かける 외출하다

2 도서관을 **이용**합니다.
단어 図書館(としょかん) 도서관 | 利用(りよう) 이용

3 이 꽃은 매우 **빨갛**습니다.
단어 花(はな) 꽃 | 赤(あか)い 빨갛다

4 비 오는 날에도 자전거를 **타고** 출퇴근합니다.
단어 雨(あめ)の 日(ひ) 비 오는 날 | 自転車(じてんしゃ) 자전거 | 乗(の)る 타다 | 通勤(つうきん) 통근, 출퇴근

5 **언니**는 학생입니다.
단어 姉(あね) 언니, 누나 | 学生(がくせい) 학생

6 **다음에** 같이 식사하지 않을래요?
단어 今度(こんど) 다음, 이번 | 一緒(いっしょ)に 함께 | 食事(しょくじ) 식사

7 **불**을 붙이지 마세요.
단어 火(ひ) 불 | つける 붙이다

8 이 공장에서는 차를 **생산**하고 있습니다.
단어 工場(こうじょう) 공장 | 生産(せいさん) 생산

9 역에 **도착하는** 시간을 알려 주세요.
단어 着(つ)く 도착하다 | 時間(じかん) 시간 | おしえる 가르치다

10 차가 **두 대** 있습니다.
단어 二台(にだい) 두 대

---

7 기출어휘 확인문제   한자읽기   p.27

1 밤하늘에 별이 **빛나고** 있습니다.
단어 夜空(よぞら) 밤하늘 | 光(ひか)る 빛나다

2 제가 말하는 것을 **끝**까지 들어 주세요.
단어 言(い)う 말하다 | 最後(さいご) 마지막, 최후

3 저 가게는 저렴하고, **점원**도 친절합니다.

단어 安(やす)い 싸다, 저렴하다 | 店員(てんいん) 점원 | しんせつだ 친절하다

4 어제의 파티는 아주 **즐거웠다**.

단어 きのう 어제 | パーティー 파티 | 楽(たの)しい 즐겁다

5 **자전거**로 장을 보러 갔습니다.

단어 自転車(じてんしゃ) 자전거 | 買(か)い物(もの) 장보기, 쇼핑

6 하와이의 바다는 **파랗고** 예쁩니다.

단어 青(あお)い 파랗다

7 나는 이 주변 **지리**에 밝습니다.

단어 へん 주변 | 地理(ちり) 지리 | 明(あか)るい 밝다

8 붉은 **실**로 사람과 사람이 이어진다고 합니다.

단어 赤(あか)い 빨갛다 | 糸(いと) 실 | 人(ひと) 사람 | つながる 이어지다, 연결되다

9 오른손 **엄지**로 버튼을 눌렀다.

단어 右手(みぎて) 오른손 | 親指(おやゆび) 엄지

10 이런 추위는 지금까지 **경험**한 적이 없습니다.

단어 寒(さむ)さ 추위 | いま 지금 | 経験(けいけん) 경험

8 기출어휘 확인문제 한자읽기 p.28

1 손가락으로 10까지 **세어** 주세요.

단어 指(ゆび) 손가락 | 数(かぞ)える 세다

2 하기와라 씨는 **운전**을 잘합니다.

단어 運転(うんてん) 운전 | じょうずだ 잘하다, 능숙하다

3 대학의 이전이 **결정되었다**.

단어 大学(だいがく) 대학 | 移転(いてん) 이전 | 決(き)まる 결정되다

4 내일 몇 시라면 **사정**이 괜찮으신가요?

단어 あす 내일 | 何時(なんじ) 몇 시 | 都合(つごう) がいい 형편이 좋다, 사정이 괜찮다

5 이 **소설**은 읽었습니까?

단어 小説(しょうせつ) 소설 | 読(よ)む 읽다

6 그러면 우리는 **공항**에서 만납시다.

단어 空港(くうこう) 공항 | 会(あ)う 만나다

7 나는 출퇴근에 버스를 **이용**합니다.

단어 通勤(つうきん) 출퇴근, 통근 | 利用(りよう) 이용

8 나는 생선과 달걀 **이외**에는 먹을 수 있습니다.

단어 さかな 생선 | たまご 달걀 | 以外(いがい) 이외 | 食(た)べる 먹다

9 매일 **일기**를 써 주세요.

단어 まいにち 매일 | 日記(にっき) 일기 | 書(か)く 쓰다

10 **무거운** 짐을 2층으로 옮겼습니다.

단어 重(おも)い 무겁다 | にもつ 짐 | 運(はこ)ぶ 나르다, 옮기다

9 기출어휘 확인문제 한자읽기 p.29

1 수업 중에 매우 **졸렸다**.

단어 じゅぎょうちゅう 수업 중 | 眠(ねむ)い 졸리다

2 해안에는 예쁜 **돌**이 가득합니다

단어 かいがん 해안 | 石(いし) 돌 | いっぱい 가득

3 **배운** 것을 금방 잊어버립니다.

단어 習(なら)う 배우다 | 忘(わす)れる 잊다

4 방 안은 **어두워서** 아무것도 보이지 않았습니다.

단어 へや 방 | なか 안 | 暗(くら)い 어둡다 | なにも 아무것도 | 見(み)える 보이다

5 **이번** 시합은 꼭 이기고 싶습니다.

단어 今度(こんど) 이번 | 試合(しあい) 시합 | ぜひ 꼭 | 勝(か)つ 이기다

6 여동생은 엄마와 **얼굴**이 닮았습니다.

단어 妹(いもうと) 여동생 | 母(はは) 엄마, 어머니 | 顔(かお) 얼굴 | にる 닮다

7 딸은 **빨간** 옷을 입고 있다.

단어 むすめ 딸 | 赤(あか)い 빨갛다 | ふく 옷 | きる 입다

8 이것은 무슨 **약**입니까?

단어 なん 무엇 | 薬(くすり) 약

9 이 주변에 **식료품**을 파는 가게는 없습니까?

단어 食料品(しょくりょうひん) 식료품 | 売(う)る 팔다

10 이 문제에 대해 스즈키 씨의 **의견**을 들려주세요.

단어 問題(もんだい) 문제 | 意見(いけん) 의견 | 聞(き)かせる 들려주다

10 기출어휘 확인문제 한자읽기 p.30

1 나는 여름보다 **가을**을 좋아합니다.

단어 夏(なつ) 여름 | 秋(あき) 가을 | 好(す)きだ 좋아하다

2 언니는 대학원에서 법률을 **연구**하고 있습니다.

단어 大学院(だいがくいん) 대학원 | ほうりつ 법률 | 研究(けんきゅう) 연구

3 그는 **항구**에서 일하고 있습니다.

단어 港(みなと) 항구 | はたらく 일하다

4 **근처**에 큰 슈퍼가 생겼습니다.

단어 近所(きんじょ) 근처 | 大(おお)きい 크다 | できる 생기다

5 시간이 **부족했기** 때문에 식당에는 가지 않았습니다.

단어 足(た)りない 부족하다 | 食堂(しょくどう) 식당

6 급행을 타면 저녁에는 도쿄에 도착합니다.
단어 急行(きゅうこう) 급행 | 夕方(ゆうがた) 저녁

7 짐이 예정보다 하루 일찍 도착했습니다.
단어 予定(よてい) 예정 | 1日(いちにち) 하루 | はやく 일찍, 빨리 | とどく 도달하다, 도착하다

8 접시는 몇 장 필요합니까?
단어 お皿(さら) 접시 | 何枚(なんまい) 몇 장 | ひつようだ 필요하다

9 그 비행기는 한 시간 늦게 출발했다.
단어 ひこうき 비행기 | おくれる 늦다 | 出発(しゅっぱつ) 출발

10 아이는 얼음 위에서 미끄러져 넘어졌습니다.
단어 子(こ)ども 아이, 어린이 | 氷(こおり) 얼음 | うえ 위 | すべる 미끄러지다 | ころぶ 넘어지다

⑪ 기출어휘 확인문제 한자읽기 　　　　p.31

1 여기에 주소와 이름을 써 주세요.
단어 住所(じゅうしょ) 주소 | 名前(なまえ) 이름

2 이 공장에서는 특별한 기계를 만들고 있습니다.
단어 工場(こうじょう) 공장 | とくべつだ 특별하다 | きかい 기계 | つくる 만들다

3 서쪽 하늘에 검은 구름이 떠 있습니다.
단어 にし 서쪽 | くろい 검다 | 雲(くも) 구름 | 出(で)る 나오다

4 그 가게는 열 시부터 일곱 시까지 영업합니다.
단어 営業(えいぎょう) 영업

5 점심은 회사 근처의 식당에서 먹습니다.
단어 ひる 낮, 점심 | 会社(かいしゃ) 회사 | 近(ちか)く 근처 | 食堂(しょくどう) 식당

6 이 주스는 채소 맛이 납니다.
단어 ジュース 주스 | やさい 채소, 야채 | 味(あじ)がする 맛이 나다

7 시골 생활은 차가 없으면 불편합니다.
단어 いなか 시골 | 生活(せいかつ) 생활 | 不便(ふべん)だ 불편하다

8 작년 봄, 졸업식이 끝나고 나서 일본에 왔습니다.
단어 去年(きょねん) 작년 | 春(はる) 봄 | そつぎょうしき 졸업식 | 終(お)わる 끝나다

9 아무리 생각해도 답을 알 수 없었다.
단어 いくら 아무리 | 考(かんが)える 생각하다 | 答(こた)え 답 | わかる 알다, 이해하다

10 나는 오래된 우표를 모으고 있습니다.
단어 古(ふる)い 낡다, 오래되다 | 切手(きって) 우표 | あつめる 모으다

⑫ 기출어휘 확인문제 한자읽기 　　　　p.37

1 아이의 시합은 꼭 보고 싶습니다.
단어 試合(しあい) 시합

2 지금부터라도 여섯 시 전철 시간에 맞출 수 있을까요?
단어 電車(でんしゃ) 전철 | 間(ま)に合(あ)う 시간에 맞추다

3 이 도시의 인구는 작년보다 줄었습니다.
단어 まち 마을, 도시 | 人口(じんこう) 인구 | 去年(きょねん) 작년 | すくない 적다

4 아이가 안심하고 놀 수 있는 공원을 바란다.
단어 安心(あんしん) 안심 | あそぶ 놀다 | ほしい 원하다

5 할아버지는 개와 새를 좋아했습니다.
단어 そふ 할아버지 | いぬ 개 | 鳥(とり) 새

6 저 건물은 무엇입니까?
단어 建物(たてもの) 건물

7 비가 올 것 같은 날씨이니, 서둘러 돌아갑시다.
단어 天気(てんき) 날씨 | 急(いそ)ぐ 서두르다 | 帰(かえ)る 돌아가다

8 아이는 물고기가 헤엄치고 있는 것을 보고 있습니다.
단어 魚(さかな) 물고기 | 泳(およ)ぐ 헤엄치다 | 見(み)る 보다

9 그는 시험을 위해 공부 계획을 세웠다.
단어 しけん 시험 | 勉強(べんきょう) 공부 | 計画(けいかく)を立(た)てる 계획을 세우다

10 어제 도서관에서 책을 빌렸습니다.
단어 図書館(としょかん) 도서관 | ほん 책 | 借(か)りる 빌리다

⑬ 기출어휘 확인문제 한자읽기 　　　　p.38

1 숲속을 걷는 것을 좋아합니다.
단어 もり 숲 | なか 안 | 歩(ある)く 걷다

2 하늘이 갑자기 어두워졌습니다.
단어 きゅうに 갑자기 | 暗(くら)い 어둡다

3 아이들은 공원에서 놀고 있습니다.
단어 公園(こうえん) 공원 | あそぶ 놀다

4 나는 일을 찾고 있습니다.
단어 仕事(しごと) 일, 업무 | さがす 찾다

5 나는 매일 아침 일곱 시에 일어납니다.
단어 起(お)きる 일어나다

6 우리 집 텔레비전은 오래되어서 자주 고장납니다.
단어 うち 우리 집 | テレビ 텔레비전 | 古(ふる)い 낡다, 오래되다 | こしょう 고장

7 주차할 장소가 없습니다.
단어 ちゅうしゃ 주차 | 場所(ばしょ) 장소

8 야마다 군은 학교까지 **달려**갔습니다.

단어 学校(がっこう) 학교 | 走(はし)る 달리다

9 **세계**에서 가장 높은 산은 무엇인지 알고 있습니까?

단어 世界(せかい) 세계 | いちばん 가장 | 高(たか)い 높다 | やま 산 | 知(し)る 알다

10 이 도시는 최근 **인구**가 늘었습니다.

단어 最近(さいきん) 최근 | 人口(じんこう) 인구 | ふえる 늘다

14 기출어휘 확인문제 한자읽기 p.39

1 수업 후에 학생들에게 **질문**을 받았다.

단어 あと 후 | 生徒(せいと) 중·고등학생 | 質問(しつもん) 질문 | 受(う)ける 받다

2 옆방에서 사람 **목소리**가 들립니다.

단어 となり 옆 | 声(こえ) 목소리 | 聞(き)こえる 들리다

3 너 **대신**에 내가 갈게요.

단어 きみ 너, 당신 | 代(か)わり 대신

4 나는 **운동**을 그다지 좋아하지 않습니다.

단어 運動(うんどう) 운동

5 학생들은 선생님 주변에 **모였다**.

단어 まわり 주변 | 集(あつ)まる 모이다

6 오늘은 **언니**가 역까지 마중 나와 주었다.

단어 姉(あね) 언니, 누나 | 駅(えき) 역 | むかえる 맞이하다, 마중하다

7 여권을 잃어버리지 않도록 **조심**하세요.

단어 パスポート 여권 | なくす 잃다, 잃어버리다 | 注意(ちゅうい) 주의, 조심

8 그 일은 한 번 더 **생각해** 봅시다.

단어 もう一度(いちど) 한 번 더 | 考(かんが)える 생각하다

9 높은 산은 무리이지만, **낮은** 산이라면 오를 수 있다.

단어 むりだ 무리이다 | 低(ひく)い 낮다 | のぼる (산에) 오르다

10 나는 오후에 **은행**에 갈 예정입니다.

단어 午後(ごご) 오후 | 銀行(ぎんこう) 은행 | 予定(よてい) 예정

15 기출어휘 확인문제 한자읽기 p.40

1 **매일 아침** 샤워를 하고 나서 밥을 먹습니다.

단어 毎朝(まいあさ) 매일 아침 | シャワーを あびる 샤워를 하다 | ごはん 밥

2 손수건은 어디에서 **팔고** 있습니까?

단어 ハンカチ 손수건 | どこ 어디 | 売(う)る 팔다

3 **여동생**은 외국에 가려고 합니다.

단어 妹(いもうと) 여동생 | 外国(がいこく) 외국

4 조금 전 도카이 지방에 **약한** 지진이 있었습니다.

단어 さきほど 아까, 조금 전 | 弱(よわ)い 약하다 | じしん 지진

5 **여행** 계획을 세우는 것이 즐겁습니다.

단어 旅行(りょこう) 여행

6 일이 **끝나면** 맥주를 마시러 갑시다.

단어 終(お)わる 끝나다 | ビール 맥주 | 飲(の)む 마시다

7 대학을 졸업하고 **사회**에 나왔다.

단어 そつぎょう 졸업 | 社会(しゃかい) 사회

8 전철이 **지나가면** 이 집은 흔들립니다.

단어 通(とお)る 지나가다 | 家(いえ) 집 | ゆれる 흔들리다

9 음악 **교실**은 어디입니까?

단어 おんがく 음악 | 教室(きょうしつ) 교실

10 사고가 어떻게 해서 일어났는지 경찰에게 **설명**했다.

단어 事故(じこ) 사고 | 起(お)こる 일어나다 | けいさつ 경찰 | 説明(せつめい) 설명

16 기출어휘 확인문제 한자읽기 p.41

1 나는 버스로 대학에 **다니고** 있습니다.

단어 通(かよ)う 다니다

2 제가 아이를 **돌볼** 테니 안심하세요.

단어 世話(せわ)を する 돌보다, 보살피다 | 安心(あんしん) 안심

3 **빨리** 돌려주세요.

단어 早(はや)く 일찍, 빨리 | かえす 돌려주다, 반환하다

4 다나카 씨의 전문은 일본 **문학**입니다.

단어 せんもん 전문 | 文学(ぶんがく) 문학

5 오전 아홉 시부터 오후 여섯 시까지 **일합니다**.

단어 午前(ごぜん) 오전 | 午後(ごご) 오후 | 働(はたら)く 일하다

6 자료를 메일로 **보내** 주세요.

단어 しりょう 자료 | メール 메일 | 送(おく)る 보내다

7 토요일도 일요일도 날씨가 **나빠서** 어디에도 갈 수 없었다.

단어 土曜日(どようび) 토요일 | 日曜日(にちようび) 일요일 | 天気(てんき) 날씨 | 悪(わる)い 나쁘다

8 **저녁**에 길에서 여자 친구를 만났습니다.

단어 夕方(ゆうがた) 저녁 | みち 길 | かのじょ 그녀, 여자 친구

9 **바다**에서 강한 바람이 불어왔습니다.

단어 海(うみ) 바다 | 強(つよ)い 강하다 | 風(かぜ) 바람 | ふく 불다

10 엄마는 **병원**에 입원해 있습니다.

단어 母(はは) 엄마, 어머니 | 病院(びょういん) 병원 | にゅういん 입원

02 문제2 표기 공략하기

문제 2 _____의 단어는 어떻게 씁니까? 1·2·3·4 중에서 가장 적당한 것을 하나 고르세요.

17 기출어휘 확인문제 표기 p.46

1 빨간 드레스를 입고 있는 사람은 누구입니까?
단어 赤(あか)い 빨갛다 | ドレス 드레스 | 着(き)る 입다 | だれ 누구

2 아침은 조금 추웠기 때문에 코트를 입고 학교에 갔습니다.
단어 朝(あさ) 아침 | 少(すこ)し 조금 | さむい 춥다 | コート 코트

3 오늘은 너무 더웠기 때문에 하루 종일 에어컨을 켰습니다.
단어 暑(あつ)い 덥다 | 一日中(いちにちじゅう) 하루 종일 | エアコン 에어컨 | つける 켜다 | 熱(あつ)い 뜨겁다 | 厚(あつ)い 두껍다
해설 あつい는 동음이의어가 많은 형용사이다. 한자에 따라 뜻이 달라지므로 잘 구별해서 알아두어야 한다.

4 형은 매일 아침 일곱 시에 집을 나서서 회사에 갑니다.
단어 兄(あに) 형, 오빠 | 出(で)る 나가다

5 이 방은 다섯 명 이하라면 사용할 수 있습니다.
단어 以下(いか) 이하 | 使(つか)う 사용하다 | 以外(いがい) 이외 | 以上(いじょう) 이상 | 以内(いない) 이내

6 내 여동생은 올해 중학생이 됩니다.
단어 妹(いもうと) 여동생 | 今年(ことし) 올해 | 中学生(ちゅうがくせい) 중학생 | 夫(おっと) 남편

7 이 로봇은 버튼을 누르면 움직이도록 만들어져 있습니다.
단어 ロボット 로봇 | 動(うご)く 움직이다 | 作(つく)る 만들다

8 매일 운동하려고 하고 있습니다.
단어 運動(うんどう) 운동

9 주말에 가족과 영화를 보러 갔습니다.
단어 しゅうまつ 주말 | かぞく 가족 | 映画(えいが) 영화

10 이 방은 밖의 소리가 잘 들려서 시끄럽습니다.
단어 そと 밖 | 音(おと) 소리 | 聞(き)こえる 들리다

18 기출어휘 확인문제 표기 p.47

1 남동생은 축구를 하거나 배드민턴을 하거나 합니다.
단어 サッカー 축구 | バドミントン 배드민턴

2 이 가방은 매우 무거워서 오래 드는 것이 힘듭니다.
단어 重(おも)い 무겁다 | ながく 오래 | 持(も)つ 가지다, 들다 | たいへんだ 힘들다

3 비가 오기 시작했기 때문에 집에 돌아가기로 했습니다.
단어 雨(あめ)が 降(ふ)る 비가 내리다 | 帰(かえ)る 돌아가다

4 모두의 의견을 듣고 겨우 새로운 규칙이 정해질 듯합니다.
단어 みんな 모두 | 意見(いけん) 의견 | 聞(き)く 묻다, 듣다 | やっと 겨우, 가까스로 | 新(あたら)しい 새롭다 | ルール 규칙 | 決(き)まる 정해지다

5 친구와 공항까지 함께 가서 작별 인사를 했습니다.
단어 友(とも)だち 친구 | 空港(くうこう) 공항 | お別(わか)れ 작별, 이별 | あいさつ 인사

6 여행으로 여러 나라에 간 것은 좋은 경험이 되었습니다.
단어 旅行(りょこう) 여행 | いろいろな 여러 가지 | 国(くに) 나라 | よい 좋다 | 経験(けいけん) 경험

7 나는 공장에서 일하고 있습니다.
단어 工場(こうじょう) 공장

8 이 마을은 교통이 매우 편리합니다.
단어 町(まち) 마을, 동네 | 交通(こうつう) 교통 | 便利(べんり)だ 편리하다

9 오늘은 매우 추워서 두꺼운 코트를 입었습니다.
단어 寒(さむ)い 춥다 | 厚(あつ)い 두껍다

10 외출할 때는 창문을 닫는 것을 잊지 마세요.
단어 まど 창문 | 閉(し)める 닫다 | 忘(わす)れる 잊다

19 기출어휘 확인문제 표기 p.48

1 점심밥은 회사 식당에서 먹는 경우가 많습니다.
단어 昼(ひる)ごはん 점심밥 | 食堂(しょくどう) 식당 | 多(おお)い 많다

2 선생님의 설명이 알기 쉬워서 바로 이해할 수 있었습니다.
단어 説明(せつめい) 설명 | 理解(りかい) 이해

3 모르는 것이 있으면 바로 인터넷에서 조사하면 좋습니다.
단어 すぐに 곧, 바로 | インターネット 인터넷 | 調(しら)べる 조사하다

4 눈이 많이 내려서 하얀 세상이 되었습니다.
단어 白(しろ)い 하얗다 | せかい 세계

5 엄마는 나에게 친절한 사람이 되라고 했습니다.
단어 母(はは) 엄마, 어머니 | 親切(しんせつ)だ 친절하다

6 이 가게는 여성 손님이 매우 많습니다.
단어 女性(じょせい) 여성 | お客(きゃく)さん 손님

7 아빠는 회사에서 컴퓨터 프로그램을 만드는 일을 하고 있습니다.
단어 父(ちち) 아빠, 아버지 | パソコン 퍼스널 컴퓨터 | プログラム 프로그램 | 作(つく)る 만들다

8 오늘은 내 생일이라서 집에서 특별한 요리를 먹었습니다.
단어 誕生日(たんじょうび) 생일 | 特別(とくべつ)だ 특별하다 | りょうり 요리, 음식

9 매일 **일기**를 쓰면 일본어를 잘하게 될 거예요.
단어 日記(にっき) 일기 | 日本語(にほんご) 일본어 | 上手(じょうず)だ 잘하다, 능숙하다

10 병이 심해져서 **입원**하게 되었습니다.
단어 病気(びょうき) 병 | ひどい 심하다, 형편없다 | 入院(にゅういん) 입원

20 기출어휘 확인문제 표기 p.49

1 짐을 차에 **나를** 때 둘이서 드는 것이 안전합니다.
단어 にもつ 짐 | 運(はこ)ぶ 나르다, 옮기다 | 持(も)つ 들다, 가지다 | 安全(あんぜん)だ 안전하다

2 매일 아침 공원을 **달리는** 사람이 많이 있습니다.
단어 走(はし)る 달리다 | たくさん 많이

3 주말에 친구와 **배**를 타고 바다를 보러 갔습니다.
단어 しゅうまつ 주말 | 船(ふね) 배

4 역 앞에서 30분이나 친구를 **기다리**게 되었습니다.
단어 待(ま)つ 기다리다

5 **밤**에는 가족과 함께 밥을 먹습니다.
단어 夜(よる) 밤 | ごはん 밥

6 이 의자는 낡아서 다리가 **약하**니 조심하세요.
단어 いす 의자 | 古(ふる)い 낡다, 오래되다 | 足(あし) 다리 | 弱(よわ)い 약하다 | 気(き)をつける 조심하다, 주의하다

7 나는 그 의견에 **반대**입니다. 더 생각할 필요가 있습니다.
단어 意見(いけん) 의견 | 反対(はんたい) 반대 | 考(かんが)える 생각하다 | ひつよう 필요

8 형은 매일 차를 **운전**해서 회사에 갑니다.
단어 運転(うんてん) 운전

9 즐거운 시간이 금방 **끝나**서 조금 쓸쓸한 기분이 듭니다.
단어 終(お)わる 끝나다 | さびしい 쓸쓸하다, 외롭다 | きもち 기분

10 이 요리는 외국인이 좋아하는 **맛**이라서 여행객에게 인기가 있다.
단어 外国人(がいこくじん) 외국인 | 味(あじ) 맛 | 旅行客(りょこうきゃく) 여행객 | 人気(にんき) 인기

21 기출어휘 확인문제 표기 p.52

1 **질문**이 있으면 손을 들어 주세요.
단어 質問(しつもん) 질문 | て 손 | あげる 들다

2 새 단어는 **소리**를 내어 읽으면 외우기 쉽습니다.
단어 新(あたら)しい 새롭다 | ことば 말, 언어, 단어 | 声(こえ) 소리, 목소리 | 出(だ)す 내다 | おぼえる 외우다, 기억하다

3 눈을 **감고** 음악을 듣고 있습니다.
단어 目(め) 눈 | 閉(と)じる 감다 | おんがく 음악

4 그 호텔의 공사는 10월에 끝날 **예정**입니다.
단어 工事(こうじ) 공사 | 予定(よてい) 예정

5 오늘 본 영화를 **일기**에 썼습니다.
단어 映画(えいが) 영화 | 日記(にっき) 일기

6 그 미술관은 **교통**편이 나쁩니다.
단어 びじゅつかん 미술관 | 交通(こうつう)のびん 교통편 | わるい 나쁘다

7 감기에 걸리지 않도록 **조심**하세요.
단어 かぜをひく 감기에 걸리다 | ちゅうい 주의, 조심

8 내일 한국에 **귀국**합니다.
단어 帰国(きこく) 귀국

9 저 가게의 **요리**는 맛있습니다.
단어 料理(りょうり) 요리, 음식 | おいしい 맛있다

10 비가 내려서 하늘은 **어두웠다**.
단어 そら 하늘 | 暗(くら)い 어둡다

22 기출어휘 확인문제 표기 p.53

1 **옥상**에서 후지산이 보입니다.
단어 屋上(おくじょう) 옥상 | 見(み)える 보이다

2 비가 오고 있으니, 우산을 **빌려**주세요.
단어 かさ 우산 | 貸(か)す 빌려주다

3 저 슈퍼는 **식료품**이 저렴하다.
단어 食料品(しょくりょうひん) 식료품 | 安(やす)い 싸다, 저렴하다

4 야마다 씨는 **숲**속에서 길을 헤맸습니다.
단어 林(はやし) 숲 | まよう 헤매다

5 저 **파란** 문의 가게에서 꽃을 팔고 있습니다.
단어 青(あお)い 파랗다 | ドア 문 | 花(はな) 꽃

6 컵에 **얼음**을 넣었습니다.
단어 グラス 컵 | 氷(こおり) 얼음 | 入(い)れる 넣다

7 여기서 병원까지는 **멀다**.
단어 びょういん 병원 | 遠(とお)い 멀다

8 우리는 바다가 보이는 **여관**에 묵었습니다.
단어 旅館(りょかん) 여관 | とまる 묵다

9 저 레스토랑은 **영업**을 그만둔 것 같습니다.
단어 レストラン 레스토랑 | 営業(えいぎょう) 영업 | やめる 그만두다, 끊다

10 **새**가 나무에 앉아 있습니다.
단어 鳥(とり) 새 | 木(き) 나무 | とまる 머물다

23 기출어휘 확인문제 표기 p.54

1 그렇게 멀지 않으니 **걸어서** 갑시다.
단어 それほど 그렇게, 그만큼 | 歩(ある)く 걷다

2 직접 재배한 채소를 **팔았습니다**.
단어 じぶんで 직접 | つくる 만들다, 재배하다 | やさい 채소, 야채 | 売(う)る 팔다

3 이 기계는 24시간 **움직이고** 있습니다.
단어 きかい 기계 | 動(うご)く 움직이다

4 지하철은 만원이라 앉을 **자리**가 없었다.
단어 ちかてつ 지하철 | まんいん 만원 | すわる 앉다 | 場所(ばしょ) 장소, 자리

5 **빨간** 토마토가 맛있어 보입니다.
단어 赤(あか)い 빨갛다 | トマト 토마토

6 내일 오전 아홉 시에 역에 **모여** 주세요.
단어 午前(ごぜん) 오전 | 駅(えき) 역 | 集(あつ)まる 모이다

7 아이들은 텔레비전을 **좋아한다**.
단어 子(こ)どもたち 아이들 | テレビ 텔레비전 | 好(す)きだ 좋아하다

8 이 오래된 절은 500년 전에 **세워졌습니다**.
단어 おてら 절 | 建(た)てる 세우다, 짓다

9 오늘 밤은 **눈**이 올 것 같습니다.
단어 こんや 오늘 밤 | 雪(ゆき) 눈

10 식사 전에는 손을 **씻어라**.
단어 前(まえ) 앞, 전 | 手(て) 손 | 洗(あら)う 씻다

24 기출어휘 확인문제 표기 p.55

1 그 단어의 발음을 인터넷에서 **조사했다**.
단어 たんご 단어 | はつおん 발음 | インターネット 인터넷 | 調(しら)べる 조사하다

2 내일은 나에게 **특별**한 날입니다.
단어 あす 내일 | 特別(とくべつ)だ 특별하다

3 내일은 S고등학교와 농구 **시합**이 있습니다.
단어 高校(こうこう) 고등학교 | バスケット 농구 | 試合(しあい) 시합

4 아르바이트 **경험**은 있습니까?
단어 経験(けいけん) 경험

5 아빠는 마당에서 **채소**를 재배하고 있습니다.
단어 にわ 마당 | 野菜(やさい) 채소, 야채

6 **의사**에게 담배를 끊으라는 말을 들었습니다.
단어 医者(いしゃ) 의사 | たばこ 담배 | やめる 그만두다, 끊다

7 그 소프트웨어를 써 보니 무척 **편리**했다.
단어 ソフト 소프트웨어 | つかう 사용하다 | 便利(べんり)だ 편리하다

8 아침에 늦게 먹었기 때문에 **점심밥**은 필요 없습니다.
단어 朝(あさ) 아침 | おそい 늦다 | 昼(ひる)ごはん 점심밥 | いる 필요하다

9 형에게 자동차 운전을 **배우고** 있습니다.
단어 じどうしゃ 자동차 | 習(なら)う 배우다

10 시트가 **까매**졌으니까, 교체합시다.
단어 シーツ 시트 | 黒(くろ)い 검다, 까맣다 | とりかえる 바꾸다, 교체하다

25 기출어휘 확인문제 표기 p.60

1 남동생은 할아버지가 **세운** 회사에서 일하고 있습니다.
단어 そふ 할아버지 | 作(つく)る 만들다, 세우다

2 나는 자전거를 **탈 수 있습니다**.
단어 じてんしゃ 자전거 | 乗(の)る 타다

3 회의실은 매우 **어둡습니다**.
단어 かいぎしつ 회의실 | 暗(くら)い 어둡다

4 배가 아플 때는 이 **약**이 좋아요.
단어 おなか 배 | いたい 아프다 | とき 때 | 薬(くすり) 약

5 이 방에는 20명 **이상** 있다고 생각합니다.
단어 以上(いじょう) 이상 | おもう 생각하다

6 시합은 **태풍** 때문에 중지되었습니다.
단어 しあい 시합 | 台風(たいふう) 태풍 | 中止(ちゅうし) 중지

7 **바다**에서 따뜻한 바람이 불어옵니다.
단어 海(うみ) 바다 | あたたかい 따뜻하다 | 風(かぜ) 바람 | ふく 불다

8 벽이 어두워서 **밝은** 그림을 장식했습니다.
단어 かべ 벽 | くらい 어둡다 | 明(あか)るい 밝다 | え 그림 | かざる 장식하다, 꾸미다

9 **볼일**이 있어서 여행을 갈 수 없습니다.
단어 用事(ようじ) 볼일

10 오늘 아침 신문에서 그 사건을 **알았다**.
단어 けさ 오늘 아침 | しんぶん 신문 | 事件(じけん) 사건 | 知(し)る 알다

26 기출어휘 확인문제 표기 p.61

1 배가 부르니 **졸려**졌다.
단어 おなか 배 | いっぱい 가득 | 眠(ねむ)い 졸리다

2 텔레비전 **소리**가 들립니다.
단어 音(おと) 소리 | 聞(き)こえる 들리다

9

3 여동생과 함께 바다까지 **달려**갔습니다.

단어 いもうと 여동생 | 走(はし)る 달리다

4 그녀는 아무 **생각도 하지 않고** 회사를 그만두어 버렸다.

단어 なにも 아무것도 | 考(かんが)える 생각하다 | やめる 그만두다, 끊다

5 **점심시간**에 시내에 가서 책을 샀습니다.

단어 昼休み(ひるやすみ) 점심시간 | まち 마을, 도시 | 本(ほん) 책 | 買(か)う 사다

6 **빌린** 돈을 약속대로 갚았습니다.

단어 借(か)りる 빌리다 | お金(かね) 돈 | やくそく 약속 | 〜どおり 〜대로 | かえす 돌려주다, 반환하다

7 어느 도시에도 **영화관**은 있습니다.

단어 映画館(えいがかん) 영화관

8 이시하라 씨는 **노래**를 잘합니다.

단어 歌(うた) 노래 | じょうずだ 잘하다, 능숙하다

9 그들은 콘서트가 시작되기를 **기다리고** 있었습니다.

단어 コンサート 콘서트 | はじまる 시작되다 | 待(ま)つ 기다리다

10 그 영화를 볼 수 있었던 것은 **지난주**까지였습니다.

단어 先週(せんしゅう) 지난주

27 기출어휘 확인문제 표기 p.62

1 **가까운** 공원에서 운동합니다.

단어 近(ちか)く 근처 | うんどう 운동

2 밖은 **추우**니까 코트를 입고 가세요.

단어 寒(さむ)い 춥다 | コート 코트 | 着(き)る 입다

3 제 질문에 **답해** 주세요.

단어 質問(しつもん) 질문 | 答(こた)える 대답하다

4 겨울 방학이 **끝나**면 학교가 바빠집니다.

단어 ふゆやすみ 겨울 방학 | 終(お)わる 끝나다 | いそがしい 바쁘다

5 여러분, 식당에 **모여** 주세요.

단어 みなさん 여러분 | しょくどう 식당 | 集(あつ)まる 모이다

6 지금 막 자동차 **운전**을 배우기 시작했습니다.

단어 運転(うんてん) 운전 | ならいはじめる 배우기 시작하다 | 〜たばかり 막 〜함

7 아빠는 고등학교에서 **영어**를 가르치고 있습니다.

단어 ちち 아빠, 아버지 | こうこう 고등학교 | 英語(えいご) 영어 | 教(おし)える 가르치다

8 선생님이 올 때까지 **교실**에서 조용히 기다립시다.

단어 教室(きょうしつ) 교실 | しずかだ 조용하다 | まつ 기다리다

9 여름 방학에는 오키나와를 **여행**할 생각입니다.

단어 なつやすみ 여름 방학, 여름휴가 | 旅行(りょこう) 여행 | つもり 생각, 작정

10 그가 오지 않으면 회의하는 **의미**가 없습니다.

단어 かいぎ 회의 | 意味(いみ) 의미, 뜻

28 기출어휘 확인문제 표기 p.63

1 저 점원은 매우 **친절**합니다.

단어 てんいん 점원 | 親切(しんせつ)だ 친절하다

2 나는 부모님과 함께 **살고** 있습니다.

단어 りょうしん 부모 | 住(す)む 살다

3 백화점에서 새 신발을 **살** 예정입니다.

단어 デパート 백화점 | あたらしい 새롭다 | くつ 신발 | 買(か)う 사다

4 어제부터 레스토랑에서 아르바이트를 **시작했습니다**.

단어 アルバイト 아르바이트 | 始(はじ)める 시작하다

5 그녀는 이 병원에서 **일하고** 있습니다.

단어 びょういん 병원 | 働(はたら)く 일하다

6 형은 공장에 **자전거**로 다니고 있습니다.

단어 工場(こうじょう) 공장 | 自転車(じてんしゃ) 자전거 | かよう 다니다

7 그 절은 지금으로부터 천 년 이상 전에 **세워졌다**.

단어 てら 절 | 千年(せんねん) 천 년 | いじょう 이상 | 建(た)てる 세우다, 짓다

8 일본에서 가장 **유명**한 산은 후지산입니다.

단어 いちばん 가장 | 有名(ゆうめい)だ 유명하다 | 山(やま) 산

9 **밤**이 되자 갑자기 추워졌습니다.

단어 夜(よる) 밤 | きゅうに 갑자기

10 그 문은 당기면 **열립니다**.

단어 ドア 문 | ひく 당기다 | 開(ひら)く 열리다

29 기출어휘 확인문제 표기 p.64

1 나는 오사카 친구에게 선물을 **보냈다**.

단어 友(とも)だち 친구 | プレゼント 선물 | 送(おく)る 보내다

2 술을 마시고 **자동차**를 운전해서는 안 됩니다.

단어 おさけ 술 | 自動車(じどうしゃ) 자동차 | 〜てはいけない 〜하면 안 된다

3 더 천천히 **말해** 주세요.

단어 もっと 더 | ゆっくり 천천히 | 言(い)う 말하다

4 저 가게에서는 케이크를 싸게 **팔고** 있습니다.

단어 ケーキ 케이크 | 安(やす)い 싸다, 저렴하다 | 売(う)る 팔다

5 **주소**가 바뀐 경우에는 알려 주세요.

단어 住所(じゅうしょ) 주소 | かわる 바뀌다 | 場合(ばあい) 경우 | 知(し)らせる 알리다

6 자전거로 **숲**속을 지나갔습니다.
단어 森(もり) 숲 | 通(とお)る 지나가다

7 나는 **매일 아침** 산책을 합니다.
단어 毎朝(まいあさ) 매일 아침 | さんぽ 산책

8 어제 **서점**에서 잡지를 샀습니다.
단어 本屋(ほんや) 서점 | ざっし 잡지

9 언니는 고양이에 관한 **연구**를 하고 있습니다.
단어 ネコ 고양이 | 研究(けんきゅう) 연구

10 아빠는 **가족**을 매우 소중히 여깁니다.
단어 家族(かぞく) 가족 | 大切(たいせつ)だ 소중하다, 중요하다

---

30 **기출어휘 확인문제** 표기　　　p.65

1 멀리 파란 **빛**이 보였습니다.
단어 遠(とお)く 멀리 | あおい 파랗다 | 光(ひかり) 빛 | 見(み)える 보이다

2 이 연구는 매우 좋다고 **생각합니다**.
단어 思(おも)う 생각하다

3 그녀는 학교에서 일본어를 **가르치고** 있습니다.
단어 教(おし)える 가르치다

4 어린 시절 일을 **떠올려서** 작문을 써 주세요.
단어 こどものころ 어린 시절 | 思(おも)い出(だ)す 떠올리다 | 作文(さくぶん) 작문

5 **겨울**이 되면 스키나 스케이트를 탈 수 있습니다.
단어 冬(ふゆ) 겨울 | スキー 스키 | スケート 스케이트 | できる 가능하다, 할 수 있다

6 개가 발로 문을 **열었습니다**.
단어 いぬ 개 | あし 발 | 開(あ)ける 열다

7 그 방은 입구는 좁지만, 안은 **넓다**.
단어 入(い)り口(ぐち) 입구 | せまい 좁다 | 中(なか) 안 | 広(ひろ)い 넓다

8 오늘은 영어 **수업**이 없습니다.
단어 えいご 영어 | 授業(じゅぎょう) 수업

9 **저녁**이 되었으니 불을 켜 주세요.
단어 夕方(ゆうがた) 저녁 | 電気(でんき)をつける 불을 켜다

10 **바람**이 멎고, 구름 사이로 달이 보였습니다.
단어 風(かぜ) 바람 | やむ 멎다, 그치다 | くも 구름 | あいだ 사이 | 月(つき) 달

03　문제3 **문맥구성 공략하기**

문제 3　(　　　)에 무엇을 넣습니까? 1·2·3·4 중에서 가장 적당한 것을 하나 고르세요.

31 **기출어휘 확인문제** 문맥구성　　　p.71

1 시험 결과를 듣고 조금 **안심**했습니다.
단어 けっか 결과 | あんしん 안심 | あんてい 안정 | せつめい 설명 | でんとう 전통
해설 시험 결과를 듣고 느낄 수 있는 감정으로 가장 적절한 단어는 あんしん이다.

2 **시골**에 갔더니, 나무가 많아서 공기가 아주 깨끗했습니다.
단어 いなか 시골 | くうき 공기 | とし 나이 | ほし 별 | つき 달
해설 나무가 많아서 공기가 깨끗한 장소로 적당한 곳은 いなか이다.

3 매일 일찍 일어나는 **습관**을 들이고 싶습니다.
단어 しゅうかんをつける 습관을 들이다 | はっぴょう 발표 | ちょうしょく 조식 | にちじょう 일상
해설 매일 반복되는 행동을 나타내는 것은 '습관'이므로 정답은 しゅうかん이다.

4 수첩에 사진을 **풀**로 붙여서 꾸미고 있습니다.
단어 てちょう 수첩 | しゃしん 사진 | のり 풀 | はる 붙이다 | かざる 장식하다, 꾸미다 | えんぴつ 연필 | はさみ 가위 | けしゴム 지우개
해설 수첩에 사진을 붙이는 도구는 '풀'이므로 정답은 のり이다.

5 집에서 버스 정류장까지 멀어서, 매우 **불편**합니다.
단어 バスてい 버스 정류장 | ふべん 불편 | だいじ 중요함, 소중함 | てきとう 적당함 | ねっしん 열심
해설 정류장까지의 거리가 멀어서 겪는 불편한 상황을 나타내므로 정답은 ふべん이다.

6 이 그림은 매우 **희귀하**여서 보고 있는 것만으로도 즐겁습니다.
단어 めずらしい 희귀하다, 드물다 | たりない 부족하다 | きびしい 엄격하다 | さびしい 쓸쓸하다, 외롭다
해설 그림을 보고 있는 것만으로도 즐거울 만큼 '특별하거나 보기 드문' 상태를 뜻하는 めずらしい가 적절하다.

7 새로운 일에 도전할 좋은 **기회**라고 생각합니다.
단어 ちょうせん 도전 | いい 좋다 | チャンス 찬스, 기회 | ポイント 포인트 | カレンダー 달력 | キャラクター 캐릭터
해설 새로운 일에 도전하기에 좋은 기회라는 맥락이 되어야 자연스러우므로 정답은 チャンス이다.

8 도시락은 **전자레인지**로 1분만 데워 주세요.
단어 おべんとう 도시락 | レンジ 전자레인지 | あたためる 데우다 | レジ 계산대 | ヒーター 히터 | ポット 포트
해설 도시락을 데우는 가전제품은 レンジ이다.

9 인터넷 뉴스에, 우리 동아리 활동이 **실렸습니다**.

단어 ネットニュース 인터넷 뉴스 | クラブ 클럽, 동아리 | かつどう 활동 | のる 실리다 | のせる 싣다 | あける 열다 | つく 붙다

해설 동아리 활동이 뉴스에 '실리다'라는 자동사 표현이 되어야 하므로 のりました가 정답이다. のせました는 타동사이므로 목적어가 필요하다.

10 오늘 숙제는 **의외**로 간단해서 금방 끝났습니다.

단어 しゅくだい 숙제 | いがい 의외 | ぜったい 절대 | しぜん 자연 | きゅう 급함

해설 금방 끝날 만큼 간단하다는 형용사를 수식하는 표현으로 자연스러운 것은 いがい이다.

32 기출어휘 확인문제　문맥구성　p.72

1 새로운 메뉴에 관해 손님에게 **설문 조사**를 했습니다.

단어 アンケート 앙케트, 설문 조사 | メモ 메모 | プレゼント 선물 | レポート 리포트

해설 새로운 메뉴에 관해서 손님에게 할 만한 행동으로 가장 적당한 것은 アンケート이다.

2 이 아파트는 **집세**뿐만 아니라 관리비도 꽤 비쌉니다.

단어 マンション 맨션, 아파트 | やちん 월세 | かんりひ 관리비 | けっこう 꽤, 상당히 | きゅうりょう 급료 | かいけい 회계 | きんがく 금액

해설 관리비와 함께 언급되어 비싸다고 표현할 수 있는 주거 비용은 やちん이다.

3 어려운 문법은 몇 번이고 **복습**하는 것이 좋다고 생각합니다.

단어 ぶんぽう 문법 | ふくしゅう 복습 | かいとう 해답 | れんらく 연락 | よやく 예약

해설 문법이 어려울 때 반복해서 학습하는 행동을 뜻하는 단어는 ふくしゅう이다.

4 노래방에서 노래를 너무 많이 불러서 **목**이 아픕니다.

단어 カラオケ 노래방 | のど 목 | め 눈 | はな 코 | うで 팔

해설 노래를 많이 불렀을 때 아픈 부위는 보통 목이므로 정답은 のど이다.

5 케이크가 **남아** 있으므로 나중에 차와 함께 먹겠습니다.

단어 ケーキ 케이크 | のこる 남다 | おちゃ 차, 녹차 | いただく 먹다(겸양어) | いそぐ 서두르다 | おくれる 늦다 | かえす 돌려주다, 반환하다

해설 케이크를 나중에 먹겠다는 문맥으로 보아 현재 케이크가 '남아 있다'고 해야 한다. 정답은 のこって이다.

6 이 커피는 매우 **쓰기** 때문에 설탕을 조금 넣었습니다.

단어 コーヒー 커피 | にがい 쓰다 | さとう 설탕 | 入(い)れる 넣다 | うすい 연하다 | すっぱい 시다 | あつい 뜨겁다

해설 설탕을 넣은 원인이 되는 커피의 맛을 찾아야 하므로 '쓰다'라는 의미의 にがい가 정답이다.

7 이 프로젝트 참여는 매우 소중한 **경험**이 되었습니다.

단어 プロジェクト 프로젝트 | さんか 참가, 참여 | けいけん 경험 | せんもん 전문 | しりょう 자료 | しけん 시험

해설 프로젝트 참여를 통해 얻은 가치 있는 것을 의미하므로 빈칸에는 けいけん이 가장 잘 어울린다.

8 수영장에 갈 때는 **수건**을 잊지 마세요.

단어 タオル 수건 | わすれる 잊다 | シャツ 셔츠 | メニュー 메뉴 | ハンカチ 손수건

해설 선택지 중 수영장에서 물기를 닦기 위해 꼭 필요한 물건은 タオル이다.

9 편지를 봉투에 넣기 전에 깔끔하게 **접어** 두었습니다.

단어 てがみ 편지 | ふうとう 봉투 | おる 접다 | うる 팔다 | かう 사다 | たつ 서다

해설 편지를 봉투 크기에 맞춰 넣기 위해 할 수 있는 동작은 '접다'이므로 정답은 おって이다.

10 아빠는 항상 다정하지만, 숙제에 관해서는 **엄격합**니다.

단어 やさしい 상냥하다, 다정하다 | きびしい 엄격하다 | たりない 부족하다 | つめたい 차갑다 | さびしい 쓸쓸하다, 외롭다

해설 역접 조사 が를 사이에 두고, 앞의 '다정하다(やさしい)'와 반대되는 성격이 와야 하므로 정답은 きびしい이다.

33 기출어휘 확인문제　문맥구성　p.73

1 어두운 길을 걸을 때는 **안전**에 주의하세요.

단어 くらい 어둡다 | あんぜん 안전 | きをつける 조심하다, 주의하다 | あんない 안내 | しゅっぱつ 출발 | とうちゃく 도착

해설 어두운 길은 사고 위험이 있으므로 안전에 주의하라고 해야 자연스럽다.

2 **메뉴**를 봤더니, 계절 요리가 많이 있었습니다.

단어 メニュー 메뉴, 메뉴판 | きせつ 계절 | レンジ 전자레인지 | ガイド 가이드 | カウンター 카운터, 계산대

해설 계절 요리의 목록과 내용을 확인할 수 있는 것은 メニュー이다.

3 이 수영장은 성인 전용이라서 아주 **깊**어요.

단어 プール 수영장 | おとな 어른, 성인 | せんよう 전용 | ふかい 깊다 | ふとい 굵다 | ほそい 가늘다 | とおい 멀다

해설 수영장이 성인 전용이라는 점으로 미루어 볼 때 물의 깊이가 깊다는 맥락이 가장 자연스럽다. 정답은 ふかい이다.

4 겨울이 다가와서 해가 **점점** 짧아지고 있습니다.

단어 ちかづく 다가오다 | どんどん 점점 | がんがん 쾅쾅, 지끈지끈 | ぴかぴか 반짝반짝 | もぐもぐ 우물우물

해설 상태가 변화하는 모습을 강조하는 부사는 どんどん이다.

5 불을 켜고 싶으니, **스위치**를 눌러 주세요.

단어 でんきをつける 불을 켜다 | スイッチ 스위치 | センチ 센티미터 | スピーチ 스피치, 연설 | バッテリー 배터리

해설 조명을 켜기 위해 물리적으로 누르는 장치는 スイッチ이다.

6 이 쿠키는 동물과 같은 **모양**을 하고 있습니다.

단어 クッキー 쿠키 | どうぶつ 동물 | かたち 모양 | がいけん 외견 | みかた 보는 법, 관점 | そうぞう 상상

해설 쿠키의 겉모습이 동물과 닮았다는 의미이므로 '모양'을 뜻하는 かたち가 정답이다.

7 이 뮤지컬 티켓은 **가격**이 비쌉니다.

단어 ミュージカル 뮤지컬 | チケット 티켓 | ねだん 가격 | こうえん 공연 | はんばい 판매 | ひょうばん 평판

해설 '비싸다'라는 형용사와 어울려 가격을 나타내는 단어는 ねだん이다.

8 오늘 면접 **결과**는 메일로 알려드리겠습니다.

단어 めんせつ 면접 | 知(し)らせる 알리다 | けっか 결과 | しょうち 승낙, 알고 있음 | さんせい 찬성 | でんぽう 전보

해설 면접이 끝난 후 지원자에게 메일로 통보하는 내용은 면접 결과이므로 정답은 けっか이다.

9 공사가 예정대로 **진행되고** 있어서 다들 안심하고 있습니다.

단어 こうじ 공사 | すすむ 나아가다, 진행되다 | つつむ 싸다, 포장하다 | こむ 붐비다 | とどく 도달하다, 도착하다

해설 공사가 지연되지 않고 계획한 대로 '진행되고' 있다는 맥락이 되어야 안심한다는 결론과 어울리므로 정답은 すすむ이다.

10 물이 **끓을** 때까지 뚜껑을 덮은 채로 두세요.

해설 물이나 액체가 뜨겁게 끓는 상태를 나타내는 동사는 わく이다.

단어 おゆ 뜨거운 물 | わく 끓다 | ふたをする 뚜껑을 덮다 | のる 실리다 | かわく 마르다 | きる 자르다

---

34 **기출어휘 확인문제** 문맥구성   p.74

1 역 앞에서 미술관까지의 가는 법을 **안내**받았습니다.

단어 びじゅつかん 미술관 | 行(い)き方(かた) 가는 법 | あんない 안내 | しょうかい 소개 | りかい 이해 | ちゅうし 중지

해설 목적지까지 가는 법을 타인에게 도움받아 알게 되는 상황이므로 あんない가 정답이다.

2 축제 행사장 벽에 새로운 **포스터**가 붙어 있었습니다.

단어 まつり 축제 | かいじょう 회장, 행사장 | かべ 벽 | ポスター 포스터 | はる 붙다 | チケット 티켓 | カタログ 카탈로그 | カード 카드

해설 축제 행사장 벽에 부착하여 정보를 알리는 홍보물은 대개 포스터이다. 티켓이나 카탈로그, 카드는 벽에 붙이기에는 부적절하다.

3 시험에 합격하기 위해서는 매일 공부하는 것이 **필요하다**.

단어 ごうかく 합격 | めんどうだ 귀찮다 | ひつようだ 필요하다 | しずかだ 조용하다 | きれいだ 예쁘다, 깨끗하다

해설 시험 합격이라는 목표를 위해 매일 공부해야 한다는 맥락이므로 정답은 ひつようだ이다.

4 인터넷으로 주문한 옷이 오늘 아침 드디어 **도착했습니다**.

단어 ネット 인터넷 | ちゅうもん 주문 | とどく 도달하다, 도착하다 | おこなう 행하다 | なおす 고치다 | はらう 지불하다

해설 온라인으로 주문한 물품이 구매자에게 전달되었을 때 사용하는 동사는 とどく이다.

5 이 사진에 **찍혀** 있는 사람은 내 여동생입니다.

단어 しゃしん 사진 | うつる 찍히다 | かかる 걸리다 | つく 붙다 | かく 쓰다

해설 사진이나 영상, 거울 등에 모습이 비치거나 찍히는 것을 나타내는 동사는 うつる이다. 따라서 정답은 うつって이다.

6 행사장 문제 때문에 이벤트는 **중지**되었습니다.

단어 トラブル 트러블, 문제 | イベント 이벤트 | ちゅうし 중지 | さいしょ 최초 | ちゅうもく 주목 | かいし 개시

해설 예기치 못한 문제로 인해 계획된 행사가 멈추거나 취소되는 상황은 ちゅうし가 가장 자연스럽다.

7 일주일에 두 번 피아노 교실에 **다니고** 있습니다.

단어 かよう 다니다 | とどける 보내다, 신고하다 | まちがえる 틀리다 | とおる 통과하다

해설 학교나 학원처럼 특정 장소에 정기적으로 오가는 동작을 나타내는 동사는 かよう이다.

8 도서관 책은 누구든 **자유롭게** 읽어도 됩니다.

단어 としょかん 도서관 | ひじょうに 매우, 몹시 | じゆうに 자유롭게 | とくべつに 특별하게 | はじめに 처음

해설 빈칸 앞뒤로 누구든 읽어도 된다고 했으므로, 아무나 제약 없이 이용할 수 있다는 의미 의 부사인 じゆうに가 정답이다.

9 산길을 걷고 있으니, 주변이 캄캄해서 **무섭다**고 느꼈습니다.

단어 やまみち 산길 | あるく 걷다 | まわり 주변 | まっくら 캄캄함 | こわい 무섭다 | かんじる 느끼다 | たりない 부족하다 | うすい 연하다 | あつい 덥다, 뜨겁다, 두껍다

해설 캄캄한 산길이라는 배경에서 느끼는 감정으로 적당한 것은 こわい이다.

10 헬스장에 운동 기구의 **종류**가 많아서 훈련이 즐겁습니다.

단어 ジム 헬스장, 체육관 | マシン 운동 기구 | しゅるい 종류 | トレーニング 트레이닝, 훈련 | しょるい 서류 | ふまん 불만 | こしょう 고장

해설 헬스장에 갖춰진 운동 기구의 '종류'가 많아 훈련이 즐겁다고 해야 문맥이 매끄럽다.

---

35 **기출어휘 확인문제** 문맥구성   p.75

1 회의에서 자신의 **의견**을 분명히 말했습니다.

단어 いけん 의견 | はっきり 분명히, 명확히 | そうだん 상담, 의논 | こうぎ 강의 | せつめい 설명

해설 회의에서 타인에게 전달해야 할 본인의 생각이나 주장은 いけん이다.

2 3년 전에 이곳으로 **이사**해 왔지만, 아직 아는 사람이 없습니다.

단어 ひっこし 이사 | しりあい 지인, 아는 사람 | にゅうしゃ 입사 | いどう 이동 | きんじょ 근처, 이웃

해설 거주지를 옮긴 지 3년이 되었지만, 주변에 아는 사람이 없다는 맥락이므로 정답은 ひっこし이다.

3 계속 기대하고 있던 드라마 시리즈가 끝나서 **아쉽**습니다.

단어 ドラマシリーズ 드라마 시리즈 | ざんねん 아쉽다, 유감이다 | こうかい 후회 | おいわい 축하 | おしらせ 알림, 공지

해설 기대하던 드라마가 종영했을 때 느끼는 허탈함을 나타내는 형용사는 ざんねんだ이다.

4 팀원들과 서로 이야기한 덕분에 좋은 결과를 **낳을** 수 있었습니다.

단어 うむ 낳다 | かむ 씹다 | さく (꽃이) 피다 | そだつ 자라다

해설 좋은 결과나 이익이 생겼을 때 비유적으로 사용하는 동사는 うむ이다.

5 지갑을 잃어버렸으므로 함께 **찾아** 주시지 않겠습니까?

단어 さがす 찾다, 수색하다 | みつける 찾다, 발견하다 | まもる 지키다 | わたす 건네다

해설 잃어버린 물건을 찾아달라고 부탁해야 자연스러운 문장이 되므로 정답은 さがして이다. 동사 さがす와 みつける는 둘 다 우리말로 '찾다'라고 해석되어 헷갈리기 쉽다. さがす는 찾고자 노력하는 행위이고, みつける는 찾아낸 결과를 나타낸다. さがして いた さいふを みつけた(찾고 있던 지갑을 찾았다)라는 문장을 통째로 기억해 두자.

6 사이가 좋았던 친구와 **싸워** 버려서 후회했습니다.

단어 なかが いい 사이가 좋다 | けんか 싸움 | こうかい 후회 | うそ 거짓말 | じこ 사고 | せんそう 전쟁

해설 사이 좋던 친구와의 관계가 나빠져 후회하게 되는 원인으로는 けんか가 가장 자연스럽다.

7 세일이 시작된 탓에 어느 가게든 몹시 **붐비고** 있습니다.

단어 セール 세일 | こむ 붐비다 | ふむ 밟다 | よむ 읽다 | ぬぐ 벗다

해설 세일이라는 특수한 상황 때문에 가게에 사람이 몰리는 상태는 こむ라는 동사로 표현한다. 따라서 정답은 こんで이다.

8 내일은 **형편**이 좋지 않으니 다른 날로 해 주실 수 있으세요?

단어 つごう 형편, 사정 | べつの 日(ひ) 다른 날 | ちょうし 컨디션, 상태 | やくそく 약속 | けいけん 경험

해설 상황을 보며 날짜를 조정할 때 주로 사용하는 관용구는 つごうが いい(형편이 괜찮다) 또는 つごうが わるい(형편이 나쁘다)이다.

9 약을 바른 곳은 손으로 **만지지 않**도록 해 주세요.

단어 くすりを ぬる 약을 바르다 | ばしょ 장소 | さわる 만지다 | のぼる (산에) 오르다 | まわる 돌다 | ながれる 흐르다

해설 약을 바른 부위에 손을 대지 말라는 주의 사항이므로 정답은 さわらない이다.

10 시간은 **충분히** 있습니다. 당황하지 말고 천천히 하세요.

단어 じゅうぶん 충분히 | あわてる 당황하다, 허둥대다 | ゆっくり 천천히 | あまり 그다지, 너무 | まったく 전혀 | やっぱり 역시

해설 천천히 하라는 조언은 시간이 충분하다는 전제가 있어야 가능하므로 정답은 じゅうぶん이다. 선택지 중 あまり와 まったく의 뒤에는 주로 부정문이 온다는 것도 같이 기억해 두자.

36 🔴 **기출어휘 확인문제** 문맥구성   p.76

1 중요한 메모는 벽에 **붙이면** 잊어버리지 않아서 편리합니다.

단어 だいじだ 중요하다 | メモ 메모 | かべ 벽 | はる 붙이다 | わすれる 잊다 | べんりだ 편리하다 | おる 접다 | とる 집다, 쥐다 | つる 매달다

해설 '벽'이라는 장소와 '메모'라는 대상을 고려할 때 가장 자연스러운 동작은 '붙이다'이므로 정답은 はって이다.

2 재단장 공사 때문에 이번 주는 **영업**하지 않습니다.

단어 リニューアル 리뉴얼, 재단장 | こうじ 공사 | こんしゅう 이번 주 | えいぎょう 영업 | しゅうり 수리 | しゅっちょう 출장 | わりびき 할인

해설 재단장 공사 기간에는 가게 문을 열지 않는 게 자연스러우므로 '영업'을 뜻하는 えいぎょう가 정답이다.

3 이 가게는 매우 **인기**가 있어서 항상 붐빕니다.

단어 にんき 인기 | じかん 시간 | けいかく 계획 | えいぎょう 영업

해설 가게가 붐비는 근거로 가장 어울리는 단어는 にんき이다.

4 일본 노래 가사를 조금씩 **외우**려고 하고 있습니다.

단어 かし 가사 | おぼえる 외우다, 기억하다 | こたえる 대답하다 | くらべる 비교하다 | きめる 정하다

해설 노래 가사를 습득한다는 내용이므로 おぼえる가 정답이다.

5 개를 **돌보**는 것은 힘들지만 익숙해지면 즐거워집니다.

단어 せわを する 돌보다, 보살피다 | なれる 익숙해지다 | めんどう 귀찮음, 돌봄 | せいかつ 생활 | しゅうかん 습관

해설 문맥상 강아지를 돌보는 행위가 자연스러우므로 정답은 せわ이다. 선택지 중 めんどう는 주로 '귀찮음'이라는 뜻으로 쓰이지만, 동사 みる(보다)와 결합하면 '보살피다'라는 의미가 된다. せわを する와 めんどうを みる를 함께 기억해 두자.

6 접시가 한 장 **부족하**므로 사러 다녀오겠습니다.

단어 おさら 접시 | ~まい ~장 | たりない 부족하다 | おおい 많다 | かたい 딱딱하다, 단단하다 | うすい 얇다

해설 물건의 수량이 필요한 만큼 있지 않을 때 사용하는 형용사는 たりない이다.

7 선물을 예쁜 종이로 **포장하고** 편지를 썼습니다.

단어 つつむ 싸다, 포장하다 | とどく 도달하다, 도착하다 | すすむ 나아가다, 진행되다 | たのむ 부탁하다

해설 예쁜 종이를 사용하여 선물을 감싸는 동작이 와야 자연스러우므로 정답은 つつみ이다.

8 그가 아르바이트를 그만둔 **이유**는 아무도 모릅니다.

단어 やめる 그만두다 | りゆう 이유 | けっか 결과 | いし 의지 | きおく 기억

해설 어떤 행동을 하게 된 까닭을 묻는 맥락이므로 정답은 りゆう이다.

9 업무 실수가 있었기 때문에 부장은 사원을 **야단쳤습니다**.

단어 しごと 일, 업무 | ミス 실수 | ぶちょう 부장(님) | しゃいん 사원 | しかる 야단치다 | くもる 흐리다 | しまる 닫히다 | わかる 알다, 이해하다

해설 업무 실수가 발생했을 때, 선택지 중 상사가 사원에게 할 수 있는 행위는 야단치는 것이다. 따라서 정답은 しかりました이다.

10 체온이 39도나 되어서 이것은 **이상**하다고 생각합니다.

단어 しんさつ 진찰 | いじょう 이상 | ちこく 지각 | かいふく 회복

해설 체온 39도는 정상 범위를 벗어난 상태이므로 '이상함'을 뜻하는 いじょう가 정답이다.

37 **기출어휘 확인문제**　문맥구성　　　　　p.77

1　도쿄에서 오사카까지 신칸센의 **왕복** 요금은 얼마입니까?

단어　おうふく 왕복 | りょうきん 요금 | いす 의자 | きょり 거리 | にゅうじょう 입장

해설　두 지역 사이를 오가는 신칸센 요금에 관해 묻는 맥락으로 정답은 おうふく이다. 편도라는 뜻인 かたみち도 같이 기억해 두자.

2　낮에는 활기찬 이 거리도 밤에는 **쓸쓸한** 분위기가 됩니다.

단어　にぎやかだ 떠들썩하다, 활기차다 | とおり 거리 | さびしい 쓸쓸하다, 외롭다 | すずしい 시원하다 | きたない 더럽다 | いそがしい 바쁘다

해설　활기찬 낮의 분위기와 반대되는 밤의 분위기를 묘사해야 하므로 적막하고 쓸쓸한 느낌의 さびしい가 정답이다.

3　죄송하지만 뒷정리를 **부탁해도** 될까요?

단어　あとかたづけ 뒷정리 | たのむ 부탁하다 | さそう 권하다 | とまる 머물다 | よろこぶ 기뻐하다

해설　상대방에게 뒷정리를 요청하는 표현이므로 たのむ를 사용한다.

4　선생님 설명으로 문제 의미를 **분명히** 이해했습니다.

단어　はっきり 분명히, 명확히 | がっかり 실망하는 모양 | すっきり 개운한 모양 | びっくり 놀라는 모양

해설　동사 わかる를 수식하여 이해의 정도가 명확해졌음을 강조하는 부사는 はっきり이다.

5　나라에 따라 매너가 다르므로 **주의**해 주세요.

단어　くに 나라 | マナー 매너 | ちがう 다르다, 틀리다 | ちゅうい 주의 | じゅうよう 중요 | しょうたい 초대 | おみやげ 여행 선물, 기념품

해설　나라마다 문화나 매너가 다르니 실수하지 않도록 조심하라는 의미에서 ちゅうい가 적절하다.

6　학교에 못 오는 이유를 선생님께 **전해** 주세요.

단어　りゆう 이유 | つたえる 전하다 | わたす 건네다 | さがす 찾다 | のこす 남기다

해설　학교에 못 오는 사정을 선생님께 말해 달라는 메시지이므로 문맥상 つたえて가 정답이다.

7　이번 이벤트 장소를 다 함께 **정하기** 위해서 모였습니다.

단어　きめる 정하다 | あつまる 모이다 | ならぶ 늘어서다, 줄을 서다 | すてる 버리다 | わたる 건너다

해설　이벤트 장소를 아직 정하지 않아서 다 함께 의논하는 상황이므로 きめる가 가장 자연스럽다.

8　제가 할 수 있는 일이 있다면 언제든 **돕겠습니다**.

단어　てつだう 돕다 | つくる 만들다 | なおる 낫다 | みつめる 응시하다

해설　상대방을 도와주겠다는 의사 표현이므로 정답은 てつだいます이다.

9　슈퍼에서는 **계산대**에 줄을 서서 결제합니다.

단어　ならぶ 늘어서다, 줄을 서다 | しはらい 지불, 결제 | レジ 계산대 | テーブル 테이블 | コーナー 코너, 구역 | クレジットカード 신용카드

해설　슈퍼나 상점에서 물건값을 내기 위해 차례를 기다리는 장소는 レジ이다.

10　약속 시간에 늦을 것 같으므로 **급행**으로 갑시다.

단어　まちあわせ 시간과 장소를 정하고 만나기로 한 약속 | きゅうこう 급행 | ぎじゅつ 기술 | だんぼう 난방 | ねぼう 늦잠

해설　시간에 늦을 것 같은 상황에서 선택할 수 있는 빠른 이동 수단은 급행열차이다.

38 **기출어휘 확인문제**　문맥구성　　　　　p.81

1　이 주변은 **안전**해서 살기 편합니다.

단어　あんぜんだ 안전하다 | すみやすい 살기 편하다 | ふくざつ 복잡함 | しんぱい 걱정 | ひつよう 필요

해설　선택지 중 주거 환경의 장점으로 언급될 만한 긍정적인 형용사는 あんぜん이다.

2　이 가게에서는 이 케이크가 가장 **인기**가 있습니다.

단어　ケーキ 케이크 | にんき 인기 | こんかい 이번 | しけん 시험 | こうじ 공사

해설　가게 내에서 특정 상품이 가장 잘 팔리거나 반응이 좋은 상태를 뜻하는 にんき를 넣어야 자연스럽다.

3　언니는 지금 **집에 없습**니다.

단어　るす 부재, 집에 없음 | かっこう 모습 | ごちそう 대접, 맛있는 음식 | くさ 풀

해설　주어인 언니가 집에 없다는 상황을 설명하고 있으므로, '집에 없음'을 나타내는 るす가 가장 적절하다.

4　**깨진** 컵을 빨리 치워 주세요.

단어　われる 깨지다 | コップ 컵 | かたづける 정리하다 | おれる 부러지다 | ふむ 밟다 | よごれる 더러워지다

해설　빨리 정리해야 하는 컵의 상태로 자연스러운 것은 깨졌다는 의미인 われた이다.

5　쓰레기를 **버리기** 전에 분리해야 합니다.

단어　すてる 버리다 | 分別(ぶんべつ) 분리, 분별 | なおる 낫다 | まける 지다 | さそう 권하다

해설　쓰레기를 분류한 뒤 최종적으로 처리하는 동작인 すてる를 써야 문맥상 자연스럽다. 우리말로는 쓰레기를 종류별로 나누어서 버릴 때 '분리'한다고 하지만, 일본어는 分別라는 단어를 쓴다는 점도 같이 알아 두자.

6　그녀는 목이 **말라서** 그 이상 걸을 수 없었습니다.

단어　のどが かわく 목마르다 | 歩(ある)く 걷다 | はたらく 일하다 | なおす 고치다 | つつむ 싸다, 포장하다

해설　목과 함께 쓰여 목이 마른다는 의미를 만드는 동사는 かわく이다. のどが かわく는 자주 나오므로 통째로 외워 두면 유용하다.

7　나는 일본 영화에 **흥미**가 있습니다.

단어　えいが 영화 | きょうみ 흥미, 관심 | けいざい 경제 | ねっしん 열심 | せいじ 정치

해설　어떤 대상에 마음이 끌릴 때는「～に きょうみが ある(～에 흥미가 있다)」라는 표현을 사용한다.

15

8	오늘 전철이 늦어서 수업에 10분 **지각**했습니다.
단어	電車(でんしゃ) 전철	おくれる 늦다	ちこく 지각	そうたい 조퇴	よしゅう 예습	よやく 예약
해설	전철 연착 때문에 정해진 수업 시간보다 늦게 도착하는 상황이므로 정답은 ちこく이다.

9	친구를 집에 **초대**해서 파티를 하기로 했습니다.
단어	パーティー 파티	やる 하다	あんない 안내	けんぶつ 구경	しょうたい 초대	はんたい 반대
해설	문맥상 빈칸에 어울리는 단어는 초대라는 뜻인 しょうたい이다.

10	비행기 **예약**을 못 했기 때문에 신칸센을 이용했습니다.
단어	よやくを 取(と)る 예약하다	ぐあい 상태	やくそく 약속	ゆにゅう 수입
해설	문맥상 빈칸에 어울리는 단어는 예약이라는 뜻의 よやく이다. 일본어로 '예약하다'는 よやくする뿐만 아니라 よやくを 取る라는 표현도 많이 쓰이므로 꼭 기억해 두자. 본문에서 よやくが 取れなかった라고 한 이유는 取る의 가능형인 取れる의 부정형을 썼기 때문이다. 가능형 문장에서는 목적격 조사를 대신 が를 사용하는 경우가 많다.

39 기출어휘 확인문제 문맥구성 p.82

1	새로운 일에 점점 **익숙해**졌습니다.
단어	あたらしい 새롭다	だんだん 점점	なれる 익숙해지다	おぼえる 외우다, 기억하다	はじまる 시작되다	すむ 끝나다
해설	부사 だんだん은 상태의 변화를 나타내므로 '익숙해지다'라는 뜻인 なれる와 호응하는 것이 자연스럽다.

2	커피에 설탕을 넣지 않으면 **씁**니다.
단어	コーヒー 커피	さとう 설탕	入(い)れる 넣다	にがい 쓰다	からい 맵다	こわい 무섭다	よわい 약하다
해설	설탕을 넣지 않은 커피의 맛을 묘사하는 형용사로 적절한 것은 にがい이다.

3	네가 혼자 거기에 가는 것은 **위험**하다.
단어	ひとり 한 명, 혼자	きけんだ 위험하다	さかんだ 활발하다, 왕성하다	きれいだ 예쁘다, 깨끗하다	ふくざつだ 복잡하다
해설	혼자 가는 상황이므로 우려를 나타내는 형용사인 きけん이 정답이다.

4	아빠는 지진이 일어나는 게 아닌지 **걱정**하고 있습니다.
단어	地震(じしん) 지진	起(お)きる 일어나다	しんぱい 걱정	おもいで 추억	しゅうかん 습관	しょうらい 장래, 미래
해설	문맥상 재해가 일어날까 봐 마음이 놓이지 않는 상태를 뜻하는 しんぱい가 정답이다.

5	그 주유소에서는 아르바이트 학생을 **찾고** 있습니다.
단어	ガソリンスタンド 주유소	アルバイト 아르바이트	さがす 찾다	はらう 지불하다	とどける 보내다, 신고하다	でかける 외출하다
해설	주유소에서 구인 중인 상황이므로 '찾다'라는 뜻의 さがす를 사용하는 것이 가장 자연스럽다.

6	마쓰다 씨는 가게 앞에 차를 **세웠다**.
단어	まえ 앞	くるま 차, 자동차	とめる 세우다	さげる 내리다	おこなう 행하다	つくる 만들다
해설	자동차를 목적어로 삼아 '멈추다, 세우다'라는 의미를 나타내는 동사는 とめる이다.

7	매일 아침 산책하는 것이 엄마의 **습관**입니다.
단어	さんぽ 산책	しゅうかん 습관	せいかつ 생활	れんしゅう 연습	きょうみ 흥미, 관심
해설	매일 반복되는 행동과 어울리는 단어는 しゅうかん이다.

8	혼다 씨가 파티에 못 오는 것은 정말 **아쉽**니다.
단어	ざんねんだ 유감이다, 아쉽다	べんり 편리	むり 무리	あんぜん 안전
해설	혼다 씨가 파티에 못 오게 되어 느끼는 서운함을 표현해야 하므로 ざんねん이 정답이다.

9	저녁 식사 **준비**가 있어서 이만 가겠습니다.
단어	ゆうしょく 저녁 식사	じゅんび 준비	ぎじゅつ 기술	ゆしゅつ 수출	せつめい 설명
해설	집에 돌아가야 하는 구체적인 이유로 저녁 식사를 언급하고 있으므로 じゅんび가 정답이다.

10	이 양파는 **잘게** 잘라 주세요.
단어	たまねぎ 양파	こまかく きる 잘게 자르다	ぬるい 미지근하다	せまい 좁다	きびしい 엄격하다
해설	동사 きる와 어울려 '잘게 썰다'라는 의미를 만드는 표현은 형용사 こまかい를 활용한 こまかく이다. こまかく きる는 N4에서 자주 등장하는 중요 표현이므로 꼭 암기해 두자.

40 기출어휘 확인문제 문맥구성 p.83

1	고바야시 씨는 매달 3만 엔씩 **저금**하고 있습니다.
단어	毎月(まいつき/まいげつ) 매달	ずつ ~씩	ちょきん 저금	けっか 결과	げんいん 원인	そうだん 상담, 의논
해설	돈을 가지고 매달 할 수 있는 행위는 저금이다.

2	우리 팀은 5점 차이로 **졌다**.
단어	チーム 팀	点(てん) ~점	差(さ) 차	まける 지다	すてる 버리다	つつむ 싸다, 포장하다	はこぶ 옮기다
해설	점수 차이가 언급된 스포츠 경기 상황에서 결과에 어울리는 동사는 まける이다. 반의어인 かつ(이기다)도 함께 기억해 두자.

3	냉장고의 **상태**가 나쁘므로 슬슬 새로 사야 합니다.
단어	れいぞうこ 냉장고	ぐあい 상태	わるい 나쁘다	買(か)いかえる 새로 사서 바꾸다	ようい 준비	かんけい 관계	けしき 경치
해설	가전제품이나 기계의 상태를 나타내는 단어는 ぐあい이다.

4	대학교에 가고 싶다면 **열심히** 공부하지 않으면 안 됩니다.
단어	大学(だいがく) 대학	いっしょうけんめい 열심히	べんきょう 공부	だめだ 안 된다	そんなに 그렇게	たとえば 예를 들어	いったい 도대체
해설	'공부하다'를 수식하는 부사로 가장 자연스러운 것은 いっしょうけんめい이다.

5 아들은 친구 집에 가서 **묵고** 오겠다고 말했습니다.

단어 むすこ 아들 | とまる 묵다 | わたる 건너다 | くらす 살다 | さがす 찾다

해설 친구의 집에서 밤을 지내고 오는 외박 상황을 뜻하므로 とまる를 활용한 とまって가 정답이다.

6 장난감을 사 주겠다고 하자 딸은 **기뻐하며** 쇼핑에 따라왔다.

단어 おもちゃ 장난감 | 買(か)う 사다 | むすめ 딸 | よろこぶ 기뻐하다 | 買(か)い物(もの) 장보기, 쇼핑 | つく 붙다, 따르다 | そだてる 키우다, 기르다 | むかえる 맞이하다 | わすれる 잊다

해설 원하는 물건을 얻게 되었을 때 아이가 보일 수 있는 긍정적인 감정 표현은 よろこぶ이다.

7 학생이라면 누구든지 이 컴퓨터를 **이용**할 수 있습니다.

단어 だれ 누구 | コンピューター 컴퓨터 | りよう 이용 | できる 할 수 있다, 가능하다 | やくそく 약속 | せつめい 설명 | よてい 예정

해설 시설이나 기기를 목적에 맞게 사용하는 행위이므로 りよう가 정답이다.

8 나는 친구에게 함께 스키를 타러 가지 않겠냐는 **권유를 받았다.**

단어 スキー 스키 | さそう 권하다 | ぬすむ 훔치다 | はずす 제외하다 | おこる 화내다

해설 스키를 타러 가자는 제안을 받은 수동의 상황이므로 さそう의 수동형인 さそわれる를 활용해야 한다.

9 이 근처에 어딘가 좋은 레스토랑을 **소개**해 주지 않겠습니까?

단어 近(ちか)く 근처 | しょうかい 소개 | けいけん 경험 | けんぶつ 구경 | しょうたい 초대

해설 문맥상 어울리는 단어는 しょうかい이다.

10 아빠는 내 **장래**의 꿈에 관해 물었습니다.

단어 しょうらい 장래, 미래 | ゆめ 꿈 | たずねる 묻다 | しょうち 승낙 | よほう 예보 | あんない 안내

해설 앞으로 다가올 미래의 희망을 뜻하는 꿈과 가장 잘 어울리는 단어는 しょうらい이다.

41 기출어휘 확인문제　문맥구성　　　　p.84

1 그 문제에 대해서 모두의 **의견**을 들었습니다.

단어 もんだい 문제 | いけん 의견 | えんりょ 사양 | きもち 마음, 기분 | かっこう 모습

해설 빈칸에 들어갈 말은 특정 문제에 대해 사람들이 가진 각자의 생각이나 주장을 나타내므로 정답은 いけん이다.

2 그 일은 **꼭** 제가 하게 해 주세요.

단어 ぜひ 꼭, 반드시 | たぶん 아마 | そんなに 그렇게 | きゅうに 갑자기

해설 상대방에게 무언가를 부탁하거나 자신의 희망을 나타낼 때 사용하는 부사는 ぜひ이다. ぜひ 는 「～てください(～해 주세요)」나 「～たい(하고 싶다)」와 같은 표현과 자주 짝을 이룬다는 점도 함께 기억해 두자.

3 **소중히** 여기던 책을 잃어버렸습니다.

단어 だいじにする 소중히 여기다 | なくす 잃다, 잃어버리다 | ～てしまう ～해 버리다 | ひつようだ 필요하다 | しんせつだ 친절하다 | ねっしんに 열심히

해설 동사의 완료와 아쉬움을 나타내는 「～てしまう」가 쓰여, 아끼던 물건을 잃어버린 화자의 속상한 마음이 잘 드러난다. 따라서 빈칸에는 '소중하게'라는 뜻의 だいじに가 들어가야 자연스럽다. だいじにする는 자주 쓰이는 표현이므로 꼭 기억해 두자.

4 내가 일본에 갔을 때 야마다 씨가 **안내**해 주었다.

단어 あんない 안내 | うんどう 운동 | けんぶつ 구경 | よてい 예정

해설 낯선 곳에 방문했을 때 길을 알려 주거나 정보를 제공한다는 의미인 あんない가 자연스럽다.

5 방의 **냉방**을 켜서 시원하게 합니다.

단어 れいぼう 냉방 | つける 켜다 | すずしい 시원하다 | でんとう 전등 | どうぐ 도구 | だんぼう 난방

해설 방 안의 온도를 낮추어 시원하게 만드는 장치는 れいぼう이다.

6 형과 키를 **비교했습니다.**

단어 あに 오빠, 형 | せ 키 | たかさ 높이 | くらべる 비교하다 | まける 지다 | わかれる 헤어지다 | つかまえる 잡다

해설 두 대상의 키를 대조하여 차이를 살피는 상황이므로 くらべる를 넣어야 자연스럽다.

7 저 사람은 항상 **정중한** 말을 씁니다.

단어 ていねいだ 정중하다 | ことば 말, 언어, 단어 | ふべんだ 불편하다 | ざんねんだ 유감스럽다 | ねっしんだ 열심이다

해설 말씨나 태도가 깍듯하고 예의 바른 상태인 ていねいな를 넣어야 자연스럽다.

8 어젯밤은 무서운 **꿈**을 꾸어서 잘 수 없었습니다.

단어 ゆうべ 어젯밤 | ゆめをみる 꿈을 꾸다 | よく 잘 | ねる 자다 | うそ 거짓말 | かがみ 거울 | はなし 이야기

해설 '무섭다'는 형용사가 수식하는 밤의 경험이며, 동사 みる(보다)와 세트로 쓰이는 명사는 ゆめ이다.

9 점원이 나에게 새 스마트폰 사용법을 **설명**했습니다.

단어 てんいん 점원 | スマホ 스마트폰 | 使(つか)い方(かた) 사용법 | せつめい 설명 | やくそく 약속 | れんらく 연락 | えんりょ 사양

해설 기기의 사용법을 알기 쉽게 말해 주는 상황이므로 せつめい가 정답이다.

10 어젯밤 메일을 **확인**하는 것을 잊어버렸습니다.

단어 メール 메일, 문자 | チェック 체크, 확인 | 忘(わす)れる 잊다 | メニュー 메뉴 | テキスト 텍스트 | サイン 사인

해설 메일을 읽는 행위를 뜻하는 외래어 チェック가 정답이다.

42 기출어휘 확인문제　문맥구성　　　　p.85

1 결석한 진짜 **이유**는 무엇입니까?

단어 けっせき 결석 | ほんとう 진짜 | りゆう 이유 | ねだん 값 | うそ 거짓말 | きもち 마음, 기분

해설 결석이라는 결과에 대한 구체적인 근거를 묻고 있으므로 정답은 りゆう이다.

17

2 오늘 아침 우에노 씨는 **늦잠**을 자서 회사에 늦었습니다.

단어 けさ 오늘 아침 | ねぼう 늦잠 | はんたい 반대 | しょうたい 초대 | ごちそう 대접

해설 회사에 늦은 구체적인 원인으로 적절한 것은 ねぼう이다.

3 이 돌은 **단단해**서 좀처럼 깨지지 않는다.

단어 いし 돌 | かたい 딱딱하다, 단단하다 | なかなか 좀처럼 | われる 깨지다 | めずらしい 희귀하다, 드물다 | うつくしい 아름답다 | あまい 달다

해설 돌의 성질을 나타내는 형용사로서 적절한 것은 かたい이다.

4 나는 친구에게 여행 **선물**을 받았다.

단어 りょこう 여행 | おみやげ 여행 선물, 기념품 | もらう 받다 | おみまい 병문안 | おまつり 축제 | おいわい 축하

해설 여행을 다녀오면서 사 온 선물을 의미하는 단어는 おみやげ이다.

5 나는 미국에서 5년 동안 일본어를 가르친 **경험**이 있습니다.

단어 おしえる 가르치다 | けいけん 경험 | いなか 시골 | おもて 표면, 겉 | たのしみ 기대, 즐거움

해설 과거에 실제 겪은 일을 나타내는 けいけん이 정답이다. けいけん 대신 こと를 사용하여 おしえた ことが あります(가르친 적이 있습니다)라고도 한다는 점을 같이 알아 두자.

6 우리는 축제가 열린 공원을 깨끗이 **정리했습니다**.

단어 まつり 축제 | 行(おこな)う 행하다 | きれいだ 깨끗하다 | かたづける 정리하다 | うかがう 찾아뵙다 | がまんする 참다 | いらっしゃる 오시다

해설 축제가 끝난 뒤 공원을 깨끗한 상태로 만드는 동작이므로 かたづけました가 정답이다.

7 다음 역에서 쾌속 전철로 **갈아타**면 교토역에 일찍 도착할 수 있습니다.

단어 つぎ 다음 | えき 역 | 快速電車(かいそくでんしゃ) 쾌속 전철 | のりかえる 갈아타다 | はやく 일찍, 빨리 | 着(つ)く 도착하다 | とりかえる 바꾸다, 교체하다 | めしあがる 드시다 | もうしあげる 말씀 드리다

해설 교통수단을 바꿀 때 사용하는 동사는 のりかえる이다.

8 야마다 씨는 테이프를 **가위**로 싹둑 반으로 잘랐습니다.

단어 テープ 테이프 | はさみ 가위 | チョキンと 싹둑 | 半分(はんぶん) 반, 절반 | きる 자르다 | のり 풀 | さとう 설탕 | おもて 표면, 겉

해설 가위로 자르는 소리를 나타내는 의태어 チョキンと와 동사 きる를 통해, 빈칸에 들어갈 도구가 はさみ임을 알 수 있다.

9 남동생은 꽃병을 **떨어뜨려** 깨뜨리고 말았습니다.

단어 花(か)びん 꽃병 | おとす 떨어뜨리다 | わる 깨뜨리다, 깨다 | たずねる 방문하다 | くらす 살다 | ならぶ 늘어서다, 줄을 서다

해설 빈칸에는 꽃병을 깨뜨리게 된 직접적인 원인을 나타내는 동작이 와야 한다. 따라서 '물건을 아래로 떨어뜨리다'라는 뜻의 おとす를 활용한 おとして가 정답이다.

10 어젯밤 늦게까지 깨어 있었기 때문에 오늘 아침은 **졸리다**.

단어 おそくまで 늦게까지 | おきる 일어나다 | ねむい 졸리다 | うるさい 시끄럽다 | さびしい 쓸쓸하다, 외롭다 | すごい 대단하다

해설 전날 밤늦게까지 깨어 있었으므로 수면 부족 상태를 뜻하는 ねむい가 정답이다.

43 기출어휘 확인문제 문맥구성 p.90

1 영어책을 일본어로 **번역**했습니다.

단어 英語(えいご) 영어 | 日本語(にほんご) 일본어 | ほんやく 번역 | あんない 안내 | えんりょ 사양 | はんたい 반대

해설 영어를 일본어로 옮기는 작업을 뜻하므로 정답은 ほんやく이다.

2 추워졌으므로 **난방**이 필요합니다.

단어 だんぼう 난방 | ほしい 바라다, 갖고 싶다 | ゆしゅつ 수출 | れいぼう 냉방 | ゆにゅう 수입

해설 날씨가 추워졌을 때 실내를 따뜻하게 만들기 위해 필요한 장치는 だんぼう이다.

3 그 회사는 여러 나라와 식료품 **무역**을 하고 있습니다.

단어 いろいろな 여러 가지 | 国(くに) 나라 | 食料品(しょくりょうひん) 식료품 | 行(おこな)う 행하다 | ぼうえき 무역 | ほうそう 방송 | おもちゃ 장난감 | かんけい 관계

해설 여러 나라와 물건을 사고파는 상업 활동을 의미하므로 정답은 ぼうえき이다.

4 길에서 지갑을 **주웠기** 때문에 파출소에 가져다주었습니다.

단어 みち 길 | さいふ 지갑 | ひろう 줍다 | こうばん 파출소 | とどける 보내다, 신고하다 | すてる 버리다 | とる 집다, 쥐다 | つかまえる 붙잡다

해설 길에 떨어진 물건을 집어 올리는 동작인 ひろう의 과거형인 ひろった가 문맥상 자연스럽다.

5 그 선생님은 매우 **무섭습니다**.

단어 こわい 무섭다 | やすい 싸다, 저렴하다 | すくない 적다

해설 선택지 중 선생님을 묘사하는 표현으로 자연스러운 형용사는 こわい이다.

6 야마다 씨는 **아르바이트**를 하면서 학교에 다니고 있습니다.

단어 アルバイト 아르바이트 | かよう 다니다 | オートバイ 오토바이 | デパート 백화점 | カレンダー 달력

해설 선택지 중 동사 する와 결합하여 사용할 수 있는 단어는 アルバイト뿐이다.

7 어두워졌으니 **슬슬** 돌아갑시다.

단어 くらい 어둡다 | そろそろ 이제 곧, 슬슬 | だんだん 점점 | ときどき 가끔 | とうとう 마침내

해설 어떤 행동을 할 때가 되었음을 나타내며 '이제 곧, 슬슬'이라는 뜻으로 쓰이는 부사는 そろそろ이다.

8 나는 **부드러운** 빵을 좋아합니다.

단어 パン 빵 | やわらかい 부드럽다 | おそい 느리다, 늦다 | ふかい 깊다 | やさしい 상냥하다, 쉽다

해설 빵의 촉감이 딱딱하지 않고 폭신한 상태를 나타내는 형용사는 やわらかい이다.

9 사고로 머리를 **부딪**쳐서 병원에 실려 갔다.

단어 じこ 사고 | あたま 머리 | うつ 치다, 때리다 | びょういん 병원 | はこぶ 옮기다 | つつむ 싸다, 포장하다 | おこす 일으키다 | やめる 그만두다, 끊다

해설 사고로 인해 머리를 물체에 강하게 부딪힌 상황이므로 うつ의 과거형인 うった가 정답이다.

10 무거운 피아노를 옮겨서 **팔**이 아팠다.

단어 おもい 무겁다 | ピアノ 피아노 | うで 팔 | いたい 아프다 | のど 목 | ひげ 수염 | みみ 귀

해설 무거운 물건을 운반할 때 주로 사용하는 신체 부위인 팔이 통증의 대상이 되는 것이 가장 자연스럽다. 따라서 정답은 うで이다.

---

44 **기출어휘 확인문제** 문맥구성 p.91

1 테니스 시합은 비 때문에 **중지**합니다.

단어 テニス 테니스 | しあい 시합 | ちゅうし 중지 | しょうち 승낙, 앎 | しょうかい 소개 | ちゅうしゃ 주차

해설 우천 시에는 테니스 경기를 계속할 수 없으므로 ちゅうし가 정답이다.

2 아들은 밖에서 노는 것보다 혼자서 **게임**하는 것을 좋아합니다.

단어 むすこ 아들 | そと 밖 | あそぶ 놀다 | ひとりで 혼자서 | ゲーム 게임 | プール 수영장 | スーツ 양복 | ルール 규칙

해설 야외 활동보다 실내에서 혼자 즐기는 오락 거리를 찾는 문맥이므로 가장 자연스러운 것은 게임이다.

3 정치는 국민의 생활과 깊은 **관계**가 있다.

단어 せいじ 정치 | 国民(こくみん) 국민 | せいかつ 생활 | ふかい 깊다 | かんけい 관계 | もつ 들다, 가지다 | けいけん 경험 | そんけい 존경 | はいけん 봄(겸양어)

해설 정치와 국민 생활 사이의 밀접한 연관성을 뜻하는 かんけい가 정답이다. '관계가 깊다'라는 표현인 かんけい가 ふかい도 함께 외워 두자.

4 건물 **옥상**으로 나가면 후지산이 보일 때가 있습니다.

단어 ビル 빌딩, 건물 | おくじょう 옥상 | 出(で)る 나가다 | 見(み)える 보이다 | かいがん 해안 | じゅうしょ 주소 | くうこう 공항

해설 건물 내에서 외부 전경을 가장 잘 볼 수 있는 장소인 おくじょう가 정답이다.

5 태풍 때문에 큰 나무의 가지가 **부러져** 버렸다.

단어 たいふう 태풍 | 木(き) 나무 | えだ 가지 | おれる 부러지다 | こわれる 망가지다, 고장 나다 | たおれる 쓰러지다 | やぶれる 찢어지다

해설 태풍의 영향으로 나뭇가지가 꺾여 버린 상황을 나타내므로 '부러지다'라는 뜻의 おれる를 사용한다. 정답은 おれて이다.

6 친구가 일기를 봐서 몹시 **창피했다**.

단어 にっき 일기 | はずかしい 부끄럽다, 창피하다 | にがい 쓰다 | ねむい 졸리다 | よろしい 좋다

해설 남에게 보이고 싶지 않은 사적인 기록을 타인이 보았을 때 느낄 수 있는 감정으로 적당한 것은 はずかしかった이다.

7 마당에 예쁜 꽃을 **심읍시다**.

단어 にわ 마당 | 花(はな) 꽃 | うえる 심다 | かえる 바꾸다 | きる 자르다 | とる 집다, 쥐다

해설 문맥상 자연스러운 표현은 うえましょう이다.

8 600엔짜리 물건을 사고 1,000엔을 내면 **거스름돈**은 400엔입니다.

단어 かいもの 장보기, 쇼핑 | 出(だ)す 내다 | おつり 거스름돈 | おかね 돈 | おさつ 지폐 | おさいふ 지갑

해설 물건값보다 큰 금액을 지불하고 차액으로 돌려받는 돈은 おつり이다.

9 아들이 **장난감**을 망가뜨려 버렸습니다.

단어 むすこ 아들 | おもちゃ 장난감 | こわす 망가뜨리다, 고장 내다 | ～て しまう ～해 버리다 | ぐあい 상태, 형편 | やくそく 약속 | ぶどう 포도

해설 선택지 중 부술 수 있는 동작의 대상으로 적당한 것은 おもちゃ이다.

10 그 드라마는 매주 일요일에 **방송**되고 있습니다.

단어 ドラマ 드라마 | まいしゅう 매주 | 日曜日(にちようび) 일요일 | ほうそう 방송 | きせつ 계절 | ほうりつ 법률 | きそく 규칙

해설 드라마가 TV나 라디오를 통해 전파를 타는 일정을 설명하고 있으므로 정답은 ほうそう이다.

---

45 **기출어휘 확인문제** 문맥구성 p.92

1 이 강은 매우 **깊어**서 위험합니다.

단어 かわ 강 | ふかい 깊다 | あぶない 위험하다 | あさい 얕다 | たかい 높다, 비싸다 | ひくい 낮다

해설 강이 위험한 이유로써 빈칸에 적절한 단어는 ふかい이다. 반의어인 あさい도 함께 기억해 두자.

2 이 나라에서는 자동차 **생산**이 늘고 있습니다.

단어 国(くに) 나라 | せいさん 생산 | ふえる 늘다 | たいいん 퇴원 | けんぶつ 구경 | はつおん 발음

해설 특정 물품을 만들어 내는 양이 증가하고 있다는 흐름이므로, 문맥상 '생산'을 뜻하는 せいさん이 정답이다.

3 나는 다섯 시에 친구와 만날 **약속**이 있습니다.

단어 会(あ)う 만나다 | やくそく 약속 | よほう 예보 | よしゅう 예습 | よやく 예약

해설 정해진 시간에 친구와 만나기로 한 것이므로 정답은 やくそく이다.

4 이 도서관은 오후 아홉 시까지 **이용**할 수 있습니다.

단어 としょかん 도서관 | ごご 오후 | りよう 이용 | したく 준비 | せいかつ 생활 | ちょきん 저금

해설 문맥상 빈칸에 어울리는 단어는 りよう이다.

5 아이 사진을 책상 위에 **장식했습니다.**

단어 しゃしん 사진 | つくえ 책상 | かざる 장식하다, 꾸미다 | かたづける 정리하다 | おくる 보내다 | かける 걸다

해설 사진이나 소품 등을 보기 좋게 진열하는 행위이므로 '장식하다, 꾸미다'라는 뜻의 かざる를 활용해야 한다. かける는 벽이나 못 등에 사진을 걸 때 쓰이는 동사이다. 물건을 놓는 위치에 따른 차이를 잘 구분해 두자.

6 책상 **서랍**에 소중한 물건을 넣어 둡니다.

해설 책상에 부착되어 물건을 넣었다 빼었다 할 수 있는 수납공간은 ひきだし이다.

단어 ひきだし 서랍 | たいせつだ 소중하다, 중요하다 | おしいれ 벽장 | カーテン 커튼 | ベル 벨

7 이 메모는 **작은** 글자로 쓰여 있어서 읽기 어려웠습니다.

단어 こまかい 작다, 잘다 | 字(じ) 글자 | 読(よ)みにくい 읽기 어렵다 | うつくしい 아름답다 | あまい 달다 | やわらかい 부드럽다

해설 글씨가 너무 작아서 가독성이 떨어지는 상황이므로 '작다, 잘다'라는 뜻인 こまかい가 정답이다.

8 야마시타 씨는 성공하기까지 여러 번 **실패**를 거듭했습니다.

단어 せいこう 성공 | しっぱい 실패 | かさねる 거듭하다 | りよう 이용 | いじょう 이상 | ちゅうい 주의

해설 성공하기까지 겪은 시행착오를 뜻하는 しっぱい가 정답이다.

9 오늘 아침 영화 **티켓**을 두 장 샀습니다.

단어 けさ 오늘 아침 | えいが 영화 | チケット 티켓, 표 | イベント 이벤트 | サービス 서비스 | ステレオ 스테레오

해설 영화를 관람하는 데에 필요한 표를 뜻하는 외래어는 チケット이다.

10 텔레비전 **프로그램** 중에서 무엇을 가장 좋아합니까?

단어 ばんぐみ 방송 프로그램 | いちばん 가장 | よやく 예약 | タイプ 타입 | スクリーン 스크린

해설 텔레비전에 관련된 표현으로 빈칸에 들어갈 말은 ばんぐみ이다.

46 기출어휘 확인문제 문맥구성　　　　p.93

1 감기에 걸려서 **목**이 아픕니다.

단어 かぜをひく 감기에 걸리다 | のど 목 | かみ 머리 | こえ 목소리 | ひげ 수염

해설 감기 증상으로 통증을 느낄 수 있는 신체 부위는 목이므로 정답은 のど이다.

2 선생님, 지금 리포트를 **제출해도** 되나요?

단어 レポート 리포트, 보고서 | だす 제출하다, 내다 | あげる (내가 남에게) 주다 | くれる (남이 나에게) 주다 | とる 집다, 쥐다

해설 작성한 과제물을 선생님에게 내도 되냐고 물어야 문맥상 자연스러우므로 だす를 활용한 だしても가 정답이다.

3 잠깐 집에 **들렀다** 가지 않겠어요?

단어 ちょっと 잠깐 | よる 들르다 | よぶ 부르다 | やむ 멎다, 그치다 | やる 하다

해설 어디를 가는 길에 장소를 거쳐 가는 것을 뜻하는 동사 よる를 활용해야 한다. よって いく(들렀다 가다)의 형태로 외워 두자.

4 인터넷으로 비행기 시간을 **조사했다.**

단어 ひこうき 비행기 | じかん 시간 | しらべる 조사하다 | おしえる 가르치다 | わすれる 잊다 | おぼえる 외우다, 기억하다

해설 모르는 정보를 확인하기 위해 탐색하는 행위이므로 정답은 しらべた이다.

5 우치다 씨는 시시한 일로 친구와 **싸웠습니다.**

단어 つまらない 하찮다, 시시하다 | けんか 싸움 | じゃま 방해 | したく 준비 | しょうせつ 소설

해설 시시한 일 때문에 친구와 의견 충돌이 생겼거나 다툰 상황을 나타내므로 정답은 けんか이다.

6 외출하기 전에 잠깐 **거울**을 보고 머리카락을 정리합니다.

단어 出(で)かける 외출하다 | かがみ 거울 | かみ 머리카락 | なおす 고치다 | ふとん 이불 | こころ 마음 | すいどう 수도

해설 문맥상 자신의 모습을 비추어 보는 도구인 かがみ가 정답이다. 흐트러진 머리카락을 정리할 때는 かみを なおす라고 한다는 점도 같이 익혀 두자.

7 일에 관한 것은 부모님과 **의논해서** 결정합니다.

단어 りょうしん 부모 | そうだん 상담, 의논 | きめる 결정하다 | いけん 의견 | おこなう 행하다 | くらべる 비교하다

해설 중요한 일을 결정하기 전 다른 사람의 의견을 듣거나 논의하는 과정인 そうだん이 정답이다.

8 회의는 예정보다 30분 **늦게** 시작되었습니다.

단어 かいぎ 회의 | よてい 예정 | おくれる 늦다 | はじまる 시작되다 | おわる 끝나다 | かく 쓰다 | まにあう 시간에 맞추다

해설 예정된 시각보다 뒤로 미뤄져서 시작한 상황이므로 おくれる를 활용한 おくれて가 정답이다.

9 4에 5를 **더하**면 9가 됩니다.

단어 たす 더하다 | さす 가리키다 | ひく 빼다 | けす 지우다, 끄다

해설 두 숫자를 더하여 결괏값을 만드는 산수 연산 표현이므로 たす가 정답이다.

10 일본 문학에 관해 **리포트**를 썼습니다.

단어 ぶんがく 문학 | レポート 보고서, 리포트 | パソコン 컴퓨터 | チェック 점검, 확인 | サービス 서비스

해설 특정 주제에 관해 작성하는 것은 レポート이다.

04 문제4 **유의표현 공략하기**

문제 4 ＿＿＿＿의 문장과 거의 같은 의미의 문장이 있습니다. 1・2・3・4 중에서 가장 적당한 것을 하나 고르세요.

47 기출어휘 확인문제 유의표현　　　　p.100

1 비가 주룩주룩 내리고 있습니다.

1 비가 하루 종일 내리고 있습니다.

2 비가 때때로 내리고 있습니다.

3 비가 약하게 내리고 있습니다.

4 비가 세차게 내리고 있습니다.

단어 ざあざあ 주룩주룩 | いちにちじゅう 하루 종일 | ときどき 때때로 | よわい 약하다 | つよい 강하다, 세다

2 제 여동생은 결혼하지 않았습니다.

1 제 여동생은 독신입니다.

2 제 여동생은 이혼했습니다.

3 제 여동생은 남자 친구와 헤어졌습니다.

4 제 여동생은 친구와 생활하고 있습니다.

단어 けっこん 결혼 | どくしん 독신 | りこん 이혼 | かれし 남자 친구 | わかれる 헤어지다 | くらす 생활하다

3 회의 때 이야기는 누구에게도 말하지 마세요.

1 회의 때 이야기는 지루합니다.

2 회의 때 이야기는 어렵습니다.

3 회의 때 이야기는 전부 알고 있습니다.

4 회의 때 이야기는 비밀입니다.

단어 ミーティング 회의 | とき 때 | 話(はなし) 이야기 | だれにも 누구에게도 | 言(い)う 말하다 | つまらない 지루하다 | むずかしい 어렵다 | ぜんぶ 전부 | しる 알다 | ひみつ 비밀

4 역 앞 레스토랑의 고기는 질기지 않습니다.

1 역 앞 레스토랑의 고기는 답니다.

2 역 앞 레스토랑의 고기는 부드럽습니다.

3 역 앞 레스토랑의 고기는 새롭습니다.

4 역 앞 레스토랑의 고기는 적습니다.

단어 えきまえ 역 앞 | にく 고기 | かたい 딱딱하다, 단단하다 | あまい 달다 | やわらかい 부드럽다 | すくない 적다

5 사람이 많이 지나가는 이 길은 위험하지 않습니다.

1 사람이 많이 지나가는 이 길은 더럽습니다.

2 사람이 많이 지나가는 이 길은 한산합니다.

3 사람이 많이 지나가는 이 길은 안전합니다.

4 사람이 많이 지나가는 이 길은 좁습니다.

단어 人(ひと) 사람 | たくさん 많이 | とおる 지나다 | あぶない 위험하다 | きたない 더럽다 | あんぜんだ 안전하다 | せまい 좁다

⚪48 기출어휘 확인문제 유의표현   p.101

1 공항은 여기에서 조금 멉니다.

1 비행기를 타는 곳은 여기에서 조금 멉니다.

2 멋진 그림을 보여주는 곳은 여기에서 조금 멉니다.

3 강의를 듣는 곳은 여기에서 조금 멉니다.

4 배를 타는 곳은 여기에서 조금 멉니다.

단어 くうこう 공항 | 少(すこ)し 조금 | とおい 멀다 | ひこうき 비행기 | のる 타다 | すばらしい 멋지다, 훌륭하다 | え 그림 | 見(み)せる 보여주다 | こうぎ 강의 | ふね 배

2 이벤트에 참가하고 싶은 사람은 먼저 이름을 적어 주세요.

1 이벤트에 참가하고 싶은 사람은 다음에 이름을 적어 주세요.

2 이벤트에 참가하고 싶은 사람은 천천히 이름을 적어 주세요.

3 이벤트에 참가하고 싶은 사람은 제일 먼저 이름을 적어 주세요.

4 이벤트에 참가하고 싶은 사람은 마지막에 이름을 적어 주세요.

단어 イベント 이벤트 | さんか 참가, 참여 | はじめに 먼저, 우선 | なまえ 이름 | 書(か)く 쓰다, 적다 | つぎに 다음에 | ゆっくり 천천히 | さいしょ 최초, 제일 먼저 | さいご 마지막, 최후

3 세일이 시작되어 사람이 많아졌습니다.

1 세일이 시작되어 사람이 조용해졌습니다.

2 세일이 시작되어 사람이 늘어났습니다.

3 세일이 시작되어 사람이 늦었습니다.

4 세일이 시작되어 사람이 웃었습니다.

단어 セール 세일 | はじまる 시작되다 | 多(おお)い 많다 | しずかだ 조용하다 | ふえる 늘다 | おくれる 늦다 | わらう 웃다

4 차는 주차장에 있습니다.

1 차는 주유하는 곳에 있습니다.

2 차는 자동차를 판매하는 곳에 있습니다.

3 차는 자동차를 세우는 곳에 있습니다.

4 차는 수리하는 곳에 있습니다.

단어 くるま 차 | ちゅうしゃじょう 주차장 | ガソリンを いれる 기름을 넣다, 주유하다 | ばしょ 장소 | はんばい 판매 | とめる 세우다 | しゅうり 수리

5 새로 생긴 저 카페는 늘 비어 있습니다.

1 새로 생긴 저 카페는 가게가 새것입니다.

2 새로 생긴 저 카페는 가게가 닫혀 있습니다.

3 새로 생긴 저 카페는 사람들이 줄을 서 있습니다.

4 새로 생긴 저 카페는 손님이 적습니다.

단어 あたらしい 새롭다 | できる 생기다 | カフェ 카페 | いつも 항상, 늘 | すく 비다 | しまる 닫히다 | ならぶ 늘어서다, 줄을 서다 | おきゃくさん 손님 | すくない 적다

⚪49 기출어휘 확인문제 유의표현   p.102

1 요즘 바빠서 운동할 수 없습니다.

1 요즘 바빠서 아르바이트하고 있지 않습니다.

2 요즘 바빠서 운동하고 있지 않습니다.

3 요즘 바빠서 연락하고 있지 않습니다.

4 요즘 바빠서 보살피고 있지 않습니다.

단어 このごろ 요즘 | いそがしい 바쁘다 | うんどう 운동 | スポーツ 스포츠, 운동 | れんらく 연락 | せわをする 돌보다, 보살피다

2 이제부터 출장 갈 준비를 합니다.
1 이제부터 출장 갈 이야기를 합니다.
2 이제부터 출장 갈 예정이 있습니다.
3 이제부터 출장 갈 사람을 정합니다.
4 이제부터 출장 갈 준비를 합니다.

단어　これから 이제부터 | しゅっちょう 출장 | ようい 준비 | はなし 이야기 | きめる 결정하다 | じゅんび 준비

3 축구 시합에서 이긴 아이는 싱글벙글했습니다.
1 축구 시합에서 이긴 아이는 웃고 있었습니다.
2 축구 시합에서 이긴 아이는 화내고 있었습니다.
3 축구 시합에서 이긴 아이는 자고 있었습니다.
4 축구 시합에서 이긴 아이는 춤추고 있었습니다.

단어　サッカー 축구 | しあい 시합 | かつ 이기다 | にこにこ 싱글벙글 | わらう 웃다 | おこる 화내다 | ねむる 자다 | おどる 춤추다

4 하루 종일 밖에서 놀아서 옷이 더러워졌네요.
1 하루 종일 밖에서 놀아서 옷이 젖었네요.
2 하루 종일 밖에서 놀아서 옷이 새것이네요.
3 하루 종일 밖에서 놀아서 옷이 지저분하네요.
4 하루 종일 밖에서 놀아서 옷이 귀엽네요.

단어　そと 밖 | あそぶ 놀다 | ふく 옷 | よごれる 더러워지다 | ぬれる 젖다 | きたない 더럽다, 지저분하다 | かわいい 귀엽다

5 주말에는 가족과 함께 식사합니다.
1 주말에는 가족과 함께 춤춥니다.
2 주말에는 가족과 함께 외출합니다.
3 주말에는 가족과 함께 밥을 먹습니다.
4 주말에는 가족과 함께 요리를 만듭니다.

단어　しゅうまつ 주말 | かぞく 가족 | いっしょに 함께 | しょくじ 식사 | おどる 춤추다 | ごはん 밥 | 食(た)べる 먹다 | りょうり 요리, 음식 | つくる 만들다

50 기출어휘 확인문제　유의표현　　p.103

1 이시하라 씨에게 부탁했습니다.
1 이시하라 씨에게 알려드렸습니다.
2 이시하라 씨에게 돌려드렸습니다.
3 이시하라 씨에게 전달했습니다.
4 이시하라 씨에게 부탁했습니다.

단어　たのむ 부탁하다 | しらせる 알리다 | かえす 돌려주다, 반환하다 | つたえる 전달하다 | ねがう 부탁하다

2 냉장고에 있는 오렌지 주스는 차가워졌어요.
1 냉장고에 있는 오렌지 주스는 셔요.
2 냉장고에 있는 오렌지 주스는 차가워요.
3 냉장고에 있는 오렌지 주스는 적어요.
4 냉장고에 있는 오렌지 주스는 달아요.

단어　れいぞうこ 냉장고 | オレンジジュース 오렌지 주스 | ひえる 차가워지다 | すっぱい 시다 | つめたい 차갑다 | すくない 적다 | あまい 달다

3 팀의 규칙을 읽어 주세요.
1 팀의 규칙을 읽어 주세요.
2 팀의 계획을 읽어 주세요.
3 팀의 스케줄을 읽어 주세요.
4 팀의 약속을 읽어 주세요.

단어　きそく 규칙 | 読(よ)む 읽다 | ルール 규칙 | けいかく 계획 | スケジュール 스케줄 | やくそく 약속

4 건물 안에서 담배를 피우면 안 됩니다.
1 건물 안은 넓습니다.
2 건물 안은 공사 중입니다.
3 건물 안은 금연입니다.
4 건물 안은 위험합니다.

단어　ビル 빌딩, 건물 | たばこをすう 담배를 피우다 | ひろい 넓다 | こうじちゅう 공사 중 | きんえん 금연 | きけんだ 위험하다

5 술자리가 있었을 때, 모두가 집에 간 후에 돌아갔습니다.
1 술자리가 있었을 때, 먼저 돌아갔습니다.
2 술자리가 있었을 때, 마지막에 돌아갔습니다.
3 술자리가 있었을 때, 바로 돌아갔습니다.
4 술자리가 있었을 때, 천천히 돌아갔습니다.

단어　のみかい 술자리, 회식 | みんな 모두 | かえる 돌아가다 | あとで 후에 | さいご 마지막 | すぐ 곧, 바로 | ゆっくり 천천히

51 기출어휘 확인문제　유의표현　　p.104

1 나는 스즈키 씨에게 사과했습니다.
1 나는 스즈키 씨에게 '덕분에요'라고 말했습니다.
2 나는 스즈키 씨에게 '그건 안 돼요'라고 말했습니다.
3 나는 스즈키 씨에게 '고맙습니다'라고 말했습니다.
4 나는 스즈키 씨에게 '미안합니다'라고 말했습니다.

단어　あやまる 사과하다

2 다음 주부터 새집에 삽니다.
1 다음 주에 새집으로 이사합니다.
2 다음 주에 새집에서 묵습니다.
3 다음 주에 새집으로 돌아갑니다.
4 다음 주에 새집으로 보냅니다.

단어　らいしゅう 다음 주 | すむ 살다 | ひっこす 이사하다 | とまる 머물다, 묵다 | もどる 되돌아가다 | おくる 보내다

3 해외여행에 가서 가방을 도둑맞았습니다.
1 해외여행에 가서 가방을 수리받았습니다.
2 해외여행에 가서 가방을 바뀌었습니다.
3 해외여행에 가서 가방을 빼앗겼습니다.
4 해외여행에 가서 가방을 잊어버렸습니다.

단어 かいがい 해외 | りょこう 여행 | かばん 가방 | ぬすまれる 도둑맞다 | なおされる 수리받다 | かえられる 바뀌다 | とられる 빼앗기다, 도둑맞다 | わすれる 잊다

4 신입사원은 모두 여성입니다.

1 신입사원은 모두 남성입니다.

2 신입사원은 모두 여성입니다.

3 신입사원은 모두 이상한 사람입니다.

4 신입사원은 모두 해외 사람입니다.

단어 しんにゅうしゃいん 신입사원 | じょせい 여성 | おとこの 人(ひと) 남성 | おんなの 人(ひと) 여성 | へんだ 이상하다 | かいがい 해외

5 수업 중에 공부하지 않고 수다를 떨고 있습니다.

1 수업 중에 공부하지 않고 이야기를 듣고 있습니다.

2 수업 중에 공부하지 않고 이야기를 하고 있습니다.

3 수업 중에 공부하지 않고 질문하고 있습니다.

4 수업 중에 공부하지 않고 밖을 보고 있습니다.

단어 じゅぎょうちゅう 수업 중 | べんきょう 공부 | おしゃべり 수다 | はなし 이야기 | しつもん 질문 | そと 밖

52 기출어휘 확인문제　유의표현　　　p.105

1 맏딸은 미국에서 유학하고 있습니다.

1 막내는 미국에서 유학하고 있습니다.

2 친구의 딸은 미국에서 유학하고 있습니다.

3 첫째 딸은 미국에서 유학하고 있습니다.

4 차남은 미국에서 유학하고 있습니다.

단어 ちょうじょ 맏딸, 장녀 | アメリカ 미국 | りゅうがく 유학 | すえっこ 막내 | 友(とも)だち 친구 | むすめ 딸 | いちばんめ 첫째, 첫 번째 | じなん 차남, 둘째 아들

2 이 공장에서는 모니터를 생산하고 있습니다.

1 이 공장에서는 모니터를 만들고 있습니다.

2 이 공장에서는 모니터를 팔고 있습니다.

3 이 공장에서는 모니터를 나르고 있습니다.

4 이 공장에서는 모니터를 고치고 있습니다.

단어 こうじょう 공장 | モニター 모니터 | せいさん 생산 | つくる 만들다 | はこぶ 운반하다, 나르다 | なおす 고치다, 수리하다

3 이 책은 아빠에게 받은 소중한 것입니다.

1 이 책은 아빠에게 받은 오래된 것입니다.

2 이 책은 아빠에게 받은 무서운 것입니다.

3 이 책은 아빠에게 받은 희귀한 것입니다.

4 이 책은 아빠에게 받은 소중한 것입니다.

단어 ほん 책 | もらう 받다 | だいじだ 소중하다, 중요하다 | こわい 무서운 | めずらしい 희귀하다, 독특하다 | たいせつだ 소중하다, 중요하다

4 친구는 오디션에 합격해서 기뻐했습니다.

1 친구는 오디션에 합격해서 울었습니다.

2 친구는 오디션에 합격해서 실망했습니다.

3 친구는 오디션에 합격해서 기뻐 보였습니다.

4 친구는 오디션에 합격해서 피곤해했습니다.

단어 オーディション 오디션 | ごうかく 합격 | よろこぶ 기뻐하다 | なく 울다 | がっかりする 실망하다 | うれしい 기쁘다 | つかれる 지치다, 피곤하다

5 선생님께 도움을 받아 감사 인사를 했습니다.

1 선생님께 도움을 받아 '안녕하세요'라고 말했습니다.

2 선생님께 도움을 받아 '고맙습니다'라고 말했습니다.

3 선생님께 도움을 받아 '처음 뵙겠습니다'라고 말했습니다.

4 선생님께 도움을 받아 '미안합니다'라고 말했습니다.

단어 てつだう 돕다 | てつだって もらう 도움을 받다 | おれいを 言(い)う 감사 인사를 하다

53 기출어휘 확인문제　유의표현　　　p.109

1 장래 계획을 다 같이 이야기했습니다.

1 앞으로의 계획을 다 같이 이야기했습니다.

2 지금까지의 계획을 다 같이 이야기했습니다.

3 처음 계획을 다 같이 이야기했습니다.

4 마지막 계획을 다 같이 이야기했습니다.

단어 しょうらい 장래, 미래 | けいかく 계획 | はなす 이야기하다 | これから 앞으로

2 도서관에서 컴퓨터를 사용해 책을 찾을 수 있습니다.

1 도서관에서 컴퓨터를 빌려 책을 찾을 수 있습니다.

2 도서관에서 컴퓨터를 이용해 책을 찾을 수 있습니다.

3 도서관에서 컴퓨터를 나르고 책을 찾을 수 있습니다.

4 도서관에서 컴퓨터를 들고 책을 찾을 수 있습니다.

단어 としょかん 도서관 | パソコン 퍼스널 컴퓨터 | つかう 사용하다 | さがす 찾다 | かりる 빌리다 | りよう 이용 | はこぶ 운반하다, 나르다 | もつ 가지다, 들다

3 애니메이션 상품 가게는 항상 손님이 많습니다.

1 애니메이션 상품 가게는 항상 조용합니다.

2 애니메이션 상품 가게는 항상 비어 있습니다.

3 애니메이션 상품 가게는 항상 붐빕니다.

4 애니메이션 상품 가게는 항상 닫혀 있습니다.

단어 いつも 항상, 늘 | おきゃくさん 손님 | おおい 많다 | しずかだ 조용하다 | すく 비다 | こむ 붐비다 | しまる 닫히다

4 여권을 만들기 위해서는 최근 찍은 사진이 필요합니다.

1 여권을 만들기 위해서는 최근 찍은 사진이 불편합니다.

2 여권을 만들기 위해서는 최근 찍은 사진이 필요합니다.

3 여권을 만들기 위해서는 최근 찍은 사진이 바릅니다.

4 여권을 만들기 위해서는 최근 찍은 사진이 간단합니다.

단어 パスポート 여권 | とる 사진을 찍다 | しゃしん 사진 | いる 필요하다 | ふべんだ 불편하다 | ひつようだ 필요하다 | ただしい 바르다 | かんたんだ 간단하다, 쉽다

5 어릴 때는 지금보다 얌전했습니다.

　1 어릴 때는 지금보다 날씬했습니다.

　2 어릴 때는 지금보다 떠들썩했습니다.

　3 어릴 때는 지금보다 말이 빨랐습니다.

　4 어릴 때는 지금보다 조용했습니다.

단어　今(いま) 지금 | おとなしい 얌전하다 | ほそい 가늘다, 날씬하다 | にぎやかだ 떠들썩하다, 활기차다 | くちが はやい 말이 빠르다 | しずかだ 조용하다

54 기출어휘 확인문제　유의표현　　　p.110

1 그 가게에서 가구를 샀습니다.

　1 그 가게에서 엽서와 우표를 샀습니다.

　2 그 가게에서 바나나와 사과를 샀습니다.

　3 그 가게에서 파와 당근을 샀습니다.

　4 그 가게에서 탁자와 침대를 샀습니다.

단어　かぐ 가구 | 買(か)う 사다 | はがき 엽서 | きって 우표 | バナナ 바나나 | りんご 사과 | ねぎ 파 | にんじん 당근 | テーブル 탁자 | ベッド 침대

2 야마다 씨는 다나카 씨에게 춤을 배웠습니다.

　1 야마다 씨는 다나카 씨에게 춤을 보여주었습니다.

　2 야마다 씨는 다나카 씨에게 춤을 배웠습니다.

　3 다나카 씨는 야마다 씨에게 춤을 배웠습니다.

　4 다나카 씨는 야마다 씨에게 춤을 보여주었습니다.

단어　ダンス 춤 | おそわる 배우다 | 見(み)せる 보여주다 | ならう 배우다

3 제3과를 수업 전에 공부했습니다.

　1 제3과를 예약했습니다.

　2 제3과를 준비했습니다.

　3 제3과를 예습했습니다.

　4 제3과를 예정했습니다.

단어　じゅぎょう 수업 | まえ 앞, 전 | べんきょう 공부 | よやく 예약 | ようい 준비 | よしゅう 예습

4 여기는 자동차를 만드는 곳입니다.

　1 여기는 자동차 주차장입니다.

　2 여기는 자동차 공장입니다.

　3 여기는 자동차 입구입니다.

　4 여기는 자동차 출구입니다.

단어　くるま 차, 자동차 | つくる 만들다 | ちゅうしゃじょう 주차장 | こうじょう 공장 | いりぐち 입구 | でぐち 출구

5 그 나라는 쌀을 다른 나라에서 삽니다.

　1 그 나라는 쌀을 수입합니다.

　2 그 나라는 쌀을 수출합니다.

　3 그 나라는 쌀을 주문합니다.

　4 그 나라는 쌀을 생산합니다.

단어　国(くに) 나라 | こめ 쌀 | ゆにゅう 수입 | ゆしゅつ 수출 | ちゅうもん 주문 | せいさん 생산

55 기출어휘 확인문제　유의표현　　　p.111

1 이 양파는 잘게 잘라 주세요.

　1 이 양파는 작게 잘라 주세요.

　2 이 양파는 길게 잘라 주세요.

　3 이 양파는 두껍게 잘라 주세요.

　4 이 양파는 크게 잘라 주세요.

단어　たまねぎ 양파 | こまかい 잘다, 작다 | きる 자르다 | ちいさい 작다 | ながい 길다 | ふとい 굵다 | おおきい 크다

2 나는 수영장에서 헤엄치는 것을 좋아합니다.

　1 나는 운동을 좋아합니다.

　2 나는 산책을 좋아합니다.

　3 나는 견학을 좋아합니다.

　4 나는 수영을 좋아합니다.

단어　プール 수영장 | およぐ 헤엄치다 | うんどう 운동 | さんぽ 산책 | けんがく 견학 | すいえい 수영

3 어두운 길을 혼자서 걷는 것은 위험합니다.

　1 어두운 길을 혼자서 걷는 것은 반대입니다.

　2 어두운 길을 혼자서 걷는 것은 반대가 아닙니다.

　3 어두운 길을 혼자서 걷는 것은 위험합니다.

　4 어두운 길을 혼자서 걷는 것은 위험하지 않습니다.

단어　くらい 어둡다 | 道(みち) 길 | ひとりで 혼자서 | あぶない 위험하다 | はんたい 반대 | きけんだ 위험하다

4 다나카 씨는 이 계획에 찬성합니까?

　1 다나카 씨는 이 계획은 빨리 끝난다고 생각합니까?

　2 다나카 씨는 이 계획은 늦게 끝난다고 생각합니까?

　3 다나카 씨는 이 계획이 좋다고 생각합니까?

　4 다나카 씨는 이 계획이 나쁘다고 생각합니까?

단어　けいかく 계획 | さんせい 찬성 | はやい 이르다, 빠르다 | おわる 끝나다 | 思(おも)う 생각하다 | おそい 늦다, 느리다 | いい 좋다 | わるい 나쁘다

5 그 이야기는 거짓말이었습니다.

　1 그 이야기는 중요했습니다.

　2 그 이야기는 사실이었습니다.

　3 그 이야기는 중요하지 않았습니다.

　4 그 이야기는 사실이 아니었습니다.

단어　はなし 이야기 | うそ 거짓말 | たいせつだ 소중하다, 중요하다 | ほんとう 사실, 정말

56 기출어휘 확인문제　유의표현　　　p.112

1 다나카 씨는 수업에 늦었습니다.

24

1　다나카 씨는 수업이 시작되기 전에 왔습니다.

2　다나카 씨는 수업이 끝난 후에 왔습니다.

3　다나카 씨는 수업이 시작되고 나서 왔습니다.

4　다나카 씨는 수업이 끝나고 나서 왔습니다.

단어　おくれる 늦다 | はじまる 시작되다 | おわる 끝나다

2　몸을 소중히 해 주세요.

1　몸을 멋지게 해 주세요.

2　몸을 소중히 해 주세요.

3　몸을 튼튼하게 해 주세요.

4　몸을 오래되게 해 주세요.

단어　からだ 몸 | だいじだ 소중하다, 중요하다 | りっぱだ 훌륭하다 | たいせつだ 소중하다, 중요하다 | じょうぶだ 튼튼하다 | ふるい 오래되다, 낡다

3　야마다 씨의 주소를 알려 주세요.

1　야마다 씨가 가르치고 있는 장소를 알려 주세요.

2　야마다 씨가 말하고 있는 장소를 알려 주세요.

3　야마다 씨가 살고 있는 장소를 알려 주세요.

4　야마다 씨가 일하고 있는 장소를 알려 주세요.

단어　じゅうしょ 주소 | おしえる 가르치다 | ばしょ 장소 | すむ 살다 | はたらく 일하다

4　어젯밤 지갑을 떨어뜨렸습니다.

1　어젯밤 지갑을 빌렸습니다.

2　어젯밤 지갑을 주웠습니다.

3　어젯밤 지갑을 샀습니다.

4　어젯밤 지갑을 잃어버렸습니다.

단어　ゆうべ 어젯밤 | さいふ 지갑 | おとす 떨어뜨리다 | かりる 빌리다 | ひろう 줍다 | かう 사다 | なくす 잃다, 잃어버리다

5　이 주변에 까마귀가 늘었습니다.

1　이 주변에 까마귀가 많아졌습니다.

2　이 주변에 까마귀가 줄었습니다.

3　이 주변에 까마귀가 커졌습니다.

4　이 주변에 까마귀가 작아졌습니다.

단어　あたり 근처, 주변 | ふえる 늘다 | おおい 많다 | すくない 적다 | おおきい 크다 | ちいさい 작다

57　기출어휘 확인문제　유의표현　　　　p.113

1　텔레비전에서 뉴스를 보고 놀랐습니다.

1　텔레비전에서 뉴스를 보고 기뻐했습니다.

2　텔레비전에서 뉴스를 보고 놀랐습니다.

3　텔레비전에서 뉴스를 보고 떠올렸습니다.

4　텔레비전에서 뉴스를 보고 이해했습니다.

단어　ニュース 뉴스 | みる 보다 | びっくりする 놀라다 | よろこぶ 기뻐하다 | おどろく 놀라다 | おもいだす 생각해 내다, 떠올리다 | わかる 알다, 이해하다

2　스즈키 씨가 그린 그림은 아름답습니다.

1　스즈키 씨가 그린 그림은 예쁩니다.

2　스즈키 씨가 그린 그림은 예쁘지 않습니다.

3　스즈키 씨가 그린 그림은 싫습니다.

4　스즈키 씨가 그린 그림은 싫지 않습니다.

단어　かく 그리다 | え 그림 | うつくしい 아름답다 | きれいだ 예쁘다 | きらいだ 싫어하다

3　살기 위해서는 물이 필요합니다.

1　살기 위해서는 물이 시작됩니다.

2　살기 위해서는 물이 바뀝니다.

3　살기 위해서는 물이 필요합니다.

4　살기 위해서는 물이 곤란합니다.

단어　いきる 살다 | みず 물, 찬물 | ひつようだ 필요하다 | かわる 바뀌다 | いる 필요하다 | こまる 곤란하다

4　나는 다나카 씨에게 감사 인사를 했습니다.

1　나는 다나카 씨에게 '실례합니다'라고 말했습니다.

2　나는 다나카 씨에게 '고맙습니다'라고 말했습니다.

3　나는 다나카 씨에게 '오래 기다리셨습니다'라고 말했습니다.

4　나는 다나카 씨에게 '축하합니다'라고 말했습니다.

단어　おれいを 言(い)う 감사 인사를 하다

5　아이는 엄마에게 야단맞았습니다.

1　아이는 엄마에게 칭찬받았습니다.

2　아이는 엄마에게 비웃음을 샀습니다.

3　아이는 엄마에게 키워졌습니다.

4　아이는 엄마에게 혼났습니다.

단어　しかる 야단치다 | ほめる 칭찬하다 | わらう 웃다 | そだてる 키우다, 기르다 | おこる 화내다

58　기출어휘 확인문제　유의표현　　　　p.119

1　나는 과장님에게 인사했습니다.

1　나는 과장님에게 '얼마입니까?'라고 말했습니다.

2　나는 과장님에게 '안녕하세요'라고 말했습니다.

3　나는 과장님에게 '앉으세요'라고 말했습니다.

4　나는 과장님에게 '한 잔 더 어떻습니까?'라고 말했습니다.

단어　かちょう 과장(님) | あいさつ 인사 | すわる 앉다 | いっぱい 한 잔, 가득

2　손가락이 잉크 때문에 더러워졌습니다.

1　손가락이 잉크 때문에 빨갛습니다.

2　손가락이 잉크 때문에 깨끗합니다.

3　손가락이 잉크 때문에 더럽습니다.

4　손가락이 잉크 때문에 위험합니다.

단어　ゆび 손가락 | よごれる 더러워지다 | あかい 붉다, 빨갛다 | きれいだ 깨끗하다 | きたない 더럽다 | あぶない 위험하다

3 엄마는 부재중입니다.

1 엄마는 바쁩니다.
2 엄마는 자고 있습니다.
3 엄마는 집에 있습니다.
4 엄마는 외출했습니다.

단어 るす 부재중 | いそがしい 바쁘다 | ねる 자다 | でかける 외출하다

4 아침 버스는 붐빕니다.

1 아침 버스는 곧 옵니다.
2 아침 버스는 좀처럼 오지 않습니다.
3 아침 버스에는 사람이 별로 없습니다.
4 아침 버스에는 사람이 많이 있습니다.

단어 あさ 아침 | こむ 붐비다 | すぐに 곧, 바로 | なかなか 좀처럼 | あまり 그다지, 별로 | たくさん 많이

5 스즈키 씨는 지난달 귀국했습니다.

1 스즈키 씨는 지난달 귀국했습니다.
2 스즈키 씨는 지난달 집에 돌아왔습니다.
3 스즈키 씨는 지난달 외국에 갔습니다.
4 스즈키 씨는 지난달 여행을 갔습니다.

단어 先月(せんげつ) 지난달 | きこく 귀국 | 国(くに)へ かえる 귀국하다 | 家(いえ) 집 | 外国(がいこく) 외국 | 旅行(りょこう) 여행

59 기출어휘 확인문제 유의표현 p.120

1 내일 여섯 시에 오는 것은 무리입니다.

1 내일 여섯 시에 오게 합니다.
2 내일 여섯 시에 오기로 합니다.
3 내일 여섯 시에 올 수 없습니다.
4 내일 여섯 시에 와야 합니다.

단어 むり 무리

2 야마다 씨는 반드시 온다고 생각합니다.

1 야마다 씨는 꼭 옵니다.
2 야마다 씨는 이따금 옵니다.
3 야마다 씨는 똑바로 옵니다.
4 야마다 씨는 천천히 옵니다.

단어 かならず 꼭, 반드시 | きっと 꼭, 반드시 | たまに 이따금 | まっすぐ 똑바로, 곧장 | ゆっくり 천천히

3 지하철 안에서 소란을 피우지 마세요.

1 지하철 안에서 더럽히지 마세요.
2 지하철 안에서 시끄럽게 하지 마세요.
3 지하철 안에서 담배를 피우지 마세요.
4 지하철 안에서 음식을 먹지 마세요.

단어 ちかてつ 지하철 | なか 안 | さわぐ 떠들다, 소란을 피우다 | きたない 더럽다 | うるさい 시끄럽다 | たばこを すう 담배를 피우다

4 이 레스토랑은 항상 비어 있습니다.

1 이 레스토랑은 항상 가격이 비쌉니다.
2 이 레스토랑은 항상 점원이 친절합니다.
3 이 레스토랑은 항상 음식이 맛있습니다.
4 이 레스토랑은 항상 손님이 적습니다.

단어 レストラン 레스토랑 | すく 비다 | ねだん 가격 | たかい 비싸다 | てんいん 점원 | しんせつだ 친절하다 | たべもの 음식 | おいしい 맛있다 | きゃく 손님 | すくない 적다

5 슬슬 식사합시다.

1 슬슬 목욕합시다.
2 슬슬 밥을 먹읍시다.
3 슬슬 실례합시다.
4 슬슬 잡시다.

단어 そろそろ 슬슬 | しょくじ 식사 | おふろに はいる 목욕하다 | ごはん 밥 | たべる 먹다 | しつれいする 실례하다, 자리를 뜨다 | ねる 자다

60 기출어휘 확인문제 유의표현 p.121

1 날이 저물었습니다.

1 하늘이 갰습니다.
2 하늘이 흐렸습니다.
3 하늘이 어두워졌습니다.
4 하늘이 밝아졌습니다.

단어 ひ 해, 날 | くれる 저물다 | そら 하늘 | はれる 맑다 | くもる 흐리다 | くらい 어둡다 | あかるい 밝다

2 옛날에는 교육받을 수 있는 사람은 많지 않았습니다.

1 옛날에는 많은 사람이 학교에 못 갔습니다.
2 옛날에는 많은 사람이 회사에 못 갔습니다.
3 옛날에는 많은 사람이 축하 선물을 못 받았습니다.
4 옛날에는 많은 사람이 병문안을 못 받았습니다.

단어 むかし 옛날 | きょういく 교육 | うける 받다 | おいわい 축하 선물 | おみまい 병문안

3 어제 숙제는 간단했습니다.

1 어제 숙제는 복잡했습니다.
2 어제 숙제는 힘들었습니다.
3 어제 숙제는 쉬웠습니다.
4 어제 숙제는 어려웠습니다.

단어 かんたんだ 간단하다, 쉽다 | ふくざつだ 복잡하다 | たいへんだ 힘들다 | やさしい 쉽다 | むずかしい 어렵다

4 먼저 이 일을 해 주세요.

1 가급적 이 일을 해 주세요.
2 처음에 이 일을 해 주세요.
3 똑똑히 이 일을 해 주세요.
4 열심히 이 일을 해 주세요.

단어 まず 먼저, 우선 | しごと 일, 업무 | なるべく 가급적, 되도록 | はじめに 처음에 | しっかり 정신 차리고, 똑똑히 | いっしょうけんめい 열심히

5 이 계단은 미끄러지기 쉽습니다.
　　1 이 계단은 흔들리기 어렵습니다.
　　2 이 계단은 보이기 어렵습니다.
　　3 이 계단은 들리기 어렵습니다.
　　4 이 계단은 걷기 어렵습니다.

단어 かいだん 계단 | すべる 미끄러지다 | ～やすい ～하기 쉽다 | ゆれる 흔들리다 | ～にくい ～하기 어렵다 | みえる 보이다 | きこえる 들리다 | あるく 걷다

61 기출어휘 확인문제　유의표현　　　p.122

1 형은 다음 주에 퇴원합니다.
　　1 형은 다음 주에 외국에 갑니다.
　　2 형은 다음 주에 외국에서 돌아옵니다.
　　3 형은 다음 주에 병원에 갑니다.
　　4 형은 다음 주에 병원에서 돌아옵니다.

단어 らいしゅう 다음 주 | たいいん 퇴원 | がいこく 외국 | びょういん 병원

2 수요일부터 강의에 출석합니다.
　　1 수요일부터 대학에서 선생님 이야기를 듣습니다.
　　2 수요일부터 대학에서 선생님과 회의합니다.
　　3 수요일부터 회사에서 사장님과 회의합니다.
　　4 수요일부터 회사에서 사장님 이야기를 듣습니다.

단어 すいようび 수요일 | こうぎ 강의 | しゅっせき 출석, 참석 | 大学(だいがく) 대학 | 先生(せんせい) 선생(님) | 話(はなし) 이야기 | 聞(き)く 묻다, 듣다 | かいぎ 회의 | 社長(しゃちょう) 사장(님)

3 딸은 피아노를 잘 칩니다.
　　1 딸은 피아노를 싫어합니다.
　　2 딸은 피아노를 잘 칩니다.
　　3 딸은 피아노를 좋아합니다.
　　4 딸은 피아노를 못 칩니다.

단어 むすめ 딸 | ピアノ 피아노 | じょうずだ 잘하다, 능숙하다 | きらいだ 싫어하다 | へただ 못하다, 서투르다 | すきだ 좋아하다 | うまい 잘하다, 능숙하다

4 여동생은 탈것을 아주 좋아합니다.
　　1 여동생은 과자나 케이크를 아주 좋아합니다.
　　2 여동생은 딸기나 복숭아를 아주 좋아합니다.
　　3 여동생은 비행기나 배를 아주 좋아합니다.
　　4 여동생은 우유나 주스를 아주 좋아합니다.

단어 のりもの 탈것 | だいすきだ 아주 좋아하다 | おかし 과자 | ケーキ 케이크 | いちご 딸기 | もも 복숭아 | ひこうき 비행기 | ふね 배 | ミルク 우유 | ジュース 주스

5 이 방에는 사장님과 부장님 이외에는 들어오지 마세요.
　　1 이 방에는 누가 들어와도 괜찮습니다.
　　2 이 방에는 아무도 들어오면 안 됩니다.
　　3 이 방에 사장님과 부장님은 들어오면 안 됩니다.
　　4 이 방에 사장님과 부장님은 들어와도 됩니다.

단어 へや 방 | ぶちょう 부장(님) | いがい 이외 | 入(はい)る 들어오다 | だれ 누구

62 기출어휘 확인문제　유의표현　　　p.123

1 남동생은 스포츠를 좋아합니다.
　　1 남동생은 운동을 좋아합니다.
　　2 남동생은 쇼핑을 좋아합니다.
　　3 남동생은 탈것을 좋아합니다.
　　4 남동생은 공부를 좋아합니다.

단어 スポーツ 스포츠 | うんどう 운동 | かいもの 장보기, 쇼핑 | のりもの 탈것 | べんきょう 공부

2 딸을 마중하러 공항에 갔습니다.
　　1 공항에서 딸을 보냈습니다.
　　2 공항에서 딸을 만났습니다.
　　3 공항에서 딸과 놀았습니다.
　　4 공항에서 딸과 헤어졌습니다.

단어 むかえる 마중하다 | くうこう 공항 | おくる 배웅하다, 보내다 | あう 만나다 | あそぶ 놀다 | わかれる 헤어지다

3 개를 괴롭히면 안 됩니다.
　　1 개를 소중히 해 주세요.
　　2 개를 건강하게 해 주세요.
　　3 개를 튼튼하게 해 주세요.
　　4 개를 깨끗하게 해 주세요.

단어 いぬ 개 | いじめる 괴롭히다 | たいせつだ 소중하다, 중요하다 | げんきだ 건강하다 | じょうぶだ 튼튼하다 | きれいだ 깨끗하다, 예쁘다

4 그 가게는 비어 있습니다.
　　1 그 가게는 손님이 많습니다.
　　2 그 가게는 손님이 적습니다.
　　3 그 가게는 손님이 많이 있습니다.
　　4 그 가게에는 물건이 많이 있습니다.

단어 すく 비다 | きゃく 손님 | すくない 적다 | しなもの 물건

5 야마다 씨는 열심히 공부했습니다.
　　1 야마다 씨는 분명히 공부했습니다.
　　2 야마다 씨는 적당히 공부했습니다.
　　3 야마다 씨는 열심히 공부했습니다.
　　4 야마다 씨는 느긋하게 공부했습니다.

단어 いっしょうけんめい 열심히 | はっきりと 분명히, 명확히 | てきとうに 적당히 | ねっしんに 열심히 | ゆっくりと 천천히, 느긋하게

문제 5   다음 어휘의 사용법으로 가장 적당한 것을 1·2·3·4 중에서 하나 고르세요.

63 기출어휘 확인문제   용법   p.128

1   おおぜい 많은 사람

1 **어제의 콘서트에는 많은 사람이 왔습니다.**

2 이 책은 많은 사람 재미있습니다.
(おおぜい → とても 매우)

3 많은 사람으로 사과를 샀습니다.
(おおぜいで → たくさん 많이)

4 거실에서 고양이가 많은 사람 자고 있습니다.
(おおぜい → いっしょに 함께)

단어   コンサート 콘서트 | 人(ひと) 사람 | 本(ほん) 책 | おもしろい 재미있다 | りんご 사과 | 買(か)う 사다 | リビング 거실 | ねこ 고양이 | 寝(ね)る 자다

2   きんじょ 근처

1 **근처에 큰 체육관이 있습니다.**

2 시간이 흐르는 것이 근처처럼 빠릅니다.
(きんじょ → や 화살)

3 벌써 11월이므로 신년이 근처네요.
(きんじょ → もうすぐ 이제 곧)

4 다나카 씨는 언제나 친절하고 근처가 두터운 사람입니다.
(きんじょ → にんじょう 인정)

단어   大(おお)きい 크다 | ジム 체육관 | じかんが たつ 시간이 흐르다 | はやい 빠르다 | じゅういちがつ 11월 | しんねん 신년, 새해 | やさしい 상냥하다, 다정하다 | 人情(にんじょう)が あつい 인정이 넘치다

3   たおれる 쓰러지다

1 우산이 쓰러지고 비를 맞아 감기에 걸렸습니다.
(たおれ → こわれ 망가지고)

2 하얀 치마에 커피가 쓰러져서 곤란합니다.
(たおれて → こぼれて 넘쳐서)

3 쓰러져서 TV를 보는 시간을 가장 좋아합니다.
(たおれて → ごろごろして 뒹굴뒹굴하면서)

4 **오키나와에 태풍이 와서 마을의 나무가 쓰러졌습니다.**

단어   かさ 우산 | こわれる 망가지다, 고장 나다 | あめに ふられる 비를 맞다 | かぜを ひく 감기에 걸리다 | しろい 하얗다 | スカート 스커트, 치마 | コーヒー 커피 | こぼれる 흘러넘치다 | こまる 곤란하다 | ごろごろする 뒹굴뒹굴하다 | テレビ 텔레비전 | みる 보다 | いちばん 가장 | たいふう 태풍 | まち 마을

4   そだてる 키우다, 기르다

1 돈을 키워서 새 차를 살 생각입니다.
(そだてて → ためて 모아서)

2 미니카를 키우는 것이 취미입니다.
(そだてる → あつめる 모으는)

3 **아빠는 집에서 꽃을 키우고 있습니다.**

4 열심히 키운 논문이 겨우 끝났습니다.
(そだてた → かいた 쓴)

단어   おかね 돈 | ためる 모으다, 저축하다 | くるま 차, 자동차 | かう 사다 | つもり 생각, 작정 | ミニカー 미니카 | しゅみ 취미 | はな 꽃 | いっしょうけんめい 열심히 | ろんぶん 논문 | やっと 겨우, 가까스로 | おわる 끝나다

5   けしき 경치

1 사람을 경치로 판단해서는 안 됩니다.
(けしき → みため 겉모습)

2 **산 위에서 보는 경치는 매우 아름답고 공기도 좋습니다.**

3 신칸센을 타고 경치가 달리는 것을 감상했습니다.
(けしきが はしる → けしきが かわって いく 경치가 바뀌는)

4 저곳의 경치는 냄새가 강해서 놀랐습니다.
(けしき → たべもの 음식)

단어   はんだん 판단 | くうき 공기 | いい 좋다 | しんかんせん 신칸센 | かわる 바뀌다 | かんしょう 감상 | におい 냄새 | つよい 강하다, 세다 | びっくりする 놀라다

64 기출어휘 확인문제   용법   p.129

1   こむ 붐비다

1 일이 너무 붐벼서 밤늦게 집에 돌아갔습니다.
(こみすぎて → おおすぎて 너무 많아서)

2 잃어버리는 것이 없도록 가방에 제대로 붐비는 것이 좋습니다.
(こんだ → いれた 넣는)

3 고기가 부드러워질 때까지 붐벼 주세요.
(こんで → にて 삶아)

4 **연휴가 이어져서 공항은 매우 붐비고 있습니다.**

단어   わすれもの 분실물 | ちゃんと 제대로 | やわらかい 부드럽다 | にる 삶다 | つづく 계속되다, 이어지다 | くうこう 공항

2   ざあざあ 주룩주룩

1 바람이 주룩주룩 불어 시원합니다.
(ざあざあ → びゅうびゅう 씽씽)

2 배가 고파 밥을 주룩주룩 먹었습니다.
(ざあざあ → ぱくぱく 덥석덥석)

3 손이 주룩주룩해서 핸드크림을 샀습니다.
(ざあざあ → かさかさ 꺼칠꺼칠)

4 **비가 주룩주룩 내리는 날에는 음악이 듣고 싶어집니다.**

단어   かぜが ふく 바람이 불다 | すずしい 시원하다 | おなかが すく 배가 고프다 | ごはん 밥 | ぱくぱく | て 손 | ハンドクリーム 핸드크림 | あめが ふる 비가 내리다

3 こしょう 고장

1 진지하게 그린 그림이 고장 나 버렸습니다.
　(こしょうして → よごれて 더러워져)

2 엄마의 고장이 심해서 귀가 아플 정도이다.
　(こしょう → こごと 잔소리)

3 엘리베이터가 고장 나서 계단으로 1층까지 내려갔습니다.

4 문제가 일어났을 때 고장 방법을 가르쳐 주시겠습니까?
　(こしょう → かいけつ 해결)

단어 しんけんだ 진지하다 | かく 그리다 | え 그림 | よごれる 더러워지다 | ひどい 심하다, 형편없다 | みみ 귀 | いたい 아프다 | エレベーター 엘리베이터 | かいだん 계단 | いっかい 1층 | おりる 내려가다 | もんだい 문제 | おきる 일어나다 | しかた 방법

4 じんこう 인구

1 많은 인구가 달려와서 놀랐습니다.
　(じんこう → ひと 사람)

2 최근 몇 년 인구가 점점 줄고 있습니다.

3 인구의 디자인의 셔츠를 발견해 사고 말았습니다.
　(じんこうな → かわいい 귀여운)

4 사이트에 등록하고 싶은 인구는 먼저 로그인해 주세요.
　(じんこう → ひと 사람)

단어 はしる 달리다 | びっくりする 놀라다 | ここ すうねん 최근 몇 년 | だんだん 점점 | へる 줄다 | デザイン 디자인 | シャツ 셔츠 | みつける 발견하다 | サイト 사이트 | とうろく 등록 | まず 먼저, 우선 | ログイン 로그인

5 おもいで 추억

1 이 사진은 어린 시절의 좋은 추억입니다.

2 잊어버리지 않도록 추억을 해 둡니다.
　(おもいで → メモ 메모)

3 추억을 잘 말해서, 모두 눈물을 흘렸습니다.
　(おもいで → けいけんばなし 경험담)

4 학교에서는 추억이 아니라, 노력하는 것이 중요합니다.
　(おもいで → けっか 결과)

단어 しゃしん 사진 | いい 좋다 | じょうずだ 잘하다, 능숙하다 | はなす 이야기하다 | なみだ 눈물 | ながす 흘리다 | どりょく 노력 | だいじだ 중요하다

65 기출어휘 확인문제 용법　　　p.130

1 かう 기르다, 키우다, 사육하다

1 글을 길러서 책을 만드는 일을 합니다.
　(かって → かいて 써서)

2 싸움을 기르는 사람과는 이야기하고 싶지 않습니다.
　(かう → うる 거는)

3 돈을 기르기 위해 열심히 일하고 있습니다.
　(かう → かせぐ 벌기)

4 나는 개를 세 마리 기르고 있습니다.

단어 ぶんしょう 글 | けんかをうる 싸움을 걸다 | おかねをかせぐ 돈을 벌다 | いぬ 개 | さんびき 세 마리

2 ふべん 불편

1 요즘 불편한 뉴스가 많아 세상이 무섭습니다.
　(ふべんな → ふあんな 불안한)

2 부장님은 내게 가장 불편한 사람입니다.
　(ふべんな → にがてな 상대하기 힘든)

3 문제를 해결하기 위해 서로 불편한 이야기는 그만둡시다.
　(ふべんな → いやな 불쾌한)

4 새로 이사한 곳은 슈퍼가 멀어 조금 불편합니다.

단어 さいきん 최근, 요즘 | ふあんだ 불안하다 | ニュース 뉴스 | よのなか 세상 | こわい 무섭다 | いちばん 가장 | にがてだ 못하다, 자신 없다 | もんだい 문제 | かいけつ 해결 | おたがい 서로 | いやだ 싫다, 불쾌하다 | やめる 그만두다, 끊다 | スーパー 슈퍼 | とおい 멀다

3 ゆしゅつ 수출

1 부모님은 나에게 아침 일찍 일어나는 습관을 수출했습니다.
　(ゆしゅつしました → おしえました 가르쳤습니다)

2 일본은 애니메이션 콘텐츠를 해외에 수출하고 있습니다.

3 지난달 거래처에 수출을 가서 미팅을 했습니다.
　(ゆしゅつ → しゅっちょう 출장)

4 최근 가장 팔리고 있는 수출한 화장품은 무엇입니까?
　(ゆしゅつ → ゆうめい 유명)

단어 りょうしん 부모 | あさ 아침 | はやく 일찍, 빨리 | おきる 일어나다 | しゅうかん 습관 | アニメ 애니메이션 | コンテンツ 콘텐츠 | かいがい 해외 | とりひきさき 거래처 | しゅっちょうに 行(い)く 출장을 가다 | ミーティング 미팅 | うれる 팔리다 | けしょうひん 화장품

4 ねっしん 열심

1 열심만 말하지 말고 행동으로 보여주세요.
　(ねっしんばかり → くちばかり 입으로만)

2 사람의 마음을 움직일 수 있는 열심인 노래네요.
　(ねっしん → かんどうてき 감동적)

3 다음 달 여는 전시회 준비에 열심입니다.

4 오늘의 게스트는 열심히 병을 극복한 사람입니다.
　(ねっしんに → けんめいに 온 힘을 다해)

단어 くち 입 | こうどう 행동 | みせる 보여주다 | こころ 마음 | うごかす 움직이다 | うた 노래 | らいげつ 다음 달 | ひらく 열다, 개최하다 | てんじかい 전시회 | じゅんび 준비 | ほんじつ 오늘 | ゲスト 게스트 | びょうき 병 | こくふく 극복

5 れんらく 연락

1 만나기로 한 장소에 도착하면 연락해 주세요.

2 연락을 알려 주지 않아 전화를 못 합니다.
　(れんらく → れんらくさき 연락처)

3 연락을 책상 위에 두었습니다.
　(れんらく → メモ 메모)

4 내 마음이 제대로 전달되도록 연락을 보냈습니다.
(れんらく → メッセージ 메시지)

단어 まちあわせ 시간과 장소를 정하고 만나기로 한 약속 | ばしょ 장소 | でんわ 전화 | つくえ 책상 | うえ 위 | おく 두다 | きもち 기분 | ちゃんと 제대로 | つたわる 전해지다 | おくる 보내다

66 기출어휘 확인문제 용법 p.131

1 おれい 감사 인사, 사례

1 자신에게 주는 감사 인사로 유명한 레스토랑을 예약했습니다.
(おれい → ごほうび 상)

2 크리스마스 선물로 신발을 감사 인사로 받았습니다.
(おれいで → 삭제)

3 파티 준비를 도와주었기 때문에 감사 인사를 했습니다.

4 감사 인사가 많은 사람이므로 믿어도 좋습니다.
(れんらく → おもいやり 배려심)

단어 じぶん 자신 | ゆうめいだ 유명하다 | よやく 예약 | プレゼント 선물 | くつ 신발 | もらう 받다 | パーティー 파티 | じゅんび 준비 | てつだう 돕다 | おれいを 言(い)う 감사 인사를 하다 | しんじる 믿다

2 にげる 도망가다, 달아나다

1 아이는 비행기가 도망가는 모습을 보고 기뻐했습니다.
(にげる → とんで いく 날아가는)

2 전철이 도망가서 회사에 지각했습니다.
(にげて → おくれて 늦어서)

3 창문을 열자, 벌레가 도망가서 방에 들어왔습니다.
(にげて → 삭제)

4 이상한 사람이 따라오면 우선 도망가세요.

단어 とぶ 날다 | ようす 모양, 모습 | 見(み)る 보다 | よろこぶ 기뻐하다 | ちこく 지각 | まど 창문 | あける 열다 | むし 벌레 | はいる 들어오다 | へんだ 이상하다 | つく 붙다, 따르다 | まずは 우선

3 せまい 좁다

1 숙제가 좁아서 좀처럼 진행되지 않습니다.
(せまくて → おおくて 많아서)

2 이 방은 좁지만, 역에서 가까워서 마음에 들었습니다.

3 몸이 좁은 사람일수록 운동을 그만두면 안 됩니다.
(せまい → よわい 약한)

4 배가 아파서 좁은 곳에 있는 병원에 갔습니다.
(せまい ところに ある → ちかくの 가까운)

단어 しゅくだい 숙제 | なかなか 좀처럼 | すすむ 나아가다 | えき 역 | ちかい 가깝다 | 気(き)に いる 마음에 들다 | からだ 몸 | うんどう 운동 | やめる 그만두다, 끊다 | びょういん 병원

4 わかす 끓이다

1 목욕탕에서 몸을 끓이면 피로가 풀립니다.
(わかすと → あたためると 데우면)

2 가족을 위해 뜨거운 물을 끓여 차를 우렸습니다.

3 갓 끓인 뜨끈뜨끈한 밥이 맛있습니다.
(わかした → たいた 지은)

4 날씨가 좋아서 세탁물을 베란다에서 끓였습니다.
(わかしました → ほしました 말렸습니다)

단어 おふろ 목욕, 목욕탕 | からだ 몸 | つかれ 피로 | とれる 풀리다 | かぞく 가족 | おゆ 뜨거운 물 | おちゃを いれる 차를 끓여 내다 | たく 밥을 짓다 | あつあつ 뜨끈뜨끈함 | ごはん 밥 | てんき 날씨 | せんたくもの 세탁물 | ベランダ 베란다 | ほす 말리다

5 はっきり 분명히, 명확히

1 도쿄에서도 후지산이 분명히 보이는 장소가 있습니다.

2 엄마가 손수 지은 요리의 맛이 분명했습니다.
(はっきりしました → しっかりして いました 제대로였습니다)

3 피곤할 때 샤워하면 기분이 분명합니다.
(はっきり → すっきり 개운)

4 책임을 분명히 가지고 있는 사람이 필요합니다.
(はっきり → しっかり 확실히)

단어 見(み)える 보이다 | ばしょ 장소 | てづくりりょうり 손수 만든 요리 | あじ 맛 | つかれる 지치다, 피곤하다 | シャワーを あびる 샤워를 하다 | きもち 기분 | せきにん 책임 | もつ 가지다, 들다

67 기출어휘 확인문제 용법 p.132

1 けいかく 계획

1 약은 식후 계획적으로 드세요.
(けいかくてきに → ちゃんと 제대로)

2 여행 계획을 세울 때가 가장 설렌다.

3 왜 잘 안되었는지 계획을 해 주세요.
(けいかく → かくにん 확인)

4 매뉴얼의 계획을 보고 모르는 것이 있으면 질문해 주세요.
(けいかく → ないよう 내용)

단어 くすりを 飲(の)む 약을 먹다 | しょくご 식후 | りょこう 여행 | けいかくを たてる 계획을 세우다 | わくわくする 두근거리다, 설레다 | なぜ 왜 | うまく いく 잘 되다 | マニュアル 매뉴얼 | わかる 알다, 이해하다

2 こわれる 망가지다, 고장 나다

1 소중히 여겼던 장난감이 망가져서 슬펐습니다.

2 물이 망가져서 옷이 젖었습니다.
(こわれて → あふれて 넘쳐서)

3 물고기가 바다에서 망가지고 있습니다.
(こわれて → およいで 헤엄치고)

4 겨울이 되면 나무가 망가져서 쓸쓸한 기분이 됩니다.
  (木が こわれて → このはが おちて 나뭇잎이 떨어져서)

단어 おもちゃ 장난감 | かなしい 슬프다 | みず 물 | あふれる 넘치다 | ふく 옷 | ぬれる 젖다 | さかな 생선 | 木(き) 나무 | このは 나뭇잎 | おちる 떨어지다 | さびしい 쓸쓸하다, 외롭다 | きもち 기분

3 しんぱい 걱정

1 저 때문에 걱정해서 죄송합니다.
  (しんぱいして → しんぱいを かけて 걱정하게 해서)

2 오늘 아침부터 딸의 상태가 이상해서 걱정하고 있습니다.

3 테스트 문제가 이상해서 학생들이 걱정인 항의를 했습니다.
  (しんぱいな → 삭제)

4 걱정인 지구온난화로 나라가 대책을 세우고 있습니다.
  (しんぱいな → しんこくな 심각한)

단어 しんぱいを かける 걱정하게 하다 | けさ 오늘 아침 | むすめ 딸 | ようす 모습, 상태 | おかしい 이상하다 | テスト 테스트 | もんだい 문제 | へんだ 이상하다 | こうぎ 항의 | ちきゅうおんだんか 지구온난화 | くに 나라 | たいさくを たてる 대책을 세우다

4 やむ 멎다, 그치다

1 비가 그치면 대청소를 시작한대요.

2 화재가 났을 때, 바로 그치는 방법을 아십니까?
  (やむ → けす 끄는)

3 감기에 걸려 약을 먹자 기침이 그쳤습니다.
  (やみました → とまりました 멎었습니다)

4 회사를 그치고 당분간 천천히 쉴 생각입니다.
  (やんで → やめて 그만두고)

단어 おおそうじ 대청소 | はじめる 시작하다 | かじ 화재 | ほうほう 방법 | ごぞんじだ 아시다 | かぜを ひく 감기에 걸리다 | せき 기침 | しばらく 당분간 | ゆっくり 천천히 | やすむ 쉬다

5 たす 더하다

1 엄마에게 입을 더해서 야단맞았습니다.
  (くちを たして → くちごたえを して 말대답해서)

2 생선을 더해 수프를 만들면 맛이 깊어집니다.
  (たして → くわえて 추가해)

3 숙제를 더하지 않은 사람은 손을 들어 주세요.
  (たして → だして 내지)

4 1에 2를 더하면 3이 됩니다.

단어 くち 입 | くちごたえ 말대답, 말대꾸 | おこる 화내다 | さかな 생선 | くわえる 추가하다 | スープ 수프 | あじ 맛 | ふかい 깊다 | しゅくだい 숙제 | だす 내다, 제출하다 | てを あげる 손을 들다

---

68 기출어휘 확인문제 **용법** p.133

1 きびしい 엄격하다

1 하루 종일 서 있었기 때문에 허리가 엄격했습니다.
  (きびしかったです → いたかったです 아팠습니다)

2 우리 부장님은 아주 엄격한 사람입니다.

3 장마라서 매일 비가 엄격하게 내리고 있습니다.
  (きびしく → つよく 세차게)

4 요즘 추천하는 영화가 없어서 매우 엄격합니다.
  (きびしいです → つまらないです 지루합니다)

단어 たつ 서다 | こし 허리 | つゆ 장마 | まいにち 매일 | おすすめ 추천 | つまらない 지루하다, 재미없다

2 ねつ 열

1 추우니까 열이 필요하다고 생각해 코트를 샀습니다.
  (ねつが ひつようだと おもって → 삭제)

2 이야기할 때는 천천히 열을 내는 연습을 합시다.
  (ねつ → こえ 목소리)

3 열을 가지고 노력하면 반드시 좋은 결과가 있으리라고 생각합니다.
  (ねつ → じょうねつ 열정)

4 열이 있어서 병원에 갔더니 인플루엔자라고 들었습니다.

단어 ゆっくり 천천히 | れんしゅう 연습 | がんばる 노력하다, 열심히 하다 | きっと 꼭, 반드시 | けっか 결과 | インフルエンザ 인플루엔자, 독감

3 しょうたい 초대

1 학교에서 문제를 일으켜 부모님을 초대했습니다.
  (しょうたいしました → よびました 불렀습니다)

2 주말에 여는 파티에 친구를 초대하고 싶습니다.

3 초대받은 요리를 먹으러 갈 예정입니다.
  (しょうたいして もらった → てづくりの 직접 만든)

4 초대를 읽을 수 없는 한자를 친구에게 물었습니다.
  (しょうたいが → 삭제)

단어 もんだい 문제 | おこす 일으키다 | りょうしん 부모 | よぶ 부르다 | しゅうまつ 주말 | ひらく 열다, 개최하다 | てづくり 직접 만듦 | よてい 예정 | かんじ 한자

4 むしあつい 무덥다

1 눈이 올 것 같으니까 무더운 코트를 입고 나가렴.
  (むしあつい → あたたかい 따뜻한)

2 손과 발이 차서 무더운 히터를 샀습니다.
  (むしあつい → あたたかい 따뜻한)

3 무더운 날이 계속되어 푹 잘 수 없습니다.

4 고타쓰에 들어가 무더운 냄비 요리를 먹는 것이 겨울의 즐거움입니다. (むしあつい → あつい 뜨거운)

단어 あし 발 | ヒーター 히터 | つづく 계속되다 | ぐっすり 푹 | なべ 냄비, 냄비 요리 | たのしみ 기대, 즐거움

にんき 인기

1 저 가수는 왜 인기가 있는지 모르겠습니다.

2 그녀는 프레젠테이션의 인기가 대단해서 부럽습니다.
(にんき → のうりょく 능력)

3 인기로 사지 않도록 조심해야 합니다.
(にんきで → にんきだからと 인기 있다고 해서)

4 좋아하는 박물관의 인기를 보러 갔다 왔습니다.
(にんき → てんじ 전시)

단어 かしゅ 가수 | プレゼンテーション 프레젠테이션, 발표 | すごい 대단하다 | うらやましい 부럽다 | 気(き)を つける 조심하다, 주의하다 | ミュージアム 박물관

---

69 기출어휘 확인문제 용법　　　　　p.136

1 つつむ 싸다, 포장하다

1 이 가게에는 오래 싸고 싶지 않습니다.
(つつみたく→ とまりたく 머물고 싶지)

2 나는 외출하기 때문에 빨래를 쌀 거예요.
(つつみます → ほします 널 거예요)

3 나는 텔레비전을 싼 채 자고 말았습니다.
(つつんだ → つけた 켠)

4 선물은 예쁜 종이로 싸여 있습니다.

단어 ながく 길게, 오랫동안 | せんたく 세탁, 빨래 | ほす (빨래를) 널다 | プレゼント 선물 | 紙(かみ) 종이

2 かざる 장식하다, 꾸미다

1 야마다 씨는 예쁜 꽃으로 방을 장식했습니다.

2 그 에어컨은 아이 방의 벽에 장식해 주세요.
(かざって → つけて 달아)

3 날씨가 좋지 않아서 빨래는 집 안에 장식합니다.
(かざります → ほします 말립니다)

4 선생님은 테스트 공지를 교실에 장식했습니다.
(かざりました → はりました 붙였습니다)

단어 はな 꽃 | エアコン 에어컨 | かべ 벽 | つける 달다 | 天気(てんき) 날씨 | せんたくもの 빨래, 세탁물 | おしらせ 공지, 알림 | きょうしつ 교실 | はる 붙이다

3 かわく 마르다

1 계속 눈이 내렸지만, 겨우 말랐네요.
(かわきました → やみました 그쳤네요)

2 사람이 많이 모이는 곳에 포스터를 말립시다.
(かわきましょう → はりましょう 붙입시다)

3 한 시간 걸어와서 목이 말라 있습니다.

4 글자가 작을 때는 안경을 말리지 않으면 읽을 수 없습니다.
(かわかないと → かけないと 쓰지 않으면)

단어 やっと 겨우, 가까스로 | おおぜい 많은 사람 | あつまる 모이다 | ポスター 포스터 | あるく 걷다 | のどが かわく 목마르다 | めがねを かける 안경을 쓰다

---

4 まじめ 성실함

1 오늘은 성실한 날씨라 하늘이 예쁩니다.
(まじめな → いい 좋은)

2 요즘 다나카 씨는 성실하게 일하고 있습니다.

3 설탕을 넣지 않고 성실한 홍차를 마셨습니다.
(まじめな → こい 진한)

4 은행은 이 길을 성실하게 간 곳에 있습니다.
(まじめに → まっすぐ 곧장)

단어 天気(てんき) 날씨 | 空(そら) 하늘 | さとう 설탕 | こい 진하다 | こうちゃ 홍차 | 飲(の)む 마시다 | 銀行(ぎんこう) 은행 | 道(みち) 길

5 よやく 예약

1 매일 일기를 쓰겠다고 엄마에게 예약했습니다.
(よやく → やくそく 약속)

2 콘서트 표를 두 장 예약했습니다.

3 달에 가는 것은 형의 예약의 꿈입니다.
(よやく → しょうらい 장래)

4 토요일은 파티에 갈 예약입니다.
(よやく → よてい 예정)

단어 毎日(まいにち) 매일 | にっきをつける 일기를 쓰다 | コンサート 콘서트 | きっぷ 표, 티켓 | 月(つき) 달 | ゆめ 꿈 | 土曜日(どようび) 토요일

---

70 기출어휘 확인문제 용법　　　　　p.137

1 にあう 어울리다

1 컴퓨터로 일을 하면 눈이 매우 어울립니다.
(にあいます → つかれます 지칩니다)

2 야마다 씨는 아주 능숙하게 영어를 어울립니다.
(にあいます → はなします 말합니다)

3 어제 동물원에서 처음으로 판다를 어울렸습니다.
(にあいました → みました 봤습니다)

4 그 스웨터는 딸에게 잘 어울립니다.

단어 目(め) 눈 | つかれる 지치다, 피곤하다 | じょうずだ 잘하다, 능숙하다 | 英語(えいご) 영어 | どうぶつえん 동물원 | はじめて 처음으로 | パンダ 판다 | セーター 스웨터 | むすめ 딸

2 あさい 얕다

1 그렇게 얕게 되지 말고, 편하게 하렴.
(あさく ならないで → きんちょうしないで 긴장하지 말고)

2 이 강은 매우 얕아서 걸어서 건널 수 있습니다.

3 그 아이를 얕게 야단치지 마, 아직 아이잖아.
(あさく → きびしく 엄하게)

4 어제는 몸 상태가 나빠서 집에서 얕게 있었습니다.
(あさく して → ゆっくりして 느긋하게)

단어 きんちょうする 긴장하다 | らくだ 편하다 | かわ 강 | あるく 걷다 | わたる 건너다 | しかる 야단치다 | からだ 몸 | ちょうし 상태, 컨디션 | わるい 나쁘다

3 ふとる 살찌다

1 요즘 조금 살쪘습니다.

2 봄에는 여러 가지 꽃이 살찝니다.
(ふとります → さきます 핍니다)

3 우표를 붙이는 것을 살쪄서 편지를 부쳤습니다.
(ふとって → わすれて 잊고)

4 오늘은 하루 종일 살쪘다가 그쳤다가 하겠지요.
(ふとったり → ふったり 내렸다가)

단어 春(はる) 봄 | 花(はな)が さく 꽃이 피다 | きって 우표 | てがみを だす 편지를 부치다 | ふる (비, 눈 등이) 내리다 | やむ 멎다, 그치다

4 つごう 형편, 사정

1 어젯밤은 형편을 켠 채로 자 버렸습니다.
(つごう → でんき 불)

2 내일 일본어의 형편을 해 두었습니다.
(つごう → よしゅう 예습)

3 다음 주 토요일이라면 형편이 좋습니다.

4 형편이 변하기 쉬우니까 감기 걸리지 않도록 조심하세요.
(つごう → きおん 기온)

단어 ゆうべ 어젯밤 | でんきを つける 불을 켜다 | 寝(ね)る 자다 | あす 내일 | 日本語(にほんご) 일본어 | よしゅう 예습 | 来週(らいしゅう) 다음 주 | 土曜日(どようび) 토요일 | かわりやすい 변하기 쉽다 | かぜ 감기

5 ぜひ 꼭, 부디

1 꼭 야마다 씨는 오늘 밤도 노래방에 갈 거예요.
(ぜひ → たぶん 아마도)

2 내일 파티에는 꼭 와 주세요.

3 학교 숙제는 꼭 끝났습니다.
(ぜひ → もう 벌써)

4 그 모자, 정말 꼭 어울리네요.
(ぜひ → よく 잘)

단어 こんや 오늘 밤 | カラオケ 노래방 | パーティー 파티 | しゅくだい 숙제 | ぼうし 모자

71 기출어휘 확인문제 용법　　　p.138

1 そだてる 키우다, 기르다

1 소중히 기르고 있던 꽃이 피었습니다.

2 여러 번 고쳐서 작문을 길렀습니다.
(そだてました → 完成しました 완성했습니다)

3 글씨가 작아서 안 보이니까, 좀 더 길러 주세요.
(そだてて → 大きく して 크게 해)

4 방이 어두우므로 불을 길러 주세요.
(そだてて → つけて 켜)

단어 たいせつだ 소중하다, 중요하다 | さくぶん 작문 | 完成(かんせい) 완성 | 大(おお)きい 크다 | へや 방 | くらい 어둡다 | でんきを つける 불을 켜다

2 せんたく 세탁, 빨래

1 자기 전에 이를 세탁합니다.
(せんたくします → みがきます 닦습니다)

2 오늘 아침 셔츠 세 장을 세탁했습니다.

3 하루걸러 방을 세탁합니다.
(せんたく → そうじ 청소)

4 매일 머리를 세탁합니다.
(せんたくします → あらいます 감습니다)

단어 はを みがく 이를 닦다 | シャツ 셔츠 | 一日(いちにち)おき 하루걸러 | かみを あらう 머리를 감다

3 おみまい 병문안, 문병

1 꽃의 문병에 많은 사람이 왔습니다.
(花の おみまい → はなみ 꽃놀이)

2 호텔 직원은 손님에게 문병을 했습니다.
(おみまい → あいさつ 인사)

3 어제 선생님의 문병으로 병원에 갔습니다.

4 오늘 체육 수업은 문병을 했습니다.
(おみまい → サッカーの れんしゅう 축구 연습)

단어 ホテル 호텔 | びょういん 병원 | たいいく 체육 | じゅぎょう 수업

4 ていねい 정중함, 세심함

1 편의점은 뭐든 살 수 있어서 아주 정중합니다.
(ていねいです → べんりです 편리합니다)

2 이 백화점의 물건은 매우 정중합니다.
(ていねいです → じょうぶです 튼튼합니다)

3 아빠가 만든 요리는 몸에 아주 정중해요.
(ていねいですよ → いいですよ 좋아요)

4 역으로 가는 길을 물었더니, 그 사람이 정중하게 알려 주었다.

단어 コンビニ 편의점 | 買(か)う 사다 | べんりだ 편리하다 | じょうぶだ 튼튼하다 | 駅(えき) 역 | 道(みち) 길

5 たおれる 쓰러지다

1 오래된 눈이 쓰러지고 새 눈이 내렸습니다.
(たおれて → とけて 녹고)

2 다나카 씨는 역 앞에서 택시를 쓰러졌습니다.
(たおれました → ひろいました 잡았습니다)

3 강한 바람에 나무가 몇 그루 쓰러졌습니다.

4 더우니까 창문을 쓰러져 주세요.
(たおれて → あけて 열어)

단어 とける 녹다 | タクシーを ひろう 택시를 잡다 | つよい 강하다, 세다 | かぜ 바람 | なんぼん 몇 그루 | あつい 덥다 | まど 창문 | あける 열다

33

1 ゆしゅつ 수출

1 일본은 많은 나라에 자동차를 수출하고 있습니다.

2 술을 조금이라도 마시면 수출해서는 안 됩니다.
(ゆしゅつ → うんてん 운전)

3 나는 매일 아침 개를 수출시킵니다.
(ゆしゅつ → さんぽ 산책)

4 이 의견에 수출인 사람은 손을 들어 주세요.
(ゆしゅつ → さんせい 찬성)

단어 国(くに) 나라 | 車(くるま) 자동차 | おさけ 술 | いぬ 개 |
さんぽ 산책 | いけん 의견 | さんせい 찬성

2 ねっしん 열심

1 감기가 열심히 좋아졌습니다.
(ねっしんに → すっかり 완전히)

2 눈이 열심히 내리고 있었습니다.
(ねっしんに → つよく 세차게)

3 학생은 열심히 회화 연습을 했습니다.

4 피곤해서 열심 잤습니다.
(ねっしんに → ぐっすり 푹)

단어 かいわ 회화 | れんしゅう 연습

3 こわれる 망가지다, 고장 나다

1 다리 위에서 조용히 고장 나는 강을 보고 있었다.
(こわれる → ながれる 흐르는)

2 컴퓨터가 고장 나서 중요한 데이터가 사라져 버렸다.

3 누구도 고장 나지 않고 집을 나올 수 있었다.
(こわれずに → 会わずに 만나지 않고)

4 등산객이 버리는 쓰레기 때문에 산이 고장 나 버렸다.
(こわれて → よごれて 더러워져)

단어 はし 다리 | しずかだ 조용하다 | 川(かわ) 강 | データ 데이터
| 消(き)える 사라지다, 꺼지다 | 会(あ)う 만나다 | 出(で)る
나오다 | 登山客(とざんきゃく) 등산객 | すてる 버리다 |
ごみ 쓰레기 | 山(やま) 산 | よごれる 더러워지다

4 いそぐ 서두르다

1 별로 서두르고 있지 않으므로 천천히 해 주세요.

2 남자아이는 주사를 보고 서둘러 울었습니다.
(いそいで → きゅうに 갑자기)

3 건강을 위해 매일 1,000m는 서두릅니다.
(いそぎます → はしります 달립니다)

4 실수로 컴퓨터 데이터를 서둘러 버렸습니다.
(いそいで → けして 지워)

단어 別(べつ)に 별로, 특별히 | ゆっくり 천천히 | 男(おとこ)の子
(こ) 남자아이 | ちゅうしゃ 주사 | なく 울다 | けんこう 건강
| はしる 달리다 | まちがう 틀리다 | けす 지우다, 끄다

5 とちゅう 도중

1 나는 초등학생 도중에 말랐습니다.
(とちゅう → とき 때)

2 회사에 가는 도중에 이 편지를 부쳐 주세요.

3 내게는 집을 사는 도중의 돈이 없습니다.
(とちゅう → ための 위한)

4 이 노래는 처음 들은 도중 아주 좋아하게 되었습니다.
(とちゅう → しゅんかん 순간)

단어 小学生(しょうがくせい) 초등학생 | やせる 마르다 | 歌(うた)
노래 | 大好(だいす)きだ 아주 좋아하다

1 プレゼント 선물

1 더워서 창문을 선물했다.
(プレゼントした → あけた 열었다)

2 아내의 생일에 반지를 선물했다.

3 졸업식 날에 선생님에게 인사를 선물했다.
(プレゼント → 삭제)

4 건강에 나빠서 담배는 선물했다.
(プレゼントした → やめた 끊었다)

단어 あつい 덥다 | まど 창문 | つま 아내 | たんじょうび 생일 |
ゆびわ 반지 | そつぎょうしき 졸업식 | あいさつ 인사 | けん
こう 건강 | たばこ 담배 | やめる 그만두다, 끊다

2 すてる 버리다

1 심한 말을 하는 것은 버려 주세요.
(すてて → やめて 그만둬)

2 여기에 필요 없는 것을 버려 주세요.

3 수업에서 쓸 노트를 가방에 버려 주세요.
(すてて → いれて 넣어)

4 손님이 오니까 방을 깨끗하게 버려 주세요.
(すてて → かたづけて 정리해)

단어 ひどい 심하다, 형편없다 | いる 필요하다 | もの 물건 | つかう
사용하다 | ノート 노트 | かばん 가방 | いれる 넣다 | かたづ
ける 정리하다

3 きびしい 엄격하다

1 이 커피는 엄격해서 맛있습니다.
(きびしくて → こくて 진해서)

2 나는 엄격한 펜을 쓰고 있습니다.
(きびしい → きいろい 노란)

3 이 케이크는 엄격해서 못 먹습니다.
(きびしくて → まずくて 맛없어서)

4 부장님은 엄격한 사람입니다.

단어 コーヒー 커피 | こい 진하다 | きいろい 노랗다 | ペン 펜 |
つかう 사용하다 | ケーキ 케이크 | ぶちょう 부장(님)

☐4 せわ 돌봄, 보살핌

1 **부재중에는 아이를 잘 보살펴 주세요.**

2 나에 관해서는 더 이상 보살피지 마세요.
(せわしないで → しんぱいしないで 걱정하지)

3 지난번 도쿄 여행 중에 다나카 씨가 시내를 보살펴
주었다. (せわ → あんない 안내)

4 나는 보살피지 말고 생각하는 것을 말해 주세요.
(せわしないで → えんりょしないで 신경 쓰지 말고)

단어 るすちゅう 부재중 | もう 이미, 벌써, 더 이상 | しんぱい 걱정
| 先日(せんじつ) 전날, 요전 | 旅行中(りょこうちゅう) 여행중
| 都内(とない) 도내

☐5 ねつ 열

1 숙제의 열이 많아서 일요일에도 못 쉽니다.
(ねつ → りょう 양)

2 열이 있어서 빨래가 빨리 말랐습니다.
(ねつ → ひ 해)

3 **열이 나면 이 약을 드세요.**

4 담배 열을 제대로 끄세요.
(ねつ → ひ 불)

단어 しゅくだい 숙제 | りょう 양 | 日曜日(にちようび) 일요일 |
休(やす)む 쉬다 | せんたくもの 세탁물 | 早(はや)く 일찍,
빨리 | かわく 마르다 | 火(ひ) 불 | けす 지우다, 끄다

74 기출어휘 확인문제 용법   p.144

☐1 にる 닮다, 비슷하다

1 이 건물에서는 텔레비전이 잘 닮지 않는다.
(にない → うつらない 나오지 않는다)

2 **언니는 말투가 엄마와 닮아 있다.**

3 식탁에 맛있어 보이는 요리가 닮아 있다.
(にて → ならんで 놓여)

4 밤에는 항상 11시에 닮아 있다.
(にて → ねて 자고)

단어 ビル 빌딩, 건물 | テレビ 텔레비전 | うつる 비치다, 수신되다
| 言(い)い方(かた) 말투 | 会(あ)う 만나다 | りょうり 요리,
음식

☐2 はずかしい 부끄럽다

1 보고 싶은 영화가 없어서 부끄럽습니다.
(はずかしいです → ざんねんです 아쉽습니다)

2 가족을 못 만나서 부끄럽습니다.
(はずかしいです → さびしいです 쓸쓸합니다)

3 기타를 칠 수 있게 되어 부끄럽습니다.
(はずかしいです → うれしいです 기쁩니다)

4 **쉬운 문제를 틀려서 부끄럽습니다.**

단어 えいが 영화 | かぞく 가족 | ギターをひく 기타를 치다 |
やさしい 쉽다 | もんだい 문제 | まちがえる 틀리다

☐3 しめる 닫다

1 **창문을 닫아 주세요.**

2 텔레비전을 닫아 주세요.
(しめて → けして 꺼)

3 교재를 닫아 주세요.
(しめて → とじて 덮어)

4 눈을 닫아 주세요.
(しめて → とじて 감아)

단어 まど 창문 | けす 지우다, 끄다 | テキスト 교재, 텍스트 |
とじる 덮다, 감다 | 目(め) 눈

☐4 いけん 의견

1 이 단어의 의견을 조사해 봤습니다.
(いけん → いみ 의미)

2 **모든 사람의 앞에서 내 의견을 말했습니다.**

3 그에게 '고마워'라는 의견을 들었습니다.
(いけん → おれい 감사 인사)

4 사용법을 잘 알 수 있도록 의견을 해 주세요.
(いけん → せつめい 설명)

단어 つかいかた 사용법

☐5 おおぜい 많은 사람

1 한 번에 많은 사람 말 들어도 이해 안 됩니다.
(おおぜい → たくさん 많이)

2 시골의 엄마에게서 많은 사람 전화가 걸려 옵니다.
(おおぜい → いつも 늘)

3 **그 가게에는 많은 사람이 줄을 서 있었습니다.**

4 봄이 되면 많은 사람 따뜻해집니다.
(おおぜい → だんだん 점점)

단어 一度(いちど) 한 번 | わかる 알다, 이해하다 | いなか 시골 |
電話(でんわ) 전화 | かかる 걸리다 | ならぶ 늘어서다, 줄을
서다 | 春(はる) 봄 | あたたかい 따뜻하다

75 기출어휘 확인문제 용법   p.145

☐1 どんどん 부쩍, 계속

1 영화를 보며 부쩍 웃었습니다.
(どんどん → おおきく 크게)

2 일요일에는 부쩍 잡니다.
(どんどん → ぐっすり 푹)

3 **그 물건은 부쩍 팔리고 있습니다.**

4 에스컬레이터가 부쩍 빠릅니다.
(どんどん → とても 매우)

단어 わらう 웃다 | 日曜日(にちようび) 일요일 | しなもの 물건 |
うれる 팔리다 | エスカレーター 에스컬레이터

☐2 かたづける 정리하다

1 매일 얼굴을 정리해라.
(かたづけなさい → あらいなさい 씻어라)

2 매일 방을 정리해라.

3 매일 커튼을 정리해라.
(かたづけなさい → しめなさい 닫아라)

4 매일 공부를 정리해라.
(かたづけなさい → しなさい 해라)

단어 かおを あらう 세수하다 | カーテン 커튼 | しめる 닫다 | きょうみ 흥미, 관심

3 したく 준비

1 저녁 식사 준비는 이미 끝났습니다.

2 작문 숙제는 전부 준비했습니다.
(したくしました → おえました 끝냈습니다)

3 이 영화관에는 예약 준비가 있습니다.
(したく → しくみ 시스템)

4 이 차에는 여러 가지 준비가 있습니다.
(したく → きのう 기능)

단어 ゆうはん 저녁 식사 | さくぶん 작문 | しゅくだい 숙제 | ぜんぶ 전부 | えいがかん 영화관 | よやく 예약

4 おどろく 놀라다

1 하늘이 놀라서 비가 내렸습니다.
(おどろいて → くらく なって 어두워지고)

2 나는 놀라고 있는 취미가 있습니다.
(おどろいて いる → いろいろな 다양한)

3 현관에 큰 개가 있어서 놀라고 말았습니다.

4 일본의 경제가 놀라서 쌀값이 올랐습니다.
(おどろいて → かわって 변하여)

단어 くらい 어둡다 | しゅみ 취미 | げんかん 현관 | 大(おお)きな 큰, 커다란 | いぬ 개 | けいざい 경제 | こめ 쌀 | ねだん 가격

5 さむい 춥다

1 추운 물로 얼굴을 씻었습니다.
(さむい → つめたい 찬)

2 여름에는 추운 커피가 맛있어요.
(さむい → つめたい 찬)

3 여자 친구가 왜 나에게 추운지 모르겠어요.
(さむい → つめたい 찬)

4 이번 겨울은 춥네요.

단어 みず 물, 찬물 | なつ 여름 | ふゆ 겨울

76 기출어휘 확인문제 용법　　　　p.146

1 むかえる 맞이하다, 마중하다

1 낮이 밤을 맞이했습니다.
(を むかえました → に なりました 이 되었습니다)

2 공항에서 택시를 맞이했습니다.
(むかえました → ひろいました 잡았습니다)

3 부모님을 마중하러 공항에 갔습니다.

4 컴퓨터를 맞이하고 메일을 쓰고 있습니다.
(むかえて → つかって 사용하여)

단어 ひる 낮 | よる 밤 | くうこう 공항 | タクシーを ひろう 택시를 잡다 | りょうしん 부모 | コンピューター 컴퓨터 | つかう 사용하다

2 あやまる 사과하다

1 그는 '미안합니다'라고 말하며 사과했습니다.

2 곤란할 때는 바로 사과해 주세요.
(あやまって → よんで 불러)

3 야마다 씨에게 선물을 받아서 사과했습니다.
(あやまりました → おれいを 言いました 감사 인사를 했습니다)

4 가르쳐 주었을 때는 반드시 사과해 주세요.
(あやまって → おれいを 言って 감사 인사를 해)

단어 こまる 곤란하다 | おくりもの 선물 | おれいを 言(い)う 감사 인사를 하다 | もらう 받다 | かならず 꼭, 반드시

3 じゅんび 준비

1 공기가 건조하므로 화재 준비를 합니다.
(じゅんび → よぼう 예방)

2 회의 준비가 되었습니다.

3 텔레비전 고장의 준비가 아직 안 됩니다.
(じゅんび → しゅうり 수리)

4 오늘 배운 한자의 준비를 집에서 한 번 더 합니다.
(じゅんび → ふくしゅう 복습)

단어 くうき 공기 | かわく 마르다 | かじ 화재 | こしょう 고장 | かんじ 한자 | もういちど 한 번 더

4 おかげさまで 덕분에요

1 A "건강하세요?"
　 B "네, 덕분에요."

2 A "그러면 안 됩니다."
　 B "네, 덕분에요."
(おかげさまで → すみません 죄송합니다)

3 A "고맙습니다."
　 B "아니요, 덕분에요."
(おかげさまで → どういたしまして 천만에요)

4 A "미안합니다."
　 B "아니요, 덕분에요."
(おかげさまで → だいじょうぶです 괜찮아요)

5 よろこぶ 기뻐하다

1 당신을 만나게 되어서 정말 기뻐합니다.
(よろこびます → うれしいです 기쁩니다)

2 이 산책은 정말로 기뻐하고 있네요.
(よろこんで いますよ → たのしいですよ 즐거워요)

3 함께 산에 간 것은 기뻐하는 추억입니다.
(よろこぶ → たのしい 즐거운)

4 아이는 장난감을 받고 무척 기뻐하고 있습니다.

단어 あう 만나다 | うれしい 기쁘다 | さんぽ 산책 | おもちゃ 장난감

해설 よろこぶ는 '기뻐하다'라는 의미로 대개 남의 감정에 관해 사용하는 동사이다. 화자 자신의 감정을 이야기할 때는 형용사 うれしい를 사용한다.

77 기출어휘 확인문제 용법 p.147

1 ちゅうし 중지

1 건강에 나빠서 술을 마시는 것은 중지합니다.
(ちゅうしします → やめます 그만둡니다)

2 버스가 중지해서 회사에 늦었습니다.
(ちゅうしして → おくれて 늦어서)

3 야마다 씨는 회사를 중지하고 대학에 간다고 한다.
(ちゅうしして → やめて 그만두고)

4 시합은 비라서 중지되었습니다.

단어 しあい 시합 | 雨(あめ) 비

2 まじめ 진지함, 성실함

1 그 사람의 그림은 매우 성실합니다.
(まじめです → すばらしいです 훌륭합니다)

2 공원에 꽃이 성실하게 피어 있습니다.
(まじめに → きれいに 예쁘게)

3 아이들은 선생님의 이야기를 진지하게 듣고 있습니다.

4 설탕을 넣어 진지한 커피를 마셨습니다.
(まじめな → あまい 단)

단어 こうえん 공원 | さとう 설탕

3 とうとう 드디어, 마침내

1 드디어 시험 날이 왔습니다.

2 교재의 글자는 드디어 작습니다.
(とうとう → とても 매우)

3 모르겠으면 드디어 책을 보세요.
(とうとう → まず 먼저)

4 식사 후에 드디어 커피를 부탁합니다.
(とうとう → 삭제)

단어 しけん 시험 | じ 글자 | こまかい 작다, 잘다

4 そうだん 상담, 의논

1 일에 관해서 부모님에게 상담했습니다.

2 의미를 몰라서 인터넷에서 상담했습니다.
(そうだんしました → しらべました 조사했습니다)

3 다음 회의가 언제인지 부장님에게 상담했습니다.
(そうだんしました → ききました 물었습니다)

4 좋아하는 동물에 관해 선생님에게 상담했습니다.
(そうだんしました → はなしました 이야기했습니다)

단어 りょうしん 부모 | いみ 의미, 뜻 | インターネット 인터넷 | しらべる 조사하다 | つぎ 다음 | どうぶつ 동물 | はなす 이야기하다

5 げんき 건강함

1 건강하게 조심하세요.
(げんきに → けんこうに 건강에)

2 이틀 쉬었더니 건강해졌습니다.

3 건강한 종이로 포장해 주세요.
(げんきな → きれいな 예쁜)

4 좀 더 건강한 책상을 주세요.
(げんきな → じょうぶな 튼튼한)

단어 ふつか 이틀 | つくえ 책상

제 **2** 장
문자·어휘
예상 공략편

01 한자읽기

문제 1 _____의 단어는 히라가나로 어떻게 씁니까?
1·2·3·4 중에서 가장 적당한 것을 하나 고르세요.

1 예상어휘 확인문제 한자읽기 p.174

1 **오늘 밤**은 별이 아주 예쁩니다.
단어 今夜(こんや) 오늘 밤 | 星(ほし) 별

2 이 **비행기**는 오늘 밤 방콕을 떠나서, 내일 도착합니다.
단어 飛行機(ひこうき) 비행기 | こんばん 오늘 밤 | 出(で)る 나가다, 떠나다 | 着(つ)く 도착하다

3 화재 원인은 무엇이 **가장** 많습니까?
단어 火事(かじ) 화재, 불 | げんいん 원인 | なに 무엇 | 一番(いちばん) 가장, 제일

4 **맑아**서 산책하러 가고 싶은 기분입니다.
단어 晴(は)れる 개다, 맑다 | さんぽ 산책 | きぶん 기분

5 봉투 **겉**에 이름을 쓰세요.
단어 ふうとう 봉투 | 表(おもて) 표면, 겉 | なまえ 이름 | 書(か)く 쓰다

6 그 약 덕분에 통증이 **사라졌다**.
단어 薬(くすり) 약 | おかげ 덕분 | 痛(いた)み 통증, 아픔 | 消(き)える 사라지다, 없어지다

7 너라면 이 꽃병에 **값**을 얼마 매길 거니?
단어 きみ 너, 자네 | かびん 꽃병 | いくら 얼마 | 値段(ねだん)をつける 값을 매기다

8 나는 장래에 **기자**가 되고 싶습니다.
단어 しょうらい 장래, 미래 | 記者(きしゃ) 기자 | なる 되다

9 오늘은 바람이 **몹시** 세다.
단어 かぜ 바람 | 非常(ひじょう)に 매우, 몹시 | つよい 강하다, 세다

10 도쿄 **생활**은 어떻습니까?
단어 生活(せいかつ) 생활 | いかが 어떠함

② 예상어휘 확인문제 한자읽기　　　p.175

1 나는 매일 연못 주변을 <u>산책</u>합니다.
단어 いけ 연못 | まわり 주변 | 散歩(さんぽ) 산책

2 형은 **대학원**에서 경어 연구회에 들어가 있습니다.
단어 あに 형, 오빠 | 大学院(だいがくいん) 대학원 | 敬語(けいご)
경어, 높임말 | けんきゅうかい 연구회 | 入(はい)る 들어가다

3 가장 **친한** 친구가 졸업 기념으로 이 시계를 주었다.
단어 いちばん 가장 | 親(した)しい 친하다 | 卒業(そつぎょう)
졸업 | 記念(きねん) 기념 | 時計(とけい) 시계 | くれる (남이
나에게) 주다

4 매일 아침 여덟 시까지 **사무실**에 갑니다.
단어 事務所(じむしょ) 사무소, 사무실

5 너에게만 **특별히** 알려 줄게.
단어 特別(とくべつ)に 특별히

6 그녀의 관심은 록에서 재즈로 **옮겨 갔다**.
단어 きょうみ 흥미, 관심 | ロック 록 | ジャズ 재즈 | 移(うつ)る
옮기다, 바뀌다

7 최근 일본의 **경제**는 어떻습니까?
단어 さいきん 최근 | 経済(けいざい) 경제

8 나는 **보통** 열한 시에는 자려고 하고 있습니다.
단어 普通(ふつう) 보통 | 寝(ね)る 자다

9 그 **해안**에는 커다란 볼링장이 있었습니다.
단어 海岸(かいがん) 해안, 바닷가 | ボウリング場(じょう) 볼링장

10 나뭇**가지**를 꺾으면 안 됩니다.
단어 木(き) 나무 | 枝(えだ) 가지 | 折(お)る 꺾다, 부러뜨리다

③ 예상어휘 확인문제 한자읽기　　　p.176

1 여기는 더우니까 어딘가 **시원한** 장소를 찾읍시다.
단어 暑(あつ)い 덥다 | 涼(すず)しい 시원하다 | ばしょ 장소 |
さがす 찾다

2 갑자기 **비**가 내리기 시작했습니다.
단어 きゅうに 갑자기 | 雨(あめ) 비 | 降(ふ)りだす 내리기 시작하다

3 딸은 **대학**에서 미국 문학을 배우고 있습니다.
단어 大学(だいがく) 대학 | 文学(ぶんがく) 문학 | ならう 배우다

4 문은 **조용히** 닫아 주세요.
단어 ドア 문 | 静(しず)かだ 조용하다 | 閉(し)める 닫다

5 아빠는 나 혼자서 하는 여행을 **찬성**해 주지 않을 것이다.
단어 一人旅(ひとりたび) 혼자 하는 여행 | 賛成(さんせい) 찬성

6 나는 **매운** 것은 못 먹습니다.
단어 辛(から)い 맵다

7 경찰관이 **교차로**에서 교통 정리를 하고 있었습니다.
단어 けいさつかん 경찰관 | 交差点(こうさてん) 교차로, 사거리
| 交通(こうつう) 교통 | せいり 정리

8 죄송합니다, 지금 잠깐 **시간** 있으세요?
단어 ちょっと 조금, 잠깐 | 時間(じかん) 시간

9 작년 겨울은 **따뜻했**지만, 올해는 매우 춥다.
단어 ふゆ 겨울 | 暖(あたた)かい 따뜻하다 | さむい 춥다

10 학교에서 독감 예방 **주사**를 맞았습니다.
단어 インフルエンザ 인플루엔자, 독감 | 予防(よぼう) 예방 |
注射(ちゅうしゃ) 주사

④ 예상어휘 확인문제 한자읽기　　　p.177

1 우리는 음악에 맞춰 **춤췄습니다**.
단어 音楽(おんがく) 음악 | あわせる 맞추다 | 踊(おど)る 춤추다

2 **일요일**에 회사 문은 닫혀 있습니다.
단어 日曜日(にちようび) 일요일 | 門(もん) 문 | しまる 닫히다

3 예정보다 30분 **일찍** 도착했습니다.
단어 予定(よてい) 예정 | 早(はや)く 일찍, 빨리 | 着(つ)く

4 시골의 **부모님**에게 전화를 했습니다.
단어 いなか 시골 | 両親(りょうしん) 부모 | でんわ 전화

5 이 가게는 수입 식료품을 **전문**으로 취급하고 있습니다.
단어 ゆにゅう 수입 | 食料品(しょくりょうひん) 식료품 | 専門
(せんもん) 전문 | あつかう 다루다, 취급하다

6 요즘 일에 쫓겨서 **자유로운** 시간이 없다.
단어 ここのところ 요즘 | しごとに 追(お)われる 일에 쫓기다 |
自由(じゆう)だ 자유롭다

7 **화요일** 아침은 평소보다 일찍 일어납니다.
단어 火曜日(かようび) 화요일 | あさ 아침 | いつもより 평소보다
| 起(お)きる 일어나다

8 이곳에서는 2월에 눈이 많이 **내립니다**.
단어 雪(ゆき)が 降(ふ)る 눈이 내리다

9 **부장님**은 내일 미국에 갈 예정입니다.
단어 部長(ぶちょう) 부장(님)

10 나는 12월이 가장 **바쁩**니다.
단어 忙(いそが)しい 바쁘다

5 예상어휘 확인문제 한자읽기 p.178

1 숲속에 집을 짓고 혼자 **사는** 것이 꿈입니다.
단어 もり 숲 | 家(いえ) 집 | 建(た)てる 세우다, 짓다 | 暮(く)らす 살다, 생활하다 | ゆめ 꿈

2 **곤란한** 일이 있으면 언제든지 전화해 주세요.
단어 困(こま)る 곤란하다

3 커피에 설탕을 **넣습니까?**
단어 コーヒー 커피 | さとう 설탕 | 入(い)れる 넣다

4 **계절** 중에서는 따뜻한 봄을 가장 좋아합니다.
단어 季節(きせつ) 계절 | あたたかい 따뜻하다 | 春(はる) 봄

5 다나카 선생님은 소설을 **읽는 법**을 가르쳐 주셨습니다.
단어 しょうせつ 소설 | 読(よ)み方(かた) 읽는 법 | 教(おし)える 가르치다

6 고기를 **두껍게** 잘라 주세요.
단어 にく 고기 | 厚(あつ)い 두껍다 | 切(き)る 자르다

7 여기에 **주차**해서는 안 됩니다.
단어 駐車(ちゅうしゃ) 주차

8 우리 집 **주변**에는 서점이 없어서, 항상 인터넷을 사용하고 있다.
단어 周(まわ)り 주변 | 本屋(ほんや) 서점 | 使(つか)う 사용하다

9 **경찰관**은 두 사람 한 조로 마을을 순찰합니다.
단어 警官(けいかん) 경찰관 | 二人(ふたり) 두 사람 | 一組(ひとくみ) 한 조 | 町(まち) 마을, 동네 | パトロール 순찰

10 나는 아침에 일어나면 우선 **제일 먼저** 우유를 마십니다.
단어 最初(さいしょ) 최초, 제일 먼저 | ぎゅうにゅう 우유 | 飲(の)む 마시다

02 표기

문제 2 _____ 의 단어는 어떻게 씁니까? 1·2·3·4 중에서 가장 적당한 것을 하나 고르세요.

6 예상어휘 확인문제 표기 p.179

1 나는 **뜨거운** 차를 좋아합니다.
단어 熱(あつ)い 뜨겁다 | おちゃ 차, 녹차

2 일본어 공부를 **계속하고** 있습니다.
단어 続(つづ)ける 계속하다

3 그것은 **얇은** 종이로 포장했습니다.
단어 薄(うす)い 얇다 | かみ 종이 | 包(つつ)む 싸다, 포장하다

4 은행은 이 **길**을 쭉 가면 오른쪽에 있습니다.
단어 ぎんこう 은행 | 通(とお)り 길, 도로 | ずっと 쭉 | 右(みぎ)がわ 오른쪽

5 **고등학교** 선생님께 메일이 왔습니다.
단어 高校(こうこう) 고등학교 | 先生(せんせい) 선생(님) | メール 메일, 문자

6 점점 **따뜻해**졌습니다.
단어 だんだん 점점 | 暖(あたた)かい 따뜻하다

7 나는 아빠와는 사고방식이 **다릅니다**.
단어 かんがえかた 사고방식, 생각하는 방식 | 違(ちが)う 다르다

8 오늘 아침부터 눈이 **내리고** 있습니다.
단어 けさ 오늘 아침 | 雪(ゆき)が 降(ふ)る 눈이 내리다

9 **생일** 선물로 딸이 넥타이를 사 주었습니다.
단어 誕生日(たんじょうび) 생일 | プレゼント 선물 | むすめ 딸 | ネクタイ 넥타이 | 買(か)う 사다

10 여동생이 전화로 엄마가 입원했다고 **알려** 주었다.
단어 いもうと 여동생 | にゅういん 입원 | 知(し)らせる 알리다

7 예상어휘 확인문제 표기 p.180

1 구름이 없으므로 오늘은 **맑을** 것으로 생각합니다.
단어 くも 구름 | 晴(は)れる 맑다, 개다

2 너희가 마음이 **상냥한** 사람이 되었으면 좋겠다.
단어 心(こころ) 마음 | 優(やさ)しい 상냥하다, 다정하다

3 음악을 **들으면서** 공부했습니다.
단어 おんがく 음악 | 聞(き)く 묻다, 듣다 | べんきょう 공부

4 나는 초등학교 때부터 작문을 **잘했습니다**.
단어 小学校(しょうがっこう) 초등학교 | さくぶん 작문 | 上手(じょうず)だ 잘하다, 능숙하다

5 옷이 **더러워**서 빨았습니다.
단어 ふく 옷 | 汚(きたな)い 더럽다 | 洗(あら)う 씻다

6 형의 **손가락**은 두껍고 단단합니다.
단어 ゆび 손가락 | ふとい 두껍다 | かたい 딱딱하다, 단단하다

7 우리는 그 **기계**를 충분히 이용했습니다.
단어 われわれ 우리들 | 機械(きかい) 기계 | じゅうぶん 충분히 | りよう 이용

8 **저**는 스즈키라고 합니다. 부디 잘 부탁드립니다.
단어 わたくし 저

9 역 매점에서 **신문**을 샀습니다.
단어 えき 역 | ばいてん 매점 | 新聞(しんぶん) 신문

10 나는 **형제**가 두 명 있습니다.
단어 きょうだい 형제 | もつ 가지다, 들다

1 **외운** 단어를 시험 때 떠올릴 수 없다.
단어 覚(おぼ)える 외우다, 기억하다 | たんご 단어 | しけん 시험 | 思(おも)い出(だ)す 생각해 내다, 떠올리다

2 한번 **외국**에서 살아 보고 싶습니다.
단어 いちど 한번 | 外国(がいこく) 외국 | すむ 살다

3 야마다 씨를 만나면 반드시 **과자** 이야기가 나옵니다.
단어 会(あ)う 만나다 | かならず 꼭, 반드시 | お菓子(かし) 과자 | 話(はなし) 이야기

4 집을 나오고 나서야 **지갑**을 잊은 것을 알아챘습니다.
단어 財布(さいふ) 지갑 | わすれる 잊다 | 気(き)がつく 깨닫다, 알아차리다

5 **수요일**이라면 시간을 낼 수 있습니다.
단어 水曜日(すいようび) 수요일

6 밝은 음악을 들으면 **기분**도 밝아집니다.
단어 明(あか)るい 밝다 | 気持(きも)ち 기분

7 이 **단어**는 어떤 의미일까.
단어 単語(たんご) 단어 | いみ 의미, 뜻

8 좋은 자리를 **잡을 수 있**게 빨리 갑시다.
단어 いい 좋다 | 席(せき)を取(と)る 자리를 잡다

9 그 전철은 **시간**대로 도착했습니다.
단어 時間(じかん)どおり 시간대로

10 케이크에는 **설탕**을 많이 사용합니다.
단어 ケーキ 케이크 | 砂糖(さとう) 설탕

1 여름휴가가 끝나면 회사가 **바빠**집니다.
단어 夏休(なつやす)み 여름 방학, 여름휴가 | おわる 끝나다 | 忙(いそが)しい 바쁘다

2 어제 **송아지**가 태어났습니다.
단어 牛(うし) 소 | 生(う)まれる 태어나다

3 이 시합, **끝**까지 보고 갈 생각입니까?
단어 試合(しあい) 시합 | 終(お)わり 끝

4 책상 위에 **발**을 올리면 안 됩니다.
단어 つくえ 책상 | 上(うえ) 위 | 足(あし) 발, 다리 | あげる 올리다

5 내가 일어났을 때는 언니는 이미 **외출한** 상태였습니다.
단어 おきる 일어나다 | 出(で)かける 외출하다

6 옆 사람이 (내게) 바지가 **더러워져** 있다고 알려 주었다.
단어 となり 옆 | ズボン 바지 | 汚(よご)れる 더러워지다

7 산에 **오를** 때는 반드시 물을 가지고 갑시다.
단어 登(のぼ)る 오르다 | みず 물, 찬물

8 이것은 집을 짓는 데에 사용하는 **도구**입니다.
단어 建(た)てる 짓다 | 使(つか)う 사용하다 | 道具(どうぐ) 도구

9 **저녁 식사** 후에 친구와 산책했습니다.
단어 夕食(ゆうしょく) 저녁 식사 | さんぽ 산책

10 아침 **전철**은 항상 붐빕니다.
단어 あさ 아침 | 電車(でんしゃ) 전철 | いつも 항상, 늘 | こむ 붐비다

03 문맥구성

문제 3 　(　　)에 무엇을 넣습니까? 1·2·3·4 중에서 가장 적당한 것을 하나 고르세요.

1 다음 주의 다음은 **다음다음** 주입니다.
단어 らいしゅう 다음 주 | つぎ 다음 | さらいしゅう 다음다음 주 | こんしゅう 이번 주 | せんしゅう 지난주 | せんせんしゅう 지지난주

2 정말로 네가 좋아. **거짓말**이 아니야.
단어 ほんとうに 정말로 | 好(す)きだ 좋아하다 | うそ 거짓말 | わけ 이유 | ふね 배 | ゆめ 꿈
해설 정말로 좋아한다는 마음을 강조하고 있으므로, 거짓말이 아니라고 하는 것이 문맥상 자연스럽다.

3 이 꽃은 **별**과 같은 모양입니다.
단어 花(はな) 꽃 | ほし 별 | かたち 모양 | すり 소매치기 | そら 하늘 | きゃく 손님
해설 꽃의 모양을 묘사하고 있다. 선택지 중 사물의 형태를 비유하기에 가장 적절한 것은 ほし이다.

4 아빠 생일 **선물**로 넥타이를 주었습니다.
단어 おいわい 축하, 축하 선물 | ネクタイ 넥타이 | おみまい 문병 | おかげ 덕분
해설 생일을 축하하고자 선물을 주는 상황이다. 축하 선물을 뜻하는 おいわい가 정답이다.

5 요즘 바빠서 **좀처럼** 영화도 보러 못 갑니다.
단어 このごろ 요즘 | いそがしい 바쁘다 | なかなか 좀처럼 | 映画(えいが) 영화 | だんだん 점점 | ちょうど 마침 | できるだけ 가능한 한
해설 선택지 중 뒤에 부정형이 올 때 호응하는 부사로 적절한 것은 なかなか이다. なかなか는 부정문과 함께 쓰일 때는 '좀처럼 ~하지 않다', 긍정문과 함께 쓰일 때는 '제법, 꽤'라는 의미로 쓰이므로 잘 구별해야 한다.

6 마당에서 방 안으로 **시원한** 바람이 들어옵니다.
단어 すずしい 시원하다 | かぜ 바람 | みじかい 짧다 | きびしい 엄격하다 | ただしい 옳다
해설 바람의 성질을 묘사하는 형용사로 적절한 것은 すずしい이다.

7 A "짐을 들어 주셔서 감사합니다."
　B "**뭘요.**"

단어　にもつ 짐

해설　상대방의 감사 인사에 대한 대답으로 적절한 것은 どういたしまして이다.

8 나는 단 **과자**는 그다지 좋아하지 않습니다.

단어　あまい 달다 | おかし 과자 | あまり 그다지, 별로 | おしゃべり 수다 | おくりもの 선물 | のりもの 탈것

해설　'달다'라는 형용사의 수식을 받을 수 있는 먹거리를 찾아야 한다. 단맛이 나는 간식류인 おかし가 정답이다.

9 **아무리** 많이 먹어도 바로 배가 꺼지고 맙니다.

단어　どんなに 아무리 | すぐに 곧, 바로 | おなかが すく 배가 고프다 | どんな 어떤 | どうして 왜 | いかが 어떠함

해설　'아무리 ~해도'라는 뜻의 구문을 알면 쉽게 풀 수 있는 문제이다. 뒤에 오는 「~ても」와 호응하여 정도가 심함을 강조하는 부사 どんなに가 정답이다. 문자·어휘 파트뿐만 아니라 문법 파트에서도 종종 출제되므로 유사 표현인 「いくら~ても」와 함께 알아두면 좋다.

10 **영수증**을 보면 무엇을 샀는지 알 수 있습니다.

단어　レシート 영수증 | パン 빵 | サービス 서비스 | パンダ 판다

해설　선택지 중 구매 내용을 확인할 수 있는 것은 レシート이다.

⑪ 예상어휘 확인문제 문맥구성　　p.184

1 소금을 넣어야 하는데, 실수로 **설탕**을 넣어 버렸다.

단어　しお 소금 | 入(い)れる 넣다 | まちがえる 틀리다 | さとう 설탕 | くさ 풀 | つめ 손톱 | ごちそう 대접

해설　소금과 비슷하게 생긴 조미료를 착각하여 잘못 넣은 상황이므로 정답은 さとう이다.

2 이만큼 서비스가 **형편없는** 호텔은 처음입니다.

단어　ひどい 심하다, 형편없다 | ホテル 호텔 | はじめて 처음 | ねむい 졸립다 | ほそい 가늘다 | こわい 무섭다

해설　서비스의 질이 낮아서 불만족스러운 상태를 강조하고 있으므로 ひどい를 넣어야 문맥이 자연스럽다.

3 잘 안 들리니까, **가능한 한** 큰 목소리로 말해 주세요.

단어　きこえる 들리다 | できるだけ 가능한 한 | 大(おお)きい 커다랗다 | こえ 목소리 | 話(はな)す 이야기하다 | そんなに 그렇게 | なかなか 좀처럼 | ずいぶん 상당히, 몹시

해설　소리가 잘 들리지 않는 사람을 위해서 가능한 범위 내에서 최선을 다해 달라고 부탁하고 있으므로 부사 できるだけ를 써야 자연스럽다.

4 A "**대단히** 죄송하지만, 내일 한 시 약속을 두 시로 바꿔 주시겠어요?"
　B "네, 괜찮아요."

단어　たいへん 대단히, 몹시 | やくそく 약속 | かえる 바꾸다 | けっして 결코 | もっと 더, 더욱 | いったい 도대체

해설　상대방에게 정해진 약속 시간을 바꿔 달라고 요청하며 미안해하는 상황이다. 이때 すみません 앞에 たいへん을 붙여서 たいへん すみませんが라고 하면 미안한 마음을 더 강조할 수 있다.

5 더우면 **스웨터**를 벗고, 얇은 셔츠로 갈아입는 게 어떻습니까?

단어　あつい 덥다 | セーター 스웨터 | ぬぐ 벗다 | うすい 얇다 | シャツ 셔츠 | きがえる 갈아입다 | タオル 수건 | サンダル 샌들 | アクセサリー 액세서리

해설　더우면 벗어야 하는 두꺼운 옷을 찾아야 한다. 선택지에서 얇은 셔츠와 대비되는 두툼한 옷은 セーター이다.

6 그 드레스에는 100만 엔의 **가격**이 붙어 있었다.

단어　ドレス 드레스 | ねだん 가격 | つく 붙다 | ゆびわ 반지 | うりば 매장 | しかた 방식

해설　100만 엔이라는 구체적인 액수가 제시되었으므로 ねだん이 정답이다.

7 야마모토 씨는 **도둑**에게 소중한 반지를 도둑맞았습니다.

단어　どろぼう 도둑 | たいせつだ 소중하다 | ぬすむ 훔치다 | はなみ 꽃놀이 | とちゅう 도중 | わりあい 비율

해설　소중한 반지를 도둑맞았다고 했으므로 물건을 훔치는 주체인 どろぼう가 정답이다. 특히 「~に~をぬすまれる(~에게 ~를 도둑맞다)」는 피해를 본 상황에서 자주 쓰이는 수동형 표현이므로 통째로 익혀 두자.

8 내 여동생은 사쿠라 호텔의 **접수처**에서 일하고 있습니다.

단어　うけつけ 접수처, 프런트 | おまつり 축제 | おいわい 축하 선물 | いなか 시골

해설　호텔이라는 장소에서 일할 만한 구체적인 부서를 찾아야 한다. 선택지 중에서는 손님을 처음 맞이하는 うけつけ가 가장 자연스럽다.

9 이렇게 많은 요리를 혼자서 먹는 것은 **무리**입니다.

단어　りょうり 요리, 음식 | ひとり 혼자 | むりだ 무리이다 | ふべん 불편함 | じゃま 방해 | にもつ 짐

해설　과하게 많은 요리를 혼자서 먹는 상황은 일반적으로 감당하기 힘든 일이므로 정답은 むり이다.

10 할머니는 손자에게 거짓말하면 안 된다고 **다정하게** 가르쳤다.

단어　まご 손주, 손자 | うそを つく 거짓말하다 | やさしい 상냥하다, 다정하다 | おいしい 맛있다 | すっぱい 시다 | きたない 더럽다

해설　할머니가 손주에게 교훈을 주는 상황이다. '가르쳤다'를 수식하면서 정서적으로 어울리는 표현은 やさしく이다.

⑫ 예상어휘 확인문제 문맥구성　　p.185

1 **마침** 사고 싶었던 색 스웨터가 팔려 버렸습니다.

단어　ちょうど 마침 | いろ 색 | 売(う)れる 팔리다 | なるほど 과연 | もうすぐ 이제 곧 | ほとんど 거의

해설　하필이면 사고 싶었던 색상의 스웨터가 다 팔린 상황이다. 문맥상 ちょうど가 가장 적절하다.

2 A "여기에 커피를 준비해 두었으니, 부디 **사양** 말고 드세요."
B "감사합니다."

단어 用意(ようい) 준비 | えんりょ 사양 | ぐあい 상태 | あんない 안내 | きもち 기분

해설 상대방에게 커피를 권하는 상황이다. ごえんりょなく는 무언가를 권하거나 양해를 구할 때 사용하는 관용구이므로 문장 전체를 통째로 암기해 두면 실생활에서도 유용하다.

3 모인 사람에 비해 의자 **수**가 부족합니다.

단어 あつまる 모이다 | くらべる 비교하다 | いす 의자 | かず 숫자, 수 | たりない 부족하다, 모자라다 | えだ 가지 | すな 모래 | うで 팔

해설 모인 사람의 수에 비해 의자 개수가 부족하다는 내용이 되어야 하므로, 수나 분량을 나타내는 かず가 정답이다.

4 다 같이 생각하면 좋은 **아이디어**가 나올지도 모릅니다.

단어 かんがえる 생각하다 | アイディア 아이디어 | レシート 영수증 | サービス 서비스 | ニュース 뉴스

해설 함께 고민하면 좋은 무언가가 나온다는 흐름이므로 빈칸에 들어갈 말로 적절한 것은 アイディア이다.

5 대학 **선배**가 이 회사에 근무하고 있습니다.

단어 せんぱい 선배 | つとめる 근무하다 | てんいん 점원 | しゃちょう 사장 | しゃいん 사원

해설 대학이라는 수식어와 호응하여 인적 관계를 나타낼 수 있는 단어를 찾아야 한다. 정답은 せんぱい이다.

6 오늘 아침 **깜빡**해서 가방을 지하철에 놓고 왔습니다.

단어 うっかり 깜빡, 무심코 | ちかてつ 지하철 | 忘(わす)れる 잊다 | すっかり 완전히 | ゆっくり 천천히 | はっきり 분명히, 명확히

해설 '잊다(忘れる)'라는 동사와 함께 자주 쓰이는 부사는 うっかり이다.

7 되도록 어려운 **단어**를 사용하지 않고 이야기합시다.

단어 なるべく 되도록, 가능한 한 | むずかしい 어렵다 | ことば 말, 언어, 단어 | つかう 사용하다 | はなす 이야기하다 | かたち 모양 | こたえ 대답 | こくご 국어

해설 어렵다고 수식할 수 있고, 이야기하는 데 사용되는 것은 ことば이다.

8 수업이 시작되는 종이 **울리고** 있습니다.

단어 はじまる 시작되다 | ベル 벨 | なる 울리다 | いう 말하다 | きく 묻다, 듣다 | よぶ 부르다

해설 종이 소리를 내며 울리는 상황이므로 '울리다'라는 뜻의 동사 なる를 활용한 なって가 정답이다.

9 우리는 학생이라서 아직 **결혼**은 생각하고 있지 않습니다.

단어 けっこん 결혼 | そうたい 조퇴 | たいいん 퇴원 | げしゅく 하숙

해설 시기상조라고 생각할 만한 사건을 찾아야 한다. 선택지 중 학생 신분과 대비되어 미래의 일로 언급하기 좋은 것은 けっこん이다.

10 드문 이름이네요. 한번 **외우면** 안 잊겠어요.

단어 めずらしい 희귀하다, 드물다 | なまえ 이름 | おぼえる 외우다, 기억하다 | ならう 배우다 | つくる 만들다 | べんきょうする 공부하다

해설 이름이 특이해서 기억에 잘 남는다는 흐름이다. 지식이나 정보를 머릿속에 집어넣을 때 쓰는 동사 おぼえる를 활용한 おぼえたら가 정답이다.

13 예상어휘 확인문제 문맥구성 p.186

1 그 사람은 계단에서 **넘어져서** 다쳤습니다.

단어 かいだん 계단 | ころぶ 넘어지다 | けがをする 다치다 | かぶる (모자를) 쓰다 | とる 집다, 쥐다

해설 계단에서 다치는 상황이므로 발이 걸려 넘어지거나 구르는 동작인 ころぶ를 활용한 ころんで가 정답이다.

2 늦은 시간에 돌아올 때는 **뒤쪽**에서 집으로 들어갑니다.

단어 おそい 늦다 | うら 뒤, 뒤쪽 | あと 후 | あいだ 사이 | すみ 구석

해설 늦은 시간에 귀가하여 가족에게 방해가 되지 않게 정문이 아닌 다른 쪽으로 들어가는 상황이다. うら가 정답이다.

3 **수영장**보다도 바다에서 수영하는 것을 좋아합니다.

단어 プール 수영장 | うみ 바다 | およぐ 헤엄치다, 수영하다 | アパート 아파트 | ホテル 호텔 | ビル 빌딩, 건물

해설 바다에서 수영하는 것과 비교할 만한 장소를 찾아야 하므로 プール가 정답이다.

4 최근 매우 **바빠서**, 운동은 하고 있지 않습니다.

단어 いそがしい 바쁘다 | うんどう 운동 | ふかい 깊다 | わかい 젊다 | やさしい 상냥하다, 다정하다

해설 운동을 못 하는 구체적인 이유가 와야 한다. 시간이 없거나 일이 많음을 뜻하는 いそがしい가 문맥상 가장 적절하다.

5 그 여자아이에게 울고 있는 **이유**를 물었습니다.

단어 なく 울다 | わけ 이유 | たずねる 묻다 | まめ 콩 | むし 벌레 | たな 선반

해설 우는 아이에게 울게 된 이유를 물어보는 상황이므로 정답은 わけ이다.

6 한 달에 한 번 가족 모두 **레스토랑**에서 식사하는 것이 즐거움입니다.

단어 月(つき) 달, 한 달 | かぞく 가족 | 食事(しょくじ) 식사 | たのしみ 기대, 즐거움 | ハンバーグ 햄버그스테이크 | スクリーン 스크린 | ドライブ 드라이브

해설 가족과 함께 식사하러 가는 장소는 レストラン이다.

7 이것은 더러워져 있으니, 깨끗한 것과 **바꾸어** 주세요.

단어 よごれる 더러워지다 | きれいだ 예쁘다, 깨끗하다 | とりかえる 교체하다, 바꾸다 | のりかえる 갈아타다 | つかまえる 잡다 | まちがえる 틀리다

해설 더러운 물건을 깨끗한 것으로 바꾸어 달라고 요청하는 상황이므로 とりかえる를 활용한 とりかえて가 정답이다. 선택지 중 のりかえる는 차를 갈아타는 것이고, とりかえる는 물건을 바꾼다는 차이점을 잘 알아두면 좋다.

8 이 **신문**은 아직 안 읽었으니까, 버리지 마.

단어 しんぶん 신문 | 読(よ)む 읽다 | すてる 버리다 | ぬすむ 훔치다 | くらす 생활하다

해설 선택지 중 '읽다'와 '버리다'라는 상황에 모두 어울리는 물건은 しんぶん이다.

9 가게 앞에 많은 사람이 **줄을 서** 있네요. 무엇을 팔고 있을까요?

단어 おおぜい 많은 사람 | ならぶ 늘어서다, 줄을 서다 | 売(う)る 팔다

해설 가게 앞에 사람들이 늘어서 있는 풍경을 묘사하고 있다. 정답은 ならぶ를 활용한 ならんで이다.

10 대학을 졸업해도, 영어 공부를 **계속할** 생각입니다.

단어 そつぎょう 졸업 | えいご 영어 | つづける 계속하다 | つもり 생각, 작정 | とどける 보내다, 신고하다 | ねむる 자다

해설 졸업 후에도 중단하지 않고 학업을 이어가겠다는 의지를 나타낸다. 문맥상 답으로 적절한 것은 つづける이다.

14 예상어휘 확인문제 문맥구성 p.187

1 저 사람은 **생활**이 곤란한데도 일하려고 하지 않습니다.

단어 せいかつ 생활 | こまる 곤란하다 | しゅうかん 습관 | れんしゅう 연습 | きょうみ 흥미, 관심

해설 일하지 않아 생계유지에 어려움을 겪는 상황이다. 먹고사는 일이나 일상을 뜻하는 せいかつ가 문맥상 적절하다.

2 그 가게는 오전 열 시에 **오픈**합니다.

단어 ごぜん 오전 | オープン 오픈 | スイッチ 스위치 | チェック 체크

해설 오전 열 시에 가게가 영업을 시작한다는 내용이다. 가게나 시설이 문을 여는 것을 뜻하는 외래어 オープン이 정답이다.

3 파티가 **곧** 시작될 테니 여러분 모여 주세요.

단어 パーティー 파티 | もうすぐ 이제 곧 | いつか 언젠가 | なかなか 좀처럼 | ずっと 쭉

해설 파티 시작 전 모여 달라고 했으므로, 시작한다는 동사 앞에 올 부사는 어떤 일이 곧 일어날 것임을 나타내는 もうすぐ가 적절하다.

4 고바야시 씨의 취미는 **농구**를 하는 것입니다.

단어 しゅみ 취미 | バスケットボール 농구 | カメラ 카메라 | タクシー 택시 | ニュース 뉴스

해설 선택지 중 능동적인 활동을 나타내어 동사 する와 호응할 수 있는 단어는 バスケットボール이다.

5 **커튼**을 쳐서 방을 어둡게 했습니다.

단어 カーテンを ひく 커튼을 치다 | くらい 어둡다 | ページ 페이지 | メートル 미터 | テーブル 테이블, 탁자

해설 방을 어둡게 만들기 위해 하는 행동으로 적당한 것은 커튼을 치는 것이므로 정답은 カーテン이다. 선택지 중 동사 ひく와 호응할 수 있는 명사도 カーテン뿐이라는 점을 알면 문제를 더 쉽게 풀 수 있다.

6 더우면, 부디 겉옷을 **벗어** 주세요.

단어 あつい 덥다 | うわぎ 겉옷 | ぬぐ 벗다 | むく (껍질을) 벗기다 | はずす 빼다, 벗다

해설 더울 때 겉옷에 대해 할 수 있는 동작을 찾아야 하므로 '벗다'라는 뜻의 ぬぐ를 활용한 ぬいで가 정답이다. 옷을 벗을 때는 동사 ぬぐ, 안경을 벗거나 액세서리를 뺄 때는 はずす를 쓴다는 점도 꼭 기억해 두자.

7 죄송합니다. 발을 **밟아** 버렸습니다.

단어 あし 발 | ふむ 밟다 | ぬすむ 훔치다 | やく 태우다 | われる 깨뜨리다

해설 상대방에게 사과하는 상황이다. 목적어가 발이므로 문맥상 가장 적당한 것은 ふんで이다.

8 A "이번 주 토요일에 교토에 가요."
B "그건 **기대되**겠어요."

단어 たのしみ 기대, 즐거움 | もちかえり 테이크아웃 | おしいれ 벽장 | おとしもの 분실물

해설 교토 여행을 간다는 상대방의 말에 호응하는 답변을 골라야 한다. 즐거운 일을 앞두고 쓰는 표현인 たのしみ가 정답이다.

9 **전기**는 눈에는 보이지 않지만, 생활에 없어서는 안 되는 것입니다.

단어 でんき 전기 | 目(め) 눈 | 見(み)える 보이다 | うわさ 소문 | ことば 말, 언어, 단어 | いぜん 이전

해설 눈에 보이지 않지만, 생활에 필수인 것을 찾아야 하므로 でんき가 정답이다.

10 이렇게 **멋진** 것을 받다니, 정말로 감사드려요.

단어 りっぱだ 멋지다, 훌륭하다 | いただく 받다 | きらいだ 싫어하다 | むりだ 무리이다 | じょうずだ 잘하다, 능숙하다

해설 물건을 받고 감사 인사를 전하는 상황이다. 상대방이 준 선물을 수식하기에 적당한 형용사는 りっぱな이다.

04 유의표현

문제 4 _____ 의 문장과 거의 같은 의미의 문장이 있습니다. 1·2·3·4 중에서 가장 적당한 것을 하나 고르세요.

15 예상어휘 확인문제 유의표현 p.188

1 남동생은 성실하게 공부를 하고 있습니다.

　1 남동생은 안전하게 공부를 하고 있습니다.
　2 남동생은 열심히 공부를 하고 있습니다.
　3 남동생은 건강하게 공부를 하고 있습니다.
　4 남동생은 떠들썩하게 공부를 하고 있습니다.

단어 まじめだ 성실하다 | べんきょう 공부 | あんぜんだ 안전하다 | いっしょうけんめいに 열심히 | げんきだ 건강하다 | にぎやかだ 떠들썩하다, 활기차다

2. 여기는 훌륭한 그림을 보여주는 곳입니다.

  1 **여기는 미술관입니다.**

  2 여기는 동물원입니다.

  3 여기는 대사관입니다.

  4 여기는 도서관입니다.

단어 すばらしい 훌륭하다 | え 그림 | 見(み)せる 보여주다 | ところ 장소, 곳 | びじゅつかん 미술관 | どうぶつえん 동물원 | たいしかん 대사관 | としょかん 도서관

3. 친구에게 입학 선물을 줄 생각입니다.

  1 친구에게 감사 인사를 할 생각입니다.

  2 **친구에게 선물을 할 생각입니다.**

  3 친구에게 선물을 팔 생각입니다.

  4 친구에게 기념품을 살 생각입니다.

단어 友(とも)だち 친구 | にゅうがく 입학 | プレゼント 선물 | あげる (내가 남에게) 주다 | つもり 생각, 작정 | おれいを 言(い)う 감사 인사를 하다 | おくりもの 선물 | 売(う)る 팔다 | おみやげ 여행 선물, 기념품

4. 이 컴퓨터는 자주 고장 납니다.

  1 **이 컴퓨터는 고장 나기 쉽습니다.**

  2 이 컴퓨터는 깨끗해 보이지 않습니다.

  3 이 컴퓨터는 안전하지 않습니다.

  4 이 컴퓨터는 확실합니다.

단어 コンピューター 컴퓨터 | よく 자주 | こしょうする 고장 나다 | こわれる 망가지다, 고장 나다 | 見(み)える 보이다 | たしか 확실함

5. 야마다 씨는 작은 글자가 보이지 않는 모양입니다.

  1 야마다 씨는 휴대전화를 잊고 가져오지 않았습니다.

  2 야마다 씨는 지갑을 잊고 가져오지 않았습니다.

  3 **야마다 씨는 안경을 잊고 가져오지 않았습니다.**

  4 야마다 씨는 거울을 잊고 가져오지 않았습니다.

단어 小(ちい)さい 작다 | じ 글자 | けいたい 휴대전화 | さいふ 지갑 | めがね 안경 | かがみ 거울 | わすれる 잊다

🟠16 예상어휘 확인문제 유의표현   p.189

1. 케이크는 하나도 남아 있지 않습니다.

  1 케이크는 조금밖에 없습니다.

  2 케이크는 전부 놓여 있습니다.

  3 케이크는 조금만 놓여 있습니다.

  4 **케이크는 전부 먹어 버렸습니다.**

단어 ひとつ 하나 | のこる 남다 | すこし 조금 | ぜんぶ 전부 | おく 놓다 | 食(た)べる 먹다

2. 하나코는 아기입니다.

  1 하나코는 올해 대학을 졸업합니다.

  2 하나코는 올해 중학교에 들어갑니다.

  3 **하나코는 태어난 지 3개월입니다.**

  4 하나코는 내년에 초등학교에 들어갑니다.

단어 あかんぼう 아기 | 今年(ことし) 올해 | 大学(だいがく) 대학 | そつぎょう 졸업 | 中学校(ちゅうがっこう) 중학교 | 入(はい)る 들어가다 | 生(う)まれる 태어나다 | 3か月(さんかげつ) 3개월 | 来年(らいねん) 내년 | 小学校(しょうがっこう) 초등학교

3. 내일은 추워질 거라고 합니다.

  1 내일은 맑을 것입니다.

  2 내일은 흐릴 것입니다.

  3 **내일은 추워질 것입니다.**

  4 내일은 더워질 것입니다.

단어 ひえる 차가워지다 | はれる 맑다 | くもる 흐리다 | さむい 춥다 | あつい 덥다

4. 남동생은 매일 머리카락을 씻습니다.

  1 **남동생은 매일 머리를 씻습니다.**

  2 남동생은 매일 등을 씻습니다.

  3 남동생은 매일 얼굴을 씻습니다.

  4 남동생은 매일 배를 씻습니다.

단어 毎日(まいにち) 매일 | かみ 머리카락 | あらう 씻다 | あたま 머리 | せなか 등 | かお 얼굴 | おなか 배

5. 숙제가 있다는 것을, 스즈키 씨에게 전해 주세요.

  1 숙제가 있다는 것을, 스즈키 씨에게 약속해 주세요.

  2 숙제가 있다는 것을, 스즈키 씨에게 방송해 주세요.

  3 **숙제가 있다는 것을, 스즈키 씨에게 연락해 주세요.**

  4 숙제가 있다는 것을, 스즈키 씨에게 반대해 주세요.

단어 しゅくだい 숙제 | つたえる 전하다 | やくそく 약속 | ほうそう 방송 | れんらく 연락 | はんたい 반대

🟠17 예상어휘 확인문제 유의표현   p.190

1. 어제 미술관에 갔습니다.

  1 **어제 그림을 보러 갔습니다.**

  2 어제 그림을 배우러 갔습니다.

  3 어제 그림을 고치러 갔습니다.

  4 어제 그림을 그리러 갔습니다.

단어 びじゅつかん 미술관 | え 그림 | ならう 배우다 | なおす 고치다 | かく 그리다

2. 이것을 전부 먹는 것은 무리입니다.

  1 이것을 전부 먹고 싶습니다.

  2 이것을 전부 먹어서는 안 됩니다.

  3 이것은 전부 먹을 작정입니다.

  4 **이것은 전부 먹을 수 없습니다.**

단어 むりだ 무리이다

3. 일은 대체로 끝났습니다.

  1 일은 전부 끝났습니다.

  2 일은 꼭 끝났습니다.

3 일은 거의 끝났습니다.

4 일은 점점 끝났습니다.

단어 しごと 일, 업무 | だいたい 대체로, 대개 | すむ 끝나다 | きっと 꼭, 반드시 | ほとんど 거의 | だんだん 점점

4 내일 회의에는 가능한 한 참석해 주세요.

1 내일 회의에는 반드시 참석해 주세요.

2 내일 회의에는 역시 참석해 주세요.

3 내일 회의에는 꼭 참석해 주세요.

4 내일 회의에는 가능한 한 참석해 주세요.

단어 なるべく 가능한 한 | しゅっせき 출석, 참석 | やはり 역시 | きっと 꼭, 반드시 | できるだけ 가능한 한

5 나는 야마다 씨에게 "몸조리 잘하세요"라고 말했습니다.

1 야마다 씨는 이제부터 학교에 갑니다.

2 야마다 씨는 지금 아픕니다.

3 야마다 씨는 내일 결혼합니다.

4 야마다 씨는 오늘 스무 살이 됩니다.

단어 びょうき 병 | けっこん 결혼 | はたち 스무 살

05 용법

문제 5 다음 어휘의 사용법으로 가장 적당한 것을 1·2·3·4 중에서 하나 고르세요.

18 예상어휘 확인문제 용법　　　p.191

1 なかなか 제법, 좀처럼

1 버스 시간에 제법 맞췄습니다.
(なかなか → やっと 겨우)

2 이 문제는 어려워서 제법 풀 수 있습니다.
(なかなか とけます → なかなか とけません 좀처럼 풀 수 없습니다)

3 이 책은 제법 재미있습니다.

4 과자를 제법 주세요.
(なかなか → たくさん 많이)

단어 まにあう 시간에 맞추다 | もんだい 문제 | むずかしい 어렵다 | とく 풀다 | 本(ほん) 책 | おもしろい 재미있다 | おかし 과자

해설 なかなか는 긍정문과 함께 쓰일 때는 '제법, 꽤', 부정문과 함께 쓰일 때는 '좀처럼 ~하지 않다'라는 의미로 쓰이므로 문맥에 따라 잘 구별해서 사용해야 한다.

2 ニュース 뉴스

1 사고 뉴스를 오늘 아침 신문에서 알았습니다.

2 이 카페는 뉴스가 많습니다.
(ニュース → イベント 이벤트)

3 아내는 토요일 오전 중에는 뉴스에 다니고 있습니다.
(ニュース → ジム 체육관)

4 야마다 씨에게서 뉴스에 초대받았습니다.
(ニュース → パーティー 파티)

단어 じこ 사고 | けさ 오늘 아침 | 新聞(しんぶん) 신문 | 知(し)る 알다 | カフェ 카페 | 多(おお)い 많다 | つま 아내 | 土曜日(どようび) 토요일 | 午前中(ごぜんちゅう) 오전 중 | かよう 다니다 | しょうたい 초대

3 しゅみ 취미

1 토요일은 취미가 있으므로, 함께는 못 가.
(しゅみ → ようじ 볼일)

2 나는 취미로 액세서리를 만들고 있습니다.

3 저 레스토랑은 좀처럼 취미를 잡을 수 없습니다.
(しゅみ → せき 자리)

4 어제는 취미가 많이 있어서 매우 지쳤습니다.
(しゅみ → しごと 일)

단어 アクセサリー 액세서리 | せきを とる 자리를 잡다 | つかれる 지치다, 피곤하다

4 すくない 적다

1 적은 마당이지만 여러 가지 나무나 꽃이 심겨 있습니다.
(すくない → せまい 좁은)

2 아무 맛도 없는 것보다, 조금 적은 쪽이 많이 먹을 수 있습니다. (しゅみ → うすい 싱거운)

3 할아버지와 할머니께 집 안에서 가장 적은 방을 드렸다.
(すくない → ひろい 넓은)

4 이 레스토랑은 요리의 개수는 적지만, 어느 것이든 모두 맛있다.

단어 にわ 마당 | いろいろ 여러 가지 | き 나무 | はな 꽃 | うえる 심다 | 味(あじ) 맛 | うすい 싱겁다 | おじいさん 할아버지 | おばあさん 할머니 | ひろい 넓다 | あげる 주다 | 料理(りょうり) 요리, 음식 | かず 개수

5 やさしい 쉽다

1 우리가 쉬웠던 무렵에는 텔레비전도 전화도 없었다.
(やさしかった → わかかった 젊었던)

2 쉬운 글씨를 쓸 수 있는 만년필을 찾고 있습니다.
(やさしい → こまかい 세밀한)

3 이 책은 쉬운 말로 쓰여 있습니다.

4 학생일 때 야구를 해서 팔도 다리도 쉽습니다.
(やさしいです → じょうぶです 튼튼합니다)

단어 テレビ 텔레비전 | でんわ 전화 | じ 글씨 | まんねんひつ 만년필 | さがす 찾다 | ことば 말, 언어, 단어 | やきゅう 야구 | うで 팔 | あし 다리

19 예상어휘 확인문제 용법

1 うける (시험을) 보다

1 이것은 여동생이 여행 선물로 본 것입니다.
(うけた → もらった 받은)

2 어제 친구에게 편지를 보았습니다.
(うけました → おくりました 보냈습니다)

3 올해 시험을 볼 작정입니다.

4 역으로 짐을 보러 다녀오겠습니다.
(うけに → とりに 가지러)

단어 もらう 받다 | りょこう 여행 | おみやげ 여행 선물, 기념품 | おくる 보내다 | テスト 시험 | えき 역 | にもつ 짐

2 にがて 못함, 자신 없음

1 어릴 때부터 많은 사람 앞에서 이야기하는 것을 못 했습니다.

2 산속은 전철이나 자동차 소리가 들리지 않아서 못 합니다.
(にがてです → しずかです 조용합니다)

3 처음에는 서툴러도 연습하면 못 하게 됩니다.
(にがてに → じょうずに 잘하게)

4 못 하는 의사가 되어서 병으로 괴로워하는 사람을 돕고 싶습니다.
(にがてな → りっぱな 훌륭한)

단어 おおぜい 많은 사람 | 前(まえ) 앞 | じどうしゃ 자동차 | 音(おと) 소리 | 聞(き)こえる 들리다 | れんしゅう 연습 | 医者(いしゃ) 의사 | くるしむ 괴로워하다 | たすける 돕다

3 あせ 땀

1 간장을 조금 더하면 좋은 땀이 됩니다.
(あせ → あじ 맛)

2 옷에 담배의 땀이 배어 버렸습니다.
(あせ → におい 냄새)

3 이 비누는 달콤한 땀이 납니다.
(あせ → かおり 향)

4 매운 것을 먹으면 땀이 납니다.

단어 しょうゆ 간장 | たす 더하다 | ふく 옷 | タバコ 담배 | においが つく 냄새가 배다 | せっけん 비누 | あまい 달다 | からい 맵다 | 出(で)る 나오다

4 つめたい 차다

1 올해 겨울은 찹니다.
(つめたいです → さむいです 춥습니다)

2 뭔가 찬 것을 마십시다.

3 약의 찬 냄새가 났습니다.
(つめたい → いやな 싫은)

4 산의 바람은 차서 기분이 좋습니다.
(つめたくて → すずしくて 시원해서)

단어 ふゆ 겨울 | くすり 약 | においが する 냄새가 나다 | かぜ 바람 | きもちが いい 기분이 좋다

5 わたる 건너다

1 바쁠 때는 야마다 씨에게 부탁하면 반드시 건너 줍니다.
(わたって → てつだって 도와)

2 위험하니까 다리를 건널 때는 조심하세요.

3 방에 해가 건너지 않기 때문에 겨울에는 무척 춥습니다.
(わたらない → はいらない 들어오지 않기)

4 옆 사람에게 이 펜을 건너 주세요.
(わたって → わたして 건네)

단어 たのむ 부탁하다 | てつだう 돕다 | あぶない 위험하다 | はし 다리 | 気(き)を つける 조심하다, 주의하다 | へや 방 | 日(ひ) 해 | となり 옆 | わたす 건네다

20 예상어휘 확인문제 용법 p.193

1 まんなか 가운데, 중앙

1 학교에 가는 가운데에서 비가 내리기 시작했습니다.
(まんなか → とちゅう 도중)

2 강 가운데에 작은 섬이 두 개 있습니다.

3 집의 가운데와 밖에서는 따뜻함이 상당히 다릅니다.
(まんなか → なか 안)

4 아이들이 자랐기 때문에 가운데가 좁아졌습니다.
(まんなか → へや 방)

단어 ふりはじめる 내리기 시작하다 | 川(かわ) 강 | 小(ちい)さな 작은 | しま 섬 | ふたつ 두 개 | そと 밖 | あたたかさ 따뜻함 | ずいぶん 상당히, 몹시 | ちがう 다르다 | 大(おお)きい 크다 | せまい 좁다

2 いったい 도대체

1 도대체 누가 내 빵을 먹은 걸까?

2 이 리포트를 쓰는 데는 도대체 시간이 걸렸다.
(いったい → かなり 상당히)

3 역까지는 도대체 걸으니까 택시로 가는 편이 좋다.
(いったい → だいぶ 꽤)

4 30분 전에 막 먹은 참이라서 지금은 도대체 배가 고프지 않습니다.
(いったい → ぜんぜん 전혀)

단어 レポート 리포트 | 書(か)く 쓰다 | かかる 걸리다 | 駅(えき) 역 | タクシー 택시 | おなかが すく 배가 고프다

3 じょうぶ 튼튼함

1 고기는 튼튼하지만, 생선은 좋아합니다.
(じょうぶだけれど → きらいだけれど 싫어하지만)

2 일본어를 튼튼하게 말할 수 있게 되고 싶습니다.
(じょうぶに → じょうずに 능숙하게)

3 매일 많이 걸으므로 튼튼한 신발을 갖고 싶습니다.

4 마당에 눈이 내려서 매우 튼튼한 경치였습니다.
(じょうぶな → きれいな 예쁜)

단어 にく 고기 | さかな 생선 | 毎日(まいにち) 매일 | あるく 걷다 | くつ 신발 | にわ 마당 | けしき 경치

4 ひらく 열다, 개최하다

1 더워서 샤워를 열었습니다.
(ひらきました → あびました 했습니다)

2 월요일부터 전시회를 엽니다.

3 바람 때문에 손수건이 열렸습니다.
(ひらきました → とんで いきました 날아갔습니다)

4 이 버튼을 열면 벨이 울립니다.
(ひらくと → おすと 누르면)

단어 あつい 덥다 | シャワーを あびる 샤워를 하다 | げつようび 월요일 | てんらんかい 전시회 | かぜ 바람 | ハンカチ 손수건 | とぶ 날다 | ベル 벨, 종 | なる 울리다

5 きれい 예쁨

1 그는 요리가 예쁩니다.
(きれいです → じょうずです 잘합니다)

2 나는 학생들이 예쁩니다.
(きれいです → すきです 좋아합니다)

3 그 사람은 공부를 예쁩니다.
(きれいです → じょうずです 잘합니다)

4 그 사람은 예쁜 드레스를 입고 있습니다.

단어 ドレス 드레스 | 着(き)る 입다

제 **3** 장
문법 공략편

① **접속사 확인문제**   p.201

문제 1 (   )에 무엇을 넣습니까? 1·2·3·4 중에서 가장 적당한 것을 하나 고르세요.

1 내일은 불꽃놀이입니다. **그래서** 여동생은 날씨만 신경 쓰고 있습니다.

단어 花火大会(はなびたいかい) 불꽃놀이 | それで 그래서 | 天気(てんき) 날씨 | 気(き)に する 신경 쓰다 | しかし 그러나, 하지만 | たとえば 예를 들어 | それから 그리고, 그러고 나서

해설 앞 문장이 뒤 문장의 원인이 되므로 인과관계를 나타내는 접속사 それで가 정답이다.

2 어제 운동회는 연기되었습니다. **왜냐하면** 아침부터 비가 내렸기 때문입니다.

단어 運動会(うんどうかい) 운동회 | 延期(えんき) 연기 | なぜなら 왜냐하면 | それに 게다가, 그리고 | だから 그래서

해설 문장 끝에 이유를 뜻하는 「～から」가 있으므로 なぜなら가 정답이다.

3 야마다 선생님은 휴가입니다. **그래서** 오늘은 수학 수업이 없습니다.

단어 休(やす)み 휴일, 휴가 | ですから 그래서 | 数学(すうがく) 수학 | 授業(じゅぎょう) 수업 | でも 그래도, 하지만 | だが 하지만 | すると 그러자

해설 앞 문장에 근거하여 결론을 내고 있으므로 ですから가 정답이다.

4 바람이 강했고, **게다가** 비도 내리고 있었습니다.

단어 風(かぜ) 바람 | 強(つよ)い 강하다, 세다 | それに 게다가, 그리고 | それなら 그렇다면

해설 앞의 상황에 다른 상황을 추가로 덧붙이고 있으므로 それに가 정답이다.

5 나는 케이크와 쿠키, **그리고** 아이스크림도 먹었습니다.

단어 ケーキ 케이크 | クッキー 쿠키 | それから 그리고, 그러고 나서 | アイスクリーム 아이스크림 | 食(た)べる 먹다

해설 사물을 순서대로 나열하고 있으므로 それから가 정답이다.

6 어르신에게 자리를 양보했습니다. **그러자** 몹시 기뻐하셨습니다.

단어 おとしより 어르신, 노인 | 座席(ざせき) 좌석 | ゆずる 양보하다 | すると 그러자 | たいへん 대단히, 몹시 | よろこぶ 기뻐하다

해설 어떤 행동과 그로 인한 결과를 연결하므로 정답은 すると이다. すると는 앞 문장의 동작이 완료된 후 일어난 상황이나 발견을 나타낼 때 사용한다.

7 매화는 이미 피었다. **하지만** 벚꽃은 아직 피지 않았다.

단어 咲(さ)く 피다 | すでに 이미 | だが 하지만 | まだ 아직

해설 앞뒤 문장을 대조적으로 연결하고 있으므로 역접 접속사인 だが가 정답이다.

8 도서관에서 조사하거나, **또는** 인터넷을 사용해서 조사하자.

단어 図書館(としょかん) 도서관 | しらべる 조사하다 | または 또는, 혹은 | 使(つか)う 사용하다

해설 두 가지 이상의 방법 중 어느 쪽이든 상관없을 때는 または를 사용한다. または는 여러 가능성을 나열할 때 주로 쓰이는데, 이 문장에서는 정보를 찾는 방법으로 도서관과 인터넷이라는 두 가지 선택지를 대등하게 나열하고 있다.

9 (패스트푸드 점에서)
점원 "여기서 드시겠습니까, **아니면** 가져가시겠습니까?"

단어 ファーストフード店(てん) 패스트푸드 점 | 店員(てんいん) 점원 | めしあがり 드심 | それとも 그렇지 않으면 | 持(も)ち帰(かえ)り 포장, 테이크아웃

해설 두 가지 선택지를 두고 어느 한쪽을 결정해야 할 때는 접속사 それとも를 사용한다. それとも는 주로 의문문에서 쓰인다.

10 이 일은 힘듭니다. **하지만** 해보고 싶습니다.

단어 仕事(しごと) 일, 업무 | 大変(たいへん)だ 힘들다, 큰일이다 | しかし 그러나, 하지만 | やる 하다

해설 뒤 문장에서는 앞 문장의 상황과 반대되는 강한 의지를 나타내고 있으므로 しかし가 정답이다.

47

11	아침 일찍 일어났습니다. **그리고** 조깅을 했습니다.
단어	朝(あさ) 아침	早(はや)く 일찍, 빨리	起(お)きる 일어나다	そして 그리고	ジョギング 조깅
해설	시간적 순서에 따라 다음 동작을 연결하는 そして가 정답이다.

12	이 슈퍼에서는 여러 채소를 팝니다. **예를 들어** 당근이나 양파 등이 있습니다.
단어	野菜(やさい) 채소	売(う)る 팔다	たとえば 예를 들어	にんじん 당근	玉(たま)ねぎ 양파
해설	앞서 말한 내용에 구체적인 사례를 들 때는 たとえば를 사용한다.

13	돈이 없습니다. **그렇지만** 여행 가고 싶습니다.
단어	お金(かね) 돈	けれども 그렇지만	旅行(りょこう) 여행
해설	뒤 문장에서 앞의 사실과 모순되는 바람을 나타내고 있으므로 けれども가 정답이다.

14	이제 가게를 닫을 시간이네요. **그렇다면** 내일 다시 오겠습니다.
단어	閉(し)める 닫다	それでは 그렇다면	時間(じかん) 시간
해설	앞 문장의 상황을 근거로 다음 행동을 결정하고 있으므로 それでは가 정답이다.

❷ 부사 확인문제   p.206

문제 1 ( )에 무엇을 넣습니까? 1·2·3·4 중에서 가장 적당한 것을 하나 고르세요.

1	카펫을 깨끗하게 하는 **가장** 좋은 방법은 무엇입니까?
단어	カーペット 카펫	きれいだ 깨끗하다	もっとも 가장	よい 좋다	方法(ほうほう) 방법	けっして 결코, 절대	まさか 설마	しっかり 꽉, 단단히
해설	여러 방법 중 최고를 묻는 최상급 표현이 필요하므로 もっとも가 정답이다.

2	A "여섯 시부터 파티가 있으니까, **슬슬** 나갈까요?" B "그러게요."
단어	パーティー 파티	そろそろ 슬슬	出(で)かける 나가다, 외출하다	だんだん 점점	だいたい 대개, 대체로	なかなか 좀처럼, 제법
해설	적당한 때가 되어 행동을 시작하려 할 때는 부사 そろそろ를 사용한다.

3	오전 일곱 시 신오사카행 노조미 호에 **가까스로** 시간이 맞았습니다.
단어	午前(ごぜん) 오전	やっと 겨우, 가까스로	間(ま)に合(あ)う 시간에 맞추다	どうぞ 부디	もっと 더, 더욱	どうも 참으로
해설	힘겹게 목적을 이루었을 때는 부사 やっと를 사용한다.

4	A "클래식 음악은 좋아합니까?" B "**특별히** 좋아하지는 않습니다."
단어	クラシック音楽(おんがく) 클래식 음악	好(す)きだ 좋아하다	とくに 특히, 특별히	ぜひ 꼭
해설	뒤에 부정형이 왔으므로 범위를 한정하거나 강조하는 とくに가 정답이다.

5	여러분, **이제 곧** 콘서트가 시작되니 회장으로 들어가세요.
단어	もうすぐ 이제 곧	コンサート 콘서트	始(はじ)まる 시작되다	会場(かいじょう) 회장, 행사장	入(はい)る 들어가다	ずっと 쭉	いつか 언젠가
해설	회장으로 들어가라고 했으므로 어떤 일이 곧 일어날 것임을 나타내는 もうすぐ를 사용해야 한다.

6	이 일은 힘들지만, **반드시** 마지막까지 하겠습니다.
단어	かならず 꼭, 반드시	最後(さいご) 마지막	なにも 아무것도
해설	강한 의지나 확실한 결심을 나타내는 부사 かならず가 정답이다.

7	긴 휴가 후에, 학교생활을 **완전히** 잊어버리고 말았습니다.
단어	休(やす)み 휴가, 쉼	学校(がっこう) 학교	生活(せいかつ) 생활	すっかり 죄다, 완전히	忘(わす)れる 잊다
해설	남김없이 전부라는 뜻으로, 잊어버린 상태를 강조하는 すっかり가 정답이다.

8	숙제는 **대체로** 끝났지만, 아직 조금 남아 있습니다.
단어	宿題(しゅくだい) 숙제	だいたい 대개, 대체로	終(お)わる 끝나다	残(のこ)る 남다
해설	숙제가 아직 조금 남아 있다고 했으므로, 완벽하지 않아도 어느 정도 마쳤음을 뜻할 때 쓸 수 있는 부사 だいたい가 정답이다.

9	일찍 자려고 생각했지만, **좀처럼** 잠들 수 없었습니다.
단어	寝(ね)る 자다	なかなか 좀처럼	眠(ねむ)る 잠들다
해설	문장 끝에 부정형이 왔으므로 생각대로 되지 않을 때 사용하는 부사 なかなか가 정답이다.

10	이 책은 어려워서, **거의** 못 읽었습니다.
단어	難(むずか)しい 어렵다	ほとんど 거의	読(よ)む 읽다	かならず 꼭, 반드시	ひじょうに 매우, 몹시	いっしょうけんめい 열심히
해설	양이나 정도의 부족을 나타내며 부정형과 호응하는 ほとんど가 정답이다. 선택지 중 いっしょうけんめい는 긍정적인 의지를 나타내므로 부정적인 결론과는 어울리지 않는다. 읽은 분량이 매우 적음을 뜻하는 ほとんど를 사용해야 문맥이 매끄럽다.

11	여행을 가기 전에, **먼저** 호텔을 예약했습니다.
단어	前(まえ)に 전에	まず 먼저, 우선	予約(よやく) 예약
해설	여러 단계 중 첫 번째 순서를 나타내는 まず가 정답이다.

12	시험 결과는 **아직** 모릅니다.
단어	試験(しけん) 시험	結果(けっか) 결과	まだ 아직	分(わ)かる 알다, 이해하다	もし 혹시
해설	어떤 일이 발생하기까지 시간이 더 지나야 함을 나타내거나 어떤 상태가 지속되고 있을 때는 부사 まだ를 사용한다.

13	면접 결과는 **벌써** 회사 홈페이지에 나와 있어요.
단어	面接(めんせつ) 면접	もう 이미, 벌써, 더	ホームページ 홈페이지	出(で)る 나오다
해설	예상보다 빨리 완료된 상태를 말할 때는 부사 もう를 사용한다.

14	아침 일곱 시 비행기라서, **일찍** 일어나야 합니다.
단어	飛行機(ひこうき) 비행기	早(はや)く 일찍, 빨리
해설	문맥상 시간이 이른 것을 뜻하는 早く가 정답이다.

문제 1 （　　　）에 무엇을 넣습니까? 1·2·3·4 중에서 가장 적당한 것을 하나 고르세요.

[1] 내일은 갈 수 있지만, 오늘**은** 무리입니다.

해설 앞 문장의 '내일'과 뒤 문장의 '오늘'을 대조하며 강조하고 있으므로 조사 は가 정답이다.

단어 あした 내일｜行(い)く 가다｜今日(きょう) 오늘｜むりだ 무리이다

[2] 태풍 **때문에** 마당의 나무가 쓰러지고 말았습니다.

단어 台風(たいふう) 태풍｜にわ 마당｜木(き) 나무｜たおれる 쓰러지다

해설 원인이나 이유를 나타내는 조사 で가 정답이다.

[3] 일본의 술은 쌀**로** 만들어집니다.

단어 さけ 술｜こめ 쌀｜作(つく)る 만들다

해설 재료나 원료를 나타내는 조사 から가 정답이다.

[4] 이 주변은 겨울**이어도** 따뜻한 곳입니다.

단어 へん 주변｜冬(ふゆ) 겨울｜あたたかい 따뜻하다｜ところ 곳, 장소

해설 '～임에도 불구하고'라는 의미를 나타내는 でも가 문맥상 자연스럽다.

[5] 엄마는 열이 있는**데도**, 일을 쉬려고 하지 않습니다.

단어 ねつ 열｜休(やす)む 쉬다

해설 앞뒤 문장이 서로 모순되는 역접의 상황을 이어주는 조사 のに가 정답이다.

[6] 길에서 지갑을 주웠기 **때문에** 파출소에 가져다주었습니다.

단어 みち 길｜さいふ 지갑｜ひろう 줍다｜こうばん 파출소｜とどける 보내다, 신고하다

해설 뒤 문장에 대한 객관적인 이유나 원인을 나타내는 ので가 정답이다.

[7] **지쳤으니까**, 조금 쉽시다.

단어 つかれる 지치다, 피곤하다

해설 휴식을 권하는 근거를 제시하고 있으므로 이유나 원인을 나타내는 표현이 와야 한다.

[8] 내일은 아침 아홉 시**까지** 제 쪽으로 와 주세요.

단어 あさ 아침｜来(く)る 오다

해설 동작의 완료 기한을 나타낼 때 사용하는 조사 までに가 정답이다. 아홉 시라는 기한 내에 도착해야 함을 의미한다.

[9] 나는 지금 자전거**를** 갖고 싶습니다.

단어 じてんしゃ 자전거｜ほしい 갖고 싶다, 바라다

해설 희망을 나타내는 형용사 ほしい의 대상에는 조사 が를 쓴다.

[10] 이 가게는 맛도 나쁜 데**다가** 가격도 비싸네요.

단어 味(あじ) 맛｜わるい 나쁘다｜ねだん 가격｜高(たか)い 비싸다

해설 상태나 이유를 나열할 때는 조사 し를 쓴다.

[11] 선생님이 어디에 있는**지** 모릅니다.

단어 先生(せんせい) 선생(님)｜どこ 어디

해설 문장 안에 의문사가 포함된 의문문을 만들 때는 조사 か를 쓴다.

[12] 어제 만화책을 20권**이나** 읽었습니다.

단어 きのう 어제｜まんが 만화｜さつ ～권

해설 수량이 예상보다 많음을 강조하는 조사 も가 정답이다.

[13] 오늘 밤은 다카하시 씨**와** 데이트합니다.

단어 今夜(こんや) 오늘 밤｜デート 데이트

해설 동작을 함께 하는 상대에는 조사 と를 쓴다.

문제 2 ＿＿★＿＿ 에 들어가는 것은 어느 것입니까? 1·2·3·4 중에서 가장 적당한 것을 하나 고르세요.

[14] 사고로 **전철이 움직이지 않았기 때문에 나는** 오늘 아침 수업에 늦었습니다.

단어 じこ 사고｜電車(でんしゃ) 전철｜うごく 움직이다｜今朝(けさ) 오늘 아침｜じゅぎょう 수업｜おくれる 늦다

해설 사고 때문에 발생한 상황을 조사 ので로 연결하여 내 지각의 이유를 설명하고 있다. 주어와 술어의 관계를 파악하여 문장을 맞게 배열하면 3-1-4-2이다.

[15] 이 책은 다음 주 **수요일까지 꼭 돌려**주세요.

단어 本(ほん) 책｜来週(らいしゅう) 다음 주｜水曜日(すいようび) 수요일｜かならず 꼭, 반드시｜かえす 돌려주다, 반환하다

해설 특정 시점까지 완료해야 함을 나타내는 조사 までに와 강한 의지를 뜻하는 부사 かならず를 사용하여 상대방에게 기한 내에 행동해 달라고 요청하는 문장이다. 명사(来週)와 명사(水曜日)는 の로 연결하고 부사(かならず)는 동사(かえして)를 수식한다는 사실을 알면 문제를 쉽게 풀 수 있다. 따라서 순서대로 배열하면 1-3-4-2이다.

[16] 그 모퉁이를 **오른쪽으로 돌면** 우체국이 있습니다.

단어 その 그｜かど 모퉁이｜みぎ 오른쪽｜まがる 돌다, 꺾다｜ゆうびんきょく 우체국

해설 길 안내 시 자주 쓰이는 표현이므로 통째로 기억해 두자. 통과 지점+を와 방향에 사용하는 조사 へ, 조건을 나타내는 동사 활용형 まがれば를 순서대로 배치하면 3-4-1-2가 된다.

[17] 수업은 **몇 시부터 시작하는지** 가르쳐 주세요.

단어 何時(なんじ) 몇 시｜始(はじ)まる 시작되다｜教(おし)える 가르치다

해설 「의문사+동사 사전형+か」 구조를 넣은 간접 의문문 형태의 문장이다. 조사 から는 선택지 중 명사에 해당하는 何時에 접속한다. 따라서 순서대로 배열하면 3-1-2-4이다.

문제 3 [18] 에서 [21] 에 무엇을 넣습니까? 글의 의미를 생각하여 1·2·3·4 중에서 가장 적당한 것을 하나 고르세요.

내가 태어난 곳은 인구가 적은 작고 쓸쓸한 마을입니다. 마을 [18] **에는** 일할 곳이 없기 [19] **때문에**, 젊은 사람들은 고등학교를 졸업하면 대개 도쿄나 오사카 등으로 일하러 갑니다.

이 마을은 눈이 많기 [20] **로** 유명한 곳입니다. 매년 겨울이 되면 많은 사람이 스키를 타러 오기 때문에 마을은 제법 활기차집니다. [21] **그렇지만** 마을 사람들에게 가장 즐거울 때는 젊은 사람들이 돌아오는 새해 첫날입니다.

단어 うまれる 태어나다 | 人口(じんこう) 인구 | 少(すく)ない 적다 | さびしい 쓸쓸하다, 외롭다 | むら 마을 | 高校(こうこう) 고등학교 | そつぎょう 졸업 | たいてい 대개 | はたらく 일하다 | 有名(ゆうめい)だ 유명하다 | 毎年(まいとし) 매년 | おおぜい 많은 사람 | スキー 스키 | かなり 꽤, 제법 | にぎやかだ 떠들썩하다, 활기차다 | ～にとって ～에게 | いちばん 가장 | たのしい 즐겁다

해설

18 특정 장소에 무엇이 있거나 없음을 나타낼 때는 장소를 나타내는 명사 뒤에 조사 には를 붙인다.

19 앞 문장의 사실이 뒤 문장의 상황에 대한 직접적인 원인이므로 조사 ので를 넣는다.

20 어떠한 이유로 널리 알려졌음을 나타낼 때는 조사 で를 사용한다. 「～で 有名だ(～으로 유명하다)」는 자주 쓰이는 표현이므로 꼭 기억해 두자.

21 앞 문장에서 스키 관광객 덕분에 마을이 활기차진다는 상황을 언급했지만, 뒤 문장에서 마을 사람들의 진정한 즐거움은 가족이 돌아오는 새해 첫날임을 대조적으로 보여주고 있으므로 빈칸에는 역접 접속사 けれども가 적절하다.

④ 핵심 문법 확인문제 019-033 p.237

문제 1 (   )에 무엇을 넣습니까? 1·2·3·4 중에서 가장 적당한 것을 하나 고르세요.

1 이 주스는 토마토 맛**이** 납니다.

단어 ジュース 주스 | トマト 토마토 | 味(あじ) 맛

해설 맛, 냄새 등 감각을 나타낼 때는 「～が する」라는 표현을 사용한다. 동사 する 앞에는 일반적으로 조사 를 붙이는 경우가 많지만, 여기서는 が를 쓰는 점에 주의해야 한다.

2 야마다 씨는 안색이 창백하다. **병**일지도 모른다.

단어 かおいろ 안색, 얼굴빛 | あおい 파랗다, 창백하다 | 病気(びょうき) 병

해설 「～かも しれない」는 명사에 바로 접속되므로 病気가 정답이다.

3 목욕을 **하려**고 했을 때, 친구가 전화를 걸어 왔습니다.

단어 ふろに 入(はい)る 목욕하다 | 友(とも)だち 친구 | 電話(でんわ) 전화 | かける 걸다

해설 동사 의지형 뒤에 「～と する」를 붙이면 '막 ～하려고 하다'라는 의미가 되어, 어떤 동작을 시작하려는 찰나의 시점을 나타낸다. 정답은 동사 入る의 의지형인 入ろう이다.

4 그 짐은 제가 **들어 드리겠습니다**.

단어 荷物(にもつ) 짐 | 持(も)つ 들다, 가지다

해설 자신을 낮추어 상대를 높이는 겸양 표현인 「お + 동사 ます형 + する」 문형을 사용하여 동사 持つ를 겸손하게 표현한 문장이므로 정답은 します이다.

5 버스에서 **내리려**고 했을 때, 넘어져서 다쳤습니다.

단어 おりる (탈것에서) 내리다 | ころぶ 넘어지다 | けがを する 다치다

해설 동사 의지형에 「～とする」를 연결하여, 내리려는 동작을 시도하려던 직전의 상황을 설명하는 문장이다. 정답은 おりる의 의지형인 おりよう이다.

6 A "그 잡지, 다 **읽**으면 빌려주지 않겠습니까?"
  B "네, 좋아요."

단어 ざっし 잡지 | 読(よ)む 읽다 | 貸(か)す 빌려주다

해설 동사 ます형에 おわる를 붙이면 '다 ～하다'라는 의미가 된다. 동사 読む의 ます형은 読み이다.

7 이 사과는 맛있는**지 어떤지** 먹어 봅시다.

단어 おいしい 맛있다 | 食(た)べる 먹다

해설 이 사과가 맛있는지 없는지 확신할 수 없기 때문에 먹어 보자는 의미이므로 두 가지 가능성을 확인할 때 사용하는 「～か どうか」가 정답이다.

8 이 요리의 **만드는** 법을 가르쳐 주세요.

단어 料理(りょうり) 요리, 음식 | 作(つく)る 만들다 | 教(おし)える 가르치다

해설 방법을 나타내는 「～かた」는 동사 ます형에 붙인다. 따라서 동사 作る의 ます형인 作り가 정답이다.

9 그는 벌써 귀국했는**지 어떤지** 알고 있습니까?

단어 かれ 그 | 帰国(きこく) 귀국 | 知(し)る 알다

해설 귀국했다는 사실이 맞는지 아닌지 묻고 있다. 두 가지 가능성을 확인할 때 사용하는 「～か どうか」가 정답이다.

10 보행자의 **방해가 되**니까 입구에 물건을 두면 안 됩니다.

단어 歩(ある)く 걷다 | じゃまだ 방해이다, 거치적거리다 | 入(い)り口(ぐち) 입구 | 置(お)く 두다, 놓다

해설 な형용사의 어간에 조사 に를 붙이고 동사 なる를 결합하면 '～해지다, ～하게 되다'의 의미가 된다. 따라서 정답은 じゃまに なる이다.

11 A "이 회의실을 사용하게 해 주지 않겠습니까?"
  B "네, **사용하세요**."

단어 かいぎしつ 회의실 | 使(つか)う 사용하다

해설 상대방이 허락을 구했을 때 기꺼이 권하는 표현으로, 상대방을 높여 정중하게 말할 때는 「お + 동사 ます형 + ください」의 형태를 사용한다. 따라서 정답은 お使いください이다. 이는 단순히 행동을 지시하는 것이 아니라 정중하게 권유하는 의미를 담고 있다.

12 오늘은 이 책을 **읽으려**고 생각합니다.

단어 今日(きょう) 오늘 | 読(よ)む 읽다 | 思(おも)う 생각하다

해설 동사 의지형 뒤에 「～と 思います」를 붙이면 말하는 사람의 의지를 확실하게 드러낸다. 読む의 의지형인 読もう가 정답이다.

13 사장님은 이미 **집에 가셨습니다**.

단어 社長(しゃちょう) 사장(님) | 帰(かえ)る 돌아가다

해설 주어가 사장님이므로 상대방의 동작을 높이는 존경 표현인 「お + 동사 ます형 + に なる」 문형을 사용하여야 자연스럽다. 따라서 정답은 お帰りに なりました이다.

문제 2 ★ 에 들어가는 것은 어느 것입니까? 1·2·3·4 중에서 가장 적당한 것을 하나 고르세요.

14 친구는 직접 펜을 가져**오지 않고 항상 내 것을 쓰려**고 합니다.

단어 じぶんで 직접 | 持(も)って くる 가져오다 | 使(つか)う 사용하다

해설 「〜ないで」와 「〜ようと する」 문형이 결합한 문장이다. 밑줄 앞에 있는 持って에는 こないで를 연결하고, 밑줄 뒤에 있는 とします에는 의지형인 つかおう를 연결한다. 그 사이에 부사(いつも)와 목적어(私の)를 순서대로 배치하면 자연스러운 문장이 된다. 따라서 순서대로 배열하면 2-1-3-4이다.

15 귀국하시면 **부모님께 안부 전해** 주세요.

단어 国(くに)に 帰(かえ)る 귀국하다 | ごりょうしん 부모님 | つたえる 전하다

해설 안부를 전할 때 쓰는 관용구 「〜に よろしく おつたえください」를 알면 쉽게 풀 수 있다. 조사 に가 있으므로, 그 앞에 대상인 ごりょうしん을 배치하고, 뒤에 よろしく와 おつたえを 차례대로 연결하면 자연스러운 문장이 된다. 따라서 순서대로 배열하면 3-1-4-2이다. おつたえください는 상대방을 높여 공손하게 말하는 표현이라는 점도 꼭 기억해 두자.

16 회의에 **참석할지 여부를 알려** 주세요.

단어 かいぎ 회의 | しゅっせき 출석, 참석 | 知(し)らせる 알리다

해설 「〜か どうか」 문형을 아는지 묻는 문제이다. 선택지에 か와 どうか가 보인다면 일단 나란히 붙여놓고 문장을 구성하면 문제를 빠르게 풀 수 있다. 동사 보통형인 しゅっせきする 뒤에 か와 どうか를 연결하여 목적어를 만들고, 그 뒤에 知らせて를 붙이면 자연스러운 문장이 된다. 따라서 순서대로 배열하면 1-2-4-3이다.

17 하늘이 꽤 어두워졌으니, **비가 내리기 시작할지도** 모릅니다.

단어 そら 하늘 | だいぶ 꽤 | くらい 어둡다

해설 「〜かもしれない」 문형을 아는지 묻는 문제이다. 빈칸 뒤에 しれません이 있고, 선택지에 かも가 있으므로 맨 마지막 칸에는 かも를 넣어야 한다. かも는 보통형에 접속하므로 かも 앞에는 くる를 넣는다. ふって는 くる에 접속할 수 있으므로 그 앞에 오고, 주어인 雨가는 첫 번째 칸에 넣는다. 따라서 문장을 맞게 배열하면 4-1-2-3이다.

문제 3 18 에서 21 에 무엇을 넣습니까? 글의 의미를 생각하여 1·2·3·4 중에서 가장 적당한 것을 하나 고르세요.

아랫글은 야마시타 씨의 작문입니다.

야마시타 다로

여러분, 안녕하세요. 저는 야마시타 다로라고 합니다.

저는 어릴 적부터 그림을 그리는 것을 아주 좋아했습니다. 칠판 글씨를 베끼는 척하면서 노트에 연필로 그림만 그리고 있었기 때문에, 선생님에게 자주 18 **주의받았습니다**. '선생님 이야기를 들어라'라고.

그 무렵 그리고 있었던 것은 창문 밖의 풍경이기도 했고, 선생님이나 친구의 얼굴이기도 했습니다. 중학교 무렵 19 **까지는** 화가가 되고 싶다고 생각했습니다. 화가가 되는 것은 어렵다는 것을 알았기 때문에 20 **(화가가) 될 수 없으면** 취미로 그림을 계속해 가려고 생각하고 있었습니다.

고등학생이 되고 나서 글씨를 쓰는 것에도 흥미를 21 **느끼게 되었습니다**. 붓이나 펜으로 쓰는 글씨, 손이나 브러시로 쓰는 글씨 등 여러 가지 쓰는 법을 시도하면서 놀았습니다.

단어 絵(え) 그림 | かく 그리다 | 大好(だいす)きだ 아주 좋아하다 | こくばん 칠판 | 字(じ) 글자 | 写(うつ)す 베끼다, 옮겨 적다 | ふりをする 척을 하다 | ノート 공책, 노트 | えんぴつ 연필 | 注意(ちゅうい)される 주의받다 | 風景(ふうけい) 풍경 | かお 얼굴 | 画家(がか) 화가 | むずかしい 어렵다 | しゅみ 취미 | きょうみを 持(も)つ 흥미를 느끼다 | ふで 붓 | ペン 펜 | 書(か)き方(かた) 쓰는 법 | ためす 시도하다 | 遊(あそ)ぶ 놀다 | できるだけ 가능한 한, 가급적

해설

18 문맥상 화자가 수업 시간에 딴짓해서 선생님에게 지적을 받은 상황임을 알 수 있다. 주어는 '나'이고, 행동의 주체는 '선생님'이므로 수동형을 써야 함을 파악한다. 정답은 注意されました이다.

19 과거의 한 시점까지의 희망을 말하고 있으므로 までは가 정답이다.

20 앞 문장에서 언급한 '화가가 되는 것의 어려움'과 이어져서, 목표를 이루지 못할 경우를 가정한 조건 표현이 와야 문맥이 자연스럽다. 따라서 정답은 なれなければ이다. なる(사전형) → なれる(가능동사) → なれない(부정형) → なれなければ(조건)이라는 동사 활용의 변화도 잘 파악해 두자.

21 고등학생이 된 뒤의 변화를 말하고 있으므로 「〜ように なる」를 활용한 持つ ように なりました가 정답이다.

---

5 핵심 문법 확인문제 034-044 p.249

문제 1 ( )에 무엇을 넣습니까? 1·2·3·4 중에서 가장 적당한 것을 하나 고르세요.

1 어제 야마다 씨가 입원한 **것**을 들었습니까?

단어 きのう 어제 | 入院(にゅういん) 입원 | 聞(き)く 묻다, 듣다

해설 동사가 이끄는 문장 전체를 명사처럼 만들 때는 형식 명사 こと를 사용한다.

2 다음 달부터 우체국에서 일하**게** 되었습니다.

단어 来月(らいげつ) 다음 달 | ゆうびんきょく 우체국 | はたらく 일하다

해설 자신의 의지와 관계없이 집단이나 조직에 의해 결정되었음을 나타낼 때는 「동사 사전형 + ことに なる」라는 문형을 사용한다. 정답은 ことに이다.

3 도서관에서 일본 역사를 **조사할** 수 있습니다.

단어 図書館(としょかん) 도서관 | れきし 역사 | しらべる 조사하다

해설 동사 사전형에 ことが できる를 접속하면 가능 표현이 되므로 しらべる가 정답이다.

4 이번 겨울 방학에는 미국에 가**기로** 했습니다.

단어 今度(こんど) 이번 | 冬休(ふゆやす)み 겨울 방학

해설 화자 본인이 스스로 어떤 일을 하기로 결정했을 때 사용하는 문형 「동사 사전형 + ことに する」을 묻는 문제이다. 정답은 ことに이다.

5 어릴 때 나는 엄마 때문에 자주 방 청소를 **해야 했습니다**.

단어 子(こ)ども 아이, 어린이 | へや 방 | そうじ 청소

해설 타의에 의해 어떤 일을 강제로 해야 했을 때는 사역수동형을 사용한다. する의 사역수동형은 させられる이므로 정답은 させられました이다.

6 모리 씨는 쇼핑을 너무 많이 **해서** 돈이 없어졌다.

단어 買(か)い物(もの) 장보기, 쇼핑 | お金(かね) 돈 | なくなる 없어지다

해설 어떤 동작이나 상태가 지나침을 나타낼 때 쓰는 すぎる에 동사가 어떻게 접속되는지 묻는 문제이다. すぎる에는 동사 ます 형을 접속해야 하므로 정답은 し이다.

7 당신은 젓가락을 **사용할 수 있습니까**?

단어 はし 젓가락 | 使(つか)う 사용하다

해설 빈칸 앞의 대상에 조사 が를 사용하였으므로, 타동사인 使う를 가능형으로 활용한 형태를 빈칸에 넣어야 자연스럽다. 정답은 使えます이다. 본래 타동사는 목적격 조사 を를 쓰지만, 가능형으로 바뀌면 목적어 뒤에 조사 が를 쓰게 된다.

8 즐거운 음악을 아기에게 많이 **듣게 합니다**.

단어 楽(たの)しい 즐겁다 | 音楽(おんがく) 음악 | あかちゃん 아기

해설 문맥상 아기에게 음악을 듣도록 해 주는 상황이므로, 聞く를 사역형으로 활용한 聞かせます가 정답이다.

9 나는 오늘 아침밥을 **먹지 않고** 학교에 왔습니다.

단어 朝(あさ)ご飯(はん) 아침밥

해설 어떤 일을 하지 않은 상태에서 다른 동작을 할 때 「～ずに・～ないで」라는 문형을 쓰므로 정답은 食べないで이다. 이는 食べずに와 바꿔쓸 수 있다.

10 나는 감기에 걸리고 말았습니다. 내일 학교를 **쉬게 해** 주세요.

단어 かぜをひく 감기에 걸리다 | 休(やす)む 쉬다

해설 자신이 어떤 행동을 할 수 있도록 상대방에게 허락을 구할 때는 「～(さ)せて ください」라는 문형을 쓴다. 休む를 사역형으로 활용한 休ませて가 정답이다.

11 이 문제는 너무 **어려워**서 대답할 수 없습니다.

단어 もんだい 문제 | むずかしい 어렵다 | こたえる 대답하다

해설 형용사가 '너무 ～하다'는 의미의 「～すぎる」와 결합할 때는 어미 い를 없앤다. むずかしい에서 い를 뺀 むずかし가 정답이다.

12 다나카 씨는 병이 아주 중했기 때문에 의사에 의해 바로 입**원해야만 했습니다**.

단어 病気(びょうき) 병 | 重(おも)い 무겁다, 중하다 | 医者(いしゃ) 의사 | すぐ 곧, 바로 | 入院(にゅういん) 입원

해설 자신의 의지와 상관없이 의사 때문에 입원하게 된 상황이므로 사역수동형인 させられました가 정답이다.

13 선생님은 아픈 학생을 집으로 **가게 했습니다**.

단어 学生(がくせい) 학생 | 家(いえ) 집 | 帰(かえ)る 돌아가다

해설 선생님이 학생에게 어떤 동작을 하도록 지시하거나 허락한 상황이므로 帰る의 사역형인 帰らせる를 써야 자연스럽다.

문제 2 _____ ★ 에 들어가는 것은 어느 것입니까? 1·2·3·4 중에서 가장 적당한 것을 하나 고르세요.

14 놀면서 **한자를 외울 수 있는** 소프트웨어가 있습니다.

단어 漢字(かんじ) 한자 | おぼえる 외우다, 기억하다 | ソフト 소프트웨어

해설 가능 표현인 「동사 사전형 + ことが できる」를 알면 쉽게 풀 수 있는 문제이다. おぼえる ことが できる를 연결하고, 목적어인 漢字를를 앞에 배치하면 자연스러운 문장이 된다. 따라서 순서대로 배열하면 2-4-1-3이다.

15 도서관에서는 책을 빌려주는데, 일주일 **이내에 반납하게 되어** 있습니다.

단어 借(か)りる 빌리다 | 一週間(いっしゅうかん) 일주일 | いない 이내 | かえす 돌려주다, 반환하다

해설 규칙이나 정해진 사항을 나타내는 「동사 사전형 + ことに なって いる」를 묻는 문제이다. 빈칸 앞에 기간을 나타내는 一週間이 있으므로 いないに를 연결하고, 동사 사전형인 かえす와 ことに, なって를 차례대로 연결하면 된다. 따라서 순서대로 배열하면 1-4-2-3이다.

16 A "여름에는 **넥타이를 안 하기로 하고 싶**어요."
B "그거 좋군요. 일본 여름은 너무 더우니까요."

단어 夏(なつ) 여름 | ネクタイ 넥타이

해설 결정을 나타내는 표현 「～ことに する」와 희망을 나타내는 「～たい」가 합쳐진 표현이다. しない ことに 앞에 배치할 수 있고, ネクタイを는 しない의 목적어임을 파악할 수 있으므로 맨 앞에 배치한다. ことに 뒤에는 したい가 들어간다. 따라서 순서대로 배열하면 1-3-4-2이다.

17 야마다 씨는 **재미있는 말을 해서 자주 다른 사람들을 웃게 한다**.

단어 おもしろい 재미있다 | 笑(わら)う 웃다

해설 타인에게 어떤 동작을 하게 만드는 사역형 笑わせる를 문장 끝에 둔다. 웃음을 유발하는 수단인 おもしろい ことを와 言って를 연결하여 주어 바로 뒤에 둔다. よく みんなを는 부사와 목적어의 조합이므로 笑わせる 바로 앞에 둘 수 있다. 따라서 순서대로 배열하면 4-1-3-2이다.

문제 3 18 에서 21 에 무엇을 넣을니까? 글의 의미를 생각하여 1·2·3·4 중에서 가장 적당한 것을 하나 고르세요.

아랫글은 유학생의 작문입니다.

일본어 공부

구엔 반 춘

나는 여섯 달 전 일본에 왔습니다. 일본에 왔을 때 나는 일본어를 '고마워'와 '안녕' 18 **밖에** 몰랐습니다. 일본어를 배우기 위해서 나는 매일 업무에서 사용하는 단어나 일상생활 단어를 다섯 개씩 19 **외우기로 했습니다**. 모르는 말 20 **은** 선배에게 물어보기도 하고 스마트폰으로 찾아보기도 합니다.

쉬는 날에는 일본어 교실에 다닙니다. 봉사활동을 하는 선생님들이 매우 21 **친절하고** 재미있습니다. 회화 연습을 많이 하기도 하고 모르는 것을 질문하기도 합니다. 일본에 있는 동안 일본어를 더 공부하여 일본어를 잘하게 되고 싶습니다.

단어 　6カ月前(ろっかげつまえ) 6개월 전 | 分(わ)かる 알다, 이해하다 | おぼえる 외우다, 기억하다, 배우다 | 毎日(まいにち) 매일 | 仕事(しごと) 일, 업무 | ことば 말, 언어, 단어 | 日常生活(にちじょうせいかつ) 일상생활 | 五(いつ)つ 다섯 개 | 先輩(せんぱい) 선배 | スマートフォン 스마트폰 | しらべる 조사하다 | 休(やす)み 휴일 | 教室(きょうしつ) 교실 | ボランティア 자원봉사 | 親切(しんせつ)だ 친절하다 | おもしろい 재미있다 | 会話(かいわ) 회화, 대화 | 練習(れんしゅう) 연습 | 質問(しつもん) 질문 | あいだ 동안 | 勉強(べんきょう) 공부 | 上手(じょうず)だ 잘하다, 능숙하다

해설

18 수량이 적거나 한정되어 있음을 나타낼 때 사용하는 조사 しか 뒤에는 부정형을 사용한다.

19 스스로 내린 결정을 말할 때는 「동사 사전형 + ことに する」 문형을 사용하므로, 정답은 おぼえる ことに しました이다.

20 문장 내에서 '모르는 단어'를 주제로 제시하여 강조하고 있으므로 조사 は를 사용해야 한다.

21 な형용사를 다른 형용사와 대등하게 연결할 때는 「な형용사의 어간 + で」의 형태를 사용한다. 정답은 親切で이다.

6 핵심 문법 확인문제　045-059　　　p.263

문제 1 (　　　)에 무엇을 넣습니까? 1·2·3·4 중에서 가장 적당한 것을 하나 고르세요.

1 탁자 위에 **맛있어** 보이는 사과가 있습니다.

단어 　テーブル 테이블, 탁자 | 上(うえ) 위 | おいしい 맛있다

해설 주관적인 판단을 나타낼 때 쓰는 「~そうだ」는 い형용사의 어간에 접속한다. おいしい에서 い를 뺀 おいし가 정답이다.

2 일본 음악은 아직 들은 적**이** 없습니다.

단어 　音楽(おんがく) 음악

해설 과거의 경험 유무를 나타낼 때는 「~た ことが ある」 문형을 쓴다. 따라서 조사 が가 정답이다.

3 쇼핑을 하고 있으니 갑자기 비가 내리기 **시작했습니다.**

단어 　ショッピング 쇼핑 | 急(きゅう)に 갑자기 | 雨(あめ)が 降(ふ)る 비가 내리다

해설 어떤 현상이 갑자기 시작될 때는 「동사 ます형 + だす」 문형을 사용한다. 따라서 だしました가 정답이다.

4 지금 막 차를 끓인 **참**입니다.

단어 　お茶(ちゃ)を 入(い)れる 차를 끓이다

해설 어떤 행동이 지금 막 끝났음을 나타내는 「~た ところだ」를 묻는 문제이다. 빈칸에는 ところ를 넣어야 한다.

5 어젯밤 창문을 **연** 채 자고 말았습니다.

단어 　ゆうべ 어젯밤 | まど 창문 | あける 열다 | あく 열리다

해설 어떤 상태를 방치하는 것을 나타내는 「~たまま」는 동사 た형에 접속한다. 빈칸 앞에 목적어가 있으므로 정답은 타동사 あける를 활용한 あけた이다.

6 사고가 났기 **때문**에 길이 막히고 있습니다.

단어 　じこ 사고 | 道(みち) 길 | こむ 붐비다

해설 빈칸을 사이에 두고 원인과 결과를 제시했으므로, 빈칸에 들어갈 말로 적절한 것은 ため이다. から도 이유를 나타내는 조사이지만, 빈칸 뒤에 있는 に와 결합하여 사용할 수 없으므로 이 문제에서는 오답이다.

7 현관 벨이 울렸는데, 이 시간에 누구**일까**?

단어 　げんかん 현관 | ベル 벨, 종 | なる 울리다 | いまごろ 지금쯤, 이제 와서

해설 빈칸 앞에 의문사 だれが 있으므로, 스스로에게 묻거나 막연히 추측할 때 사용하는 だろうが 정답이다. らしい, ようだ, みたい 등도 추측의 의미가 있지만, 이 표현들은 근거가 있는 추측에 사용되므로 정체를 모르는 의문에는 어울리지 않는다.

8 귀국하면 집을 지을 **생각**입니다.

단어 　家(いえ) 집 | 建(た)てる 세우다, 짓다

해설 자신의 의지나 구체적인 계획을 나타낼 때 「동사 사전형 + つもりだ」를 사용한다.

9 엽서를 스무 장이나 계속 **써서** 손이 지쳤습니다.

단어 　はがき 엽서 | 手(て) 손 | つかれる 지치다, 피곤하다

해설 동작의 지속을 나타내는 「~つづける」는 동사 ます형과 결합한다. 따라서 書く의 ます형인 書き가 정답이다.

10 선배에 따르면 작년 시험은 **쉬웠다**고 합니다.

단어 　せんぱい 선배 | ~に よると ~에 따르면 | 去年(きょねん) 작년 | しけん 시험 | かんたんだ 간단하다, 쉽다

해설 전문을 나타내는 「~そうだ」는 な형용사의 보통형에 붙는다. 과거의 사실을 전하고 있으므로 かんたんだ의 과거형인 かんたんだった가 정답이다.

11 목욕물이 **뜨거우면** 찬물을 넣어 주세요.

단어 　おふろ 목욕, 목욕물 | あつい 뜨겁다 | 水(みず) 물, 찬물 | 入(い)れる 넣다

해설 い형용사의 가정형은 어미 い를 빼고 かったら를 붙인다. 따라서 あつかったら가 정답이다.

12 나는 회사를 그만두면 시골에 **살고 싶습니다.**

단어 　会社(かいしゃ) 회사 | やめる 그만두다, 끊다 | いなか 시골 | 住(す)む 살다

해설 문장 앞부분에 가정 표현이 있으므로, 빈칸에는 그 가정에 이어지는 희망이나 계획이 오는 게 자연스럽다. 따라서 일인칭 희망을 나타내는 「~たい」를 활용한 住みたいです가 정답이다.

13 아직 청소가 끝나지 않았으므로 방에 **들어가면** 안 돼.

단어 　そうじ 청소 | 終(お)わる 끝나다 | 入(はい)る 들어가다 | だめだ 안된다

해설 선택지 중 だめだよ 앞에 넣어 금지의 의미를 완성할 수 있는 표현은 入っちゃ뿐이다. 「~ちゃ だめだよ」는 '~하면 안 돼'라는 회화체 표현이므로 알아두면 유용하다.

문제 2 ＿＿＿★＿＿＿에 들어가는 것은 어느 것입니까? 1·2·3·4 중에서 가장 적당한 것을 하나 고르세요.

14 죽었다고 생각하고 **있던 벌레가 갑자기 움직이기** 시작했다.

단어 　死(し)ぬ 죽다 | むし 벌레 | 急(きゅう)に 갑자기 | 動(うご)く 움직이다

해설 빈칸 앞에 おもって가 있으므로 먼저 いた를 배치하고, 그 뒤에 주어인 むしが를 연결한다. 벌레의 움직임을 묘사하는 부사 急に와 動きだした를 차례로 배열하면 자연스러운 문장이 된다. 따라서 순서대로 배열하면 2-3-4-1이다.

15 경찰관에게 길을 물으니 친절하게 가르쳐 주었습니다.

단어 おまわりさん 순경, 경찰관 | 道(みち) 길 | 聞(き)く 듣다, 묻다 | しんせつだ 친절하다 | 教(おし)える 가르치다

해설 경찰관이라는 대상 뒤에 목적어인 道を와 聞いたら를 연결하여 상황을 제시한다. 그러고 나서 그 결과로써 받은 도움을 표현하기 위해 빈칸 뒤에 있는 くれました에 教えて를 연결한다. 부사는 동사 앞에 오므로 教えて 앞에 しんせつに를 배치한다. 따라서 순서대로 배열하면 4-1-3-2이다.

16 그는 대학에 들어가기 위해서 열심히 공부하고 있습니다.

단어 大学(だいがく) 대학 | 入(はい)る 들어가다 | いっしょうけんめい 열심히

해설 목적을 나타내는 표현 「〜ために」를 알면 쉽게 풀 수 있다. ために 앞에는 동사 사전형이 와야 하므로 大学に 入る를 배치한다. 빈칸 뒤에 있는 しています에 결합할 수 있는 명사는 勉強뿐이고, いっしょうけんめい는 공부하는 모습을 꾸며주는 부사이므로 적절히 배치하면 1-3-4-2가 된다.

17 에어컨을 켠 채 자면 감기에 걸려요.

단어 クーラー 에어컨 | つける 켜다 | 寝(ね)る 자다 | かぜをひく 감기에 걸리다

해설 상태를 방치하는 「〜たまま」와 조건을 나타내는 「〜と」를 활용한 문제이다. 빈칸 앞에 목적어인 クーラー를 가 있으므로 타동사의 과거형인 つけた를 먼저 배치하고, 그 뒤에 まま를 연결한다. 寝ると는 감기에 걸리는 조건이 되므로 문장의 흐름에 따라 마지막 빈칸에 넣는다. 따라서 순서는 3-1-2-4이다.

문제 3 **18** 에서 **21** 에 무엇을 넣습니까? 글의 의미를 생각하여 1·2·3·4 중에서 가장 적당한 것을 하나 고르세요.

아랫글은 유학생의 작문입니다.

> **한국 드라마**
>
> 김민수
>
> 나는 한국 드라마를 무척 좋아합니다. 일본에 오기 전부터 한국에서 엄마 **18** 와 매일 봤습니다. 일본에 오고 나서는 일본 드라마도 보고 있지만 그래도 한국 드라마를 **19** 더 봅니다.
> 요즘은 일본 친구도 한국 드라마를 보기 시작했습니다. **20** 그래서 나는 친구에게 내가 보고 재미있었던 한국 드라마를 알려 주었습니다. 친구는 드라마에 나오는 대사나 노래에도 흥미가 **21** 있는 것 같습니다.

단어 ドラマ 드라마 | 大好(だいす)きだ 아주 좋아하다 | 母(はは) 엄마, 어머니 | 毎日(まいにち) 매일 | みる 보다 | もっと 더, 더욱 | 最近(さいきん) 최근 | 友(とも)だち 친구 | それで 그래서 | おもしろい 재미있다 | 出(で)る 나오다 | セリフ 대사 | 歌(うた) 노래 | 興味(きょうみ) 흥미, 관심 | すぐに 곧, 바로 | ゆっくり 천천히 | もうすぐ 이제 곧 | たとえば 예를 들어 | しかし 그러나, 하지만 | すると 그러자

해설
18 동작을 함께 하는 대상을 나타낼 때는 조사 と를 사용한다.

19 두 대상을 비교하여 한쪽을 강조할 때는 부사 もっと를 사용한다.

20 앞 문장의 사실이 뒤 문장의 행동에 대한 이유이므로 접속사 それで를 넣어야 자연스럽다.

21 친구가 대사나 노래에도 관심이 있는 것 같다고 추측하는 상황이므로 あるみたいです가 정답이다.

7 핵심 문법 확인문제 060-072 p.277

문제 1 ( )에 무엇을 넣습니까? 1·2·3·4 중에서 가장 적당한 것을 하나 고르세요.

1 A "야마다 씨, 도서관에서 빌린 책은 벌써 돌려주었습니까?"
B "아니요, 지금 읽는 중이에요."

단어 図書館(としょかん) 도서관 | 借(か)りる 빌리다 | 本(ほん) 책 | 返(かえ)す 돌려주다, 반환하다 | 読(よ)む 읽다

해설 지금 한창 동작이 진행 중임을 나타낼 때 「〜ている ところだ」 문형을 사용하므로 정답은 読んでいるところです이다.

2 컵은 나중에 쓸 테니, 여기 늘어놔 두세요.

단어 コップ 컵 | 並(なら)べる 늘어놓다, 진열하다

해설 어떤 동작의 목적을 위한 사전 준비 등을 나타낼 때는 「〜ておく」 문형을 쓴다. 따라서 정답은 ならべて이다.

3 앞으로도 소설을 많이 읽어 가려고 생각하고 있습니다.

단어 これからも 앞으로도 | しょうせつ 소설

해설 현재에서 미래로 동작이 계속되거나 변화할 때 사용하는 「〜ていく」와 화자의 의지를 나타내는 「〜ようと思っています」가 결합한 문장이다. いく를 의지형으로 바꾼 いこう가 정답이다.

4 컵에 물이 들어 있습니다.

단어 コップ 컵 | 水(みず) 물 | いれる 넣다

해설 의도적 상태를 나타내는 문형 「〜てある」를 묻는 문제이다. 빈칸 뒤에 있습니다가 있으므로, 빈칸에는 타동사인 いれる의 て를 접속한 いれて를 넣어야 한다. 자동사인 はいる를 활용하려면, 「〜ている」를 활용하여 はいっています(들어 있습니다)라고 해야 한다.

5 다른 사람의 일기를 읽어서는 안 됩니다.

단어 ほかの ひと 다른 사람 | 日記(にっき) 일기

해설 금지를 나타내는 표현 「〜てはいけない」를 묻는 문제이다. 따라서 読んで가 정답이다.

6 이 스웨터를 사 준 사람은 작은딸입니다.

단어 セーター 스웨터 | 買(か)う 사다 | むすめ 딸

해설 남이 나에게 어떤 동작을 해 주었을 때 사용하는 표현 「〜てくれる」를 묻는 문제이다. 딸이 화자에게 스웨터를 사 주었다는 맥락이므로 くれた가 정답이다.

7 차가 고장 나서, 움직이지 않게 되어 버렸습니다.

단어 車(くるま) 자동차 | こしょう 고장

해설 유감스러운 상황을 강조할 때는 「〜てしまう」를 사용한다. 따라서 정답은 しまいました이다.

8 │ 케이크를 조금 먹어 **보았더니**, 매우 맛있었습니다.

단어 │ ケーキ 케이크

해설 │ 시도를 나타내는 「〜て みる」와 어떤 동작을 한 결과 새로운 사실을 알게 될 때 사용하는 조건 표현인 「〜たら」가 결합한 형태를 묻는 문제이다. 정답은 みたらいだ.

9 │ A "아직 안 자?"
B "이를 **닦고 나서** 잘 거예요."

단어 │ はを みがく 이를 닦다

해설 │ 두 동작의 전후 관계를 나타낼 때 사용하는 「〜てから」를 묻는 문제이다. 이를 닦는 동작이 선행되어야 하므로 정답인 みがいてからい다.

10 │ **말한 뒤에** 말하지 않으면 좋았겠다고 생각해도 늦다.

단어 │ 言(い)う 말하다 | おそい 늦다

해설 │ 문맥상 동작이 완료된 이후의 시점을 나타내는 「〜た あとで」를 사용해야 자연스러우므로 정답은 言った あとでい다.

11 │ 회사를 **그만두기 전에** 끝내고 싶은 일이 있습니다.

단어 │ 会社(かいしゃ) 회사 | やめる 그만두다, 끊다 | 終(お)わらせる 끝내다 | 仕事(しごと) 일, 업무

해설 │ 특정 동작을 하기 전의 시점을 나타내는 「동사 사전형 + 前に」를 묻는 문제이다. 퇴사하기 전 해야 할 일에 관해 언급하고 있으므로 정답은 やめる 前にい다.

12 │ 도와**주시**면 몹시 감사하겠습니다만.

단어 │ 手(て)を 貸(か)す 도와주다 | 非常(ひじょう)に 매우, 몹시 | ありがたい 고맙다

해설 │ 빈칸 뒤의 「〜と ありがたい」는 상대방의 호의를 정중하게 요청하는 표현이다. 따라서 손윗사람이 무엇인가를 해 줄 때 사용하는 「〜て くださる」를 활용해야 한다. 정답은 くださるい다.

13 │ 수학은 내가 가르쳐 **줄게**.

해설 │ 말하는 사람이 대등한 관계나 손아랫사람에게 선의를 베풀 때는 「〜て やる」를 사용한다.

단어 │ 数学(すうがく) 수학

문제 2 ★ 에 들어가는 것은 어느 것입니까? 1·2·3·4 중에서 가장 적당한 것을 하나 고르세요.

14 │ 앞으로 점점 추워**질 테니까 감기에 걸리지 않**게 조심하세요.

해설 │ 현재에서 미래로 동작이 계속되거나 변화할 때 사용하는 문형 「〜て いく」를 활용하여, 먼저 なって いきます를 만든다. 그 뒤에 이유를 나타내는 から를 연결하고, 목적을 나타내는 ように에 호응할 수 있도록 목적어와 동사를 붙인다. 따라서 순서대로 배열하면 2-3-4-1이다.

단어 │ ますます 점점 | さむい 춥다 | 気(き)を つける 조심하다, 주의하다

15 │ 나는 지금 **외출할 준비를 하는 중**입니다.

해설 │ 지금 한창 동작이 진행 중임을 나타내는 「〜て いる ところだ」를 묻는 문제이다. 선택지에 동사 보통형이 두 개 있으므로, 그중 하나를 명사를 꾸며주는 말임을 파악해야 한다. 문맥에 따라 出かける したく라고 배열하고, 이를 '〜하는 중'이라는 의미의 して いる ところ와 연결한다. 따라서 순서대로 배열하면 1-4-3-2이다.

단어 │ 今(いま) 지금 | したく 준비, 채비

16 │ 이 일에 관해서는 **야마다 씨에게 물으면 알려 줄** 것으로 생각합니다.

해설 │ 조건 표현인 「〜たら」와 남이 나에게 어떤 동작을 해 줄 때 사용하는 표현 「〜て くれる」를 묻는 문제이다. 먼저 대상에 해당하는 山田さん에 뒤에 聞いたら를 배치하여 전제 조건을 만들고, 그 결과 도움을 받는 おしえて くれる를 배치한다. 따라서 순서대로 배열하면 3-2-1-4이다.

단어 │ 〜について 〜에 관하여

17 │ 내가 **만든 이 요리를 먹어 보**세요.

해설 │ 동사의 명사 수식과 시도를 나타내는 문형 「〜て みる」를 묻는 문제이다. 빈칸 앞에 주어인 私が가 있으므로 동사인 作った가 목적어인 この 料理を를 꾸며주도록 배열하고, 그 뒤에 '먹어 보다'라는 의미인 食べて みて를 연결하면 ください와 호응하여 정중한 권유 표현이 된다. 순서대로 배열하면 3-2-1-4이다.

단어 │ 作(つく)る 만들다 | 料理(りょうり) 요리, 음식

문제 3 18 에서 21 에 무엇을 넣습니까? 글의 의미를 생각하여 1·2·3·4 중에서 가장 적당한 것을 하나 고르세요.

아랫글은 유학생의 작문입니다.

장점과 단점

리 메이린

내 장점은 곤경에 처한 사람에게 친절한 점입니다. 일본에 왔을 때 나는 일본어를 몰라서 무척 곤란했습니다. 학교 선배나 선생님들에게 도움을 많이 받았습니다. 곤경에 처한 사람을 보면 그때의 일을 떠올리며 18 **도와주고 싶어**집니다. 요전에는 무거운 짐을 들고 계단을 오르는 할머니의 짐을 들어 드렸습니다. 할머니 19 **가** 무척 기뻐했습니다.

내 단점은 물건을 자주 깜박하는 것입니다. 종종 학교 숙제를 잊어서 선생님 20 **에게** 혼납니다. 버스나 전철 안에 우산을 두고 내립니다. 지금까지 비싼 것은 그다지 잃어버린 21 **적이 없지만** 앞으로 조심하고 싶습니다.

단어 │ 長所(ちょうしょ) 장점 | 短所(たんしょ) 단점 | 困(こま)る 곤란하다 | 親切(しんせつ)だ 친절하다 | 先輩(せんぱい) 선배 | たすける 돕다 | おもいだす 생각나다 | 重(おも)い 무겁다 | にもつ 짐 | かいだん 계단 | のぼる 올라가다 | よろこぶ 기뻐하다 | わすれもの 분실물 | 多(おお)い 많다 | しゅくだい 숙제 | しかる 야단치다 | かさ 우산 | 高(たか)い 비싸다 | 注意(ちゅうい)する 주의하다, 조심하다

해설

18 │ 문맥상 도움을 많이 받았기 때문에 남을 도와주고 싶어진다는 말이 들어가야 자연스럽다. 따라서 정답은 たすけて あげたくい다.

19 │ 동사 よろこびました의 주체가 할머니이므로 주격 조사 が가 필요하다.

20 │ 수동형 문장에서 행동의 주체 뒤에는 조사 に를 사용한다.

21 │ 과거 경험을 나타내는 「동사 た형 + た ことが ある」 문형을 활용한 문제이다. 문맥상 지금까지 비싼 것은 잃어버린 적이 없지만 앞으로 주의하겠다고 해야 자연스러우므로 정답은 した ことが ありませんが이다.

❽ 핵심 문법 확인문제 073-083 p.289

문제 1 ( )에 무엇을 넣습니까? 1·2·3·4 중에서 가장
적당한 것을 하나 고르세요.

1 야마다 씨는 아파**도** 회사를 쉬지 않았습니다.

단어 病気(びょうき)に なる 병에 걸리다, 아프다 | 休(やす)む 쉬다

해설 빈칸 앞과 뒤의 내용이 서로 대조되는 관계이므로 역접의 의미
가 있는 「〜ても」를 활용한 なっても가 정답이다.

2 이 버튼을 **누르**면 문이 열립니다.

단어 ボタン 버튼 | おす 누르다 | ドア 문 | ひらく 열리다

해설 기계 조작이나 자연법칙 등 당연한 결과를 나타낼 때 쓰는 조건
표현 「〜と」는 동사 사전형에 접속한다. 따라서 おす가 정답
이다.

3 오후 회의에는 **참석하지 않아도** 괜찮습니까?

단어 ごご 오후 | かいぎ 회의 | 出(で)る 나가다, 참석하다

해설 빈칸 뒤에 허가나 동의를 구하는 かまいませんか가 있으므로
이와 호응하는 「〜ても」 또는 「〜なくても」 형태를 찾아야
한다. 선택지에는 행동의 불필요함을 나타내는 出なくても가
있으므로 이를 연결하면 자연스러운 문장이 된다. 따라서 정답
은 出なくても이다.

4 A "선생님, 이것 사용해도 괜찮습니까?"
B "네, **사용해도 좋습니다.**"

단어 使(つか)う 사용하다

해설 상대방의 허락 요청에 긍정적으로 대답할 때는 ええ 또는 はい
와 허가 표현인 「〜ても いいです」를 사용하여 호응한다.

5 전자제품 판매점에서 내 드라이어를 **고쳐 주었다.**

단어 でんきや 전자제품 판매점 | ドライヤー 드라이어 | なおす
고치다, 수리하다

해설 남이 나에게 호의를 베풀었을 때, 주어가 '나(私は)'라면 내가
남에게 호의를 받았다는 의미인 「〜て もらう」를 사용한다.
따라서 정답은 なおして もらった이다. 선택지 중 なおして
くれた 또는 なおして くださった가 답이 되려면, 주어가
전자제품 매장이나 점원 등 도움을 준 주체여야 한다.

6 A "전화번호는 **쓰지 않아도** 괜찮습니까?"
B "아니요, 부탁합니다."

단어 電話番号(でんわばんごう) 전화번호 | 書(か)く 쓰다

해설 상대방의 대답이 '아니요, 부탁한다'인 것으로 보아, 질문은
'하지 않아도 되는지'에 대한 내용이어야 한다. 따라서 書かな
くても가 정답이다.

7 피아노**와** 바이올린 **중** 어느 쪽이 쉽습니까?

단어 ピアノ 피아노 | バイオリン 바이올린 | やさしい 쉽다

해설 둘 중 하나를 선택하는 비교 문장에서는 「〜と 〜と どちら」
문형을 사용한다. 따라서 빈칸에 들어갈 조사는 と이다.

8 지금부터 빵을 **구울** 참입니다.

단어 今(いま)から 지금부터 | パン 빵 | やく 굽다

해설 「동사 사전형 + ところだ」는 어떤 동작을 하기 직전의 상태를
나타내며, 부사 今から와 호응하는 경우가 많다. 정답은 やく
이다.

9 A "쓰레기 버리는 날은 금요일입니다. 그 이외의 날에는
내놓지 마세요."
B "네, 쓰레기는 금요일에 **내놓아야 하는군요.**"

해설 금요일 외에는 내지 말라는 지시에 호응하고 있으므로 금요일
에 내놓아야 한다는 내용의 말을 해야 자연스럽다. 정답은
出さなくては いけないんですね이다.

단어 ごみの 日(ひ) 쓰레기 버리는 날 | 金曜日(きんようび) 금요일
| 以外(いがい) 이외 | 出(だ)す 내다, 내놓다

10 쇼핑하러 가는 **도중에** 지갑을 잊은 것을 알아챘습니다.

단어 買(か)い物(もの) 장보기, 쇼핑 | 財布(さいふ) 지갑 | 忘(わす)
れる 잊다 | 気(き)づく 깨닫다, 알아차리다

해설 어떤 동작이 진행되는 과정 중에 일어난 일을 나타내므로 とち
ゅうで가 정답이다.

11 모르는 것이 있을 때는 선생님이 가르쳐 **줍니다.**

단어 分(わ)かる 알다, 이해하다 | 教(おし)える 가르치다

해설 주어가 생략되었지만, 화자가 선생님에게 도움받는 상황이다.
내가 남에게 호의를 받는 표현인 「〜て もらう」를 활용해야
한다. 정답은 もらいます이다.

12 숙제는 반드시 **하지 않으면** 안 됩니다.

단어 宿題(しゅくだい) 숙제 | かならず 꼭, 반드시

해설 당연히 해야 할 일을 나타낼 때 사용하는 「〜なくては いけな
い」 표현을 묻는 문제이다. 정답은 しなくては이다.

13 모르면 특별히 **말하지 않아도** 상관없습니다.

단어 べつに 별로, 특별히 | 言(い)う 말하다

해설 동작의 불필요함을 나타내는 표현인 「〜なくても かまわない」
를 묻는 문제이다. 정답은 言わなくても이다.

문제 2 ★ 에 들어가는 것은 어느 것입니까? 1·2·3·4
중에서 가장 적당한 것을 하나 고르세요.

14 텔레비전과 냉장고는 무거우므로 **집까지 배달하여 받기로**
했다.

단어 れいぞうこ 냉장고 | 重(おも)い 무겁다 | はこぶ 운반하다,
나르다

해설 「〜て もらう」와 「〜ことに する」 문형을 결합한 문제이다.
먼저 はこんで와 もらう를 조합한다. ことには した 앞에 두
어 결정했음을 나타내고, 장소를 나타내는 うちまで를 동사
はこんで 앞에 배치하면 자연스러운 문장이 된다. 따라서 순서
대로 배열하면 1−4−3−2이다.

15 그 **모퉁이를 왼쪽으로 돌면** 은행이 있습니다.

단어 かど 모퉁이 | 左(ひだり) 왼쪽 | まがる 돌다 | ぎんこう 은행

해설 길 안내 시 자주 쓰이는 표현이므로 통째로 기억해 두자. 통과
지점+を와 방향에 사용하는 조사 へ, 조건을 나타내는 동사 활
용형 まがると를 순서대로 배치하면 2−1−4−3이 된다.

16 이제 선생님**께** 전화를 **걸려던** 참입니다.

단어 これから 이제부터, 앞으로 | 電話(でんわ)を かける 전화를
걸다

해설 어떤 동작을 하기 직전의 상태를 나타내는 「동사 사전형 + と
ころだ」를 아는지 묻는 문제이다. 빈칸 앞에 전화 받는 대상인
先生가 있으므로, 조사 に를 배치하고, 목적어, 동사 사전형, と
ころ 순서대로 배치하면 된다.

17 내일은 **교재를 가져오지 않아도 괜찮**습니다.

단어 テキスト 교재, 텍스트 | 持(も)ってくる 가져오다

해설 어떤 행위의 불필요함을 나타낼 때 사용하는 「～なくてもいい」를 활용한 문제이다. 첫 번째 빈칸에 목적어를 배치하고, 이어서 持って, こなくても, いい를 순서대로 배치하면 된다.

문제 3 18 에서 21 에 무엇을 넣습니까? 글의 의미를 생각하여 1·2·3·4 중에서 가장 적당한 것을 하나 고르세요.

아랫글은 '가족'에 관한 작문입니다.

'토토로'

이한나

우리 집 18 **에는** '토토로'라는 이름의 고양이가 있습니다. 석 달 전 엄마가 19 **주워 왔습니다.** 토토로가 우리 가족이 되고 나서 처음에는 무척 낯을 가렸지만, 지금은 어리광쟁이 막내입니다.

나는 형제가 없어서 토토로가 가족이 20 **되어 주어** 아주 기쁩니다. 내가 학교에 갈 때나 학교에서 돌아올 때 토토로는 항상 현관까지 나옵니다. 토토로 21 **는** 우리 소중한 가족의 일원입니다.

단어 名前(なまえ) 이름 | ネコ 고양이 | ひろう 줍다 | 家族(かぞく) 가족 | 最初(さいしょ) 처음 | ひとみしり 낯가림 | あまえんぼう 어리광쟁이 | すえっこ 막내 | 兄弟(きょうだい) 형제 | うれしい 기쁘다 | いつも 항상, 늘 | げんかん 현관 | 大切(たいせつ)だ 소중하다, 중요하다 | 一員(いちいん) 일원

해설

18 장소 명사 뒤에는 조사 には를 사용한다.

19 어떤 물건이나 동물을 집어서 가지고 올 때는 '줍다'라는 의미의 동사 ひろう를 사용하고, 밖에서 집으로 이동했으므로 「～て くる」를 접속한다. 과거에 완료된 동작이므로 과거형인 ひろって きました가 정답이다.

20 남이 나에게 뭔가를 해 줄 때 사용하는 「～て くれる」를 활용한 なって くれて가 정답이다. 토토로가 가족의 일원이 된 것에 대한 화자의 고마움이 담겨 있다.

21 토토로를 주제로 제시하고 있으므로 정답은 は이다.

---

9 핵심 문법 확인문제 084-099 p.303

문제 1 (   )에 무엇을 넣습니까? 1·2·3·4 중에서 가장 적당한 것을 하나 고르세요.

1 앞으로 어떻게 할지 천천히 **생각하렴.**

단어 これから 앞으로, 이제부터 | ゆっくり 천천히 | 考(かんが)える 생각하다

해설 문맥상 윗사람이 아랫사람에게 쓰는 부드러운 명령 표현인 考えなさい가 정답이다.

2 야마다 씨가 **가면** 저도 가겠습니다.

단어 行(い)く 가다

해설 상대방의 상황을 조건 삼아 말하고 있으므로 行くなら가 정답이다. 선택지 중 行くと 역시 조건을 나타내지만, 자연법칙이나 기계 조작처럼 당연한 결과가 따르는 상황에만 쓰이므로 문장 끝에 의지 표현이 올 수 없다.

3 이 검은 우산은 무거워서 **쓰기** 어렵습니다.

단어 くろい 검다 | かさを さす 우산을 쓰다

해설 동사 ます형에 にくい를 접속하면, 어떤 동작을 하기 어렵다는 의미가 된다. さす의 ます형인 さし가 정답이다.

4 피곤하니까 오늘은 이제 여기서 **끝내기로 하자.**

단어 つかれる 지치다, 피곤하다 | 終(お)わり 끝

해설 뭔가를 결정하는 상황에서 사용하는 「～に する」를 묻는 문제이다. 끝내기로 결정했고, 스스로 다짐하거나 상대방에게 제안하는 표현인 의지형으로 활용한 に しよう가 정답이다.

5 A "무슨 일인가요?"
B "실은 아이가 아파**요.**"

단어 じつは 사실은 | 病気(びょうき) 병

해설 구체적인 사정이나 이유를 강조하여 설명할 때는 「～のだ」 또는 축약형인 「～んだ」를 사용한다. 이때 명사를 접속하려면 명사와 のだ(んだ) 사이에 な를 넣어야 한다. 病気는 명사이므로, 정답은 なんです이다.

6 다카기 씨는 오늘 외출한다고 했으므로 집에 없을 **것**입니다.

단어 出(で)かける 외출하다 | るす 부재중, 집을 비움

해설 어떤 객관적인 근거를 바탕으로 강하게 확신할 때는 「～はずだ」를 사용한다. 앞서 외출한다고 말한 사실이 있으므로, 지금 집에 없을 것으로 충분히 생각할 수 있는 상황이다. 따라서 정답은 はずだ이다.

7 다정한 다나카 씨가 이런 심한 짓을 **할 리가 없다.**

단어 やさしい 상냥하다, 다정하다 | ひどい 심하다, 형편없다

해설 어떤 사실을 근거로 그럴 가능성이 없다고 추측할 때는 「～はずが ない」를 사용한다.

8 어젯밤 여덟 시쯤부터 비가 **내리기** 시작했습니다.

단어 雨(あめ)が 降(ふ)る 비가 내리다

해설 동사 ます형 뒤에 はじめる를 붙이면 어떤 동작이나 현상이 시작됨을 나타낸다. 정답은 ふる의 ます형인 ふり이다.

9 오늘 밤은 약을 먹고 일찍 자는 **편이 좋아요.**

단어 こんや 오늘 밤 | くすりを 飲(の)む 약을 먹다 | 寝(ね)る 자다

해설 상대방에게 조언할 때 사용하는 문형 「동사 た형＋た＋ほうが いい」를 묻는 문제이다. 빈칸 앞에 동사 寝る의 과거형인 寝た가 있으므로, 이와 자연스럽게 호응하여 조언의 의미를 완성할 수 있는 선택지는 ほうが いいですよ뿐이다.

10 올해는 작년**만큼** 춥지 않습니다.

단어 ことし 올해 | きょねん 작년 | さむい 춥다

해설 어떤 일의 정도를 비교할 때, 주로 부정문과 함께 쓰여 '～만큼 ～하지 않다'라는 의미로 사용되는 ほど가 정답이다. 화자가 주관적으로 느끼는 정도를 강조할 때 적합한 표현이다.

문법 공략편

57

11 내 차는 야마다 씨 차**보다** 비싸지 않다.

단어 車(くるま) 자동차 | 高(たか)い 비싸다

해설 두 대상을 비교할 때 사용하는 문형 「〜は〜より」를 묻는 문제이다. 기준이 되는 대상 뒤에 조사 より를 붙인다.

12 이번 계획**에 관해서** 알고 있는 사람은 스즈키 씨뿐입니다.

단어 計画(けいかく) 계획 | 知(し)る 알다

해설 「〜に ついて」는 어떤 내용이나 주제를 이야기의 대상으로 삼을 때 사용하는 표현이다.

13 이 소설은 중국인**에 의해** 쓰였습니다.

단어 しょうせつ 소설 | ちゅうごくじん 중국인 | 書(か)く 쓰다

해설 수동형 문장에서 행위자를 나타낼 때 「〜に よって」를 사용한다. 특히 발명, 저술, 창작 등 어떤 작품이나 결과물을 만든 사람을 강조할 때 쓰인다.

문제 2 ___ ★ ___ 에 들어가는 것은 어느 것입니까? 1·2·3·4 중에서 가장 적당한 것을 하나 고르세요.

14 버스**라면 이곳에서 30분 정도면** 갈 수 있다고 생각합니다.

단어 バス 버스 | 〜ぐらい 〜정도

해설 조건 표현인 なら를 빈칸 앞에 있는 バス와 연결하여 문장의 전제를 만든다. 그러고 나서 출발점인 ここから, 소요 시간인 30分, 범위를 한정하는 ぐらいで를 순서대로 배열하면, 4-3-1-2이다.

15 요리사는 손님의 **주문을 받고 요리를 만들기** 시작했습니다.

단어 コック 요리사 | きゃく 손님 | 注文(ちゅうもん)を うける 주문을 받다 | 作(つく)る 만들다

해설 동작이 일어난 시간 순서에 따라 배열한다. 먼저 어울리는 목적어와 동사를 찾아, 注文を うけて를 조합하고, 그 후에 이루어지는 동작인 りょうりを 作り를 연결한다. 따라서 순서대로 배열하면 3-4-2-1이다. 빈칸 뒤의 はじめました는 동사 ます형에 접속하므로, 그 앞에 동사 ます형인 作り가 온다는 점을 미리 파악하면 더 쉽게 정답을 찾을 수 있다.

16 그는 머리가 좋아서 그 **답은 바로 알 것**입니다.

단어 あたまが いい 머리가 좋다 | こたえ 답 | すぐに 곧, 바로

해설 객관적인 근거를 바탕으로 강하게 확신할 때 사용하는 「〜は ずだ」를 활용하는 문제이다. はず는 보통 맨 마지막에 위치하며, 그 앞에는 동사의 보통형이 접속한다. 따라서 わかる를 はず 앞에 배치하여 결론을 먼저 만든 후, 나머지 성분인 주어와 부사를 그 앞에 배치하면 정답을 쉽게 찾을 수 있다. 순서는 4-2-3-1이다.

17 저런 위험한 곳에는 **그다지 가지 않는 편이 좋**아요.

단어 危険(きけん) 위험 | あまり 그다지, 별로

해설 제안하거나 조언할 때 사용하는 「동사 ない형 + ないほうが いい」 문형을 활용한다. 부사 あまり를 동사(行かない) 앞에 두고, 그 뒤에 ほうが いい를 연결하여 문장을 만든다. 순서대로 배열하면 2-1-4-3이다.

문제 3 ___18___ 에서 ___21___ 에 무엇을 넣습니까? 글의 의미를 생각하여 1·2·3·4 중에서 가장 적당한 것을 하나 고르세요.

아랫글은 유학생의 작문입니다.

> 리리
>
> 야마다 씨, 하야시 군과 아키하바라에 있는 전자제품 판매점에 갔습니다. 저는 텔레비전을 사고, 야마다 씨는 작은 카메라와 전지를, 하야시 군은 스테레오를 ___18___ 샀습니다. 텔레비전과 스테레오는 무거우므로 집까지 ___19___ 배달하여 받기로 했습니다.
>
> 다음 날, 제가 집에서 기다리고 있으니 전자제품 판매점에서 스테레오가 왔습니다. 가게 직원이 실수한 것입니다. 텔레비전 ___20___ 은 하야시 군한테 가고 말았습니다. 그곳에서 우리 ___21___ 집에 오기까지 사흘 더 기다려야 합니다. 전자제품 판매점은 사과했습니다.

단어 でんきや 전자제품 판매점 | テレビ 텔레비전 | 買(か)う 사다 | 小(ちい)さな 작은 | カメラ 카메라 | でんち 건전지 | ステレオ 스테레오, 오디오 | うち 집 | はこぶ 운반하다, 나르다 | 待(ま)つ 기다리다 | みせの 人(ひと) 점원 | まちがえる 실수하다, 틀리다 | 着(つ)く 도착하다 | あやまる 사과하다

해설

18 과거에 있던 사실을 나열하고 있다. 문장 앞부분의 '텔레비전을 사고'와 '카메라와 건전지를 사고'에 이어 문장을 마무리하고 있으므로 단순 과거형인 買いました가 정답이다.

19 남이 나에게 호의를 베풀었을 때, 주어가 '나'라면 「〜て もらう」를 사용해야 한다. 이 글에서는 주어가 생략되었지만, 물건이 무거워서 점원에게 배달을 부탁해 도움을 받는 상황이므로 はこんで もらう가 문맥상 적절하다.

20 텔레비전을 주제로 제시하고 있으므로 정답은 は이다.

21 빈칸 뒤에 있는 '사흘 더 기다려야 한다'라는 문장과 자연스럽게 이어져야 한다. 따라서 빈칸에는 텔레비전이 최종적으로 목적지에 도착하는 시점까지의 기간을 나타내는 표현이 와야 하므로 문맥상 家に 来るまで가 정답이다.

⑩ 핵심 문법 확인문제 100-108   p.315

문제 1 ( )에 무엇을 넣습니까? 1·2·3·4 중에서 가장 적당한 것을 하나 고르세요.

1 엄마는 나이를 먹고 감기에 잘 **걸리**게 되었습니다.

단어 年(とし)を とる 나이를 먹다 | かぜを ひく 감기에 걸리다

해설 동사 ます형 뒤 やすい를 접속하면, 어떤 동작이나 작용이 일어나기 쉬워진다는 의미가 된다. 이 문장에서는 어머니가 감기에 걸리는 빈도나 경향이 높아졌음을 나타내고 있다. 정답은 ひく의 ます형인 ひき이다.

2 나중에 전화를 **걸라고** 말해 주세요.

단어 あとで 나중에 | 電話(でんわ)を かける 전화를 걸다

해설 소원, 명령, 목적 등을 나타낼 때 동사 사전형이나 가능형에 ように를 붙여 표현한다. 제삼자에게 전해 달라고 할 때는 ように 뒤에 言う를 붙여 사용하는 경우가 많다. 「〜ように

言って ください（〜하라고 말해 주세요）를 통째로 외워 두면 유용하다. 이 문제에서는 전화를 걸라는 지시 사항을 전해 달라고 부탁하고 있으므로 정답은 ように이다.

3 이 문제는 **간단**해 보이지만, 전혀 그렇지 않습니다.

단어 問題(もんだい) 문제 | かんたんだ 간단하다, 쉽다 | ぜんぜん 전혀

해설 「〜ように」는 자신의 경험이나 감각을 근거로 추측할 때 사용하는 표현이다. 선택지에 제시된 かんたんだ는 な형용사로 ように와 접속할 때, 비과거 긍정이면 명사수식형이어야 한다. 따라서 정답은 かんたんな이다.

4 딸은 혼자서 신발을 **신을 수 있**게 되었습니다.

단어 むすめ 딸 | ひとりで 혼자서 | くつ 신발 | はく (신발 등을) 신다

해설 「〜ように なる」는 이전에는 불가능했던 일이 가능해지거나 하지 않았던 습관이 생기는 등 상태의 변화를 나타내는 표현이다. 이 문장에서는 딸이 혼자서 신발을 신을 수 있게 되었다는 능력 습득을 나타내고 있으므로 빈칸에는 はく의 가능형인 はける가 오는 것이 적절하다.

5 길이 막혀서 차로 **가는 것보다** 걸어서 가는 편이 빠를지도 모릅니다.

단어 道(みち) 길 | こむ 붐비다 | 歩(ある)く 걷다 | 早(はや)い 빠르다

해설 두 가지 이상의 대상을 비교할 때 사용하는 문형 「〜より 〜ほうが」를 묻는 문제이다. 문맥상 '차로 가는 것'과 '걸어서 가는 것'을 비교하여 후자가 더 빠를 것으로 추측하고 있으므로 기준이 되는 동작인 行くに より를 붙인 行くより가 정답이다.

6 저 선생님을 **아십니**까?

해설 '알다(知っている)'의 존경 표현인 ごぞんじだ를 묻는 문제이다. 정답은 ごぞんじです이다.

단어 先生(せんせい) 선생(님) | ごぞんじだ 알고 계시다

7 A "어제 **왜** 학교에 안 왔습니까?"
　　B "감기에 걸려서 열이 났어요."

해설 B가 감기에 걸려서 열이 났다고 학교에 못 온 이유를 설명하고 있다. 따라서 빈칸에는 이유를 묻는 의문사인 どうして를 넣는 것이 적절하다.

단어 ねつが ある 열이 나다

8 야마다 씨는 어제 미국에 **간** 것 같아요.

단어 きのう 어제

해설 외부 정보를 바탕으로 추측할 때 사용하는 「〜らしい」는 동사의 보통형에 접속한다. 이 문장에서는 야마다 씨가 미국에 간 시점이 과거이므로 정답은 行った이다.

9 빨리 **일어나**. 학교에 늦겠어.

단어 起(お)きる 일어나다 | おくれる 늦다

해설 상대방에게 강하게 동작을 지시하는 명령형을 묻는 문제이다. 2그룹 동사인 起きる의 명령형은 起きろ이다.

10 계단이 젖어 있습니다. **미끄러지기 쉬우**니까 조심하세요.

단어 かいだん 계단 | ぬれる 젖다 | すべる 미끄러지다 | ちゅうい 주의

해설 어떤 동작이나 작용이 일어나기 쉬워진 것을 나타낼 때는 동사 ます형에 「〜やすい」를 접속한다. 계단이 젖어서 미끄러지기 쉬운 상황을 경고하고 있으므로 정답은 すべりやすい이다.

11 방문을 열어서 누구든 **들어올 수 있게** 했습니다.

단어 部屋(へや) 방 | あける 열다 | 入(はい)る 들어가다

해설 문장 앞부분에서 방문을 열었다는 구체적인 행동을 제시했다. 이는 누구나 들어올 수 있게끔 화자가 의도적으로 취한 조치나 노력을 의미하므로 가능형 동사 入れる에 ように する를 접속한 入れる ように しました가 정답이다.

12 '이케(연못)'라는 한자는 **어떻게** 씁니까?

단어 池(いけ) 연못 | 漢字(かんじ) 한자

해설 방법이나 수단을 물을 때는 의문사 どう를 사용한다.

13 어딘가에 **외출한 듯** 자물쇠로 잠겨 있습니다.

단어 どこか 어딘가 | 出(で)かける 외출하다 | かぎが かかる 자물쇠로 잠기다

해설 자물쇠로 잠겨 있는 정황을 근거로 추측하는 상황이다. 이처럼 외부 정보를 바탕으로 추측할 때 사용하는 표현은 「〜らしい」로, 여기서는 뒤에 오는 동사를 수식하는 부사형으로 쓰였다. 따라서 정답은 出かけたらしく이다.

문제 2 ＿＿＿ ★ ＿＿＿ 에 들어가는 것은 어느 것입니까? 1·2·3·4 중에서 가장 적당한 것을 하나 고르세요.

14 최근 여동생은 내가 **보고 있는 드라마에 관심이 있는** 것처럼 보입니다.

단어 最近(さいきん) 최근 | ドラマ 드라마 | きょうみ 흥미, 관심 | 見(み)える 보이다

해설 명사 수식 구조와 「〜に きょうみが ある(〜에 관심이 있다)」라는 관용 표현을 알면 쉽게 풀 수 있는 문제이다. 먼저 ドラマに きょうみが あるを 한 덩어리로 빠르게 묶고, 남은 선택지인 見て いる의 위치를 파악한다. 동사 보통형은 명사를 직접 수식하므로, 이를 ドラマ 앞에 넣으면 자연스러운 문장이 된다. 따라서 순서대로 배열하면 2-3-1-4이다.

15 앞으로는 외국 물건이 **더 들어오는 것 같**아요.

단어 外国(がいこく) 외국 | 品物(しなもの) 물건 | 入(はい)る 들어오다

해설 이동을 나타내는 복합동사와 추측의 「〜らしい」, 부사의 위치를 묻는 문제이다. 우선 외국 물건이 들어온다는 의미를 만들기 위해 入って 뒤에 くる를 배치하고, 그 뒤에 추측을 나타내는 らしい를 연결한다. 부사는 수식하는 동사 앞에 두므로, 이를 순서대로 배열하면 4-3-2-1이다.

16 아이가 컸기 때문에 겨우 **아내와 둘이서 여행할 수 있게** 되었습니다.

단어 やっと 겨우, がかすろ | つま 아내 | ふたりで 둘이서 | 旅行(りょこう) 여행

해설 상황의 변화를 나타내는 「〜ように なる」를 활용한 문제이다. 우선 문장 끝의 なりました와 연결되어 변화를 나타내는 표현은 ように이며, 그 앞에는 동사의 사전형인 旅行できる를 배치해야 한다. 남은 두 선택지 つまと와 ふたりでは '아내와 둘이서'라는 의미의 수식어이므로 동사 앞에 나란히 놓는다. 따라서 순서대로 배열하면 1-2-3-4이다.

17 이 문제는 너무 **어려워서 어떻게 생각해도 모르겠습니다**.

단어 問題(もんだい) 문제 | かんがえる 생각하다 | むずかしい 어렵다 | 分(わ)かる 알다, 이해하다

해설 빈칸 앞의 とても는 주로 형용사나 부사를 수식하는 부사이다. 따라서 그 뒤에 올 수 있는 선택지는 형용사인 むずかしくて 뿐이므로 맨앞에 놓고, わかりません은 문장 끝에 와야 하는 서술어이므로 마지막에 배치한다. どう는 동사를 수식하는 부사이므로 かんがえても 앞에 올 수 있다. 따라서 이를 순서대로 배열하면 1-4-2-3이다.

문제 3 **18** 에서 **21** 에 무엇을 넣습니까? 글의 의미를 생각하여 1·2·3·4 중에서 가장 적당한 것을 하나 고르세요.

제 취미 **18** 는 우표를 모으는 것입니다. 아직 제가 중학생일 때 외국에 있는 삼촌에게 받은 편지에 희귀한 우표가 많았기 때문에, 우표를 모으는 것이 **19** 좋아졌습니다.

저는 일본의 희귀한 우표 **20** 보다도 외국 우표를 좋아하지만, 아직 일본 우표에 비하면 외국 우표가 적습니다.

형도 요즘 우표를 모으고 있는데, '일본 우표보다 외국 우표를 많이 갖고 있다'라고 말하고 있습니다. 형은 지금 외국 고등학생과 친구가 되어 있으니, 머지않아 외국 우표가 저보다 **21** 많아지겠지요.

단어 しゅみ 취미 | きって 우표 | あつめる 모으다 | 中学生(ちゅうがくせい) 중학생 | 外国(がいこく) 외국 | おじさん 삼촌 | もらう 받다 | 手紙(てがみ) 편지 | めずらしい 희귀하다, 드물다 | 多(おお)い 많다 | 好(す)きだ 좋아하다 | くらべる 비교하다 | 少(すく)ない 적다 | 兄(あに) 형, 오빠 | このごろ 요즘 | たくさん 많이 | 高校生(こうこうせい) 고등학생 | 友(とも)だち 친구 | まもなく 곧, 머지않아

해설

18 나의 취미를 주제로 제시하고 있으므로 정답은 は이다.

19 삼촌에게 받은 편지 덕분에 우표 수집에 관심이 생겼다는 과거의 변화를 나타내야 한다. '~를 좋아하게 되다'라는 표현인 好きに なる의 과거형인 好きに なりました가 정답이다.

20 두 가지 이상의 대상을 비교할 때, 기준이 되는 것에는 조사 より(も)를 사용한다.

21 형이 외국에 있는 친구를 사귀었으므로 앞으로 우표가 더 많아질 것이라는 미래의 추측을 나타내야 한다. 상태의 변화를 뜻하는 多く なる와 추측의 でしょう가 결합한 多く なるでしょう가 정답이다.

제**4**장
독해 공략편

내용이해(단문)	**1** ②	**2** ②	**3** ③	**4** ①	**5** ②	**6** ④	**7** ③	**8** ④	**9** ①	**10** ②	**11** ①	**12** ③
	13 ③	**14** ④	**15** ④									
내용이해(중문)	**1** ②	**2** ②	**3** ③	**4** ②	**5** ④	**6** ③	**7** ①	**8** ③	**9** ④	**10** ④	**11** ①	**12** ③
	13 ②	**14** ②	**15** ③									
정보검색	**1** ①	**2** ①	**3** ②	**4** ④	**5** ③	**6** ②	**7** ③	**8** ②	**9** ④	**10** ③		

1 **문제4 내용이해** 단문   p.327

문제 4 다음 글을 읽고 질문에 답하세요. 답은 1·2·3·4 중에서 가장 적당한 것을 하나 고르세요.

단문(1)

해석
　　　　　　　　　　　　　　　　　　공원 공지

　　다음 주 일요일에 꽃 페스티벌을 엽니다. 열 시부터 무대 이벤트가 있습니다. 오후에는 어린이를 위한 게임을 합니다. 차로 오는 분은 공원 북쪽 입구를 이용해 주세요.

1 　이 공지 내용에 관해 옳은 것은 무엇입니까?
　　　1 페스티벌은 오전 중에만 열립니다. 　　　　　2 차로 오는 사람은 북쪽 입구로 들어갑니다.
　　　3 게임은 오전 열 시부터 시작됩니다. 　　　　　4 페스티벌은 토요일에 열립니다.

단어　公園(こうえん) 공원 | お知(し)らせ 알림, 공지 | 来週(らいしゅう) 다음 주 | 日曜日(にちようび) 일요일 | 花(はな) 꽃 | フェスティバル 페스티벌, 축제 | 行(おこな)う 행하다 | ステージ 스테이지, 무대 | イベント 이벤트 | 午後(ごご) 오후 | 子(こ)ども 아이, 어린이 | ゲーム 게임 | 車(くるま) 차, 자동차 | 来(く)る 오다 | 方(かた) 분 | 北(きた) 북쪽 | 入口(いりぐち) 입구 | 使(つか)う 사용하다 | 入(はい)る 들어가다 | 始(はじ)まる 시작되다 | 午前(ごぜん) 오전 | 土曜日(どようび) 토요일

해설　공지문을 보고 옳은 내용을 고르는 문제이다. 차로 오는 분은 공원의 북쪽 입구를 사용해 달라고 했으므로 정답은 2번이다.

단문(2)

해석
　　　고객님께
　　　이번 주 금요일은 가게의 전기 공사가 있기 때문에, 오후 영업을 쉽니다. 오전은 평소처럼 여덟 시부터 영업합니다. 토요일부터는 평소대로 영업합니다. 금요일에 이용하시는 고객님께는 불편을 끼치지만, 잘 부탁드립니다.

2 　이 공지의 목적은 무엇입니까?
　　　1 전기 공사 시간을 변경하는 것을 알린다. 　　　2 금요일 오후부터 휴무인 것을 알린다.
　　　3 토요일 영업시간을 바꾸는 것을 알린다. 　　　4 이번 주 전기 공사 장소를 알린다.

단어 今週(こんしゅう) 이번 주 | 金曜日(きんようび) 금요일 | 店(みせ) 가게 | 電気(でんき) 전기 | 工事(こうじ) 공사 | 営業(えいぎょう) 영업 | 休(やす)む 쉬다 | 利用(りよう) 이용 | めいわくを かける 불편을 끼치다 | 目的(もくてき) 목적 | 変更(へんこう) 변경 | 知(し)らせる 알리다 | 場所(ばしょ) 장소

해설 안내문의 목적을 고르는 문제이다. 본문에서 금요일은 전기 공사 때문에 오후 영업을 쉰다고 했으므로 정답은 2번이다.

단문(3)

해석 나는 매일 전철로 회사에 다니고 있습니다. 집에서 역까지 걸어서 10분 정도 걸립니다. 아침 출퇴근 시간은 언제나 붐벼서, 사람이 많습니다. 지난주 금요일, 일이 끝난 후 오랜만에 친구와 만날 약속을 했습니다. 하지만 전철이 늦어서, **약속 시간에 맞추지 못했습니다.** 앞으로는 시간의 여유를 갖고 출발하려고 합니다.

3 이 글의 내용에 관해 옳은 것은 무엇입니까?

  1 회사까지는 집에서 10분 걸린다.
  3 친구와의 약속에 늦어버렸다.

  2 일이 끝난 후에는, 언제나 친구를 만난다.
  4 사람이 적을 때 전철을 타기로 했다.

단어 毎日(まいにち) 매일 | 電車(でんしゃ) 전철 | 会社(かいしゃ) 회사 | 通(かよ)う 다니다 | 家(いえ) 집 | 駅(えき) 역 | 歩(ある)く 걷다 | かかる 걸리다 | 朝(あさ) 아침 | 通勤(つうきん) 통근, 출퇴근 | 時間(じかん) 시간 | 混(こ)む 붐비다 | 人(ひと) 사람 | 多(おお)い 많다 | 先週(せんしゅう) 지난주 | 仕事(しごと) 일, 업무 | 終(お)わる 끝나다 | 後(あと) 후 | ひさしぶり 오랜만 | 友達(ともだち) 친구 | 会(あ)う 만나다 | 約束(やくそく) 약속 | 遅(おく)れる 늦다 | 間(ま)に合(あ)う 시간에 맞추다 | 余裕(よゆう) 여유 | 持(も)つ 가지다, 들다 | 出発(しゅっぱつ) 출발

해설 본문에서 전철이 늦어서 약속 시간에 맞추지 못했다고 했으므로 정답은 3번이다.

단문(4)

해석 다나카 씨는 최근, 몸 상태가 나빠서 병원에 갔습니다. 병원에서는 먼저 간호사 선생님이 열을 쟀습니다. 그 후, 의사 선생님이 다나카 씨의 이야기를 듣고, 여러 가지 검사를 했습니다. **결과는 보통 감기였습니다.** 어디도 나쁜 곳이 없다는 것을 알아서 다나카 씨는 안심했습니다. 선생님에게는 약을 먹고 푹 쉬라는 말을 들었습니다.

4 다나카 씨의 몸 상태에 관해 옳은 것은 무엇입니까?

  1 감기라는 것을 알았다.
  3 감기가 아니라, 피로가 원인이라는 말을 들었다.

  2 병원에서 검사받은 결과, 조금 문제가 있었다.
  4 다나카 씨는 약을 먹을 필요가 없다는 말을 들었다.

단어 最近(さいきん) 최근 | 体(からだ) 몸 | 具合(ぐあい) 상태 | 悪(わる)い 나쁘다 | 病院(びょういん) 병원 | 看護師(かんごし) 간호사 | 熱(ねつ) 열 | はかる 재다 | 医者(いしゃ) 의사 | 話(はなし) 이야기 | 聞(き)く 듣다, 묻다 | いろいろな 여러 가지 | 検査(けんさ) 검사 | 結果(けっか) 결과 | ただ 보통, 예사 | 風邪(かぜ) 감기 | 分(わ)かる 알다, 이해하다 | ほっとする 안심하다 | 薬(くすり)を飲(の)む 약을 먹다 | ゆっくり 천천히, 느긋하게, 푹 | 休(やす)む 쉬다 | 検査(けんさ)を受(う)ける 검사받다 | 問題(もんだい) 문제 | 疲(つか)れ 피로 | 原因(げんいん) 원인

해설 본문에서 결과는 보통 감기였다고 했으므로 정답은 1번이다.

단문(5)

해석

점장이 쓴 메모가 있습니다.

스태프에게
내일 아침, 커피 머신 점검을 합니다. 그 때문에, 개점 시간을 열 시에서 열 시 반으로 변경합니다. 점검 중에는 가게 안에 아무도 들이지 마세요. 손님에게는 입구의 포스터로 알려주세요. 점검이 끝나면, 청소하고 나서 바로 가게를 여세요. 잊지 말고 부탁합니다.

5 이 메모를 읽은 사람은 어떻게 하면 됩니까?

　1 개점 시간을 열 시로 한다.　　　　　　　**2 점검 후에 가게를 연다.**
　3 점검 중에도 손님을 가게에 들인다.　　　4 포스터를 손님에게 건넨다.

단어 　店長(てんちょう) 점장 | メモ 메모 | 明日(あした) 내일 | コーヒーマシン 커피 머신, 커피 추출기 | チェック 체크, 점검 | 開店(かいてん) 개점 | 変更(へんこう) 변경 | 間(あいだ) 사이, 동안 | 中(なか) 안, 속 | 入(い)れる 들이다, 넣다 | ポスター 포스터 | 終(お)わる 끝나다 | 掃除(そうじ) 청소 | 開(あ)ける 열다 | 忘(わす)れる 잊다 | わたす 건네다

해설 　메모를 읽고 해야 할 일을 묻는 문제이다. 점검이 끝나면 청소하고 나서 바로 가게를 열어 달라고 했으므로 정답은 2번이다.

단문(6)

해석

다음 주에 빵 공장 견학을 갑니다. 오전 아홉 시에 이곳을 출발합니다. 도시락은 공장 직원이 준비해 줄 겁니다. 함께 식당에서 먹습니다. 음료수는 각자 가져가 주세요. 공장에서는 사진은 찍을 수 없으므로, 카메라는 가져가면 안 됩니다. 아, 그리고 우산을 잊지 마세요. 버스에서 내린 후 조금 걷습니다. 비가 내릴지도 모릅니다.

6 빵 공장 견학을 갈 때, 무엇을 가져가야 합니까?

　1 도시락과 카메라　　　　　　　　　　　　2 도시락과 음료수
　3 우산과 카메라　　　　　　　　　　　　　**4 우산과 음료수**

단어 　来週(らいしゅう) 다음 주 | パン 빵 | 工場(こうじょう) 공장 | 見学(けんがく)に行(い)く 견학을 가다 | 出発(しゅっぱつ) 출발 | 弁当(べんとう) 도시락 | 用意(ようい) 준비 | 食堂(しょくどう) 식당 | 飲(の)み物(もの) 음료수 | じぶんで 직접, 스스로 | 持(も)っていく 가져가다 | 写真(しゃしん)をとる 사진을 찍다 | 降(お)りる (탈것에서) 내리다 | 雨(あめ) 비 | 降(ふ)る (눈·비 등이) 내리다

해설 　본문에서 도시락은 공장 직원이 준비해 줄 것이고, 촬영 금지이기 때문에 카메라를 가져가면 안 된다고 했다. 음료수는 각자 지참이고, 버스에서 내려서 공장까지 걸어가는 동안 비가 올지도 모르니까 우산을 잊지 말라고 했다. 따라서 챙겨야 할 물건은 4번 '우산과 음료수'이다.

단문(7)

해석

나는 대학교 2학년생이고, 아르바이트로 근처 편의점에서 일하고 있습니다. 평일에는 수업이 있어서 아르바이트는 주로 주말에 합니다. 특히, 토요일은 아침 9시부터 저녁 5시까지 길게 일합니다. 지난주 일요일은 친구에게 갑작스러운 볼일이 생겨서, 친구 대신 일요일 밤에도 일하게 되었습니다. 편의점 아르바이트는 힘들지만, 손님에게 '고맙다'라는 말을 들으면 기뻐서 의욕이 생깁니다.

7 나의 아르바이트에 관해 옳은 것은 무엇입니까?

　1 평일에 매일 일한다.　　　　　　　　　　2 토요일은 되도록 짧게 일한다.
　3 고객님의 말이 일하는 힘이 된다.　　　　4 지난주 일요일은 일정이 있어서 일하지 않았다.

단어 　大学(だいがく) 대학, 대학교 | 近(ちか)く 근처 | 働(はたら)く 일하다 | 平日(へいじつ) 평일 | 授業(じゅぎょう) 수업 | 主(おも)に 주로 | 週末(しゅうまつ) 주말 | とくに 특히 | 朝(あさ) 아침 | 夕方(ゆうがた) 저녁 | 長(なが)い 길다 | 先週(せんしゅう) 지난주 | 急(きゅう)だ 갑작스럽다 | 用事(ようじ) 볼일, 용무 | 代(か)わり 대신 | 夜(よる) 밤 | 大変(たいへん) 힘들다, 큰일이다 | うれしい 기쁘다 | やる気(き) 의욕, 할 마음 | なるべく 가급적, 되도록 | 短(みじか)い 짧다 | 力(ちから) 힘 | 予定(よてい) 일정, 예정

해설 　본문 마지막 문장에서 손님에게 고맙다는 말을 들으면 기뻐서 의욕이 생긴다고 했으므로 정답은 3번이다.

단문(8)

해석 내일은 모두 함께 자동차 공장으로 견학을 갑니다. 버스는 한 시에 학교에서 출발하므로, 그때까지 점심밥을 먹고 모여 주세요. 버스 안에서는 음식을 먹으면 안 됩니다. 공장에서 먹을 시간도 없습니다. 배고플 테니, 반드시 먹고 오세요.

8 내일 점심밥은 언제 먹습니까?

1 공장에 도착하고 나서 먹습니다.　　　　2 공장을 견학하면서 먹습니다.

3 버스에 타고 나서 먹습니다.　　　　**4 버스에 타기 전에 먹습니다.**

단어 みんなで 모두 함께 | 自動車(じどうしゃ) 자동차 | 工場(こうじょう) 공장 | 見学(けんがく)に行(い)く 견학을 가다 | 学校(がっこう) 학교 | 出発(しゅっぱつ) 출발 | 昼(ひる)ごはん 점심밥 | 集(あつ)まる 모이다 | 食(た)べ物(もの) 음식 | おなかがすく 배고프다 | かならず 반드시, 꼭 | いつ 언제 | 着(つ)く 도착하다

해설 본문에서 버스는 한 시에 출발할 예정이고, 그때까지 점심을 먹고 모여 달라고 했다. 버스 안이나 공장에서는 못 먹는다고 했다. 따라서 정답은 4번이다.

단문(9)

해석 야마다 씨는 개를 키웁니다. 개의 이름은 타마이고, 2년 전에 보호 시설에서 데려왔습니다. 타마는 올해 세 살이 되는 개로, 사람과 노는 것을 좋아합니다. 아침밥을 먹을 때는 언제나 의자 위에 앉아서 간식을 받습니다. 야마다 씨는 그런 타마가 매우 귀엽다고 생각합니다. 매일 정해진 시간에 먹이를 주고 있으며, 동물 병원에도 정기적으로 데려간다고 합니다.

9 타마에 관해 옳은 것은 무엇입니까?

1 2년 전에 데려와졌다.　　　　2 병 때문에 동물 병원에 다녀왔다.

3 타마는 올해로 두 살이 되었다고 한다.　　　　4 사람과 노는 것을 좋아하지 않는 개이다.

단어 犬(いぬ) 개 | 飼(か)う 기르다, 키우다 | 名前(なまえ) 이름 | 保護(ほご)施設(しせつ) 보호 시설 | 引(ひ)き取(と)る 데려오다, 떠맡다, 인수하다 | 今年(ことし) 올해 | 歳(さい) 살 | 遊(あそ)ぶ 놀다 | 好(す)きだ 좋아하다 | 朝(あさ)ごはん 아침밥 | 時(とき) 때 | いす 의자 | 上(うえ) 위 | 座(すわ)る 앉다 | おやつ 간식 | もらう 받다 | かわいい 귀엽다 | 毎日(まいにち) 매일 | 決(き)まる 정해지다 | えさ 먹이 | あげる (내가 남에게) 주다 | 動物(どうぶつ)病院(びょういん) 동물 병원 | 定期的(ていきてき) 정기적 | 連(つ)れて行(い)く 데려가다 | 病気(びょうき) 병

해설 본문에서 타마를 2년 전 보호 시설에서 데려왔다고 했으므로 정답은 1번이다. 타마는 병 때문이 아니라 정기적으로 병원에 다니고 있고, 올해 세 살이며, 사람과 노는 것을 좋아한다고 했으므로 2번, 3번, 4번은 오답이다.

단문(10)

해석 나는 유학생 기숙사에 삽니다. 내 방은 5층에 있습니다. 방은 좁지만, 깨끗합니다. 방에는 침대와 책상, 책장 등이 있지만, 텔레비전은 없습니다. 방에는 텔레비전을 둘 곳이 없습니다. 그래서 텔레비전을 보고 싶을 때는 1층 식당에 갑니다.

10 이 사람의 방에 텔레비전이 없는 것은 왜입니까?

1 텔레비전을 보지 않으니까　　　　**2 방이 좁으니까**

3 텔레비전을 싫어하니까　　　　4 방이 5층에 있으니까

단어 留学生(りゅうがくせい) 유학생 | りょう 기숙사 | 住(す)む 살다 | 部屋(へや) 방 | ～かい ～층 | せまい 좁다 | ベッド 침대 | つくえ 책상 | 本(ほん)だな 책장 | テレビ 텔레비전 | おく 두다, 놓다 | ところ 곳, 장소 | 見(み)る 보다 | 食堂(しょくどう) 식당 | きらいだ 싫어하다

해설 글쓴이의 방에 텔레비전이 없는 이유를 묻고 있다. 글쓴이는 자신의 방을 좁다고 언급한 뒤, 텔레비전을 둘 곳이 없다고 설명했으므로 정답은 2번이다.

단문(11)

해석 나는 우체국에서 일하고 있습니다. 차를 타고 짐을 나르거나, 편지나 엽서를 배달합니다. 12월은 크리스마스카드를 보내는 사람이나, 1월 1일의 새해 엽서(연하장)를 보내는 사람이 많아서 평소보다 바쁩니다. 아직 춥지만, 열심히 하겠습니다.

11 글의 내용과 맞는 것은 무엇입니까?

1 나는 차로 짐을 나릅니다.

2 1월은 평소보다 바쁩니다.

3 크리스마스카드를 12월에 씁니다.

4 새해 엽서는 12월 1일에 배달합니다.

단어 郵便局(ゆうびんきょく) 우체국 | 働(はたら)く 일하다 | 車(くるま) 차, 자동차 | 乗(の)る 타다 | 荷物(にもつ) 짐, 수하물 | 運(はこ)ぶ 운반하다, 나르다 | 手紙(てがみ) 편지 | 葉書(はがき) 엽서 | 届(とど)ける 보내다, 배달하다 | クリスマスカード 크리스마스카드 | 送(おく)る 보내다 | 多(おお)い 많다 | 忙(いそが)しい 바쁘다 | 寒(さむ)い 춥다 | がんばる 열심히 하다

해설 본문에서 차로 짐을 옮긴다고 했으므로 정답은 1번이다. 평소보다 바쁜 것은 12월이고, 새해 엽서는 12월 1일이 아니라 1월 1일에 배달한다. 크리스마스카드를 12월에 쓴다는 내용은 없다.

단문(12)

해석 나는 매일 자전거로 대학교에 갑니다. 집에서 대학교까지 자전거로 20분 정도입니다. 가끔 버스로 갑니다. 버스가 빠르지만, 비쌉니다. 어제 대학교에서 자전거가 고장 나는 바람에 걸어서 집에 와야 했습니다. 비도 내리고 있어서 힘들었습니다. 친구에게 우산을 빌렸습니다.

12 이 사람은 왜 어제 걸어서 집에 왔습니까?

1 버스가 없었기 때문에

2 비가 내렸기 때문에

3 자전거가 고장 났기 때문에

4 친구에게 우산을 빌렸기 때문에

단어 自転車(じてんしゃ) 자전거 | 大学(だいがく) 대학, 대학교 | ぐらい 정도 | ときどき 가끔, 때때로 | 早(はや)い 빠르다 | 高(たか)い 비싸다 | 昨日(きのう) 어제 | こわれる 고장 나다, 망가지다 | 歩(ある)く 걷다 | 帰(かえ)る 돌아가다 | 大変(たいへん) 힘들다 | かさ 우산 | 貸(か)す 빌려주다

해설 글쓴이가 어제 집에 걸어온 이유를 묻고 있다. 본문에 대학교에서 자전거가 고장 나는 바람에 걸어서 집에 왔다는 내용이 있으므로 정답은 3번이다.

단문(13)

해석 도서관 입구에 이 안내문이 있습니다.

도서관 공지

- 도서관이 열려 있는 시간은 오전 일곱 시부터 오후 여덟 시입니다.
  이 이외의 시간에는 안에 들어갈 수 없습니다.
- 도서관 안에서는 큰 소리로 이야기하지 마세요.
- 도서관 안에서는 음식을 먹지 마세요.
- 책을 읽으면, 원래 있던 장소에 두세요.
- 이번 달부터 도서관이 닫는 시간이 오후 아홉 시에서 오후 여덟 시로 바뀌었습니다. 주의해 주세요.

13 이 안내문을 보고 도서관에 관해 옳은 것은 무엇입니까?

1 오후 아홉 시에 도서관은 닫습니다.

2 도서관은 몇 시에 가도 열려 있습니다.

3 도서관 안에서는 큰 소리로 이야기하면 안 됩니다.

4 책을 읽고 나서 탁자 위에 둡니다.

단어 図書館(としょかん) 도서관 | 入口(いりぐち) 입구 | お知(し)らせ 알림, 공지 | 開(あ)く 열리다 | 以外(いがい) 이외 | 入(はい)る 들어가다 | 大(おお)きな 큰 | 声(こえ) 목소리 | 話(はな)す 이야기하다 | 食(た)べ物(もの) 음식 | 本(ほん) 책 | 読(よ)む 읽다 | もと 원래 | 場所(ばしょ) 장소 | 置(お)く 두다, 놓다 | 今月(こんげつ) 이번 달 | 閉(し)まる 닫다 | 変(か)わる 바뀌다 | 注意(ちゅうい) 주의

해설 안내문을 보고 옳은 것을 고르는 문제이다. 큰 소리로 이야기하지 말라는 내용이 있으므로 정답은 3번이다. 도서관은 여덟 시에 닫으며, 오전 일곱 시부터 오후 여덟 시까지를 제외한 시간에는 들어갈 수 없다. 또한 책을 읽은 후에는 원래 있던 장소에 되돌려놔야 하므로 4번도 오답이다.

단문(14)

해석 고이케 선생님의 책상 위에 요시다 선생님이 쓴 메모가 있습니다.

고이케 선생님
라면 공장의 오카자키 씨에게서 전화가 왔습니다.
다음 달 공장 견학을 할 수 있는 날은 매주 월요일과 매주 목요일 오후 1시부터 또는 오후 3시부터라고 합니다.
견학할 날짜와 시간이 정해지면 전화해 달라고 했습니다.
그리고 **몇 명이 오는지도** 알려 달라고 했습니다.
잘 부탁드립니다.

요시다

14 이 메모를 읽고 고이케 선생님은 오카자키 씨에게 무엇을 알려야 합니까?
1 견학 갈 사람의 수만
2 견학 갈 사람의 수와 날짜
3 견학 갈 사람의 수와 시간
4 견학 갈 사람의 수와 날짜와 시간

단어 机(つくえ) 책상 | 上(うえ) 위 | ラーメン 라면 | 電話(でんわ) 전화 | 来月(らいげつ) 다음 달 | 見学(けんがく) 견학 | 毎週(まいしゅう) 매주 | 月曜日(げつようび) 월요일 | 木曜日(もくようび) 목요일 | 午後(ごご) 오후 | 日(ひ)にち 날짜 | 時間(じかん) 시간 | 決(き)まる 정해지다 | 何人(なんにん) 몇 명 | 教(おし)える 가르치다, 알려 주다 | 数(かず) 수

해설 메모를 본 고이케 선생님이 오카자키 씨에게 무엇을 알려야 하는지 묻고 있다. 메모 후반부에서 견학할 날짜와 시간이 정해지면 전화해 달라고 했으며, 몇 명이 올지도 알려 달라고 했으므로 정답은 4번이다.

단문(15)

해석 나는 지난주, 프랑스에 여행을 갔습니다. 유럽에는 두 번 여행했는데, 프랑스는 이번이 처음이었습니다. 파리의 에펠탑은 반드시 보고 싶었으므로 **가장 먼저 에펠탑에 갔습니다.** 그 후, 미술관이나 역사적인 건물을 구경하며 돌아다녔습니다. 프랑스 요리도 많이 먹었는데, 특히 와인과 치즈가 맛있었습니다. 여행 중에는 파리의 거리를 걸으며 기념품도 많이 샀습니다. 잊지 못할 즐거운 여행이 되었습니다.

15 여행에 관해 옳은 것은 무엇입니까?
1 와인과 치즈가 맛있지 않았다.
2 프랑스 요리는 한 번밖에 안 먹었다.
3 여행 중에 선물은 고르지 않았다.
4 가장 먼저 에펠탑을 보러 갔다.

단어 先週(せんしゅう) 지난주 | 旅行(りょこう) 여행 | 回(かい) ~회, ~번 | 今回(こんかい) 이번 | 初(はじ)めて 처음 | 必(かなら)ず 반드시 | 最初(さいしょ) 최초, 제일 먼저 | 美術館(びじゅつかん) 미술관 | 歴史的(れきしてき) 역사적 | 建物(たてもの) 건물 | 見(み)て回(まわ)る 구경하며 돌아다니다 | 料理(りょうり) 요리, 음식 | 特(とく)に 특히 | 街(まち) 거리 | お土産(みやげ) 여행 선물, 기념품 | 買(か)う 사다 | 忘(わす)れる 잊다 | 楽(たの)しい 즐겁다 | 選(えら)ぶ 고르다, 선택하다

해설 여행에 관해 옳은 것을 묻고 있다. 본문에서 에펠탑은 반드시 보고 싶었기 때문에 가장 먼저 갔다고 언급했으므로 정답은 4번이다.

문제 5 다음 글을 읽고 질문에 답하세요. 답은 1·2·3·4 중에서 가장 적당한 것을 하나 고르세요.

중문(1)

해석

나는 이번 봄부터 회사에서 일하고 있어서 매일 바쁘게 지내고 있습니다. 일이 끝나는 시간도 날에 따라 달라서 평일에는 그다지 나만의 시간이 없습니다. 그래서 주말에는 가능한 한 일정을 잡지 않고, 집에서 느긋하게 쉬려고 하고 있습니다.

지난주 토요일은 아침부터 비가 내렸습니다. 원래는 친구와 만날 약속을 했지만, 일기예보에서도 하루 종일 비라고 해서 ① 외출하는 것을 그만두기로 했습니다. 친구에게는 전날에 연락해서 다른 날에 만나기로 했습니다.

오전 중에는 빨래를 하고 방 청소를 했습니다. 오후에는 전부터 읽고 싶었던 책을 읽으면서 따뜻한 커피를 마시며 조용히 보냈습니다. 밤에는 냉장고에 있던 재료로 간단한 요리를 만들어 텔레비전을 보면서 천천히 식사했습니다. 밖에는 나가지 않았지만 ② 몸도 마음도 쉴 수 있는 만족스러운 하루였다고 생각합니다.

1 왜 ① 외출하는 것을 그만두기로 했습니까?
   1 일이 바빴기 때문에
   2 친구와 만날 약속이 없었기 때문에
   3 날씨가 나빴기 때문에
   4 몸 상태가 나빴기 때문에

2 '나'는 오후에 어떤 일을 하고 있었습니까?
   1 방 청소만 하고 있었습니다.
   2 책을 읽으면서 조용히 보내고 있었습니다.
   3 친구를 만났습니다.
   4 찬 커피를 마셨습니다.

3 ② 몸도 마음도 쉴 수 있는 만족스러운 하루였다라고 했는데, '나'는 그날 어떤 하루였다고 생각합니까?
   1 바빠서 힘들었던 하루
   2 밖에서 길게 보낸 하루
   3 집에서 조용히 보낸 하루
   4 업무 일정이 많았던 하루

단어 春(はる) 봄 | 会社(かいしゃ) 회사 | 働(はたら)く 일하다 | 毎日(まいにち) 매일 | 忙(いそが)しい 바쁘다 | 過(す)ごす 지내다, 보내다 | 仕事(しごと) 일, 업무 | 終(お)わる 끝나다 | 日(ひ) 날 | 違(ちが)う 다르다 | 平日(へいじつ) 평일 | 自分(じぶん) 자신 | 週末(しゅうまつ) 주말 | 予定(よてい) 예정, 일정 | 入(い)れる 넣다 | 家(いえ) 집 | 休(やす)む 쉬다 | 本当(ほんとう) 사실, 원래 | 約束(やくそく) 약속 | 天気予報(てんきよほう) 일기예보 | 一日中(いちにちじゅう) 하루 종일 | 出(で)かける 외출하다 | やめる 그만두다, 끊다 | 前日(ぜんじつ) 전날 | 連絡(れんらく) 연락 | 別(べつ) 다름 | 午前中(ごぜんちゅう) 오전 중 | 洗濯(せんたく) 세탁, 빨래 | 部屋(へや) 방 | 掃除(そうじ) 청소 | 前(まえ) 전 | 温(あたた)かい 따뜻하다 | 静(しず)かだ 조용하다 | 夜(よる) 밤 | 冷蔵庫(れいぞうこ) 냉장고 | 材料(ざいりょう) 재료 | 簡単(かんたん)だ 간단하다, 쉽다 | 作(つく)る 만들다 | 食事(しょくじ) 식사 | 外(そと) 밖 | 心(こころ) 마음 | 体(からだ) 몸 | 満足(まんぞく) 만족

해설 〈질문 1〉은 외출을 취소한 이유를 묻고 있다. 글쓴이는 일기예보에서 하루 종일 비라고 해서 일정을 바꿨다고 했으므로 날씨 때문에 외출을 취소한 것이다. 정답은 3번이다.

〈질문 2〉는 글쓴이가 오후에 무엇을 했는지 묻고 있다. 오전에는 빨래와 방 청소를, 오후에는 전부터 읽고 싶었던 책을 읽으면서 조용히 보냈다고 했으므로 정답은 2번이다.

〈질문 3〉은 글쓴이가 그날 어떤 생각을 했는지 묻고 있다. 하루 종일 집에서 느긋하게 청소, 독서, 요리 등을 했고, 마음도 몸도 쉴 수 있어서 만족한다고 했으므로 정답은 3번이다.

독해 공략편

중문(2)

나는 최근, 집에서 요리하는 시간을 소중히 여기고 있습니다. **전에는 바쁜 날이 많아, 저녁 식사는 편의점 도시락이나 밖에서 먹는 것이 대부분이었습니다. 그래서 식사 시간도 짧고, 텔레비전을 보면서 급하게 먹는 경우가 많았습니다.**

어느 날, 오랜만에 집에서 직접 요리를 해 보았더니, 생각했던 것보다 즐겁게 느껴졌습니다. 슈퍼에서 재료를 고르거나, 요리를 만드는 시간도 즐겁다고 생각했습니다. 그때부터는 시간이 있는 날에는 **어렵지 않은 간단한 요리를 만들게 되었습니다.**

처음에는 잘되지 않기도 했지만, 지금은 **조금씩 익숙해졌습니다. 최근에는 요리하면서 음악을 듣거나, 완성된 요리를 천천히 먹기도 합니다.** ① 식사 방식을 조금 바꾼 것만으로, 매일의 기분도 좋아졌습니다. ② 이것이라면 나도 계속할 수 있을 것 같다고 생각했습니다.

4 왜 '나'는 요리를 하게 되었습니까?
  1 요리를 아주 잘하기 때문에
  2 직접 만들면 즐겁다고 느꼈기 때문에
  3 밖에서 식사하는 것을 싫어하기 때문에
  4 요리 교실에 다니고 있기 때문에

5 ① 식사 방식을 조금 바꾼 것만으로, 매일의 기분도 좋아졌습니다라고 했는데, '나'는 무엇을 바꾸었습니까?
  1 밖에서 먹는 것을 그만두었습니다.
  2 식사를 하지 않기로 했습니다.
  3 요리하는 시간을 줄였습니다.
  4 집에서 간단한 요리를 만들게 되었습니다.

6 ② 이것이라면 나도 계속할 수 있을 것 같다고 했는데, '나'는 지금 어떤 것을 계속할 수 있을 것 같다고 생각합니까?
  1 매일 어려운 요리를 만드는 것
  2 밖에서 식사하지 않는 것
  3 간단한 요리를 집에서 만드는 것
  4 요리 시간을 줄이는 것

단어 大切(たいせつ)にする 소중히 여기다 | 多(おお)い 많다 | 夕食(ゆうしょく) 저녁 식사 | コンビニ 편의점 | 弁当(べんとう) 도시락 | 短(みじか)い 짧다 | 急(いそ)ぐ 서두르다 | ひさしぶり 오랜만 | 感(かん)じる 느끼다 | 選(えら)ぶ 고르다, 선택하다 | 慣(な)れる 익숙하다 | 音楽(おんがく) 음악 | しかた 방법 | 少(すこ)し 조금 | 変(か)える 바꾸다 | 気分(きぶん) 기분 | 続(つづ)ける 계속하다 | 上手(じょうず)だ 잘하다, 능숙하다 | 教室(きょうしつ) 교실 | 通(かよ)う 다니다 | 減(へ)らす 줄이다 | 力(ちから) 힘

해설 〈질문 4〉는 요리를 하게 된 이유를 묻고 있다. 오랜만에 요리를 했더니 생각보다 재미있게 느껴졌다고 했으므로 정답은 2번이다.
  〈질문 5〉는 매일의 기분이 좋아진 이유를 묻고 있다. 이전에는 식사를 급하게 때우는 경우가 많았는데, 지금은 집에서 간단히 만들어 천천히 즐기는 식사를 하게 되었기 때문이므로 정답은 4번이다.
  〈질문 6〉은 글쓴이가 무엇을 계속할 수 있다고 했는지 묻고 있다. 글쓴이는 어렵지 않고 간단한 요리를 만드는 것에 조금씩 익숙해졌다고 했으므로 정답은 3번이다.

중문(3)

해석 이런 일이 있었습니다. 수학여행으로 **규슈에서 도쿄로 돌아오는** 신칸센 안에서의 일입니다. 도착은 오후 여섯 시 이후여서 네 시 무렵 전원에게 샌드위치를 나누어 줬습니다. 다들 그다지 배가 고프지 않은 듯, 먹는 사람은 별로 없었습니다. 나도 배고프지 않아서 먹지 않고 집에 가져가려고 했습니다.

그러고 나서 시간이 지나고, 쓰레기를 수거하러 왔습니다. 나는 모두 먹지 않은 샌드위치는 가져갈 것으로 생각했습니다. 그러나 그런 사람은 거의 없고, **대부분의 사람은 한 입도 먹지 않고 버렸습니다.** 그것을 보고 있던 나는 가슴이 욱신욱신 아파졌습니다.

울고 싶어지는 기분이었습니다. 왜 가지고 돌아가지 않는 걸까요? 나는 음식을 버리는 사람들에게 화가 났습니다. **이 세상에 사는 인간이라면, 하나하나 사물을 소중히 여기는 마음을 가지면 좋겠습니다.**

7 수학여행 장소는 어디였습니까?

1 규슈

2 도쿄

3 교토

4 니가타

8 나눠 준 샌드위치는 어떻게 되었습니까?

1 대부분 먹지 않고 가져갔습니다.

2 거의 먹지 않고 가져갔습니다.

3 거의 버려졌습니다.

4 거의 다 먹었습니다.

9 이 글에서 말하고자 하는 것은 무엇입니까?

1 쓰레기는 스스로 모으는 것이 좋다.

2 샌드위치를 버리는 것은 좋지 않은 일이다.

3 사람들에게 화를 내는 것은 좋지 않은 일이다.

4 사물을 더 소중히 여겨야 한다.

단어 修学旅行(しゅうがくりょこう) 수학여행 | 帰(かえ)る 돌아오다, 돌아가다 | 到着(とうちゃく) 도착 | ～すぎ ~지남 | 全員(ぜんいん) 전원 | サンドイッチ 샌드위치 | 配(くば)る 나누어 주다 | みんな 모두 | おなかがすく 배가 고프다 | 持(も)つ 가지다, 들다 | 時間(じかん)がすぎる 시간이 지나다 | ごみ 쓰레기 | 集(あつ)める 모으다 | ほとんど 거의 | だいたい 대개, 대체로 | 一口(ひとくち) 한 입 | 捨(す)てる 버리다 | むね 가슴 | ズキンズキン 욱신욱신 | 痛(いた)い 아프다 | 泣(な)く 울다 | 気持(きも)ち 마음, 기분 | 食(た)べ物(もの) 음식물, 먹을 것 | はらがたつ 화가 나다 | 世(よ)の中(なか) 세상 | 生(い)きる 살다 | 人間(にんげん) 인간, 사람 | もの 사물, 물건 | 心(こころ) 마음 | はらをたてる 화를 내다 | もっと 더, 더욱

해설 〈질문 7〉은 수학여행 장소가 어디였는지 묻고 있다. 지문의 첫 번째 단락에서 수학여행으로 규슈에서 도쿄로 돌아오는 신칸센 안에서 있었던 일이라고 했다. 즉, 수학여행을 규슈로 갔다가 신칸센을 타고 도쿄로 돌아오는 중의 일이므로 정답은 1번이다.

〈질문 8〉은 전원에게 나눠 준 샌드위치가 어떻게 되었는지 묻고 있다. 지문의 첫 번째 단락과 두 번째 단락에 걸쳐서 나눠 준 샌드위치에 대해서 말하고 있다. 모두 그다지 배가 고프지 않은 듯 먹는 사람이 별로 없었고, 본인도 배가 고프지 않아 가져가려고 생각했는데, 쓰레기를 수거하러 왔을 때 보니 샌드위치를 가져가려는 사람은 거의 없고 대부분 한 입도 먹지 않고 버려서 가슴이 아팠다고 했다. 따라서 정답은 3번이다.

〈질문 9〉는 이 글을 통해 글쓴이가 말하고 싶은 것을 묻고 있다. 글쓴이는 마지막 단락에서 샌드위치가 버려지는 것을 보고 울고 싶어지는 기분이었다고 하며 먹을 것을 버리는 사람들에게 화가 났다고 했다. 그리고 이 세상에 사는 인간이라면 사물 하나하나, 즉 모든 것을 소중히 여기는 마음을 가졌으면 좋겠다고 덧붙였다. 따라서 정답은 4번이다.

중문(4)

해석 나는 프랑스에 유학하고 있는 동안, 프랑스인의 집에서 하숙하고 있었습니다. 그 집 아주머니는 옛날에 여학교의 교장 선생님을 했던 분이었습니다.

가끔 아주머니는 나에게 프랑스어를 가르쳐 주었는데, 언제나 알려 주는 것은 중학교 수준의 쉬운 프랑스어였습니다. 나는 쉬운 문법이 지루해서, 조금 어려운 것을 배우려고 했습니다. 그렇지만 아주머니는 '기초가 중요해요'라며, 몇 번씩이나 초급 교과서를 반복해서 공부하게 했습니다.

프랑스어에는 정중한 표현인 '당신'과 학생이나 친한 사람들 사이에서 쓰는 '너'라는 두 가지 표현이 있습니다. 상대방을 보고 이 두 가지를 쓰는데, 아주머니는 '정중한 표현만 쓰세요'라고 내게 말했습니다. 당신은 프랑스어가 서투르므로 프랑스인처럼 쓸 수는 없다, 정중한 말이라면 어떤 경우에라도 사용할 수 있다는 것이 아주머니의 생각이었습니다.

10 아주머니는 옛날에 무엇을 했습니까?

1 회사 사장님

2 생활 지도 선생님

3 프랑스어 선생님

4 학교의 교장 선생님

11 아주머니는 왜 초급만 가르쳤습니까?

1 기초가 중요하니까

2 문법이 중요하니까

3 유학생이 중요하니까

4 상대방이 중요하니까

12 아주머니는 왜 '정중한 표현만 쓰세요'라고 말했습니까?

1 친한 친구에게 사용하는 말은 별로 좋지 않은 말이니까

2 정중한 말은 간단히 배울 수 있으니까

3 정중한 말은 누구에게 써도 괜찮으니까

4 프랑스어를 잘 못하는 사람이 두 가지 표현을 쓰면 이상하니까

단어 留学(りゅうがく) 유학 | あいだ 사이, 동안 | フランス人(じん) 프랑스인 | 下宿(げしゅく) 하숙 | おばさん 아주머니 | むかし 옛날 | 女子校(じょしこう) 여학교 | 校長(こうちょう) 교장 | ときどき 가끔, 때때로 | フランス語(ご) 프랑스어 | やさしい 쉽다 | 文法(ぶん ぽう) 문법 | つまらない 재미없다, 시시하다 | むずかしい 어렵다 | 覚(おぼ)える 외우다, 배우다 | けれども 그렇지만 | 基礎(きそ) 기초 | 大切(たいせつ)だ 중요하다, 소중하다 | 何度(なんど)も 몇 번이나 | 初級(しょきゅう) 초급 | 教科書(きょうかしょ) 교과서 | くりか えす 반복하다 | ていねいだ 정중하다, 공손하다 | 言(い)い方(かた) 말투, 표현 | あなた 당신 | 親(した)しい 친하다 | 人(ひと)たち 사람 들 | 使(つか)う 사용하다, 쓰다 | きみ 너 | 相手(あいて) 상대방 | 下手(へた)だ 서투르다, 못하다 | ことば 말, 언어, 단어 | 場合(ばあい) 경우 | 考(かんが)え方(かた) 사고방식, 생각 | 会社(かいしゃ) 회사 | 社長(しゃちょう) 사장(님) | 生活指導(せいかつしどう) 생활 지도 | 留学生(りゅうがくせい) 유학생 | おかしい 이상하다

해설 〈질문 10〉은 아주머니가 옛날에 무엇을 했는지 묻고 있다. 첫 번째 단락에서 프랑스에 유학하고 있을 때 프랑스인 집에서 하숙했고, 그 집 아주머니가 예전에 여학교의 교장 선생님을 했다고 했으므로 정답은 4번이다.

〈질문 11〉은 아주머니가 초급 프랑스어만 가르친 이유를 묻고 있다. 지문의 두 번째 단락 마지막 부분에서 아주머니가 중학교 정도의 쉬운 프랑스어를 가르친 이유는 기초가 중요하기 때문이라고 했으므로 정답은 1번이다.

〈질문 12〉는 아주머니가 정중한 표현만 쓰라고 한 이유를 묻고 있다. 밑줄 친 부분의 앞뒤 문맥을 살펴보면, '당신'과 '너'라는 표현을 예로 들면서, 아주머니는 정중한 말이라면 어떤 경우라도 사용할 수 있다고 생각했다고 했으므로 정답은 3번이다.

중문(5)

해석 나는 올해 9월, 미국 대학교에 유학하러 왔습니다. 이곳에 온 지 벌써 석 달이 됩니다. 미국에서는 영어를 사용하므로 이곳에 오기 전에 영어 공부를 많이 하고 왔습니다. 하지만 대학교에서 사용하는 영어는 너무 어렵고, 모르는 단어뿐입니다. 쉬는 날에는 호주 사 람인 친구에게 수업에 관해 여러 가지를 배웁니다. 또한, 대학 도서관에 가서 수업 예습도 열심히 하고 있습니다.

수업이 끝나면 늘 한국인 친구나 중국인 친구와 함께 대학교 안에 있는 식당에 가서 저녁밥을 먹습니다. 채소나 과일 등이 많이 들 어 있어서 아주 맛있습니다. 나 말고도 많은 사람이 대학 식당을 이용합니다.

지난주에 드디어 대학교 수업이 끝나고 겨울 방학이 되었습니다. 우리 가족이 나를 만나러 내일 미국에 와서, 가족 모두 스키를 타 러 갑니다. 그리고 나서 버스를 타고 바다에도 갈 예정입니다. 바다에 도착하면 해안을 걷거나 모래놀이도 하고 싶습니다. 내가 미국 에 유학하러 온 뒤로 첫 가족 여행이라서 매우 기대됩니다.

13 이 사람에게 수업에 관해 알려 주는 사람은 어느 나라 사람입니까?
1 미국
2 호주
3 한국
4 중국

14 이 사람은 쉬는 날에는 무엇을 합니까?
1 영어가 능숙한 친구와 놉니다.
2 도서관에서 공부합니다.
3 대학교 식당에서 저녁을 먹습니다.
4 가족을 만나러 귀국합니다.

15 가족 여행 중 할 예정이 아닌 것은 무엇입니까?
1 버스를 타고 바다에 갑니다.
2 다 같이 스키를 탑니다.
3 산에 오릅니다.
4 해변을 걷습니다.

단어 大学(だいがく) 대학, 대학교 | 英語(えいご) 영어 | 難(むずか)しい 어렵다 | 分(わ)かる 알다, 이해하다 | ことば 말, 언어, 단어 | 休(やす) みの日(ひ) 쉬는 날 | オーストラリア 오스트레일리아, 호주 | 授業(じゅぎょう) 수업 | いろいろ 여러 가지 | 教(おし)える 가르치다, 알려 주다 | 図書館(としょかん) 도서관 | 予習(よしゅう) 예습 | いっしょうけんめい 열심히 | 終(お)わる 끝나다 | いつも 늘, 항상 | 一緒(いっしょ)に 함께 | 夕飯(ゆうはん) 저녁밥 | 野菜(やさい) 채소, 야채 | 果物(くだもの) 과일 | 入(はい)る 들어가다 | おいしい 맛있다 | 大勢(おおぜい) 많은 사람 | 利用(りよう) 이용 | 先週(せんしゅう) 지난주 | やっと 겨우, 간신히 | 冬休(ふゆやす)み 겨울 방학 | 家族(かぞく) 가족 | 会(あ)う 만나다 | スキー 스키 | 乗(の)る 타다 | 海(うみ) 바다 | 予定(よてい) 예정 | 着(つ)く 도착하다 | 海岸 (かいがん) 해안 | 歩(ある)く 걷다 | 砂遊(すなあそ)び 모래 장난, 모래놀이 | 初(はじ)めて 처음 | 家族旅行(かぞくりょこう) 가족 여행 | 山(やま) 산 | 登(のぼ)る 오르다

해설 〈질문 13〉은 이 사람에게 수업에 대해 알려 주는 사람이 누구인지 묻고 있다. 대학교에서 사용하는 영어는 몹시 어려워서 모르는 단어뿐이지만 호주 사람인 친구가 수업에 관해서 가르쳐 준다고 했으므로 정답은 2번이다.

〈질문 14〉는 쉬는 날에 무엇을 하는지 묻고 있다. 쉬는 날에는 호주 친구가 수업에 관해서 가르쳐 주거나 대학교 도서관에서 예습한다고 했으므로 정답은 2번이다.

〈질문 15〉는 가족 여행 중에 할 예정이 아닌 것을 묻고 있다. 스키를 타러 갔다가 버스를 타고 바다에 갈 예정이다. 바다에 가면 해안을 걷거나 모래놀이하고 싶다고 덧붙였는데 산에 오른다는 이야기는 언급하지 않았으므로 정답은 3번이다.

③ 문제6 정보검색

p.356

정보검색(1)

문제 6 오른쪽 페이지의 '미도리 병원 안내'를 보고, 질문에 답하세요. 정답은 1·2·3·4에서 가장 적당한 것을 하나 고르세요.

해석

미도리 병원 안내

◎ 진료 시간

	오전	오후
월요일	9:00~12:00	14:00~17:00
화요일	9:00~12:00	14:00~17:00
수요일	9:00~12:00	휴진
목요일	9:00~12:00	14:00~17:00
금요일	9:00~12:00	14:00~16:00
토요일	9:00~12:00	휴진
일요일	휴진	휴진

◎ 진료 과목

	오전	오후
내과 (감기나 건강 상담)	○	○
소아과 (어린이)	○	○
안과 (눈)	○	○
피부과 (피부)	○	×

※ 주의
- 접수는 진료가 끝나는 시간 30분 전까지입니다.
- 처음 오시는 분은 오전만 가능합니다.
- 공휴일은 휴진입니다.

1 야마다 씨는 아이를 데리고 소아과에 가고 싶습니다. 수요일에 갈 때, 접수는 몇 시까지 하면 됩니까?

1 오전 11시 30분
2 오후 12시
3 오후 1시 30분
4 오후 4시 30분

2 마쓰다 씨는 최근 눈 상태가 좋지 않습니다. 그래서 미도리 병원에 처음 가보려고 생각하고 있습니다. 다음 중 접수가 가능한 시간은 무엇입니까?

1 월요일 오전 11시
2 화요일 오후 4시
3 금요일 오후 4시 30분
4 토요일 오전 12시

독해 공략편

病院(びょういん) 병원 | 案内(あんない) 안내 | 診察時間(しんさつじかん) 진료 시간 | 月曜日(げつようび) 월요일 | 火曜日(かようび) 화요일 | 水曜日(すいようび) 수요일 | 木曜日(もくようび) 목요일 | 金曜日(きんようび) 금요일 | 土曜日(どようび) 토요일 | 日曜日(にちようび) 일요일 | 休(やす)み 휴진, 휴무 | 診療科目(しんりょうかもく) 진료 과목 | 内科(ないか) 내과 | 風邪(かぜ) 감기 | 体(から だ) 몸, 몸의 상태 | 相談(そうだん) 상담, 의논 | 小児科(しょうにか) 소아과, 소아 청소년과 | 子(こ)ども 아이, 어린이 | 眼科(がんか) 안과 | 目(め) 눈 | 皮膚科(ひふか) 피부과 | 肌(はだ) 피부 | 注意(ちゅうい) 주의 | 受(う)け付(つ)け 접수 | 終(お)わる 끝나다 | 初(はじ) めて 처음 | ~のみ ~만, ~뿐 | 祝日(しゅくじつ) 공휴일 | 連(つ)れて行(い)く 데려가다 | 最近(さいきん) 최근 | 調子(ちょうし) 상태 | 悪(わる)い 나쁘다

해설 〈질문 1〉은 수요일 소아과 진료를 볼 수 있는 접수 시간을 묻고 있다. 수요일에 병원은 오전에만 진료하고, 접수 마감은 진료 종료 30분 전 까지이다. 12시의 30분 전인 11시 30분까지 접수해야 하므로 정답은 1번이다.

〈질문 2〉는 마쓰다 씨가 접수할 수 있는 날은 언제인지 묻고 있다. 마쓰다 씨는 미도리 병원에 처음 방문하므로 주의 사항에 따라 오전에만 진료를 볼 수 있다. 따라서 정답은 1번이다.

정보검색(2)

문제 6 오른쪽 페이지의 '시간표'를 보고, 질문에 답하세요. 정답은 1·2·3·4에서 가장 적당한 것을 하나 고르세요.

해석

시간표

		월	화	수	목	금
1	8:50~9:40	과학	수학	사회	수학	국어
2	9:50~10:40	국어	음악	한문	체육	사회
3	10:50~11:40	음악	사회	영어	국어	과학
4	11:50~12:40	영어	체육	수학	고문	과학
5	13:50~14:40	기술	가정과	도덕	음악	영어
6	14:50~15:40	기술	가정과		음악	수학
7	15:50~16:40	홈룸			홈룸	

3 내일은 수학 숙제가 있습니다. 그리고 체육복도 필요합니다. 네 시에는 끝납니다. 내일은 무슨 요일입니까?
1 월요일
2 화요일
3 목요일
4 금요일

4 오늘은 내가 좋아하는 영어 수업이 있지만, 두 번째로 늦게 끝납니다. 오늘은 무슨 요일입니까?
1 월요일
2 수요일
3 목요일
4 금요일

時間割(じかんわり) 시간표 | 数学(すうがく) 수학 | 宿題(しゅくだい) 숙제 | あと (시기적으로) 나중, 다음 | 運動着(うんどうぎ) 운동복, 체육복 | ひつようだ 필요하다 | 終(お)わる 끝나다 | 何曜日(なんようび) 무슨 요일 | 好(す)きだ 좋아하다 | 英語(えいご) 영어 | 授業(じゅぎょう) 수업 | 2番目(にばんめ) 두 번째 | おそく 늦게 | 水曜日(すいようび) 수요일 | 科学(かがく) 과학 | 社会(しゃかい) 사회 | 国語(こくご) 국어 | 音楽(おんがく) 음악 | 漢文(かんぶん) 한문 | 体育(たいいく) 체육 | 古文(こぶん) 고문 | 技術(ぎじゅつ) 기술 | 家庭科(かていか) 가정과 | 道徳(どうとく) 도덕 | ホームルーム 홈룸(생활 지도를 위해 개설된 고등학생의 특별활동)

해설 〈질문 3〉은 내일이 무슨 요일인지 묻고 있다. 조건으로 내일은 수학 숙제가 있고, 체육복도 필요하며, 네 시에 끝난다고 했다. 이 조건에 맞는 요일을 찾으면 된다. 수학 숙제가 있다고 했으므로 수학 과목이 있는 날을 찾으면 화요일~금요일이고, 체육복이 필요하다고 했으므로 체육 과목이 있는 날을 찾으면 화요일과 목요일이다. 마지막으로 네 시에 끝난다고 했으므로 6교시까지 있는 화요일이 내일의 요일인 셈이 다. 따라서 정답은 2번이다.

〈질문 4〉는 오늘이 무슨 요일인지 묻고 있다. 조건으로 좋아하는 영어 수업이 있고, 두 번째로 늦게 끝난다고 했다. 영어 과목이 있는 날은 월요일, 수요일, 금요일이고 두 번째로 늦게 끝난다고 했으므로 6교시까지 있는 금요일이 오늘이다. 따라서 정답은 4번이다.

문제 6 오른쪽 페이지의 '개를 찾는 공고문'을 보고, 질문에 답하세요. 정답은 1·2·3·4에서 가장 적당한 것을 하나 고르세요.

해석

2026년 5월 18일 (월)

개를 찾고 있습니다!

2026년 5월 12일 (화) 14시 30분 무렵
신주쿠구에서 행방불명이 되었습니다.
이름: 고타로
견종: 치와와
성별: 수컷
나이: 아홉 살
특징: 갈색, 하얀 목걸이, 귀는 서 있음

발견하면 연락 주세요!
090-333-3333

독해 공략편

5 개를 찾는 공고문을 만든 것은 언제입니까?
1 2026년 5월 5일
2 2026년 5월 12일
3 **2026년 5월 18일**
4 2026년 5월 25일

6 본문 중 맞지 않는 것은 어느 것입니까?
1 개의 이름은 고타로입니다.
2 **이 개는 푸들입니다.**
3 이 개는 신주쿠구에서 없어졌습니다.
4 하얀 목걸이를 하고 있는 개입니다.

단어 犬(いぬ) 개 | 探(さが)す 찾다 | お知(し)らせ 알림, 공지 | 作(つく)る 만들다 | 名前(なまえ) 이름 | プードル 푸들 | 白(しろ)い 하얗다 | 首輪(くびわ) 목걸이 | 頃(ごろ) 즈음 | 行方不明(ゆくえふめい) 행방불명 | 犬種(けんしゅ) 견종 | 性別(せいべつ) 성별 | オス 수컷 | 年齢(ねんれい) 연령, 나이 | 特徴(とくちょう) 특징 | 茶色(ちゃいろ) 갈색 | 白(しろ) 하얀색 | 耳(みみ) 귀 | 立(た)つ 서다 | 見(み)つける 발견하다 | 連絡(れんらく) 연락

해설 〈질문 5〉는 개를 찾는 공고문을 만든 것은 언제인지 묻고 있다. 전단 왼쪽 상단에 '2026년 5월 18일 (월)'이라고 적혀 있으므로 이 전단을 만든 날은 3번이다. 개를 잃어버린 날짜인 5월 12일과 헷갈리지 않게 주의한다.

〈질문 6〉은 본문과 맞지 않는 것을 고르는 문제이다. 개의 이름은 고타로이고 하얀 목걸이를 하고 있으며 신주쿠에서 없어졌다고 적혀 있으며 견종은 '치와와'이므로 정답은 견종이 푸들이라고 한 2번이다.

문제 6 오른쪽 페이지의 '국내선'을 보고 질문에 답하세요. 답은 1·2·3·4에서 가장 적당한 것을 하나 고르세요.

해석

국내선 (2026년 6월 29일)

출발	도착	이코노미 클래스	비즈니스 클래스	퍼스트 클래스
06:35 오사카/간사이	07:40 도쿄/하네다	○ 20,700엔	—	○ 25,700엔
07:35 오사카/간사이	08:45 도쿄/하네다	○ 20,700엔	○ 22,700엔	—
08:45 오사카/간사이	09:55 도쿄/하네다	—	○ 22,700엔	—
09:50 오사카/간사이	10:55 도쿄/하네다	○ 20,700엔	○ 22,700엔	○ 25,700엔
10:05 오사카/간사이	11:15 도쿄/하네다	○ 20,700엔	○ 22,700엔	○ 25,700엔
11:05 오사카/간사이	12:10 도쿄/하네다	—	—	○ 25,700엔
12:10 오사카/간사이	13:20 도쿄/하네다	—	○ 22,700엔	—
13:15 오사카/간사이	14:20 도쿄/하네다	○ 20,700엔	○ 22,700엔	○ 25,700엔
14:20 오사카/간사이	15:25 도쿄/하네다	○ 20,700엔	—	○ 25,700엔
15:40 오사카/간사이	16:45 도쿄/하네다	—	○ 22,700엔	○ 25,700엔

7 오전 마지막 비행기로 도쿄에 가고 싶습니다. 어떤 클래스가 남아 있습니까?

1 이코노미 클래스
2 비즈니스 클래스
3 퍼스트 클래스
4 전부 남아 있습니다.

8 오늘 오후 가장 빠른 비행기를 예약하고 싶습니다. 가장 싼 것으로 부탁합니다. 얼마입니까?

1 20,700엔
2 22,700엔
3 25,700엔
4 티켓이 남아 있지 않습니다.

단어 国内線(こくないせん) 국내선 | 午前(ごぜん) 오전 | 最後(さいご) 최후, 마지막 | クラス 클래스 | 残(のこ)る 남다 | いちばん 가장 | 最初(さいしょ) 최초, 제일 먼저 | 予約(よやく) 예약 | 安(やす)い 싸다, 저렴하다 | チケット 티켓, 표 | 出発(しゅっぱつ) 출발 | 到着(とうちゃく) 도착 | エコノミークラス 이코노미 클래스 | ビジネスクラス 비즈니스 클래스 | ファーストクラス 퍼스트 클래스

해설 〈질문 7〉은 오전 마지막 비행기로 도쿄에 가고 싶은데, 남아 있는 클래스가 무엇인지 묻고 있다. 먼저, 오전의 가장 마지막 비행기를 찾아야 하므로, 12시 이전의 비행기가 어떤 것이 있는지를 살펴본다. 11시 5분에 오사카/간사이 출발이 오전 마지막 비행기이므로, 이 비행기의 좌석을 살펴보면 퍼스트 클래스가 남아 있다는 것을 알 수 있다. 따라서 정답은 3번이다.

〈질문 8〉은 오늘 오후 가장 빠른 비행기를 예약하고 싶은데, 가장 싼 것은 얼마인지 묻고 있다. 먼저, 오후 가장 빠른 비행기를 찾으면 12시 10분에 오사카/간사이를 출발하는 비행기가 가장 빠르고, 그 비행기에서는 비즈니스 클래스밖에 남아 있지 않다. 이 좌석의 가격은 22,700엔이므로 정답은 2번이다.

문제 6 오른쪽 페이지의 '4월의 어린이 광장(스케줄)'을 보고 질문에 답하세요. 답은 1·2·3·4에서 가장 적당한 것을 하나 고르세요.

해석

4월의 어린이 광장(스케줄)

교실 명	정원(인수)	날짜	준비물
요리 교실 13:00~15:00 달콤한 초콜릿케이크를 만들자!	8명	첫 번째 월요일(4/5) 세 번째 월요일(4/19)	앞치마 교재 종이
댄스 교실 14:15~15:15 다 같이 즐겁게 춤추자!	10명	두 번째 수요일(4/7) 네 번째 수요일(4/21)	수건, 물 또는 차
체조 교실 10:00~10:45 공을 이용한 운동이나 스트레칭을 하자!	10명	두 번째 금요일(4/9) 네 번째 금요일(4/23)	수건, 물 또는 차

◎ 신청은 매월 20일까지 받습니다.
◎ 신청은 어린이 광장 사무실, 또는 전화 접수 13시~18시까지

어린이 광장 사무실
전화 : 012-345-6764

9 댄스 교실에 신청하고 싶은 사람은 몇 시에 전화로 신청하면 됩니까?
1 10:00~15:00
2 11:00~16:00
3 12:00~17:00
4 13:00~18:00

10 4월의 접수가 가능한 마지막 날은 무슨 요일입니까?
1 일요일
2 월요일
3 화요일
4 수요일

단어 こども 어린이 | ひろば 광장 | スケジュール 스케줄 | 教室(きょうしつ) 교실 | 定員(ていいん) 정원 | 人数(にんずう) 인수, 인원수 | 日(ひ)にち 날짜 | 持(も)ち物(もの) 준비물 | 料理(りょうり) 요리, 음식 | 甘(あま)い 달다 | チョコレートケーキ 초콜릿케이크 | 作(つく)る 만들다 | エプロン 앞치마 | テキスト 교재, 텍스트 | 紙(かみ) 종이 | ダンス 춤 | 楽(たの)しい 즐겁다 | 踊(おど)る 춤추다 | タオル 수건 | 水(みず) 물, 찬물 | または 또는 | お茶(ちゃ) 차, 녹차 | たいそう 체조 | ボール 공 | 運動(うんどう) 운동 | ストレッチ 스트레칭 | 申(もう)し込(こ)み 신청 | 毎月(まいげつ) 매월 | 受(う)け付(つ)ける 접수하다 | 事務所(じむしょ) 사무실 | 電話(でんわ) 전화 | 受付(うけつけ) 접수

해설 〈질문 9〉는 댄스 교실에 신청하고 싶은 사람은 몇 시에 전화로 신청하는지 묻고 있다. 전화 접수는 13시부터 18시까지라고 했으므로 정답은 4번이다.

〈질문 10〉은 4월의 접수가 가능한 날은 무슨 요일까지냐고 물었다. 접수는 매월 20일까지 가능하며 4월 19일이 월요일이므로 4월 20일은 화요일임을 알 수 있다. 정답은 3번이다.

독해 공략편

제 **5** 장
청해 공략편

문제 1	1 ②	2 ①	3 ③	4 ②	5 ①	6 ③	7 ③	8 ①	9 ②	10 ①	11 ③	12 ①	13 ④
	14 ③	15 ①											
문제 2	1 ②	2 ②	3 ①	4 ③	5 ①	6 ③	7 ④	8 ②	9 ③	10 ②	11 ②	12 ①	13 ④
	14 ③	15 ①											
문제 3	1 ②	2 ①	3 ②	4 ②	5 ③	6 ②	7 ②	8 ③	9 ①	10 ①	11 ①	12 ①	13 ②
문제 4	1 ③	2 ②	3 ②	4 ②	5 ③	6 ②	7 ①	8 ③	9 ①	10 ①	11 ②	12 ①	13 ①
	14 ②	15 ③											

---

① 문제1 과제이해 단문   p.382

もんだい1

もんだい1では、まず質問を聞いてください。それから話を聞いて、問題用紙の1から4の中から、いちばんいいものを一つえらんでください。

문제 1

문제 1에는 먼저 질문을 들으세요. 그리고 이야기를 듣고 문제 용지의 1에서 4 중에서 맞는 답을 하나 고르세요.

---

1 ばん

男の子と女の子が話しています。女の子の将来の夢は何ですか。

F：そうし君の将来の夢って、なあに？
M：僕はねー、大きくなったらパイロットになりたいな。
　　ゆうかちゃんは？
F：私はお医者さん。
M：かっこいいね。でもゆうかちゃんは、学校の先生になっても似合うかも。
F：そう？前は幼稚園の先生になりたかったの。

女の子の将来の夢は何ですか。

1　パイロット
2　お医者さん
3　学校の先生
4　幼稚園の先生

1번

남자아이와 여자아이가 이야기하고 있습니다. 여자아이의 장래 꿈은 무엇입니까?

F : 소시의 장래 꿈은 뭐야?
M : 난 말이야, 어른이 되면 파일럿이 되고 싶어. 유카는?
F : 나는 의사 선생님.
M : 멋지다. 그런데 유카는 학교 선생님이 돼도 어울릴지 몰라.
F : 그래? 전에는 유치원 선생님이 되고 싶었어.

여자아이의 장래 꿈은 무엇입니까?

1　파일럿
2　의사 선생님
3　학교 선생님
4　유치원 선생님

단어 君(きみ) 너 | 将来(しょうらい) 장래 | 夢(ゆめ) 꿈 | 僕(ぼく) 나 | 大(おお)きい 크다 | パイロット 파일럿 | 私(わたし) 나 | 医者(いしゃ) 의사 | 学校(がっこう) 학교 | 先生(せんせい) 선생(님) | 似合(にあ)う 어울리다 | 前(まえ) 전 | 幼稚園(ようちえん) 유치원

해설　여자아이 유카의 장래 꿈이 무엇인지 묻고 있다. 남자아이 소시는 파일럿이 되고 싶다고 했고, 유카는 의사 선생님이 되는 것이라고 했다. 따라서 정답은 2번이다. 선택지 3번은 소시가 유카에게 잘 어울리겠다고 말한 것이고, 4번은 유카의 과거의 꿈이므로 오답이다.

2 ばん

男の人と女の人が話しています。男の人の車はどれですか。

F：佐々木さんはどこに車をとめているんですか。

M：ここの駐車場です。

F：あ、ここですか。佐々木さんの車はどれですか。

M：左側にある、黒い車です。

F：2つありますが、どっちの方ですか。

M：隅の方にある車です。あ！あの車、かっこいい！

F：右側の真ん中の？

M：ええ、僕もいつかスポーツカーがほしいです。

男の人の車はどれですか。

2번

남성과 여성이 이야기하고 있습니다. 남성의 차는 어느 것입니까?

F : 사사키 씨는 어디에 차를 주차했어요?

M : 여기 주차장입니다.

F : 아, 여기인가요? 사사키 씨의 차는 어떤 거예요?

M : 왼쪽에 있는 검은색 차입니다.

F : 두 대 있는데, 어느 쪽인가요?

M : 구석에 있는 차입니다. 앗! 저 차 멋있다!

F : 오른쪽 한가운데요?

M : 네, 저도 언젠가 스포츠카를 갖고 싶어요.

남성의 차는 어느 것입니까?

단어　車(くるま) 차, 자동차 | とめる 세우다, 주차하다 | 駐車場(ちゅうしゃじょう) 주차장 | 左側(ひだりがわ) 왼쪽 | 黒(くろ)い 검다 | 隅(すみ) 구석 | かっこいい 멋지다 | 右側(みぎがわ) 오른쪽 | 真(ま)ん中(なか) 한가운데 | いつか 언젠가 | ほしい 갖고 싶다

해설　주차되어 있는 차 중에서 남성의 차를 고르는 묻는 문제이다. 남성은 왼쪽에 있는 검은색 차가 자신의 차라고 했고, 여성이 검은색 차가 두 대라고 하자 남성은 구석에 있는 차라고 대답했다. 따라서 정답은 1번이다.

3 ばん

男の人と女の人が公園で話しています。男の人が撮った写真はどれですか。

M：あそこの木のとなりのベンチに座って。

F：うん。ここでいいの？

M：う～ん。やっぱり木のとなりに立ったほうがいいかも。

F：こう？

M：うん、いいね。ベンチにぼうしを置いて、はい笑ってー！

男の人が撮った写真はどれですか。

3번

남성과 여성이 공원에서 이야기하고 있습니다. 남성이 찍은 사진은 어느 것입니까?

M : 저기 나무 옆 벤치에 앉아 봐.

F : 응. 여기면 될까?

M : 음. 역시 나무 옆에 서는 게 낫겠어.

F : 이렇게?

M : 응, 좋아. 벤치에 모자를 놓고, 자, 웃어!

남성이 찍은 사진은 무엇입니까?

단어　公園(こうえん) 공원 | 話(はな)す 이야기하다 | 撮(と)る (사진을) 찍다 | 写真(しゃしん) 사진 | 木(き) 나무 | となり 옆 | ベンチ 벤치 | 座(すわ)る 앉다 | やっぱり 역시 | 立(た)つ 서다 | ぼうし 모자 | 置(お)く 두다, 놓다 | 笑(わら)う 웃다

해설　남성이 찍은 사진을 찾는 문제이다. 남성이 사진을 찍기 위해 여성에게 자세에 대해서 말하고 있다. 남성은 여성에게 나무 옆에 서서 벤치에 모자를 놓고 웃으라고 했으므로, 정답은 3번이다.

4 ばん

先生が生徒たちに話しています。生徒たちは給食を食べてからすぐ、何をしなければなりませんか。

4번

선생님이 학생들에게 이야기하고 있습니다. 학생들은 급식을 먹고 나서 바로 무엇을 해야 합니까?

M: 今日は、あさって行われる運動会の準備をします。なので授業は午前中だけします。午前の授業を受けてから給食を食べて、そのあと体育着に着替えてください。荷物を運んだりするので、制服ではなく、体育着で運動会の準備をします。午後の授業はありません。

生徒たちは給食を食べてからすぐ、何をしなければなりませんか。

1　運動会の準備をする
2　体育着に着替える
3　授業を受ける
4　授業がないので家に帰る

M : 오늘은 내일모레 열릴 운동회 준비를 하겠습니다. 따라서 수업은 오전만 하겠습니다. 오전 수업을 받고 나서 급식을 먹고, 그 뒤 체육복으로 갈아입어 주세요. 짐을 옮기거나 해야 하므로 교복이 아니라 체육복을 입고 운동회 준비를 하겠습니다. 오후 수업은 없습니다.

학생들은 급식을 먹고 나서 바로 무엇을 해야 합니까?

1　운동회 준비를 한다
2　체육복으로 갈아입는다
3　수업을 받는다
4　수업이 없으므로 집에 돌아간다

단어　生徒(せいと) 중·고등학생 | 給食(きゅうしょく) 급식 | 食(た)べる 먹다 | 今日(きょう) 오늘 | あさって 내일모레 | 行(おこな)う 행하다 | 運動会(うんどうかい) 운동회 | 準備(じゅんび) 준비 | 授業(じゅぎょう) 수업 | 午前中(ごぜんちゅう) 오전 중 | 受(う)ける 받다 | 体育着(たいいくぎ) 체육복, 운동복 | 着替(きが)える 갈아입다 | 荷物(にもつ) 짐 | 運(はこ)ぶ 운반하다, 나르다 | 制服(せいふく) 교복 | 午後(ごご) 오후

해설　급식을 먹고 난 학생이 바로 무엇을 해야 하는지를 묻고 있다. 선생님은 학생들에게 운동회 준비에 대해서 말하면서 급식을 먹고 바로 체육복으로 갈아입으라고 말하고 있다. 따라서 정답은 2번이다.

5 ばん

男の人と女の人が話しています。窓はどうなりますか。

M: あ、天気よくなってきましたね。
F : ほんとうだ。窓を少し開けましょうか。
M: 全部開けたらどうですか。
F : そうですね。でもちょっとまぶしいので、カーテンは半分にしますね。

窓はどうなりますか。

5번

남성과 여성이 이야기하고 있습니다. 창문은 어떻게 됩니까?

M : 아, 날씨가 좋아졌군요.
F : 정말이네. 창문을 조금 열까요?
M : 전부 열면 어떨까요?
F : 그렇네요. 그런데 좀 눈부시니까 커튼은 반 정도 칠게요.

창문은 어떻게 됩니까?

단어　窓(まど) 창문 | 天気(てんき) 날씨 | ほんとう 정말 | 少(すこ)し 조금 | 開(あ)ける 열다 | 全部(ぜんぶ) 전부 | まぶしい 눈부시다 | カーテン 커튼 | 半分(はんぶん) 절반

해설　창문의 상태를 묻고 있다. 남성이 날씨가 좋아졌다고 하자 여성은 창문을 조금 열자고 한다. 남성은 창문을 전부 열자고 제안하고, 이에 대해 여성은 눈이 부시다며 커튼은 반만 치자고 했으므로 정답은 1번이다.

6 ばん

もうすぐ結婚する男の人と女の人が話しています。2人はどの部屋に決めますか。

M: このマンションは人気があって、部屋がもう4つしか残ってないんだって。
F : そうなんだ。私、2階がいい！
M: 2階か。道路に近いから、ちょっとうるさいかも。一番上の4階は？
F : 夏になったら暑そうだからちょっと…。

6번

이제 곧 결혼할 남성과 여성이 이야기하고 있습니다. 두 사람은 어느 방으로 결정합니까?

M : 이 맨션은 인기가 있어서 이제 방이 네 개밖에 안 남았대.
F : 그렇구나. 난 2층이 좋아!
M : 2층이라. 도로에 가까워서 좀 시끄러울지도 몰라. 제일 위의 4층은?
F : 여름이 되면 더울 것 같아서 좀……

M：1階は外から見えるから嫌だし、3階しかないな。

F：そうね、そうしましょう。

2人はどの部屋に決めますか。

1　1階
2　2階
3　3階
4　4階

M：1층은 밖에서 보이는 게 싫고 3층밖에 없네.

F：그래, 그렇게 하자.

두 사람은 어느 방으로 결정합니까?

1　1층
2　2층
3　3층
4　4층

7 ばん

先生と生徒が話しています。生徒は何の部活に入りますか。

F：山田君。入りたい部活、考えてみた?

M：バスケットボール部とバドミントン部と、悩んでるんです。

F：スポーツね。山田君は歌がうまいんだから、合唱部も合うかもよ?

M：合唱部に入ろうと思ったんですけど、スポーツの方がしたくて。

F：ならバドミントンにしたら? バスケットボール部は、ちょっとハードだから。

M：そうですよね。なら、そうします。

生徒は何の部活に入りますか。

1　スポーツ部
2　バスケットボール部
3　バドミントン部
4　合唱部

7번

선생님과 학생이 이야기하고 있습니다. 학생은 어떤 동아리에 들어갑니까?

F：야마다. 들어가고 싶은 동아리 활동 생각해 봤어?

M：농구부와 배드민턴부 중에서 고민하고 있어요.

F：스포츠라. 야마다는 노래를 잘하니까 합창부도 맞을지도 모르겠는데?

M：합창부에 들어갈까 했는데, 스포츠를 하고 싶어서요.

F：그럼 배드민턴으로 하는 게 어때? 농구부는 좀 힘드니까.

M：그렇군요. 그럼 그렇게 할게요.

학생은 어떤 동아리에 들어갑니까?

1　스포츠부
2　농구부
3　배드민턴부
4　합창부

8 ばん

男の人と女の人が話しています。男の人はどこに座りますか。

8번

남성과 여성이 이야기하고 있습니다. 남성은 어디에 앉습니까?

청해 공략편

M：さあ、そろそろまた出発しますか。

F：高橋さん、運転代わりましょうか。

M：ありがとう。でもまだ大丈夫です。

F：じゃあ、さっきは運転席のうしろに座っていたので、今度は運転席のとなりに座りますね。

M：はい。

男の人はどこに座りますか。

M：자, 슬슬 또 출발할까요?

F：다카하시 씨. 운전 바꿀까요?

M：고마워요. 하지만 아직 괜찮아요.

F：그러면 아까는 운전석 뒤에 앉았으니까, 이번에는 운전석 옆에 앉을게요.

M：네.

남성은 어디에 앉습니까?

단어	座(すわ)る 앉다	そろそろ 슬슬	出発(しゅっぱつ) 출발	運転(うんてん) 운전	代(か)わる 대신하다, 교대하다	大丈夫(だいじょうぶ)だ 괜찮다	さっき 아까, 조금 전	運転席(うんてんせき) 운전석	うしろ 뒤	今度(こんど) 이번	となり 옆
해설	남성이 출발하자고 하자 여성이 운전을 바꾸겠냐고 물었으므로 남성이 운전대를 잡고 있었음을 알 수 있다. 남성은 괜찮다고 대답했으므로 정답은 1번이다.

9ばん

姉と妹が話しています。妹は何を食べることにしますか。

F1：お姉ちゃん、おなか空いたー。

F2：あ、いつの間にかもう真っ暗だね！

F1：家に行く前に、お弁当が食べたいな。

F2：うん。でも家に帰ってご飯食べるから、ダメ。その代わり、簡単に食べられる物を買おう。

F1：分かった。

F2：ゼリーかヨーグルトでいい？

F1：うん、じゃあゼリーにする。

妹は何を食べることにしますか。

1　お弁当
2　ゼリー
3　家のご飯
4　ヨーグルト

9번

언니와 여동생이 이야기하고 있습니다. 여동생은 무엇을 먹기로 합니까?

F1：언니, 배고파.

F2：아, 어느새 벌써 깜깜해졌네!

F1：집에 가기 전에 도시락을 먹고 싶어.

F2：음. 하지만 집에 가서 밥 먹을 거니까 안 돼. 그 대신에 간단히 먹을 수 있는 걸 사자.

F1：알았어.

F2：젤리나 요구르트면 돼?

F1：음, 그럼 젤리로 할래.

여동생은 무엇을 먹기로 합니까?

1　도시락
2　젤리
3　집밥
4　요구르트

단어	姉(あね) 언니	妹(いもうと) 여동생	おなかが空(す)く 배고프다	いつの間(ま)にか 어느새	真(ま)っ暗(くら) 깜깜함	お弁当(べんとう) 도시락	飯(ごはん) 밥	だめだ 안 된다	代(か)わり 대신	簡単(かんたん)だ 간단하다
해설	여동생이 먹기로 한 것이 무엇인지를 묻고 있다. 여동생이 배고프다며 집에 가기 전에 도시락을 먹고 싶다고 하자, 언니가 집에서 밥을 먹어야 하니까 간단히 먹을거리를 사자고 했다. 그리고 젤리와 요구르트를 제안했고, 여동생은 젤리를 먹겠다고 말했다. 정답은 2번이다.

10ばん

男の人と女の人が話しています。郵便局はどこですか。

F：すいません。この近くに、郵便局はありますか。

M：ありますよ。あそこの交差点、見えますか。

F：はい、見えます。

M：あの交差点を左に曲がって行くと、三つ目の建物が郵便局です。

F：あ、どうもありがとうございます。

10번

남성과 여성이 이야기하고 있습니다. 우체국은 어디입니까?

F：실례합니다. 이 근처에 우체국이 있나요?

M：있어요. 저기 교차로 보이시나요?

F：네. 보여요.

M：저 교차로를 왼쪽으로 돌아가면 세 번째 건물이 우체국입니다.

F：아, 대단히 감사합니다.

ゆうびんきょく
郵便局はどこですか。

우체국은 어디입니까?

단어　郵便局(ゆうびんきょく) 우체국 | 近(ちか)く 근처 | 交差点(こうさてん) 교차로 | 見(み)える 보이다 | 左(ひだり) 왼쪽 | 曲(ま)がる 꺾다, 돌다 | 建物(たてもの) 건물

해설　우체국이 어디에 있는지를 찾는 문제이다. 여성은 남성에게 우체국이 이 근처에 있는지를 묻고, 남성은 앞에 보이는 교차로에서 왼쪽으로 돌아가서 3번째 건물이 우체국이라고 말한다. 따라서 정답은 1번이다.

11ばん

おとこ ひと おんな ひと はな おとこ ひと なんぼん
男の人と女の人が話しています。男の人はバラを何本、
か
買いましたか。

M：すみません。このバラ、いくらですか。

いっぽん えん ちい
F：このバラは1本で300円です。こっちの小さなバラは
いっぽん えん
　1本で200円です。

おお さんぼん ちい よんほん ねが
M：じゃあ、大きいバラを3本、小さいバラを4本、お願
　いします。

ぜんぶ えん
F：はい、わかりました。全部で1,700円になります。

おとこ ひと なんぼん か
男の人はバラを何本、買いましたか。

11번

남성과 여성이 이야기하고 있습니다. 남성은 장미를 몇 송이 샀습니까?

M : 실례합니다. 이 장미 얼마입니까?

F : 이 장미는 한 송이에 300엔이에요. 이 작은 장미는 한 송이에 200엔이고요.

M : 그러면 큰 장미를 세 송이, 작은 장미를 네 송이 부탁합니다.

F : 네, 알겠습니다. 전부 1,700엔입니다.

남성은 장미를 몇 송이 샀습니까?

단어　バラ 장미 | 何本(なんぼん) 몇 송이 | 買(か)う 사다 | いくら 얼마 | 小(ちい)さい 작다 | 大(おお)きい 크다 | 全部(ぜんぶ) 전부

해설　남성이 장미를 몇 송이 샀는지 묻는 문제이다. 남성은 큰 장미를 세 송이, 작은 장미를 네 송이 달라고 했으므로 정답은 3번이다.

12ばん

おとこ ひと おんな ひと はな おんな ひと い
男の人と女の人が話しています。女の人はどこに行きま
すか。

で
M：こんにちは。どこかお出かけですか。

なり た くうこう い
F：はい。成田空港に行くところです。

むか
M：だれかのお迎えですか。

きょう いもうと かんこく かえ
F：はい、今日妹が韓国のソウルから帰ってきます。

わたし いま は いしゃ い
M：それはよかったですね。私は今から歯医者さんに行き
　ます。

き い
F：そうなんですか。気をつけて行ってきてください。

おんな ひと い
女の人はどこに行きますか。

くうこう
1　空港
かんこく
2　韓国

3　ソウル
は いしゃ
4　歯医者

12번

남성과 여성이 이야기하고 있습니다. 여성은 어디에 갑니까?

M : 안녕하세요. 어딘가 외출하세요?

F : 네. 나리타 공항에 가는 중이에요.

M : 누군가 마중하러 가나요?

F : 네. 오늘 여동생이 한국 서울에서 돌아오거든요.

M : 그건 잘되었네요. 저는 이제 치과 의사한테 갑니다.

F : 그런가요? 조심해서 다녀오세요.

여성은 어디에 갑니까?

1　공항
2　한국
3　서울
4　치과 의사

단어　出(で)かける 외출하다 | 空港(くうこう) 공항 | 迎(むか)える 맞이하다, 마중하다 | 今(いま) 지금 | 歯医者(はいしゃ) 치과 의사 | 気(き)をつける 조심하다

해설　여성이 지금 외출하는 곳이 어딘지 묻고 있다. 여동생이 한국 서울에서 돌아와서 나리타 공항으로 마중하러 간다고 했으므로 정답은 1번이다. 남성의 행선지인 치과 의사를 고르지 않도록 주의한다.

청해 공략편

13ばん

男の人と女の人が話しています。男の人はどんな映画を見に行きたいと言っていますか。

M：最近、映画全然見てないな。

F：あら、私は昨日、友だちとラブコメディーの映画を見にいったわ。

M：いいね。僕はアクション映画が好きだけど、今は４Dのアニメの映画が見たいんだよね。

F：そっか。でも夏なんだから、ホラーもいいかも。

M：まあね。

男の人はどんな映画を見に行きたいと言っていますか。

1　ラブコメディー
2　アクション
3　ホラー
4　４Dのアニメーション

13번

남성과 여성이 이야기하고 있습니다. 남성은 어떤 영화를 보러 가고 싶다고 말하고 있습니까?

M：최근에 영화를 전혀 안 봤네.

F：어머, 나는 어제 친구랑 로맨틱 코미디 영화 보러 갔었어.

M：좋겠다. 나는 액션 영화를 좋아하는데, 지금은 4D 애니메이션 영화가 보고 싶어.

F：그렇구나. 하지만 여름이니까 공포 영화도 괜찮을지도 몰라.

M：뭐 그럴지도.

남성은 어떤 영화를 보러 가고 싶다고 말하고 있습니까?

1　로맨틱 코미디
2　액션
3　공포
4　4D 애니메이션

단어　映画(えいが) 영화 | 最近(さいきん) 최근 | 全然(ぜんぜん) 전혀 | 昨日(きのう) 어제 | 友(とも)だち 친구 | ラブコメディー 로맨틱 코미디 | アクション 액션 | 好(す)きだ 좋아하다 | アニメ 애니메이션 | ホラー 호러, 공포 | アニメーション 애니메이션

해설　남성이 보러 가고 싶어 하는 영화가 어떤 것인지를 묻고 있다. 남성은 액션 영화를 좋아하지만, 지금은 4D 애니메이션이 보고 싶다고 한다. 따라서 정답은 4번이다. 여성이 여름에는 공포 영화가 좋을지도 모른다고 추천했지만, 남성은 애매하게 맞장구치고 있으므로 본인이 보고 싶어 하는 영화가 아니라는 것을 알 수 있다.

14ばん

男の人と女の人が話しています。男の人は何番窓口に行けばいいですか。

M：あの、住所変更の手続きをしたいんですが。

F：はい。それでしたら、この用紙にお名前と前の住所、新しい住所、電話番号を書いてください。214番でお呼びしますので、番号が呼ばれたらA３窓口に行ってください。

M：ありがとうございます。

男の人は何番窓口に行けばいいですか。

1　A１窓口
2　A２窓口
3　A３窓口
4　A４窓口

14번

남성과 여성이 이야기하고 있습니다. 남성은 몇 번 창구로 가면 됩니까?

M：저, 주소 변경 절차를 밟고 싶은데요.

F：네. 그렇다면 이 용지에 성함과 전 주소, 새 주소, 전화번호를 써 주세요. 214번으로 부를 테니까 번호를 부르면 A3 창구로 가세요.

M：고맙습니다.

남성은 몇 번 창구로 가면 됩니까?

1　A1 창구
2　A2 창구
3　A3 창구
4　A4 창구

단어　窓口(まどぐち) 창구 | 住所(じゅうしょ) 주소 | 変更(へんこう) 변경 | 手続(てつづ)き 절차 | 用紙(ようし) 용지 | 新(あたら)しい 새롭다 | 電話番号(でんわばんごう) 전화번호 | 書(か)く 쓰다 | 呼(よ)ぶ 부르다

해설　남성이 주소 변경 절차를 밟고 싶다고 하자 여성이 용지를 주며 이름, 전 주소, 새 주소, 전화번호를 쓰라고 했다. 그런 후 214번을 부르면 A3 창구로 오라고 했으므로 정답은 3번이다.

15ばん

空港で女の人と男の人が話しています。男の人は何時から飛行機に乗れますか。

M: こんにちは。チェックインしたいのですが。

F: 航空券とパスポートを見せていただけますか。

M: はい、どうぞ。

F: 12時50分発シアトル行きですね。お預けになるお手荷物はございますか。

M: はい。スーツケースをひとつお願いします。

F: かしこまりました。シアトル行きＡ123便は17ゲートから出発します。搭乗開始は12時20分からとなりますが、12時40分には締め切りとなりますのでご注意ください。それでは良いご旅行を。

男の人は何時から飛行機に乗れますか。

1　12時20分

2　12時30分

3　12時40分

4　12時50分

15번

공항에서 여성과 남성이 이야기하고 있습니다. 남성은 몇 시부터 비행기에 탈 수 있습니까?

남 : 안녕하세요. 체크인하고 싶은데요.

여 : 항공권과 여권을 보여 주시겠습니까?

남 : 네, 여기 있습니다.

여 : 12시 50분에 출발하는 시애틀행이네요. 맡기실 짐은 있으십니까?

남 : 네. 슈트케이스 하나 부탁합니다.

여 : 알겠습니다. 시애틀행 A123 편은 17 게이트에서 출발합니다. 탑승 시작은 12시 20분부터인데 12시 40분에는 마감되므로 주의해 주십시오. 그럼 즐거운 여행 하시기를 바랍니다.

남성은 몇 시부터 비행기를 탈 수 있습니까?

1　12시 20분

2　12시 30분

3　12시 40분

4　12시 50분

단어　空港(くうこう) 공항 | 飛行機(ひこうき) 비행기 | 乗(の)る 타다 | チェックイン 체크인 | 航空券(こうくうけん) 항공권 | パスポート 여권 | 見(み)せる 보여주다 | 発(はつ) ~발, 떠남 | 行(ゆ)き ~행 | 預(あず)ける 맡기다 | 手荷物(てにもつ) 짐, 수하물 | 便(びん) ~편, 항공편 | 出発(しゅっぱつ) 출발 | 搭乗(とうじょう) 탑승 | 開始(かいし) 개시, 시작 | 締(し)め切(き)り 마감 | 注意(ちゅうい) 주의 | 旅行(りょこう) 여행

해설　비행기에 탑승할 수 있는 시간을 묻고 있다. 비행기 출발 시간은 12시 50분, 탑승 시작은 12시 20분, 탑승 마감은 12시 40분이라고 설명하고 있으므로 정답은 1번이다.

2　문제2　포인트이해

p.392

もんだい2

もんだい2では、まず質問を聞いてください。そのあと、問題用紙を見てください。読む時間があります。それから話を聞いて、問題用紙の1から4の中から、いちばんいいものを一つえらんでください。

문제 2

문제 2에서는 먼저 질문을 들으세요. 그다음 문제용지를 보세요. 읽는 시간이 있습니다. 그리고 이야기를 듣고 문제용지의 1에서 4 중에서 맞는 답을 하나 고르세요.

1ばん

男の人と女の人が話しています。女の人はどうして頭が痛いのですか。

M: 佐藤さん。具合悪そうだけど、大丈夫？

F: ちょっと頭が痛いの。

M: え？風邪ひいたんじゃない？

F: ううん。昨日ちょっと飲みすぎちゃったみたい。

M: あ、二日酔いね。薬は飲んだの？

1번

남성과 여성이 이야기하고 있습니다. 여성은 왜 머리가 아픕니까?

M : 사토 씨. 어디 안 좋아 보이는데, 괜찮아?

F : 머리가 좀 아파.

M : 저런, 감기 걸린 거 아니야?

F : 아냐. 어제 술을 좀 많이 마신 것 같아.

M : 아, 숙취구나. 약은 먹었어?

F : 今から飲むところ。
M: 早く飲んで、休んだほうがいいよ。

女の人はどうして頭が痛いのですか。

1　風邪をひいたから
2　お酒を飲みすぎたから
3　薬を飲んだから
4　休めなかったから

F : 지금 먹으려고.
M: 빨리 먹고 쉬는 게 좋겠어.

여성은 왜 머리가 아픕니까?

1　감기에 걸렸기 때문에
2　술을 많이 마셨기 때문에
3　약을 먹었기 때문에
4　못 쉬었기 때문에

단어 頭(あたま) 머리 | 痛(いた)い 아프다 | 具合(ぐあい) 상태 | 悪(わる)い 나쁘다 | 大丈夫(だいじょうぶ)だ 괜찮다 | 風邪(かぜ)をひく 감기에 걸리다 | 飲(の)みすぎる 과음하다 | 二日酔(ふつかよ)い 숙취 | 薬(くすり) 약 | 早(はや)く 빨리, 일찍 | 休(やす)む 쉬다 | 酒(さけ) 술

해설 여성의 머리가 아픈 이유를 묻고 있다. 감기에 걸린 것이 아니냐며 걱정하는 남성에게, 여성은 감기에 걸린 것이 아니라 어제 술을 많이 마셔서 머리가 아픈 것 같다고 말하고 있으므로 정답은 2번이다.

---

2 ばん

男の人と女の人が電話で話しています。男の人は何の番組を見ようとしていますか。

F : 今、何してる？
M: テレビ見ようと思ってたところ。
F : あ、今日サッカーするよね。
M: うん、でも僕はバラエティー番組を見るつもり。
F : そうか。私はお笑い番組でも見ようかな？
M: お笑い番組も、おもしろいよね。
F : うんうん。早く家に帰って見なきゃ。

男の人は何の番組を見ようとしていますか。

1　サッカー
2　バラエティー番組
3　お笑い番組
4　何も見ない

2번

남성과 여성이 전화로 이야기하고 있습니다. 남성은 무슨 프로그램을 보려고 하고 있습니까?

F : 지금, 뭐해?
M: TV 볼지 생각하고 있었어.
F : 아, 오늘 축구하는구나.
M: 응. 그렇지만 난 버라이어티 프로를 볼 생각이야.
F : 그렇구나. 나는 코미디 프로라도 볼까?
M: 코미디 프로도 재미있지.
F : 맞아. 빨리 집에 가서 봐야지.

남성은 무슨 프로그램을 보려고 하고 있습니까?

1　축구
2　버라이어티 프로그램
3　코미디 프로그램
4　아무것도 보지 않는다

단어 番組(ばんぐみ) 프로그램 | サッカー 축구 | バラエティー 버라이어티 | お笑(わら)い番組(ばんぐみ) 코미디 프로그램

해설 남성이 보려고 하는 TV 프로그램을 묻고 있다. 여성이 오늘 TV에서 축구한다고 했지만, 남성은 버라이어티 프로그램을 보려고 한다고 했으므로 정답은 2번이다.

---

3 ばん

男の人と女の人が話しています。男の人はどうして引っ越しをしますか。

F : 明日、引っ越しするんだよね？ 手伝ってあげる。
M: ほんと？ ありがとう。
F : 部屋がせまくて引っ越すんだよね？ 今度の家はどう？
M: うん。今度の家は建物がふるいんだけど、部屋がひろいんだ。

3번

남성과 여성이 이야기하고 있습니다. 남성은 왜 이사를 합니까?

F : 내일 이사하지? 도와줄게.
M: 정말? 고마워.
F : 방이 좁아서 이사하는 거지? 이번 집은 어때?
M: 응. 이번 집은 건물이 낡았지만, 방이 넓어.

F : ひろいならいいじゃない。

M: うん。それに日差(ひざ)しがいいのも、気(き)に入(い)ってるんだ。

男(おとこ)の人(ひと)はどうして引(ひ)っ越(こ)しをしますか。

1　部屋(へや)がせまいから

2　部屋(へや)がひろいから

3　建物(たてもの)がふるいから

4　日差(ひざ)しがわるいから

F : 넓으면 좋잖아.

M: 응. 게다가 햇볕이 잘 드는 것도 마음에 들어.

남성은 왜 이사를 합니까?

1　방이 좁아서

2　방이 넓어서

3　건물이 오래되어서

4　햇볕이 잘 안 들어서

단어　引(ひ)っ越(こ)し 이사 | 手伝(てつだ)う 돕다 | 部屋(へや) 방 | せまい 좁다 | 引(ひ)っ越(こ)す 이사하다 | 今度(こんど) 이번, 다음 | 建物(たてもの) 건물 | ふるい 낡다, 오래되다 | ひろい 넓다 | 日差(ひざ)し 햇살, 햇볕 | 気(き)に入(い)る 마음에 들다

해설　남성이 이사를 하는 이유를 묻고 있다. 여성이 내일 이사하는 남성에게 방이 좁아서 이사를 하는 거냐고 묻자, 남성은 그렇다고 대답했다. 그리고 새집은 낡았지만, 방이 넓고 햇볕이 잘 들어와서 마음에 든다고 말하고 있다. 정답은 1번이다.

---

4 ばん

男(おとこ)の人(ひと)と女(おんな)の人(ひと)が話(はな)しています。女(おんな)の人(ひと)はどうして美容室(びようしつ)に行(い)きますか。

F : 今日(きょう)ね、髪型(かみがた)を変(か)えに美容室(びようしつ)に行(い)こうと思(おも)って。

M: そうなんだ。何(なに)するの？　カラーリング？　それともパーマ？

F : お金(かね)がなくて、ちょっとだけ切(き)るつもり。

M: もうすぐ春(はる)だし、パーマしたらよく似合(にあ)いそう！

F : そう？　ありがとう。今度(こんど)、そうするね。

女(おんな)の人(ひと)はどうして美容室(びようしつ)に行(い)きますか。

1　カラーリングをするため

2　パーマをするため

3　髪(かみ)の毛(け)を切(き)るため

4　髪(かみ)の毛(け)を切(き)ってパーマをするため

4번

남성과 여성이 이야기하고 있습니다. 여성은 왜 미용실에 갑니까?

F : 오늘 머리 모양을 바꾸러 미용실에 가려고 해.

M: 그렇구나. 뭘 하려고? 염색? 아니면 파마?

F : 돈이 없어서 조금만 자를 생각이야.

M: 이제 곧 봄인데, 파마하면 잘 어울릴 것 같아!

F : 그래? 고마워. 다음에 그렇게 할게.

여성은 왜 미용실에 갑니까?

1　염색을 하기 위해

2　파마를 하기 위해

3　머리카락을 자르기 위해

4　머리카락을 자르고 파마를 하기 위해

단어　美容室(びようしつ) 미용실 | 髪型(かみがた) 머리 모양 | 変(か)える 바꾸다 | カラーリング 염색 | パーマ 파마 | 金(かね) 돈 | 切(き)る 자르다 | 春(はる) 봄 | 似合(にあ)う 어울리다 | ありがとう 고맙다 | 髪(かみ)の毛(け) 머리카락

해설　여성이 미용실에 가는 이유를 묻고 있다. 미용실에 가는 여성에게, 남성은 염색할 것인지 파마할 것인지를 묻고 여성은 돈이 없어서 머리를 조금만 자르려 한다고 말하고 있다. 파마는 다음에 하기로 했으므로 오늘은 하지 않는다. 따라서 정답은 3번이다.

---

5 ばん

お母(かあ)さんが息子(むすこ)を叱(しか)っています。お母(かあ)さんはどうして息子(むすこ)を叱(しか)っていますか。

F : けんた！　お部屋(へや)をきれいに片付(かたづ)けなさい！

M: あとでやるよ。

F : この前(まえ)もそう言(い)って、やらなかったじゃない。

M: この前(まえ)は部活(ぶかつ)の練習試合(れんしゅうじあい)があって、疲(つか)れててできなかったんだ。

F : それは言(い)い訳(わけ)よ。今日(きょう)はちゃんとやってよね。

5번

엄마가 아들을 혼내고 있습니다. 엄마는 왜 아들을 야단칩니까?

F : 겐타! 방을 깨끗하게 치워!

M: 이따가 할게요.

F : 요전에도 그렇게 말하고 안 했잖아.

M: 요전엔 동아리 활동 연습 시합이 있어서 피곤해서 못 했어요.

F : 그건 변명이야. 오늘은 제대로 하렴.

85

M: はいはい。

F: あと、塾にもちゃんと行くのよ。

お母さんはどうして息子を叱っていますか。

1　部屋を片付けないから
2　言い訳をしたから
3　部活の試合があるから
4　塾に行かないから

M: 네네.

F: 그리고 학원에도 꼭 가.

엄마는 왜 아들을 야단칩니까?

1　방을 치우지 않기 때문에
2　변명을 했기 때문에
3　동아리의 시합이 있기 때문에
4　학원에 가지 않기 때문에

단어　母(はは) 엄마, 어머니 | 息子(むすこ) 아들 | 叱(しか)る 야단치다 | きれいだ 깨끗하다 | 片付(かたづ)ける 정리하다, 치우다 | 部活(ぶかつ) 동아리 활동 | 練習(れんしゅう) 연습 | 試合(しあい) 시합 | 疲(つか)れる 지치다, 피곤하다 | 言(い)い訳(わけ) 변명 | 塾(じゅく) 학원

해설　엄마가 아들을 혼내는 이유를 묻고 있다. 엄마는 아들에게 방을 깨끗히 치우라고 하고 아들은 이따가 하겠다고 한다. 엄마는 요전에도 그렇게 말하고 하지 않았다며 다시 한번 치울 것을 강조한다. 따라서 정답은 1번이다.

---

6 ばん

男の人と女の人が話しています。女の人はどうして家に戻ってきましたか。

M: あれ、どうしたの？

F: ちょっと忘れ物。

M: かぎなら無くても、僕、ずっと家にいるよ。

F: ううん、かぎはちゃんとあるんだけど、書類を置いて行っちゃって。

M: あ、そうだったんだ。

F: 早く行かないと、バスに乗れないから、行くね！

M: うん、いってらっしゃい。

女の人はどうして家に戻ってきましたか。

1　かぎを忘れたから
2　かさを忘れたから
3　書類を忘れたから
4　バスに乗れなかったから

6번

남성과 여성이 이야기하고 있습니다. 여성은 왜 집에 되돌아왔습니까?

M: 어, 무슨 일이야?

F: 뭘 좀 잊어버리고 가서.

M: 열쇠라면 없어도 되잖아. 나 계속 집에 있을 건데.

F: 아니, 열쇠는 제대로 있는데, 서류를 두고 갔어.

M: 아, 그랬구나.

F: 빨리 가지 않으면 버스 못 타니까, 갈게!

M: 응. 다녀와.

여성은 왜 집에 되돌아왔습니까?

1　열쇠를 깜박해서
2　우산을 깜박해서
3　서류를 깜박해서
4　버스를 못 타서

단어　戻(もど)る 되돌아오다 | 忘(わす)れ物(もの) 분실물, 잊은 물건 | かぎ 열쇠 | ずっと 쭉 | ちゃんと 제대로 | 書類(しょるい) 서류 | 置(お)く 두다 | 乗(の)る 타다

해설　여성이 집에 되돌아온 이유를 묻고 있다. 나갔다가 다시 돌아온 여성에게 남성은 왜 돌아왔는지 묻고, 여성은 뭘 좀 잊고 간 것이 있다고 했다. 남성은 여성이 열쇠를 두고 갔다고 생각해서 자신이 집에 있을 테니까 두고 가도 되었다고 하자, 여성은 서류를 두고 가서 가지러 왔다고 말하고 있다. 정답은 3번이다.

---

7 ばん

留守番電話のメッセージを聞いています。北村さんは何時頃に会おうと言っていますか。

M: あの、僕、北村です。今日の5時半に、鈴木さんと3人で会う約束のことですが、鈴木さんがちょっと遅れそうなので、僕が代わりに連絡します。鈴木さんが

7번

자동응답기 메시지를 듣고 있습니다. 기타무라 씨는 몇 시쯤에 만나자고 말하고 있습니까?

M: 저기, 저 기타무라입니다. 오늘 다섯 시 반에 스즈키 씨와 세 명이 만나기로 한 약속 말인데요, 스즈키 씨가 조금 늦을 것 같아 제가 대신 연락합니다. 스즈키 씨가 네 시에 병원에 간다

4時に病院に行くと言っていたので、**約束の時間を30分遅らせて会いましょう。** では、あとで。

北村さんは何時頃に会おうと言っていますか。

1 4時半
2 5時
3 5時半
4 6時

고 했으니, **약속 시간을 30분 늦춰서** 만나죠. 그럼, 이따 봅시다.

기타무라 씨는 몇 시쯤에 만나자고 말하고 있습니까?

1 네 시 반
2 다섯 시
3 다섯 시 반
4 여섯 시

---

8 ばん

男の人と女の人が教室で話しています。女の人が眠たいのはなぜですか。

M：眠たそうだね。寝不足？
F：うん。実は昨日、夜更かししちゃって。
M：おもしろいドラマでもしてたの？
F：ううん、**論文が終わらなくって。**
M：大変だね。息抜きに、明日映画でも見ない？
F：そうね、たまには休むのも大切よね。
M：映画見てから、ぱあっとカラオケにも行こうよ。

女の人が眠たいのはなぜですか。

1 ドラマを見たから
2 論文を書いていたから
3 映画を見ていたから
4 カラオケに行っていたから

8번

남성과 여성이 교실에서 얘기하고 있습니다. 여성이 졸린 것은 왜입니까?

M : 졸려 보이네. 수면 부족？
F : 응. 실은 어제 밤을 새웠거든.
M : 재미있는 드라마라도 했어?
F : 아니, **논문이 안 끝나서.**
M : 힘들겠네. 한숨 돌리러 내일 영화라도 보지 않을래?
F : 그래, 가끔은 쉬는 것도 중요하지.
M : 영화 보고 나서 신나게 노래방에도 가자.

여성이 졸린 것은 왜입니까?

1 드라마를 봤기 때문에
2 논문을 썼기 때문에
3 영화를 봤기 때문에
4 노래방에 갔기 때문에

---

9 ばん

女の人2人が話しています。女の人はどうして赤いコートを買いましたか。

F1：その赤いコート、すてき！ 色もきれいだし、デザインもいいじゃない？
F2：でしょ？ **昨日、半額セールだったから買ったの。**

9번

여성 두 명이 이야기하고 있습니다. 여성은 왜 빨간 코트를 샀습니까?

F1 : 그 빨간 코트, 멋지다! 색깔도 예쁘고 디자인도 좋네.
F2 : 그렇지? **어제 반값 세일해서 샀어.**

F1：あ、だから買ったの？

F2：うん。今日もまだしてると思う。

F1：じゃあ、わたしもちょっと見にいこうかしら。

F2：いいわね。素材のいい物もあったわよ。

女の人はどうして赤いコートを買いましたか。

1　色がきれいだったから

2　デザインがよかったから

3　半額セールだったから

4　素材がよかったから

F1 : 아, 그래서 산 거야?

F2 : 응. 오늘도 아직 하고 있을 거야.

F1 : 그러면 나도 좀 보러 갈까?

F2 : 좋지. 소재가 좋은 것도 있었어.

여성은 왜 빨간 코트를 샀습니까?

1　색깔이 예뻤기 때문에

2　디자인이 좋았기 때문에

3　반값 세일이었기 때문에

4　소재가 좋았기 때문에

단어　赤(あか)い 빨갛다 | コート 코트 | すてきだ 멋지다 | 色(いろ) 색 | きれいだ 예쁘다 | 半額(はんがく) 반값 | セール 세일 | 少(すこ)し 조금 | 素材(そざい) 소재 | デザイン 디자인

해설　여성이 빨간 코트를 산 이유를 묻고 있다. 빨간 코트를 입은 여성에게 빨간 코트가 색도 이쁘고 디자인도 좋다고 칭찬하자 어제 반값 세일을 해서 샀다고 말하고 있다. 따라서 정답은 3번이다.

10ばん

天気予報を聞いています。いつから晴れになると言っていますか。

F：午後9時、気象庁発表の天気予報をお知らせいたします。北上中の梅雨前線は、明日の朝に関東地方を離れ、昼過ぎには晴れることでしょう。そのため、明日から急に暑くなりますので、日射病にならないよう、気をつけましょう。

いつから晴れになると言っていますか。

1　明日の朝

2　明日の昼過ぎ

3　明日の夕方

4　明日の9時頃

10번

일기예보를 듣고 있습니다. 언제부터 맑아진다고 말하고 있습니까?

F : 오후 아홉 시, 기상청이 발표한 일기예보를 알려 드리겠습니다. 북상 중인 장마전선은 내일 아침에 간토 지방을 벗어나 정오가 지나면 맑아질 것입니다. 이에 따라 내일부터 갑자기 더워지기 때문에 일사병에 걸리지 않도록 조심해 주십시오.

언제부터 맑아진다고 말하고 있습니까?

1　내일 아침

2　내일 정오 지나서

3　내일 저녁때

4　내일 아홉 시쯤

단어　天気予報(てんきよほう) 일기예보 | いつ 언제 | 晴(は)れ 맑음 | 気象庁(きしょうちょう) 기상청 | 発表(はっぴょう) 발표 | 知(し)らせる 알리다 | 北上(ほくじょう) 북상 | 中(ちゅう) 중 | 梅雨(つゆ) 장마 | 前線(ぜんせん) 전선 | 朝(あさ) 아침 | 離(はな)れる 떨어지다, 벗어나다 | 昼過(ひるす)ぎ 낮 지남, 정오 조금 지남 | 急(きゅう)に 갑자기 | 暑(あつ)い 덥다 | 日射病(にっしゃびょう) 일사병 | 気(き)をつける 조심하다

해설　일기예보에서 언제부터 맑아진다고 했는지를 묻고 있다. 기상청은 북상 중인 장마전선이 내일 아침에는 간토 지방을 벗어나 정오가 지나서는 맑아질 것이라고 했다. 따라서 정답은 2번이다.

11ばん

男の人と女の人が話しています。女の人はどうして忙しかったですか。

M：お帰り。今日は昨日よりも遅かったね。

F：ただいま。今日は石田さんが風邪で会社休んだから、その分、仕事がいつもより多くなって忙しかったの。

11번

남성과 여성이 이야기하고 있습니다. 여성은 왜 바빴습니까?

M : 어서 와. 오늘은 어제보다도 늦었네.

F : 다녀왔어. 오늘은 이시다 씨가 감기로 회사 쉬는 바람에 그만큼 일이 평소보다 많아져서 바빴어.

M : 大変だったね。お疲れさま。疲れてると思って、夜ご飯作っておいたよ。それに、家事も全部しておいたよ。

F : ほんとに？ありがとう。明日も朝から会議とか、いろいろあって忙しくなりそう…。助かるわ。

女の人はどうして忙しかったですか。

1　風邪で会社を休んだから
2　いつもより仕事が増えたから
3　家事を全部したから
4　会議がたくさんあったから

M : 힘들었겠군. 수고했어. 피곤할 거라고 생각해서 저녁밥도 만들어 놨어. 게다가 집안일도 전부 해 뒀지.

F : 정말? 고마워. 내일도 아침부터 회의라든가 이것저것 있어서 바쁠 거 같아. 도움이 된다.

여성은 왜 바빴습니까?

1　감기로 회사를 쉬었기 때문에
2　평소보다 일이 늘었기 때문에
3　집안일을 전부 했기 때문에
4　회의가 많이 있었기 때문에

단어　忙(いそが)しい 바쁘다 | 遅(おそ)い 늦다 | 風邪(かぜ) 감기 | 会社(かいしゃ) 회사 | 休(やす)む 쉬다 | 仕事(しごと) 일, 업무 | 多(おお)い 많다 | 大変(たいへん)だ 힘들다 | 疲(つか)れる 지치다, 피곤하다 | 思(おも)う 생각하다 | 夜(よる)飯(ごはん) 저녁밥 | 作(つく)る 만들다 | 家事(かじ) 가사, 집안일 | 全部(ぜんぶ) 전부 | 会議(かいぎ) 회의 | 助(たす)かる 도움이 되다

해설　여성이 왜 바빴는지 묻고 있다. 회사 동료인 이시다 씨가 감기 때문에 회사를 쉬는 바람에 일이 평소보다 많아졌다고 했으므로 정답은 2번이다.

12ばん

お母さんと娘が話しています。娘は今日、どうして外出をしましたか。

F1 : ママ、今日友だちと遊んだときに聞いたんだけど、明日からデパートのセールがあるんだって。

F2 : そうなの？残念だけど、明日は急に仕事が入っちゃって。だからあさってに行きましょう。

F1 : うん。でも、ママ、あさっては学校の集まりがあるんじゃなかった？

F2 : あ、そうだった！じゃあ、しあさってにしましょう。

娘は今日、どうして外出をしましたか。

1　友だちと遊ぶため
2　デパートのセールに行くため
3　急に仕事が入ったため
4　学校の集まりがあったため

12번

엄마와 딸이 이야기하고 있습니다. 딸은 오늘 왜 외출했습니까?

F1 : 엄마, 오늘 친구랑 놀 때 들었는데 내일부터 백화점 세일이 있대.

F2 : 그래? 안타깝게도 내일은 갑자기 일이 생겨서. 그러니까 내일모레에 가자.

F1 : 응, 하지만 엄마 내일모레에는 학교 모임 있지 않았어?

F2 : 아, 맞다! 그러면 글피로 하자.

딸은 오늘 왜 외출했습니까?

1　친구와 놀기 위해서
2　백화점 세일을 가기 위해서
3　급하게 일이 들어와서
4　학교 모임이 있었기 때문에

단어　娘(むすめ) 딸 | 外出(がいしゅつ) 외출 | 友(とも)だち 친구 | 遊(あそ)ぶ 놀다 | 時(とき) 때 | 残念(ざんねん)だ 아쉽다, 유감스럽다 | 入(はい)る 들어오다 | あさって 내일모레 | 集(あつ)まり 모임 | しあさって 글피

해설　딸이 오늘 무엇을 했는지 묻는 문제이다. 백화점 세일에 관한 이야기를 들은 것이 오늘 친구와 놀 때라고 했으므로 정답은 1번이다. 급하게 일이 생긴 것은 엄마의 내일 일정이며 학교 모임은 엄마의 내일모레 일정이다. 백화점에는 글피에 가기로 했다.

13ばん

男の人と女の人が話しています。2人は何時の映画を見ますか。

F : これから映画見にいかない？

M : うん、いいよ。でもお腹が空いたから先にご飯しにいかない？

13번

남성과 여성이 이야기하고 있습니다. 두 사람은 몇 시 영화를 봅니까?

F : 이제 영화 보러 가지 않을래?

M : 응, 좋아. 하지만 배가 고프니까 먼저 밥 먹으러 가지 않을래?

F : あ、もう5時半か！そうだね。じゃあ、映画は8時半のにする？

M : もっと早く見たいな。7時半のない？

F : う～ん、ない。6時半のならあるんだけど。

M : ちょっと時間ぎりぎりだから、8時半のでいいか。

F : うん。じゃあ、予約するね。

2人は何時の映画を見ますか。

1　5時半
2　6時半
3　7時半
4　8時半

F : 아, 벌써 다섯 시 반이야! 그렇네. 그럼, 영화는 여덟 시 반 걸로 할까?

M : 더 빨리 보고 싶은데. 일곱 시 반 것은 없어?

F : 응, 없어. 여섯 시 반 것이라면 있지만.

M : 좀 시간 아슬아슬할 테니까 여덟 시 반 걸로 할까?

F : 응. 그러면 예약할게.

두 사람은 몇 시 영화를 봅니까?

1　다섯 시 반
2　여섯 시 반
3　일곱 시 반
4　여덟 시 반

단어　映画(えいが) 영화 | お腹(なか)が空(す)く 배고프다 | 先(さき)に 먼저 | ご飯(はん) 밥 | ぎりぎり 아슬아슬한 모양 | 予約(よやく) 예약

해설　몇 시 영화를 보는지 묻는 문제이다. 여섯 시 반 영화는 시간이 아슬아슬하고, 일곱 시에는 볼 영화가 없다고 하였다. 여성이 여덟 시 반 영화로 예약하겠다고 했으므로 정답은 4번이다.

14ばん

男の人と女の人が話しています。女の人はどうして怒っていますか。

F : ちょっと。ご飯全部食べたんなら、早く片付けて！

M : 分かった。でもなんでそんなに怒ってるの？

F : 遅くなるときは連絡してっていつも言ってるじゃない。

M : ごめん。ケータイが切れちゃってて。

F : それならそうと、帰ってきてすぐ言えばよかったじゃない。

女の人はどうして怒っていますか。

1　男の人が早く片付けなかったから。
2　男の人が早く帰ってこなかったから
3　男の人が連絡をしなかったから
4　男の人のケータイが切れていたから

14번

남성과 여성이 이야기하고 있습니다. 여성은 왜 화가 났습니까?

F : 좀! 밥 다 먹었으면 얼른 정리해!

M : 알겠어. 그런데 왜 그렇게 화를 내는 거야?

F : 늦을 땐 연락하라고 늘 말했잖아.

M : 미안. 휴대전화가 꺼졌어.

F : 그러면 그렇다고 돌아와서 바로 말했으면 좋았잖아.

여성은 왜 화가 났습니까?

1　남성이 빨리 정리를 하지 않았기 때문에
2　남성이 빨리 돌아오지 않았기 때문에
3　남성이 연락하지 않았기 때문에
4　남성의 휴대전화가 꺼져 있었기 때문에

단어　怒(おこ)る 화내다 | 片付(かたづ)ける 정리하다 | 遅(おそ)い 늦다 | 連絡(れんらく) 연락 | ケータイが切(き)れる 휴대전화가 방전되다

해설　남성이 여성에게 왜 화가 났느냐고 묻자 늦을 땐 연락하라고 하지 않았느냐고 대답한다. 따라서 여성이 화가 난 이유는 늦어서라기보다는 남성이 연락하지 않기 때문임을 알 수 있다. 정답은 3번이다.

15ばん

デパートのインフォメーションカウンターで女の人と男の人が話しています。男の人は何階に行きますか。

M : あのー、お財布を買いたいのですが。

F : はい、お財布ですね。レディースのでしたら2階と3階にございます。メンズのは1階と4階にございます。

15번

백화점 안내데스크에서 여성과 남성이 이야기하고 있습니다. 남성은 몇 층에 갑니까?

남 : 저, 지갑을 사고 싶은데요.

여 : 네. 지갑 말씀이로군요. 여성용은 2층과 3층에 있습니다. 남성용은 1층과 4층에 있습니다.

M: 自分のを買いたいので…

F : 1階はヤング向けのフロアになっております。

M: そうですか。じゃあ行ってみます。ありがとうございます。

男の人は何階に行きますか。

1 1階

2 2階

3 3階

4 4階

남:제 것을 사고 싶어서….

여:1층은 젊은 분들을 위한 층입니다.

남:그런가요? 그러면 가 보겠습니다. 고맙습니다.

남성은 몇 층에 갑니까?

1 1층

2 2층

3 3층

4 4층

단어 デパート 백화점 | 何階(なんがい) 몇 층 | 財布(さいふ) 지갑 | 自分(じぶん) 자신 | ヤング 젊은이

해설 남성이 몇 층으로 갈지 묻고 있다. 남성용을 위한 지갑은 1층과 4층에 있고, 남성이 자기 것을 사고 싶다고 말하자 젊은 분들을 위한 지갑은 1층에 있다고 답했으므로 남성은 1층에 갈 것을 알 수 있다. 따라서 정답은 1번이다.

③ 문제3 발화표현

もんだい 3

もんだい 3 では、えを見ながら質問を聞いてください。
➡ (やじるし)の人は何と言いますか。1から3の中からいちばんいいものを一つえらんでください。

문제 3

문제3에서는 그림을 보면서 질문을 들으세요.
➡ (화살표)한 사람은 뭐라고 말합니까? 1에서 3 중에서 가장 적당한 것을 하나 고르세요.

---

1 ばん

ピンク色の財布を買いたいです。何と言いますか。

1 ピンクの財布を買ってください。

2 ピンクの財布をください。

3 ピンクの財布を取ってください。

1번

핑크색 지갑을 사고 싶습니다. 뭐라고 말합니까?

1 핑크 지갑을 사 주세요.

2 핑크 지갑을 주세요.

3 핑크 지갑을 집어 주세요.

단어 ピンク色(いろ) 핑크색, 분홍색 | 取(と)る 집다, 쥐다

해설 손님이 핑크색 지갑을 사려고 하는 상황이다. 따라서 손님이 직원에게 하는 말을 찾아야 하므로 정답은 2번이다.

---

2 ばん

玄関のベルが鳴りました。何と言いますか。

1 どなた様ですか。

2 何でですか。

3 だれをお探しですか。

2번

현관 벨이 울렸습니다. 뭐라고 말합니까?

1 누구세요?

2 왜죠?

3 누구를 찾으시나요?

단어 玄関(げんかん) 현관 | ベル 벨, 종 | 鳴(な)る 울리다 | 探(さが)す 찾다

해설 현관문 벨이 울렸을 때 처음에 해야 하는 말을 찾아야 한다. 따라서 선택지 1번 '누구세요'가 정답이 된다. 선택지 2번과 3번은 '누구세요' 다음에 하는 말이므로 오답이다.

3 ばん

けいたいが壊れました。何と言いますか。

1　けいたいがほしかったのです。
2　けいたいが壊れてしまったのですが。
3　けいたいが壊れてしまいそうです。

3번

휴대전화가 고장 났습니다. 뭐라고 말합니까?

1　휴대전화가 갖고 싶었어요.
2　휴대전화가 고장 났는데요.
3　휴대전화가 고장 나 버릴 것 같아요.

단어　けいたい 휴대전화 | 壊(こわ)れる 고장나다 | ほしい 갖고 싶다
해설　휴대전화가 고장 나서 A/S 센터에 가서 상담원에게 하는 말을 찾아야 한다. 먼저 상담원에게 휴대전화의 상태를 알리는 것이 중요하므로 정답은 2번이다.

4 ばん

デパートにお客様がいらっしゃいます。何と言いますか。

1　おつかれさまです。
2　いらっしゃいませ。
3　お世話になっております。

4번

백화점에 손님이 오십니다. 뭐라고 말합니까?

1　수고하십니다.
2　어서 오세요.
3　신세 지고 있습니다.

단어　デパート 백화점 | お客様(きゃくさま) 손님 | お世話(せわ)になる 신세를 지다
해설　백화점에 손님이 왔을 때 점원이 하는 말을 찾아야 한다. 정답은 2번이다.

5 ばん

男の人がトイレを探しています。何と言いますか。

1　どこのトイレですか。
2　トイレを探していますか。
3　トイレはどこですか。

5번

남성이 화장실을 찾고 있습니다. 뭐라고 말합니까?

1　어디 화장실입니까?
2　화장실을 찾고 있습니까?
3　화장실은 어디입니까?

단어　トイレ 화장실 | 探(さが)す 찾다
해설　남성이 안내 직원에게 화장실 위치를 물어보는 상황이다. 따라서 정답은 3번이다. 선택지 1번은 말이 되지 않고, 2번은 안내 직원이 물어보는 말이므로 오답이다.

6 ばん

図書館に行って本を借ります。何と言いますか。

1　この本、いくらですか。
2　この本をお願いします。
3　この本を借りました。

6번

도서관에 가서 책을 빌립니다. 뭐라고 말합니까?

1　이 책 얼마입니까?
2　이 책을 부탁합니다.
3　이 책을 빌렸습니다.

단어　図書館(としょかん) 도서관 | 本(ほん) 책 | 借(か)りる 빌리다
해설　도서관에서 책을 빌릴 때 하는 말을 찾아야 한다. 포인트는 お願いします(부탁합니다)가 빌리고 싶다는 말도 된다는 것이다. 따라서 정답은 2번이다. 선택지 1번은 책의 가격을 물을 때 사용하는 표현이고, 3번은 상대방이 어떤 책을 빌렸는지를 물었을 때 할 수 있는 표현이므로 오답이다.

7 ばん

お客様が食事をして帰ります。何と言いますか。

1 よろしくお願いします。

2 ありがとうございました。

3 ごちそうさまです。

7번

손님이 식사하고 돌아갑니다. 뭐라고 말합니까?

1 잘 부탁합니다.

2 감사합니다.

3 잘 먹었습니다.

단어 食事(しょくじ) 식사 | 帰(かえ)る 돌아가다

해설 손님이 식사하고 식당을 나갈 때 점원이 손님에게 하는 인사말로 가장 적절한 것은 2번이다. 선택지 1번은 상황에 맞지 않는 표현이고, 3번은 손님이 하는 말이므로 오답이다.

8 ばん

約束に遅れました。何と言いますか。

1 遅れて来ましたね。

2 ごめんください。

3 遅れてすみません。

8번

약속에 늦었습니다. 뭐라고 말합니까?

1 늦게 왔군요.

2 실례합니다.

3 늦어서 미안해요.

단어 約束(やくそく) 약속 | 遅(おく)れる 늦다

해설 약속에 늦은 사람이 기다린 사람에게 하는 사과 표현을 찾아야 한다. 따라서 정답은 3번이다. 선택지 1번은 기다린 사람이 하는 말이고, 2번은 다른 집을 방문할 때 사용하는 표현이다.

9 ばん

友だちの本を借りたいです。何と言いますか。

1 その本、貸してもらえる？

2 その本、ちょっと取って。

3 その本、借りたんだ。

9번

친구의 책을 빌리고 싶습니다. 뭐라고 말합니까?

1 그 책 빌릴 수 있을까?

2 그 책 좀 집어 줘.

3 그 책 빌린 거야.

단어 借(か)りる 빌리다 | 貸(か)す 빌려주다 | 取(と)る 집다, 쥐다

해설 상대방에게 무언가를 빌리고 싶을 때 쓰는 표현을 찾아야 한다. 따라서 정답은 1번이다. 선택지 2번은 상대방에게 가까이 있는 물건을 집어 달라고 할 때 쓰는 표현이며, 3번은 빌렸다고 설명하고 있으므로 오답이다.

10ばん

夜、近所の人に会いました。何と言いますか。

1 こんにちは。

2 こんばんは。

3 おやすみなさい。

10번

밤에 근처에 사는 사람을 만났습니다. 뭐라고 말합니까?

1 안녕하세요. (낮 인사)

2 안녕하세요. (밤 인사)

3 안녕히 주무세요.

단어 夜(よる) 밤 | 近所(きんじょ) 근처, 이웃

해설 밤에 사람을 만났을 때 쓰는 표현을 찾는다. 따라서 정답은 2번이다. 선택지 1번은 낮에 만났을 때, 3번은 밤에 헤어질 때나 자기 전에 하는 인사말이다.

11ばん

暑いです。何と言いますか。

1 エアコンはどうですか。
2 エアコンは必要ですか。
3 エアコンつけてもいいですか。

11번

덥습니다. 뭐라고 말합니까?

1 에어컨은 어떻습니까?
2 에어컨은 필요합니까?
3 에어컨 켜도 될까요?

단어 暑(あつ)い 덥다 | 必要(ひつよう)だ 필요하다 | エアコンをつける 에어컨을 켜다

해설 더울 때 에어컨 앞에서 할 수 있는 표현을 찾는 문제이다. 정답은 3번이다. 선택지 1번은 에어컨의 상태를 묻고 있고 2번은 에어컨이 필요하냐고 묻고 있으므로 오답이다.

12ばん

先輩に今、相談したいです。何と言いますか。

1 先輩、今いいですか。
2 先輩、これでもいいですか。
3 先輩、あとでちょっといいですか。

12번

선배에게 지금 상담하고 싶습니다. 뭐라고 말합니까?

1 선배, 지금 괜찮습니까?
2 선배, 이걸로도 괜찮습니까?
3 선배, 이따가 좀 괜찮습니까?

단어 先輩(せんぱい) 선배 | 今(いま) 지금 | 相談(そうだん) 상담, 의논

해설 선배에게 지금 상담하고 싶다고 했으므로, 지금 괜찮냐고 양해를 구하는 1번이 정답이다.

13ばん

30代の男の人が、家に帰ります。会社にいる人たちに何と言いますか。

1 しつれいしました。
2 おつかれさまでした。
3 お待たせしました。

13번

30대 남성이 집에 돌아갑니다. 회사에 있는 사람들에게 뭐라고 말합니까?

1 실례했습니다.
2 수고하셨습니다.
3 오래 기다리셨습니다.

단어 帰(かえ)る 돌아가다 | 待(ま)つ 기다리다

해설 업무를 마치고 집에 갈 때 회사에 남아 있는 사람들에게 할 말로 적절한 것은 2번이다. 선택지 1번은 남의 집에 방문했다가 돌아가려고 할 때 쓰는 표현이고, 3번은 상대방을 오랫동안 기다리게 했을 때 사용하는 표현이므로 오답이다.

④ 문제4 즉시응답

p.408

もんだい 4

もんだい 4 では、えなどがありません。まず文を聞いてください。それから、その返事を聞いて、1から3の中から、いちばんいいものを一つえらんでください。

문제 4

문제 4에서는 그림 등이 없습니다. 먼저 문장을 들으세요. 그리고 그에 대한 응답을 듣고 1에서 3 중에서 맞는 답을 하나 고르세요.

1 ばん

F：週末に映画でも見に行きませんか。
M：1 とても楽しみです。
　　2 おもしろい映画ですね。
　　3 あ、いいですね。

1번

F：주말에 영화라도 보러 가지 않겠어요?
M：1 매우 기대됩니다.
　　2 재미있는 영화군요.
　　3 아, 좋아요.

단어　週末(しゅうまつ) 주말 | 映画(えいが) 영화 | 楽(たの)しみ 기대, 즐거움 | おもしろい 재미있다

해설　여성이 남성에게 주말에 영화를 보러 가자고 제안하고 있으므로, 남성은 제안에 응하든지 거절하든지 해야 한다. 따라서 그 제안에 응한 3번이 정답이다.

---

2 ばん

F : このジュース、飲んでもいいですか。

M : 1　飲み物はあっちにあります。

　　2　ええ、どうぞ。

　　3　とてもおいしいです。

2번

F : 이 주스, 마셔도 되나요?

M : 1　음료수는 저쪽에 있습니다.

　　2　네, 드세요.

　　3　매우 맛있습니다.

단어　ジュース 주스 | 飲(の)む 마시다 | 飲(の)み物(もの) 음료수 | おいしい 맛있다

해설　여성이 주스를 마셔도 되는지 남성에게 묻고 있다. 따라서 마셔도 된다고 한 2번이 정답이다. 선택지 1번은 주스의 위치를 알려 주는 말이고, 3번은 주스를 먹고 난 후에 할 수 있는 말이므로 오답이다.

---

3 ばん

M : 今日の日本の天気はどうですか。

F : 1　くもりは好きではありません。

　　2　私は晴れの日が好きです。

　　3　何だか雨が降りそうです。

3번

M : 오늘 일본 날씨는 어떻습니까?

F : 1　흐린 날씨는 좋아하지 않습니다.

　　2　나는 맑은 날을 좋아합니다.

　　3　왠지 비가 내릴 것 같습니다.

단어　天気(てんき) 날씨 | くもり 흐림 | 晴(は)れ 맑음 | 雨(あめ) 비 | 降(ふ)る 내리다

해설　일본 날씨를 묻고 있으므로, 왠지 비가 내릴 것 같다고 한 3번이 정답이다. 선택지 1번과 2번은 날씨에 대한 자기 생각을 말하고 있으므로 오답이다.

---

4 ばん

F : 季節の中で、どの季節が一番好きですか。

M : 1　秋になるともみじがきれいです。

　　2　春に花見をすることができます。

　　3　夏休みのある夏です。

4번

F : 계절 중에서 어느 계절을 가장 좋아합니까?

M : 1　가을이 되면 단풍이 예쁩니다.

　　2　봄에 꽃구경을 할 수 있습니다.

　　3　여름 방학이 있는 여름입니다.

단어　季節(きせつ) 계절 | 一番(いちばん) 가장, 제일 | 秋(あき) 가을 | もみじ 단풍 | 春(はる) 봄 | 花見(はなみ) 꽃구경 | 夏休(なつやす)み 여름휴가, 여름 방학

해설　여성이 남성에게 가장 좋아하는 계절이 뭐냐고 물었으므로, 좋아하는 계절을 말한 3번이 정답이다. 선택지 1번은 가을이 되었을 때의 상황을, 2번은 봄에 할 수 있는 것을 말하고 있으므로 오답이다.

---

5 ばん

M : その小説、おもしろいですか。

F : 1　おもしろそうなストーリーです。

　　2　おもしろいですが、漢字がちょっと難しいです。

　　3　おもしろいドラマが見たいです。

5번

M : 그 소설, 재미있나요?

F : 1　재미있을 것 같은 이야기입니다.

　　2　재미있지만, 한자가 조금 어렵습니다.

　　3　재미있는 드라마를 보고 싶습니다.

단어　小説(しょうせつ) 소설 | ストーリー 이야기 | 漢字(かんじ) 한자 | 難(むずか)しい 어렵다

청해 공략편

---

6 ばん

F1 : その財布、どこで買ったんですか。

F2 : 1 原宿にいいお店がたくさんあります。

    2 新宿のデパートでです。

    3 スーパーで買い物をするつもりです。

6번

F1 : 그 지갑, 어디에서 샀습니까?

F2 : 1 하라주쿠에 좋은 가게가 많이 있습니다.

    2 신주쿠의 백화점에서요.

    3 슈퍼에서 장을 볼 생각입니다.

단어 財布(さいふ) 지갑 | 店(みせ) 가게 | 買(か)い物(もの) 쇼핑, 장 보기

해설 지갑을 어디에서 샀는가에 대한 응답이므로, 구매한 곳을 말한 2번이 정답이다.

---

7 ばん

F : どの車に乗ればいいですか。

M : 1 あそこにある赤い車です。

    2 ここにいい車がたくさんあります。

    3 そこにある黒い車がいいです。

7번

F : 어느 차에 타면 됩니까?

M : 1 저기에 있는 빨간 차입니다.

    2 여기에 좋은 차가 많이 있습니다.

    3 저기 있는 검은 차가 좋습니다.

단어 車(くるま) 차, 자동차 | 赤(あか)い 빨갛다 | たくさん 많이 | 黒(くろ)い 검다

해설 여성이 남성에게 어떤 차를 타면 되는지를 묻고 있으므로, 정답은 탈 차를 알려 준 1번이다. 선택지 2번은 상황에 맞지 않는 말이고, 3번은
어떤 차가 좋은가에 대한 대답이므로 오답이다.

---

8 ばん

F : テスト勉強、たくさんしたの？

M : 1 ぜんぜん難しいよ。

    2 まあまあね。

    3 ちょっと頭が痛いなあ。

8번

F : 시험공부 많이 했어?

M : 1 너무 어려워.

    2 그럭저럭.

    3 조금 머리가 아프네.

단어 勉強(べんきょう) 공부 | ぜんぜん 전혀, 너무 | 頭(あたま) 머리 | 痛(いた)い 아프다

해설 여성이 남성에게 시험공부를 많이 했는지를 묻고 있으므로, 정답은 2번이다. 이 문제에서는 まあまあ의 의미를 파악하는 것이 중요하다.

---

9 ばん

M : スカイツリーに行ったことがありますか。

F : 1 スカイツリーは行ってみるべき所です。

    2 この前、スカイツリーがテレビに出てました。

    3 幼い時に一度だけ行きました。

9번

M : 스카이트리에 가 본 적이 있습니까?

F : 1 스카이트리는 꼭 가 봐야 할 곳입니다.

    2 요전에 스카이트리가 TV에 나왔습니다.

    3 어릴 때 딱 한 번 갔습니다.

단어 出(で)る 나오다 | 幼(おさな)い 어리다 | 時(とき) 때 | 一度(いちど) 한 번

해설 남성이 여성에게 스카이트리를 가 본 적이 있는지를 묻고 있으므로, 어릴 때 가 본 적이 있다고 대답한 3번이 정답이다.

10ばん

F：このバス、新宿駅まで行きますか。

M：1 いいえ。このバスは乗れません。

2 いいえ。新宿ならうしろのに乗ってください。

3 はい。ここは渋谷のバス停ですよ。

10번

F：이 버스, 신주쿠역까지 가나요?

M：1 아니요. 이 버스는 못 탑니다.

2 아니요. 신주쿠라면 뒤차를 타세요.

3 네. 여기는 시부야의 버스 정류장이에요.

단어　駅(えき) 역 | 乗(の)る 타다 | うしろ 뒤 | バス停(てい) 버스 정류장

해설　여성이 이 버스가 신주쿠역까지 가는지 노선을 남성에게 묻고 있으므로, 뒤차를 타라는 2번이 정답이다. 선택지 1번은 버스를 탈 수 있느냐는 질문에 대한 대답이므로 틀리고, 3번은 어느 정류장인지를 알려주는 대답이므로 오답이다.

11ばん

M：毎日、運動していますか。

F：1 はい、きらいではありません。

2 はい、もうしました。

3 いいえ、たまにしています。

11번

M：매일 운동하고 있습니까?

F：1 네, 싫어하지 않습니다.

2 네, 이미 했습니다.

3 아니요, 가끔 하고 있습니다.

단어　毎日(まいにち) 매일 | 運動(うんどう) 운동 | きらいだ 싫어하다 | もう 이미, 벌써 | たまに 가끔

해설　남성이 여성에게 매일 운동을 하냐고 묻고 있으므로 적절한 답은 3번이다. 선택지 1번은 운동을 좋아하냐는 질문에 대한 대답이므로 틀리고, 2번은 운동을 했느냐에 대한 대답이므로 오답이다.

12ばん

M：今日はどこに行ってきたんですか。

F：1 駅前の本屋に行ってきました。

2 仕事が多かったので、大変でした。

3 図書館はお休みでした。

12번

M：오늘은 어디에 다녀왔습니까?

F：1 역 앞에 있는 서점에 다녀왔습니다.

2 일이 많았기 때문에 힘들었습니다.

3 도서관은 휴관이었습니다.

단어　本屋(ほんや) 서점 | 仕事(しごと) 일, 업무 | 多(おお)い 많다 | 大変(たいへん)だ 힘들다 | 図書館(としょかん) 도서관 | 休(やす)み 휴일, 휴무

해설　남성이 여성에게 오늘은 어디에 다녀왔는지 묻고 있다. 따라서 역 앞에 있는 서점에 다녀왔다고 대답한 1번이 정답이다. 선택지 2번은 오늘 하루는 어땠냐는 질문에 대한 대답이므로 틀리고, 3번은 도서관에 대한 대답이므로 오답이다.

13ばん

F：そのペン、取ってくれませんか。

M：1 この黒いペンですか。

2 ペン、ありがとうございます。

3 どこにありましたか。

13번

F：그 펜 집어 주겠어요?

M：1 이 검은 펜이요?

2 펜, 고맙습니다.

3 어디에 있었습니까?

단어　ペン 펜 | 取(と)る 집다, 잡다 | 黒(くろ)い 검다

해설　여성이 남성에게 펜을 집어 달라고 부탁하고 있다. 따라서 이 검은 펜이냐고 되묻는 1번이 정답이다. 선택지 2번은 여성이 남성에게 펜을 주었을 때 할 수 있는 대답이므로 틀리고, 3번은 찾고 있던 것을 상대방이 찾아주었을 때 할 수 있는 말이므로 오답이다.

14ばん

F：明日、時間のあるときに電話をしてください。
M：1　明日はずっと家にいます。
　　2　はい、そうします。
　　3　電話、待っています。

14번

F : 내일 시간 있을 때 전화해 주세요.
M : 1　내일은 쭉 집에 있습니다.
　　2　네, 그렇게 하겠습니다.
　　3　전화 기다리고 있습니다.

단어　時間(じかん) 시간 | 電話(でんわ) 전화 | ずっと 쭉 | 待(ま)つ 기다리다

해설　여성이 남성에게 시간이 있을 때 전화해 달라고 말하고 있으므로 그렇게 하겠다고 답한 2번이 정답이다. 선택지 1번은 내일 어디에 있느냐는 질문에 대한 대답이므로 틀리고, 3번은 남성이 전화를 기다리겠다고 말하고 있으므로 오답이다.

15ばん

F：夏休みには、何をしますか。
M：1　昨日は学校でした。
　　2　どこにもありません。
　　3　海へ行きます。

15번

F : 여름 방학에는 무엇을 하나요?
M : 1　어제는 학교였습니다.
　　2　아무 데도 없습니다.
　　3　바다에 갑니다.

단어　夏休(なつやす)み 여름휴가, 여름 방학 | 海(うみ) 바다

해설　여성이 남성에게 여름 방학에 무엇을 하냐고 물었으므로 바다에 가겠다고 한 3번이 정답이다.

제1회 JLPT 실전모의테스트

1교시 언어지식(문자·어휘) p.415

문제 1	1 ②	2 ①	3 ④	4 ①	5 ③	6 ②	7 ①
문제 2	8 ④	9 ③	10 ②	11 ①	12 ③
문제 3	13 ①	14 ②	15 ③	16 ①	17 ④	18 ②	19 ④	20 ①
문제 4	21 ②	22 ③	23 ①	24 ④
문제 5	25 ①	26 ④	27 ②	28 ③

1교시 언어지식(문법)·독해 p.425

문제 1	1 ③	2 ①	3 ②	4 ④	5 ③	6 ②	7 ①	8 ②	9 ④	10 ①	11 ①	12 ②	13 ③
문제 2	14 ① (3412)	15 ② (4123)	16 ④ (2143)	17 ② (1324)
문제 3	18 ③	19 ②	20 ①	21 ④
문제 4	22 ①	23 ②	24 ④
문제 5	25 ③	26 ④	27 ②
문제 6	28 ②	29 ③

2교시 청해 p.443

문제 1	예 ④	1 ①	2 ④	3 ②	4 ④	5 ①	6 ②	7 ③	8 ③
문제 2	예 ③	1 ②	2 ①	3 ④	4 ③	5 ①	6 ④	7 ③
문제 3	예 ③	1 ③	2 ②	3 ①	4 ③	5 ①
문제 4	예 ③	1 ②	2 ①	3 ③	4 ③	5 ①	6 ②	7 ①	8 ②

제1회 실전모의테스트

문제 1 _____의 단어는 히라가나로 어떻게 씁니까?
1·2·3·4 중에서 가장 적당한 것을 하나 고르세요.

1 여름 방학에는 친구와 **바다**에서 바비큐를 하거나 헤엄치거나 할 생각입니다.

단어 夏(なつ)やすみ 여름 방학 | 友(とも)だち 친구 | 海(うみ) 바다 | バーベキュー 바비큐 | およぐ 헤엄치다

2 머리가 아파서 이 **약**을 먹어도 됩니까?

단어 あたま 머리 | いたい 아프다 | 薬(くすり)を のむ 약을 먹다

3 **최근** 일이 매우 바빠서 느긋하게 쉴 시간이 없습니다.

단어 最近(さいきん) 최근 | しごと 일 | いそがしい 바쁘다 | ゆっくり 천천히, 느긋하게 | やすむ 쉬다 | じかん 시간

4 이 회사는 남성보다 **여성** 스태프가 많습니다.

단어 かいしゃ 회사 | だんせい 남성 | 女性(じょせい) 여성 | スタッフ 스태프 | 多(おお)い 많다

5 아이의 웃는 얼굴을 보고 **마음**이 따뜻해졌습니다.

단어 こども 아이, 어린이 | えがお 웃는 얼굴 | 見(み)る 보다 | 心(こころ) 마음 | あたたかい 따뜻하다

6 매일 아침, **채소** 주스를 마시고 있습니다.

단어 まいあさ 매일 아침 | 野菜(やさい) 채소, 야채 | ジュース 주스 | のむ 마시다

7 다음 주 테스트를 위해 조금씩 **예습**해 두는 편이 좋아요.

단어 らいしゅう 다음 주 | テスト 테스트 | すこしずつ 조금씩 | 予習(よしゅう) 예습

문제 2 _____의 단어는 어떻게 씁니까? 1·2·3·4 중에서 가장 적당한 것을 하나 고르세요.

8 마당에 **하얀** 꽃이 많이 피어 있습니다.

단어 にわ 마당 | 白(しろ)い 하얗다 | はな 꽃 | たくさん 많이 | さく 피다

9 **밤**늦게까지 게임을 하지 않게 조심하고 있습니다.

단어 夜(よる)おそく 밤늦게 | ゲーム 게임 | 気(き)を つける 조심하다, 주의하다

10 선생님의 **설명**을 듣고 모르는 부분을 노트에 메모했습니다.

단어 先生(せんせい) 선생님 | 説明(せつめい) 설명 | 聞(き)く 듣다, 묻다 | わかる 알다, 이해하다 | ノート 노트 | メモ 메모

11 데뷔 10주년 콘서트라서 **특별**합니다.

단어 デビュー 데뷔 | しゅうねん 주년 | コンサート 콘서트 | 特別(とくべつ)だ 특별하다

12 슈트케이스가 **무거**워서 공항까지 택시로 갑니다.

단어 スーツケース 슈트케이스 | 重(おも)い 무겁다 | くうこう 공항 | タクシー 택시

문제 3 ( )에 무엇을 넣습니까? 1·2·3·4 중에서 가장 적당한 것을 하나 고르세요.

13 이 레스토랑의 인기 **메뉴**는 무엇입니까?

단어 レストラン 레스토랑 | にんき 인기 | メニュー 메뉴 | なん 무엇 | アンケート 앙케트, 설문조사 | レポート 리포트 | テーブル 테이블, 탁자

해설 식당에서 인기 있는 것을 묻는 상황이므로 음식 목록을 뜻하는 메뉴가 가장 적절하다.

14 젊을 때 사진이 앨범에 **남아** 있습니다.

단어 わかい 젊다 | とき 때 | しゃしん 사진 | アルバム 앨범 | のこる 남다 | とまる 묵다 | はじまる 시작되다 | きまる 결정되다

해설 사진이 앨범 속에 보존되어 있는 상태를 나타낼 때는 동사 のこる를 사용하므로 정답은 のこって이다.

15 긴 시간 이야기했기 때문에 **목**이 아픕니다.

단어 ながい 길다 | じかん 시간 | はなす 이야기하다 | のど 목 | いたい 아프다 | うで 팔 | ゆび 손가락 | はな 코

해설 말을 오래 하면 아픈 부위는 보통 목이므로 정답은 のど이다.

16 과자를 작은 봉투에 **싸** 주세요.

단어 おかし 과자 | ちいさな 작은 | ふくろ 봉투 | つつむ 싸다, 포장하다 | とどく 도달하다, 도착하다 | かむ 씹다 | てつだう 돕다

해설 물건을 봉투에 쌀 때는 동사 つつむ를 사용한다.

17 회의에서 모두의 **의견**이 달라서 힘들었습니다.

단어 かいぎ 회의 | みんな 모두 | いけん 의견 | ちがう 다르다 | たいへんだ 힘들다 | そうだん 상담, 의논 | はんたい 반대 | さんせい 찬성

해설 회의 중에 서로 다르다고 표현할 수 있는 대상으로 가장 적절한 것은 사람들의 생각인 いけん이다.

18 친구는 처음 아이를 **낳기** 때문에 무척 긴장하고 있습니다.

단어 はじめて 처음으로 | 産(う)む 낳다 | きんちょう 긴장

해설 목적어인 아이와 함께 쓰여서 문맥상 가장 자연스러운 동작은 '낳다'는 뜻의 うむ이다.

19 이 편의점은 매일 24시간 **영업**하고 있습니다.

단어 コンビニ 편의점 | まいにち 매일 | えいぎょう 영업 | しょうひん 상품 | じゅんび 준비 | うんどう 운동

해설 가게를 운영하는 것은 えいぎょう라고 한다.

20 오늘만 빨리 돌아갈 수 있게 **부탁해** 보겠습니다.

단어 きょう 오늘 | はやく 일찍, 빨리 | かえる 돌아가다 | たのむ 부탁하다 | はこぶ 옮기다, 나르다 | わたす 건네다 | すぎる 지나다

해설 일찍 귀가할 수 있게 허락을 구하거나 요청하는 상황이므로 '부탁하다'라는 의미의 동사 たのむ를 활용한 たのんで가 정답이다.

문제 4 ＿＿＿＿의 문장과 거의 같은 의미의 문장이 있습니다.
1·2·3·4 중에서 가장 적당한 것을 하나 고르세요.

21 이 마을은 전보다 사는 사람이 많아졌습니다.
  1 이 마을은 사람이 줄어들었습니다.
  2 이 마을은 사는 사람이 늘었습니다.
  3 이 마을은 사는 사람이 전혀 없습니다.
  4 이 마을은 외국에 가는 사람이 많습니다.

단어 まち 마을 | まえ 전 | すむ 살다 | おおい 많다 | すくない 적다 | ふえる 늘다 | ぜんぜん 전혀 | がいこく 외국

22 학교에서는 다 같이 지키는 규칙이 있습니다.
  1 학교에는 아무것도 규칙이 없습니다.
  2 학교에는 누구도 규칙을 신경 쓰지 않습니다.
  3 학교에는 모두를 위해 규칙이 있습니다.
  4 학교에서는 약속을 지키지 않아도 됩니다.

단어 がっこう 학교 | まもる 지키다 | きそく 규칙 | きまり 규칙, 결정 | 気(き)にする 신경 쓰다 | ルール 룰, 규칙 | やくそく 약속

23 아빠는 남동생에게 편지를 받고 기뻐했습니다.
  1 아빠는 남동생에게 편지를 받고 기뻐 보였습니다.
  2 아빠는 남동생에게 편지를 받고 슬퍼 보였습니다.
  3 아빠는 남동생에게 편지를 받고 엄마에게 전달했습니다.
  4 아빠는 남동생에게 편지를 받고 화를 냈습니다.

단어 父(ちち) 아빠, 아버지 | 弟(おとうと) 남동생 | てがみ 편지 | もらう 받다 | よろこぶ 기뻐하다 | うれしい 기쁘다 | かなしい 슬프다 | 母(はは) 엄마, 어머니 | わたす 건네다 | おこる 화내다

24 이 공원은 밤에도 밝아서 위험하지 않습니다.
  1 이 공원은 밤에는 시끄럽습니다.
  2 이 공원은 밤에는 아무도 없습니다.
  3 이 공원은 밤이 되면 무섭습니다.
  4 이 공원은 밤이 되어도 안전합니다.

단어 よる 밤 | あかるい 밝다 | あぶない 위험하다 | うるさい 시끄럽다 | こわい 무섭다 | あんぜんだ 안전하다

문제 5 다음 어휘의 사용법으로 가장 적당한 것을 1·2·3·4 중에서 하나 고르세요.

25 きびしい 엄격하다
  1 부장님은 일할 때는 무척 엄격합니다.
  2 이 커피는 너무 엄격해서 못 마십니다.
    (きびしすぎて → にがすぎて 너무 써서)
  3 꽃 색깔이 예쁘고 향도 엄격합니다.
    (きびしいです → いいです 좋습니다)
  4 머리가 너무 엄격해서 약을 먹고 쉬었습니다.
    (きびしすぎて → いたすぎて 너무 아파서)

단어 ぶちょう 부장(님) | コーヒー 커피 | にがい 쓰다 | いろ 색 | きれいだ 예쁘다, 깨끗하다 | かおり 향기 | くすりを 飲(の)む 약을 먹다 | 休(やす)む 쉬다

26 ざあざあ 주룩주룩, 좍좍
  1 아기가 방에서 주룩주룩 자고 있습니다.
    (ざあざあ → ぐうぐう 쿨쿨)
  2 온천욕을 했더니 피부가 주룩주룩하게 되었습니다.
    (ざあざあ → すべすべ 매끈매끈)
  3 열심히 운동했더니 땀을 주룩주룩 흘렸습니다.
    (ざあざあ → だらだら 뻘뻘, 줄줄)
  4 창가에서 비가 주룩주룩 내리고 있는 모습을 쭉 보고 있었습니다.

단어 あかちゃん 아기 | へや 방 | ねる 자다 | おんせんに はいる 온천욕을 하다 | はだ 피부 | いっしょうけんめい 열심히 | うんどう 운동 | あせを かく 땀을 흘리다 | まどぎわ 창가 | あめが ふる 비가 내리다 | ずっと 쭉

27 たおれる 쓰러지다
  1 벽에 붙어 있던 포스터가 쓰러졌습니다.
    (たおれました → おちました 떨어졌습니다)
  2 강한 바람 때문에 버스 정류장의 표지판이 쓰러졌습니다.
  3 해일의 영향으로 강물이 쓰러졌습니다.
    (たおれました → あふれました 넘쳤습니다)
  4 수프가 쓰러져서 가스레인지를 청소해야 합니다.
    (たおれて → こぼれて 넘쳐흘러서)

단어 かべ 벽 | はる 붙이다 | ポスター 포스터 | つよい 강하다, 세다 | かぜ 바람 | バスてい 버스 정류장 | かんばん 간판, 표지판 | つなみ 쓰나미, 해일 | えいきょう 영향 | かわ 강 | みず 물 | あふれる 넘치다 | スープ 수프 | こぼれる 넘쳐흐르다 | ガスレンジ 가스레인지 | そうじ 청소

28 あさい 얕다
  1 이 길은 얕아서 운전하기 어렵습니다.
    (あさくて → せまくて 좁아서)
  2 눈이 점점 얕아져서 안경을 썼습니다.
    (あさく → わるく 나빠)
  3 이 연못은 얕기 때문에 물고기가 잘 보입니다.
  4 병원 식사는 맛이 얕아서 맛있지 않습니다.
    (あさくて → うすくて 싱거워서)

단어 みち 길 | せまい 좁다 | うんてん 운전 | むずかしい 어렵다 | め 눈 | だんだん 점점 | めがねを かける 안경을 쓰다 | いけ 연못 | さかな 물고기 | びょういん 병원 | しょくじ 식사 | あじ 맛 | うすい 싱겁다

02 1교시 언어지식(문법)·독해

문제 1 (   )에 무엇을 넣습니까? 1·2·3·4 중에서 가장 적당한 것을 하나 고르세요.

1 어제 나는 친구와 영화를 보러 갔습니다.
단어 きのう 어제 | 映画(えいが) 영화
해설 동작을 함께 하는 상대에는 조사 と를 쓴다.

2 일본에 와서, 벌써 3년이 되었습니다.

단어 来(く)る 오다 | もう 벌써, 이미 | なる 되다

해설 도착지를 나타내는 곳에는 조사 に를 쓴다.

3 그 가방의 안에 소중한 것이 들어 있습니까?

단어 かばん 가방 | 中(なか) 안, 속 | 大切(たいせつ)だ 소중하다, 중요하다 | もの 물건, 것 | 入(はい)る 들어가다

해설 명사와 명사를 연결하여 소속이나 위치를 나타낼 때는 조사 の를 써야 한다.

4 A "호텔은 역에서 가깝습니까?"
B "네, 걸어서 5분 정도입니다."

단어 駅(えき) 역 | 近(ちか)い 가깝다 | 歩(ある)く 걷다 | ぐらい 정도, 쯤

해설 거리를 말할 때 출발점이나 기준점을 나타내는 명사에는 조사 から를 붙인다.

5 A "슈퍼에서 산 새 커피 맛은 어땠어요?"
B "아쉽게도 별로 맛있지 않았어요."

단어 スーパー 슈퍼 | 買(か)う 사다 | 新(あたら)しい 새롭다 | コーヒー 커피 | 味(あじ) 맛 | ざんねんだ 아쉽다, 유감이다 | あまり 그다지, 별로 | とても 매우 | よく 잘

해설 뒤따라오는 부정 표현과 호응할 수 있는 부사는 あまり이다.

6 이 책을 처음 읽었을 때, 내용이 조금 어렵다고 생각했습니다.

단어 本(ほん) 책 | はじめて 처음으로 | 読(よ)む 읽다 | 内容(ないよう) 내용 | 少(すこ)し 조금 | 思(おも)う 생각하다

해설 과거의 감상을 말하고 있으므로, 그 전제 조건인 책을 읽은 행위도 과거형이어야 한다. 따라서 정답은 読んだ이다.

7 A "오늘은 바람이 세네요."
B "네, 코트를 입고 와서 정말 다행이에요."

단어 今日(きょう) 오늘 | 風(かぜ) 바람 | 強(つよ)い 강하다, 세다 | コート 코트 | 着(き)る 입다 | ほんとうに 정말 | まさか 설마 | もっとも 가장 | まっすぐ 똑바로, 곧장

해설 자신의 판단이 옳음을 강조하며 다행이라고 말하는 상황이다. 감정을 강조할 때 사용할 수 있는 부사는 ほんとうに이다.

8 A "어제 갑자기 부탁드려서 죄송합니다. 역까지 데려다 주셔서 정말 감사했습니다."
B "아뇨, 신경 쓰지 마세요."

단어 急(きゅう)に 갑자기 | 願(ねが)う 부탁하다 | 送(おく)る 데려다주다, 보내다 | 気(き)にする 신경 쓰다

해설 상대방이 나에게 베푼 호의에 대해 고마워하는 상황이므로 남이 나에게 해 준 것을 받을 때 사용하는 표현인 送って もらって가 정답이다.

9 A "시험 문제 전부 풀었어요?"
B "아니요, 쉬운 문제밖에 못 풀었어요."

단어 テスト 시험 | 問題(もんだい) 문제 | 全部(ぜんぶ) 전부 | 解(と)く 풀다 | 簡単(かんたん)だ 간단하다, 쉽다

해설 부정 표현과 함께 쓰여 '오직 그것뿐'이라는 한정의 의미를 나타내는 조사 しか를 찾는 문제이다. 조사 しか 뒤에는 부정형을 사용해야 한다.

10 A "호텔에 도착하면 체크인할게요."
B "그러고 나서 주변을 조금 산책할까요?"

단어 着(つ)く 도착하다 | チェックイン 체크인 | それから 그러고 나서, 그리고 | 近(ちか)く 근처, 주변 | 散歩(さんぽ) 산책 | しかし 그러나, 하지만 | だから 그래서 | それで 그래서

해설 호텔 체크인을 한 다음에 일어날 동작을 제안하는 상황이다. 앞선 행동이 완료된 이후에 이어질 다음 행동의 순서를 자연스럽게 연결하는 접속사는 それから이다.

11 A "곧 여섯 시이고, 길도 막히네요."
B "이대로라면 제시간에 못 갈지도 몰라요."

단어 道(みち) 길 | こむ 붐비다, 막히다 | このまま 이대로 | 間(ま)に合(あ)う 시간에 맞추다

해설 현재 차가 막히는 상황을 보고 부정적인 결과가 발생할 가능성을 추측하고 있다. 따라서 정답은 かも しれません이다.

12 A "회의 생각보다 짧았네요."
B "중요한 이야기 도중에 부장님에게 전화가 와 버렸기 때문이에요."

단어 会議(かいぎ) 회의 | 短(みじか)い 짧다 | 大事(だいじ)だ 중요하다, 소중하다 | 話(はなし) 이야기 | 部長(ぶちょう) 부장(님) | 電話(でんわ) 전화

해설 진행 중인 동작이나 상황이 어떤 상황 때문에 중간에 끊겼음을 의미하고 있으므로 정답은 とちゅうで이다.

13 A "오늘 점심, 라면으로 할래요? 아니면 카레로 할래요?"
B "어느 쪽이든 괜찮아요. 좋아하는 것을 드세요."

단어 昼(ひる)ごはん 점심밥 | 好(す)きだ 좋아하다 | 食(た)べる 먹다

해설 두 가지 선택지 사이에서 고민할 때는 접속사 それとも를 사용한다.

문제 2 ____ ★ 에 들어가는 것은 어느 것입니까? 1·2·3·4 중에서 가장 적당한 것을 하나 고르세요.

14 아이 손이 닿는 곳에 작은 물건은 두지 마세요.

단어 子(こ)ども 어린이, 아이 | 手(て) 손 | とどく 닿다, 도착하다 | 場所(ばしょ) 장소 | もの 물건 | 置(お)く 두다

해설 명사 수식 구조와 금지 표현인 「~ないで ください」를 묻는 문제이다. 빈칸 앞의 '손이 닿는'이라는 수식어 뒤에 場所に를 배치하여, 장소를 특정한다. 그 장소에 두지 말아야 할 대상을 설명하기 위하여 형용사 小さな와 명사 もの를 연결하고, 마지막 빈칸에 금지 의미를 완성하는 置かないで를 배치한다. 따라서 순서대로 연결하면 3-4-1-2이다.

15 시험 전에 중요한 부분을 체크해 두면 안심할 수 있습니다.

단어 試験(しけん) 시험 | 大事(だいじ)だ 중요하다 | チェック 체크 | 安心(あんしん) 안심

해설 미리 준비할 때 쓰는 「~て おく」와 조건 표현인 「~ば」를 활용한 문제이다. 형용사 大事な 뒤에 대상을 ところを를 배치하여 '중요한 부분'이라는 목적어를 만든다. 이어서 동작인 チェックして와 조건절 おけば를 연결하여 '~해 두면'이라는 조건을 완성한다. 따라서 순서대로 배열하면 4-1-2-3이다.

16 일본에 **오고 나서 매일 회화 연습을 하여** 조금씩 일본어를 말할 수 있게 되었습니다.

단어 毎日(まいにち) 매일 | 会話(かいわ) 회화 | 練習(れんしゅう) 연습 | 少(すこ)しずつ 조금씩

해설 빈칸 앞에 장소가 있으므로 이동 동사와 시점을 나타내는 표현 「～てから」를 활용한 来てから를 맨 앞에 배치하고, 그 뒤에 부사 毎日를 넣는다. 목적어인 会話の練習を와 그 동작인 して를 배치한다. 따라서 순서대로 배열하면 2-1-4-3이다.

17 간단해 보이지만, **실제로 해 보면 의외로 시간이** 걸립니다.

단어 簡単(かんたん)だ 간단하다, 쉽다 | 見(み)える 보이다 | 実際(じっさい)に 실제로 | いがいと 의외로 | 時間(じかん) 시간 | かかる 걸리다

해설 보기와 다른 결과를 나타내는 부사와 시도 후의 발견을 나타내는 「～て みると」를 묻는 문제이다. 시도를 강조하는 부사 実際に와 그 동작인 やって みると를 묶어 전제 조건을 만든다. 빈칸 뒤의 동사와 어울리는 주어 時間이 앞에 상태를 수식하는 いがいと를 배치한다. 따라서 순서대로 배열하면 1-3-2-4이다.

문제 3 **18** 에서 **21** 에 무엇을 넣습니까? 글의 의미를 생각하여 1·2·3·4 중에서 가장 적당한 것을 하나 고르세요.

아랫글은 어느 회사원의 작문입니다.

> 나는 지금 도쿄의 작은 회사 **18** 에서 일하고 있습니다. 매일 아침 일곱 시 반에 집을 나서서 전철로 회사에 갑니다. 회사에 도착할 때까지 **19** 대략 40분 걸려서, 전철 안에서는 신문을 읽거나 음악을 듣거나 하며 시간을 보냅니다. 최근 업무가 전보다 바빠졌습니다. **20** 그래서 집에 돌아가는 시간이 늦어지는 날도 조금씩 늘고 있습니다. 하지만 업무가 끝난 뒤에 근처 공원을 산책할 때, 마음이 차분해지는 경우가 많습니다. 쉬는 날은 멀리 외출하는 것 **21** 보다 집에서 책을 읽으면서 천천히 쉴 생각입니다.

단어 今(いま) 지금 | 会社(かいしゃ) 회사 | はたらく 일하다 | 朝(あさ) 아침 | 出(で)る 나가다 | 電車(でんしゃ) 전철 | 着(つ)く 도착하다 | だいたい 대략 | かかる 걸리다 | 新聞(しんぶん) 신문 | 読(よ)む 읽다 | 音楽(おんがく) 음악 | 聞(き)く 듣다 | 時間(じかん) 시간 | 過(す)ごす 보내다 | 最近(さいきん) 최근 | 仕事(しごと) 일 | 忙(いそが)しい 바쁘다 | 帰(かえ)る 돌아가다 | 遅(おそ)い 늦다 | 日(ひ) 날 | ふえる 늘다 | 終(お)わる 끝나다 | 近(ちか)く 근처 | 散歩(さんぽ) 산책 | 気持(きも)ち 기분 | おちつく 차분해지다 | 休(やす)み 휴일 | 遠(とお)く 먼 곳, 멀리 | 出(で)かける 외출하다 | 本(ほん) 책

해설

18 활동하는 장소를 나타내는 조사 で를 묻는 문제이다. 일하는 장소에 관해서 이야기할 때 「～で はたらく(～에서 일하다)」와 「～に つとめる(～에 근무하다)」를 구분해서 알아두면 유용하다.

19 시간의 소요 정도를 대략 나타낼 때 사용하는 부사는 だいたい이다.

20 앞 문장의 원인에 따른 결과를 잇는 접속사는 それで이다.

21 두 가지 행동 중 하나를 선택하거나 비교할 때 쓰는 조사는 より이다.

문제 4 다음 (1)에서 (3)의 글을 읽고 질문에 답하세요. 답은 1·2·3·4 중에서 가장 적당한 것을 하나 고르세요.

(1)

> 공원에서 드리는 말씀
> 이 공원은 많은 사람이 이용하고 있습니다.
> 개를 데려오는 분은 목줄을 놓지 마세요.
> 사람이 많은 곳에서는 공놀이하지 마세요.
> **밤 아홉 시 이후에는 소란을 피우지 마세요.**
> 잘 부탁드립니다.

22 이 공원에서 주의해야 하는 것은 무엇입니까?

1 밤에 큰 소리를 내지 않을 것
2 낮에 개를 데려오지 않을 것
3 공을 사용하면 안 되는 것
4 어른은 공놀이하지 말 것

단어 お願(ねが)い 부탁, 드리는 말씀 | 大勢(おおぜい) 많은 사람 | 利用(りよう) 이용 | 犬(いぬ) 개 | 連(つ)れてくる 데려오다 | リード 리드, 목줄 | はなす 놓다 | 遊(あそ)ぶ 놀다 | 夜(よる) 밤 | 以降(いこう) 이후 | さわぐ 소란을 피우다, 떠들다 | 大(おお)きな 音(おと) 큰 소리 | 出(だ)す 내다 | 昼(ひる) 낮 | 大人(おとな) 어른, 성인

해설 밤 아홉 시 이후에는 소란을 피우지 말라고 했으므로 주의해야 할 사항은 밤에 큰 소리를 내지 않을 것이다. 정답은 1번이다.

(2)

> 야마다입니다
> **내일 영어 시험은 교실이 A 교실에서 B 교실로 바뀌었습니다.**
> 시간은 전과 똑같은 아홉 시부터입니다. 시험 후에 학급 회의가 있으므로 노트를 잊지 마세요. B 교실은 도서실 옆에 있습니다. 교실을 틀리지 마세요.

23 이 메모에서 가장 전하고 싶은 것은 무엇입니까?

1 모임 시간이 바뀐 것
2 시험을 치는 교실이 바뀐 것
3 도서실에서 시험을 치게 된 것
4 도서실에 노트를 가져가는 것

단어 英語(えいご) 영어 | 教室(きょうしつ) 교실 | 変(か)わる 바뀌다 | 同(おな)じだ 같다 | クラスミーティング 학급 회의 | 忘(わす)れる 잊다 | 図書室(としょしつ) 도서실 | となり 옆 | まちがえる 틀리다 | 受(う)ける (시험 등을) 치다, 보다 | 持(も)っていく 가져가다

해설 메모의 첫 문장에서 시험을 치는 교실이 바뀌었다고 핵심 내용을 말하고 있다. 마지막에도 교실을 틀리지 말라고 강조하고 있으므로 정답은 2번이다.

(3)

나는 매일 **일이 끝난 후에 독서를 합니다.** 도서관에서는 조용한 환경에서 책을 읽을 수 있지만, 카페에서는 밝은 분위기에서 책을 읽을 수 있어서 **최근에는 카페에 자주 가고 있습니다.** 집에 돌아가서 저녁밥을 먹은 후에는 공원에 가서 가볍게 운동을 합니다.

24 이 사람은 최근 일이 끝나고 나서 우선 어디에 갑니까?

1 집
2 공원
3 카페
4 도서관

단어 読書(どくしょ) 독서 | 図書館(としょかん) 도서관 | 静(しず)かだ 조용하다 | 環境(かんきょう) 환경 | 本(ほん) 책 | 読(よ)む 읽다 | カフェ 카페 | 明(あか)るい 밝다 | 雰囲気(ふんいき) 분위기 | 帰(かえ)る 돌아가다 | 夜(よる)ご飯(はん) 저녁밥 | 軽(かる)い 가볍다 | 運動(うんどう) 운동

해설 일이 끝나면 독서하는데, 최근에는 밝은 분위기에서 책을 읽을 수 있는 카페에 자주 간다고 언급했으므로 정답은 3번이다.

문제 5 다음 글을 읽고 질문에 답하세요. 답은 1·2·3·4에서 가장 적당한 것을 하나 고르세요.

일본은 사계절이 뚜렷한 나라입니다. **봄에는 벚꽃이 피고 따뜻합니다. 또한 가을은 단풍이 매우 예쁘고, 시원해서 지내기 편합니다.**
하지만 일본은 태풍이나 지진 등의 '자연재해'가 많은 나라이기도 합니다. 특히 여름이 되면 **태풍이 자주 옵니다. 강한 바람이 불거나 폭우가 내려서 큰 피해가 발생하는 경우가 있습니다.** 또한 일본은 지진도 잦기 때문에 항상 준비해 둘 필요가 있습니다. 재해로부터 자신을 지키기 위해 각지에서 여러 가지 준비를 하고 있습니다. 예를 들어 '방재용품'을 준비하거나 안전한 장소로 대피하는 연습을 하기도 합니다.
최근에는 지구 **기후가 변해서 재해가 더 늘어나거나 강해지는 것이 걱정입니다.** 그래서 앞으로 어떻게 하면 좋을지 모두 함께 생각할 필요가 있습니다.

25 일본의 봄과 가을에 관해 옳지 않은 것은 무엇입니까?

1 봄에는 벚꽃이 핀다.
2 가을에는 단풍을 볼 수 있다.
3 봄은 매우 춥고 눈이 많다.
4 가을은 시원해서 지내기 편하다.

26 태풍이 오면 어떤 피해가 있습니까?

1 지진
2 폭설
3 화재
4 강한 바람

27 기후가 변해서라고 했는데, 그래서 무엇이 걱정입니까?

1 겨울이 짧아지는 것
2 재해가 늘어나거나 강해지는 것
3 일본의 사계절이 없어지는 것
4 기온이 너무 내려가는 것

단어 四季(しき) 사계절 | はっきり 분명히, 명확히 | 国(くに) 나라 | 春(はる) 봄 | 咲(さ)く 피다 | 暖(あたた)かい 따뜻하다 | 秋(あき) 가을 | 紅葉(こうよう) 단풍 | すずしい 시원하다 | 過(す)ごす 지내다, 보내다 | 台風(たいふう) 태풍 | 地震(じしん) 지진 | 自然災害(しぜんさいがい) 자연재해 | 強(つよ)い 강하다 | 風(かぜ) 바람 | 吹(ふ)く 불다 | 大雨(おおあめ) 폭우, 큰비 | 被害(ひがい) 피해 | 出(で)る 나오다, 발생하다 | 準備(じゅんび) 준비 | 守(まも)る 지키다 | 各地(かくち) 각지 | 防災(ぼうさい)グッズ 방재용품 | 用意(ようい) 준비 | 安全(あんぜん)だ 안전하다 | 場所(ばしょ) 장소 | 逃(に)げる 도망치다, 대피하다 | 練習(れんしゅう) 연습 | 気候(きこう) 기후 | 増(ふ)える 늘다 | 心配(しんぱい) 걱정 | 火事(かじ) 화재 | 短(みじか)い 짧다 | 下(さ)がる 내려가다

해설

25 일본의 봄과 가을에 관해서 틀린 것을 묻고 있다. 본문에서 봄은 따뜻하고 벚꽃이 핀다고 했으므로 정답은 3번이다.

26 태풍이 올 경우 발생하는 피해가 무엇인지 묻고 있다. 본문에서 태풍이 오면 강한 바람이 불거나 폭우가 내려서 큰 피해가 발생한다고 했으므로 정답은 4번이다.

27 기후가 변한 것 때문에 무엇이 걱정되는지 묻고 있다. 본문에서 재해가 더 늘거나 강해지는 것이 걱정된다고 언급했으므로 정답은 2번이다.

문제 6 오른쪽 포스터 '영화 상영회 안내'를 보고 질문에 답하세요. 답은 1·2·3·4에서 가장 적당한 것을 하나 고르세요.

영화 상영회 안내

일시	9월 22일(토)
상영 시간	1회 오후 2시~4시
	2회 오후 5시~7시
	3회 오후 8시~10시
요금	어른 1,000엔
	중학생·고등학생 500엔
	초등학생 이하 무료

※ 3인 이상의 가족이 올 경우, 합계에서 500엔 할인됩니다.

입장과 시간에 관한 주의
· 입장은 각 회차의 30분 전부터입니다.
· 영화가 시작된 후에는 들어갈 수 없습니다.

주의
· 사진이나 동영상은 찍으면 안 됩니다.
· 초등학생 이하 어린이는 어른과 함께 관람하세요.
· **오후 8시부터 상영하는 영화는 초등학생 이하 어린이는 볼 수 없습니다.**

28 어른 두 명과 중학생 한 명인 가족이 영화를 볼 때 요금은 얼마입니까?

1 1,500엔

2 2,000엔

3 2,500엔

4 3,000엔

29 스즈키 씨는 고등학생 아들과 초등학생 딸이 있습니다. 아이들과 함께 영화를 보러 가고 싶습니다. 볼 수 있는 회차는 어느 것입니까?

1 1회차만

2 2회차만

3 1회차와 2회차

4 2회차와 3회차

단어 映画会(えいがかい) 영화 모임, 상영회 | 日時(にちじ) 일시 | 上映(じょうえい) 상영 | 料金(りょうきん) 요금 | 大人(おとな) 어른, 성인 | 中学生(ちゅうがくせい) 중학생 | 高校生(こうこうせい) 고등학생 | 小学生(しょうがくせい) 초등학생 | 以下(いか) 이하 | 無料(むりょう) 무료 | 家族(かぞく) 가족 | 合計(ごうけい) 합계 | 安(やす)くなる 싸지다, 할인되다 | 入場(にゅうじょう) 입장 | 各回(かくかい) 각 회 | 始(はじ)まる 시작되다 | 写真(しゃしん) 사진 | 動画(どうが) 동영상 | とる 찍다 | むすこ 아들 | むすめ 딸

해설

28 3인 가족이 참석할 경우 요금이 얼마인지 묻고 있다. 어른 두 명과 중학생 한 명을 더하면 2,500엔이 되는데, 3인 이상 가족은 500엔 할인된다고 했으므로 정답은 2번이다.

29 어른, 고등학생, 초등학생이 함께 상영회에 참석할 경우, 볼 수 있는 회차를 묻고 있다. 3회차인 오후 8시 영화는 초등학생 이하 어린이 관람 불가라고 명시되어 있으므로 정답은 3번이다.

03 2교시 **청해**

日本語能力試験　聴解　N4

これからN4の聴解試験をはじめます。問題用紙にメモをとってもいいです。問題用紙を開けてください。問題用紙のページがないときは手をあげてください。問題がよく見えないときも手をあげてください。いつでもいいです。

もんだい1

もんだい1では、まず質問を聞いてください。それから話を聞いて、問題用紙の1から4の中から、一番いいものを一つえらんでください。

では、練習しましょう。

れい

男の人が女の人に電話をしています。男の人は、何を買って帰りますか。

M：これから帰るけど、何か買って帰ろうか。

F：あ、ありがとう。えっとね、牛乳。それから。

M：ちょっと待って、牛乳は1本でいいの？

F：えっと、2本お願い。それから、チーズ。

M：あれ、チーズはまだたくさんあったよね。

F：ごめん、今日のお昼に全部食べたの。

M：分かった。じゃ、買って帰るね。

일본어능력시험 청해 N4

이제부터 N4 청해 시험을 시작하겠습니다. 문제 용지에 메모를 해도 됩니다. 문제 용지를 펼쳐 주세요. 문제 용지의 페이지가 없을 때는 손을 들어 주세요. 문제가 잘 보이지 않을 때도 손을 들어 주세요. 언제든지 괜찮습니다.

문제1

문제1에서는 먼저 질문을 들으세요. 그리고 이야기를 듣고, 문제 용지의 1에서 4 중에서 가장 적당한 답을 하나 고르세요. 그럼 연습합시다.

예

남성이 여성에게 전화를 하고 있습니다. 남성은 무엇을 사서 돌아갑니까?

M : 이제 집에 갈 건데 뭔가 사서 갈까?

F : 아, 고마워. 음, 우유. 그리고….

M : 잠깐 기다려, 우유는 한 병이면 충분해?

F : 음, 두 병 부탁할게. 그리고 치즈.

M : 어, 치즈는 아직 많이 있었잖아.

F : 미안, 오늘 점심으로 전부 먹었어.

M : 알겠어. 그럼 사서 갈게.

男の人は、何を買って帰りますか。

1 ぎゅうにゅう１本だけ
2 ぎゅうにゅう１本とチーズ
3 ぎゅうにゅう２本だけ
4 ぎゅうにゅう２本とチーズ

一番いいものは４ばんです。解答用紙のもんだい１のれいのところを見てください。一番いいものは４ばんですから、答えはこのように書きます。
では、はじめます。

1 ばん

会社で、女の人と男の人が話しています。男の人はこれからまず何をしますか。

M：この荷物、ついさっき届きました。
F：ありがとうございます。今日は荷物が多いですね。
M：そうですね。
F：中身はもう確認しましたか。
M：はい、一つずつ全部確認しました。
F：では、その箱にラベルをはって、それから入口の近くに置いておいてください。
M：分かりました。

男の人はこれからまず何をしますか。

1 ラベルをはる
2 荷物を待つ
3 荷物を運ぶ
4 中身を確認する

---

2 ばん

店で女の人と男の店員が話しています。女の人はどれを買いますか。

M：いらっしゃいませ。
F：あの、友だちの誕生日のプレゼントをさがしているんですが。
M：誕生日のプレゼントですね。こちらのマグカップはいかがですか。
F：かわいいですね。色はこの黒いのしかないですか。

남성은 무엇을 사서 돌아갑니까?

1 우유 한 병만
2 우유 한 병과 치즈
3 우유 두 병만
4 우유 두 병과 치즈

가장 적당한 것은 4번입니다. 해답 용지 문제1의 예 부분을 보세요. 가장 적당한 것은 4번이므로 답은 이렇게 씁니다.
그럼 시작하겠습니다.

1번

회사에서 여성과 남성이 이야기하고 있습니다. 남성은 이제부터 우선 무엇을 합니까?

M : 이 짐, 조금 전에 도착했습니다.
F : 감사합니다. 오늘은 짐이 많네요.
M : 그러게요.
F : 내용물은 벌써 확인했나요?
M : 네, 하나씩 전부 확인했습니다.
F : 그럼, 그 상자에 라벨을 붙이고, 그러고 나서 입구 근처에 두어 주세요.
M : 알겠습니다.

남성은 이제부터 우선 무엇을 합니까?

1 라벨을 붙인다.
2 짐을 기다린다.
3 짐을 나른다.
4 내용물을 확인한다.

2번

가게에서 여성과 남성 점원이 이야기하고 있습니다. 여성은 무엇을 삽니까?

M : 어서 오십시오.
F : 저, 친구 생일 선물을 찾고 있는데요.
M : 생일 선물 말씀이군요. 이 머그잔은 어떠신가요?
F : 귀엽네요. 색깔은 이 검은색밖에 없나요?

단어　荷物(にもつ) 짐 | 届(とど)く 도착하다 | 多(おお)い 많다 | 中身(なかみ) 내용물 | 確認(かくにん) 확인 | 一(ひと)つずつ 하나씩 | 全部(ぜんぶ) 전부 | 箱(はこ) 상자 | ラベル 라벨 | はる 붙이다 | それから 그러고 나서, 그리고 | 入口(いりぐち) 입구 | 近(ちか)く 근처 | 置(お)く 두다 | 待(ま)つ 기다리다 | 運(はこ)ぶ 옮기다, 나르다

해설　남성이 먼저 해야 할 일을 고르는 문제이다. 여성이 남성에게 시킨 일은 상자에 라벨을 붙이는 일과 상자를 입구 근처에 두는 것인데, 먼저 무엇을 하느냐고 물었으므로 정답은 1번이다. 청해 지문을 들을 때는 それから에 주의해야 한다.

M: 黒いものと白いものがございます。サイズもそれぞれ大きいものと小さいものがございます。

F: 白いほうで、小さいのがいいですね。

M: こちらになさいますか。

F: はい、それでお願いします。

女の人はどれを買いますか。

M: 검은색과 흰색이 있습니다. 크기도 각각 큰 것과 작은 것이 있습니다.

F: 하얀 것으로 작은 것이 좋겠네요.

M: 이것으로 하시겠습니까?

F: 네, 그걸로 부탁합니다.

여성은 무엇을 삽니까?

단어 友(とも)だち 친구 | 誕生日(たんじょうび) 생일 | プレゼント 선물 | 探(さが)す 찾다 | 色(いろ) 색 | 黒(くろ)い 검다 | 白(しろ)い 희다 | サイズ 사이즈, 크기 | それぞれ 각각 | 大(おお)きい 크다 | 小(ちい)さい 작다

해설 여성은 처음 본 검은색 머그잔 대신 다른 색을 물었고, 점원이 흰색이 있다고 하자 흰색을 골랐다. 또한 크기는 큰 것과 작은 것 중 작은 것을 골랐으므로 정답은 4번이다.

3ばん

電話で、病院の人と男の人が話しています。男の人はいつ病院に行かなければなりませんか。

F: はい、みどり病院です。

M: あの、頭が痛いんですが、今日診てもらえますか。

F: 今日はすでに予約でいっぱいですが、午後4時なら空いています。

M: 4時ですか。3時はだめですか。5時に用事があるので、4時には病院を出たいんです。

F: 今日だと4時だけ可能です。あしたは3時と4時どちらも空いています。

M: あしたは無理なので、今日の4時でお願いします。

F: 分かりました。お名前を教えてください。

男の人はいつ病院に行かなければなりませんか。

1 今日の3時
2 今日の4時
3 あしたの3時
4 あしたの4時

3번

전화로 병원 직원과 남성이 이야기하고 있습니다. 남성은 언제 병원에 가야 합니까?

F: 네, 미도리 병원입니다.

M: 저기, 머리가 아픈데 오늘 진찰받을 수 있을까요?

F: 오늘은 이미 예약이 꽉 찼는데, 오후 4시라면 비어 있습니다.

M: 4시입니까? 3시는 안 될까요? 5시에 볼일이 있어서 4시에는 병원을 나가고 싶거든요.

F: 오늘이면 4시만 가능합니다. 내일은 3시와 4시 둘 다 비어 있습니다.

M: 내일은 무리라서, 오늘 4시로 부탁합니다.

F: 알겠습니다. 성함을 알려 주세요.

남성은 언제 병원에 가야 합니까?

1 오늘 3시
2 오늘 4시
3 내일 3시
4 내일 4시

단어 病院(びょういん) 병원 | 頭(あたま) 머리 | 痛(いた)い 아프다 | 診(み)てもらう 진찰받다 | 予約(よやく) 예약 | 午後(ごご) 오후 | 空(あ)く 비다 | 用事(ようじ) 볼일, 용무 | 出(で)る 나가다 | 可能(かのう) 가능 | 無理(むり) 무리 | 教(おし)える 알려 주다, 가르치다

해설 남성은 5시에 볼일이 있어서 4시에 병원을 나가고 싶었으므로 3시 예약을 원했지만, 병원 측에서 오늘 가능한 시간은 4시뿐이라고 했다. 내일은 3시와 4시에 예약할 수 있지만, 남성은 오늘 진찰받겠다고 했으므로 정답은 2번이다.

4ばん

店で男の人と女の店員が話しています。男の人はどのコートを着てみますか。

F: こちらのコートは、白とグレーがございます。

M: 白はもう持っているので… グレーもいいですね。

F: グレーは今週入ってきたばかりで、とても人気です。

M: じゃあ、グレーを着てみてもいいですか。

4번

가게에서 남성과 여성 점원이 이야기하고 있습니다. 남성은 어느 코트를 입어 봅니까?

F: 이 코트는 흰색과 회색이 있습니다.

M: 흰색은 이미 가지고 있어서… 회색도 좋네요.

F: 회색은 이번 주에 막 들어와서, 아주 인기입니다.

M: 그럼, 회색을 입어 봐도 될까요?

F：もちろんです。ＭサイズとＬサイズがございます。

M：Ｌサイズでお願いします。

男(おとこ)の人(ひと)はどのコートを着(き)てみますか。

F：물론입니다. M 사이즈와 L 사이즈가 있습니다

M：L 사이즈로 부탁합니다.

남성은 어느 코트를 입어 봅니까?

단어　コート 코트 | 着(き)る 입다 | 白(しろ) 흰색 | グレー 회색 | 今週(こんしゅう) 이번 주 | 人気(にんき) 인기

해설　남성은 흰색 코트는 이미 있으므로 회색을 입어 보고 싶다고 했다. 크기는 L과 M 중에 L을 골랐으므로 정답은 4번이다.

---

5 ばん

銀行(ぎんこう)で、女(おんな)の人(ひと)と男(おとこ)の人(ひと)が話(はな)しています。女(おんな)の人(ひと)はまず何(なに)をしますか。

F：すみません、口座(こうざ)を作(つく)りたいのですが。

M：はい、口座(こうざ)ですね。この銀行(ぎんこう)で口座(こうざ)を作(つく)るのは初(はじ)めてですか。

F：はい、初(はじ)めてです。

M：ありがとうございます。今日(きょう)は少(すこ)しこんでいますので、先(さき)に番号札(ばんごうふだ)を取(と)ってください。それから、この書類(しょるい)を書(か)いてください。

F：分(わ)かりました。

M：そのあと、あちらのいすで待(ま)ってください。

女(おんな)の人(ひと)はまず何(なに)をしますか。

5번

은행에서 여성과 남성이 이야기하고 있습니다. 여성은 먼저 무엇을 합니까?

F：저기, 계좌를 만들고 싶은데요.

M：네, 계좌 말씀이군요. 이 은행에서 계좌를 만드는 것은 처음인가요?

F：네, 처음입니다.

M：감사합니다. 오늘은 조금 붐비기 때문에, 먼저 번호표를 뽑아 주세요. 그러고 나서, 이 서류를 작성해 주세요

F：알겠습니다.

M：그 후에, 저쪽 의자에서 기다려 주세요.

여성은 먼저 무엇을 합니까?

단어　口座(こうざ) 계좌 | 作(つく)る 만들다 | 初(はじ)めて 처음 | こむ 붐비다 | 先(さき)に 먼저 | 番号札(ばんごうふだ) 번호표 | 取(と)る 뽑다, 집다 | 書類(しょるい) 서류 | 書(か)く 쓰다 | いす 의자 | 待(ま)つ 기다리다

해설　여성이 가장 먼저 해야 할 일이 무엇인지 묻는 문제이다. 남성은 우선 번호표를 뽑고, 서류를 작성하고, 의자에서 대기하라고 말했다. 따라서 정답은 1번이다.

---

6 ばん

日本語学校(にほんごがっこう)で、女(おんな)の人(ひと)と受付(うけつけ)の人(ひと)が話(はな)しています。女(おんな)の人(ひと)はいつ授業(じゅぎょう)を受(う)けますか。

F：すみません、日本語(にほんご)のクラスについて知(し)りたいんすが。

M：はい。日本語(にほんご)のクラスは初級(しょきゅう)と中級(ちゅうきゅう)がございます。

F：初級(しょきゅう)クラスはいつありますか。

M：初級(しょきゅう)クラスは火曜日(かようび)の午後(ごご)と木曜日(もくようび)の午前(ごぜん)にあります。

F：午後(ごご)にあるクラスがいいので、火曜日(かようび)のにします。

M：はい、分(わ)かりました。

女(おんな)の人(ひと)はいつ授業(じゅぎょう)を受(う)けますか。

1 火曜日(かようび)の午前(ごぜん)
2 火曜日(かようび)の午後(ごご)
3 木曜日(もくようび)の午前(ごぜん)
4 木曜日(もくようび)の午後(ごご)

6번

일본어 학교에서, 접수처 사람과 여성이 이야기하고 있습니다. 여성은 언제 수업을 듣습니까?

F：저기, 일본어 클래스에 관해 알고 싶은데요.

M：네. 일본어 클래스는 초급과 중급이 있습니다.

F：초급 클래스는 언제 있나요?

M：초급 클래스는 화요일 오후와 목요일 오전에 있습니다.

F：오후에 있는 클래스가 좋아서, 화요일 것으로 하겠습니다.

M：네, 알겠습니다.

여성은 언제 수업을 듣습니까?

1 화요일 오전
2 화요일 오후
3 목요일 오전
4 목요일 오후

단어 受付(うけつけ) 접수 | 授業(じゅぎょう) 수업 | 受(う)ける 듣다, 받다 | 知(し)る 알다 | 初級(しょきゅう) 초급 | 中級(ちゅうきゅう) 중급 | 火曜日(かようび) 화요일 | 木曜日(もくようび) 목요일

해설 여성이 언제 수업을 듣는지 묻는 문제이다. 초급 클래스는 화요일 오후와 목요일 오전에 있는데, 여성은 오후에 있는 수업이 좋아서 화요일을 선택했으므로 정답은 2번이다.

7ばん

授業の後で先生と男の留学生が話しています。男の留学生はいつ先生の部屋に行きますか。

M：先生、今日習った文法について質問があります。

F：あ、これから会議がありますので、午後の授業のあとでもいいですか。3時ぐらいになりますね。

M：すみません、今日は授業のあと、バイトがあるので、すぐ帰らなければならないんです。あ、あしたでも大丈夫です。

F：では、あしたの昼休みには来られますか。

M：はい、よろしくお願いします。

男の留学生はいつ先生の部屋に行きますか。

1 今
2 今日の昼休み
3 あしたの昼休み
4 午後の授業のあと

7번

수업 후에 선생님과 남성 유학생이 이야기하고 있습니다. 남성 유학생은 언제 선생님의 방에 갑니까?

M：선생님, 오늘 배운 문법에 관해 질문이 있습니다.

F：아, 지금부터 회의가 있어서, 오후 수업 후라도 괜찮나요? 세 시쯤 되겠네요.

M：죄송합니다. 오늘은 수업 후에 아르바이트가 있어서 바로 돌아가야만 합니다. 아, 내일이라도 괜찮습니다.

F：그럼, 내일 점심시간에는 올 수 있나요?

M：네, 잘 부탁드립니다.

남성 유학생은 언제 선생님의 방에 갑니까?

1 지금
2 오늘 점심시간
3 내일 점심시간
4 오후 수업 후

단어 留学生(りゅうがくせい) 유학생 | 部屋(へや) 방 | 習(なら)う 배우다 | 文法(ぶんぽう) 문법 | 質問(しつもん) 질문 | 会議(かいぎ) 회의 | 帰(かえ)る 돌아가다 | 大丈夫(だいじょうぶ)だ 괜찮다 | 昼休(ひるやす)み 점심시간

해설 남성 유학생이 선생님의 방에 언제 찾아가는지 묻는 문제이다. 지금은 선생님이 회의가 있어서 안 되고, 오늘 수업 후에는 학생이 아르바이트해야 해서 안 된다. 선생님이 내일 점심시간은 어떠냐고 제안했고, 학생이 알겠다고 했으므로 정답은 3번이다.

8ばん

女の人と男の人が話しています。二人はどこで、何時に会いますか。

F：あしたの映画、7時からだよね？

M：え？7時半じゃなかった？

F：それがチケット見たら7時だった。

M：そっか、時間を間違えて覚えてたみたい。

F：じゃあ、6時45分に駅の前でいい？

M：うん、駅前で。あ、映画館でもいいけど。

F：じゃ、映画館にしよっか。飲み物も買いたいし。

M：そうしよう。

二人はどこで、何時に会いますか。

1 駅前で6時45分
2 駅前で7時
3 映画館で6時45分
4 映画館で7時

8번

여성과 남성이 이야기하고 있습니다. 두 사람은 어디에서, 몇 시에 만납니까?

F：내일 영화, 7시부터지?

M：어? 7시 반 아니었어?

F：그게, 티켓을 보니까 7시였어.

M：그렇구나, 시간을 잘못 기억하고 있나 봐.

F：그럼, 6시 45분에 역 앞에서 만날까?

M：응, 역 앞에서. 아, 영화관도 괜찮은데.

F：그럼, 영화관으로 할까? 음료수도 사고 싶고.

M：그렇게 하자.

두 사람은 어디에서, 몇 시에 만납니까?

1 역 앞에서 6시 45분
2 역 앞에서 7시
3 영화관에서 6시 45분
4 영화관에서 7시

단어 映画(えいが) 영화 | 間違(まちが)える 틀리다 | 覚(おぼ)える 기억하다 | 駅(えき) 역 | 前(まえ) 앞 | 映画館(えいがかん) 영화관 | 飲(の)み物(もの) 음료수 | 買(か)う 사다

해설 두 사람이 언제, 어디에서 만나기로 했는지 묻고 있다. 여성이 제안한 6시 45분에 남성이 동의했고, 역 앞에서 만나기로 했다가 영화관으로 장소를 바꾸었으므로 정답은 3번이다.

もんだい２

もんだい２では、まず質問を聞いてください。そのあと、問題用紙を見てください。読む時間があります。それから話を聞いて、問題用紙の１から４の中から、一番いいものを一つえらんでください。

では、練習しましょう。

문제2

문제2에서는 먼저 질문을 들으세요. 그다음 문제 용지를 보세요. 읽는 시간이 있습니다. 그리고 이야기를 듣고 문제 용지의 1에서 4 중에서 맞는 답을 하나 고르세요.

그럼, 연습합시다.

れい

女の人と男の人が話しています。女の人は、どうして引っ越しをしましたか。

Ｆ：来週の日曜日、引っ越しを手伝ってくれない？

Ｍ：いいけど、また引っ越すんだね。部屋が狭いの？

Ｆ：ううん。部屋の大きさも場所も問題ないんだけど、建物が古くて嫌なんだ。最近、近所の人と友だちになったから、残念なんだけど。

Ｍ：そうなんだ。

女の人は、どうして引っ越しをしますか。

1 へやがせまいから
2 ばしょがふべんだから
3 たてものが古いから
4 ともだちができないから

一番いいものは３ばんです。解答用紙のもんだい２のれいのところを見てください。一番いいものは３ばんですから、答えはこのように書きます。

では、はじめます。

예

여성과 남성이 이야기하고 있습니다. 여성은 왜 이사를 합니까?

Ｆ：다음 주 일요일, 이사를 도와주지 않을래?

Ｍ：괜찮은데, 또 이사야? 방이 좁았어?

Ｆ：아니. 방 크기도 장소도 문제없었는데 건물이 오래되어서 싫었어. 최근 이웃과 친구가 돼서 아쉽지만.

Ｍ：그렇구나.

여성은 왜 이사를 합니까?

1 방이 좁아서
2 장소가 불편해서
3 건물이 낡아서
4 친구가 생기지 않아서

가장 적당한 것은 3번입니다. 해답 용지 문제2의 예 부분을 보세요. 가장 적당한 것은 3번이므로 답은 이렇게 씁니다.

그럼 시작하겠습니다

１ばん

カフェで、男の人と女の店員が話しています。男の人はいくら払いますか。

Ｍ：すみません、コーヒーください。

Ｆ：はい。ホットとアイスがございます。

Ｍ：ホットでお願いします。

Ｆ：サイズはＳとＭとＬがございます。

Ｍ：じゃあ、Ｍで。

Ｆ：分かりました。Mサイズ、３５０円になります。

1번

카페에서 남성과 여성 점원이 이야기하고 있습니다. 남성은 얼마를 냅니까?

Ｍ：저기, 커피 주세요.

Ｆ：네. 뜨거운 것과 차가운 것이 있습니다.

Ｍ：뜨거운 것으로 부탁합니다.

Ｆ：사이즈는 S, M, L이 있습니다.

Ｍ：그럼, M으로요.

Ｆ：알겠습니다. M 사이즈는 350엔입니다.

M：セット割とかはありますか。

F：はい。サンドイッチとご一緒ですと５０円引きになります。

M：うーん、今日はコーヒーだけにします。

F：分かりました。少々お待ちください。

男の人はいくら払いますか。

1　300円
2　350円
3　400円
4　450円

M：세트 할인 같은 게 있나요?

F：네. 샌드위치와 함께 주문하시면 50엔 할인이 됩니다.

M：음, 오늘은 커피만 하겠습니다.

F：알겠습니다. 잠시 기다려 주세요.

남성은 얼마를 냅니까?

1　300엔
2　350엔
3　400엔
4　450엔

단어　払(はら)う 지불하다 | セット割(わり) 세트 할인 | サンドイッチ 샌드위치 | 少々(しょうしょう) 잠시, 잠깐

해설　남성이 주문한 M 사이즈의 커피는 350엔이다. 샌드위치를 같이 먹으면 50엔 할인된다고 했으나 고민하다가 커피만 먹겠다고 했으므로 정답은 2번이다.

---

2 ばん

妻と夫が話しています。夫はどうして掃除をしたくないですか。

F：部屋、すごく散らかってるね。掃除しようよ。

M：今日はちょっと疲れてるから、やりたくないな。

F：でも、このままだと落ち着かないよ。

M：そうだけど、外は雨だし、今日はやめとこうかな。

F：雨でも掃除できるじゃない。

M：うーん。じゃあ、少しだけやるよ。

夫はどうして掃除をしたくないですか。

1　疲れているから
2　落ち着かないから
3　雨が降っているから
4　部屋が散らかっているから

2번

아내와 남편이 이야기하고 있습니다. 남편은 왜 청소하고 싶지 않습니까?

F：방이 엄청나게 어질러져 있네. 청소하자.

M：오늘은 좀 피곤해서 하고 싶지 않아.

F：하지만 이대로라면 마음이 편하지 않을 거야.

M：그렇긴 하지만, 밖은 비도 오고 오늘은 그만둘까 봐.

F：비가 와도 청소는 할 수 있잖아.

M：으음, 그럼 조금만 할게.

남편은 왜 청소하고 싶지 않은가요?

1　피곤해서
2　마음이 편하지 않아서
3　비가 내리고 있어서
4　방이 어질러져 있어서

단어　掃除(そうじ) 청소 | 部屋(へや) 방 | 散(ち)らかる 어질러지다 | 疲(つか)れる 피곤하다, 지치다 | 落ち着(おちつ)かない 안절부절못하다, 마음이 편하지 않다 | 外(そと) 밖 | 雨(あめ) 비

해설　남성이 청소하기 싫은 이유를 묻고 있다. 비도 오고 피곤해서 청소하고 싶지 않다고 언급하고 있으므로 정답은 1번이다.

---

3 ばん

ホテルのフロントで女の人と男の人が話しています。女の人は何のトラブルがありましたか。

M：いらっしゃいませ。ご予約のお名前をお願いします。

F：鈴木です。２名で予約しました。

M：鈴木様ですね。えっと、…本日ではなくあしたのご予約になっております。

F：えっ？　今日にしたつもりなんですが……。

3번

호텔 프런트에서 여성과 남성이 이야기하고 있습니다. 여성은 어떤 문제가 있었습니까?

M：어서 오십시오. 예약자 성함을 부탁드립니다.

F：스즈키입니다. 두 명으로 예약했습니다.

M：스즈키 고객님이시군요. 음, …오늘이 아니라 내일 예약으로 되어 있습니다.

F：네? 오늘로 예약했을 텐데…….

M: 本日も部屋は空いておりますので、宿泊は可能でございます。

F: あ、じゃあ、今日に変更できますか。お願いします。

女の人は何のトラブルがありましたか。

1 空いている部屋がなかった。
2 予約した人の名前が間違っていた。
3 2人分の部屋を予約していなかった。
4 日にちを間違えていた。

M: 오늘도 방이 비어 있으므로 숙박은 가능하십니다.

F: 아, 그럼 오늘로 변경할 수 있을까요? 부탁드립니다.

여성은 어떤 문제가 있었습니까?

1 비어 있는 방이 없었다.
2 예약한 사람의 이름이 틀렸다.
3 2인분의 방을 예약하지 않았다.
4 날짜를 틀렸다.

단어 トラブル 문제 | 予約(よやく) 예약 | 本日(ほんじつ) 오늘 | 宿泊(しゅくはく) 숙박 | 可能(かのう) 가능 | 変更(へんこう) 변경 | 日(ひ)にち 날짜 | 間違(まちが)う 틀리다 | 間違(まちが)える 틀리다

해설 남성이 예약 내용을 확인하고 '오늘이 아니라 내일 예약'이라고 말한 부분을 보면 예약 시 날짜를 틀렸음을 알 수 있다. 따라서 정답은 4번이다.

4ばん

女の人と男の人が話しています。パーティーはどこで開かれますか。

M: あしたの田中さんの誕生日パーティーはどこでしますか。

F: 最初はカフェでやる予定でしたが、みんなで相談してレストランに決まりました。

M: 待ち合わせはどうしますか。

F: 7時に駅前の公園で集まります。みんなでレストランに行くことになっています。

パーティーはどこで開かれますか。

1 田中さんの家
2 カフェ
3 レストラン
4 公園

4번

여성과 남성이 이야기하고 있습니다. 파티는 어디에서 열립니까?

M: 내일 다나카 씨 생일 파티는 어디에서 하나요?

F: 처음에는 카페에서 할 예정이었지만, 다 같이 의논해서 레스토랑으로 결정됐어요.

M: 만나는 건 어떻게 하나요?

F: 일곱 시에 역 앞 공원에서 모입니다. 다 같이 레스토랑으로 가기로 되어 있어요.

파티는 어디에서 열립니까?

1 다나카 씨의 집
2 카페
3 레스토랑
4 공원

단어 パーティー 파티 | 開(ひら)く 열다, 개최하다 | 誕生日(たんじょうび) 생일 | 最初(さいしょ) 최초, 제일 먼저 | 予定(よてい) 예정 | 相談(そうだん) 상담, 의논 | 決(き)まる 결정되다 | 待(ま)ち合(あ)わせ 시간과 장소를 정하고 만나기로 한 약속 | 公園(こうえん) 공원 | 集(あつ)まる 모이다

해설 파티는 어디에서 열리는지 묻고 있다. 카페는 처음 예정된 장소였으나 취소되었고, 공원은 모이기로 한 장소이다. 최종적으로 파티를 하기로 결정한 곳은 레스토랑이므로 정답은 3번이다.

5ばん

女の人と男の人が話しています。女の人は今週末、何をする予定ですか。

M: 週末はいつも何をしてるんですか。

F: いつも友だちとおいしいものを食べにいきます。

M: 運動とかはしていませんか。

F: 運動はあまりしていませんね。

5번

여성과 남성이 이야기하고 있습니다. 여성은 이번 주말에 무엇을 할 예정입니까?

M: 주말에는 보통 무엇을 하나요?

F: 항상 친구와 맛있는 것을 먹으러 가요.

M: 운동 같은 건 하지 않나요?

F: 운동은 별로 안 하고 있어요.

M：健康のために、少しは体を動かしたほうがいいですよ。

F：そうですね……。じゃあ、今度の週末は友だちと会う前に、1時間くらい散歩してみます。

M：散歩、いいですね！体がすっきりしますよ。

F：はい。頑張ってみます。

女の人は今週末、何をする予定ですか。

1 散歩してから友だちに会う。
2 友だちに会った後で、散歩する。
3 運動はしないで友だちに会う。
4 運動するために友だちには会わない。

M：건강을 위해서 조금은 몸을 움직이는 게 좋아요.

F：그렇네요. 그럼, 이번 주말에는 친구를 만나기 전에 한 시간 정도 산책해 볼게요.

M：산책, 좋네요! 몸이 개운해질 거예요.

F：네. 열심히 해 볼게요.

여성은 이번 주말에 무엇을 할 예정입니까?

1 산책하고 나서 친구를 만난다.
2 친구를 만난 후에 산책한다.
3 운동은 하지 않고 친구를 만난다.
4 운동하기 위해 친구는 만나지 않는다.

단어 週末(しゅうまつ) 주말 | 運動(うんどう) 운동 | 健康(けんこう) 건강 | 体(からだ) 몸 | 動(うご)かす 움직이다 | 散歩(さんぽ) 산책 | 頑張(がんば)る 열심히 하다, 노력하다

해설 여성이 이번 주말에 무엇을 할지 묻고 있다. 운동을 하면 좋다는 남성의 말에 여성은 친구를 만나기 전에 산책해 보겠다고 대답했으므로 정답은 1번이다.

6ばん

女の人と男の人が話しています。女の人は結婚式にどうしますか。

M：山本さん、佐藤さんの結婚式には行きますか。

F：まだ分かりません。その日は仕事が入るかもしれなくて。

M：招待状はもう届きましたか。

F：はい、届きました。でも予定がはっきりしなくて迷っています。

M：決まったら教えてくださいね。

F：はい、分かりました。

女の人は結婚式にどうしますか。

1 行く。
2 行かない。
3 遅れて行く。
4 まだ分からない。

6번

여성과 남성이 이야기하고 있습니다. 여성은 결혼식에 어떻게 합니까?

M：야마모토 씨, 사토 씨 결혼식에는 가요?

F：아직 모릅니다. 그날은 일이 생길지도 몰라서요.

M：초대장은 이미 도착했나요?

F：네, 도착했어요. 하지만 일정이 확실하지 않아서 망설이고 있어요.

M：결정되면 알려 주세요.

F：네, 알겠습니다.

여성은 결혼식에 어떻게 합니까?

1 간다.
2 가지 않는다.
3 늦게 간다.
4 아직 모른다.

단어 結婚式(けっこんしき) 결혼식 | 招待状(しょうたいじょう) 초대장 | 届(とど)く 도착하다 | 予定(よてい) 일정, 예정 | 迷(まよ)う 망설이다, 고민하다 | 決(き)まる 결정되다 | 教(おし)える 가르치다, 알려 주다

해설 여성이 결혼식에 참석할지 묻고 있다. 일이 어떻게 될지 몰라서 아직 결정하지 못했다고 했으므로 정답은 4번이다.

7ばん

女の人と男の人が話しています。男の人は鈴木さんに何を渡すことにしましたか。

F：鈴木さんの卒業祝い、何にするか決まりましたか。

M：はい、本をプレゼントしようと思っています。でも、花束もいいなって。

7번

여성과 남성이 이야기하고 있습니다. 남성은 스즈키 씨에게 무엇을 주기로 했습니까?

F：스즈키 씨 졸업 선물, 무엇으로 할지 결정했나요?

M：네, 책을 선물하려고 생각 중이에요. 하지만 꽃다발도 좋겠더라고요.

F：鈴木さんは本が好きなんですか。

M：はい、いつも本を読んでいます。ですが、花も好きだと言っていました。

F：じゃあ、本と花束の両方プレゼントしたらどうですか。

M：そうですね。そうします。

男の人は鈴木さんに何を渡すことにしましたか。

1　本だけ

2　花束だけ

3　本と花束

4　何も渡さない

F：스즈키 씨는 책을 좋아하나요?

M：네, 항상 책을 읽고 있어요. 하지만 꽃도 좋아한다고 했어요.

F：그럼, 책과 꽃다발 둘 다 선물하는 건 어때요?

M：그렇네요. 그렇게 할게요.

남성은 스즈키 씨에게 무엇을 주기로 했습니까?

1　책만

2　꽃다발만

3　책과 꽃다발

4　아무것도 주지 않는다

단어　卒業(そつぎょう) 졸업 | 祝(いわ)い 축하, 축하 선물 | 本(ほん) 책 | 花束(はなたば) 꽃다발 | 好(す)きだ 좋아하다 | 読(よ)む 읽다 | 言(い)う 말하다 | 両方(りょうほう) 양방 | 渡(わた)す 건네다

해설　남성이 스즈키 씨에게 졸업 선물로 무엇을 줄지 고르는 문제이다. 처음에는 책과 꽃 사이에서 고민했지만, 여성이 둘 다 선물하면 어떠냐고 제안하자 수긍했으므로 정답은 3번이다.

もんだい 3

もんだい3では、えを見ながら質問を聞いてください。

➡ （やじるし）の人は何と言いますか。1から3の中から、一番いいものを一つえらんでください。

では、練習しましょう。

문제3

문제3에서는 그림을 보면서 질문을 들으세요.

➡ (화살표)한 사람은 뭐라고 말합니까?

1에서 3 중에서 가장 적당한 것을 하나 고르세요.

그럼 연습합시다.

れい

お見舞いに行って帰ります。何と言いますか。

M：1　おつかれさまです。

　　2　おじゃまします。

　　3　お大事に。

一番いいものは3ばんです。解答用紙の問題3のれいのところを見てください。一番いいものは3ばんですから、答えはこのように書きます。

では、はじめます。

예

병문안하고 돌아갑니다. 뭐라고 말합니까?

M：1　수고하셨습니다.

　　2　실례합니다.

　　3　몸조리 잘하세요.

가장 적당한 것은 3번입니다. 해답 용지 문제3의 예 부분을 보세요. 가장 적당한 것은 3번이므로 답은 이렇게 씁니다.

그럼 시작하겠습니다.

---

1 ばん

友だちにペンを借りたいです。何と言いますか。

F：1　ペン、拾ってくれる？

　　2　ペン、探してくれる？

　　3　ペン、貸してくれる？

1번

친구에게 펜을 빌리고 싶습니다. 뭐라고 말합니까?

F：1　펜, 주워 줄래?

　　2　펜, 찾아 줄래?

　　3　펜, 빌려줄래?

단어　借(か)りる 빌리다 | 貸(か)す 빌려주다 | 探(さが)す 찾다 | 拾(ひろ)う 줍다

해설　펜을 빌릴 때 하는 말을 찾아야 하므로 정답은 3번이다.

2 ばん

映画のチケットがあります。友だちと見にいきたいです。何と言いますか。

M：1 映画を見たよ。
　　2 映画を見にいかない？
　　3 映画のチケットくれない？

2번

영화표가 있습니다. 친구와 보러 가고 싶습니다. 뭐라고 말합니까?

M：1 영화 봤어.
　　2 영화 보러 가지 않을래?
　　3 영화표 주지 않을래?

단어　映画(えいが) 영화

해설　영화를 보러 가자고 제안할 때 적당한 표현은 2번이다.

3 ばん

友だちにお土産をあげます。何と言いますか。

F：1 はい、これ、お土産どうぞ。
　　2 お土産、ありがとう。
　　3 お土産買いにいくね。

3번

친구에게 기념품을 줍니다. 뭐라고 말합니까?

F：1 자, 이거 기념품 받아.
　　2 기념품, 고마워.
　　3 기념품, 사러 갈게.

단어　お土産(みやげ) 여행 선물, 기념품 | あげる 주다

해설　친구에게 가볍게 선물을 건넬 때 사용하는 표현을 묻는 문제이므로 정답은 1번이다. 선택지 2번은 선물을 받은 사람이 하는 말이고, 3번은 미래의 계획을 말하고 있으므로 현재 상황에는 맞지 않다.

4 ばん

友だちの家に来ました。中に入ります。何と言いますか。

F：1 ただいま。
　　2 どうぞ入ってください。
　　3 おじゃまします。

4번

친구 집에 왔습니다. 안에 들어갑니다. 뭐라고 말합니까?

F：1 다녀왔습니다.
　　2 어서 들어오세요.
　　3 실례하겠습니다.

단어　入(はい)る 들어가다, 들어오다

해설　남의 집에 방문할 때 하는 인사말을 찾는 문제이므로 정답은 3번이다. 선택지 1번은 자기 집에 돌아왔을 때 하는 인사이고, 2번은 집주인이 손님에게 들어오라고 권할 때 쓰는 말이다.

5 ばん

朝、近所の人に会いました。何と言いますか。

M：1 おはようございます！今日は寒いですね。
　　2 おはようございます！きのうは寒いですね。
　　3 おはようございます！夜は寒いですか。

5번

아침에 이웃 사람을 만났습니다. 뭐라고 말합니까?

M：1 안녕하세요! 오늘은 춥네요.
　　2 안녕하세요! 어제는 춥네요.
　　3 안녕하세요! 밤은 춥나요?

단어　近所(きんじょ) 이웃, 근처 | 人(ひと) 사람 | 会(あ)う 만나다 | 寒(さむ)い 춥다 | 夜(よる) 밤

해설　아침 인사와 함께 현재 시점인 오늘 날씨를 말하는 1번이 정답이다.

もんだい 4

もんだい 4 では、えなどがありません。まず文を聞いてください。それから、その返事を聞いて、1 から 3 の中から、一番いいものを一つえらんでください。
では、練習しましょう。

문제4

문제4에서는 그림 등이 없습니다. 먼저 문장을 들어 주세요.
그리고 그 응답을 듣고 1에서 3 중에서 가장 적당한 것을 하나 골라 주세요.
그럼 연습합시다.

れい

M：ジュース買いに行きますけど、何か買ってきましょうか。
F：1 え、いいですよ。
　　2 そうですか。おいしそうですね。
　　3 あ、コーヒー、お願いします。

一番いいものは 3 ばんです。解答用紙の問題 3 のれいのところを見てください。一番いいものは 3 ばんですから、答えはこのように書きます。
では、はじめます。

예

M：주스 사러 갈 건데 뭔가 사 올까요?
F：1 네, 괜찮아요.
　　2 그런가요? 맛있어 보이네요.
　　3 아, 커피 부탁합니다.

가장 적당한 것은 3번입니다. 해답 용지 문제4의 예 부분을 보세요. 가장 적당한 것은 3번이므로 답은 이렇게 씁니다.
그럼 시작하겠습니다.

---

1 ばん

M：風邪ひいたって聞いたけど、大丈夫？
F：1 いや、きのうは雨だったよ。
　　2 うん、もうよくなったよ。
　　3 いや、風が強いよ。

1번

M：감기 걸렸다고 들었는데 괜찮아?
F：1 아니, 어제는 비였어.
　　2 응, 이제 좋아졌어.
　　3 아니, 바람이 강해.

단어　風邪(かぜ)をひく 감기에 걸리다 | 聞(き)く 듣다, 묻다 | 大丈夫(だいじょうぶ)だ 괜찮다 | 雨(あめ) 비 | 風(かぜ) 바람 | 強(つよ)い 강하다, 세다
해설　상대방이 건강 상태를 걱정하며 괜찮냐고 물었으므로, 상태가 호전되었다고 답한 2번이 정답이다.

---

2 ばん

M：今日の会議、田中さんも来ますか。
F：1 はい、来る予定ですよ。
　　2 いいえ、もう来ました。
　　3 いいえ、田中さんに聞きました。

2번

M：오늘 회의 다나카 씨도 오나요?
F：1 네, 올 예정이에요.
　　2 아니요, 이미 왔습니다.
　　3 아니요, 다나카 씨에게 물었습니다.

단어　会議(かいぎ) 회의 | 予定(よてい) 예정, 일정
해설　다나카 씨가 회의에 오는지 물었으므로, 올 예정이라고 계획을 답한 1번이 가장 자연스럽다.

---

3 ばん

F：あっ、ジョンさん、お久しぶりです。
M：1 あ、はじめまして。
　　2 あ、おつかれさまでした。
　　3 あ、お久しぶりです。お元気でしたか。

3번

F：앗, 존 씨, 오랜만이에요.
M：1 아, 처음 뵙겠습니다.
　　2 아, 수고하셨습니다.
　　3 아, 오랜만이에요. 잘 지내셨나요?

단어 久(ひさ)しぶり 오랜만
해설 여성이 오랜만이라고 인사를 건넸으므로 오랜만이라고 답하며 안부를 묻는 3번이 가장 자연스럽다. 선택지 1번은 처음 만난 사람에게 쓰는 인사이고, 2번은 일을 마쳤을 때나 헤어질 때 쓰는 인사이다.

4ばん

F：ね、なんか変なにおいしない？
M：1 そう。見えるようになったね。
　　2 よかった、音はしないんだ。
　　3 うわ、本当だ。何のにおいだろう？

4번

F：음, 뭔가 이상한 냄새 나지 않아?
M：1 맞아, 보이게 되었네.
　　2 다행이야, 소리는 안 나는구나.
　　3 우와, 정말이네. 무슨 냄새일까?

단어 変(へん)だ 이상하다 | におい 냄새 | 見(み)える 보이다 | 音(おと) 소리 | 本当(ほんとう) 정말
해설 여성이 이상한 냄새가 나지 않았냐고 물었으므로 후각과 관련된 대답을 해야 한다. 선택지 1번은 시각과 관련된 대답이고, 2번은 청각과 관련된 이야기를 하고 있으므로 오답이다.

5ばん

M：この電車、空港まで行きますか。
F：1 次の駅で乗り換えたら行けます。
　　2 友だちと遊ぶよ。
　　3 空港までは遠くありません。

5번

M：이 전철, 공항까지 가나요?
F：1 다음 역에서 갈아타면 갈 수 있습니다.
　　2 친구와 놀 거야.
　　3 공항까지는 멀지 않아요.

단어 電車(でんしゃ) 전철 | 空港(くうこう) 공항 | 次(つぎ) 다음 | 駅(えき) 역 | 乗(の)り換(か)える 갈아타다, 환승하다 | 遠(とお)い 멀다 | 遊(あそ)ぶ 놀다
해설 남성이 이 전철이 공항에 가는지 물었으므로 가는 방법을 알려 주는 1번이 정답이다.

6ばん

M：注文はもう決まりましたか。
F：1 はい、決めてください。
　　2 まだ、ちょっと迷っています。
　　3 もう全部食べました。

6번

M：주문은 이미 정해졌나요?
F：1 네, 결정해 주세요.
　　2 아직, 좀 고민 중이에요.
　　3 이미 전부 먹었습니다.

단어 注文(ちゅうもん) 주문 | 決(き)まる 결정되다, 정해지다 | 決(き)める 결정하다 | 迷(まよ)う 망설이다, 고민하다 | 全部(ぜんぶ) 전부
해설 남성이 주문이 결정되었는지 물었으므로 아직 결정하지 못한 상태를 나타내는 2번이 정답이다.

7ばん

F：先生、宿題はいつ出せばいいですか。
M：1 あしたの朝に出してください。
　　2 あしたの朝には終わっています。
　　3 きのう、もう出しました。

7번

F：선생님, 숙제는 언제 제출하면 됩니까?
M：1 내일 아침에 제출해 주세요.
　　2 내일 아침에는 끝나 있습니다.
　　3 어제 이미 제출했습니다.

단어 宿題(しゅくだい) 숙제 | 出(だ)す 내다, 제출하다 | 終(お)わる 끝나다
해설 숙제를 언제 제출하냐고 물었으므로, 그에 대한 명확한 기한을 지시하는 1번이 정답이다.

M: 検査の結果は、今日聞けますか。

F : 1 いいえ、午後はこんでいます。

　　2 はい、午後には分かります。

　　3 いいえ、午後には来られません。

8번

M : 검사 결과는 오늘 들을 수 있나요?

F : 1 아니요, 오후는 붐빕니다.

　　2 네, 오후에는 알 수 있습니다.

　　3 아니요, 오후에는 올 수 없습니다.

단어　検査(けんさ) 검사 | 結果(けっか) 결과 | 聞(き)く 듣다 | 分(わ)かる 알다, 분명해지다

해설　남자가 결과가 오늘 나오는지 물었으므로 오후에는 알 수 있다고 가능 여부를 알려주는 2번이 정답이다.

1교시 언어지식(문자·어휘)

p.461

문제 1	1 ①	2 ②	3 ③	4 ①	5 ①	6 ②	7 ④					
문제 2	8 ①	9 ④	10 ③	11 ②	12 ①							
문제 3	13 ②	14 ③	15 ④	16 ③	17 ②	18 ①	19 ③	20 ④				
문제 4	21 ②	22 ③	23 ①	24 ④								
문제 5	25 ①	26 ④	27 ②	28 ③								

1교시 언어지식(문법)·독해

p.471

문제 1	1 ②	2 ①	3 ④	4 ③	5 ①	6 ③	7 ④	8 ①	9 ③	10 ②	11 ③	12 ②	13 ①
문제 2	14 ④ (2341)	15 ③ (4132)	16 ② (1423)	17 ① (4213)									
문제 3	18 ①	19 ②	20 ③	21 ④									
문제 4	22 ④	23 ①	24 ②										
문제 5	25 ②	26 ③	27 ①										
문제 6	28 ②	29 ③											

2교시 청해

p.489

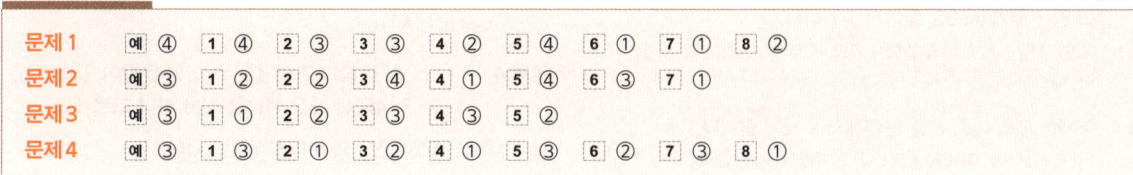

문제 1	예 ④	1 ④	2 ③	3 ③	4 ②	5 ④	6 ①	7 ①	8 ②
문제 2	예 ③	1 ②	2 ②	3 ④	4 ①	5 ④	6 ③	7 ①	
문제 3	예 ③	1 ①	2 ②	3 ③	4 ③	5 ②			
문제 4	예 ③	1 ③	2 ①	3 ②	4 ①	5 ③	6 ②	7 ③	8 ①

문제 1 _____의 단어는 히라가나로 어떻게 씁니까?
1·2·3·4 중에서 가장 적당한 것을 하나 고르세요.

1 이 공장에서는 자동차를 **생산**하고 있습니다.
단어 こうじょう 공장 | くるま 자동차 | 生産(せいさん) 생산

2 시험 전에 자료를 **모을** 생각입니다.
단어 テスト 테스트, 시험 | しりょう 자료 | 集(あつ)める 모으다

3 부상이 심해서 당분간 **입원**하게 되었습니다.
단어 けが 부상, 상처 | ひどい 심하다, 형편없다 | しばらく 당분간 | 入院(にゅういん) 입원

4 이 길은 지금 **공사** 중이라서 지나갈 수 없습니다.
단어 みち 길 | 工事(こうじ) 공사 | とおる 지나가다

5 내일 회의 시간은 이미 **결정된** 것일까요?
단어 かいぎ 회의 | じかん 시간 | 決(き)まる 결정되다, 정해지다

6 **여름**휴가 일정을 가족끼리 의논하고 있습니다.
단어 夏(なつ)やすみ 여름휴가, 여름 방학 | よてい 예정, 일정 | かぞく 가족 | そうだん 상담, 의논

7 이 신발은 **가볍**기 때문에 긴 시간 걸어도 지치지 않습니다.
단어 くつ 신발 | 軽(かる)い 가볍다 | あるく 걷다 | つかれる 지치다

문제 2 _____의 단어는 어떻게 씁니까? 1·2·3·4 중에서 가장 적당한 것을 하나 고르세요.

8 어려운 한자의 의미를 인터넷으로 **조사했습니다**.
단어 むずかしい 어렵다 | かんじ 한자 | いみ 의미 | 調(しら)べる 조사하다

9 학생 **식당**에서 가장 인기 있는 메뉴는 돈가스덮밥입니다.
단어 がくせい 학생 | 食堂(しょくどう) 식당 | いちばん 제일, 가장 | にんき 인기 | カツどん 돈가스덮밥

10 매일 자기 전에 **일기**를 쓰고 있습니다.
단어 まいにち 매일 | ねる 자다 | 日記(にっき) 일기 | 書(か)く 쓰다

11 이 짐은 무거우므로, 둘이서 **옮깁니다**.
단어 にもつ 짐 | おもい 무겁다 | ふたり 두 명 | 運(はこ)ぶ 옮기다, 나르다

12 아빠는 매일 아침 차를 운전해서 회사에 갑니다.
단어 父(ちち) 아빠, 아버지 | まいあさ 매일 아침 | 運転(うんてん) 운전 | かいしゃ 회사

문제 3 ( )에 무엇을 넣습니까? 1·2·3·4 중에서 가장 적당한 것을 하나 고르세요.

13 병원에 도착하면, 먼저 **접수처**에서 이름을 적어 주세요.
단어 びょういん 병원 | つく 도착하다 | うけつけ 접수처 | なまえ 이름 | 書(か)く 쓰다 | いす 의자 | げんかん 현관 | せんもん 전문

해설 병원에 가자마자 이름을 적는 장소로 적절한 것은 うけつけ이다.

14 이 상자의 **모양**은 사각형이 아닙니다.
단어 はこ 상자 | かたち 모양 | しかく 사각형 | からだ 몸 | ねだん 가격 | ちょうし 상태

해설 빈칸 뒤에 '사각형'이라는 단어가 나오므로, 사물의 형태를 나타내는 かたち가 정답이다.

15 시험 **결과**는 다음 주에 발표됩니다.
단어 けっか 결과 | らいしゅう 다음 주 | はっぴょう 발표 | うんどう 운동 | えいぎょう 영업

해설 시험 후에 발표되는 것은 보통 '결과'이므로 정답은 4번이다.

16 잃어버린 열쇠를 집 안에서 **찾고** 있습니다.
단어 なくす 잃어버리다 | かぎ 열쇠 | いえ 집 | さがす 찾다 | つたえる 전하다 | こたえる 대답하다 | すすむ 나아가다, 진행되다

해설 열쇠를 잃어버린 상황에서 사용할 동사로 적절한 것은 さがす이다.

17 휴일은 시간이 있으므로, **자유롭게** 보내고 싶습니다.
단어 きゅうじつ 휴일 | じかん 시간 | じゆうに 자유롭게 | すごす 보내다, 지내다

해설 시간이 많은 휴일을 어떻게 지낼지 묘사하는 부사로 적절한 것은 じゆうに이다.

18 중요한 일은 모두에게 제대로 **전하는** 것이 중요합니다.
단어 たいせつだ 중요하다, 소중하다 | ちゃんと 제대로 | つたえる 전하다 | みつける 찾다, 발견하다 | わたす 건네주다 | おくる 보내다

해설 어떤 사실이나 내용을 알릴 때는 동사 つたえる를 사용한다.

19 새 기계를 사용하면, 일이 **점점** 빨라집니다.
단어 あたらしい 새롭다 | きかい 기계 | つかう 사용하다 | しごと 일 | どんどん 점점, 부쩍, 계속 | はやい 빠르다 | ざあざあ 좍좍, 주륵주륵 | がんがん 쾅쾅, 지끈지끈 | ぴかぴか 반짝반짝

해설 상태가 변화하는 모습을 강조하는 부사는 どんどん이다.

20 목소리가 작아서 무슨 말을 하는지 **명확히** 알 수 없었습니다.
단어 こえ 목소리 | ちいさい 작다 | はっきり 분명히, 명확히 | びっくり 놀라는 모양 | すっきり 개운한 모양 | ぐっすり 푹

해설 목소리가 작아서 들리는 내용이 분명하지 않을 때 사용하는 부사는 はっきり이다.

문제 4 _____의 문장과 거의 같은 의미의 문장이 있습니다.
1·2·3·4에서 가장 적당한 것을 하나 고르세요.

21 휴식 시간에 친구와 수다를 떨었습니다.
1 휴식 시간에 친구와 함께 공부했습니다.
2 휴식 시간에 친구와 이야기했습니다.
3 휴식 시간에 친구에게 메일을 보냈습니다.
4 휴식 시간에 친구와 조용히 있었습니다.

단어 きゅうけい 휴식 | 友(とも)だち 친구 | おしゃべりする 수다를 떨다 | いっしょに 함께 | べんきょう 공부 | はなし 이야기 | おくる 보내다 | しずかだ 조용하다

22 이 레스토랑은 항상 손님이 많습니다.

1 이 레스토랑은 항상 조용합니다.

2 이 레스토랑은 항상 비어 있습니다.

3 이 레스토랑은 항상 붐빕니다.

4 이 레스토랑은 항상 일찍 닫습니다.

단어 おおい 많다 | すく 비다, 한산하다 | こむ 붐비다 | しまる 닫히다, 영업이 끝나다

23 내년, 일 때문에 시골로 이사합니다.

1 내년, 일 때문에 시골에 살 예정입니다.

2 내년, 일을 그만두고 시골에 살 예정입니다.

3 내년, 일 때문에 시골로 회사를 옮깁니다.

4 내년, 일을 그만두고 새로운 회사를 만듭니다.

단어 らいねん 내년 | しごと 일, 업무 | いなか 시골 | ひっこす 이사하다 | すむ 살다 | やめる 그만두다 | うつす 옮기다 | つくる 만들다

24 우리 집 고양이는 사람이 있으면 매우 얌전합니다.

1 우리 집 고양이는 사람이 있으면 매우 활기찹니다.

2 우리 집 고양이는 사람이 있으면 매우 북적입니다.

3 우리 집 고양이는 사람이 있으면 매우 튼튼합니다.

4 우리 집 고양이는 사람이 있으면 매우 조용합니다.

단어 ねこ 고양이 | ひと 사람, 타인 | おとなしい 얌전하다 | げんきだ 활기차다, 건강하다 | にぎやかだ 시골벅적하다 | じょうぶだ 튼튼하다 | しずかだ 조용하다

문제 5 다음 어휘의 사용법으로 가장 적당한 것을 1·2·3·4 중에서 하나 고르세요.

25 ひろう 줍다

1 역에서 누군가의 지갑을 <u>주웠</u>습니다.

2 병원에서 감기에 <u>주워</u> 버렸습니다.
(ひろって → ひいて 걸려서)

3 지쳐서 다리가 <u>주워</u>서 걸을 수 없습니다.
(ひろって → いたくて 아파서)

4 전철을 <u>주워</u>서 백화점에 갔습니다.
(ひろって → のって 타고)

단어 えき 역 | さいふ 지갑 | かぜをひく 감기에 걸리다 | つかれる 지치다 | あし 다리 | いたい 아프다 | あるく 걷다 | でんしゃ 전철 | デパート 백화점

26 れんらく 연락

1 남자 친구는 그다지 <u>연락</u>을 보내지 않습니다.
(れんらく → メール 메일, 문자)

2 반대편은 이 다리를 <u>연락</u>해서 가면 됩니다.
(れんらくして → わたって 건너서)

3 친구와 여행 <u>연락</u>을 세우고 있습니다.
(れんらく → けいかく 계획)

4 내일 일정이 정해지면 <u>연락</u>해 주세요.

단어 かれし 남자 친구 | おくる 보내다 | はしをわたる 다리를 건너다 | かぞくりょこう 가족 여행 | けいかくをたてる 계획을 세우다

---

27 そだてる 키우다

1 돈을 <u>키워</u>서 쇼핑하러 가고 싶습니다.
(そだてて → ためて 모아서)

2 부모님은 마당에서 꽃을 많이 <u>키우고</u> 있습니다.

3 비가 내려서 나무가 <u>키웠</u>습니다.
(そだてました → そだちました 자랐습니다)

4 요리를 <u>키워</u>서 가족에게 먹이고 싶습니다.
(そだてて → つくって 만들어서)

단어 お金(かね)をためる 돈을 모으다 | りょうしん 부모 | にわ 마당 | 花(はな) 꽃 | 木(き) 나무 | りょうり 요리

28 おもいで 추억

1 여행 기념품으로 유명한 과자를 샀습니다.
(おもいで → おみやげ 기념품, 여행 선물)

2 어제, 입원한 선생님의 <u>추억</u>을 갔습니다.
(おもいで → おみまい 병문안)

3 일본에서의 생활은 즐거운 <u>추억</u>이 되었습니다.

4 열심히 한자를 외웠는데, 전혀 <u>추억</u>에 남아 있지 않습니다. (おもいで → あたま 머리)

단어 おもいで 추억 | ゆうめいだ 유명하다 | おかし 과자 | にゅういん 입원 | せいかつ 생활 | たのしい 즐겁다 | いっしょうけんめい 열심히 | かんじ 한자 | おぼえる 외우다, 기억하다 | ぜんぜん 전혀

02 1교시 언어지식(문법)·독해

문제 1 (   )에 무엇을 넣습니까? 1·2·3·4 중에서 가장 적당한 것을 하나 고르세요.

1 이 길<u>을</u> 똑바로 가면 역이 보입니다.

단어 道(みち) 길 | まっすぐ 똑바로 | 駅(えき) 역 | 見(み)える 보이다

해설 이동 동사 앞에 오는 통과 지점에는 조사 를 쓴다.

2 수업 후에 선생님<u>께</u> 여쭙고 싶은 질문이 있습니다.

단어 授業(じゅぎょう) 수업 | 聞(き)く 묻다, 듣다 | 質問(しつもん) 질문

해설 동작의 대상에는 조사 に를 쓴다.

3 이 레스토랑<u>은</u> 몇 시까지 열려 있습니까?

단어 何時(なんじ) 몇 시 | あく 열리다

해설 문장의 주제를 제시할 때는 조사 는를 쓴다.

4 (비 오는 날에)
A "비가 강하네요. 밖에 나가는 것은 힘들어 보여요."
B "그렇네요. <u>하지만</u> 오늘은 약속이 있어서 가야만 합니다."

단어 強(つよ)い 강하다, 세다 | 外(そと) 밖 | 出(で)る 나가다 | 大変(たいへん)だ 힘들다 | 約束(やくそく) 약속

해설 앞의 내용과 반대되는 상황을 연결할 때는 접속사 でも를 쓴다.

5 A "내일 발표 준비는 벌써 끝났나요?"
B "네, 어제 집에서 <u>확실히</u> 연습했습니다."

단어 プレゼン 발표 | 準備(じゅんび) 준비 | 終(お)わる 끝나다 | しっかり 확실히 | 練習(れんしゅう) 연습 | すっかり 죄다 | かならず 반드시 | そろそろ 슬슬

해설 연습을 제대로 했다는 의미로 사용할 수 있는 부사는 しっかり 이다.

6 物이 끓기 시작했으므로 커피를 탑시다.

단어 お湯(ゆ) 뜨거운 물 | わく 끓다 | コーヒーを いれる 커피를 타다, 커피를 끓이다

해설 과거에서 현재로 변화할 때 사용하는 「〜て くる」 문형에는 동사의 て형을 접속한다. 따라서 정답은 3번이다.

7 이 회사에서는 야근이 거의 없습니다.

단어 残業(ざんぎょう) 야근 | ほとんど 거의 | ずいぶん 상당히, 몹시 | ぜひ 꼭 | すぐ 곧

해설 뒤에 부정형이 왔을 때 쓸 수 있는 부사는 ほとんど이다.

8 A "사토 씨는 말 걸기 힘든 사람입니까?"
B "일을 할 때는 엄격하지만, 다른 사람에게는 무척 친절합니다."

단어 話(はな)しかける 말을 걸다 | きびしい 엄격하다 | 人(ひと) 사람, 타인 | 親切(しんせつ)だ 친절하다

해설 '엄격하다'와 '친절하다'라는 상반되는 내용이므로 역접 조사 けれど로 연결해야 한다. 따라서 정답은 1번이다.

9 A "안색이 안 좋네요. 오늘은 무슨 일이 있어요?"
B "조금 기분이 안 좋아서, 일찍 돌아가서 쉬게 해 주세요."

단어 顔色(かおいろ) 안색 | 悪(わる)い 나쁘다 | 気分(きぶん) 기분 | 休(やす)む 쉬다

해설 상대방에게 허가를 구할 때는 사역형을 활용한 「〜させて ください」를 쓴다. 따라서 정답은 3번이다.

10 A "어제 전철이 멈췄지요."
B "네, 그래서 집에 도착하는 게 꽤 늦어졌어요."

단어 電車(でんしゃ) 전철 | 止(と)まる 멈추다 | 着(つ)く 도착하다 | かなり 꽤 | 遅(おそ)い 늦다

해설 전철이 멈춘 것이 원인이 되어 결과적으로 집에 늦게 도착했으므로, 인과관계를 나타내는 접속사 それで가 정답이다.

11 어젯밤, 에어컨을 켠 채 자고 말았습니다.

단어 ゆうべ 어젯밤 | エアコン 에어컨 | つける 켜다 | 寝(ね)る 자다

해설 어떤 상태가 유지된 채 다른 행동을 할 때는 「〜たまま」 문형을 사용하므로 정답은 3번이다.

12 A "이 앱으로 무엇이 가능합니까?"
B "이 앱을 사용하면 스마트폰으로 전철이 언제 오는지 찾을 수 있어요."

단어 使(つか)う 사용하다 | 調(しら)べる 조사하다

해설 가능을 나타낼 때는 동사 사전형에 ことが できる를 접속한다.

13 A "지금 전화해도 괜찮아요?"
B "미안해요. 지금 회의 준비를 하는 중이에요."

단어 電話(でんわ) 전화 | 会議(かいぎ) 회의 | 準備(じゅんび) 준비

해설 동작이 진행 중인 것을 강조할 때는 「〜て いる ところだ」를 쓴다.

문제 2 ____★____ 에 들어가는 것은 어느 것입니까? 1·2·3·4 중에서 가장 적당한 것을 하나 고르세요.

14 설명을 듣고 있는 도중에, 뒤에서 큰 소리가 나서 집중할 수 없었습니다.

단어 説明(せつめい) 설명 | とちゅう 도중 | 後(うし)ろ 뒤 | 大(おお)きな 큰 | 音(おと) 소리 | 集中(しゅうちゅう) 집중

해설 동작 방해의 원인과 그 결과를 나타내는 문장 배열 문제이다. 소리의 발생지인 後ろから와 수식어구인 大きな 音が して를 묶어 집중을 방해한 원인을 만든다. 빈칸 뒤의 부정 표현인 できませんでした와 호응하는 명사 集中를 맨 마지막 칸에 배치한다. 따라서 순서대로 배열하면 2-3-4-1이다.

15 사진으로는 밝아 보였지만, 가 보니 방 안이 어두워서 그다지 마음에 들지 않았습니다.

단어 写真(しゃしん) 사진 | 明(あか)るい 밝다 | 見(み)える 보이다 | 部屋(へや) 방 | 中(なか) 안 | 暗(くら)い 어둡다 | 気(き)に 入(い)る 마음에 들다

해설 部屋の와 中를 묶어 대상을 설정한다. 상태의 정도가 과할 때 사용하는 부사 あまり와 그 이유인 暗くて를 배치하여 뒤에 오는 부정적 결과와 연결한다. 따라서 순서대로 배열하면 4-1-3-2이다.

16 A "일은 혼자서 충분했나요?"
B "아니요. 작업을 진행하고 있었더니 무거운 것이 나와서, 다나카 씨에게 도움받았습니다."

단어 仕事(しごと) 일 | 十分(じゅうぶん) 충분 | 作業(さぎょう) 작업 | 進(すす)める 진행하다 | 重(おも)いもの 무거운 것 | 手伝(てつだ)う 도와주다

해설 진행 중인 동작과 예상치 못한 상황을 잇는 「〜て いたら」를 묻는 문제이다. 목적어 作業を와 동사 進めて를 묶어 작업 상황을 만든다. 동작의 지속을 나타내는 いたら 뒤에 새롭게 발생한 상황의 주어인 重いものが를 배치한다. 따라서 순서대로 배열하면 1-4-2-3이다.

17 A "요즘 스마트폰 배터리가 금방 닳지 않나요?"
B "네, 그래서 화면 밝기를 낮추는 편이 좋다고 해요."

단어 最近(さいきん) 최근 | スマホ 스마트폰 | 電池(でんち) 전지, 배터리 | 画面(がめん) 화면 | 明(あか)るさ 밝기 | 下(さ)げる 낮추다

해설 조언할 때 사용하는 표현 「〜た ほうが いい」와 전해 들은 정보를 나타내는 「〜そうだ」를 묻는 문제이다. 먼저 수식 관계인 画面の와 明るさを를 묶어서 목적어를 만든다. 조언 표현을 완성하기 위해 동사 과거형 下げた 뒤에 ほうが いい를 배치한 후, 전해 들은 정보를 나타내는 そうですよ와 연결한다. 따라서 순서대로 배열하면 4-2-1-3이다.

문제 3 18 에서 21 에 무엇을 넣습니까? 글의 의미를 생각하여 1·2·3·4 중에서 가장 적당한 것을 하나 고르세요.

나는 최근 운동 부족이라고 느꼈습니다. 전에는 쉬는 날에 집에서 보내는 일이 많아서, TV를 보거나 스마트폰으로 놀거나 하곤 했습니다. 하지만 몸을 움직이는 시간이 적으면 금방 피로해진다는 것을 깨달았습니다.

18 **그래서** 지금은 시간이 있으면 근처 공원을 걷 19 **기로 했습니다.** 걷기 시작한 지 얼마 안 되었을 무렵에는 금방 피로해져 버렸지만, 조금씩 계속해 나가니 전보다 오래 걸을 수 있게 되었습니다.

날씨가 나쁜 날은 밖에 20 **나갈 수 없으므로,** 집에서 스트레칭하거나 TV를 보면서 가볍게 몸을 움직이거나 합니다. 21 **앞으로도** 무리하지 않고 건강에 신경 쓰려고 합니다.

단어 さいきん 최근 | うんどうぶそく 운동 부족 | 感(かん)じる 느끼다 | 前(まえ) 전 | 過(す)ごす 보내다 | 遊(あそ)ぶ 놀다 | 体(からだ) 몸 | 動(うご)かす 움직이다 | 少(すく)ない 적다 | 疲(つか)れる 지치다 | 気(き)づく 깨닫다 | 公園(こうえん) 공원 | 歩(ある)く 걷다 | 少(すこ)しずつ 조금씩 | 続(つづ)ける 계속하다 | 天気(てんき) 날씨 | 悪(わる)い 나쁘다 | ストレッチ 스트레칭 | むりをする 무리하다 | けんこう 건강 | 気(き)をつける 주의하다, 조심하다

해설

18 문제 상황과 그에 따른 해결 행동을 연결하는 접속사를 묻는 문제이다. 운동 부족으로 쉽게 피로를 느낀다는 원인과 공원을 걷기 시작했다는 결과를 자연스럽게 잇기 위해 빈칸에는 そこで를 넣어야 한다.

19 어떤 동작을 하려고 의식해서 노력할 때는 「～ようにする」 표현을 사용한다. 건강을 위해 걷기로 하고 이를 실천한다는 맥락이므로 ようにしました가 정답이다.

20 외부 원인 때문에 어떤 행동을 할 수 없음을 설명하고 있으므로 빈칸에는 가능형의 부정 표현인 出られない를 넣어야 한다.

21 과거부터 지금까지의 노력을 미래에도 유지하겠다는 의지를 나타내는 문장이다. 마지막 다짐과 어울리도록 지속의 의미를 담은 これからも를 넣어야 자연스럽다.

문제 4 다음 (1)에서 (3)의 글을 읽고 질문에 답하세요. 답은 1·2·3·4 중에서 가장 적당한 것을 하나 고르세요.

(1)

어제는 엄마 생일이었습니다. 나는 남동생과 함께 슈퍼에서 재료를 사서, 집에서 케이크를 만들기로 했습니다. **케이크를 만드는 것은 처음이었기 때문에 레시피를 보면서 열심히 했습니다.** 모양은 조금 나빴지만, 맛은 아주 맛있게 되었습니다. 엄마는 "이렇게 기쁜 생일은 처음이야"라고 말하며, 매우 기뻐해 주었습니다.

22 이 사람의 엄마는 왜 기뻐했습니까?
1 케이크 모양이 예뻤기 때문에
2 (아이들이) 생일 선물을 사 주었기 때문에

3 딸이 레시피를 가르쳐 주었기 때문에
4 아이들이 케이크를 만들어 주었기 때문에

단어 母(はは) 엄마, 어머니 | 誕生日(たんじょうび) 생일 | 弟(おとうと) 남동생 | 一緒(いっしょ)に 함께 | 材料(ざいりょう) 재료 | 作(つく)る 만들다 | はじめて 처음 | レシーピ 레시피 | がんばる 열심히 하다, 노력하다 | 味(あじ) 맛 | うれしい 기쁘다 | よろこぶ 기뻐하다

해설 엄마가 기뻐한 직접적인 원인을 지문 속 행동에서 찾는 문제이다. 본문에서 '나'와 '남동생'이 함께 케이크를 만들었다고 했으므로 정답은 4번이다.

(2)

스포츠클럽 안내
트레이닝 룸을 사용할 때는 반드시 운동화를 신어 주세요. **슬리퍼나 샌들로는 들어갈 수 없습니다.** 머신을 사용한 후에는 수건으로 잘 닦아 주세요. 음료수는 뚜껑이 있는 페트병만 가지고 들어올 수 있습니다.

23 이 스포츠클럽에서 해서는 안 되는 것은 무엇입니까?
1 샌들로 들어가는 것
2 운동화를 신는 것
3 수건으로 머신을 닦는 것
4 뚜껑이 있는 음료를 가지고 들어가는 것

단어 案内(あんない) 안내 | 必(かなら)ず 반드시 | 運動靴(うんどうぐつ) 운동화 | はく 신다 | スリッパ 슬리퍼 | サンダル 샌들 | 入(はい)る 들어가다 | ふく 닦다 | 飲(の)み物(もの) 음료수 | ふた 뚜껑 | 持(も)ちこむ 가지고 들어오다

해설 이용 수칙 중 금지 사항을 파악하는 문제이다. 슬리퍼나 샌들을 신고는 들어갈 수 없다고 하였으므로 정답은 1번이다.

(3)

아르바이트생 여러분께
오늘 일은 비 때문에 취소되었습니다. **그 때문에 내일 일은 오후 다섯 시부터입니다.** 단, 야마다 씨는 학교가 있으므로 오후 일곱 시에 와 주세요. 만약 내일도 비가 오면 아침에 메일로 알려드리겠습니다.
잘 부탁드립니다.

점장으로부터

24 이 메일에서 가장 중요한 것은 무엇입니까?
1 내일 일이 취소된 것
2 내일 업무 시간
3 야마다 씨가 일하러 오는 시간
4 비가 내릴 때의 연락 방법

단어 中止(ちゅうし) 중지, 취소 | 雨(あめ) 비 | 知(し)らせる 알리다

해설 비 때문에 변경된 업무 일정을 공지하는 글이다. 오늘 업무가 취소되면서 새롭게 정해진 내일 일정이 이 글에서 전달하고자 하는 핵심 정보이므로 정답은 2번이다.

문제 5 다음 글을 읽고 질문에 답하세요. 답은 1·2·3·4에서 가장 적당한 것을 하나 고르세요.

일본에서는 지구를 지키기 위해 여러 가지 궁리를 하고 있습니다. 특히 쓰레기를 나누어 버리는 것에 힘을 쏟고 있습니다. 타는 쓰레기, 타지 않는 쓰레기, 페트병이나 캔 등을 세세하게 나누는 것이 중요합니다. 이로 인해 쓰레기가 줄어들고 자원을 다시 한번 사용할 수 있습니다.

또한 전기나 물을 절약하는 것도 권장되고 있습니다. 예를 들어 LED 전구를 사용하거나, 샤워 시간을 짧게 하기도 합니다. 또한 에어컨 사용 시간에도 주의합니다. 이러한 일은 지구를 지키기 위해 매우 중요한 일입니다.

하지만 재활용에 관심이 없는 사람도 있습니다. 특히 젊은이들이 환경에 대해 별로 생각하지 않는 것이 문제가 되고 있습니다. 그래서 정부나 지방자치단체는 젊은이들에게 더 환경에 대해 알리기 위한 활동을 시작하고 있습니다.

25 일본의 재활용에 관해 옳은 것은 무엇입니까?
1 쓰레기는 전부 봉투 하나에 넣어 내놓는다.
2 페트병이나 캔 등을 세세하게 나누어 내놓는다.
3 쓰레기를 나누는 것은 금지되어 있다.
4 쓰레기는 일주일에 한 번밖에 버릴 수 없다.

26 절약에 관해 옳지 않은 것은 무엇입니까?
1 LED 전구를 사용하면 좋다.
2 샤워 시간을 짧게 한다.
3 에어컨을 사용하면 안 된다.
4 물이나 전기를 절약하는 것이 권장되고 있다.

27 젊은 사람에 관해 옳은 것은 무엇입니까?
1 환경에 그다지 관심이 없는 사람도 있다.
2 누구보다도 환경을 생각한다.
3 환경에 관해 배운 적이 없다.
4 지구를 지킬 필요가 없다고 생각한다.

단어 地球(ちきゅう) 지구 | 守(まも)る 지키다 | 工夫(くふう) 고안, 궁리 | ゴミ 쓰레기 | 分(わ)ける 나누다 | 捨(す)てる 버리다 | 力(ちから)を入(い)れる 힘을 쏟다 | 燃(も)える 타다 | こまかい 세세하다, 잘다 | 分(わ)ける 나누다 | 大切(たいせつ)だ 중요하다, 소중하다 | 減(へ)る 줄다 | 資源(しげん) 자원 | 電気(でんき) 전기 | 水(みず) 물 | 節約(せつやく) 절약 | すすめる 권하다 | 電球(でんきゅう) 전구 | 使用(しよう) 사용 | リサイクル 재활용 | 興味(きょうみ) 흥미, 관심 | 若(わか)い 젊다 | 環境(かんきょう) 환경 | 政府(せいふ) 정부 | 自治体(じちたい) 지방자치단체 | 活動(かつどう) 활동

해설

25 일본의 재활용에 관해서 옳은 것을 묻고 있다. 본문에 페트병이나 캔 등을 세세하게 나누는 것이 중요하다고 나와 있으므로 정답은 2번이다.

26 본문에서 권장하는 절약 방법이 아닌 것을 찾는 문제이다. 에어컨 사용 시간에 주의하라고 했을 뿐 에어컨을 사용하면 안 된다고 하지 않았으므로 정답은 3번이다.

27 본문에서 언급된 젊은이들의 실태를 파악하는 문제이다. 본문 하단에 젊은이들이 환경에 관해 그다지 생각하지 않는 것이 문제가 되고 있다고 했으므로 정답은 1번이다.

문제 6 오른쪽 포스터 '방재 훈련 안내'를 보고 질문에 답하세요. 답은 1·2·3·4에서 가장 적당한 것을 하나 고르세요.

방재 훈련 안내

날짜	7월 매주 토요일
시간	9:30~10:30
장소	시민 센터 1층 (입구 앞)
참가	누구나 가능합니다.

※ 참가에 관해서
· 참가비: 무료
· 초등학생 이하 어린이는 어른과 함께 참가해 주세요.
· 9시 30분이 지나면 참가할 수 없습니다.

※ 기타
· 비가 와도 실시합니다.
· 당일 몸 상태가 좋지 않은 분은 무리하지 마세요.
· 모르는 점은 접수처에서 물어보세요.

※ 당일 주의 사항
· 움직이기 편한 옷을 입고 와 주세요.
· 훈련 중에는 엘리베이터를 사용하지 않습니다.
· 밖으로 도망치는 연습을 합니다.

28 방재 훈련에 참여할 수 없는 사람은 누구입니까?
1 9시 20분에 온 사람
2 9시 35분에 온 사람
3 어른과 함께 온 초등학생
4 비 오는 날에 온 사람

29 다음 중 옳은 것은 무엇입니까?
1 비 오는 날은 취소입니다.
2 참가하기 위해 돈이 듭니다.
3 훈련 중에는 엘리베이터를 사용하지 않습니다.
4 중학생은 어른과 함께 참가해야만 합니다.

해설

[28] 참가 제한 조건을 확인하는 문제이다. 본문에서 9시 30분이 지나면 참가할 수 없다고 언급하고 있으므로, 정해진 시간을 넘겨 도착한 2번이 정답이다.

[29] 본문과 일치하는 내용을 찾는 문제이다. 주의 사항에 훈련 중에는 엘리베이터를 사용하지 않는다는 문구가 직접적으로 언급되어 있으므로 정답은 3번이다. 비가 와도 실시하므로 1번은 틀렸고, 무료이므로 2번도 오답이다. 중학생은 '초등학생 이하'에 해당하지 않으므로 어른 동반 의무가 없다.

03 2교시 청해

日本語能力試験　聴解　N4

これからN4の聴解試験をはじめます。問題用紙にメモをとってもいいです。問題用紙を開けてください。問題用紙のページがないときは手をあげてください。問題がよく見えないときも手をあげてください。いつでもいいです。

もんだい1

もんだい1では、まず質問を聞いてください。それから話を聞いて、問題用紙の1から4の中から、一番いいものを一つえらんでください。
では、練習しましょう。

れい

男の人が女の人に電話をしています。男の人は、何を買って帰りますか。

M：これから帰るけど、何か買って帰ろうか。
F：あ、ありがとう。えっとね、牛乳。それから。
M：ちょっと待って、牛乳は1本でいいの？
F：えっと、2本お願い。それから、チーズ。
M：あれ、チーズはまだたくさんあったよね。
F：ごめん、今日のお昼に全部食べたの。
M：分かった。じゃ、買って帰るね。

男の人は、何を買って帰りますか。

1 ぎゅうにゅう1本だけ
2 ぎゅうにゅう1本とチーズ
3 ぎゅうにゅう2本だけ
4 ぎゅうにゅう2本とチーズ

일본어능력시험 청해 N4

이제부터 N4 청해 시험을 시작하겠습니다. 메모를 해도 됩니다. 문제 용지를 펼쳐 주세요. 문제 용지의 페이지가 없을 때는 손을 들어 주세요. 문제가 잘 보이지 않을 때도 손을 들어주세요. 언제든지 괜찮습니다.

문제1

문제1에서는 먼저 질문을 들으세요. 그리고 이야기를 듣고, 문제 용지의 1에서 4 중에서 가장 적당한 것을 하나 고르세요. 그럼 연습합시다.

예

남성이 여성에게 전화를 하고 있습니다. 남성은 무엇을 사서 돌아갑니까?

M : 이제 집에 갈 건데 뭔가 사서 갈까?
F : 아, 고마워. 음, 우유. 그리고….
M : 잠깐 기다려, 우유는 한 병이면 충분해?
F : 음, 두 병 부탁할게. 그리고 치즈.
M : 어, 치즈는 아직 많이 있었잖아.
F : 미안, 오늘 점심으로 전부 먹었어.
M : 알겠어. 그럼 사서 갈게.

남성은 무엇을 사서 돌아갑니까?

1 우유 한 병만
2 우유 한 병과 치즈
3 우유 두 병만
4 우유 두 병과 치즈

一番いいものは４ばんです。解答用紙のもんだい１のれいの ところを見てください。一番いいものは４ばんですから、答 えはこのように書きます。

では、はじめます。

가장 적당한 것은 4번입니다. 해답 용지 문제1의 예 부분을 보세요. 가장 적당한 것은 4번이므로 답은 이렇게 씁니다. 그럼 시작하겠습니다.

---

1 ばん

女の人と男の人が話しています。今週の英語の授業はど こで行われますか。

F：今週の英語の授業、場所が変わったらしいよ。

M：え、本当？ どこに変わったの？

F：２階の図書室から、４階の会議室に変わったんだって。

M：来週もそうかな。

F：いや、来週はまた元の図書室に戻るそうだよ。

今週の英語の授業はどこで行われますか。

1 ２階の図書室
2 ４階の図書室
3 ２階の会議室
4 ４階の会議室

1번

여성과 남성이 이야기하고 있습니다. 이번 주 영어 수업은 어디 에서 합니까?

F : 이번 주 영어 수업, 장소가 바뀌었대.

M : 어, 진짜? 어디로 바뀌었어?

F : 2층 도서실에서 4층 회의실로 바뀌었대.

M : 다음 주도 그럴까?

F : 아니, 다음 주는 다시 원래 도서실로 돌아간대.

이번 주 영어 수업은 어디에서 합니까?

1 2층 도서실
2 4층 도서실
3 2층 회의실
4 4층 회의실

단어 今週(こんしゅう) 이번 주 | 英語(えいご) 영어 | 授業(じゅぎょう) 수업 | 場所(ばしょ) 장소 | 変(か)わる 바뀌다 | 図書室(としょしつ) 도서실 | 会議室(かいぎしつ) 회의실 | 来週(らいしゅう) 다음 주 | 元(もと) 원래 | 戻(もど)る 되돌아가다

해설 여성이 2층 도서실에서 4층 회의실로 이번 주 영어 수업 장소가 바뀌었다고 했으므로 정답은 4번이다. 대화 후반부에 언급된 다음 주에는 다시 원래 도서실로 돌아간다는 정보와 혼동하지 않도록 주의해야 한다.

---

2 ばん

カフェで、女の人と男の店員が話しています。女の人は 何を注文しましたか。

F：すみません、コーヒーをお願いします。

M：ホットとアイス、どちらにしますか。

F：はい、アイスでお願いします。それからサンドイッチ も一つお願いします。

M：かしこまりました。

女の人は何を注文しましたか。

2번

카페에서 여성과 남성 점원이 이야기하고 있습니다. 여성은 무엇 을 주문했습니까?

F : 실례합니다, 커피 부탁합니다.

M : 핫이랑 아이스, 어느 쪽으로 하시겠습니까?

F : 네, 아이스로 부탁합니다. 그리고 샌드위치도 하나 부탁합니다.

M : 알겠습니다.

여성은 무엇을 주문했습니까?

단어 注文(ちゅうもん) 주문 | コーヒー 커피 | サンドイッチ 샌드위치

해설 여성의 최종 주문 내역을 파악해야 하는 문제이다. 먼저 음료인 커피를 언급한 뒤, 남자의 질문에 아이스를 선택하여 음료의 종류를 확 정했다. 이후 샌드위치를 추가했으므로 정답은 아이스커피와 샌드위치가 있는 3번이다. 청해 지문을 들을 때는 それから에 주의해야 한다.

---

3 ばん

学校で、先生と男の学生が話しています。男の学生はこ のあと何をしなければなりませんか。

F：レポートはもう出しましたか。

M：はい、きのうメールで送りました。

3번

학교에서 선생님과 남학생이 이야기하고 있습니다. 남학생은 이 다음에 무엇을 해야 합니까?

F : 리포트는 벌써 냈나요?

M : 네, 어제 메일로 보냈습니다.

F：そうですね。まだ見ていないので、あとで確認します。

M：ありがとうございます。

F：あ、それから、この資料をコピーして午後の授業のときに持ってきてください。

M：分かりました。

男の学生はこのあと何をしなければなりませんか。

1 教室に戻る。
2 レポートを書く。
3 資料をコピーする。
4 先生にメールを送る。

F：그렇군요. 아직 보지 않아서 나중에 확인하겠습니다.

M：감사합니다.

F：아, 그리고 이 자료를 복사해서 오후 수업 때 가져오세요.

M：알겠습니다.

남학생은 이다음에 무엇을 해야 합니까?

1 교실로 되돌아간다.
2 리포트를 쓴다.
3 자료를 복사한다.
4 선생님에게 메일을 보낸다.

단어 　レポート 리포트 | 出(だ)す 제출하다 | 送(おく)る 보내다 | 確認(かくにん) 확인 | 資料(しりょう) 자료 | 持(も)って来(く)る 가져오다

해설 　학생이 대화 다음에 해야 할 행동을 찾는 문제이다. 리포트는 이미 제출했으므로 2번과 4번은 답에서 제외된다. 선생님이 '이 자료를 복사해서'라고 새로운 지시를 내렸으므로 정답은 3번이다.

---

4 ばん

駅で、女の人と男の人が話しています。二人はこれから何をしますか。

F：電車、間に合いそうですね。

M：はい、よかったです。

F：切符はまだですよね？

M：はい、まだ買ってないです。

F：さきに切符を買いに行きましょう。

M：そうですね。それからトイレに行っても大丈夫ですか。

F：はい、もちろん。大丈夫ですよ。

二人はこれから何をしますか。

4번

역에서 여성과 남성이 이야기하고 있습니다. 두 사람은 이제 무엇을 합니까?

F：열차 시간에 맞출 수 있을 것 같네요.

M：네, 다행이에요.

F：표는 아직이죠?

M：네, 아직 안 샀어요.

F：먼저 표를 사러 가요.

M：그래요. 그러고 나서 화장실에 가도 괜찮을까요?

F：네, 물론이죠. 괜찮아요.

두 사람은 이제 무엇을 합니까?

단어 　間(ま)に合(あ)う 시간에 맞추다 | 切符(きっぷ) 표 | さきに 먼저

해설 　두 사람이 수행할 행동의 순서를 파악하는 문제이다. 여성이 먼저 표를 사러 가자고 제안했고, 남성이 화장실에 가고 싶다고 덧붙였다. 표를 먼저 사고 나서 화장실에 가기로 했으므로 정답은 2번이다.

---

5 ばん

お土産屋で女の人と男の人が話しています。女の人は何を買いますか。

F：お土産を買いたいんだけど、何がいいかな。

M：会社にはチョコレートがいいと思うよ。

F：うーん、先月それを渡したんだよね。

M：じゃあ、こっちは抹茶が有名だから、抹茶のクッキーは？ 前に、この店のクッキーもらったんだけど、おいしかったよ。

F：そうだね、じゃ、会社にはそれにしようかな。でも友だちには何がいいかな。

5번

기념품 가게에서 여성과 남성이 이야기하고 있습니다. 여성은 무엇을 삽니까?

F：기념품을 사고 싶은데, 뭐가 좋을까?

M：회사에는 초콜릿이 좋을 것 같아.

F：음, 지난달에 그걸 줬거든.

M：그럼, 여기는 말차가 유명하니까 말차 쿠키는? 전에 이 가게 쿠키 받았는데 맛있었어.

F：그렇네. 그럼, 회사에는 그걸로 할까? 그런데 친구한테는 뭐가 좋을까?

M：和菓子セットはどう？　いろいろな和菓子の詰め合わせで人気あるよ。

F：そうだね。それにする。ありがとう。

女の人は何を買いますか。

1　チョコレート
2　チョコレートと抹茶のクッキー
3　抹茶と和菓子セット
4　抹茶のクッキーと和菓子セット

M：일본 전통 과자 세트는 어때? 여러 가지 일본 전통 과자 모둠이라 인기 있어.

F：그렇네. 그걸로 할게. 고마워.

여성은 무엇을 삽니까?

1　초콜릿
2　초콜릿과 말차 쿠키
3　말차와 일본 전통 과자 세트
4　말차 쿠키와 일본 전통 과자 세트

단어　お土産(みやげ) 기념품, 여행 선물 | 買(か)う 사다 | 会社(かいしゃ) 회사 | 先月(せんげつ) 지난달 | 渡(わた)す 건네다 | 有名(ゆうめい)だ 유명하다 | 前(まえ) 전 | もらう 받다 | 和菓子(わがし) 일본 전통 과자 | 詰(つ)め合(あ)わせ 모둠 | 人気(にんき) 인기

해설　여성이 구매할 항목을 파악하는 문제이다. 남성이 제일 먼저 회사용 선물로 제안한 초콜릿은 지난달에 줬다는 이유로 거절한다. 회사용으로는 말차 쿠키를, 친구용으로는 일본 전통 과자 세트를 선택했으므로 정답은 4번이다.

---

6 ばん

美容院で、女の人と男の人が話しています。女の人はどのメニューにしますか。

F：こんにちは、予約した鈴木です。

M：鈴木様ですね。お待ちしておりました。今日はカット、カラーの予約ですね。パーマやトリートメントも追加できます。

F：トリートメントは時間がかかりますか。

M：トリートメントは約30分ほどになります。

F：今日はあまり時間がなくて……。

M：じゃあ、トリートメントはまた今度にしましょうか。

F：はい、今日は予約のままでお願いします。

M：はい。

女の人はどのメニューにしますか。

1　カットとカラー
2　カットとパーマ
3　カットとトリートメント
4　カットとカラーとトリートメント

6번

미용실에서 여성과 남성이 이야기하고 있습니다. 여성은 어떤 메뉴로 합니까?

F：안녕하세요, 예약한 스즈키입니다.

M：스즈키 님이시군요. 기다리고 있었습니다. 오늘은 커트와 염색 예약이네요. 파마나 트리트먼트도 추가할 수 있습니다.

F：트리트먼트는 시간이 걸리나요?

M：트리트먼트는 약 30분 정도 걸립니다.

F：오늘은 별로 시간이 없어서…….

M：그럼, 트리트먼트는 다음에 할까요?

F：네, 오늘은 예약한 대로 부탁합니다.

M：네.

여성은 어떤 메뉴로 합니까?

1　커트와 염색
2　커트와 파마
3　커트와 트리트먼트
4　커트와 염색과 트리트먼트

단어　予約(よやく) 예약 | 待(ま)つ 기다리다 | 追加(ついか) 추가 | かかる 걸리다

해설　기존 예약 내용과 추가 제안 사이에서 최종 선택을 파악하는 문제이다. 대화 초반에 언급된 커트와 염색이라는 초기 예약 정보를 확인한 뒤, 남성이 제안한 파마와 트리트먼트 추가 여부를 결정한다. 여성은 시간이 부족하다는 이유로 그냥 예약한 대로 진행하길 바랐으므로 정답은 1번이다.

---

7 ばん

家でお母さんと息子が話しています。息子はこれからまず何をしますか。

F：夜ご飯だよー！

M：うん。

7번

집에서 어머니와 아들이 이야기하고 있습니다. 아들은 이제부터 우선 무엇을 합니까?

F：저녁밥이다!

M：응.

F：宿題は全部終わった？

M：ううん、まだ。お風呂にはもう入ったから、宿題はご飯を食べてからやる。

F：もー。ゲームは宿題終わったあとにしなさい。

M：うん、分かった。

息子はこれからまず何をしますか。

1　ご飯を食べる。
2　お風呂に入る。
3　ゲームをする。
4　宿題をする。

F：숙제는 전부 끝났니?

M：아니, 아직. 목욕은 이미 했으니까, 숙제는 밥을 먹고 나서 할게.

F：어휴, 게임은 숙제 끝난 다음에 하렴.

M：응, 알았어.

아들은 이제부터 우선 무엇을 합니까?

1　밥을 먹는다
2　목욕을 한다.
3　게임을 한다.
4　숙제를 한다.

단어	夜(よ)ご飯(はん) 저녁밥 ｜ 宿題(しゅくだい) 숙제 ｜ 全部(ぜんぶ) 전부 ｜ 終(お)わる 끝나다 ｜ お風呂(ふろ)に入(はい)る 목욕하다
해설	아들이 제일 먼저 해야 하는 행동을 찾아야 한다. 엄마가 저녁밥을 먹으라고 불렀으며, 아들은 밥을 먹고 나서 숙제하겠다고 했다. 즉, 지금 바로 해야 할 일은 식사이다. 목욕은 이미 했다고 언급했고, 게임은 엄마가 숙제 끝난 후에 하라고 지시했다.

8ばん

教室で、先生が話しています。学生はあした、何時にどこに集まらなければなりませんか。

M：みなさん、あしたのバス旅行について話します。あしたは朝8時までに来てください。いいですか。いつもより30分早いです。それから、学校の図書館の前に集まってください。教室じゃなくて、図書館の前ですので間違えないでください。またあした、元気に会いましょう。

学生はあした、何時にどこに集まらなければなりませんか。
1　8時に教室で
2　8時に図書館の前で
3　8時30分に教室で
4　8時30分に図書館の前で

8번

교실에서 선생님이 이야기하고 있습니다. 학생은 내일 몇 시에 어디에 모여야 합니까?

M：여러분, 내일 버스 여행에 관해 이야기하겠습니다. 내일은 아침 8시까지 와 주세요. 알겠나요? 평소보다 30분 빠릅니다. 그리고 학교 도서관 앞에 모여 주세요. 교실이 아니라 도서관 앞이므로 틀리지 마세요. 그럼. 내일 활기차게 만납시다.

학생은 내일 몇 시에 어디에 모여야 합니까?

1　8시에 교실에서
2　8시에 도서관 앞에서
3　8시 30분에 교실에서
4　8시 30분에 도서관 앞에서

단어	集(あつ)まる 모이다 ｜ 朝(あさ) 아침 ｜ 来(く)る 오다 ｜ 早(はや)い 빠르다, 이르다 ｜ 図書館(としょかん) 도서관 ｜ 前(まえ) 앞 ｜ 間違(まちが)える 틀리다 ｜ 元気(げんき)だ 건강하다, 활기차다 ｜ 会(あ)う 만나다
해설	선생님이 강조한 시간과 장소를 정확히 파악해야 한다. 시간은 평소보다 30분 이른 8시라고 했고, 장소는 도서관 앞이라고 했으므로 정답은 2번이다.

もんだい2

もんだい2では、まず質問を聞いてください。そのあと、問題用紙を見てください。読む時間があります。それから話を聞いて、問題用紙の1から4の中から、一番いいものを一つえらんでください。
では、練習しましょう。

문제2

문제2에서는 먼저 질문을 들으세요. 그다음 문제 용지를 보세요. 읽는 시간이 있습니다. 그리고 이야기를 듣고 문제 용지의 1에서 4 중에서 맞는 답을 하나 고르세요.
그럼, 연습합시다.

れい

女の人と男の人が話しています。女の人は、どうして引っ越しをしましたか。

F：来週の日曜日、引っ越しを手伝ってくれない？

M：いいけど、また引っ越すんだね。部屋が狭いの？

F：ううん。部屋の大きさも場所も問題ないんだけど、建物が古くて嫌なんだ。最近、近所の人と友だちになったから、残念なんだけど。

M：そうなんだ。

女の人は、どうして引っ越しをしますか。

1 へやがせまいから

2 ばしょがふべんだから

3 たてものが古いから

4 ともだちができないから

一番いいものは3ばんです。解答用紙のもんだい2のれいのところを見てください。一番いいものは3ばんですから、答えはこのように書きます。

では、はじめます。

예

여성과 남성이 이야기하고 있습니다. 여성은 왜 이사를 합니까?

F：다음 주 일요일, 이사를 도와주지 않을래?

M：괜찮은데, 또 이사야? 방이 좁아서?

F：아니. 방 크기도 장소도 문제없었는데 건물이 오래되어서 싫었어. 최근 이웃과 친구가 돼서 아쉽지만.

M：그렇구나.

여성은 왜 이사를 합니까?

1 방이 좁아서

2 장소가 불편해서

3 건물이 낡아서

4 친구가 생기지 않아서

가장 적당한 것은 3번입니다. 해답 용지 문제2의 예 부분을 보세요. 가장 적당한 것은 3번이므로 답은 이렇게 씁니다.

그럼 시작하겠습니다

1 ばん

日本語学校のクラスで女の留学生が話しています。女の留学生は冬休みに何をしましたか。

F：冬休みには韓国から私の家族が日本に遊びにきました。私も私の家族も日本料理が大好きです。それで、家族といっしょに日本料理のおいしい店に行ったり、家で日本料理を作ったりしました。それから、温泉にも行ってきました。とても楽しかったです。

女の留学生は冬休みに何をしましたか。

1 友だちと日本料理のお店に行きました。

2 家族といっしょに過ごしました。

3 日本の友だちと温泉に行ってきました。

4 家族のいる韓国に行きました。

1번

일본어 학교 수업에서 여성 유학생이 이야기하고 있습니다. 여성 유학생은 겨울 방학에 무엇을 했습니까?

F：겨울 방학에는 한국에서 우리 가족이 일본에 놀러 왔습니다. 저도 우리 가족도 일본 요리를 아주 좋아합니다. 그래서 가족과 함께 일본 요리가 맛있는 가게에 가거나, 집에서 일본 요리를 만들거나 했습니다. 그리고 온천에도 다녀왔습니다. 매우 즐거웠습니다.

여성 유학생은 겨울 방학에 무엇을 했습니까?

1 친구와 일본 음식점에 갔습니다.

2 가족과 함께 보냈습니다.

3 일본 친구와 온천에 다녀왔습니다.

4 가족이 있는 한국에 갔습니다.

단어 留学生(りゅうがくせい) 유학생 | 冬休(ふゆやす)み 겨울 방학 | 家族(かぞく) 가족 | 遊(あそ)びにくる 놀러 오다 | 料理(りょうり) 요리 | 大好(だいす)きだ 매우 좋아하다 | 作(つく)る 만들다 | 温泉(おんせん) 온천 | 楽(たの)しい 즐겁다 | 過(す)ごす 보내다

해설 일본으로 놀러 온 가족과 외식하고, 요리하고, 온천에 갔다고 했으므로 정답은 2번이다.

2 ばん

病院で、受付の人と男の人が話しています。男の人は来週いつ病院に行きますか。

M：すみません、来週の予約をしたいんですけど。
F：予約ですね。平日は午前と午後どちらも予約できます。
M：土曜日はやってませんか。
F：土曜日は午前だけになります。
M：平日は午後何時までですか。
F：午後は5時までです。
M：では、火曜日の3時にお願いします。
F：かしこまりました。予約いたします。

男の人は来週いつ病院に行きますか。
1 火曜日の午前
2 火曜日の午後
3 土曜日の午前
4 土曜日の午後

2번

병원에서 접수처 직원과 남성이 이야기하고 있습니다. 남성은 다음 주 언제 병원에 갑니까?

M：실례합니다, 다음 주 예약을 하고 싶은데요.
F：예약이군요. 평일은 오전과 오후 둘 다 예약 가능합니다.
M：토요일은 안 하나요?
F：토요일은 오전만 됩니다.
M：평일은 오후 몇 시까지인가요?
F：오후는 다섯 시까지입니다.
M：그럼, 화요일 세 시로 부탁합니다.
F：알겠습니다. 예약해 드리겠습니다.

남성은 다음 주 언제 병원에 갑니까?

1 화요일 오전
2 화요일 오후
3 토요일 오전
4 토요일 오후

단어 病院(びょういん) 병원 | 受付(うけつけ) 접수처 | 来週(らいしゅう) 다음 주 | 予約(よやく) 예약 | 平日(へいじつ) 평일

해설 남성은 먼저 토요일 진료 여부를 물었으나, 화요일 세 시를 예약했으므로 정답은 2번이다.

---

3 ばん

バスの案内所で、職員と男の人が話しています。バスは何時頃に駅前に着きますか。

M：すみません、駅前まで行くバスはありますか。
F：はい、ございます。こちらの1番のバスをご利用ください。
M：ありがとうございます。もう出発しますか。
F：10分後の、午後2時に出ます。
M：駅前には何時頃に着きますか。
F：2時25分に着く予定です。
M：分かりました。ありがとうございます。

バスは何時頃に駅前に着きますか。
1 午後1時50分
2 午後2時
3 午後2時10分
4 午後2時25分

3번

버스 안내소에서 직원과 남성이 이야기하고 있습니다. 버스는 몇 시쯤에 역 앞에 도착합니까?

M：실례합니다, 역 앞까지 가는 버스가 있나요?
F：네, 있습니다. 여기 1번 버스를 이용해 주세요.
M：감사합니다. 이제 출발하나요?
F：10분 뒤인, 오후 2시에 출발합니다.
M：역 앞에는 몇 시쯤 도착합니까?
F：2시 25분에 도착할 예정입니다.
M：알겠습니다. 감사합니다.

버스는 몇 시쯤에 역 앞에 도착합니까?

1 오후 1시 50분
2 오후 2시
3 오후 2시 10분
4 오후 2시 25분

단어 案内所(あんないじょ) 안내소 | 職員(しょくいん) 직원 | 駅前(えきまえ) 역 앞 | 着(つ)く 도착하다 | 利用(りょう) 이용 | 出発(しゅっぱつ) 출발 | 出(で)る 나가다, 출발하다

해설 버스의 도착 시간을 찾는 문제이다. 남성이 직원에게 몇 시쯤 역 앞에 도착하냐고 묻자 2시 25분쯤 도착한다고 답했으므로 정답은 4번이다. 현재 시간인 1시 50분과 버스가 출발하는 시간인 2시를 헷갈리지 않도록 주의한다.

4ばん

デパートで、アナウンスが流れています。保護者はこの後、どこに行きますか。

M: 本日もご来店ありがとうございます。迷子のお知らせです。青い帽子をかぶった5歳くらいの男の子がいます。3階の子ども服売り場の近くで見つかりました。保護者の方は、1階のサービスカウンターに来てください。

保護者はこの後、どこに行きますか。

1 1階のサービスカウンター
2 1階の子ども服売り場
3 3階のサービスカウンター
4 3階の子ども服売り場

4번

백화점에서 안내 방송이 흐르고 있습니다. 보호자는 이후에 어디로 갑니까?

M : 오늘도 방문해 주셔서 감사합니다. 미아 안내입니다. 파란 모자를 쓴 다섯 살 정도의 남자아이가 있습니다. 3층 아동복 판매장 근처에서 발견되었습니다. 보호자 분께서는 1층 서비스 카운터로 와 주십시오.

보호자는 이후에 어디로 갑니까?

1 1층 서비스 카운터
2 1층 아동복 판매장
3 3층 서비스 카운터
4 3층 아동복 판매장

단어 | アナウンス 안내 방송 | 保護者(ほごしゃ) 보호자 | 来店(らいてん) 내점 | 迷子(まいご) 미아 | 青(あお)い 파랗다 | 帽子(ぼうし) 모자 | かぶる (모자를) 쓰다 | 売(う)り場(ば) 판매장 | 見(み)つかる 찾다, 발견되다

해설 | 아이가 발견된 장소와 보호자가 가야 할 장소를 구분해서 듣는 게 중요하다. 보호자는 1층 서비스 카운터로 오라고 했으므로 정답은 1번이다.

5ばん

女の人と男の人が話しています。男の人は旅行のために今何をしていますか。

F : もうすぐ北海道ですね。準備は大丈夫ですか。
M: ホテルと飛行機はもう予約しました。今はガイドブックを読んでいます。
F : ダウンコートは持ってますか。
M: いいえ、持っていません。でも買いに行く予定です。
F : 寒いので、暖かい服をたくさん準備してくださいね。
M: 分かりました。ありがとうございます。
F : 旅行は何日くらい行くんですか。
M: 五日間です。とっても楽しみです。

男の人は旅行のために今何をしていますか。

1 ホテルの予約をしている。
2 ダウンコートを買いにいっている。
3 あたたかい服を借りようとしている。
4 ガイドブックを読んでいる。

5번

여성과 남성이 이야기하고 있습니다. 남성은 여행을 위해 지금 무엇을 하고 있습니까?

F : 이제 곧 홋카이도네요. 준비는 괜찮나요?
M : 호텔과 비행기는 이미 예약했어요. 지금은 가이드북을 읽고 있어요.
F : 패딩은 가지고 있나요?
M : 아니요, 없어요. 하지만 사러 갈 예정이에요.
F : 추우니까 따뜻한 옷을 많이 준비하세요.
M : 알겠습니다. 감사합니다.
F : 여행은 며칠 정도 가나요?
M : 5일간이에요. 정말 기대돼요.

남성은 여행을 위해 지금 무엇을 하고 있습니까?

1 호텔 예약을 하고 있다.
2 패딩을 사러 가 있다.
3 따뜻한 옷을 빌리려고 하고 있다.
4 가이드북을 읽고 있다.

단어 | 旅行(りょこう) 여행 | 準備(じゅんび) 준비 | 飛行機(ひこうき) 비행기 | 予約(よやく) 예약 | ガイドブック 가이드북 | 読(よ)む 읽다 | ダウンコート 다운 코트, 패딩 | 持(も)つ 가지다, 들다 | 寒(さむ)い 춥다 | 暖(あたた)かい 따뜻하다 | 服(ふく) 옷 | 借(か)りる 빌리다 | 楽(たの)しみ 기대, 즐거움

해설 | 남성이 지금 무엇을 하고 있는지 묻고 있다. 남성의 행동을 시점별로 파악해야 한다. 호텔과 비행기 예약은 이미 완료한 일이고, 패딩은 앞으로 사러 갈 계획이라고 했다. 지금은 가이드북을 읽고 있다고 했으므로 정답은 4번이다.

6 ばん

デパートで男の人と女の人が話しています。男の人はどのジャケットを選びましたか。

M：すみません。この青のジャケットですが、もっと大きいのはありませんか。ちょっときついですね。

F：お客様、青は今大きいのがないんですが、黒なら、小さいのも大きいのもあります。デザインは同じです。

M：うーん、どっちの色がいいと思いますか。

F：そうですね。お客様にはどっちの色も似合うと思いますので、好きなほうを選んでください。

M：じゃあ、青もいいけど、やっぱり大きいのがいいから黒にしよう。

男の人はどのジャケットを選びましたか。
1 青の大きいジャケット
2 青の小さいジャケット
3 黒の大きいジャケット
4 黒の小さいジャケット

6번

백화점에서 남성과 여성이 이야기하고 있습니다. 남자는 어느 재킷을 골랐습니까?

M : 실례합니다. 이 파란색 재킷 말인데요, 더 큰 건 없나요? 좀 끼네요.

F : 손님, 파란색은 지금 큰 게 없는데, 검은색이라면 작은 것도 큰 것도 있습니다. 디자인은 같습니다.

M : 음, 어느 쪽 색이 좋을까요?

F : 글쎄요. 손님께는 어느 쪽 색도 잘 어울린다고 생각하니, 좋아하시는 쪽을 골라 주세요.

M : 그럼, 파란색도 좋지만, 역시 큰 게 좋으니까, 검은색으로 할게요.

남성은 어느 재킷을 골랐습니까?
1 파란색 큰 재킷
2 파란색 작은 재킷
3 검은색 큰 재킷
4 검은색 작은 재킷

단어 | ジャケット 재킷 | 選(えら)ぶ 고르다 | 青(あお) 파랑 | 大(おお)きい 크다 | きつい 끼다 | 黒(くろ) 검정 | 小(ちい)さい 작다 | 同(おな)じだ 같다 | 色(いろ) 색 | 似合(にあ)う 어울리다

해설 | 남성은 파란색 재킷을 골랐지만, 사이즈가 좀 끼고 현재 큰 것은 없어서 큰 사이즈가 있는 검은색 재킷을 사기로 결정했다. 따라서 정답은 3번이다.

7 ばん

女の人と男の人が話しています。女の人はどうして映画館に行きたくないですか。

M：今夜、映画を見に行きませんか。

F：いいですね。でも、天気も悪いし、少し疲れてるし…。

M：じゃあ、家で映画見るのはどうですか。

F：いいですね。家だとゆっくりできそうですし。

M：ポップコーン買ってきますね。

F：ありがとうございます。楽しみです。

女の人はどうして映画館に行きたくないですか。
1 疲れているから
2 天気がいいから
3 映画を見たくないから
4 ポップコーンがきらいだから

7번

여성과 남성이 이야기하고 있습니다. 여성은 왜 영화관에 가고 싶어 하지 않습니까?

M : 오늘 밤, 영화 보러 가지 않을래요?

F : 좋네요. 하지만 날씨도 나쁘고, 조금 피곤해서….

M : 그럼, 집에서 영화 보는 건 어때요?

F : 좋네요. 집이면 느긋하게 쉴 수 있을 것 같고요.

M : 팝콘 사 올게요.

F : 고마워요. 기대되네요.

여성은 왜 영화관에 가고 싶어 하지 않습니까?
1 피곤하기 때문에
2 날씨가 좋기 때문에
3 영화를 보고 싶지 않기 때문에
4 팝콘을 싫어하기 때문에

단어 | 今夜(こんや) 오늘 밤 | 映画(えいが) 영화 | 天気(てんき) 날씨 | 悪(わる)い 나쁘다 | 疲(つか)れる 피곤하다 | ポップコーン 팝콘 | きらいだ 싫어하다

해설 | 여성은 날씨도 좋지 않고, 피곤해서 영화관에 가고 싶지 않다고 거절하므로 정답은 1번이다. 집에서 영화를 보기로 했으므로 3번은 오답이다.

もんだい 3

もんだい 3 では、えを見ながら質問を聞いてください。
➡ （やじるし）の人は何と言いますか。1 から 3 の中から、
一番いいものを一つえらんでください。
では、練習しましょう。

문제3

문제3에서는 그림을 보면서 질문을 들으세요.
➡ (화살표)한 사람은 뭐라고 말합니까?
1에서 3 중에서 가장 적당한 것을 하나 고르세요.
그럼 연습합시다.

れい

お見舞いに行って帰ります。何と言いますか。

M：1 おつかれさまです。
　　2 おじゃまします。
　　3 お大事に。

一番いいものは 3 ばんです。解答用紙の問題 3 のれいの
ところを見てください。一番いいものは 3 ばんですから、
答えはこのように書きます。
では、はじめます。

예

병문안하고 돌아갑니다. 뭐라고 말합니까?

M：1 수고하셨습니다.
　　2 실례합니다.
　　3 몸조리 잘하세요.

가장 적당한 것은 3번입니다. 해답 용지 문제3의 예 부분을
보세요. 가장 적당한 것은 3번이므로 답은 이렇게 씁니다.
그럼 시작하겠습니다.

---

1 ばん

部屋が寒いので窓を閉めたいです。何と言いますか。

F：1 窓を閉めてもいいですか。
　　2 窓を開けましょうか。
　　3 窓はどこですか。

1번

방이 추워서 창문을 닫고 싶습니다. 뭐라고 말합니까?

F：1 창문을 닫아도 될까요?
　　2 창문을 열까요?
　　3 창문은 어디입니까?

단어　部屋(へや) 방 | 寒(さむ)い 춥다 | 窓(まど) 창문 | 閉(し)める 닫다 | 開(あ)ける 열다
해설　창문을 닫기 위해 상대방에게 허락을 구하는 상황이다. 정답은 1번이다.

---

2 ばん

友だちが朝、眠そうにしています。何と言いますか。

F：1 きのう、早く寝たの？
　　2 きのう、遅くまで起きてたの？
　　3 きのう、早く起きてたの？

2번

친구가 아침에 졸려 하고 있습니다. 뭐라고 말합니까?

F：1 어제 일찍 잤어?
　　2 어제 늦게까지 깨어 있었어?
　　3 어제 일찍 깨어 있었어?

단어　眠(ねむ)い 졸리다 | 早(はや)い 빠르다, 이르다 | 寝(ね)る 자다 | 遅(おそ)い 늦다 | 起(お)きる 일어나다
해설　아침에 졸려 하는 친구에게 할 말로 적당한 표현은 2번이다.

---

3 ばん

先生が重そうな荷物を運んでいます。手伝いたいです。
何と言いますか。

M：1 手伝いにきます。
　　2 手伝ってもらえますか。
　　3 手伝いましょうか。

3번

선생님이 무거워 보이는 짐을 옮기고 있습니다. 돕고 싶습니다.
뭐라고 말합니까?

M：1 도우러 오겠습니다.
　　2 도와주실 수 있나요?
　　3 도와드릴까요?

단어　重(おも)い 무겁다 | 荷物(にもつ) 짐 | 運(はこ)ぶ 옮기다, 운반하다 | 手伝(てつだ)う 돕다

해설　상대방에게 제안하고 있으므로 정답은 3번이다. 선택지 1번도 본인의 의지를 나타내고 있지만, 현재 상황에서 제안하는 말로는 어색하다.

---

4 ばん

バスで席に座りたいです。隣に座れるかどうか聞きたいです。何と言いますか。

M：1　あのう、隣でいいです。

　　2　あのう、ここに座ってもらえますか。

　　3　あのう、ここに座ってもいいですか。

4번

버스에서 자리에 앉고 싶습니다. 옆에 앉을 수 있는지 묻고 싶습니다. 뭐라고 말합니까?

M：1　저기, 옆이면 됩니다.

　　2　저기, 여기 앉아 주겠어요?

　　3　저기, 여기 앉아도 될까요?

단어　席(せき) 자리 | 座(すわ)る 앉다

해설　옆에 앉아도 되냐고 묻는 표현으로 적당한 것은 3번이다. 2번은 상대방에게 앉으라고 부탁하는 표현이므로 오답이다.

---

5 ばん

レストランで注文したいです。何と言いますか。

F：1　メニューを見ました。

　　2　メニューをください。

　　3　メニューはおいしいですか。

5번

레스토랑에서 주문하고 싶습니다. 뭐라고 말합니까?

F：1　메뉴를 봤습니다.

　　2　메뉴 주세요.

　　3　메뉴는 맛있습니까?

단어　レストラン 레스토랑 | 注文(ちゅうもん) 주문

해설　주문하려면 메뉴판을 확인해야 하므로 메뉴판을 요청하는 2번이 정답이다.

もんだい 4

もんだい 4 では、えなどがありません。まず文を聞いてください。それから、その返事を聞いて、1から3の中から、一番いいものを一つえらんでください。

では、練習しましょう。

문제4

문제4에서는 그림 등이 없습니다. 먼저 문장을 들어 주세요.
그리고 그 응답을 듣고 1에서 3 중에서 가장 적당한 것을 하나 골라 주세요.
그럼 연습합시다.

れい

M：ジュース買いに行きますけど、何か買ってきましょうか。

F：1　え、いいですよ。

　　2　そうですか。おいしそうですね。

　　3　あ、コーヒー、お願いします。

一番いいものは 3 ばんです。解答用紙の問題 3 のれいのところを見てください。一番いいものは 3 ばんですから、答えはこのように書きます。

では、はじめます。

예

M：주스 사러 갈 건데 뭔가 사 올까요?

F：1　네, 괜찮아요.

　　2　그런가요? 맛있어 보이네요.

　　3　아, 커피 부탁합니다.

가장 적당한 것은 3번입니다. 해답 용지 문제4의 예 부분을 보세요. 가장 적당한 것은 3번이므로 답은 이렇게 씁니다.
그럼 시작하겠습니다.

1 ばん

M：車のかぎ、どこにあるの？

F：1 あっちにいるよ。

　2 ５時だよ。

　3 テーブルの上にあるよ。

1번

M：자동차 키 어디에 있어？

F：1 저쪽에 있어.

　2 다섯 시야.

　3 탁자 위에 있어.

단어　かぎ 열쇠 | テーブル 테이블 | 上(うえ) 위

해설　열쇠와 같은 무생물의 위치를 말할 때는 동사 ある를 써야 하므로 정답은 3번이다. いる는 사람이나 동물 등이 있다고 할 때 쓰므로 실수하지 않게 주의한다.

2 ばん

F：チェックアウトは何時ですか

M：1 午前11時までです。

　2 チェックインは３時です。

　3 はい、ご利用ありがとうございました。

2번

F：체크아웃은 몇 시인가요？

M：1 오전 11시까지입니다.

　2 체크인은 3시입니다.

　3 네, 이용해 주셔서 감사합니다.

단어　チェックアウト 체크아웃 | 何時(なんじ) 몇 시 | チェックイン 체크인 | 利用(りよう) 이용

해설　체크아웃은 몇 시냐고 물었으므로 11시까지라고 알려 준 1번이 정답이다.

3 ばん

M：部長いますか。話したいことがあるんですが。

F：1 あしたの午後なら大丈夫ですよ。

　2 はい、今席にいますよ。

　3 きのう会議室にいましたよ。

3번

M：부장님 있어요？ 이야기하고 싶은 게 있어서요.

F：1 내일 오후라면 괜찮아요.

　2 네, 지금 자리에 있어요.

　3 어제 회의실에 있었어요.

단어　部長(ぶちょう) 부장 | 話(はな)す 이야기하다 | 大丈夫(だいじょうぶ)だ 괜찮다 | 今(いま) 지금 | 席(せき) 자리 | 会議室(かいぎしつ) 회의실

해설　부장님이 있냐고 질문했으므로 지금 자리에 있다고 한 2번이 정답이다.

4 ばん

M：ここでバーベキューしてもいいですか。

F：1 はい、許可があれば大丈夫です。

　2 いいえ、ここは広いです。

　3 ここでは火を使いません。

4번

M：여기서 바비큐 해도 될까요？

F：1 네, 허가가 있다면 괜찮습니다.

　2 아니요, 여기는 넓습니다.

　3 여기서는 불을 사용하지 않습니다.

단어　バーベキュー 바비큐 | 許可(きょか) 허가 | 広(ひろ)い 넓다 | 火(ひ) 불 | 使(つか)う 사용하다

해설　바비큐 해도 되냐고 허락을 구하고 있으므로 허가가 있으면 가능하다고 구체적인 답변을 한 1번이 정답이다.

5 ばん

M：先生、今日は宿題がありますか

F：1 今出してください。

　2 宿題は難しくないです。

　3 はい、45ページから50ページまでです。

5번

M：선생님, 오늘은 숙제가 있습니까？

F：1 지금 제출해 주세요.

　2 숙제는 어렵지 않습니다.

　3 네, 45쪽부터 50쪽까지입니다.

단어　宿題(しゅくだい) 숙제 | 難(むずか)しい 어렵다 | ページ 페이지, 쪽

해설　오늘 숙제가 있냐는 질문에 '네'라고 대답한 뒤 구체적으로 범위를 알려주는 3번이 정답이다. 1번은 이미 끝낸 숙제를 거두는 상황이므로 오답이다.

6 ばん

F : このレジ、**現金しか使えませんか。**
M : 1 **現金で払いました。**
　　2 **クレジットカードも使えますよ。**
　　3 **現金じゃありません。**

6번

F : 이 계산대, 현금밖에 못 쓰나요?
M : 1 현금으로 지불했습니다.
　　2 신용카드도 쓸 수 있어요.
　　3 현금이 아니에요.

단어　現金(げんきん) 현금 | 使(つか)う 사용하다 | 払(はら)う 지불하다

해설　현금밖에 못 쓰냐고 질문하고 있으므로 신용카드도 쓸 수 있다고 대답한 2번이 정답이다.

7 ばん

F : すみません、**新宿駅は次ですか。**
M : 1 はい、**降ります。**
　　2 はい、**次は東京です。**
　　3 いいえ、**次の次が新宿です。**

7번

F : 죄송합니다, 신주쿠역은 다음인가요?
M : 1 네, 내려요.
　　2 네, 다음은 도쿄입니다.
　　3 아니요, 다음다음이 신주쿠입니다.

단어　次(つぎ) 다음

해설　다음 역이 신주쿠역이냐고 묻고 있으므로, 아니라고 정정한 뒤 다음다음 역이 신주쿠라고 알려준 3번이 정답이다.

8 ばん

M : **今日は薬もらえますか。**
F : 1 はい、**受付でお出しします。**
　　2 はい、**今日はこんでいます。**
　　3 はい、**薬を飲んでもいいです。**

8번

M : 오늘은 약을 받을 수 있나요?
F : 1 네, 접수처에서 드릴 거예요.
　　2 네, 오늘은 붐빕니다.
　　3 네, 약을 먹어도 됩니다.

단어　薬(くすり) 약 | もらう 받다 | 受付(うけつけ) 접수처 | 出(だ)す 내다 | こむ 붐비다

해설　약을 받을 수 있는지 묻고 있으므로 '네'라고 대답한 뒤 약을 주는 장소를 언급하고 있는 1번이 정답이다.

N4 제1회 실전모의테스트
げんごちしき (もじ・ごい)

じゅけんばんごう
Examinee Registration
Number

なまえ
Name

〈ちゅうい Notes〉
1. 〈ろい えんぴつ (HB、No.2) で かいて ください。
   〈ペンや ボールペンでは かかないで ください。〉
   Use a black medium soft (HB or No.2) pencil.
   (Do not use any kind of pen.)
2. かきなおす ときは、けしゴムで きれいに けして ください。
   Erase any unintended marks completely.
3. きたなく したり、おったり しないで ください。
   Do not soil or bend this sheet.
4. マークれい Marking examples

よい れい Correct Example	わるい れい Incorrect Examples
●	⊘ ⊖ ○ ● ◑ ◐

もんだい 1

1	①	②	③	④
2	①	②	③	④
3	①	②	③	④
4	①	②	③	④
5	①	②	③	④
6	①	②	③	④
7	①	②	③	④

もんだい 2

8	①	②	③	④
9	①	②	③	④
10	①	②	③	④
11	①	②	③	④
12	①	②	③	④

もんだい 3

13	①	②	③	④
14	①	②	③	④
15	①	②	③	④
16	①	②	③	④
17	①	②	③	④
18	①	②	③	④
19	①	②	③	④
20	①	②	③	④

もんだい 4

21	①	②	③	④
22	①	②	③	④
23	①	②	③	④
24	①	②	③	④

もんだい 5

25	①	②	③	④
26	①	②	③	④
27	①	②	③	④
28	①	②	③	④

もんだい 1

1	①	②	③	④
2	①	②	③	④
3	①	②	③	④
4	①	②	③	④
5	①	②	③	④
6	①	②	③	④
7	①	②	③	④
8	①	②	③	④
9	①	②	③	④
10	①	②	③	④
11	①	②	③	④
12	①	②	③	④
13	①	②	③	④

もんだい 2

14	①	②	③	④
15	①	②	③	④
16	①	②	③	④
17	①	②	③	④

もんだい 3

18	①	②	③	④
19	①	②	③	④
20	①	②	③	④
21	①	②	③	④

もんだい 4

22	①	②	③	④
23	①	②	③	④
24	①	②	③	④

もんだい 5

25	①	②	③	④
26	①	②	③	④
27	①	②	③	④

もんだい 6

28	①	②	③	④
29	①	②	③	④

にほんごのうりょくしけん かいとうようし

N4 제1회 실전모의테스트
ちょうかい

じゅけんばんごう
Examinee Registration
Number

なまえ
Name

〈ちゅうい Notes〉
1. くろい えんぴつ (HB、No.2) で かいて ください。
   〈ペンや ボールペンでは かかないで ください。〉
   Use a black medium soft (HB or No.2) pencil.
   (Do not use any kind of pen.)
2. かきなおす ときは、けしゴムで きれいに けして
   ください。
   Erase any unintended marks completely.
3. きたなく したり、おったり しないで ください。
   Do not soil or bend this sheet.
4. マークれい Marking examples

よい れい Correct Example	わるい れい Incorrect Examples
●	⊘ ⊗ ○ ◖ ◑ ⊙ ●

もんだい 1

れい	①	②	③	●
1	①	②	③	④
2	①	②	③	④
3	①	②	③	④
4	①	②	③	④
5	①	②	③	④
6	①	②	③	④
7	①	②	③	④
8	①	②	③	④

もんだい 2

れい	①	●	③	④
1	①	②	③	④
2	①	②	③	④
3	①	②	③	④
4	①	②	③	④
5	①	②	③	④
6	①	②	③	④
7	①	②	③	④

もんだい 3

れい	①	②	●
1	①	②	③
2	①	②	③
3	①	②	③
4	①	②	③
5	①	②	③

もんだい 4

れい	①	②	●
1	①	②	③
2	①	②	③
3	①	②	③
4	①	②	③
5	①	②	③
6	①	②	③
7	①	②	③
8	①	②	③

にほんごのうりょくしけん かいとうようし
Examinee Registration Number

N4 제2회 실전모의테스트

げんごちしき (もじ・ごい)

じゅけんばんごう
Examinee Registration
Number

なまえ
Name

もんだい 1

1	①	②	③	④
2	①	②	③	④
3	①	②	③	④
4	①	②	③	④
5	①	②	③	④
6	①	②	③	④
7	①	②	③	④

もんだい 2

8	①	②	③	④
9	①	②	③	④
10	①	②	③	④
11	①	②	③	④
12	①	②	③	④

もんだい 3

13	①	②	③	④
14	①	②	③	④
15	①	②	③	④
16	①	②	③	④
17	①	②	③	④
18	①	②	③	④
19	①	②	③	④

もんだい 4

20	①	②	③	④
21	①	②	③	④
22	①	②	③	④
23	①	②	③	④
24	①	②	③	④

もんだい 5

25	①	②	③	④
26	①	②	③	④
27	①	②	③	④
28	①	②	③	④

にほんごのうりょくしけん かいとうようし

N4 제2회 실전모의테스트
げんごちしき (ぶんぽう)・どっかい

じゅけんばんごう
Examinee Registration
Number

なまえ
Name

もんだい 1

1	①	②	③	④
2	①	②	③	④
3	①	②	③	④
4	①	②	③	④
5	①	②	③	④
6	①	②	③	④
7	①	②	③	④
8	①	②	③	④
9	①	②	③	④
10	①	②	③	④
11	①	②	③	④
12	①	②	③	④
13	①	②	③	④

もんだい 2

14	①	②	③	④
15	①	②	③	④
16	①	②	③	④
17	①	②	③	④

もんだい 3

18	①	②	③	④
19	①	②	③	④
20	①	②	③	④
21	①	②	③	④

もんだい 4

22	①	②	③	④
23	①	②	③	④
24	①	②	③	④

もんだい 5

25	①	②	③	④
26	①	②	③	④
27	①	②	③	④

もんだい 6

28	①	②	③	④
29	①	②	③	④

N4 제2회 실전모의테스트

ちょうかい

もんだい1

れい	①	②	③	●
1	①	②	③	④
2	①	②	③	④
3	①	②	③	④
4	①	②	③	④
5	①	②	③	④
6	①	②	③	④
7	①	②	③	④
8	①	②	③	④

もんだい2

れい	①	②	●	④
1	①	②	③	④
2	①	②	③	④
3	①	②	③	④
4	①	②	③	④
5	①	②	③	④
6	①	②	③	④
7	①	②	③	④

もんだい3

れい	①	●
1	①	②
2	①	②
3	①	②
4	①	②
5	①	②

もんだい4

れい	①	②	●
1	①	②	③
2	①	②	③
3	①	②	③
4	①	②	③
5	①	②	③
6	①	②	③
7	①	②	③
8	①	②	③

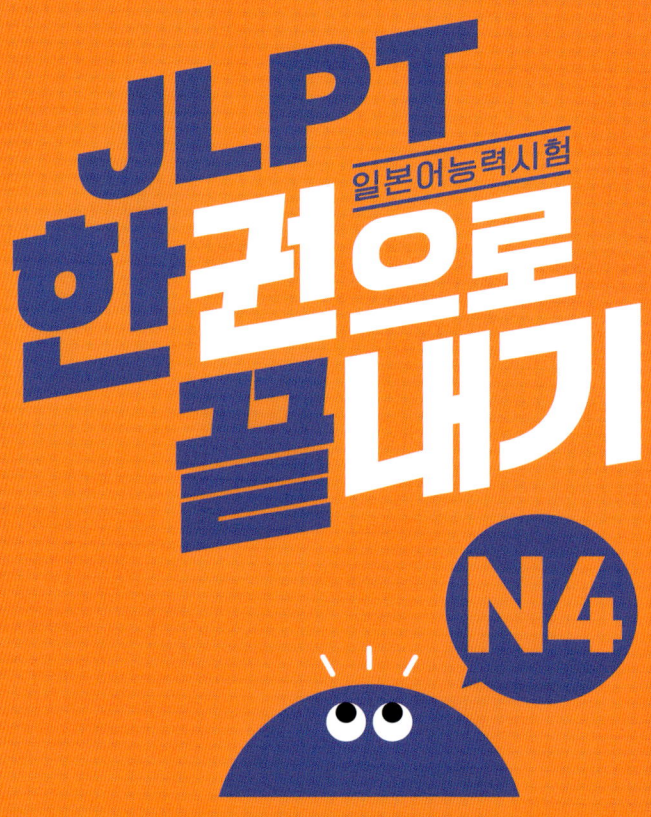

JLPT

일본어능력시험

한 권으로 끝내기

이치우, 이한나, 이영아 공저

스피드
체크북
문자·어휘·문법

N4

다락원

목차

언어지식

문자·어휘 직전 체크!

01 한자읽기 기출어휘

あ

□ 青い	あおい	파랗다
□ 赤い	あかい	빨갛다
□ 明るい	あかるい	밝다
□ 秋	あき	가을
□ 開ける	あける	열다
□ 味	あじ	맛
□ 頭	あたま	머리
□ 暑い	あつい	덥다
□ 暑さ	あつさ	더위
□ 集まる	あつまる	모이다
□ 集める	あつめる	모으다
□ 姉	あね	언니, 누나
□ 洗う	あらう	씻다
□ 歩く	あるく	걷다
□ 安心	あんしん	안심
□ 以外	いがい	이외
□ 池	いけ	연못
□ 意見	いけん	의견
□ 石	いし	돌
□ 医者	いしゃ	의사
□ 以上	いじょう	이상
□ 急ぐ	いそぐ	서두르다
□ 一度	いちど	한 번
□ 糸	いと	실
□ 妹	いもうと	여동생
□ 色	いろ	색
□ 動く	うごく	움직이다

□ 歌	うた	노래
□ 歌う	うたう	노래를 부르다
□ 写す	うつす	베끼다, 찍다
□ 海	うみ	바다
□ 売る	うる	팔다
□ 売れる	うれる	팔리다
□ 運転	うんてん	운전
□ 運動	うんどう	운동
□ 営業	えいぎょう	영업
□ 英語	えいご	영어
□ 起きる	おきる	일어나다
□ 送る	おくる	보내다
□ 行う	おこなう	행하다
□ 教える	おしえる	가르치다
□ お正月	おしょうがつ	양력설
□ 押す	おす	누르다, 밀다
□ お姉さん	おねえさん	언니, 누나
□ 重い	おもい	무겁다
□ 親指	おやゆび	엄지
□ 泳ぐ	およぐ	헤엄치다
□ 終わる	おわる	끝나다
□ 音楽	おんがく	음악

か

□ 顔	かお	얼굴
□ 会場	かいじょう	회장, 행사장
□ 帰る	かえる	돌아가다
□ 火事	かじ	화재

☐ 貸す	かす	빌려주다	☐ 県	けん	현(일본 행정구역)
☐ 風	かぜ	바람	☐ 研究	けんきゅう	연구
☐ 数える	かぞえる	세다	☐ 公園	こうえん	공원
☐ 家族	かぞく	가족	☐ 工事	こうじ	공사
☐ 方	かた	분	☐ 工場	こうじょう	공장
☐ 紙	かみ	종이	☐ 声	こえ	(목)소리
☐ 通う	かよう	다니다	☐ 氷	こおり	얼음
☐ 体	からだ	몸	☐ 心	こころ	마음
☐ 軽い	かるい	가볍다	☐ 答える	こたえる	대답하다
☐ 代わり	かわり	대신	☐ 今度	こんど	이번, 다음
☐ 考える	かんがえる	생각하다			
☐ 北区	きたく	기타구(지명)			

さ

☐ 切手	きって	우표
☐ 気分	きぶん	기분
☐ 決まる	きまる	결정되다
☐ 着物	きもの	옷, 일본 전통 의상
☐ 急行	きゅうこう	급행
☐ 急に	きゅうに	급히, 갑자기
☐ 教室	きょうしつ	교실
☐ 去年	きょねん	작년
☐ 銀行	ぎんこう	은행
☐ 近所	きんじょ	근처
☐ 区	く	구(행정구역 단위)
☐ 空港	くうこう	공항
☐ 薬	くすり	약
☐ 首	くび	목
☐ 雲	くも	구름
☐ 暗い	くらい	어둡다
☐ 黒い	くろい	검다
☐ 計画	けいかく	계획
☐ 経験	けいけん	경험

さ칼럼:

☐ 最近	さいきん	최근
☐ 最後	さいご	최후, 마지막
☐ 寒い	さむい	춥다
☐ 皿	さら	접시
☐ 産業	さんぎょう	산업
☐ 試合	しあい	시합
☐ 仕事	しごと	일, 직업
☐ 質問	しつもん	질문
☐ 自転車	じてんしゃ	자전거
☐ 品物	しなもの	물건
☐ 死ぬ	しぬ	죽다
☐ 市民	しみん	시민
☐ 社会	しゃかい	사회
☐ 住所	じゅうしょ	주소
☐ 出発	しゅっぱつ	출발
☐ 小説	しょうせつ	소설
☐ 食堂	しょくどう	식당
☐ 食料品	しょくりょうひん	식료품
☐ 女性	じょせい	여성

□ 知る	しる	알다
□ 白い	しろい	하얗다, 희다
□ 人口	じんこう	인구
□ 親切だ	しんせつだ	친절하다
□ 新聞社	しんぶんしゃ	신문사
□ 水道	すいどう	수도
□ 好きだ	すきだ	좋아하다
□ 少し	すこし	조금
□ 進む	すすむ	나아가다, 진행되다
□ 生産	せいさん	생산
□ 西洋	せいよう	서양
□ 世界	せかい	세계
□ 説明	せつめい	설명
□ 世話	せわ	도와줌, 보살핌
□ 祖母	そぼ	조모, 할머니

た

□ 大使館	たいしかん	대사관
□ 台所	だいどころ	부엌
□ 建物	たてもの	건물
□ 楽しい	たのしい	즐겁다
□ 足りない	たりない	모자르다, 부족하다
□ 足りる	たりる	충분하다
□ 近い	ちかい	가깝다
□ 力	ちから	힘
□ 茶色	ちゃいろ	갈색
□ 注意	ちゅうい	주의
□ 中止	ちゅうし	중지
□ 地理	ちり	지리
□ 使う	つかう	사용하다
□ 着く	つく	도착하다

□ 机	つくえ	책상
□ 都合	つごう	사정, 형편
□ 強い	つよい	강하다
□ 手紙	てがみ	편지
□ 店員	てんいん	점원
□ 遠い	とおい	멀다
□ 遠く	とおく	멀리
□ 通る	とおる	지나다
□ 都会	とかい	도시
□ 特別だ	とくべつだ	특별하다
□ 図書館	としょかん	도서관
□ 特急	とっきゅう	특급
□ 止まる	とまる	멈추다
□ 鳥	とり	새

な

□ 夏	なつ	여름
□ 習う	ならう	배우다
□ 何枚	なんまい	몇 매, 몇 장
□ 二台	にだい	두 대
□ 日記	にっき	일기
□ 入院	にゅういん	입원
□ 眠い	ねむい	졸리다
□ 眠る	ねむる	자다
□ 乗る	のる	타다

は

□ 運ぶ	はこぶ	나르다, 옮기다
□ 始める	はじめる	시작하다
□ 場所	ばしょ	장소
□ 走る	はしる	달리다
□ 働く	はたらく	일하다
□ 発音	はつおん	발음
□ 花	はな	꽃
□ 早い	はやい	빠르다
□ 早く	はやく	일찍, 빨리
□ 春	はる	봄
□ 反対	はんたい	반대
□ 火	ひ	불
□ 光	ひかり	빛
□ 光る	ひかる	빛나다
□ 引く	ひく	당기다
□ 低い	ひくい	낮다
□ 病院	びょういん	병원
□ 昼	ひる	낮
□ 広い	ひろい	넓다
□ 服	ふく	옷
□ 太い	ふとい	굵다
□ 船	ふね	배
□ 不便だ	ふべんだ	불편하다
□ 冬	ふゆ	겨울
□ 古い	ふるい	낡다, 오래되다
□ 文	ぶん	문장
□ 文学	ぶんがく	문학
□ 勉強	べんきょう	공부

ま

□ 毎朝	まいあさ	매일 아침
□ 町	まち	도시, 마을
□ 待つ	まつ	기다리다
□ 間に合う	まにあう	시간에 맞추다
□ 短い	みじかい	짧다
□ 港	みなと	항구
□ 村	むら	마을
□ 目	め	눈
□ 持つ	もつ	들다, 가지다
□ 森	もり	숲
□ 門	もん	문

や

□ 野菜	やさい	채소
□ 夕方	ゆうがた	저녁
□ 有名だ	ゆうめいだ	유명하다
□ 用事	ようじ	볼일, 용무
□ 洋服	ようふく	양복, 옷
□ 予習	よしゅう	예습
□ 予定	よてい	예정
□ 予報	よほう	예보
□ 夜	よる	밤
□ 弱い	よわい	약하다

ら

□ 利用	りよう	이용
□ 旅行	りょこう	여행

□ 別れる　わかれる　헤어지다

□ 悪い　わるい　나쁘다

あ

□ あう	会う	만나다
□ あおい	青い	파랗다
□ あかい	赤い	빨갛다
□ あかるい	明るい	밝다
□ あき	秋	가을
□ あける	開ける	열다
□ あさ	朝	아침
□ あし	足	발
□ あじ	味	맛
□ あつい	暑い	덥다
□ あつまる	集まる	모이다
□ あに	兄	형, 오빠
□ あね	姉	언니, 누나
□ あらう	洗う	씻다
□ あるく	歩く	걷다
□ いう	言う	말하다
□ いか	以下	이하
□ いきかた	行き方	가는 방법
□ いけ	池	연못
□ いしゃ	医者	의사
□ いじょう	以上	이상
□ いぬ	犬	개
□ いみ	意味	의미, 뜻
□ いもうと	妹	여동생
□ うごく	動く	움직이다
□ うた	歌	노래
□ うみ	海	바다

□ うる	売る	팔다
□ うんてん	運転	운전
□ うんどう	運動	운동
□ えいが	映画	영화
□ えいがかん	映画館	영화관
□ えいぎょう	営業	영업
□ えいご	英語	영어
□ おくじょう	屋上	옥상
□ おくる	送る	보내다
□ おしえる	教える	가르치다
□ おと	音	소리
□ おとうと	弟	남동생
□ おなじだ	同じだ	같다
□ おもい	重い	무겁다
□ おもいだす	思い出す	생각해 내다
□ おもう	思う	생각하다
□ おわる	終わる	끝나다

か

□ かう	買う	사다
□ かえる	帰る	돌아가다
□ かお	顔	얼굴
□ かきかた	書き方	쓰는 법
□ かす	貸す	빌려주다
□ かぜ	風	바람
□ かぞく	家族	가족
□ かりる	借りる	빌리다
□ かるい	軽い	가볍다

かわり	代わり	대신	
かんがえる	考える	생각하다	
かんじ	漢字	한자	
きこく	帰国	귀국	
きまる	決まる	결정되다	
ぎゅうにく	牛肉	소고기	
きょうしつ	教室	교실	
くうこう	空港	공항	
くすり	薬	약	
くらい	暗い	어둡다	
くろい	黒い	검다	
けいかく	計画	계획	
けいけん	経験	경험	
けんきゅう	研究	연구	
こうじょう	工場	공장	
こうつう	交通	교통	
こえ	声	(목)소리	
こおり	氷	얼음	
こたえる	答える	대답하다	
ことり	小鳥	작은 새	

さ

さむい	寒い	춥다	
しあい	試合	시합	
しつもん	質問	질문	
じてんしゃ	自転車	자전거	
じどうしゃ	自動車	자동차	
しぬ	死ぬ	죽다	
しみん	市民	시민	
しめる	閉める	닫다	
しゃしん	写真	사진	

じゅうしょ	住所	주소	
じゅぎょう	授業	수업	
しゅっぱつ	出発	출발	
しょくどう	食堂	식당	
しょくりょうひん	食料品	식료품	
じょせい	女性	여성	
しらべる	調べる	조사하다	
しる	知る	알다	
しろい	白い	하얗다, 희다	
しんせつだ	親切だ	친절하다	
すきだ	好きだ	좋아하다	
すすむ	進む	나아가다, 진행되다	
すむ	住む	살다	
せつめい	説明	설명	
せんしゅう	先週	지난주	

た

だいどころ	台所	부엌	
たいふう	台風	태풍	
ただしい	正しい	바르다, 옳다	
たてる	建てる	세우다	
ちかく	近く	근처	
ちず	地図	지도	
ちゅうい	注意	주의	
つかう	使う	사용하다	
つくる	作る	만들다	
てんいん	店員	점원	
～ど	～度	～번	
とおい	遠い	멀다	
とおく	遠く	멀리	
とくべつだ	特別だ	특별하다	

☐ とけい	時計	시계	
☐ とじる	閉じる	닫다	
☐ どようび	土曜日	토요일	
☐ とり	鳥	새	

な

☐ なつ	夏	여름
☐ ならう	習う	배우다
☐ にっき	日記	일기
☐ にゅういん	入院	입원
☐ ねむい	眠い	졸리다
☐ のる	乗る	타다

は

☐ はこぶ	運ぶ	나르다, 옮기다
☐ はじめる	始める	시작하다
☐ ばしょ	場所	장소
☐ はしる	走る	달리다
☐ はたらく	働く	일하다
☐ はなし	話	이야기
☐ はやく	早く	일찍, 빨리
☐ はやし	林	숲
☐ はんたい	反対	반대
☐ ひかり	光	빛
☐ ひく	引く	끌다
☐ びょういん	病院	병원
☐ ひらく	開く	열리다
☐ ひるごはん	昼ご飯	점심밥
☐ ひるやすみ	昼休み	점심시간
☐ ひろい	広い	넓다
☐ ふく	服	옷

☐ ふね	船	배
☐ ふゆ	冬	겨울
☐ ふるい	古い	낡다, 오래되다
☐ ぶん	文	문장
☐ べんりだ	便利だ	편리하다
☐ ほんや	本屋	서점

ま

☐ まいあさ	毎朝	매일 아침
☐ まち	町	도시, 마을
☐ まつ	待つ	기다리다
☐ もり	森	숲
☐ もんだい	問題	문제

や

☐ やさい	野菜	채소
☐ ゆうがた	夕方	저녁
☐ ゆうはん	夕飯	저녁밥
☐ ゆうめいだ	有名だ	유명하다
☐ ゆき	雪	눈
☐ ようじ	用事	볼일, 용무
☐ よてい	予定	예정
☐ よる	夜	밤
☐ よわい	弱い	약하다

ら

☐ りょうり	料理	요리
☐ りょかん	旅館	여관
☐ りょこう	旅行	여행

□ わたくし　私　^저

03 문맥구성 기출어휘

あ

- あさい 　 얕다
- アルバイト 　 아르바이트
- アンケート 　 앙케트, 설문 조사
- あんしん 　 안심
- あんぜんだ 　 안전하다
- あんない 　 안내
- いか 　 이하
- いがい 　 이외
- いくら ～ても 　 아무리 ～해도
- いけん 　 의견
- いじょう 　 이상
- いっけん 　 한 채
- いっしょうけんめい 　 열심히
- いって まいります 　 다녀오겠습니다
- いなか 　 시골
- うえる 　 심다
- うけつけ 　 접수, 접수처
- うける 　 (시험을) 치다
- うすい 　 얇다
- うつ 　 치다, 부딪다
- うつる 　 찍히다
- うで 　 팔
- うむ 　 낳다
- うるさい 　 시끄럽다
- えいぎょう 　 영업
- おいわい 　 축하 선물

- おうふく 　 왕복
- おくじょう 　 옥상
- おくれる 　 늦다
- おだいじに 　 몸조리 잘하세요
- おつり 　 거스름돈
- おとす 　 떨어뜨리다
- おぼえる 　 외우다, 기억하다
- おみやげ 　 여행 선물, 기념품
- おもいで 　 추억
- おもちゃ 　 장난감
- おや 　 이런, 아니
- おる 　 접다
- おれい 　 사례, 감사 인사
- おれる 　 부러지다

か

- かいじょう 　 회장, 행사장
- かがみ 　 거울
- かざる 　 장식하다, 꾸미다
- かたい 　 딱딱하다, 단단하다
- かたち 　 형태, 모양
- かたづける 　 정리하다
- カッター 　 커터칼
- かべ 　 벽
- かまいません 　 상관없습니다
- かむ 　 씹다
- かわく 　 마르다
- かんけい 　 관계

☐ きかい	기회		☐ しっぱい	실패
☐ きけん	위험		☐ しつれいだ	무례하다
☐ ぎじゅつ	기술		☐ じゃま	방해
☐ きぶん	기분		☐ じゃまに なる	방해가 되다
☐ きゅうこう	급행		☐ しゅうかん	습관
☐ きょうそう	경쟁		☐ じゆうに	자유롭게
☐ きょうみ	흥미, 관심		☐ じゅうぶん	충분함, 충분히
☐ ぐあい	상태		☐ しゅるい	종류
☐ くらべる	비교하다		☐ じゅんび	준비
☐ けいけん	경험		☐ しょうかい	소개
☐ ゲーム	게임		☐ しょうたい	초대
☐ けしき	경치		☐ しょうらい	장래, 미래
☐ けっか	결과		☐ しらべる	조사하다
☐ けんか	싸움		☐ しんぱい	걱정
☐ こうがい	교외		☐ スイッチ	스위치
☐ こころ	마음		☐ すぎる	지나다, 통과하다
☐ こしょう	고장		☐ すすむ	나아가다, 진행되다
☐ こまかい	잘다		☐ すてる	버리다
☐ こむ	붐비다		☐ ～せい	～제
☐ こわい	무섭다		☐ せいさん	생산
			☐ せつめい	설명
			☐ ぜひ	꼭
			☐ せわ	도와줌, 보살핌
			☐ センチ	센티미터
			☐ そうだん	상담, 의논
			☐ そだてる	키우다, 기르다
			☐ それに	게다가
			☐ そろそろ	슬슬

さ

☐ さか	언덕
☐ さがす	찾다
☐ さす	(우산을) 쓰다
☐ さそう	권하다
☐ さっき	조금 전
☐ さびしい	쓸쓸하다
☐ さわる	만지다
☐ ざんねんだ	유감이다, 아쉽다
☐ しかる	야단치다

た

☐	だいじだ	소중하다, 중요하다
☐	タオル	수건, 타월
☐	たかい	비싸다
☐	だから	그러니까, 그래서
☐	たしかだ	분명하다
☐	たす	더하다
☐	だす	내다, 제출하다
☐	たのむ	부탁하다
☐	たりない	모자르다, 부족하다
☐	だんぼう	난방
☐	チェック	체크
☐	チケット	티켓
☐	ちこく	지각
☐	チャンス	찬스, 기회
☐	ちゅうい	주의
☐	ちゅうし	중지
☐	ちょきん	저금
☐	つごう	사정, 형편
☐	つたえる	전하다
☐	つつむ	싸다, 포장하다
☐	ていねいだ	정중하다
☐	てつだう	돕다
☐	とうとう	드디어
☐	とどく	도달하다, 도착하다
☐	とまる	멈추다, 멎다, 묵다
☐	とめる	멈추다, 세우다
☐	とりかえる	바꾸다
☐	どんどん	부쩍, 계속

な

☐	なおす	고치다
☐	なおる	회복되다, 복구되다
☐	なるべく	가급적, 되도록
☐	なれる	익숙해지다
☐	におい	냄새
☐	にがい	쓰다
☐	にんき	인기
☐	ねだん	가격
☐	ねっしんに	열심히
☐	ねぼう	늦잠
☐	ねむい	졸리다
☐	のこる	남다
☐	のど	목
☐	のり	풀
☐	のる	실리다
☐	のりかえる	갈아타다, 환승하다

は

☐	パートタイム	파트타임
☐	はこぶ	나르다, 옮기다
☐	はさみ	가위
☐	はずかしい	부끄럽다
☐	パソコン	퍼스널 컴퓨터
☐	はっきり	분명히, 명확히
☐	はる	붙이다
☐	ばんぐみ	프로그램
☐	ひえる	차가워지다, 식다
☐	ひきだし	서랍
☐	ひっこし	이사

☐ ひつようだ	필요하다	
☐ ひろう	줍다	
☐ ふかい	깊다	
☐ ふくしゅう	복습	
☐ ふべんだ	불편하다	
☐ ふむ	밟다	
☐ ぼうえき	무역	
☐ ポスター	포스터	
☐ ほうそう	방송	
☐ ほんやく	번역	

ま

☐ まける	지다
☐ または	또는
☐ まっすぐ	똑바로, 곧장
☐ みつかる	발견되다
☐ むかえる	맞이하다
☐ めずらしい	희귀하다, 드물다
☐ メニュー	메뉴

や

☐ やくそく	약속
☐ やくに たつ	도움이 되다
☐ やちん	집세
☐ やっと	겨우, 가까스로
☐ やっぱり	역시
☐ やわらかい	부드럽다
☐ ゆめ	꿈
☐ ようい	준비
☐ よやく	예약
☐ よる	들르다

☐ よろこぶ	기쁘다, 즐거워하다

ら

☐ らいしゅう	다음 주
☐ りゆう	이유
☐ りよう	이용
☐ ルール	룰, 규칙
☐ るす	집을 비움, 부재중
☐ れいぼう	냉방
☐ レジ	금전 출납계, 계산대
☐ レポート	리포트
☐ レンジ	전자레인지
☐ れんらく	연락

わ

☐ わく	끓다
☐ われる	깨지다

04 유의표현 기출어휘

□ あいさつしました　인사했습니다
　≒「おはようございます」と　言いました　'안녕하세요'라고 말했습니다
　≒「こんにちは」と　言いました　'안녕하세요'라고 말했습니다

□ あした　≒　あす　내일

□ A「あした　しょくじに　行きませんか」　A "내일 식사하러 가지 않겠습니까?"
　B「あしたは　ちょっと」　B "내일은 좀"
　≒　B「あしたは　だめです」　B "내일은 안됩니다"

□ あめが　ざあざあ　ふって　います　비가 주룩주룩 내리고 있습니다
　≒　あめが　つよく　ふって　います　비가 세차게 내리고 있습니다

□ あぶないです　위험합니다
　≒　きけんです　위험합니다

□ あやまりました　사과했습니다
　≒「ごめんなさい」と　言いました　'미안합니다'라고 말했습니다

□ アルバイトを　します　아르바이트를 합니다
　≒　はたらきます　일합니다

□ あんぜんです　안전합니다
　≒　あぶなく　ないです　위험하지 않습니다

□ 意見が　いいと　思います　의견이 좋다고 생각합니다
　≒　意見に　さんせいします　의견에 찬성합니다

□ いしゃと　かんごふ　いがいは　入らないで　ください
　의사와 간호사 이외는 들어가지 마세요
　≒　いしゃと　かんごふは　入っても　いいです　의사와 간호사는 들어가도 됩니다

□ 1ばんの　へや、または　2ばんの　へやに　1번 방, 또는 2번 방에
　≒　1ばんの　へやか　2ばんの　へやに　1번 방이나 2번 방에

□ いっしょうけんめい　열심히
　≒　ねっしんに　열심히

□ うしろ　뒤　≒　うら　뒤

□ うそです 거짓말입니다

　≒ ほんとうじゃ ありません 사실이 아닙니다

□ うつくしい 아름답다 ≒ きれいだ 예쁘다

□ うまいです 잘합니다 ≒ じょうずです 잘합니다

□ うるさく しないで ください 시끄럽게 하지 마세요

　≒ さわがないで ください 떠들지 마세요

□ うれしそうでした 기뻐 보였습니다

　≒ よろこんで いました 기뻐했습니다

□ うんどうできません 운동할 수 없습니다

　≒ スポーツして いません 운동하고 있지 않습니다

□ えいがに さそいました 영화를 보러 가자고 권했습니다

　≒ えいがを 見に いきませんかと 言いました 영화를 보러 가지 않겠냐고 말했습니다

□ おきゃくさんが 多いです 손님이 많습니다

　≒ こんで います 붐빕니다

　≒ おきゃくさんが たくさん います 손님이 많이 있습니다

□ おきゃくさんが すくないです 손님이 적습니다

　≒ おきゃくさんが あまり いません 손님이 별로 없습니다

　≒ すいて います 비어 있습니다

□ おこられる 혼나다 ≒ しかられる 야단맞다

□ おしゃべりは やめて ください 수다는 그만두세요.

　≒ 話を するのは やめて ください 이야기를 하는 것은 그만두세요.

□ おそわりました 배웠습니다

　≒ ならいました 배웠습니다

□ おとした 떨어뜨렸다 ≒ なくした 잃어버렸다

□ おどって います 춤을 추고 있습니다

　≒ ダンスを して います 댄스를 하고 있습니다

□ おとなしい 얌전하다 ≒ しずかだ 조용하다

□ おどろきました 놀랐습니다

　≒ びっくりしました 놀랐습니다

□ おねがいしました 부탁했습니다

　≒ たのみました 부탁했습니다

□ おみせを はじめた りゆう 가게를 시작한 이유

　　≒ なぜ おみせを はじめたか 왜 가게를 시작했는지

□ おれいを 言いました 감사 인사를 했습니다

　　≒ 「ありがとう」と 言いました '고맙다'라고 말했습니다

　　≒ 「ありがとうございます」と 言いました '고맙습니다'라고 말했습니다

□ かぐ 가구

　　≒ テーブルや いす 탁자나 의자

　　≒ テーブルや ベッド 탁자나 침대

□ かならず 来ると 思う 반드시 올 거라고 생각한다

　　≒ きっと 来る 꼭 올 것이다

□ きく 묻다 ≒ たずねる 묻다

□ きこくする 귀국하다

　　≒ 国へ 帰る 고국에 돌아가다

□ きそく 규칙 ≒ ルール 규칙

□ きたない 더럽다

　　≒ よごれて いる 더러워진 상태이다

□ きびしい じだいは もう すぎました 혹독한 시대는 이미 지났습니다

　　≒ たいへんな じだいでした 힘든 시대였습니다

□ きょういくを うけられる 人は 多く なかった 교육을 받을 수 있는 사람은 많지 않았다

　　≒ 多くの 人が 学校へ 行けなかった 많은 사람이 학교에 갈 수 없었다

□ きんえんです 금연입니다

　　≒ たばこを すっては いけません 담배를 피우면 안 됩니다

□ きんじょ 근처 ≒ ちかく 가까운 곳

□ ぐあいは よく なりましたか 몸 상태는 좋아졌나요

　　≒ 元気に なりましたか 건강해졌나요

□ くうこう 공항

　　≒ ひこうきに のる ところ 비행기를 타는 곳

□ クラスに 来なかった わけ 수업에 오지 않은 이유

　　≒ どうして クラスに 来なかったのか 왜 수업에 오지 않았는지

□ くるまの こうじょう　자동차 공장

　≒ くるまを つくる ところ　자동차를 만드는 곳

□ けしきの いい ところ　경치 좋은 곳

　≒ きれいな 山や もりが 見える こうえん　예쁜 산이나 숲이 보이는 공원

□ こうぎに しゅっせきします　강의에 출석합니다

　≒ だいがくで 先生の 話を 聞きます　대학에서 선생님 이야기를 듣습니다

□ こうつうが べんりだ　교통이 편리하다

　≒ バスや ちかてつが たくさん はしって いる　버스나 지하철이 많이 달린다

□ 5時に 来るのは むりだ　다섯 시에 오는 것은 무리다

　≒ 5時に 来られない　다섯 시에 올 수 없다

□ こしょうしました　고장 났습니다

　≒ こわれて います　고장 났습니다

□ この もんだいは まちがえやすい　이 문제는 틀리기 쉽다

　≒ この もんだいは まちがえる 人が 多い　이 문제는 틀리는 사람이 많다

□ こまかく　잘게　≒ ちいさく　작게

□ さいごに 帰りました　마지막으로 집에 갔습니다

　≒ みんなが 帰った あとで 帰りました　모두 돌아간 후에 집에 갔습니다

□ さいしょに　제일 먼저

　≒ はじめに　먼저

　≒ まず　먼저

□ サインを して ください　사인을 해 주세요

　≒ 名前を 書いて ください　이름을 써 주세요

□ サッカーが さかんに なりました　축구가 성행해졌습니다

　≒ サッカーを する 人が ふえました　축구를 하는 사람이 늘었습니다

□ じかんに おくれた　시간에 늦었다

　≒ じかんに まにあわなかった　시간에 맞추지 못했다

□ しゃちょうの かわりに 田中さんが パーティーに 出ました
사장님 대신에 다나카 씨가 파티에 참석했습니다

　≒ しゃちょうは パーティーに 出ませんでした　사장님은 파티에 참석하지 않습니다

□ じゅうしょ　주소

　　≒ すんで いる ばしょ　살고 있는 곳

□ じゅぎょうに おくれる　수업에 늦다

　　≒ じゅぎょうが はじまってから 来る　수업이 시작되고 나서 오다

□ しゅくだいは かんたんだった　숙제는 간단했다

　　≒ しゅくだいは やさしかった　숙제는 쉬웠다

□ じゅんびします　준비합니다

　　≒ よういします　준비합니다

□ しょうらいの けいかく　장래의 계획

　　≒ これからの けいかく　앞으로의 계획

□ しょくじする　식사하다

　　≒ ごはんを 食べる　밥을 먹다

□ じょせい　여성　≒ おんなの 人　여성

□ しらべて ください　점검해 주세요

　　≒ チェックして ください　체크해 주세요

□ じを ていねいに 書きなさい　글씨를 정성껏 쓰렴

　　≒ じを きれいに 書きなさい　글씨를 예쁘게 쓰렴

□ すいえい　수영　≒ およぐの　헤엄치는 것

□ すずきさん、ちょっと やせましたね　스즈키 씨, 살이 좀 빠졌네요

　　≒ すずきさんは ちょっと ほそく なりました　스즈키 씨는 좀 날씬해졌습니다

□ ずっと そとに いたので、からだが ひえて しまいました
쭉 밖에 있었기 때문에 몸이 차가워졌습니다

　　≒ そとは さむかったです　밖은 추웠습니다

□ すべりやすい　미끄러지기 쉽다　≒ あるきにくい　걷기 어렵다

□ せいさんして います　생산하고 있습니다

　　≒ つくって います　만들고 있습니다

□ 先生の おたくに うかがいます　선생님 댁을 찾아뵙겠습니다

　　≒ 先生の おたくに まいります　선생님 댁에 가겠습니다

- ☐ たいいんしました 퇴원했습니다.
    - ≒ びょういんから 帰って きました 병원에서 돌아왔습니다
    - ≒ びょうきが なおりました 병이 나았습니다
- ☐ だいじだ 중요하다 ≒ たいせつだ 소중하다
- ☐ ちこくしないで ください 지각하지 마세요
    - ≒ はじまる じかんに おくれないで ください 시작하는 시간에 늦지 마세요
- ☐ ちゅうしゃじょう 주차장
    - ≒ じどうしゃを とめる ところ 자동차를 세우는 곳
- ☐ ちょうじょ 장녀
    - ≒ いちばんめの むすめ 첫째 딸
- ☐ つかう 사용하다 ≒ りようする 이용하다
- ☐ つめたい 차갑다 ≒ ひえて いる 식어 있다
- ☐ 出かけて います 외출했습니다
    - ≒ るすです 부재중입니다
    - ≒ うちに いません 집에 없습니다
- ☐ どうぶつを いじめては いけません 동물을 괴롭혀서는 안 됩니다
    - ≒ どうぶつを 大切に して ください 동물을 소중히 해 주세요
- ☐ どくしんです 독신입니다
    - ≒ けっこんして いません 결혼하지 않았습니다
- ☐ 友だちを むかえに くうこうに 行きました 친구를 마중하러 공항에 갔습니다
    - ≒ くうこうで 友だちに 会いました 공항에서 친구를 만났습니다
- ☐ とられる 빼앗기다 ≒ ぬすまれる 도둑맞다

- ☐ にこにこして いました 싱글벙글했습니다
    - ≒ わらって いました 웃고 있었습니다
- ☐ 日本語は ほとんど わすれて しまいました 일본어는 거의 잊어버렸습니다
    - ≒ 日本語は すこししか おぼえて いません 일본어는 조금밖에 기억하고 있지 않습니다

□ ねぼうしました 늦잠 잤습니다

　≒ おきるのが おそく なって しまいました 일어나는 것이 늦어지고 말았습니다

□ のりもの 탈것

　≒ ひこうきや ふね 비행기나 배

□ はこぶ 나르다, 옮기다 ≒ わたす 건네다

□ はこんで 옮기고 ≒ もって いて 가지고 가고

□ 日が くれた 날이 저물었다

　≒ 空が くらく なった 하늘이 어두워졌다

□ ひさしぶりに 山田さんに 会いました 오랜만에 야마다 씨를 만났습니다

　≒ 何年も 山田さんに 会って いませんでした 몇 년이나 야마다 씨를 못 만났습니다

□ ひっこします 이사합니다

　≒ あたらしい いえに すみます 새 집에 삽니다

　≒ いえが かわります 집이 바뀝니다

□ ひつようです 필요합니다 ≒ いります 필요합니다

□ ひみつです 비밀입니다

　≒ この はなしは だれにも 言わないで ください
　　이 이야기는 아무에게도 말하지 마세요

□ びよういんに 行った 미용실에 갔다

　≒ かみのけを 切りに 行った 머리를 자르러 갔다

□ ふえました 늘었습니다

　≒ 多く なりました 많아졌습니다

□ ほかの 人の 意見を 聞いて みましょう 다른 사람의 의견을 들어 봅시다

　≒ ほかの 人が 何を かんがえて いるか 聞いて みましょう
　　다른 사람이 무엇을 생각하고 있는지 들어 봅시다

□ むすめが 大学生に なりました 딸이 대학생이 되었습니다

　≒ むすめの にゅうがくしきが ありました 딸 입학식이 있었습니다

□ やまもとさんを たずねた 야마모토 씨를 방문했다

　≒ やまもとさんの いえに 行った 야마모토 씨의 집에 갔다

□ やわらかい 부드럽다 ≒ かたくない 딱딱하지 않다

□ ゆにゅうする 수입한다

　≒ ほかの 国から 買って いる 다른 나라에서 산다

□ よしゅうしました 예습했습니다

　≒ じゅぎょうの まえに べんきょうしました 수업 전에 공부했습니다

□ りゅうがくの けいけんが あります 유학 경험이 있습니다

　≒ りゅうがくを した ことが あります 유학을 한 적이 있습니다

□ あさい	얕다
□ あやまる	사과하다
□ あんぜん	안전
□ あんない	안내
□ いくら ～ても	아무리 ～해도
□ いけん	의견
□ いそぐ	서두르다
□ いたす	하다(する의 겸양어)
□ いただく	받다
□ うまい	솜씨가 뛰어나다, 맛있다
□ うんてん	운전
□ おおい	많다
□ おおぜい	많은 사람
□ おかげさまで	덕분에요
□ おと	소리
□ おどろく	놀라다
□ おみまい	병문안
□ おもいで	추억
□ おれい	사례, 감사 인사

□ かう	기르다, 키우다, 사육하다
□ かざる	장식하다
□ かしこまりました	알겠습니다
□ かたづける	정리하다
□ かまいません	상관없습니다
□ かわく	마르다
□ きかい	기회

□ きびしい	엄하다
□ きんじょ	근처
□ けいかく	계획
□ けが	상처
□ けしき	경치
□ けっか	결과
□ げんいん	원인
□ けんがく	견학
□ げんき	건강함
□ こうじ	공사
□ こしょう	고장
□ こむ	붐비다
□ こわれる	망가지다, 고장 나다

□ ざあざあ	주룩주룩(비가 쏟아지는 소리)
□ さいきん	최근
□ さしあげる	드리다
□ さびしい	쓸쓸하다
□ さむい	춥다
□ しかる	야단치다
□ したく	준비, 채비
□ しっかり	견실함, 야무짐, 확실히
□ しめる	닫다
□ じゅんび	준비
□ しょうかい	소개
□ しょうたい	초대
□ じんこう	인구
□ しんせつ	친절
□ しんぱい	걱정

□ すてる	버리다	
□ すると	그러자	
□ ぜひ	꼭	
□ せまい	좁다	
□ せわ	보살핌, 돌봄	
□ せんたく	세탁, 빨래	
□ そうだん	상담, 의논	
□ そだてる	키우다, 기르다	

た

□ たいてい	대부분, 대개, 대체로
□ たおれる	쓰러지다
□ たす	더하다
□ だめ	안 됨, 불가능함
□ ちこく	지각
□ ちゅうし	중지
□ つごう	사정, 형편
□ つごうが わるい	형편이 좋지 않다
□ つつむ	싸다, 포장하다
□ ていねい	공손함, 정중함
□ てきとう	적당함
□ とうとう	드디어
□ とちゅう	도중
□ どんどん	점차, 계속

な

□ にあう	어울리다
□ にがい	쓰다
□ にげる	도망가다, 달아나다
□ にる	닮다
□ にんき	인기
□ ねつ	열

□ ねっしん	열심임
□ ねる	자다

は

□ はずかしい	부끄럽다
□ はっきり	분명히, 명확히
□ ひっこす	이사하다
□ ひろう	줍다
□ ふとる	살찌다
□ ふべん	불편함
□ プレゼント	선물
□ へんじ	대답, 답장

ま

□ まじめ	진지함, 성실함
□ むかえる	마중하다
□ むしあつい	무덥다

や

□ やくそく	약속
□ やむ	그치다, 멎다
□ ゆしゅつ	수출
□ ゆっくり	천천히
□ よやく	예약
□ よろこぶ	기뻐하다

ら

□ るす	집을 비움, 부재중
□ れんらく	연락

わ

□ わかす 끓이다
□ わる 나누다

언어지식

문법 직전 체크!

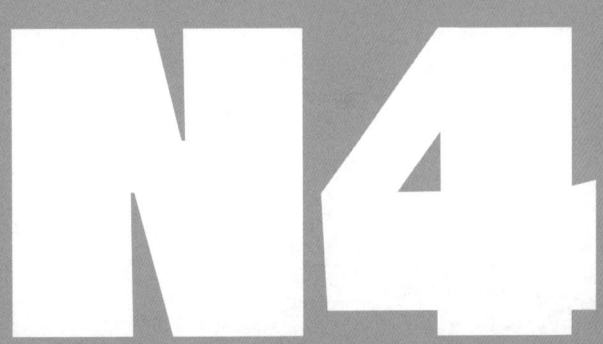

01 접속사

- □ けれど（も）　그렇지만, 하지만
- □ しかし　그러나, 하지만
- □ すると　그러자
- □ そこで　그래서
- □ そして　그리고
- □ それから　그리고, 그러고 나서
- □ それで　그래서
- □ それでは　그럼, 그러면
- □ それとも　그렇지 않으면
- □ それなら　그렇다면
- □ それに　게다가, 그리고
- □ だが　하지만
- □ だから　그래서
- □ たとえば　예를 들면
- □ ですから　그래서
- □ では　그럼, 그러면
- □ でも　그래도, 하지만
- □ なぜなら　왜냐하면
- □ または　또는, 혹은

02 부사

☐ いっしょうけんめい	열심히	
☐ 必ず	꼭, 반드시	
☐ きっと	꼭, 분명히	
☐ けっして	결코, 절대	
☐ しっかり	꽉, 단단히	
☐ ずいぶん	상당히, 꽤	
☐ すっかり	죄다, 완전히	
☐ ずっと	쭉	
☐ ぜひ	꼭	
☐ ぜんぜん	전혀	
☐ そろそろ	슬슬	
☐ だいたい	대개, 대체로	
☐ とくに	특히, 특별히	
☐ なかなか	좀처럼(부정), 상당히(긍정)	
☐ なにも	아무것도	
☐ なるほど	과연, 역시	
☐ なんでも	무엇이든	
☐ ねっしんに	열심히	
☐ はっきり	분명하게	
☐ 早く	일찍, 빨리	
☐ ひじょうに	매우, 몹시	
☐ ほとんど	거의	
☐ ほんとうに	정말로	
☐ まさか	설마	
☐ まず	먼저, 우선	
☐ また	또	
☐ まだ	아직	
☐ まっすぐ	곧바로, 쭉	

☐ もう	이미, 벌써, 더
☐ もうすぐ	이제 곧
☐ もし	만약
☐ もっとも	가장
☐ やっと	겨우, 가까스로
☐ やっぱり	역시
☐ やはり	역시
☐ ゆっくり	천천히
☐ よく	자주, 종종, 잘

03 조사

001
～か ～인가, ～인지, ～이나
～か～か ～인지 ～인지

かいぎは 何時に 始まるか 知って いますか。
회의는 몇 시에 시작되는지 알고 있습니까?

大学に 行くか しゅうしょくするか 迷って います。
집을 나설까 말까 하고 있을 때 비가 내리기 시작했다.

002
～が ～이(가)

友だちが 日本の おもちゃを おくって くれた。
친구가 일본 장난감을 보내 주었다.

003
～から ① ～에게서, ～부터 ② ～으로 ③ ～하기 때문에

校長先生から 学生に 本と ノートが わたされました。
교장 선생님으로부터 학생에게 책과 노트가 전달되었습니다.

バターや チーズは ぎゅうにゅうから 作ります。
버터랑 치즈는 우유로 만듭니다.

つかれたから、ちょっと 休みましょう。
피곤하니까 잠시 쉽시다.

004
～けれど (も)・けど ～하지만, ～할 텐데

前に 読んだ ことは あるけれど よく 覚えて いませんね。
전에 읽은 적은 있지만 잘 기억이 안 나는군요.

005
～し ～하고, ～하니까

味も わるいし、ねだんも 高いです。
맛도 별로고 값도 비쌉니다.

006
～しか ～밖에

今 持って いる おかねは 千円くらいしか ない。
지금 갖고 있는 돈은 천 엔 정도밖에 없다.

`007` **〜だけ** 〜만, 〜뿐

やさしい　ことば**だけ**　覚えました。
쉬운 단어만 외웠습니다.

`008` **〜で** ① 〜으로 ② 〜때문에 ③ 〜이면

じしん**で**　建物が　たおれました。
지진 때문에 건물이 무너졌습니다.

日本語が　わからないので　英語**で**　話しました。
일본어를 모르기 때문에 영어로 말했습니다.

`009` **〜でも** 〜라도

つかれたから、コーヒー**でも**　飲みましょう。
피곤하니까 커피라도 마십시다.

`010` **〜と** ① 〜와/과
〜と・〜って ② 〜라고

友だち**と**　一緒に　映画を　見ました。
친구와 함께 영화를 봤습니다.

あそこに　「入り口」**と**　書いて　あります。
저기에 '입구'라고 적혀 있습니다.

`011` **〜に** 〜에, 〜에게

私は　子どもの　ころ、よく　母**に**　おこられました。
나는 어릴 적 종종 어머니에게 야단맞았습니다.

その　仕事、私**に**　させて　ください。
그 일 제게 시켜 주세요.

本を　わすれたので、友だち**に**　貸して　もらった。
책을 안 가져왔기 때문에 친구에게 빌렸다.

`012` **〜ので** 〜이므로, 〜하기 때문에

その　公園は　しずかで　きれい**なので**、よく　さんぽに　行きます。
그 공원은 조용하고 깨끗하기 때문에 자주 산책하러 갑니다.

013 **〜のに** ① 〜인데도 ② 〜하는 데에

がんばって　レポートを　書いたのに、家に　忘れて　きて　しまった。
열심히 리포트를 썼는데, 집에 두고 와 버렸다.

この　はしを　作るのに　4年　かかりました。
이 다리를 만드는 데 4년 걸렸습니다.

014 **〜は** 〜은/는

私は　おさけは　飲みません。 나는 술은 안 마십니다.

015 **〜ばかり** 〜만, 〜뿐

うちの　子は　まんがばかり　読んで　いる。
우리 집 아이는 만화책만 읽고 있다.

016 **〜まで・〜までに** 〜까지

バスが　来るまで　待ちましょう。
버스가 올 때까지 기다립시다.

10時までに　かいぎしつに　あつまって　ください。
열 시까지 회의실로 모여 주세요.

017 **〜も** 〜도, 〜(이)나
〜も　〜も 〜도 〜도

大阪から　東京まで　500キロも　あります。
오사카에서 도쿄까지 500킬로미터나 됩니다.

私の　父は　英語も　日本語も　話せます。
우리 아빠는 영어도 일본어도 할 줄 압니다.

018 **〜を** 〜을/를

電車の　中で　足を　ふまれました。
전철 안에서 발을 밟혔습니다.

その　バスは　としょかんの　前を　通りますか。
그 버스는 도서관 앞을 지나갑니까?

019 **～あいだ（間）** ～동안, ～사이

じゅぎょうの 間_{あいだ}は しずかに して ください。
수업 동안에는 조용히 해 주세요.

020 **～（よ）う** ～하겠다(의지), ～하자(권유)
～（よ）うか ～할까?

私_{わたし}が や**ろう**。내가 할게.
お茶_{ちゃ}を 入_いれ**ようか**。차를 끓일까?

021 **～（よ）うと 思_{おも}う** ～하려고 생각하다

スケートを おぼえ**ようと** 思_{おも}います。
스케이트를 배우려고 생각합니다.

022 **～（よ）うと する** ～하려고 하다

出_でかけ**ようと した** とき、電話_{でんわ}が かかって きました。
외출하려고 했을 때 전화가 걸려 왔습니다.

023 **お～ください** ～해 주세요(존경어)

この 紙_{かみ}に 住所_{じゅうしょ}と お名前_{なまえ}を お書_かきください。
이 종이에 주소와 성함을 적어 주세요.

024 **お～する** ～하다(겸양어)

この 品物_{しなもの}は、きれいな かみで おつつみします。
이 상품은 예쁜 종이로 포장해 드리겠습니다.

025 **お～に なる** ～하시다(존경어)

社長_{しゃちょう}は、いま 新聞_{しんぶん}を お読_よみに なって います。
사장님은 지금 신문을 읽고 계십니다.

026 **〜おわる**   다 〜하다

晩ご飯を　食べおわってから、みんなで　ゲームを　した。
저녁밥을 다 먹고 나서 모두 함께 게임을 했다.

027 **〜が　する**   〜이 나다, 〜이 들다

げんかんで　「ごめんください」と　いう　声が　しました。
현관에서 '실례합니다'라는 소리가 났습니다.

028 **〜方**   〜하는 방법

この　字の　読み方を　教えて　ください。
이 글자의 읽는 법을 가르쳐 주세요.

029 **〜か　どうか**   〜인지 아닌지, 〜할지 어떨지

むすめが　この　プレゼントを　よろこぶか　どうか　わかりません。
딸이 이 선물을 기뻐할지 어떨지 모르겠습니다.

030 **〜か　ないか**   〜할지 〜하지 않을지

家を　出るか　出ないかという　ときに　雨が　降り出した。
딸이 이 선물을 기뻐할지 어떨지 모르겠습니다.

031 **〜かも　しれない**   〜지도 모른다

今日は　雨が　降るかも　しれません。
오늘은 비가 올지도 모릅니다.

032 **〜く　する／〜に　する**   〜하게 하다

へやを　明るく　しました。 방을 밝게 했습니다.
公園を　きれいに　しました。 공원을 깨끗하게 했습니다.

033 **〜く　なる／〜に　なる**   〜해지다

へやが　明るく　なりました。 방이 밝아졌습니다.
公園が　きれいに　なりました。 공원이 깨끗해졌습니다.

034 **〜こと** ~것

私が ここに いる **こと**を だれから 聞きましたか。
내가 여기에 있는 것을 누구에게 들었습니까?

035 **〜ことが できる** ~할 수 있다

あなたは 日本語で 手紙を 書く **ことが できます**か。
당신은 일본어로 편지를 쓸 수 있습니까?

036 **가능형**

きのうは よく ねむ**れましたか**。
어제는 잘 잤습니까?

037 **〜ことに する** ~하기로 하다

私は 毎日 ジョギングを する **ことに しました**。
나는 매일 조깅을 하기로 했습니다.

038 **〜ことに なる / 〜ことに なって いる** ~하게 되다/~하기로 되어 있다

私は 来年、日本へ 行く **ことに なりました**。
나는 내년에 일본에 가게 되었습니다.

この 学校では 2か月に いちど 試験を する **ことに なって**

います。 이 학교에서는 두 달에 한 번 시험을 치게 되어 있습니다.

039 **〜すぎる** 너무 ~하다

ゆうべ、お酒を 飲み**すぎました**。 어젯밤, 술을 너무 많이 마셨습니다.

040 **〜ずに・〜ないで** ~하지 않고, ~하지 말고

兄は かばんも 持た**ずに** 家を 出ました。
형은 가방도 안 들고 집을 나갔습니다.

本を 見**ないで** 答えて ください。
책을 보지 말고 대답해 주세요.

041 **사역형**

かれは 子どもに くつを はかせた。 그는 아이에게 신발을 신게 했다.

042 **수동형**

この ざっしは 毎月 はっこうされて います。
이 잡지는 매달 발행되고 있습니다.

043 **〜（さ）せて ください** 〜하게 해 주세요, 시켜 주세요

私に やらせて ください。 저에게 시켜 주세요.

044 **〜（さ）せられる** 억지로 〜하다, 어쩔 수 없이 〜하다

医者に すぐ 入院させられました。 의사 때문에 바로 입원해야 했습니다.

045 **〜そうだ** ① 〜한 듯하다, 〜일 것 같다(양태) ② 〜라고 한다(전문)

鈴木さんは ビールを おいしそうに 飲んで います。
스즈키 씨는 맥주를 맛있어 보이게 마시고 있습니다.

ニュースに よると、きのう 神戸で じしんが あったそうです。
뉴스에 따르면 어제 고베에서 지진이 있었다고 합니다.

046 **〜たい** 〜하고 싶다

私は 先生に なりたいです。 나는 선생님이 되고 싶습니다.

047 **〜た ことが ある** 〜한 적이 있다

私は ひこうきに 乗った ことが あります。
나는 비행기를 탄 적이 있습니다.

048 **〜だす** 〜하기 시작하다

寝て いた 赤ちゃんが 急に 泣きだした。
자고 있던 갓난아이가 갑자기 울기 시작했다.

`049` **〜た ところだ** 막 〜한 참이다

かいぎは　今　終わった　ところです。
회의는 지금 막 끝난 참입니다.

`050` **〜た ばかり** 막 〜함, 〜한지 얼마 안 됨

彼は　先月　この　会社に　入った　ばかりです。
그는 지난달에 이 회사에 막 입사했습니다.

`051` **〜たまま** 〜한 채로

めがねを　かけたまま　寝て　しまった。 안경을 쓴 채로 자고 말았다.

`052` **〜ため (に)** ① 〜하기 위해서 ② 〜때문에

大学に　入るために　いっしょうけんめい　勉強して　います。
그는 대학에 들어가기 위해서 열심히 공부하고 있습니다.

病気の　ため、たばこを　やめます。
병 때문에 담배를 끊습니다.

`053` **〜たら** 〜하면, 〜하니까, 〜하더니

東京に　着いたら、電話を　して　ください。
도쿄에 도착하면 전화를 하세요.

`054` **〜だろう** 〜일 것이다

あしたは　たぶん　いい　天気だろう。 내일은 아마 날씨가 좋을 것이다.

`055` **〜ちゃ** 〜해서는, 〜하면
〜なくちゃ・なきゃ 〜하지 않으면

ここで　たばこを　すっちゃ　だめだよ。
여기서 담배를 피우면 안 돼.

もう　行かなくちゃ。

もう　行かなきゃ。
이제 가지 않으면…….

056 **〜ちゅう・じゅう（中）** 〜하는 중, 〜내내

いちにち しごと
一日じゅう 仕事を して、つかれました。
하루 종일 일을 해서 지쳤습니다.

057 **〜つづける** 계속 〜하다

じかん ある
2時間も 歩きつづけたので、たいへん つかれました。
두 시간이나 계속 걸었기 때문에 몹시 지쳤습니다.

058 **〜つもりだ** 〜할 생각이다, 〜할 작정이다

わたし きょうと い
こんしゅう、私は 京都へ 行く つもりです。
이번 주에 나는 교토에 갈 생각입니다.

059 **〜て・で** 〜하고, 〜해서

お よ
あさ 起きて しんぶんを 読みます。
아침에 일어나서 신문을 읽습니다.

060 **〜て あげる・〜て やる** 〜해 주다

わたし とも しゃしん
私は 友だちに 写真を おくって あげた。
나는 친구에게 사진을 보내 주었다.

おし
すいえいは ぼくが 教えて やるよ。
수영은 내가 가르쳐 줄게.

061 **〜て ある** 〜해져 있다

テーブルの うえに スプーンと はしが ならべて あります。
탁자 위에 숟가락과 젓가락이 가지런히 놓여 있습니다.

062 **〜て いく** ① 〜하고 가다 ② 〜해 나가다

やまだ はし
山田さんは こうばんまで 走って いきました。
야마다 씨는 파출소까지 달려갔습니다.

しごと
けっこんしてからも 仕事は つづけて いく つもりです。
결혼하고 나서도 일은 계속해 나갈 생각입니다.

063 **〜て いる** ① 〜하고 있다, ② 〜되어 있다

今 本を 読んで います。 지금 책을 읽고 있습니다.

まどが しまって います。 창문이 닫혀 있습니다.

064 **〜て いる ところだ** 〜하고 있는 중이다

私は 今 れきしの 本を 読んで いる ところです。
나는 지금 역사책을 읽고 있는 중입니다.

065 **〜て おく** 〜해 놓다, 〜해 두다

この ことばは だいじですから、よく 覚えて おいて ください。
이 말은 중요하니까 잘 기억해 두세요.

066 **〜てから** 〜하고 나서
〜た あとで 〜한 후에
〜まえ(前)に 〜하기 전에

ご飯を 食べてから おふろに 入ります。 밥을 먹고 나서 목욕을 합니다.

ご飯を 食べた あとで おふろに 入ります。 밥을 먹고 난 후에 목욕을 합니다.

おふろに 入る 前に ご飯を 食べます。 목욕을 하기 전에 밥을 먹습니다.

067 **〜て くださる** 〜해 주시다
〜て くださいませんか 〜해 주시지 않겠습니까?

きのうは 山田さんが 東京を あんないして くださいました。
어제는 야마다 씨가 도쿄를 안내해 주셨습니다.

美術館へ 行く 道を 教えて くださいませんか。
미술관에 가는 길을 가르쳐 주시지 않겠습니까?

068 **〜て くる** ① 〜하고 오다 ② 〜해지다

ちょっと 手紙を 出して きます。
잠시 편지를 부치고 오겠습니다.

あたらしい 家に だんだん なれて きました。
새 집에 점점 익숙해졌습니다.

069 **〜て くれる** 〜해 주다

東京に 行った とき、山田さんが あんないして くれた。
도쿄에 갔을 때, 야마다 씨가 안내해 주었다.

070 **〜て しまう** 〜해 버리다, 〜하고 말다

かぜを ひいて しまいました。 감기에 걸려 버렸습니다.

071 **〜ては いけない** 〜하면 안 된다

ここは きけんだから、ここで およいでは いけません。
이곳은 위험하니까 여기에서 수영하면 안 됩니다.

072 **〜て みる** (시험 삼아) 〜해 보다

ほかの 人の いけんを 聞いて みましょう。
다른 사람의 의견을 들어 봅시다.

073 **〜ても** 〜해도

何度 しっぱいしても、やめずに がんばります。
몇 번 실패하더라도 그만두지 않고 열심히 하겠습니다.

074 **〜ても いい** 〜해도 좋다
〜ても かまわない 〜해도 상관없다, 〜해도 괜찮다

試験が 終わった 人は 帰っても いいです。
시험이 끝난 사람은 돌아가도 됩니다.

ここでは なにを 話しても かまいません。
여기서는 무슨 얘기를 해도 상관없습니다.

075 **〜て もらう** 〜해 받다

父に おもちゃを なおして もらった。
＝ 父が おもちゃを なおして くれた。
아빠가 장난감을 고쳐 주었다.

076 **～と** ～하면, ～하니까

この 道を まっすぐ 行くと、右がわに ほんやが あります。
이 길을 곧장 가면 오른쪽에 서점이 있습니다.

077 **～と ～と どちら** ～와 ～ 중 어느 쪽

コーラと ジュースと どちらが 好きですか。
콜라와 주스 중 어느 쪽을 좋아합니까 ?

078 **～とき** ～때

父は 本を 読む とき、いつも めがねを かけます
아빠는 책을 읽을 때 항상 안경을 씁니다.

079 **～ところだ** ～하려는 참이다

今から、図書館へ 本を かえしに 行く ところです。
지금부터 도서관에 책을 반납하러 가려는 참입니다.

080 **～とちゅう (途中) で** ～도중에

学校に 来る とちゅうで さいふを 忘れたのに 気づいた。
학교에 오는 도중에 지갑을 두고 온 것을 깨달았다.

081 **～ながら** ～하면서

母は 歌を 歌いながら 料理を して います。
엄마는 노래를 부르면서 요리를 하고 있습니다.

082 **～なくては いけない・～なければ ならない**

～하지 않으면 안 된다, ～해야 한다

こたえは かならず えんぴつで 書かなくては いけません。
답은 반드시 연필로 써야 합니다.

43

083 **〜なくても いい**　〜하지 않아도 좋다
〜なくても かまわない　〜하지 않아도 상관없다

その　本は　今日　返さ**なくても　いい**です。
그 책은 오늘 돌려주지 않아도 됩니다.

むりに　飲ま**なくても　かまい**ません。
억지로 마시지 않아도 괜찮습니다.

084 **〜なさい**　〜하라, 〜하시오

ごはんを　食べた　あとで　この　くすりを　飲み**なさい**。
밥을 먹은 후에 이 약을 먹어라.

085 **〜なら**　〜라면, 〜한다면, 〜하려거든

タクシー**なら**、ここから　15分ぐらいで　行けると　思います。
택시라면 여기서 15분 정도면 갈 수 있을 거라고 생각합니다.

086 **〜にくい**　〜하기 어렵다

この　つくえは、ひきだしが　小さいので　つかい**にくいです**。
이 책상은 서랍이 작기 때문에 사용하기 어렵습니다.

087 **〜に する**　〜로 (정)하다

私は　ジュース**に　します**。나는 주스로 할게요.

088 **〜に ついて**　〜에 관해서

新聞は　その　地震**に　ついて**　長い　記事を　載せた。
신문은 그 지진에 관해 긴 기사를 실었다.

089 **〜に よって**　〜에 의해서, 〜에 따라서

この　橋は　外国人**に　よって**　作られました。
이 다리는 외국인에 의해 만들어졌습니다.

090 **～の** ～것

山田さんが　歌って　いる**の**が　聞こえます。
야마다 씨가 노래하는 것이 들립니다.

091 **～のだ** ～인 것이다

電車の　じこが　あった**んです**。それで、おくれて　しまいました。
전철 사고가 있었습니다. 그래서 늦고 말았습니다.

092 **～ば** ～하면

この　くすりを　飲め**ば**　すぐ　なおりますよ。
이 약을 먹으면 금방 나을 겁니다.

093 **～はじめる** ～하기 시작하다

料理に　きょうみを　持ち**はじめました**。요리에 관심을 가지기 시작했습니다.

094 **～はずが　ない** ～할 리가 없다

こんな　ひどい　ことを　する　**はずが　ない**。
이런 심한 짓을 할 리가 없다.

095 **～はずだ** ～할 것이다, ～일 터이다

ここに　くつが　あるから、山田さんは　まだ　学校に　いる　**はずです**。
여기에 신발이 있으니까, 야마다 씨는 아직 학교에 있을 것입니다.

096 **～は　～より** ～은 ～보다

この　町の　じんこう**は**　きょねん**より**　多く　なりました。
이 도시의 인구는 작년보다 많아졌습니다.

097 **～ほうが　いい** ～하는 편이 좋다

今日は　早く　うちへ　帰った　**ほうが　いいです**よ。
오늘은 일찍 집에 돌아가는 편이 좋아요.

098 **〜ほど 〜ない** ~만큼 ~하지 않다

弟は、私ほど 走るのが 早く ない。
남동생은 나만큼 달리는 것이 빠르지 않다.

099 **〜みたいだ** ~인 것 같다, ~인 듯하다

高木さんは まるで コンピューターみたいに 計算が 速い。
다카기 씨는 마치 컴퓨터처럼 계산이 빠르다.

100 **〜やすい** ~하기 쉽다, ~하기 편하다

これは かるくて はきやすい くつです。
이것은 가볍고 신기 편한 신발입니다.

101 **〜ようだ** ~인 것 같다, ~인 듯하다

風が つめたいです。今日は きのうより さむいようです。
바람이 찹니다. 오늘은 어제보다 추운 것 같습니다.

102 **〜よう(に)** ~하도록
〜ように 言う ~하도록 말하다

交通事故を 起こさない ように 気を つけてね。
교통사고를 내지 않게 조심해.

103 **〜ように する** ~하도록 하다
〜ように なる ~하게 되다

あしたは ねぼうしない ように します。
내일은 늦잠 안 자도록 할게요.

さいきん 運転できる ように なりました。
최근에 운전할 수 있게 되었습니다.

104 **〜より 〜ほうが** ~보다 ~ 쪽이

あの 店より この 店の ほうが いいです。
저 가게보다 이 가게 쪽이(가게가) 좋아요.

`105` **〜らしい** 〜인 것 같다, 〜인 듯하다

あしたは　いい　天気^{てんき}らしい。 내일은 날씨가 좋을 것 같다.

`106` **명령형**

早^{はや}く　起^おきろ。会社^{かいしゃ}に　おくれるよ。 빨리 일어나. 회사에 늦겠어.

`107` **지시어 및 연체사**

こ	そ	あ	ど
この 이	**その** 그	**あの** 저	**どの** 어느
こんな 이런	**そんな** 그런	**あんな** 저런	**どんな** 어떤
こう 이렇게	**そう** 그렇게	**ああ** 저렇게	**どう** 어떻게
こちら・こっち 이쪽	**そちら・そっち** 그쪽	**あちら・あっち** 저쪽	**どちら・どっち** 어느 쪽

`108` **경어**

あの　方^{かた}を　ごぞんじですか。
저 분을 아십니까?(존경어)

田中^{たなか}さんが　かいた　えを　ごらんに　なりましたか。
다나카 씨가 그린 그림을 보셨습니까?(존경어)

部長^{ぶちょう}は　今^{いま}　電話^{でんわ}に　出^でて　おりますので、　しばらく　お待^まちください。
부장님은 지금 전화를 받고 있으므로 잠시 기다려 주세요.(겸양어)

しょるいは　あそこに　ございます。
서류는 저기에 있습니다.(정중어)